国家出版基金项目
NATIONAL PUBLICATION FOUNDATION

遼代铁器考古研究

冯永谦自署

辽宁教育出版社

图书在版编目（C I P）数据

辽代铁器考古研究／冯永谦著．—沈阳：辽宁教育出版社，2018.12
ISBN 978-7-5549-2301-6

Ⅰ．①辽…　Ⅱ．①冯…　Ⅲ．①铁器（考古）－研究－中国－辽代　Ⅳ．①K876.424

中国版本图书馆CIP数据核字（2019）第005449号

出 品 人：张　领
出版发行：辽宁教育出版社（地址：沈阳市和平区十一纬路25号　邮编：110003）
电话：024-23284410（总编室）024-23284652（购书）
http://www.lep.com.cn
印　　刷：辽宁新华印务有限公司

责任编辑：严中联
技术编辑：袁启江
版式设计：鼎籍文化创意　马婧莎
责任校对：黄　鲲
摄　　影：冯永谦
幅面尺寸：185mm×260mm
印　　张：40
插　　页：2
字　　数：697千字
印　　数：1～1000册
出版时间：2018年12月第1版
印刷时间：2018年12月第1次印刷

书　　号：ISBN 978-7-5549-2301-6
定　　价：498.00元

作者简介

冯永谦，1935 年 12 月生，辽宁沈阳人。1954 年入东北区考古训练班学习，结业后进入由部分被选学员组成的东北文物工作队，从事东北六省文物考古工作；现为辽宁省文物考古研究所研究员。自 1954 年至今从事文物考古工作已经 64 年，专业未变。在长期学术活动中，曾任辽宁大学客座教授、吉林省社会科学院特邀研究员、辽宁省辽金契丹女真史研究会顾问、中国考古学会会员、中国长城学会理事、中国民族史学会理事、中国辽金及契丹女真史学会秘书长、中国民族史学会辽金契丹女真史分会会长等；还任《北方史地资料》编委会副主编、《东亚文库》编委会常务副主编、《中国考古集成》编委会主编、《辽海文物学刊》主编等。历年来从事专业和研究的重点为中国历代考古、历史地理、古代长城、古代陶瓷、古代玉器、铁器等古器学研究。发表各类文章 200 余篇，出版专著 17 部，主编《中国考古集成》等多种图书，发表的一些论文曾获多项学术研究优秀成果奖，有的论文被译成外文在国外发表。个人传记被收入国内外出版的 50 多种不同领域的《专家学者辞典》和《名人录》中。曾被邀请赴日本、韩国等国家进行访问和学术交流。

前言

历史给我们留下很多东西，无论是物质的还是非物质的，它们都是非常宝贵的文化遗产。尤其是物质文化遗存，是我们今天借以认识历史的可靠的实物证据！但是，在漫长的岁月中，它们随着时间的流逝而逐渐消失，所能存者，百不什一，存者何其幸也。因此，如能将其幸存之物捡拾起来，做一些整理研究，从而使它能够保存和流传下去，那将是一件很有意义的事情。

本书所做关于辽代铁器的整理，就是基于这种理念而进行的。

一

我国铁器出现较早，从考古发现看，在商代就已经有了铁刃铜钺[①]。虽然此钺嵌铸的是陨铁，但说明了商代时人们已经认识了铁的特质，其坚硬程度远优于青铜，因此才能将其制为钺刃，使其锋利好用。

铁器真正出现是在我国春秋早期，考古发现有河南省三门峡虢国墓地出土的玉柄铁剑、铜内铁援戈、铜铁叶矛、铜銎铁锛、铜柄铁削等[②]，还有发现于甘肃灵台景家庄墓的一件春秋早期铜柄铁剑[③]。这些都是很有代表性的春秋早期铁器，它们的发现，将我国用铁时间较过去的认识向前推进了200年，即达公元前九世纪—公元前八世纪。如果概括其时铁的用途，可以说凡农具、手工工具、兵器及其他器物等都在使用，制成各种器具，这方面的态势，我们可以从春秋时管仲的话里

① 新华社．河北藁城县发现一件商代兵器——铁刃青铜钺．人民日报，1975年6月6日第五版．

② 河南省文物考古研究所．三门峡虢国墓地．文物出版社，1999年12月版．

③ 刘德祯，朱建唐．甘肃灵台县景家庄春秋墓．考古，1981年第4期．

得到证实，他在《管子》一书中记载了当时铁的广泛使用情况[①]，由此已可见其一斑。战国以来，铁器的考古发现就更多了，遍及当时七国，从楚国到燕国，无一例外，都大量使用铁器。从考古发现看，铁器也确实较为普遍，如当时各国使用的兵器，很多都是使用铁来制造的。铁器的应用十分广泛，生产、生活以及军事等无不需要，其结果是对社会发展起了很大作用，推动了社会的快速进步。

自铁器出现以后，在我国各历史时期，举凡生产、生活等极为重要的各种工具、兵器和日用器物等，无不用铁来制作，其为社会各方面之所需。人类社会的发展，经历了石器时代、青铜时代，铁器出现之后的一个漫长历史时期，被称为"铁器时代"。这是人类社会发展必经的一个历史时期。

既然铁在人类社会发展中有这样伟大的历史作用，那其重要性就自不待言。但是，由于其质地关系，铁器先天欠缺，存在不足——其表面易氧化剥落，不易保存，且少为艺术制品。因此，铁器历来不被重视，随残随弃。直至今天，在已知文物珍贵的情况下，仍很少看见有人去存储和收藏铁器，故其损毁极多。然而，铁器却是社会发展的重要见证物，做好对它的保存和研究是很有必要的。

本书是一部研究铁器的书，并且是研究保存下来的辽代铁器的书，故本书所涉铁器仅及辽代。

二

辽朝是我国历史上以契丹族为主体，联合汉族和其他少数民族共同建立的一个王朝，也是我国中古时期非常重要的一个朝代。它在历史上成就非凡，影响深远，对我国的历史发展做出过卓越贡献，尤其是对开发、建设地域广大的辽远北国，更是功不可没。我国北方的许多城市，都是辽代开始建置或是沿用而拓展下来，成为现在我国非常知名的重要城市的。因此，我们要研究辽朝。

---

① 管仲《管子·海王篇》谓："今铁官之数曰：一女必有一针一刀，若其事立；耕者必有一耒一耜一铫，若其事立；行服连轺辇者必有一斤一锯一锥一凿，若其事立。不尔而成事者，天下无有。今针之重加一也，三十针一人之籍，刀之重加六，五六三十，五刀一人之籍也，耜铁之重加七，三耜铁一人之籍也。其余轻重皆准此而行，然则举臂胜事，无不服籍者。"（摛藻堂《四库全书》本第246册《管子》卷二十二《海王》第七十二《管子轻重五》）

不过，对于辽朝，大多数人还不够熟悉，不够了解，有许多事都还不甚知道。我今天所做的这件事——研究辽代铁器，很多人就很陌生，不知其内涵如何，但它是认识辽朝诸多纷繁事物中的一个方面，而且是很具体的一件事。如果我们能将这件事做好，也是很有意义的。

我们对辽代的铁器缺乏认识，也可以说，至今我们对辽代铁器的认识，还有欠明确，较难区分其绝对年代。从近些年的考古发现看，对某些辽金遗存的年代判定都比较含混，尤其对辽代铁器，更缺乏明确认识，常将辽代的归入金代或更晚时期。为什么会出现这种情况呢？

首先，是因为我们对辽代的历史和社会发展状况了解不多。长期以来，人们对辽、金两朝的历史的认识是很不够的。由于千百年来的传统偏见，受正统思想的影响，过去认为辽、金不是“中央”王朝，是“偏邦”，因其未被认为是“正统”王朝，对其重视不够，从而造成人们对它们的认识是模糊的，认为它们“落后”，没有“文化”。这种情况，过去的历史书籍、文学作品一律如此，概莫能外。比如讲宋朝，它上承唐代，下传元明，而辽、金两朝则不具备同等的地位，顺口即说“唐宋元明清”而不及辽、金，更没有立专章讲述这两个王朝。每当提到它们的时候，总是附带的，因为它们与宋朝有战争等情况发生，才不得不讲些两者之间的事件和情况，却又是极其简单而粗俗的。这是不符合历史实际的，这种状况应当予以改变。但这些情况此前影响了人们对辽、金两朝的认识，当然对辽代的铁器也不能例外。

其次，是因为我们对辽代的物质文化知之甚少。这也是历史的原因造成的，也就是说，不只是现在的问题，在历史上就缺乏对辽、金两朝物质文化的认识，两者分辨不清。辽代社会状况如何，衣、食、住、行怎样，有什么东西，这许多事都是不清楚的。因此，我们今天进行研究，无疑会很困难。由于辽代当时奉行的政策，对外书禁很严，使辽朝的书籍不能流入宋朝或其他辽境以外地方，导致今天辽朝的文献材料匮乏，许多方面付诸阙如，使我们无从了解当时社会的各方面情况，千百年后去研究这段历史，自然是不容易的。因此，要具体区分到铁器，什么样是辽代的，什么样是金代或其他时代的，当然有困难。

第三，是因为我们真正认识辽代的时间还很短，材料也不够丰富，因此，一时还难以全面了解。我们之所以能够较为形象地认识辽王朝，是今天有考古学的支持，这给我们解决了很大问题。可是我们还要看到，尽管有关辽代的研究得到考古发现的大量实物的支持，但科学的考古学兴起，在我国也只是近百年来的事，而应用于辽代考古，算起来至今也仅有半个多世纪的历史。辽代的城址、遗址、墓葬等，出土了大量的遗物，既有文字材料，如墓志、碑铭、题记等，也有各种器物，如陶瓷器、铜铁器、金银制品、玉石物件、装饰珠串、漆木器、丝绣服饰、绘画等，包括农业和手工业生产工具、日常生活用器、车马器、武器、文化用品等，几乎是全方位、多角度的。这些真实可信的出土遗物，为我们提供了价值极高的资料，我们可据以进行探索和揭示辽代的社会面貌。但从研究角度来讲，现在还处在初始阶段，正待向深层次发展。因此，从目前阶段看，对一个非常具体的“铁器”进行研究，就显得材料不够充分，问题很多，许多东西都没有结论，没有标志性遗物可资比较，因而对有的遗物是仁智互见，认识还很混乱，出现鉴定年代的偏差。这些，都影响了对辽代铁器的深入研究。

有幸的是，自二十世纪五十年代以来，这种不正常的情况开始改观。从史学界开始，人们摆脱旧思想束缚，从实际出发，研究中国历史，尤其是二十世纪八十年代以来，中国辽金及契丹女真史学会成立，聚集了不同学科的研究者，开展广泛的研究，取得巨大的研究成果。学会的活动，产生了广泛积极的影响，澄清模糊认识，取得共识，认为宋与辽、金都是中国历史上中古时期同等重要的政权，并且是中国历史上的“第二次南北朝”。这个观点的提出，无疑是非常重要的学术观点的转变，宋与辽金两者是对等的，没有正偏的问题，从此扭转了人们的认识，辽金史的研究也开始广泛地受到了重视。

但回顾辽代考古发现，由于研究时间尚短，问题还是不可避免地显现出来。当前，很多工作还在进行中，因而对辽金考古发现的遗存，有时代不分的现象，或是将辽误为金的情况也并不鲜见，但都是可以理解的。出现的问题，今后加强研究，就会逐渐得到解决。

三

辽代的考古发现很多，大量的城址、遗址、墓葬、塔基、窖藏中，都出土了许多遗物，其中就包括各种铁器在内。这些发现，给我们的研究提供了年代准确的标本，使其断代有了可靠的依据。本书就是依据这些积累，参考各种相关资料，以笔者的经验，比较新发现的铁器，梳理分类，使我们能对辽代的铁器有一个较为清晰的认识，这也是笔者编著此书的初衷。

本书定名为“辽代铁器考古研究”，因此就只谈辽代铁器。全书分为三卷：

上卷名为“各地考古发现出土的辽代铁器”。本卷首先按省、自治区、直辖市为单元，然后再按城址、遗址、墓葬为类别，再以遗迹点为记述单位。因此，本书不是考古发现的全部遗存都照录，而是有所选择，凡出有铁器的遗存即录入，否则虽遗存重要或保存较好，但无铁器，亦不摘录。并且凡所收录者，皆为辽代，以便读者认识辽代遗物本身的形制、特征等，从而有明确的概念。曾被认为是“辽金时期”的遗存，如城址或遗址，考古报告中对其遗物没有明确区分的，亦未收入，以免影响读者对遗物年代的认识。还有一些遗存，本为辽代，但报告误定为金代的，除个别笔者识出或已有人为之辨别者酌情收录外，其他都未收录，以免本书用过多的文字进行辩驳，以省篇幅。这种有年代混淆情况者，本书均不收录。如觉需要，笔者或可在日后以专文论辩，进行纠正。

中卷名为“阜新出土的辽代铁器”。本卷收录的器物，皆为在阜新发现，并按器物种类划分，如农业生产工具、手工工具、车马具、兵器、生活用具等，分门别类加以叙述，从而可见辽代的社会分工和生产、生活面貌。

下卷名为“阜新铁器年代研究”。本卷对阜新发现的铁器进行年代考证的研究。这是因为阜新发现的这些铁器，不是考古出土的，而是由当地废品收购站拣选出来的，没有地层和出土关系，因此需要进行研究才能确定。笔者经过排比梳理，在全部近三千件铁器中，除去残坏的，较好的铁器仍有两千多件，在如此庞大的数量中，挑选出各类具有代表性的铁器四百多件，确定为辽代无疑，才最后收入本书中。对这些铁器，除挑选时从类型学等进行考察外，现在仍需对这些铁器做一些更为全面的研究，说明其情况，因而形成本卷文字。

摄影是考古工作中非常重要的一个手段，和文字、绘图一起被称为“考古三大记录”，而它又以真实、形象、准确并能显现出被摄物的本质特征的功能，作用远优于其他手段。本书收录的大量辽代铁器的摄影图像，真实、形象、准确地展示了这些辽代铁器的本质特征，将为相关研究者提供真实、形象、准确的参考资料，具有重要的文献价值。

四

本书所选阜新地区出土的辽代铁器，皆源于阜新蒙古族自治县，是当地收藏者耿文东先生的收藏。

耿文东与一般收藏者不同，他的收藏较有特点。他最专注收藏的物品，不是珍贵的玉器、罕见的名瓷，而是一般收藏者都不注意、不愿要的藏品——被人称为“破铜烂铁”的东西，而这些东西如果不被他从废品收购站中买出来收藏，也就拿去砸碎回炉炼铁了。他这样做的结果，是在有意或无意间，保存下来大量谁也看不上眼却是我们先人留下来的珍贵遗物，这是何等出人意料！人弃我存，多年以后，终于成就了他这不平凡的收藏。

耿文东收藏铁器的事，外界知者甚多，当地新闻媒体和《辽沈晚报》特派记者近年连续发表了多篇相关的新闻报道（见附录）。有一次我和阜新的友人谈论阜新地区辽代考古发现时，他跟我说，阜新有人收藏了很多铁器，如果我有时间，可以去看看。他说过之后，我也就放下了。过了很长一段时间，2011 年 12 月中旬的一天，耿文东特意从阜新来沈阳，邀请我去阜新，帮他看看他收藏的那些铁器是怎样的一些情况，鉴别一下它们的价值，看看怎样发挥它们的作用，成立一个辽金铁器博物馆行不行？我到阜新后一看，他收藏的铁器确实很丰富，不仅数量多——有近三千件，而且品类齐全，有的过去少见，或是未曾见过，确实值得研究。因此，我仔细地看了他的收藏：首先是以器物的功能做了分类，然后进行时代鉴别，区分出辽代和金代的，并把其他时期的遗物也分别拣出。这一工作做完以后，我就对这批铁器的作用和价值进行了评估。

耿文东说：“我收藏这些铁器，就想建一座辽金铁器博物馆。现在全国都没有辽金铁器博物馆，只有阜新有这个条件——阜新是辽代的中心地区，辽代的东西多，到市、县博物馆都能看到，可是铁器没人要，我有这么多，建立一个博物馆让大家来看，我这是补了这个缺！我已经向县里提出报告，怎样建需要研究。今天您帮我做了鉴定，我知道了它们的价值，建辽金铁器博物馆的决心就更坚定了，我一定要把它建成！”然后他又向我提出一个想法，说：“这些铁器，我收了几十年，一直散放着，没个归拢，现在经您这一分类，全清楚了，就想请您给出本书介绍一下这些铁器，办博物馆上报审批也需要。这件事只有您能做，我们谁也做不了。书由您写，经费我出！”

笔者从事考古工作六十多年来，从未在一地一次就见过如此大数量的辽代铁器，更未见如此多的铁器集中在一个不大的地域，甚或可以说这么多铁器并非见于阜新全县，而其实际很可能是在很小的一个地域里，因一处废品收购站的覆盖范围很有限。这就值得我们注意了：这么多铁器集聚于一处，反映出辽代的铁冶及金工的发达，也反映了这个地区辽代的农业很是先进，道路交通顺畅，车辆往来频仍，同时也反映了当时的社会状态和人们的生活情景。这就具有非比寻常的重要性，值得研究者重视，值得深入探讨，笔者深知其学术价值！但如何能将其保存下来，不致湮灭，并为世人所知，就是一件非常有意义的事情，因而我决定按他的意见办，写一本研究辽代铁器的专著。这就是本书的由来。

于是我开始拍摄耿文东收藏的辽代铁器。2012 年 1 月，我又去阜新补拍了上一次未曾拍照的铁器。因当时需用较急，书稿要尽快写出来，在将器物照相全部完成后，我就放下手头的其他研究，全力开始书稿的写作。因退休在家，无杂事干扰，我整理照片，查找资料，缀简成编，日夜相继，虽经酷暑，也没休息。经过一年多时间的努力，至 2012 年年底，本书文字稿及照片编排全部完成。

铁器很重要，但很不好保存，极易氧化锈蚀，脱落残坏损毁，对收藏者来说经常是弄得满室狼藉，并且它们大都是生产工具、生活用物、车马具或者兵器等，大都粗糙，而非可以把玩之观赏物或艺术品，难登大雅之堂，不受一般人关注，没有较大的升值空间。所以，铁器多不被收藏家看好，很少有人下大力气去收藏。

耿文东能够收藏如此多的铁器，确实很难得。他筹划建立辽金铁器博物馆，也是一件好事，有益于祖国文物的保护，有益于当地文化事业的发展，应当予以支持。目前，他已获得展览场所，初步实现其愿望。

最后，我要说的是，辽代处在中古时期，是我国历史发展中内涵极为丰富的王朝，但由于种种原因，其历史情况又是最不清晰的，一切都要依据新发现的材料进行探索，都要靠出土遗物去重新建立，或是进行补充和完善，需要做的工作也是多方面的。本书只是从一个侧面进行一些研究，补充一点儿这方面的不足，拓展一下对辽朝的认识。我的愿望仅此而已！

目　录

中卷　阜新出土的辽代铁器

下卷　阜新铁器年代研究

附录　耿文东的收藏与媒体的报道

上　卷

各地考古发现出土的辽代铁器

从过去几十年的考古调查和发掘中，我们可以清楚地看到，辽代的铁器在全国各地凡属当年辽朝管辖的地区，无论城址、遗址还是墓葬、窖藏等各类遗存中，都有发现。铁器是辽代诸多种类遗物中的一种，为研究辽代物质文化不可或缺的内容。

即使只从建国来说，辽朝历史也很悠久，从五代初到北宋末年，经历了长时间的社会稳定、经济繁荣、文化发展时期。在长达219年的时间里，在辽王朝统治的广大地域，人们的生产活动、生活需用是非常庞杂的，从而产生的种种，无论是浩大的工程、精细的制器，还是扬弃的废物，都是历史的见证，给后世在地上地下留下了数量巨大的各种遗存，其遗迹、遗物内涵之丰富，时至今日已是有目共睹，尽为世人所知。

在此前提下，经过多年的考古调查和发掘，我国各地已发现的辽代各种遗存数量大得惊人，且不说未发现的，已知的就何止千百处！因此，本书不做更广泛的罗列，只选择已有报告发表的辽代城址、遗址、墓葬等遗存，并且是有铁器出土的遗存才予以收入，其他凡未见铁器的遗存，无论其重要性如何，都不见录，特在此说明。另外，本书中的我国各地出土铁器论述，是以我国现行的省、直辖市、自治区建置为单元分章记录，以省眉目。

第一章　内蒙古地区出土的辽代铁器

第一节　城址中出土的铁器

一、巴林左旗林东镇辽上京城址

巴林左旗驻地林东镇南辽上京城址，是辽太祖耶律阿保机建国后所建的都城，是辽代五京中的上京，称临潢府，有南、北二城，北城是皇城，南城是汉城，皇、汉两城城墙（不计二城中间共用城墙）长 8838.63 米，规模庞大，气度非凡。城址早年废弃，因地处草原，城墙保存较好，自晚清被重新发现以来，学术界研究多有讨论。1962 年，内蒙古自治区文物工作队对辽上京进行较深入的调查，并对皇城做了试掘了解。在试掘中出土有各类遗物，其中铁器有 92 件，“属于锁、锅、錾、钵、刀、矛銎、钉、车釧、甲扎等类物”，可具体介绍如下几件：圆管状外缘有矩铁车辖 1 件（图 1–1–1）、口沿略外卷腹壁薄而直平底铁盆 1 件（图 1–1–2）、直背小铁刀 1 件（图 1–1–3）、不同形制的铁甲片（图 1–2）。①

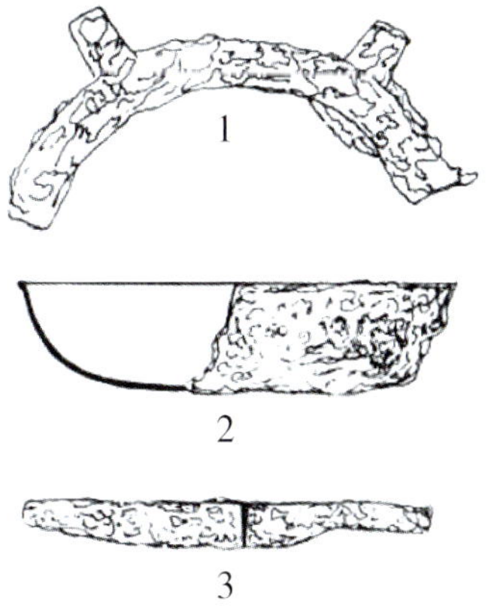

图1–1

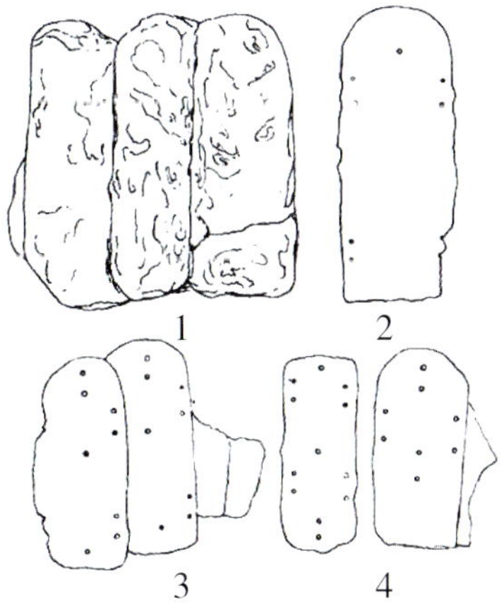

图 1–2

① 内蒙古文物考古研究所 . 辽上京城址勘察报告 . 内蒙古文物考古文集 . 中国大百科全书出版社，1994 年 8 月版 .

二、林西县西樱桃沟村辽饶州城址

林西县西樱桃沟村黄土坑屯屯东城址，是辽代饶州及其倚郭长乐县故址，为辽代初年所建，主要是为安置被征服的渤海国迁来之人。辽亡后此饶州城被废，金代未沿用，城无建置，废城遗物应为辽代。此城址经过两次考古调查和考证，确定饶州所在，发表报告，知现在城址仍保存较好，出土遗物丰富。其中出土的铁器有平口立领环沿三足铁釜 1 件（图 1–3）、铁熨斗 1 件、鱼头厚背銎口长柄铁铡刀 1 件（图 1–4）、顶面环鼻葫芦形束腰平底铁权（秤砣）1 件（图 1–5）、亚腰形铁镐 1 件、铁锛 1 件、尖锋钝三角形身单面凸起圆銎铁矛 1 件、双尖锋凹刃扁身圆锥形铤铁镞 1 件、扇形锋扁身方铤铁镞 1 件等。[①]

图 1–3

图 1–4

图 1–5

三、宁城县黑城子村辽城址

宁城县甸子乡黑城子村城址，历史悠久，建于战国时期，经秦、汉，辽时沿用。出土辽代遗物很多，其中铁器有三角锋扁体矛式有尾角圆铤铁镞 1 件（图 1–6 左）、矛式锋扁体长圆柄圆铤铁镞 1 件（图 1–6 右）。[②]

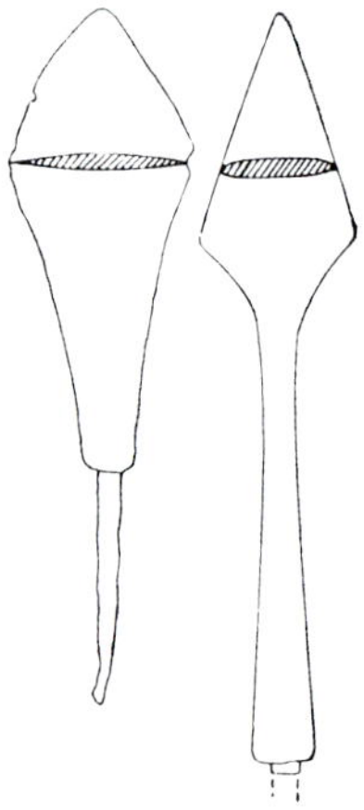

图 1–6

四、赤峰县城子村辽松山州城址

赤峰县城子乡城子村古城址，在半支箭河北岸，由东、西相等两城组成，当中共用一道城墙，南城墙、北城墙共

① 林西县文化馆．辽饶州故城调查记．考古，1980 年第 6 期．
冯永谦，姜念思．辽代饶州调查记．东北历史与考古．第一辑，文物出版社，1982 年 9 月版．

② 冯永谦，姜念思．宁城县黑城古城址调查．考古，1982 年第 2 期．

长1000米，东、西及中间城墙长500米，城内建筑遗址多处，遗物相当丰富。此城址为辽代松山州。出土“铁器，主要有生产工具犁铧和生活用具铁锅等”[①]。

五、库伦旗黑城子村辽城址

位于库伦旗扣河子镇黑城子村西田地中，城址保存较好，未被村庄宅院占用，因此遗迹较为清晰。城址基本为方形，每边长540～700米不等，其规模较大，出土遗物亦很多。1983年哲里木盟（现通辽市）文物工作者在文物普查时，对“黑城子古城进行了调查，并发现辽代‘灵安州刺史印’一方，进而得知黑城子即辽代的灵安州”。城址遗物中出土的铁器有扁方顶方銎扇形刃铁斧1件（图1–7）。[②]

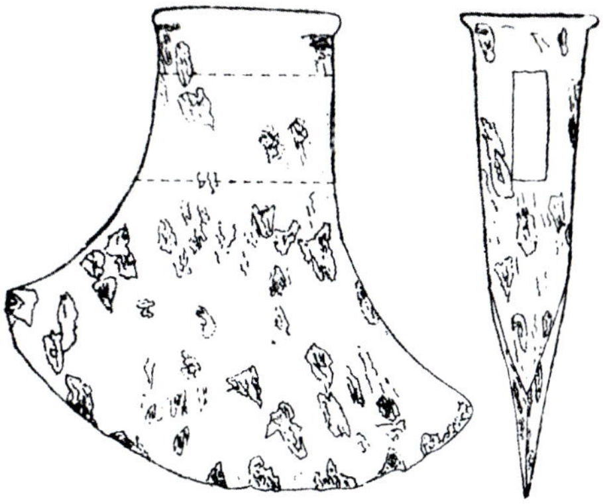

图 1–7

六、科右前旗前公主岭村辽城址

科尔沁右翼前旗前公主岭城址，根据调查者考证，认为是辽代的静州，即原辽泰州之金山县，后升为静州。

此城址中出土的遗物，有很多辽代特征明显的板瓦滴水、兽面纹瓦当。出土铁器有扁平刃圆銎铁镦1件、平刃扁身方铤铁镞1件（图1–8右）、三角形锋扁身圆铤铁镞1件（图1–8中）、三角形锋棱脊方铤铁镞1件（图1 8左）、圆形器面微鼓上饰四道阴文八短足铁鏊子1件（图1–9）、四棱锥体四针铁蒺藜1件（图1–10）、镂空花纹筒圈与平沿圜底三足火盆组合铁炭炉1件（图1–11）、方形立耳内折唇直腹圜底三板状足铁鼎1件（图1–12）、内折沿外饰沟纹鼓腹圜底六錾耳铁锅1件（图1–13）、铁镣铐1件（图1–14）、铁车辖1件、铁马衔1件等。[③]

---

① 项春松.辽代松山州故城考略.辽金契丹女真史研究，1985年第2期.

② 贲鹤龄.内蒙古库伦旗发现辽代灵安州城址.考古，1991年第6期.

③ 吉林省文物工作队等.科右前旗前公主岭一、二号古城调查.东北考古与历史.第一辑.文物出版社，1982年9月版.

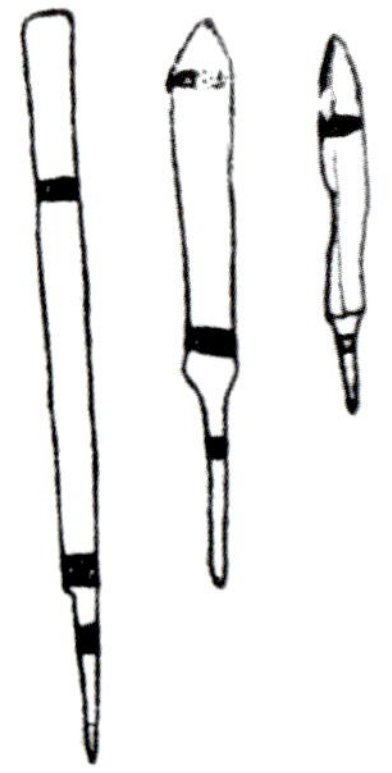

图 1-8

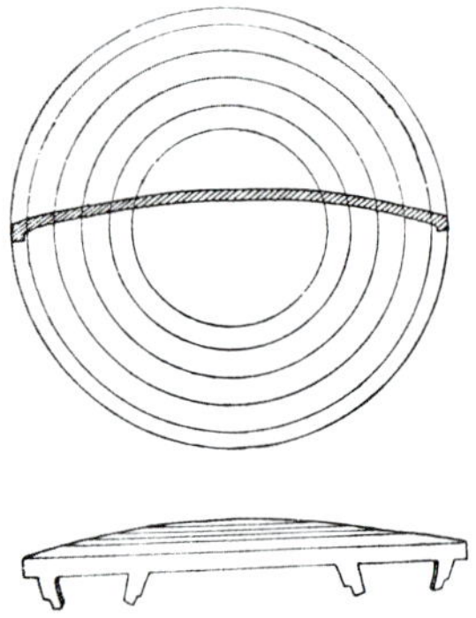

图 1-9

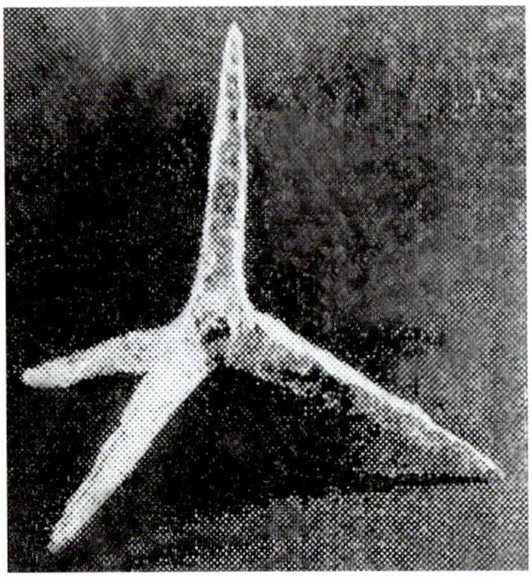

图 1-10

图 1-11

图 1-12

图 1-13

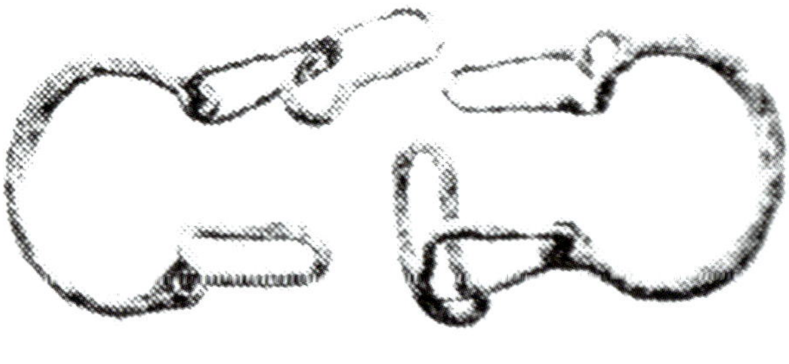

图 1-14

七、科右前旗白辛屯土城子辽城址

科右前旗白辛屯土城子辽城址，根据调查，城为土筑，方形，每边长 420 米，有南、东、西三城门。在东门外北部百米处，还有宅院土墙，东西两墙长 30 米，南北两墙长 27 米。城址内的遗物不多，比较单纯，见有篦齿纹陶片、划方格式暗纹陶片、酱紫釉碎片、酱褐釉注壶残片等。

城址中出土的铁器，报告称有“铁制工具与兵器，有铡刀、犁铧、锄头、锄钩、车辖等”。白辛屯辽城址，在洮儿河上游以南地区，遗物单纯，“因此这座古城可能为上京道统辖的一城”。[1]

八、呼和浩特市毛不浪村辽城址

呼和浩特市郊区黄合少乡毛不浪村城址，为辽城址。出土铁器有铁铧。[2]

第二节　遗址中出土的铁器

一、巴林左旗辽上京城内塔基遗址

巴林左旗驻地林东镇南辽上京皇城内西山坡辽代佛寺遗址，经过发掘，在一号塔基内出土大量遗物。关于铁器的记述，据报告称：“YT1 出土大量泥塑佛教造像和铜钱，还有石像、石经幢残件、石雕残块、陶瓷片、铁器、铜镜……”[3] 铁器是其诸多重要出土遗物中之一种。

二、巴林左旗下窝吉村辽遗址

巴林左旗土木富州乡下窝吉村东南 800 米大东沟里，此处南、北、东三面是山，西 1 公里即乌尔吉木伦河。遗址中石墙纵横交错，形成形状各异的院落，残砖断瓦很多，暴露出许多灰坑、烧土和遗物。在地下两米深处还有大量布纹瓦残块，在石条上有加工的凿花，还有一台手转小石磨以及篦纹陶罐、定窑白瓷片与

---

① 潘行荣 . 内蒙古科右前旗白辛屯古墓古城的调查 . 考古，1965 年第 7 期 .

② 张郁 . 内蒙古呼和浩特郊区毛不浪的辽代城址 . 考古，1962 年第 11 期 .

③ 中国社会科学院考古研究所内蒙古第二工作队，等 . 内蒙古巴林左旗辽上京西山坡佛寺遗址考古获重大发现 . 考古，2013 年第 1 期 .

仿定窑白瓷器片等。此地是一处典型的辽代遗址。出土铁器有长身厚背前端有一穿孔后部銎孔可按木柄铁铡刃刀 1 件。[1]

三、巴林右旗床金庙村黄花沟辽罕山祭祀遗址

巴林右旗床金庙村黄花沟遗址，在辽怀州、怀陵近旁，建筑规模很大，为辽代罕山祭祀遗址，时间从辽代早期至道宗时，辽亡后即被废弃，因此遗存皆为辽代。现建筑遗迹多有保存，遗物甚为丰富。属于铁器的遗物有：

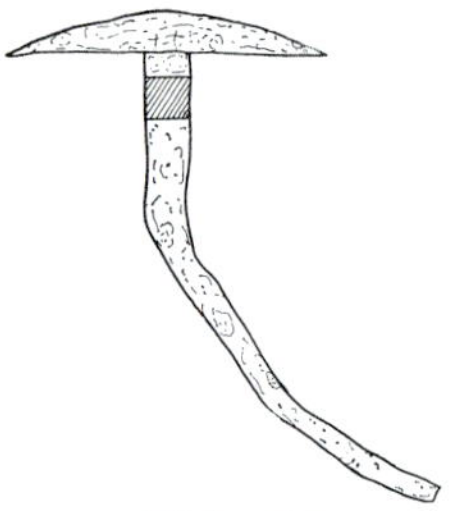
图 1-15

二号建筑址：大帽（直径 8 厘米）铁钉 1 件（图 1-15）；

三号建筑址：小铁环 1 件（图 1-16）；

图 1-16

四号建筑址：板形铁条 1 件（图 1-17-1）、弧板形铁器 2 件（图 1-17-2、图 1-17-3）、扁体铁钉 6 件（图 1-17-4）、环首铁钉 1 件（图 1-17-5）、卡钉 5 件（图 1-17-6）、三连环把铁锥 1 件（图 1-17-7）、板钉 3 件（图 1-17-8）、铁挂钩 1 件（图 1-17-9）、束腰条形环十五节铁链 1 条（图 1-17-10）、横式铁锁 1 件（图 1-17-11）；

图 1-17

① 金永田 . 土木富州公社文物调查报告 . 文物通讯，总第 8 期 . 昭乌达盟文物工作站，1979 年 12 月版 .

敛口平沿束颈直腹圜底铁锅 2 件（图 1–18–1）、敛口平沿颈弦沟纹弧腹圜底錾耳铁锅 1 件（图 1–18–2）、敛口平沿外折颈宽弦纹铁锅 1 件（图 1–18–3）、敞口空心把手铁勺 1 件（图 1–18–4）；

銎孔铁斧 1 件（图 1–19–1）、空首铁锛 1 件（图 1–19–2）、锥状柄铁凿（冯按：此件铁凿恐误，应为铁锉）1 件（图 1–19–3）、窄身铁镰 1 件（图 1–19–4）、宽身铁镰 1 件（图 1–19–5）、直背细身铁刀 1 件（图 1–19–6）、三角形铁铛足 1 件（图 1–19–7）；

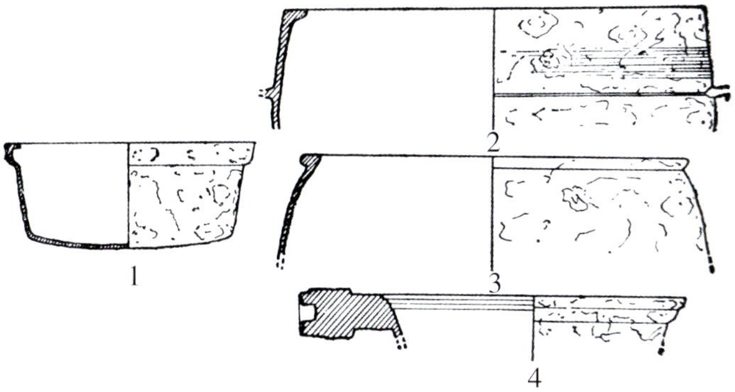

图 1–18

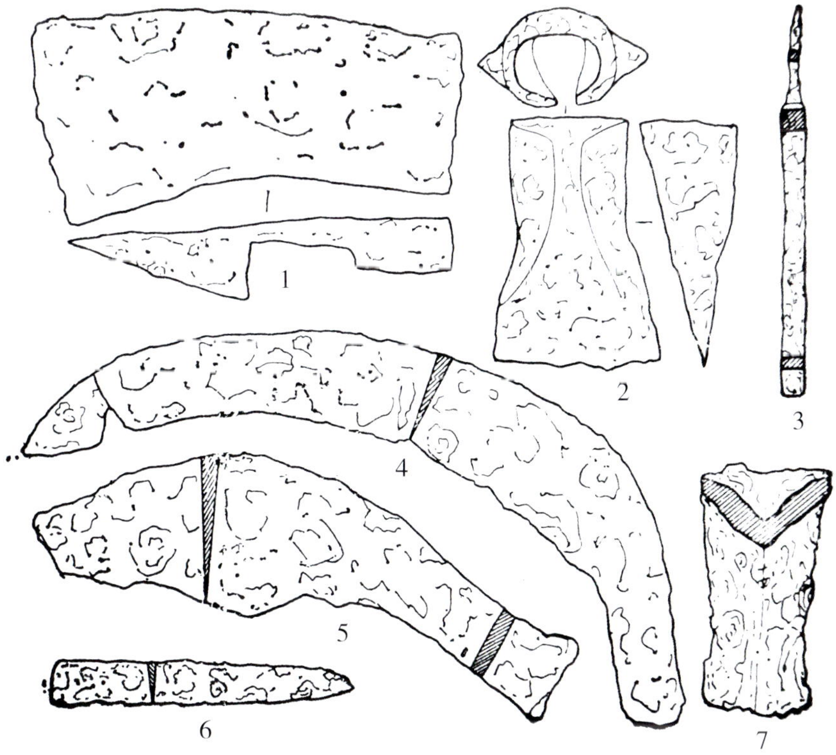

图 1–19

大铁环 1 件（图 1–20–1）、方形固定卡针铁带卡 1 件（图 1–20–2）、五矩铁车辖 1 件（图 1–20–3）、前圆后方活动卡针铁带卡 1 件（图 1–20–4）、大小环相套铁环 1 件（图 1–20–5）、凸形活卡针小型铁带卡 1 件（图 1–20–6）等。[①]

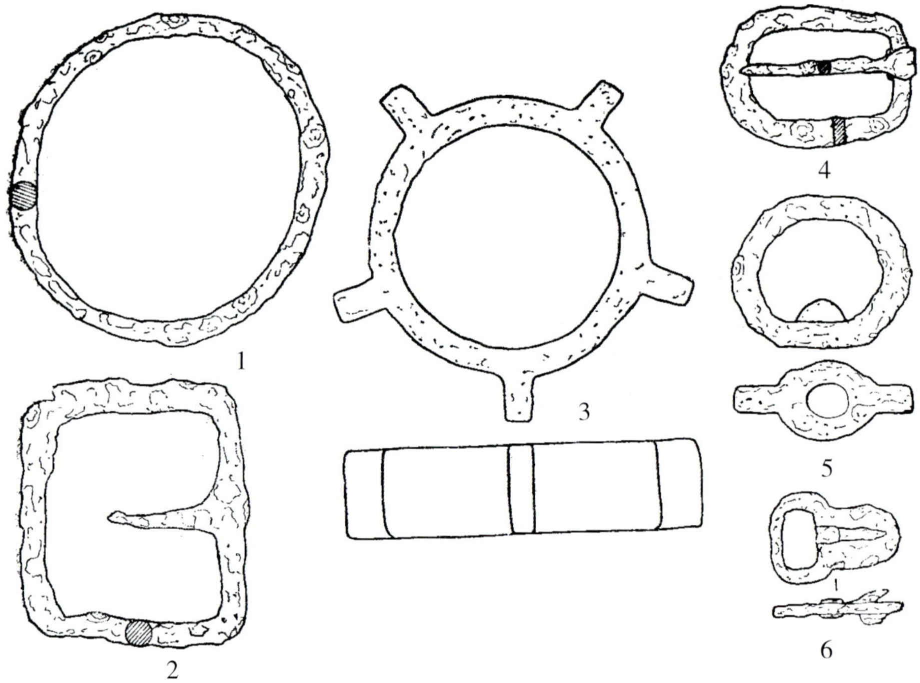

图 1–20

四、巴林右旗索布力嘎辽白塔

巴林右旗索布力嘎苏木（乡）索布力嘎村，有辽代庆州城址，城内西北隅有辽代楼阁式白塔。近年在维修时于白塔中发现许多辽代遗物，于覆钵内相轮樘发现有铁质文物，为錾有“重熙十八年七月二十日”铭文铁板 1 件。[②]

五、宁城县武官营子村辽塔基遗址

宁城县武官营子村有一座辽塔，在塔基中出土辽代遗物，具石函上錾有铭文

① 内蒙古自治区文物工作队，等 . 内蒙古巴林右旗罕山辽代祭祀遗址发掘报告 . 考古，1988 年第 11 期 .

② 德新，张汉君，韩仁信 . 内蒙古巴林右旗庆州白容发现辽代佛教文物 . 文物，1994 年第 12 期 .

题记，其中有记载“重熙十四年”诸字，可知为辽代遗存。塔基地宫出土石函，内有铁函，内又盛铜函、银函等。[①]

六、呼和浩特市二十家子村辽佛寺遗址

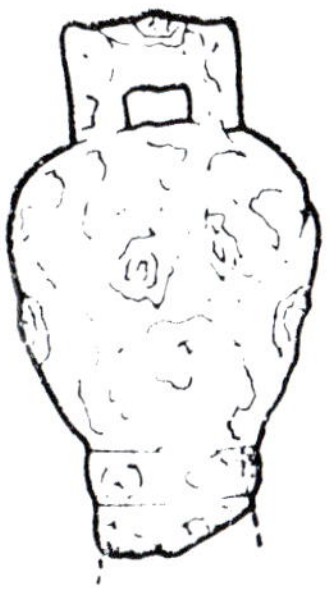

图 1–21

呼和浩特市郊区二十家子村，有一处佛寺遗址，经过考古发掘，出土各类遗物，确认其为辽代中晚期所建。出土遗物有不少铁器，在塔基中出土铁器有扁身横长方穿广肩圆腹束胫（下残应平底）铁杈 1 件（图 1–21）、直背铁刀 1 件、铁钩 1 件、铁钉 1 件、铁页 1 件、铁炉条 2 件、尖锋长身菱体短铤铁镞 1 件，还有寺顶装饰铁条、铁板瓦等。[②]

第三节　墓葬中出土的铁器

一、巴林左旗石房子村辽太祖陵

巴林左旗太祖陵，是葬辽代开国皇帝耶律阿保机及皇后的陵墓，在林东镇西北查干哈达苏木石房子村祖州城西北山谷中。经近年调查和发掘，在太祖陵陵园内建筑基址房屋中，出土有铁镰刀、铁剪刀、铁锅、铁矛、铁镞、铁马镫等。报告着重指出“特别是在南侧火道内清理出二把精美的铁刀（图 1–22），是本次发掘的重要收获之一”。[③]

图 1–22

① 郑绍宗 . 内蒙古宁城县武官营子发现的辽代石函 . 考古，1964 年第 11 期 .

② 内蒙古文物考古研究所 . 呼和浩特郊区辽代佛寺发掘记 . 内蒙古文物考古，1991 年第 1 期 .

③ 董新林，塔拉 . 辽上京城和祖陵陵园考古发现与研究 . 首届辽上京契丹・辽文化学术研讨会论文集 . 内蒙古文化出版社，2009 年 6 月版 .

二、巴林左旗石房子村辽祖陵

巴林左旗查干哈达苏木石房子村辽祖陵陵园内，在2003年和2004年曾进行了全面的考古调查和试掘，取得了较重要的研究资料，发现的铁器亦不少，有如下几处：

一号陪葬墓：位于祖陵外陵区西侧的一道小山脊上，与太祖陵仅一岭之隔。墓室规模较大，由墓道、甬道、前室、中室、后室和两耳室组成。墓道后部“两建筑之间的最东端设有一个木门，铁构件尚存”。在后室“尽管此墓经过了严重的盗掘，但仍清理出200多件（组）随葬器物，主要有鎏金银器、鎏金铜器、玻璃器、瓷器、玉器、琥珀、铁器、陶器、木器、石器、鎏金铜钱、铜钱等……”

甲组建筑址J1基址：“出土有大量砖瓦构件，包括兽面瓦当、滴水、筒瓦、板瓦、鸱吻残片等，还发现了精美的石僧人像、残佛像、铁马镫和北宋铜钱等遗物。”

J2建筑址：“为砖木结构，由东偏房、西正房两部分组成。”在东偏房“黄土地面上发现铁菜刀、剪刀、镞等和北宋铜钱”。在“西正房内发现有镰、剪刀、锅、矛、镞、马镫等铁器，以及北宋铜钱等遗物。特别是在南侧大道内清理出2件精美的铁刀，是本次发掘的重要收获之一”。①

三、巴林左旗石房子村辽太祖陵陵园门址

巴林左旗查干哈达苏木石房子嘎查西北山谷中，辽太祖陵所在地，2010年7月发掘了太祖陵陵园门址黑龙门和四号建筑基址。在黑龙门址中出土铁门钉、铁铺首衔环等，在四号建筑址中出土铁器3件。②

四、巴林左旗滴水壶辽墓

巴林左旗辽上京城址南查干哈达苏木阿鲁召嘎查后召庙南2.5公里滴水壶对面山峰的西北麓，有一处有墓垣的家族墓地，此墓在墓垣东南部。墓为石筑单室八角形，在早年被盗，除石棺外，遗物全无，但保存大量壁画，其中不乏反映这方面的内容。③

---

① 中国社会科学院考古研究所内蒙古第二工作队，等．内蒙古巴林左旗辽代祖陵陵园遗址．考古，2009年第7期．

② 中国社会科学院考古研究所，等．内蒙古巴林左旗辽代祖陵陵园黑龙门址和四号建筑基址．考古，2011年第1期．

③ 巴林左旗博物馆．内蒙古巴林左旗滴水壶辽代壁画墓．考古，1999年第8期．

“第一幅:《敬食图》。绘于墓室西北壁。图中绘有三个成年男子，均为髡发，小髭须，着白色圆领窄袖长袍，褐色中单，系腰带，足踏长靴，皆立身面向外。……左边一人躬身作动状，右手提三足提梁鼎，左手持勺，长袍掖起。”（图 1–23、图 1–24），此人所提之物，应是鼎或釜。

图 1–23

图 1–24

“第三幅:《备饮图》。绘于墓室南壁。左侧是帐门另一边，红色帐帘用绿带系扎，画面是三个男子的立像。右边一人面向中间一人躬身接茶，他头裹黑色头巾，着黄色圆领窄袖长袍，系褐色腰带，腰带左侧佩带鞘小刀，鞘上有黑色菱形方格纹，腰后掖白手巾。……”（图 1–25—图 1–28）此为腰间系带佩刀之具体图像。

图 1–25

图 1–26

图 1-27

图 1-28

“第七幅:《归来图》。位于甬道南壁，局部脱落。所绘四人中有三人为汉服装束。右起第一人头戴黑色交脚幞头，小髭须，耳前露鬓发，着白圆领窄袖衣，缚衫。下身露红绿丝帛蒂，长裤，麻鞋。手提铁链提梁小罐，铁链从颈后绕过，其右手拉住链尾。”（图 1-29、图 1-30）

图 1-29

图 1-30

在后文所列赤峰西水地辽墓中，出土一件铜身铁链环提梁三铁足铜釜（报告称鼎），与此壁画中的器物图像非常相似，可资参考。

五、阿鲁科尔沁旗罕苏木辽耶律羽之墓

阿鲁科尔沁旗北130余公里罕苏木苏木所在地罕庙，墓东南约30公里有一牧村称古日板呼舒，村北为绵延数十里的朝克图山，西端主峰称为“裂缝山”，耶律羽之墓坐落在山坡南（按：笔者曾两次去耶律羽之墓现地调查过，地在阿鲁科尔沁旗驻地天山镇北200余里罕苏木苏木所在地的罕庙村辖境，当北行至古日板呼舒嘎查后，又西北行至吉日和嘎查，由此再西北数里是一横向的突起山峰，海拔947米，山势陡峭高峻，山峰近西端在南坡上有一道上下直通的沟槽，甚险峻，似山裂开，故当地人称为“裂缝山”，其势却也颇为形象。耶律羽之墓地不在此山下，而是在其南另一处自成环境，东、西、北三面为低山冈的低平山谷中，其北山冈中间隔一道狭窄、陡峭山谷，北侧才为“裂缝山”)。墓为砖石结构，由墓道、门庭、墓门、甬道、东西耳室和主室组成。主室及耳室方形，叠涩攒尖顶，主室壁由绿色琉璃砖砌成。墓为辽代早期墓葬，时间为辽太宗会同五年（942年），耶律羽之是皇族，辽朝权臣，地位显赫。墓中出土遗物非常丰富，有金器、银器、铜器、陶瓷器、木器、玉石器、丝织品、墓志等，铁器种类亦较多，有工具、车马器、武器、生活用具及容器等，有的并有错金或鎏金，制作精美，非常难得。现将铁器分记于下：

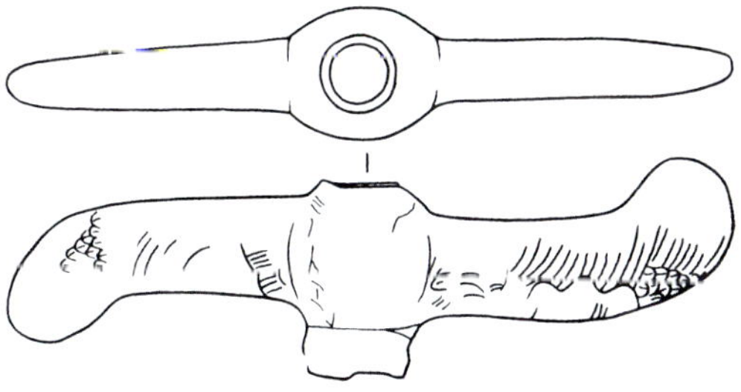

图 1–31

铁器计有错金镐形铁器1件（图1–31）、曲柄铁斧1件（图1–32–7）、铁锤1件（图1–32–8）、四矩铁车辖1件（图1–32–6）、长铁刀1件（图1–32–1）、环股铁剪1件（图1–32–3）、平刃铁镞1件（图1–32–4）、矛式铁镞1件（图1–32–5）、铁蒺藜1件（图1–32–2）、鎏金铁锁1件（图1–32–9）、敛口双环耳深腹三兽足铁釜1件（图1–33）、高颈短流铁执壶1件（图1–34）等。[①]

六、阿鲁科尔沁旗宝山一号辽墓

位于阿鲁科尔沁旗东沙布日台乡西南12.5公里宝山（亦称老头山）主峰阳

① 内蒙古文物考古研究所，等.辽耶律羽之墓发掘简报.文物，1996年第1期.

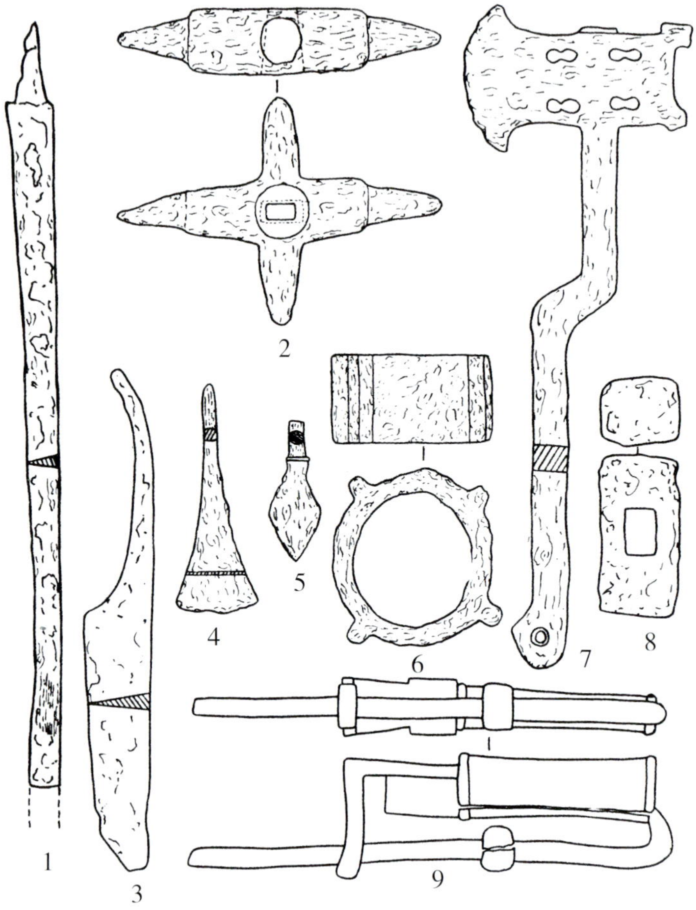

图 1-32

图 1-33

图 1-34

坡茔园内，1993 年冬园内古墓被盗，遂前后两次进行发掘，清理墓葬两座，编为一、二号墓，发现有契丹字刻“天赞二年”(924 年)题记，知为辽早期墓葬。其中一号墓为砖石结构，由墓园、方庭、墓门、甬道、墓室、石房组成，主室平面为抹角长方形。出土遗物有金、银、铜、铁、陶、瓷、骨器及丝织品。铁器为铁挂钩 1 件。[①]

七、阿鲁科尔沁旗道尔其格村辽墓

位于阿鲁科尔沁旗岗台乡东道尔其格村西北 2 公里大黑山南缓坡。这座辽墓无墓室，为土坑木棺，其随葬遗物很有特点，有较为少见的皮革制品，鸡冠壶、鎏金带饰、马鞍、皮兜、皮炒袋等。出土铁器有木杆铁骨朵 2 件（图 1–35–1）、环梁宽踏板铁马镫 1 件（图 1–35–4）、覆钟式铁铃 1 件（图 1–35–3）、附挂钩铁游环 1 件（图 1–35–5）、桦树皮制铁箍箭壶 1 件（图 1–35–2）等。[②]

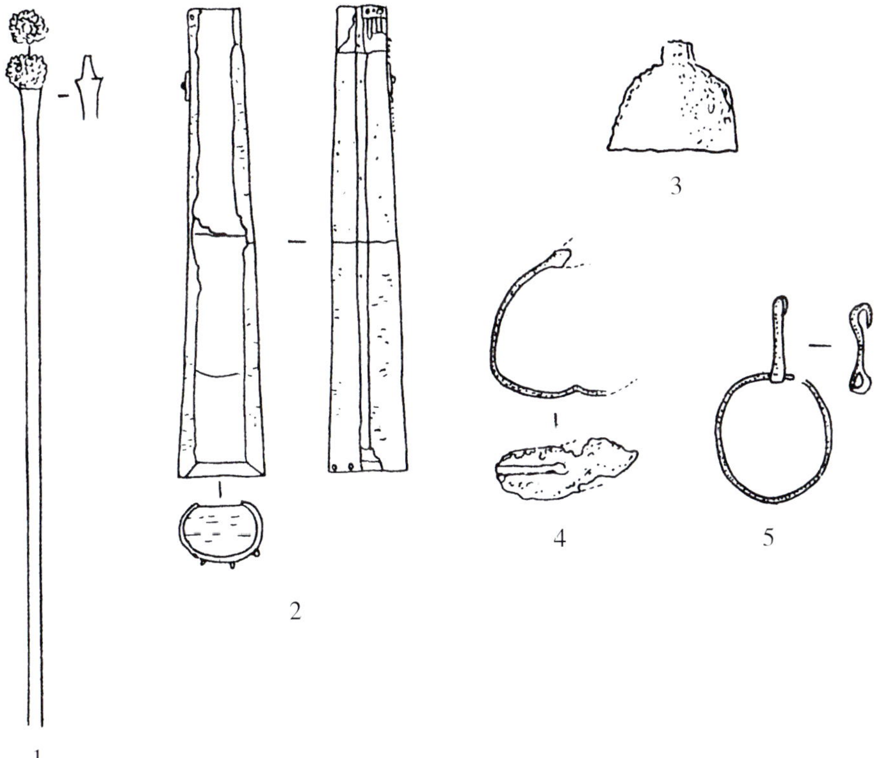

图 1–35

① 内蒙古文物考古研究所，等. 内蒙古赤峰宝山辽壁画墓发掘简报. 文物，1998 年第 1 期.
② 丛艳双. 阿鲁科尔沁旗道尔其格发现一座辽墓. 内蒙古文物考古，1992 年第 1、2 期.

八、阿鲁科尔沁旗温多尔敖瑞山辽墓

阿鲁科尔沁旗扎嘎斯台苏木吐古他拉嘎查温多尔敖瑞山辽墓，为辽代晚期墓葬。出土铁器有厚重高环梁弧形踏板铁马镫（图 1–36）、横长方中间横梁卡针铁带卡（图 1–37）、骨柄直背铁刀（图 1–38）[①]

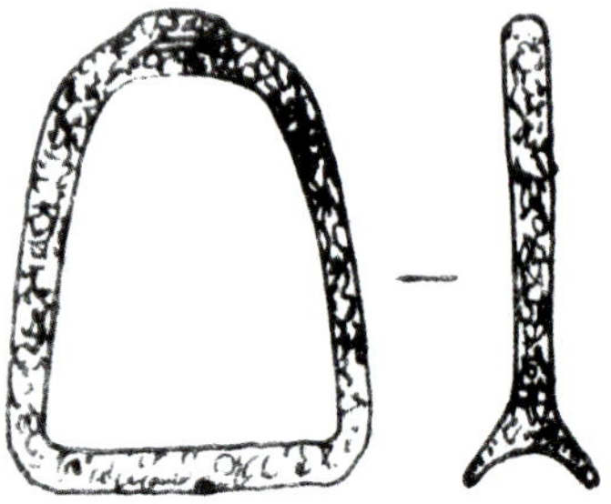

图 1–36

图 1–37

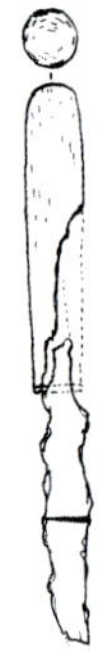

图 1–38

九、阿鲁科尔沁旗新林村辽墓

位于阿鲁科尔沁旗先锋乡新林村东部向南倾斜的缓坡，1990 年 11 月发掘，墓为砖筑圆形，后部尸床。出土遗物有釉陶器等。铁器有侈口浅腹平底鋬口斜柄铁熨斗 1 件（图 1–39）。[②]

图 1–39

十、阿鲁科尔沁旗范家屯辽墓

阿鲁科尔沁旗双胜镇永和村范家屯西北 1.5 公里石匠山南面土山的南坡山水沟的东西两侧各发现一座辽墓。沟东墓无铁器，于此不记。沟西墓为土洞墓，门用两块不规整石板封堵，随葬器物有釉陶器、铜手镯等。铁器有尖锋长身扁体扁铤铁镞 1 件（图 1–40）。[③]

图 1–40

① 赤峰市博物馆考古队，等 . 赤峰市阿鲁科尔沁旗温多尔敖瑞山辽墓清理简报 . 文物，1993 年第 3 期 .

②③ 阿鲁科尔沁旗文管所，等 . 阿鲁科尔沁旗先锋乡和双胜镇辽墓清理报告 . 内蒙古文物考古，1996 年第 1、2 期合刊 .

十一、巴林右旗床金沟辽怀陵四号墓

在巴林右旗幸福之路苏木床金沟上营村东北约1公里高山下南面缓坡平地上，床金沟为辽代怀陵所在地，葬有辽代第二位皇帝太宗耶律德光、第四位皇帝穆宗耶律及与二帝相关之人的祔葬墓。1990年床金沟内墓葬被盗，经调查后，即进行清理，此墓按发掘顺序编为四号墓。墓葬为砖石结构双墓道多室壁画墓，结构复杂，由墓道、前室、东侧室、西侧室和主室组成，墓室方形，各室之间甬道相衔接。此墓虽然被盗，仍出土瓷器、银器、铜器、石器等80多件。铁器出土有扁长条形球形柄顶端钩状铁钥匙1件。[①]

十二、巴林右旗床金沟辽怀陵五号墓

位于巴林右旗岗根苏木（苏木，蒙古语，意思为“乡”）床金沟上营子村东3公里最高峰架子山前坡平地中部，床金沟内为辽代怀陵，1990年因墓区内墓葬被盗掘，遂进行清理，此墓编为五号墓。墓为砖木结构多室壁画墓，由墓道、天井、前宝室、东西耳室、后宝室组成，建筑宏伟，结构复杂。因多次被盗，墓葬所余遗物不多，主要为瓷器等。铁器出土有双尖锋骨鸣镝1件（图1–41）。[②]

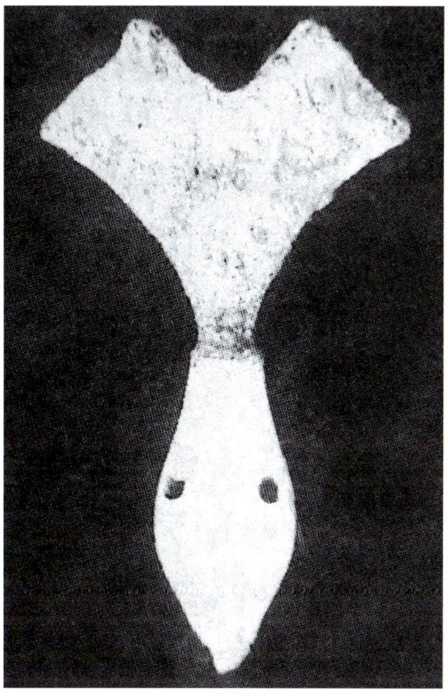
图 1–41

十三、巴林右旗敖包恩格尔辽墓

巴林右旗沙布尔台苏木敖包恩格尔村。1991年为配合集通铁路建设，在塔布敖包遗址发掘时，因雨在村北一处漫坡冲沟发现一墓，进行发掘。墓为石砌方形单室墓，四壁厚薄不一，穹隆顶。内葬一女性，头向东，遗物在骨殖附近，其中铁器有铁带卡1件（图1–42）、镞形铁器1件（图1–43）。[③]

① 内蒙古文物考古研究所 . 内蒙古巴林右旗床金沟四号辽墓发掘简报 . 文物，2017年第9期 .

② 内蒙古文物考古研究所 . 巴林右旗床金沟5号辽墓发掘简报 . 文物，2002年第3期 .

③ 内蒙古文物考古研究所 . 巴林右旗敖包恩格尔辽墓 . 内蒙古文物考古文集 . 第一辑，中国大百科全书出版社，1994年8月版 .

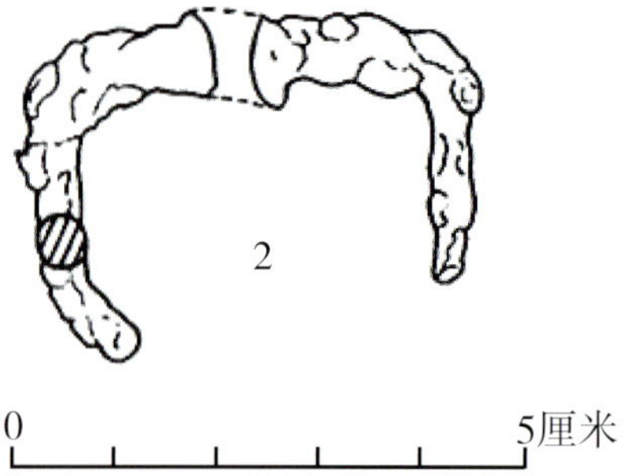

图 1-42

图 1-43

十四、巴林右旗巴彦琥绍独贵龙辽墓

位于巴林右旗巴彦尔登苏木浩饶钦嘎查巴彦琥绍独贵龙西南约 400 米沙窝子中风蚀形成的坡地上，墓为长方形土坑竖穴，出土遗物有核齿纹陶壶、蓝琉璃珠等。铁器较多，有环股铁剪 1 件（图 1–44–3）、铜铸花纹柄木鞘铁剑 1 件（图 1–44–5）、敞口平唇方銎扁条柄浅腹平底铁熨斗 1 件（图 1–44–1）、方体平顶扁穿鼻下部外侈四长脚（缺内胆）铁风铃 1 件（图 1–44–4）、尖锋曲刃扁体铁镞 1 件（图 1–44–2）。①

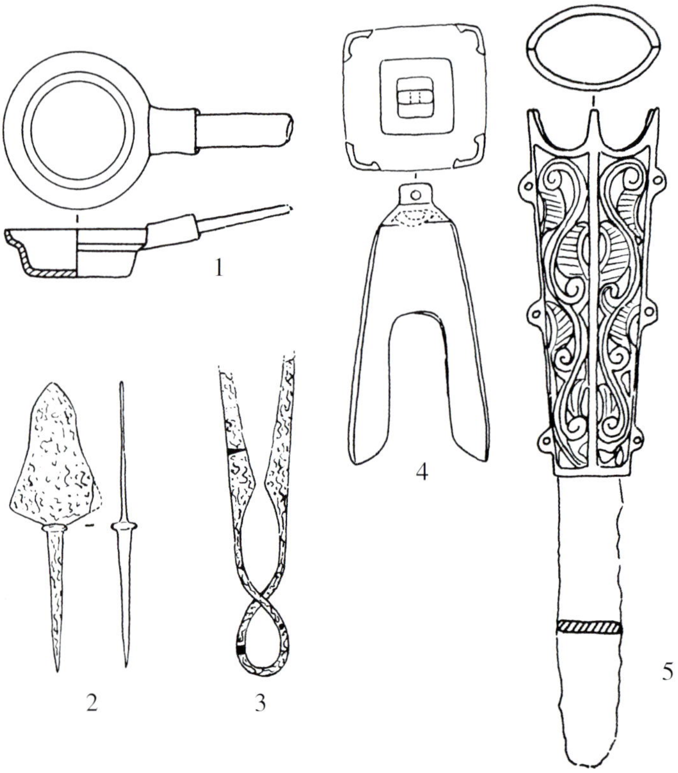

图 1-44

① 苗润华 . 巴林右旗巴彦琥绍辽墓和元代遗址 . 内蒙古文物考古，1994 年第 1 期 .

十五、巴林右旗查干坝辽墓

巴林右旗白音和硕乡西北2公里红柯罗坝山南麓东部查干坝是一片辽墓群，1979年10月对第十一号墓进行清理发掘。墓为石筑，内有八角形柏木椁。出土遗物有瓷器、风字形陶暖砚等，均很精美。铁器计有方形扁身鼻横穿孔环梁宽踏板铁马镫1副（图1–45）、环镳双节铁马衔1件。[①]

图1–45

十六、巴林右旗友爱辽墓

位于巴林右旗都希苏木友爱村西南500米西泡子山南缘坡下，1992年1月发现此墓，遂进行清理。墓为石筑方形单室，主室有柏木小帐，绘有彩色壁画，出土有丝织服饰、漆匙、黄釉陶碗等，报告认为“墓葬年代为辽代中期或早期”。墓葬被盗，出土铁器有三足八方体高檠铁灯1件（图1–46）。[②]

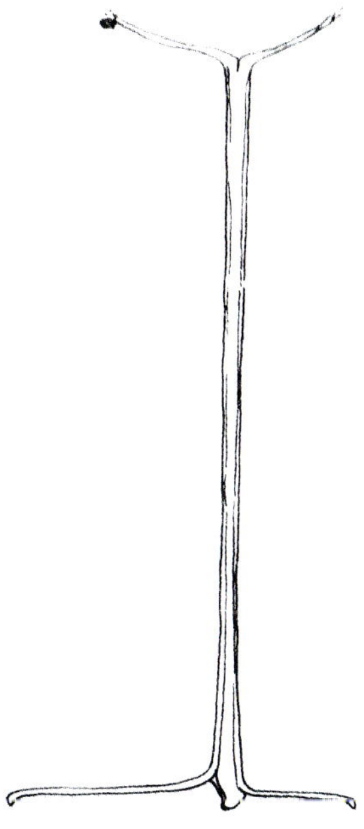

图1–46

十七、克什克腾旗二八地村辽墓

克什克腾旗热水乡二八地村辽墓，共四座，其时间是辽代早期墓葬。随葬遗物甚多，有的很罕见，值得注意。

一号墓：为砖筑圆形券顶单室墓。出土的铁器有圆体浅盘宽沿圆柱形长柄铁熨斗1件（图1–47）、直背铁刀2件、圆銎长条形扁身平刃铁凿1件、长方形扁身侧呈三角状中部横穿銎铁斧1件、铁马镫4件。铁马镫可分两式，一式环形穿鼻环梁圆柱状扁平宽踏板铁马镫2件，二式扁平长方形横穿孔细圆柱形宽踏板铁马镫2件。

二号墓：砖筑圆形单室券顶墓。出土的铁器有斜腹平底内凹铁碗1件、长身

---

① 董文义．内蒙古巴林右旗查干坝十一号辽墓清理简报．文物资料丛刊．第十辑．文物出版社，1987年版．

② 巴林右旗博物馆．内蒙古巴林右旗友爱辽墓．文物，1996年第11期．

宽背圆脊铁刀 1 件、环股铁剪 1 件、长身扁平双銎铁凿 1 件、长方形扁平高穿鼻环梁宽踏板铁马镫 1 副。[①]

图 1-47

十八、赤峰市大营子村辽驸马墓

赤峰市大营子村墓，为辽代驸马卫国王墓，是辽代早期墓葬，时间为穆宗应历九年（959 年）。墓葬规模宏大，出土遗物丰富，种类齐备，铁器数量亦多。现将墓中出土铁器分记于下：

前室（图 1–48）计有六足长方铁炉 1 件、卷云花纹铁铲 1 件、提梁三足铁桶 1 件（图 1–49）、侈口四足有盖铁桶 1 件、长颈执柄铁注壶 1 件（图 1–50）、环状扁嘴交股长把铁火夹 1 件、铁门枢 1 件、铁器把 1 件、嵌银花扁体方穿鼻环梁宽踏板铁马镫 2 副、铁衔镳 2 副；

南侧室（图 1–51）计有嵌银花铁马具一组（包括凸形节约、长方形辔饰、铊尾、带卡、带箍等 58 件）、铁马镫 9 副（图 1–52）、铁衔镳 9 副、铁盔 1 件（图 1–53）、铁甲片（重达 100 千克，有长短宽窄不同规格的上圆下方甲片、上宽下窄楔形甲片等）、横式铁锁 1 件、方顶铁锤 1 件、铁凿 10 件、扁方嘴交股长柄铁钳 1 件；

北侧室（图 1–54）计有楔形体方銎铁斧 1 件、长方形箱角包铁片 16 件；

① 项春松 . 克什克腾旗二八地一、二号辽墓 . 内蒙古文物考古，1984 年第 3 期 .

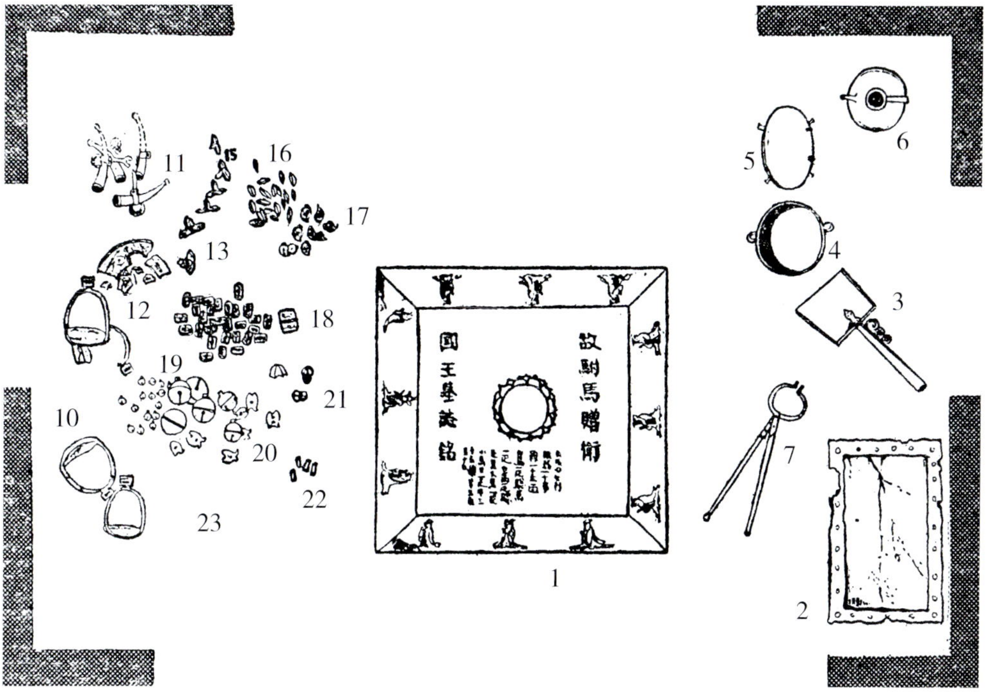

图 1-48

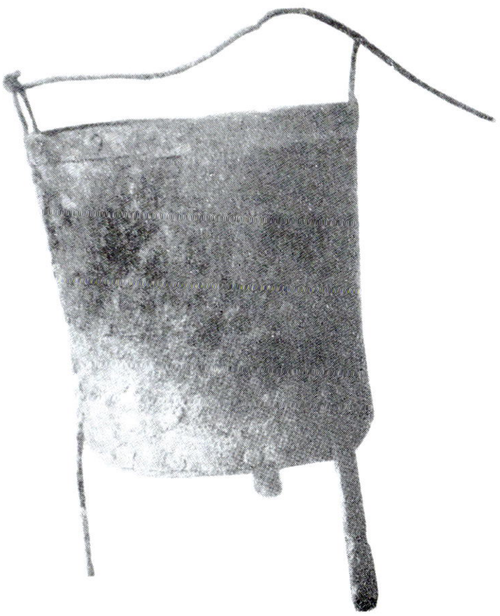

图 1-49

图 1-50

中室（图 1-55）计有错金银柳叶形隆脊长身铁矛 1 件（图 1-56-2）、铁刀 1 件（图 1-56-1）、横式铁锁 1 件、错金银弓状体护手形铁器 1 件、各式铁钉多件；

图 1-51

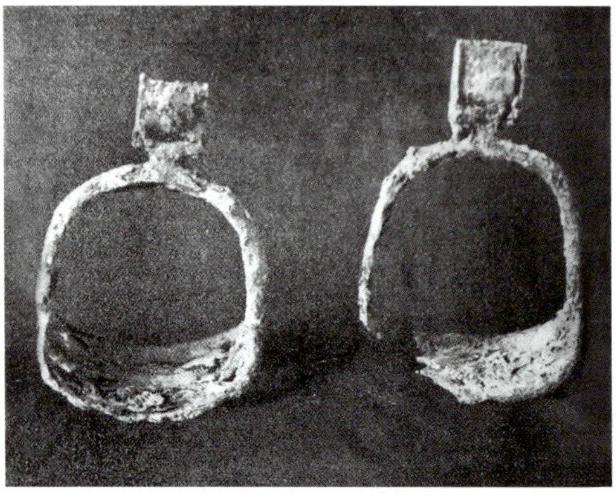

图 1-52

图 1-53

后室（图 1-57）计有外折沿空心长柄铁锅 1 件、卷云花三足一面有把铁锅铛 1 件、环股铁剪 1 件（图 1-58-1）、铁斧 1 件、平头銎柄铁铲 1 件、铁锛 1 件、横式铁锁 1 件（图 1-58-4）、半弯形铁镰 1 件、鸟嘴式交股铁钳 1 件（图 1-58-2）、环嘴交股铁钳 1 件（图 1-58-3）、铁刀 7 件、小铁刀 8 件、铁勺把 2 件、铁鸣镝 47 件（图 1-59）、桂叶形长脊双翼式铁镞 71 件、扇形锋扁体束腰角尾铁镞 2 件、铁钉等。[①]

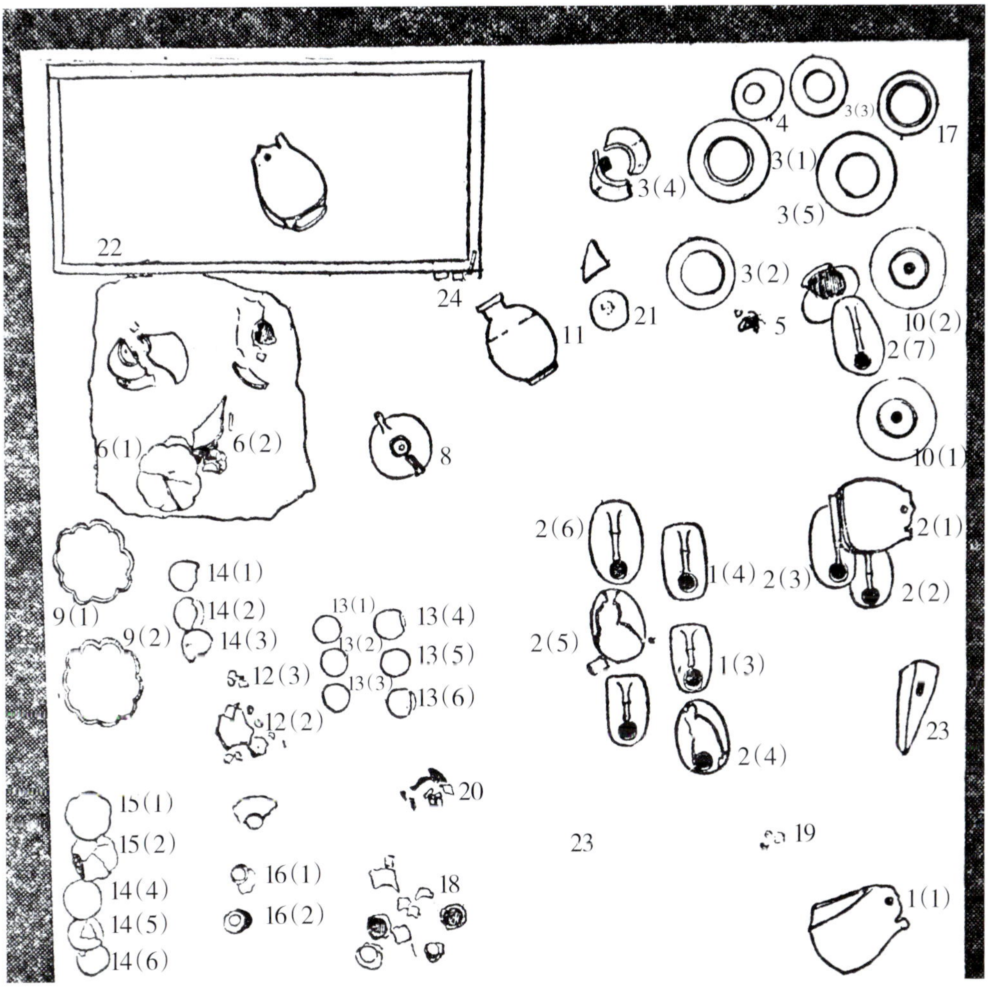

图 1-54

上卷

① 前热河省博物馆筹备组（郑绍宗执笔）. 赤峰县大营子辽墓发掘报告 . 考古学报，1956 年第 3 期 .

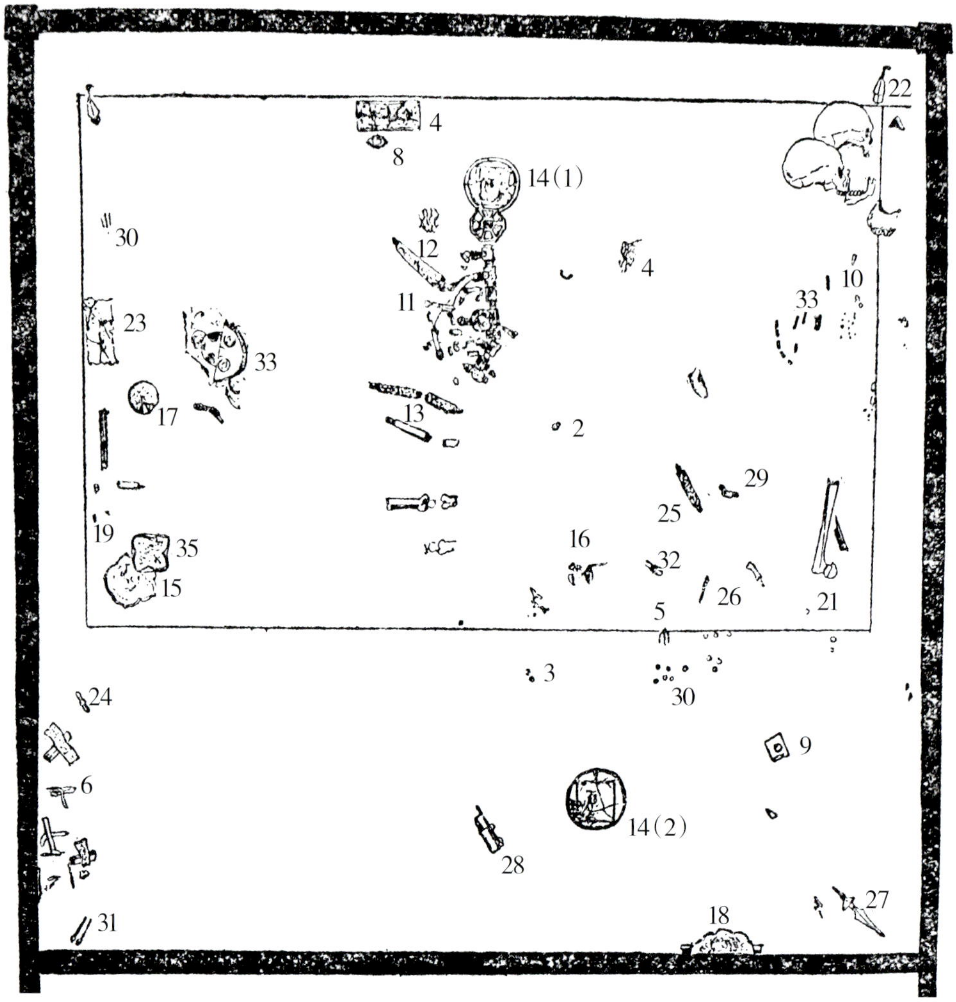
22
4
8
14(1)
30
12
4
10
33
11
23
33
17
13
2
29
25
19
35
16
32
15
26
5
21
3
24
30
9
6
14(2)
28
27
31
18

图 1-55

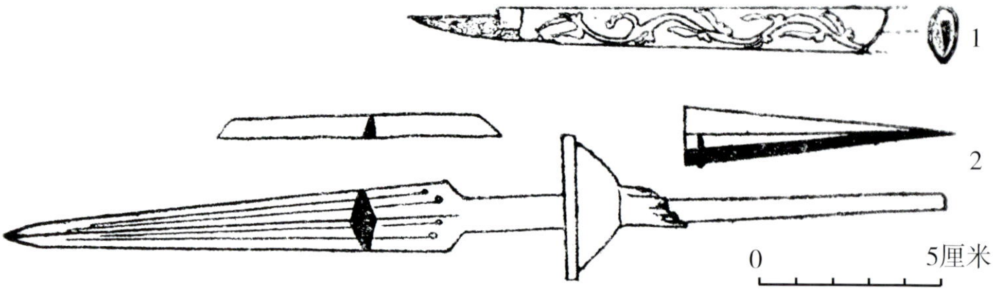
1
2
0
5厘米

图 1-56

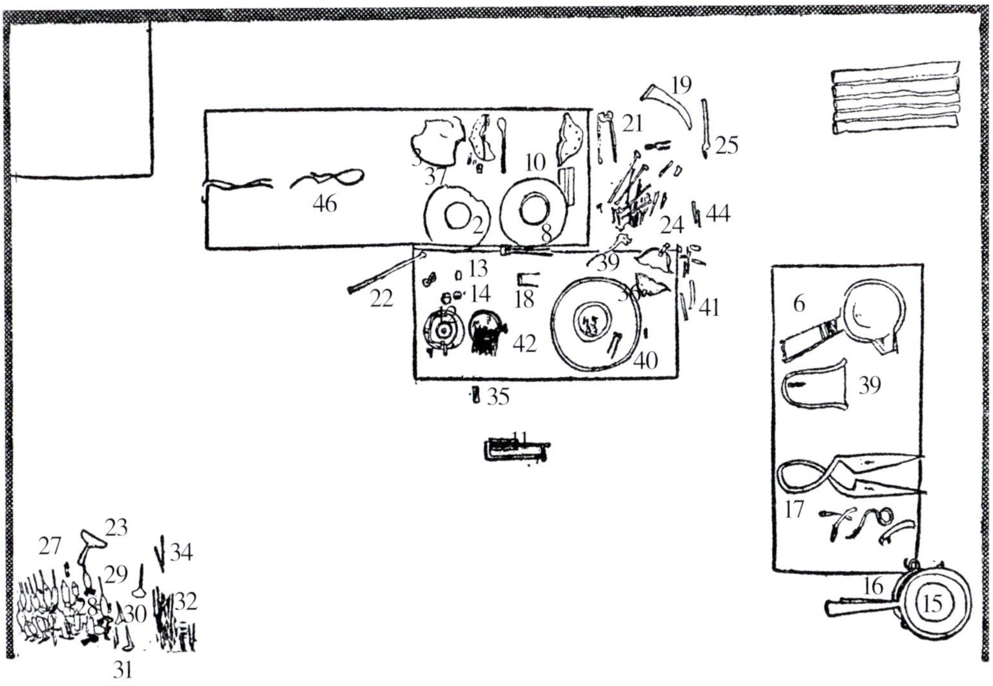
19
21
25
10
37
46
2
8
24
44
13
39
22
14
18
36
41
42
40
6
39
35
11
17
23
27
34
29
32
28
30
31
16
15

图 1-57

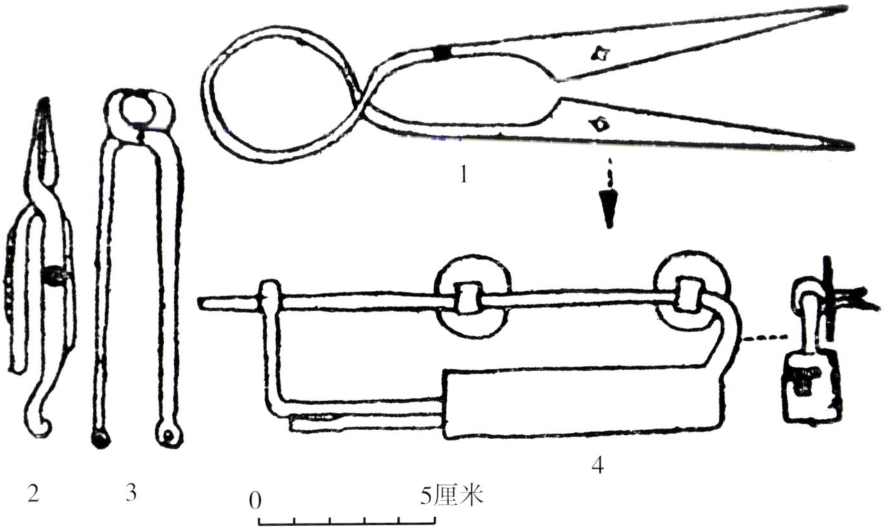
1
2
3
4
0
5厘米

图 1-58

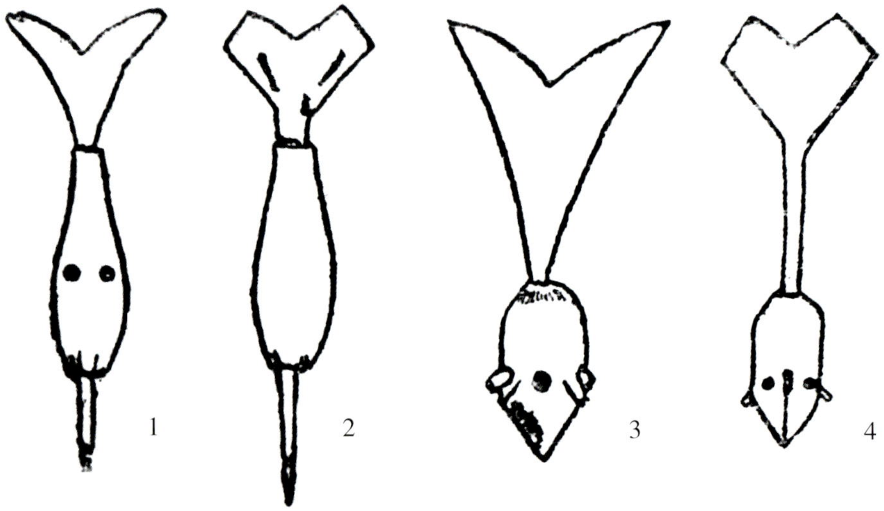

图 1-59

十九、赤峰市西水地村辽墓

赤峰市红山区西水地村，1989 年 10 月因取土发现一墓，出土遗物多达 80 余件，报告说根据墓中出土的铜镜、鸣镝、马镫与“驸马墓中所出相同”，“我们认为此墓在辽代早中期”。墓中出土的铁器有铜扁鼓式腹铁链提梁铁三足鼎 1 件（图 1-60）、方顶长身长方銎扇形刃铁斧 1 件（图 1-61-1）、长柄圆銎铁铲 1 件（图 1-61-2）、宽身銎口铁臿 1 件（图 1-61-3）、尖锋边刃隆脊束腰圆銎铁矛 1 件（图 1-62-1）、銎口箍边铁镦 3 件（图 1-62-2）、直背铁刀 1 件（图 1-62-3）、三角锋扁身有结圆铤铁镞 1 件（图 1-62-4）、尖锋柳叶形长身隆脊圆铤铁镞 15 件（图 1-62-5）、三翼式圆铤铁镞 1 件（图 1-62-6）、扇刃扁身圆铤铁镞 17 件（图 1-62-7）、

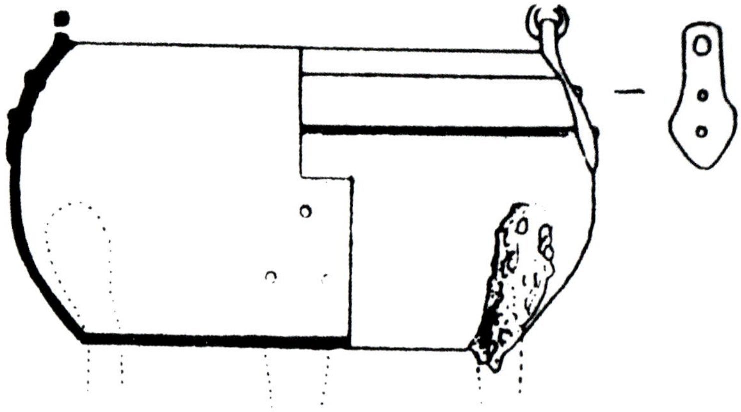

图 1-60

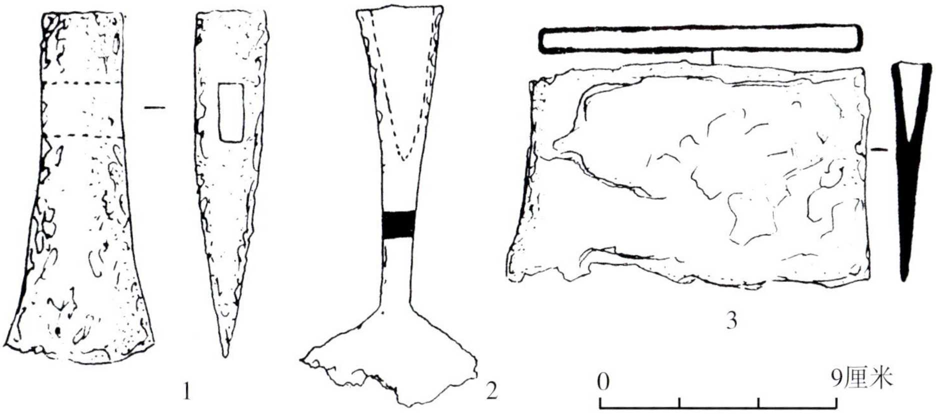

图 1-61

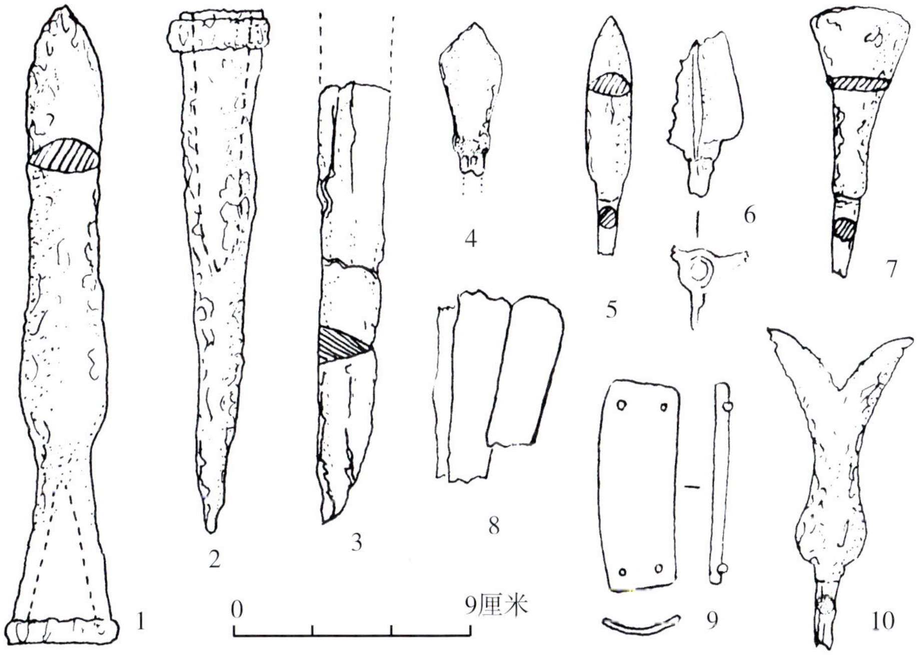

图 1-62

长方形与条形铁甲片多件（图 1-62-8、图 1-62-9）、“丫”形凹刃燕尾式束腰圆铤铁镞 4 件（图 1-62-10）、二节铁马衔 1 件（图 1-63-3）、宽踏板三道加强筋铁马镫 2 件（图 1-63-4）、叠环穿鼻铁马镫 2 件（图 1-63-5）、铁饰片 4 件（图 1-63-6）、扁圆折帽方体铁钉 6 件（图 1-63-7）。[1]

① 于海燕．赤峰市红山区西水地发现一座辽墓．内蒙古文物考古，1992 年第 1、2 期．

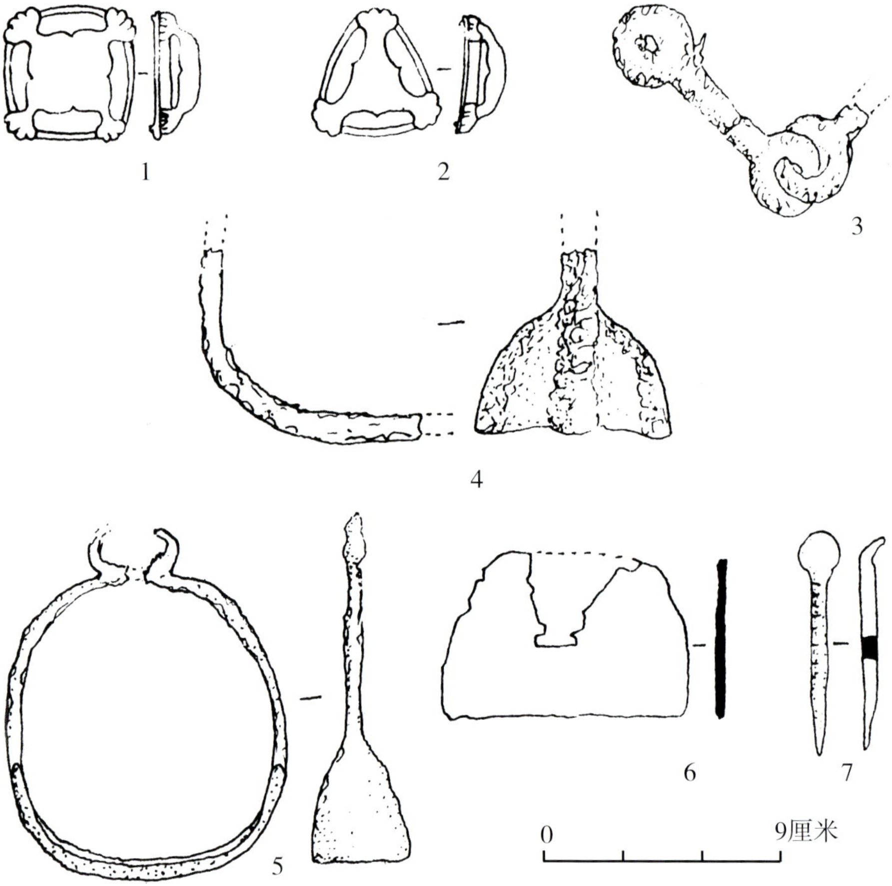

图 1-63

二十、赤峰县新地村辽墓

位于赤峰市郊区岗子乡新地村南召苏河北岸 500 米山坡下，1976 年 5 月于农田建设中发现此墓。墓为砖筑，方形主室，内有八角形木椁、木棺床，前有两长方形耳室。出土遗物较多，年代为辽代中晚期。出土铁器有敞口平底扁圆形斜柄铁熨斗 1 件（图 1-64）、铁剪 1 件、方形铁门环铺首 1 件。[①]

① 项春松．内蒙古赤峰郊区新地辽墓．北方文物，1990 年第 4 期．

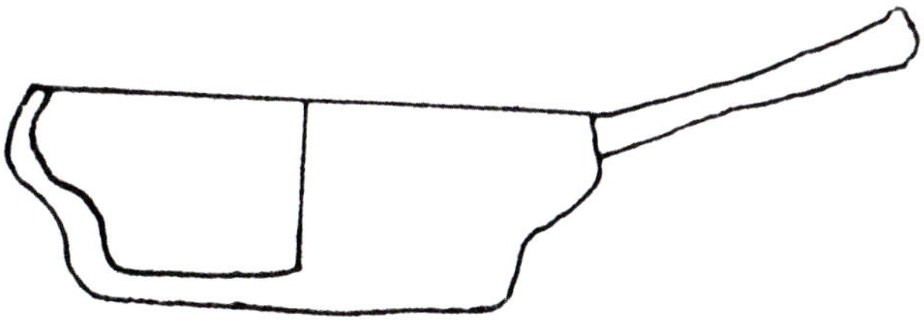

图 1-64

二一、赤峰县大窝铺村辽墓（一）

赤峰县碾房乡大窝铺村北的北沟西坡上，1957 年 5 月发现此墓。墓为砖筑八角形主室与前室，砖墙外包石块，主室内置木椁，此墓时间为辽代晚期。墓葬被盗，出土的随葬遗物全无，仅有铁器：墓室下水道所置“田”字形铁水箅子 1 件（图 1-65）、长方形铲身长柄铁铲 1 件（图 1-66）、木桶铁耳、残铁柄等。[①]

图 1-65

图 1-66

二二、赤峰市大窝铺村辽墓（二）

赤峰市老府镇大窝铺村墓，砖砌券顶单室，壁面装饰讲究，砌出假门楼及桌

① 郑隆 . 赤峰大窝铺发现一座辽墓 . 考古，1959 年第 1 期 .

椅等。出土遗物有三彩海棠盘、长颈瓶等；铁器有马镫 2 件。[①]

二三、赤峰市许家营子村辽墓

赤峰市西郊牛营子乡许家营子村墓，为砖筑后大前小倒梯形券顶单室墓。出土遗物有釉陶、瓷器、北宋铜钱等遗物，是典型辽代墓葬。墓中出土铁刀 1 件[②]。

二四、赤峰市十间房村辽墓

赤峰市西郊牛营子乡十间房村墓，石筑圆形单室，出土有铜面具等。铁器有铁锁 1 件、铁环、铁钉多件。[③]

二五、赤峰市红庙子村辽墓

赤峰市郊红庙子乡红庙子村墓，自然石块垒砌长方形墓室，内置一无底柏木棺。出土遗物有灰陶钵、黄釉瓶、白瓷碗等。铁器有三足铁炉 1 件、铁斧 1 件、铁镞等[④]。

二六、赤峰市达拉明安村辽墓

赤峰市郊美丽河乡达拉明安村墓，砖筑八角形墓室。遗物有铜丝网络、三彩海棠盘等。出土铁器有铁盆 1 件、铁勺 1 件、铁灯台 1 件、铁马镫、铁钉等。[⑤]

二七、林西小哈达屯辽墓

位于林西县大营子乡和平村小哈达屯西，1975 年 8 月发现此墓，遂清理。墓为石筑圆形单室穹隆顶，东西各有一壁龛。出土随葬品有陶器、瓷器、铜磊、骨器、玛瑙饰等。铁器有侈口折腹圜底圆柄铁熨斗 1 件（图 1-67-1）、上下圆圈中间由方柱连接铁熨斗架 1 件（图 1-67-2）、立领平唇球腹凹底铁罐 1 件（图 1-68-1）、横式铁锁 1 件（图 1-68-2）、环股铁剪 1 件（图 1-68-3）、合页 1 件。[⑥]

---

①②③④⑤ 项春松 . 赤峰市郊区发现的辽墓 . 北方文物，1991 年第 3 期 .

⑥ 王刚 . 内蒙古林西县小哈达辽墓 . 考古，2005 年第 7 期 .

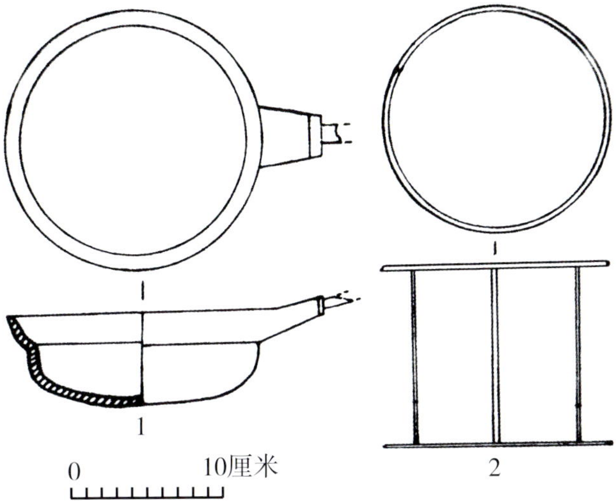

图 1-67

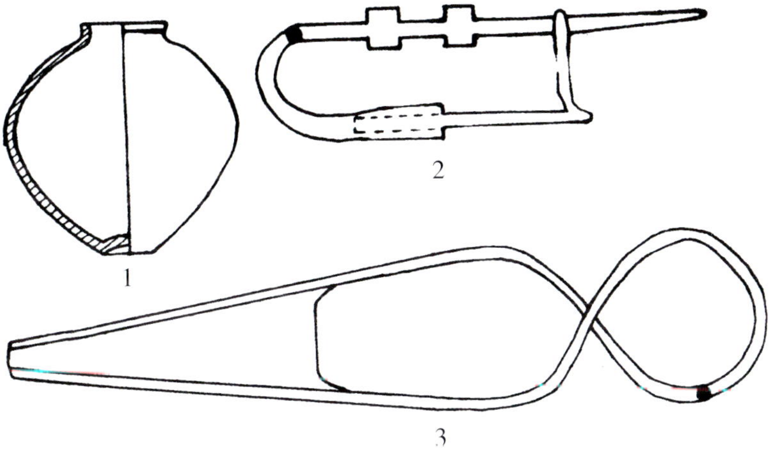

图 1-68

二八、宁城县小塘土沟村辽墓

宁城县三座店乡小塘土沟村，1987 年 9 月因雨水冲出发现此墓，遂进行发掘，计四座，有的墓未出土铁器，于此不记。此处为辽代早期墓葬。各墓情况如下：

一号墓：石筑方形穹隆顶墓室。出土铁器有尖锋直背铁刀 1 件（图 1–69–7）、铁镞 19 件，依形制可分四式：一式尖锋长身柳叶形菱体圆铤铁镞 1 件（图 1–69–2）、二式尖锋剑状细长身菱体圆铤铁镞 9 件（图 1–69–1）、三式扇形锋扁体两侧边内弧收有节圆铤铁镞 3 件（图 1–69–3）、四式平锋扁身两侧直边圆铤铁镞 6 件（图 1–69–4）。

二号墓：砖筑圆形穹隆顶单室墓。出土铁器有曲环状穿鼻环梁踏板下附加强筋铁马镫 1 件（图 1–69–5）、圆环镳两节套环式铁马衔 1 件（图 1–69–8）、直角弯帽方体铁钉 33 件（图 1–69–9）、半球状帽铁钉 1 件（图 1–69–6）。[①]

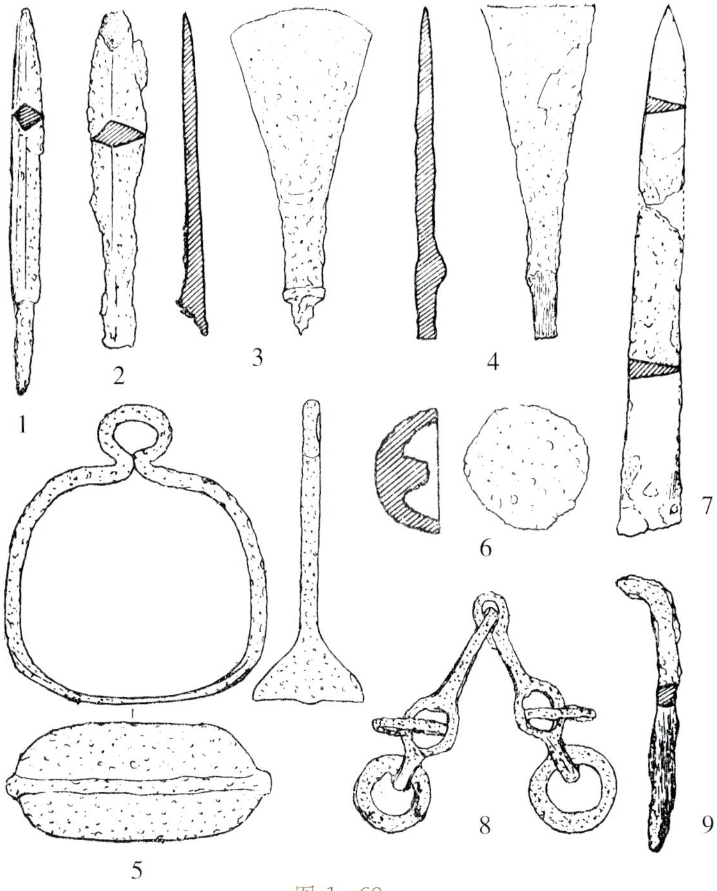

图 1–69

二九、宁城县山嘴子村辽墓

宁城县三座店乡山嘴子村辽墓，计发掘四座墓葬。出土铁器有铁刀、铁镞、铁马镫、铁马衔等。[②]

三十、宁城县热水村辽墓

宁城县热水乡热水村东北山脚下一条小沟东沿，1956 年春季发现一座辽墓。

① 内蒙古文物考古研究所．宁城县小土塘沟辽墓．内蒙古文物考古，1991 年第 1 期．

② 李少兵．宁城县三座店辽代墓葬．中国考古学年鉴．文物出版社，1988 年版．

清理后，基一墓为六角形，五边用松木做樽，砖铺地面，墓门向南，用青色石灰岩石块封堵墓门。出土有鸡冠壶、铜钱等。铁器有铁马镫 1 副、铁锁 1 件。①

三一、宁城县头道营子乡喇嘛洞山辽萧闛墓

宁城县头道营子乡西南的喇嘛洞山南侧的埋王沟，是辽代一处墓地，1993 年 6 月发掘辽代墓葬四座。各墓出土文物不一，有的随葬遗物丰富，并出土有墓志。其中一号、二号两座墓没有出土铁器，于此不录。三号、四号墓中出土有铁器，其情况如下：

图 1-70

三号墓：为砖筑，有甬道、前室、左右方形耳室、八角形主室，遗物有陶瓷、铜、银、木器、琥珀、铜钱等，出土墓志二合，记载此为大辽率宾府副帅萧闛与其妻耶律氏于咸雍七年（1071 年）的合葬墓。出土铁器有前端上翘圆孔平背直刃扁方曲柄铁刀 1 件（图 1-70）。

四号墓：为砖筑墓室，有甬道、前室、左右方形耳室、八角形主室，出土遗物较多，有釉陶器、瓷器、银器、铜器及银鎏鞍轿、铜鎏金带饰、铜马镫、铜马衔等。墓中出土墓志一合，记墓主人为萧字特本，系萧闛之子，萧恩温族系，葬于辽大康七年（1081 年），为辽代晚期墓葬。墓中出土铁器较多，有如下数种：宽平沿直壁平底铆泡钉对提环四足铁火盆 1 件（图 1-71）、长方凳形底座舟形碾槽圆形中穿轴杆砣饼铁茶碾 1 件（图 1-72-1）、直口立领球腹圜底腹一周凸弦纹三高体瓦形足铁

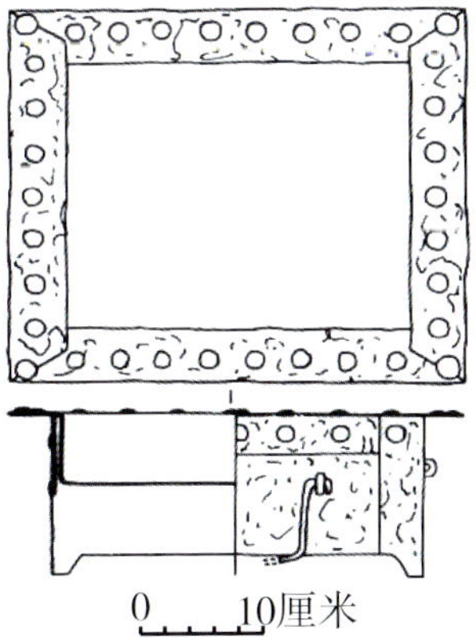

图 1-71

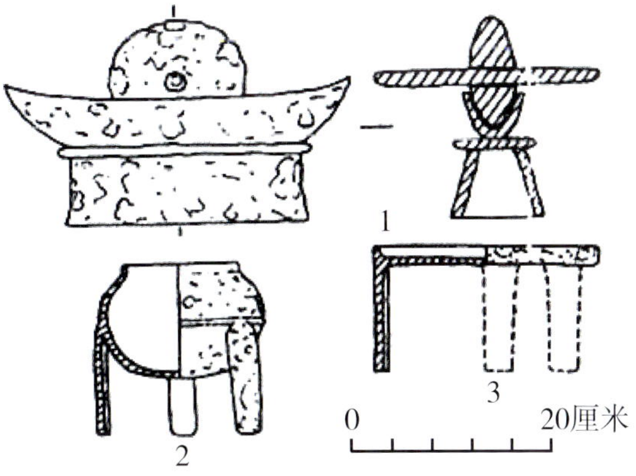

图 1-72

① 李逸友．内蒙宁城县辽墓的清理．考古通讯，1958 年第 4 期．

鼎 1 件（图 1–72–2）、直口浅腹平底三高体“瓦”形足铁铛 1 件（图 1–72–3）。[1]

三二、宁城县岳家杖子辽萧府君墓

位于宁城县头道营子乡岳家杖子村西小桦树沟的东山坡上，此墓南、北、西三面依山，东面宽敞，向南经埋王沟可达平泉县八王沟的辽秦晋国大长公主墓，东北过一山冈即为辽马军太师墓，向北经头道营子乡可达甸子乡的黑城子村古城址。1992 年 10 月，因墓被盗进行发掘。墓为砖筑八角形墓，遗物主要是瓷器，少数银、铜件，墓志一合，存 1000 多字，葬于咸雍八年（1072 年），失名，存“萧府君”诸字。关于铁器，“铁器多出在前室，在墓门上有包铁、铁钉，还有残马镫等”[2]。

三三、喀喇沁旗上烧锅村辽墓

位于喀喇沁旗娄子店乡上烧锅村东北一里“簸箕洼”山谷半坡地，发掘五座墓，其中一号墓、四号墓、五号墓出土比较丰富，时间为辽代早、中期。各墓随葬遗物中都有不同数量的铁器。各墓情况如下：

一号墓：砖筑圆形单室穹隆墓顶前东西耳龛，主室内有建筑斗拱与桌椅装饰，绘有壁画，“北壁面嵌砌家具，正中砌一假桌，桌右砌长方形把镜一面、剪子一把。镜、剪与出土实物相似”。南面“右门神左侧砖处一华灯装饰，与出土的辽代三足铁灯台形制相似”。而在墓门左侧发现有鞍架、马鞭，其旁弓、箭、箭壶等“置于鞍架附近，其中弓作扁平弧形，弓背正中较宽，两端稍细。箭为木杆铁镞，残存 50 余支，长者 40 厘米，短的 10 厘米左右。镞为扁平三角形，近似辽代射柳镞。箭壶为扁平盒状，斜口，桦木制”。墓中“铁器中有马镫、剪子、长剑、叉等”。此墓出土铁器有平头倒三角形扁身铁镞 50 余件、铁鸣镝 4 件、细形直刃方脊扁平长方形柄铁长剑 1 件、铁马镫 1 副、铁叉 1 件、环股铁剪 1 件。

二号墓：圆形土坑竖穴内后部横置木棺夫妻合葬墓，木棺下有棺座。出土遗物不多，其中铁器有环股铁剪 1 件。

三号墓：用块石砌成长方形棺室单人葬墓。出土铁器有尖锋长身铁剑 1 件（图 1–73–1）、铁镞 1 件（图 1–73–2）、铁刀 1 件（图 1–73–3）、铁马镫 2 件（图 1–73–4）。

---

① 内蒙古文物考古研究所，等 . 宁城县埋王沟辽代墓地发掘简报 . 内蒙古文物考古文集 . 第二辑 . 中国大百科全书出版社，1997 年 7 月版 .

② 内蒙古文物考古研究所，等 . 宁城县岳家杖子辽萧府君墓清理记 . 内蒙古文物考古文集 . 第一辑 . 中国大百科全书出版社，1994 年 8 月版 .

四号墓：砖筑圆形单室前左右各一耳龛，主室内墙壁砌出木构建筑斗拱等。墓内葬二人，丝织品服饰帽靴俱全，尸骨葬于木榻之上。出土铁器有铁灯台 1 件、铁铲 1 件、铁剪 1 件、铁锥 1 件、铁斧 1 件、铁熨斗 1 件。

五号墓：砖筑略为长方形单室墓。出土遗物较丰富，契丹族特点明显。出土铁器有扁平穿鼻环梁铁马镫 4 件、铁门套环 2 件、错金铁器 1 件等。[1]

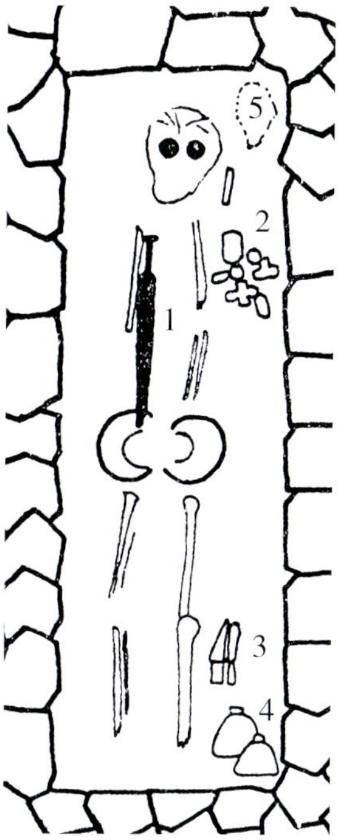

图 1–73

三四、敖汉旗沙子沟屯辽墓

敖汉旗金厂沟梁镇四六村沙子沟屯沟里，1982 年 5 月发现辽墓，遂进行发掘。墓为砖筑，主室与东耳室圆形、西耳室方形、前室长方形，券顶。墓为辽代早期墓葬，随葬遗物丰富。出土铁器有生活用具、武器、生产工具等几类。

提梁状双耳直腹平底铆合三高足铁釜1件（图1–74–1）、

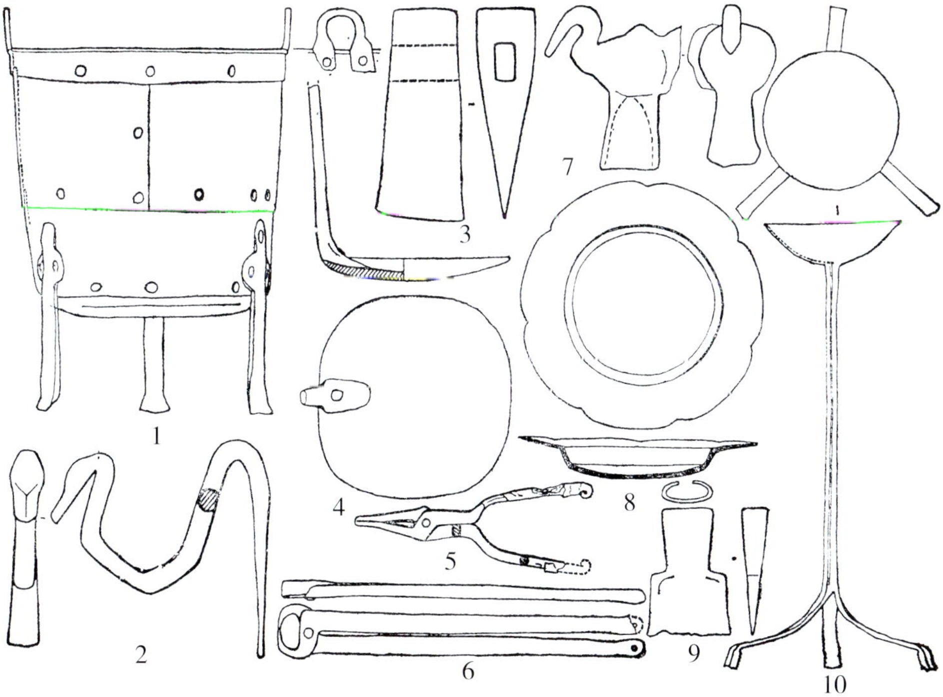

图 1–74

① 项春松．上烧锅辽墓群．内蒙古文物考古，1982 年第 2 期．

高檠三足铁灯1件（图1–74–10）、扁尖嘴交股曲握柄铁钳1件（图1–74–5）、环状平嘴交股长握柄铁钳1件（图1–74–6）、直竖柄圆盘勺状铁器1件（图1–74–4）、平顶扁身长方銎孔铁斧1件（图1–74–3）、銎部开口铁铲（图1–74–9）、七瓣花式口外折宽平沿弧底铁盘1件（图1–74–8）、鸟首曲身铁帐钩4件（图1–74–2）、銎口管体铁鸠杖首（报告称铁帐钩）1件（图1–74–7）、錾花银格尖锋长身两侧边刃铁剑1件（图1–75–8、图1–75–9）、尖锋长身菱脊圆銎剑式铁矛1件（图1–75–1）、长锋扁方体銎部开口铁矛1件（图1–75–2）、短尖三角形锋圆銎一侧开口铁冰穿（报告称铁矛）1件（图1–75–5）、平刃扁体长身开口銎铁凿（图1–75–3）、平锋斜刃銎部开口呈圆角方銎铁凿（原报告称铁矛）2件（图1–75–7）、主尖稍短四棱锋

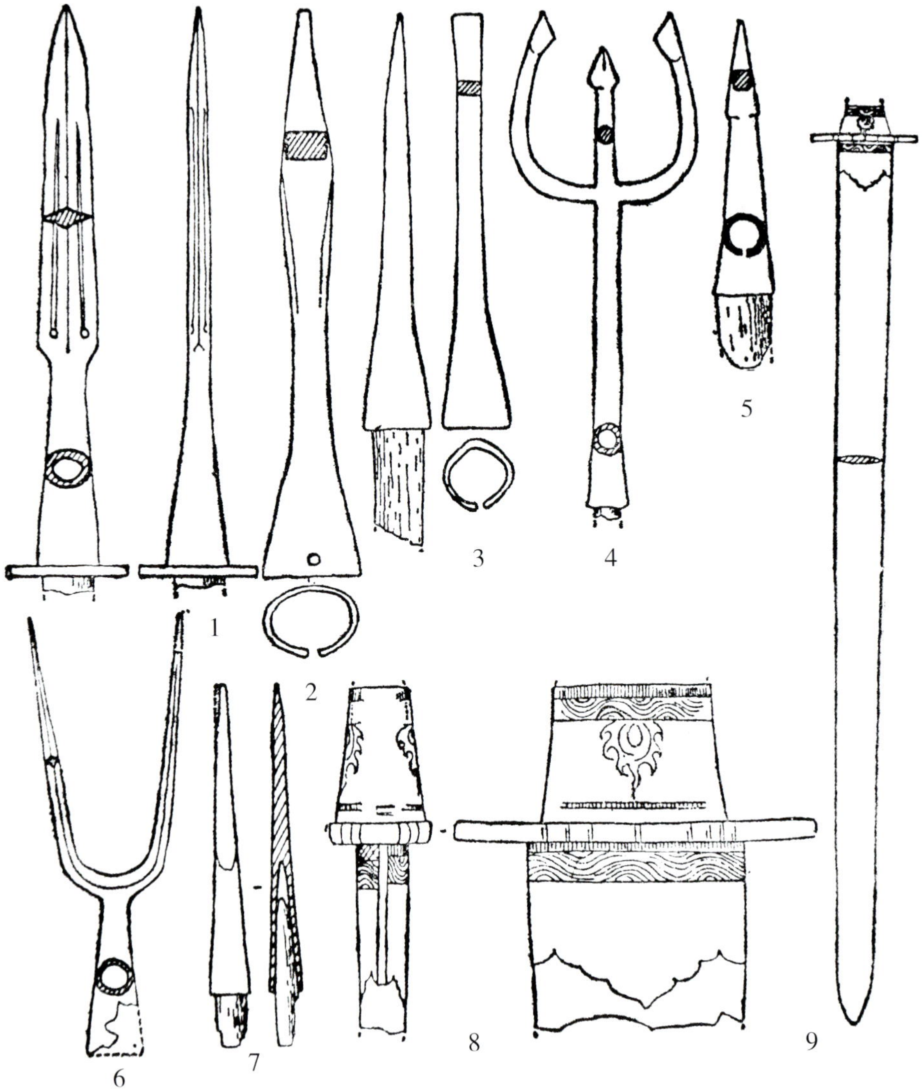

图1–75

侧尖内曲扁平刃三股长柄圆銎铁叉 1 件（图 1–75–4）、尖锋四棱体圆銎二股铁叉 1 件（图 1–75–6）、木铤铁镞 74 件［按锋部不同可分三型十式——A 型铲状平刃铁镞，分三式：一式平刃倒三角形直边扁身粗铤铁镞 6 件（图 1–76–8）、二式扇形锋内弧边扁身细铤铁镞 18 件（图 1–76–13）、三式扇形锋内弧边有尾翼扁身粗铤铁镞 8 件（图 1–76–9）；B 型尖叉状或凹弧状“丫”形铁镞，分五式：一式细尖叉形内侧起刃扁身铁镞 8 件（图 1–76–1）、二式浅凹弧锋顶面起刃扁身有尾翼铤边凸箍铁镞 8 件（图 1–76–14）、三式三角形凹锋内弧起刃扁身外侧略弧铁镞 4 件（图 1–76–

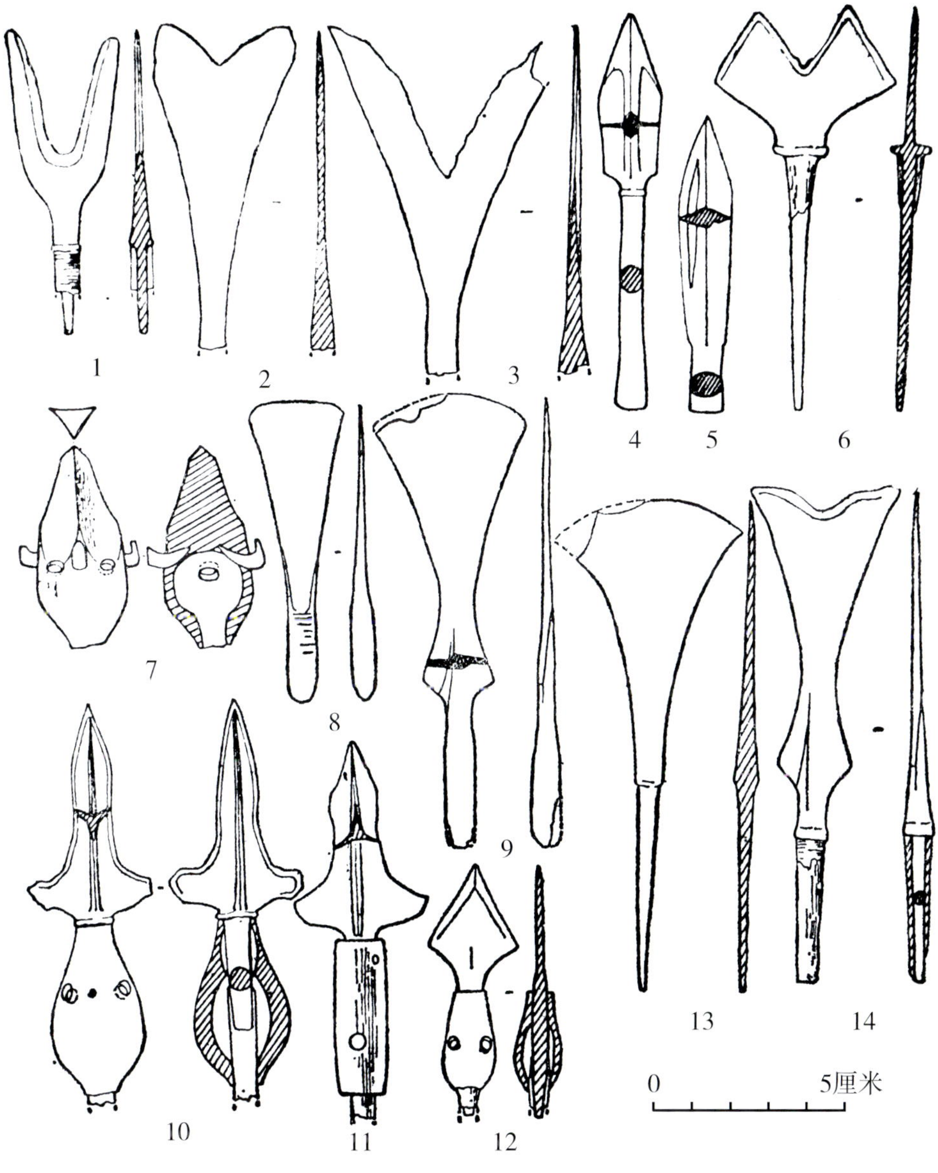

图 1–76

2）、四式大三角形凹锋尖两侧边起刃扁身外斜直边铁镞 5 件（图 1–76–3）、四式双菱形锋尖两侧起刃扁身尾端起箍铁镞 1 件（图 1–76–6）；C 型矛式铁镞，分二式：一式尖锋棱脊两翼式长铤铁镞 11 件（图 1–76–4）、二式尖锋长身叶形菱体带血槽铁镞 5 件（图 1–76–5）]、铁鸣镝 9 件 [按镝锋可分四式：一式三翼式长身翘翅尾翼葫芦形骨鸣器铁鸣镝 4 件（图 1–76–10）、二式三翼式长身翘翅尾翼管状骨鸣器铁鸣镝 1 件（图 1–76–11）、三式矛状三角菱形锋扁身葫芦形骨鸣器铁鸣镝 3 件（图 1–76–12）、四式前无铁镞只用骨制三棱尖状骨鸣器相对面嵌有刃铁钉状弯钩骨鸣镝 1 件（图 1–76–7）]、扁方穿鼻圆体环梁镂花踏板铁马镫 6 副（图 1–77–1）、“S”形镳铁马衔 3 件（图 1–77–2）、铁饰件 2 件（图 1–77–3、图 1–77–4）、银头铁具 1 件（图 1–77–5）。[①]

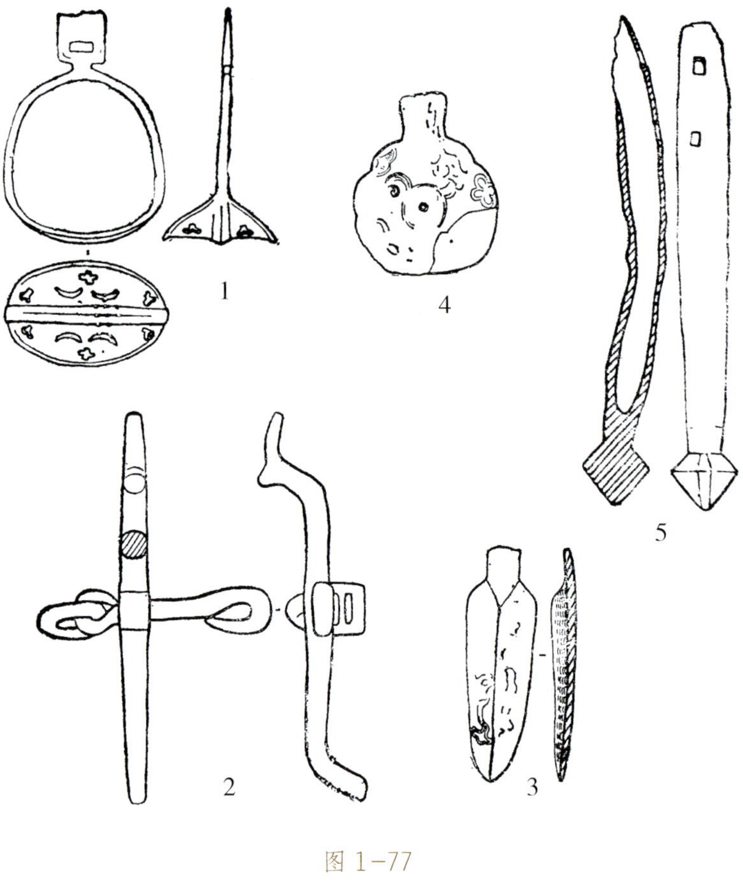

图 1–77

① 敖汉旗文物管理所 . 内蒙古敖汉旗沙子沟、大横沟辽墓 . 考古，1987 年第 10 期 .

三五、敖汉旗大横沟村辽墓

敖汉旗新地乡大横沟村东约1公里的三道沟，1983年8月对发现的墓葬进行发掘。墓为砖筑方形单室券顶，出土的陶器、鎏金铜带具等遗物具有契丹族特点，为辽代早期墓葬。出土的随葬铁器有尖锋长身菱体圆銎铁矛1件（图1-78-7）、扁柄尖锋长身两侧边刃铁剑1件（图1-78-5）、横首圆柄圆锋细长身两侧边刃铁剑1件（图1-78-3）、铁镞19件，按镞身形制可分两式：1式尖锋长身叶形菱体圆铤铁镞1件（图1-78-6）；2式扇形锋扁身侧边微内弧圆铤铁镞1件（图1-78-4）、平顶长身横銎斜刃铁斧（图1-78-1）、长身横銎口铁锛（原报告称斧）1件（图1-78-2）、直背尖锋铁刀1件（图1-78-8）、"S"形扁体镳铁马衔1件（图1-78-9）等。[①]

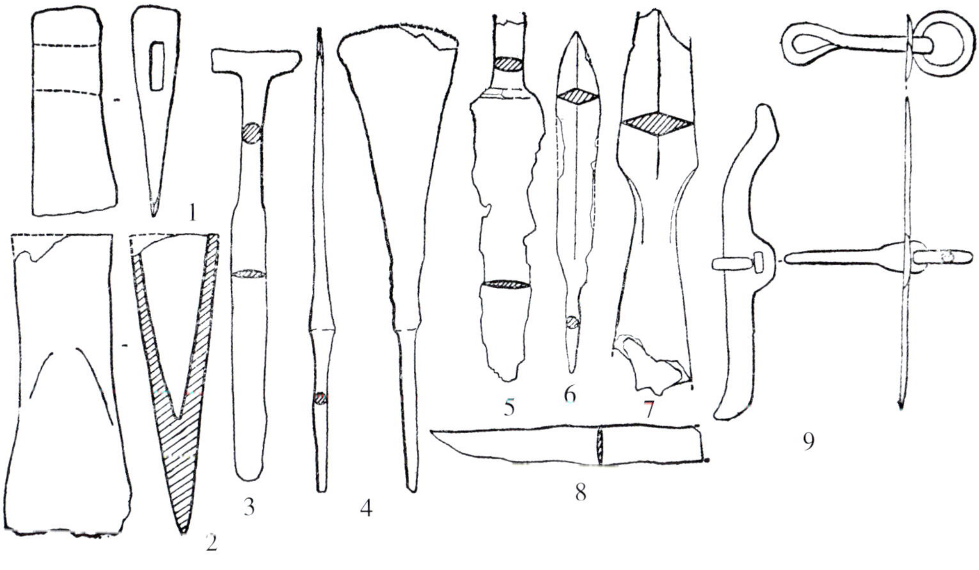

图1-78

三六、敖汉旗范杖子村辽墓

敖汉旗宝国吐乡范杖子村北1公里代王山东南麓一座小山坡，1982年6月发掘两座辽墓。其中2号被盗，无铁器。1号墓是一座土洞墓，为六角形，墓室内

① 敖汉旗文物管理所．内蒙古敖汉旗沙子沟、大横沟辽墓．考古，1987年第10期．

上卷

有柏木护墙，尸体未全腐，殉马、羊，被盗后遗有银面具、陶瓷器、铁马具。据随葬遗物看，为辽代中期墓葬。出土的铁器有铁马具、铁马镫，还有一些残坏难辨器形的铁器。①

三七、敖汉旗七家村辽墓

敖汉旗玛尼罕乡皮匠营子村七家子屯南 2.5 公里二黑山南坡，1995 年夏发现辽墓，随即进行清理，计有五座墓，均为壁画墓。墓因被盗，不知是否随葬铁器，发掘未见，但墓中壁画有可反映其情况者，故可借此了解辽代铁器的使用。各墓情况如下：

一号墓：为砖筑单室六角形穹隆顶墓。遗物仅见一龙泉窑碗。壁画在东南壁，有《庖厨图》，“共画三人，均系女仆。右数第一人为担坛者，半侧身向内，双脚迈开作走动状，左手拿扁担，右手提坛，另一坛置于地上。……第二人半侧向内半跪状，左手握棍正拨锅下之火，嘴作吹火状，……第三人正面坐于铁锅之后的圆凳之上，上身向外倾斜，右脚踏于小矮桌上，双手握一弯柄状器正在搅动锅内食物。……三足铁锅下火苗跳动，其口露出灰色似天鹅头状的食物”（图 1–79）。

二号墓：为砖筑单室六角形穹隆顶墓。遗物不存，亦未见铁器。墓中壁上绘

图 1–79

① 内蒙古自治区文物工作队 . 敖汉旗范杖子辽墓 . 内蒙古文物考古，1984 年第 2 期 .

有彩色壁画，东南壁《备饮图》，“在左数第一、二人之前放一红色高桌，四腿均加上、下两道横掌儿，四角镶黄色边，桌上放一盘一碗。桌之右侧放一浅腹火盆，敛口，口外沿加一匝实钉，如意云头状三足，盆内炭火正燃，左侧炭火上放一黄色长颈瓶，瓶之肩、腹各有三道弦纹”(图 1-80、图 1-81)。[1] 如此形象逼真的壁画，铁火盆的性能明显地表示出来，是辽人常用的器具。

图 1-80

图 1-81

上卷

① 邵国田．敖汉旗七家辽墓．内蒙古文物考古，1999 年第 1 期．

三八、敖汉旗羊山辽壁画墓

敖汉旗四家子镇阎杖子村北羊山南坡，1995 年 8 月旗博物馆对新发现的辽墓进行考古发掘。这处墓地，现已知有七座辽墓，因是被盗，发掘了其中三座。这三座墓中，虽未出土铁器，但墓室都绘有壁画，有的画面绘出了铁器，反映出了日常铁器的使用情况，更让人易于了解铁器在社会生活中的应用，故于此择其相关的画面列下：

一号墓：为砖筑圆形单室穹隆顶墓，遗物有陶罐口沿、白瓷碗等，在墓道、天井、甬道、墓室壁面均绘有彩色壁画。在墓室反映铁器的壁画情况如下：

1.《茶道图》，绘于西南壁，有七人，其中一“女童居右，蹲坐于一三足大火盆之后，似作拨火状，正在为煮茶烧水。头扎双髻，双目注视火盆放置的两个瓜棱壶。两壶均带盖，右者为莲花状盖，左者腹部加一圈水波纹”。（图 1–82）

图 1–82

2.《烹饪图》，绘在天井西壁，画面分上下两组：下面一组“左侧为一高腿深腹大鼎，鼎口外露兽腿两只和肉块，鼎后立一人，……挽袖，双手握一棍插入鼎内作用力搅动状。……右侧一人半侧身向外端坐于小方凳上，左手端一黑色圆盘，右手执箸作入盘中夹食状。……蹲坐者前置一小方案，右臂袖筒挽起，手握一刀作切肉状，左手为扶肉状”（图 1–83）。

图 1-83

此二图的铁火盆、壶、铁鼎、刀、箸等，皆可见其使用与形象。

二号（刘祜）墓：为砖筑八角形单室穹隆顶墓，遗物有瓷器、八角梵汉文字石经幢、寿昌五年（1099 年）刘祜墓志一合。遗物中未见铁器，其墓室壁画反映铁器者如下：天井西壁绘《烹饪图》，画面“绘三人，均男性。右数第一人半侧身向外蹲坐，双手握一柴棍作折断状，……中间一人……躬身，右手伸向一大罐作取物状，……第二人半侧身向内端坐于一个深红色的圆凳之上，头戴幞头，身穿读红色长袍。他当为这三人中的最尊者，似墓主人”。（图 1-84）图右第一人为折柴者，其侧为铁釜，烧柴煮物。

三号墓：为砖筑单室方形攒尖顶墓，遗物有陶器、三彩釉陶、白瓷器、骨梳、石经幢、宋代铜钱等。墓因被盗，未见铁器，墓室壁画反映铁器的则有：

1.《烹饪图》，在天井西壁，画四人在四根红柱支起的尖顶白布四坡棚下活动，其中左数“第二人双腿叉开半侧身立于一个三足高锅之后，挽袖，右手正在挽左臂之袖，左手五指张开作向锅内取肉状，嘴横衔一刀。……第四人半蹲坐，双手用力撅一木棍，右脚前伸作蹬踏木棍状，棍已断裂。其身旁还堆放一小垛撅好的

图 1-84

柴棍。……四人环绕于黑色铁锅旁，四个锅摆成弧形，三小一大，大锅的锅口露出三个肘子。锅底下均跳动着燃烧的火苗，蹲坐撅柴者即是这四个锅的烧火者”(图 1-85、图 1-86、图 1-87)。

图 1-85

图 1-86

2.《门吏图》，在墓门两侧，“各画一契丹门吏，均半侧身相对而立。其服饰、所执兵器均相同。门吏双手执瓜状骨朵，柄上有竹节式纹饰。腰佩长刀，刀有黑色鞘，鞘上画勾云状纹饰，刀有柄，柄端呈三瓣花形，并系一绳套”[1](图 1-88、图 1-89、图 1-90)。此壁画则对铁骨朵、铁刀表现得很清楚。

① 邵国田．敖汉旗羊山 1—3 号辽墓清理简报．内蒙古文物考古，1999 年第 1 期．

图 1-87

图 1-88

图 1-89

图 1-90

三九、敖汉旗下湾子辽墓

敖汉旗南塔子乡下湾子村西北 500 米缓坡地上，1975 年调查发现，墓地很大，有墓葬百余座，1991 年因墓葬遭到破坏，清理七座。其中三座墓绘有壁画，五号墓壁画绘有带铁器内容。五号墓为砖筑六角形单室，穹隆顶。墓室内绘满壁画，西南壁《烹茶进饮图》中，绘四人手持盏碗，"在四人前，左放一摞方形食盒共四叠，底有座，每一叠的前后两侧带铁鼻。右侧放一黄色三足曲口浅口火盆，足为如意云头状，盆内放有炭火正燃，上放两个执壶，均为黄色"①，壶正在火盆中进行温热（图 1-91、图 1-92、图 1-93）。这一画面将契丹人的日常生活场景非常形象地表现出来。

图 1-91

---

① 邵国田．敖汉旗下湾子辽墓清理简报．内蒙古文物考古，1999 年第 1 期．

图 1-92

图 1-93

四十、敖汉旗喇嘛沟辽墓

敖汉旗克力代乡大哈巴齐拉村西北一公里的山南坡，1991 年 9 月，一座辽代壁画墓被盗，旗博物馆进行清理。墓为砖筑单室八角穹隆顶，室有壁画。遗物因被盗，出土不多，有瓷器、铜马鞍饰件。墓中无铁器，有壁画反映出一些情况。

1.《烹饪图》，在东南壁，“共绘三个契丹男子。……第三人蹲坐于一大盆之后，半侧向外，双手伸向盆中用力作洗肉或割肉状，盆内盛满火腿之类，……在第一、二人面前，交错放置三个三足锅，后边者较大，中间者腹深，内煮着两个火腿。每个锅下均正燃木柴，火苗跳动”（图 1-94）。

图 1-94

2.《备饮图》，在西南壁，“共画三个男子，……第三人为青年，正躬身弯向火盆，右手执一双铁筷子作拨火状，……火盆为长方形，四角出直腿，盆内炭火正燃，火苗跳动，炭火之上放一蓝色大执壶，似在煮茶”（图 1–95）。

图 1–95

3.《备猎图》，在西壁，“共绘有五个契丹男子，均半侧身向内而立”。后排左数“第二人为壮年，蓄八字胡，右手握一红色弓，左手执箭二支”（图 1–96）。

图 1–96

4.《出行图》，在东壁，“共绘有六人和一马一犬”，“马为浅红色，全鞍辔，蓝色鞍桥，黑色韂”，鞍桥垂悬铁马镫（图 1–97）。

图 1-97

四一、敖汉旗皮匠沟村辽墓

敖汉旗宝国吐乡皮匠沟村墓，是一处墓群，此处墓葬有零散的，也有较集中分布的。此次发掘的是一处有六座墓葬一字排列中的两座，编为三、四号墓，现将此二墓的情况记述于下：

三号墓：为砖、石砌筑的八角形券顶墓室，内有松木护墙，有墓门和甬道，前端门外左侧墓道处有一低矮的单耳室。出土遗物有陶器、釉陶器、瓷器、铜饰件、银饰、骨器和铜钱。铁器出土较多，有平口长身反卷短銎铁锹 1 件（图 1-98-6）、平口锋锐长身一面磨刃扁方顶立扁穿孔铁斧 1 件（图 1-98-2）、锐尖弯折銎孔铁钩 1 件（图 1-98-1）、微凸宽刃扁体前宽后窄圆锥状铤铁镞 1 件（图 1-98-9）、铁钉 26 件。铁钉分四式：一式为侧折帽锥形锐尖方体铁钉（图 1-98-7）；二式为侧折帽粗短尖部锋锐方体圆角铁钉（图 1-98-3）；三式为平顶小帽粗壮扁方体铁钉（图 1-98-8）；四式为扁铲顶锥状尖部锋利方形体铁钉（图 1-98-4）；五式为环首平折锥状方体铁钉（图 1-98-5）。

四号墓：为砖筑单室八角形墓室，内壁有木墙，前有墓门和甬道。墓中随葬遗物存有瓷器和银饰件，出土铁器有宽锋刃前宽后窄扁体圆铤铁镞 1 件（图 1-99）、铁钉 4 件。铁钉分两式：一式侧折帽锥状长身方体铁钉（图 1-100）；二式伞形圆顶帽锥状方体铁钉（图 1-101）。[1]

上卷

① 内蒙古文物考古研究所．敖汉旗皮匠沟辽代墓葬．内蒙古文物考古文集．第二辑．中国大百科全书出版社，1997 年 7 月版．

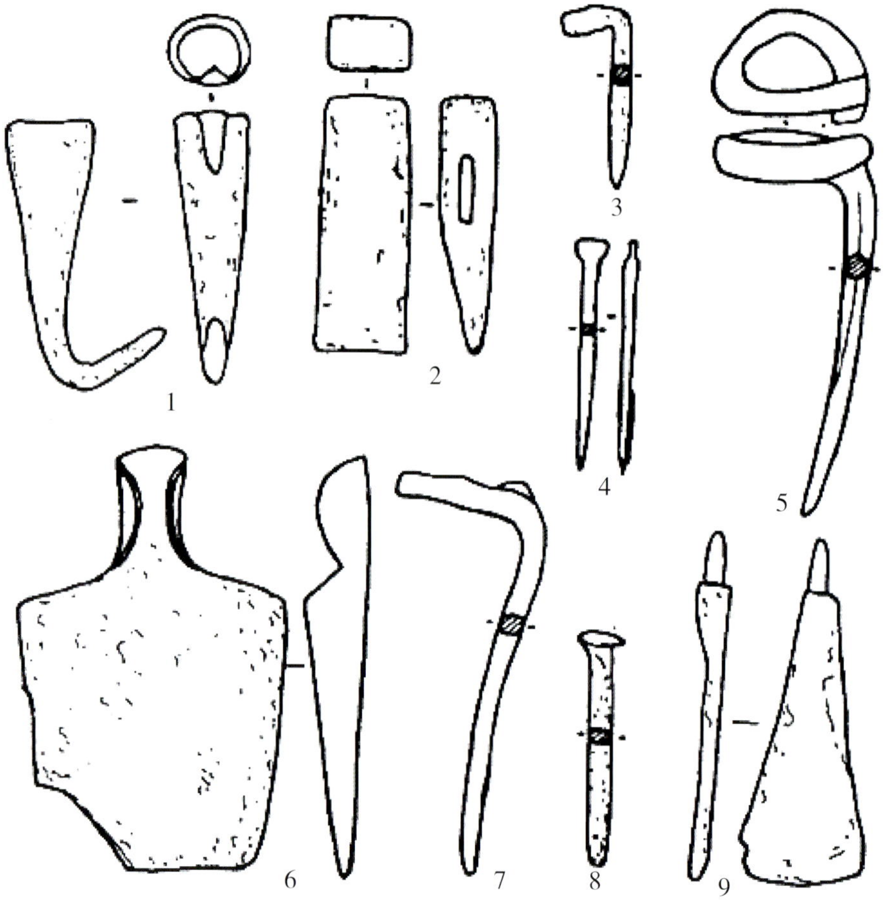

图 1-98

四二、敖汉南部某地辽墓

这是一座被破坏的辽墓，报告称：“1997 年末，敖汉旗博物馆征集到一批木板画，有残木棺两副和同墓伴出的一副木门，均为柏木制作。据发现者称，这批木板画出土于敖汉旗南部与辽宁北票市接界一带的一座被盗掘的辽墓中。”出土的木棺和门板，均画彩画，木门为门吏图，与铁器有关的资料，是画在木棺上的彩画。

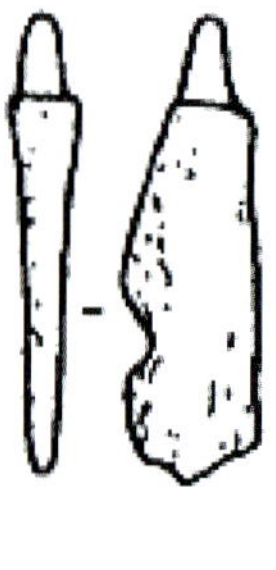

图 1-99

图 1-100

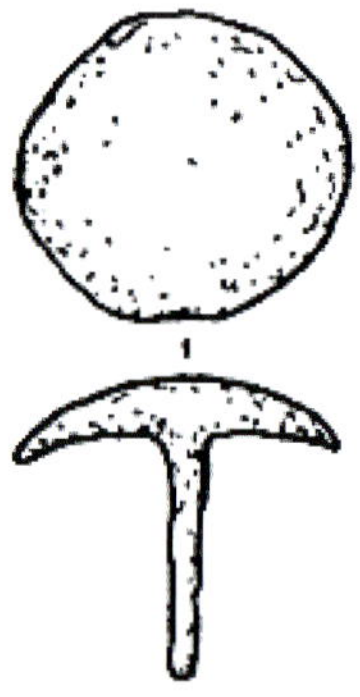

图 1-101

一号木棺：左侧壁绘《引马图》，为枣红色马，全鞍辔，黑鞍上有花纹，下垂马镫，胸前挂铃，前有一人牵引（图 1–102），马后立一人，半侧身立，手执一骨朵杖（图 1–103）。

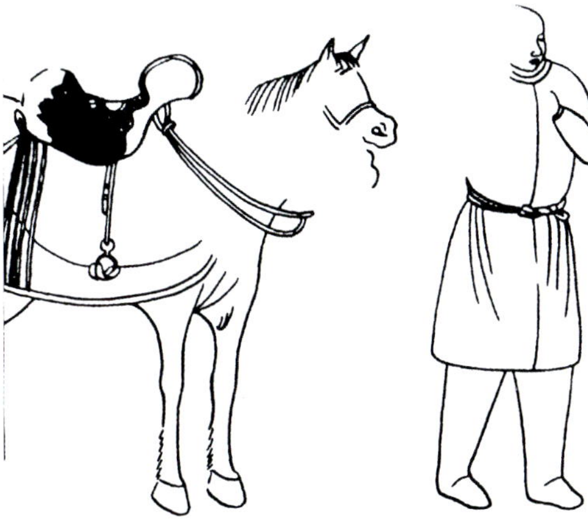

图 1–102

图 1–103

二号木棺：壁外侧也绘《引马图》，枣红马昂首而立，黑色马鞍，下垂马镫。马首处立一左手执辔、右手执一小旗的契丹人。此二木棺上的彩画，对骨朵、马镫均有非常形象的描绘。（图 1–104）

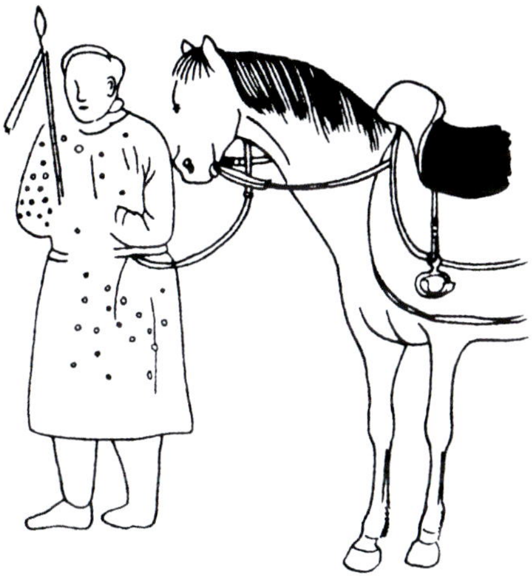

图 1–104

四三、库伦旗前勿力布格村辽墓

库伦旗奈林稿乡前勿力布格村北 200 米有一道通过村庄向西南延伸约 2.5 公里的慢冈，自 1972 年在慢冈南坡发掘了一号墓，1974 年在慢冈北端发掘了二至四号墓。墓中出土铁器的有以下三座墓：

一号墓：为砖筑包括两耳室皆为六角形壁画墓，出土“大康六年”铜钱，当为大康六年（1080 年）后之辽墓。关于铁器，大多残破，无法辨识，较完整的有圆帽方锥体铁钉多件。

二号墓：砖筑，耳室、主室亦为六角形壁画墓。出土有铁带卡件（图 1–105）。

图 1–105

三号墓：为砖筑，耳室、主室皆方形，出土铁器有板状竖长方鼻环梁加强筋踏板铁马镫1件（图1–106、图1–107）、圆帽方锥体铁钉5件、顶端弯钩状方锥体铁钉3件（图1–108）。①

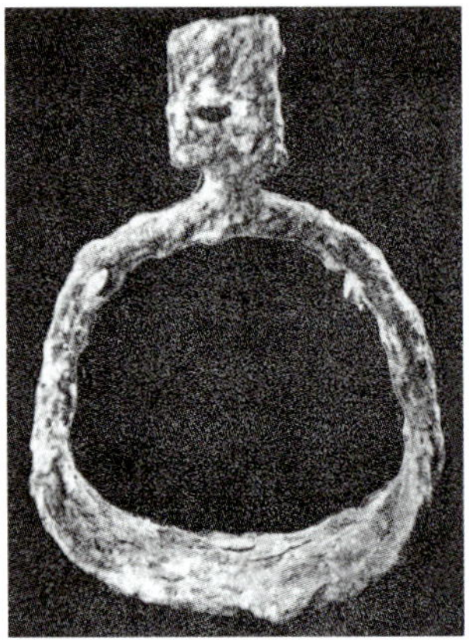
图1–106

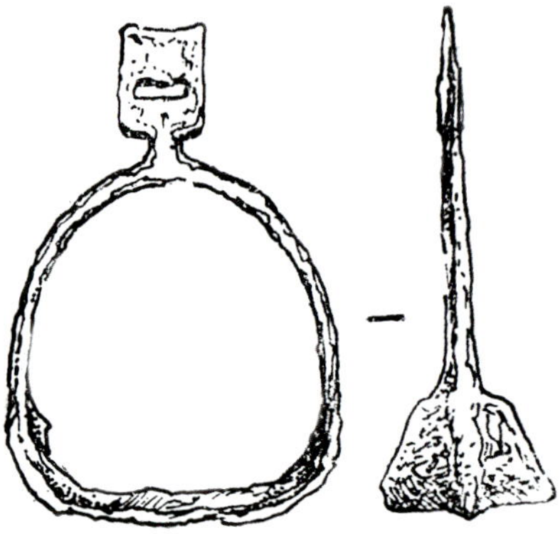
图1–107

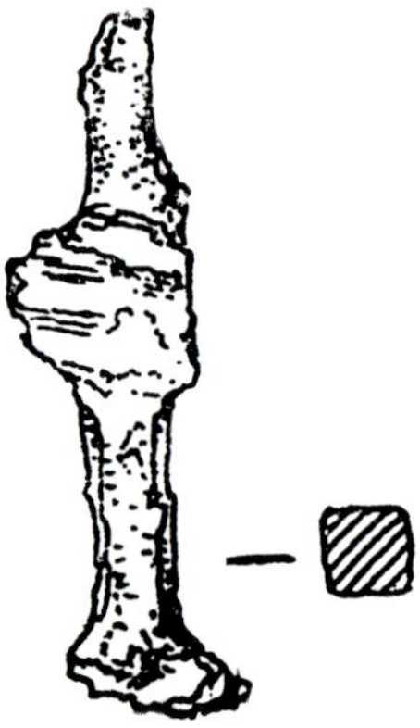
图1–108

四四、库伦旗前勿力布格村辽五、六号墓

库伦旗奈林稿乡前勿力布格村因建房舍，于1980年6月陆续发现两座墓，遂进行发掘，分别编为五号、六号墓。其出土铁器情况如下：

五号墓：为砖木结构单室八角形墓室，遗物较多，有瓷器、铜器、铁器、玛瑙饰物等。出土铁器有横式铁锁1件、小顶四棱体尖头铁钉11件。

六号墓：砖石结构，两耳室六角形、主室八角形较大型壁画墓。出土遗物较多，有陶器、瓷器、铜器、铁器等。铁器为铁镞2件，分两式：一是三角锋扁身矛式铁镞，一是平头宽刃扁身铲形铁镞；铁钉为大圆帽方体铁钉、小圆帽方体铁钉11件。②

四五、库伦旗奈林稿辽墓

库伦旗奈林稿乡木头营子村南，1965年夏发现两座辽墓，遂进行发掘。两座墓均被盗，出土遗物不多。各墓情况如下：

一号墓：规模较大，为仿木构斗拱等砖筑多室壁画墓，有墓道、天井、墓门、前甬道、方形前室、左右圆耳室、后甬道、圆形主室；遗物有陶壶。铁器有铁环、铁钉等。

二号墓：为石块垒砌的单室小墓，出土遗物较多，有陶壶、绿釉陶瓶、银壶、

① 王健群，陈相伟．库伦辽代壁画墓．文物出版社，1980年6月版．

② 哲里木盟博物馆．库伦旗第五、六号辽墓．内蒙古文物考古，1982年第2期．

银匜、银钏，铜器有马具、铜缨罩、铜镜，铁器有铁马镫、铁镞等。[①]

四六、科左后旗呼斯淖村辽墓

位于科尔沁左翼后旗呼斯淖乡呼斯淖村东北沙崖壁上，1977 年 7 月发掘此墓。墓为土坑竖穴，无葬具，出土陶器、武器、鞍马具等。报告说："根据墓中出土器物，推断此墓是较早的契丹墓葬。"墓中出土遗物较为丰富，铁器计有：宽身横銎口附铆钉铁臿 1 件（图 1–109–4）、长身扁方顶銎口铁斧 1 件（图 1–109–1）、短柄椭圆形反背不闭合銎口铁铲 1 件（图 1–109–2）、长柄圆銎铁铲 1 件（图 1–109–3）、长身扁方体卷筒椭圆形不封銎口铁矛 1 件（图 1–109–5）、铁匕 1 件。铁镞 46 件，依形制可分八式：一式扇形锋扁体两侧内弧收茎铤间有结方铤铁镞 11 件（图 1–109–6）、二式刃内凹双扇形锋扁体两侧边内弧收有结方铤铁镞 1 件（图 1–109–

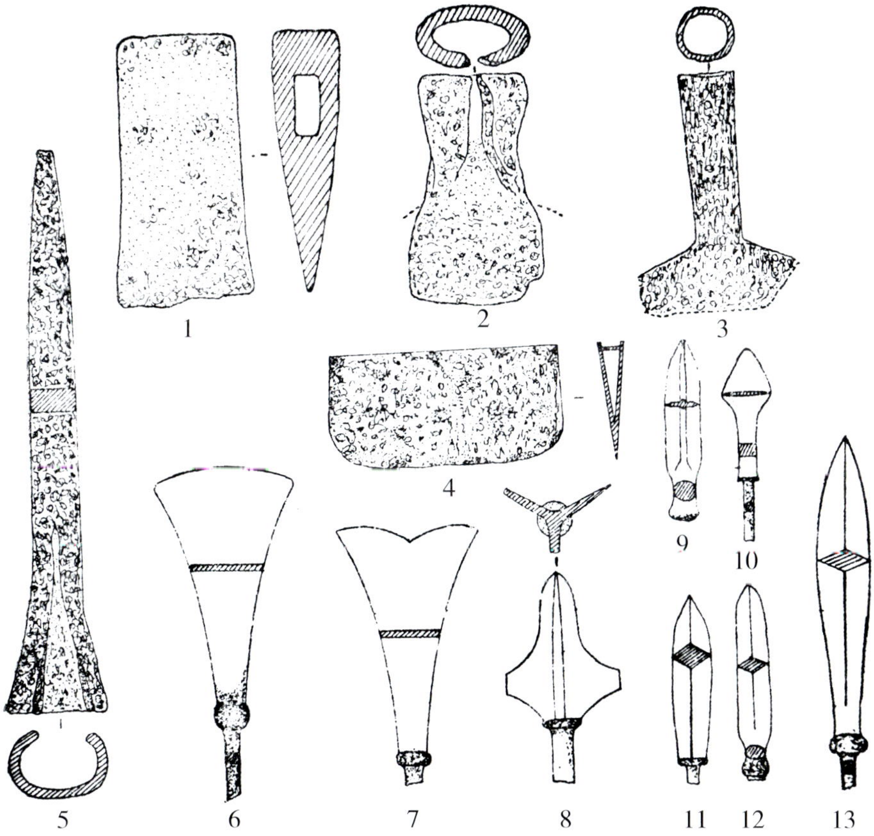

图 1–109

① 内蒙古文物工作队．内蒙古哲里木盟奈林稿辽代壁画墓．考古学集刊．第 1 辑．1981 年 11 月版．

7）、三式三翼式展翅铁镞1件（图1-109-8）、四式长身尖锋柳叶状菱形体有结方铤铁镞8件（图1-109-13）、5式短身柳叶状厚菱形体方铤铁镞2件（图1-109-11）、六式长身尖锋剑状体中起楞脊弧收圆柱形有结铁镞1件（图1-109-9）、七式长身尖锋剑状菱形体束腰有节铁镞1件（图1-109-12）、八式尖锋扁体三角形下收扁方尾圆铤铁镞21件（图1-109-10）。扁立鼻横穿带孔圆体环梁椭圆形踏板镂四个方孔与三道加强筋铁马镫2副（图1-110）、"S"形镳双节铁衔1件（图1-111）、立领直口鼓腹双环纽三足铁釜1件（图1-112）、银镡银首银皮木剑鞘铁剑1件（图1-113）。①

图 1-110

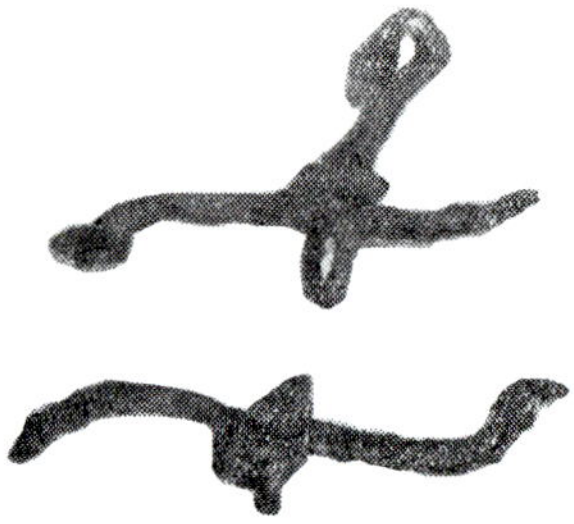

图 1-111

图 1-112

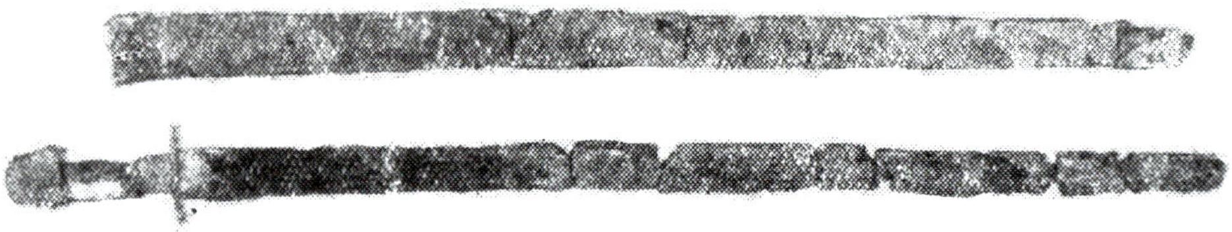

图 1-113

四七、科左后旗吐尔基山辽墓

位于科尔沁左翼后旗吐尔基山水库行政村北1公里大吐尔基山东南麓山坡上，2003年3月因采石发现，随即清理。墓为石室墓，主室近方形，叠涩顶，前有二耳室，长方形，再前为甬道墓门。墓内出土遗物丰富，种类多样，且非常珍稀名贵。出土铁器有铁锁1件、铁马镫1副。②

四八、扎鲁特旗浩特花辽墓

位于扎鲁特旗乌力吉木仁苏木所在地东北约13公里处的浩特花牧铺北、屯特

① 张柏忠．科左后旗呼斯淖契丹墓．文物，1983年第9期．

② 内蒙古文物考古研究所．内蒙古通辽市吐尔基山辽代墓葬．考古，2004年第7期．

格尔山西北的簸箕形的坡地上，1999 年 6 月发现墓葬。一号墓是一座砖筑多室墓，是由墓道、墓门、前甬道、前室、东耳室、西耳室、后甬道和后室组成的壁画墓。

在壁画中有相关的内容，后室东壁外层壁画“第三人面向西南，圆脸，长鬓角，身穿圆领紧袖短袍，长裤，脚穿便鞋，跪坐在一个有四矮足的梯形小案旁，右手拿一把黑柄刀，左手扶案上物，做切割状”。里层壁画“第四人面向南，短发，额前有‘刘海’，身穿圆领紧袖袍，跪坐在案北侧，右手执一刀，左手扶一物”。后室西壁里层壁画“第二人面向东北，身穿圆领袍，右手在上，左手在下，共执一带鞘剑”。

随葬遗物有陶、瓷、铜、骨、木、石、玛瑙等器物，铁器有环股铁剪 1 件（图 1–114–1）、尖锋长身扁圆体扁圆铤铁镞 7 件（图 1–114–2）、方体柱状突起铁器 1 件（图 1–114–3）、两节套环铁马衔 1 件（图 1–114–4）、带鎏金铜外鞘木内鞘铁刀 2 件（图 1–114–5）、长身扁方体钩形铁器（图 1–114–6）、平顶帽长身方体铁钉 1 件（图 1–114–7）、尖锋三翼式镞后接鼓状三孔骨哨圆铤存木质箭杆铁鸣镝 6 件（图 1–114–8）、双尖锋内凹刃扁体中有葫芦形孔两侧边直收圆铤铁镞 1 件（图

上卷

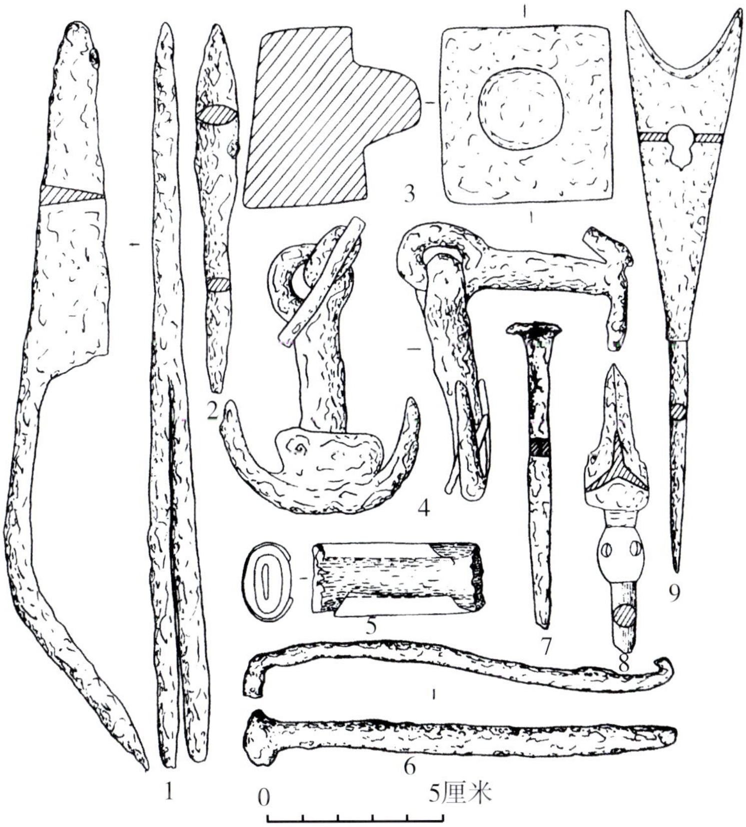

图 1–114

1–114–9）。[1]

四九、霍林郭勒市达来胡硕辽墓

位于霍林郭勒市达来胡硕卫星差转站西南方山阳坡，1986 年 9 月发掘此墓，为上盖石板的竖穴土坑墓，“辽代早期墓葬”。随葬遗物具有契丹人特点，如木马鞍、弓、褙骨、箭囊骨带扣、羊骨等。出土的铁器有附刀鞘直柄铁刀 1 件（图 1–115）、尖锋扁身菱形体“T”形镡柄铁剑 1 件（图 1–116）、尖锋四棱形长木杆铁镞 38 件（图 1–117）、铁马衔 1 件、梁上二穿鼻孔扁体环梁铁马镫 1 件。[2]

图 1–115

图 1–116

图 1–117

五十、科右中旗巴扎拉嘎村辽墓

科尔沁右翼中旗巴扎拉嘎乡巴扎拉嘎村东南 1 公里处的东山坡，1981 年夏发现两墓，遂进行发掘。一号墓为砖筑不规则方形单室穹隆顶墓，出土有铁器；二号墓为石墓，其墓中无铁器，于此不录。

一号墓：出土遗物较多，特征较为明显，年代与辽驸马墓相似，故应为辽代早期。随葬铁器有执柄长颈铁注壶 1 件（图 1–118）、扁身高鼻横穿孔环梁宽踏板铁马镫 5 件（图 1–119）、尖锋长身柳叶形菱体圆铤铁镞 17 件

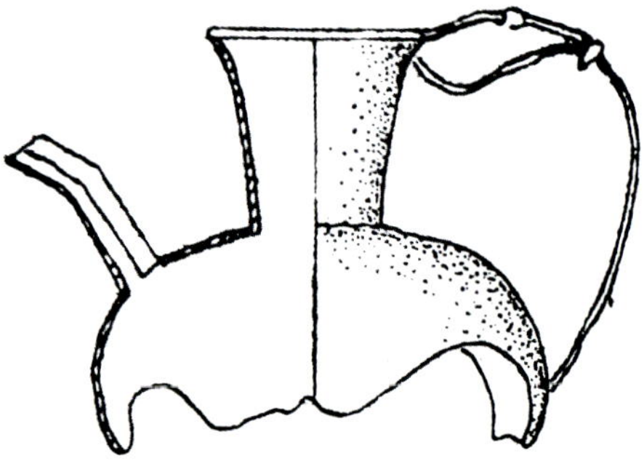

图 1–118

---

① 中国社会科学院考古研究所内蒙古工作队，等 . 内蒙古扎鲁特旗浩特花辽代壁画墓 . 考古，2003 年第 1 期 .

② 哲里木盟博物馆 . 内蒙霍林郭勒市辽墓清理简报 . 北方文物，1988 年第 2 期 .

（图 1–120）、直背长柄铁刀 1 件（图 1–121）。①

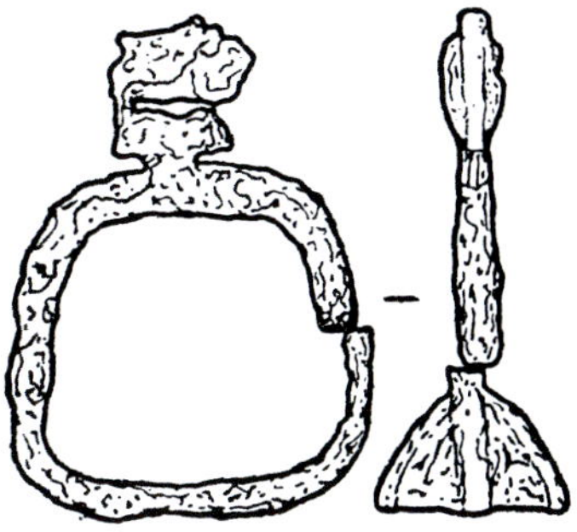

图 1–119

图 1–120

图 1–121

五一、科右中旗代钦塔拉村辽墓

科右中旗代钦塔拉苏木墓，在代钦塔拉村西北 2.5 公里山南坡，1991 年 9 月因墓葬被盗进行调查，其地为一处墓群，编号有九座墓，发掘其中的三号墓。此墓为砖筑方形穹隆顶多室组成，计有墓道、墓门、甬道、前室、左右耳室、主室，并有壁画和棺床小帐。随葬遗物丰富，有陶、瓷、金、银、铁、木器等。出土铁器亦很多，有如下诸件：铆制长方形斜直腹平底四足銎直柄铁炭火炉 1 件（图 1–122）、铆制长方形外折平沿直腹平底八足双提梁附两扇折页活动盖铁炭火炉 1 件（图 1–123）、铆制侈口半圆形双耳直腹平底三足铁釜 1 件、铆制侈口直长颈圆

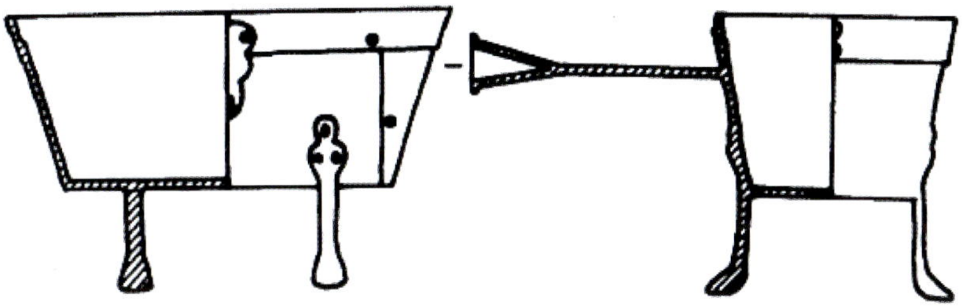

图 1–122

① 苏日泰 . 科右中旗巴扎拉嘎辽墓 . 内蒙古文物考古，1982 年第 2 期 .

肩斜直腹平底曲流执柄铁壶 1 件（图 1-124）、铆制圆形一侧有流四棱形有銎柄铁勺 1 件、铆制圆形折沿斜腹底微凸铁片卷成柄铆于盘上端部加一箍铁熨斗 1 件（图 1-125）、铆制圆碗圆柱四棱三足铁灯盏 1 件、鹤嘴形椭圆头长柄前端扁体两侧饰半圆形纹后部方体尾端四棱锥状饰螺旋纹两柄中部穿用铁链相连镀银铁火钳 1 件（图 1-126）、长方形前口平直三边上折后部长柄前扁方体外有箍后圆形柄端有銎铁火铲 1 件和两种扁刃器：一种平锋扁刃扁身椭圆形銎、另种其形相同只是扁刃两侧出倒刺（按：此器最长 40.5 厘米、刃宽 3 厘米、銎径 6 厘米，出土时有一件安装在长 2 米的木柄上，可知器形较大）的铁扁刃器 41 件（图 1-127）、上宽下窄楔形体扁方顶立銎孔铁斧 2 件（图 1-128）、燕尾式双刃铁锋椭圆形中空四孔木哨铁鸣镝、平刃扁体前宽后窄铁锋椭圆形中空四孔木哨铁鸣镝两种计 21 件、横式平梁上乳突状穿鼻宽体直身平踏板铁马镫 4 件（图 1-129）、曲棍式一端圆首一端倒刺镳直棍式两节套合铁马衔 1 件（图 1-130）、直棍式折体镳两节套合铁马衔 1 件

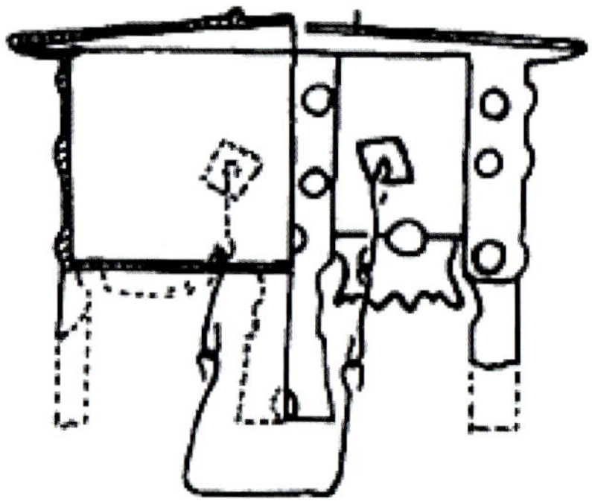
图 1-123

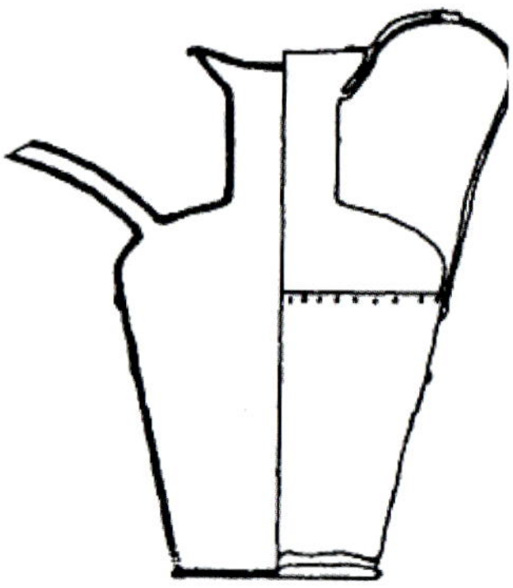
图 1-124

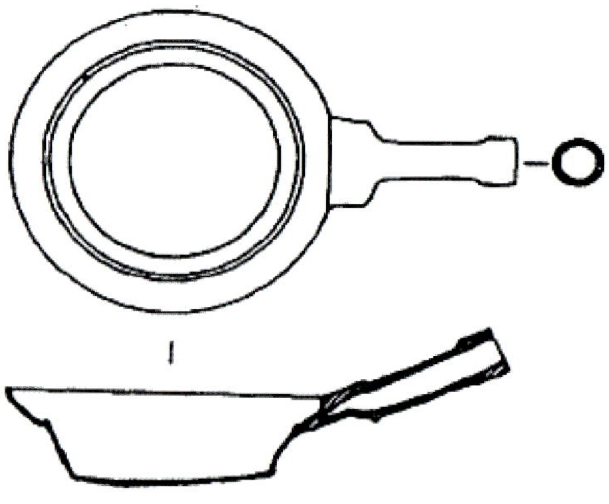
图 1-125

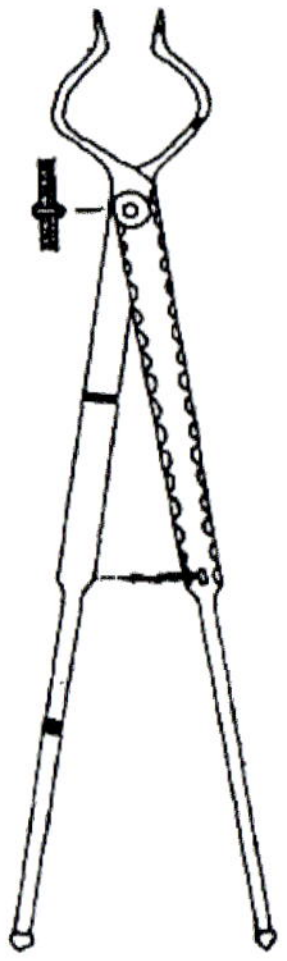
图 1-126

图 1-127

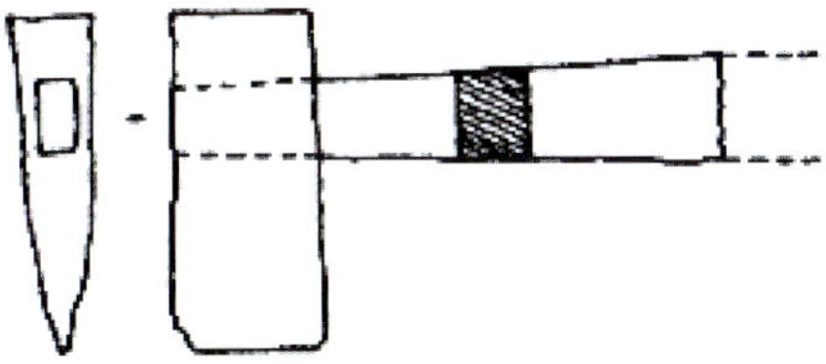

图 1-128

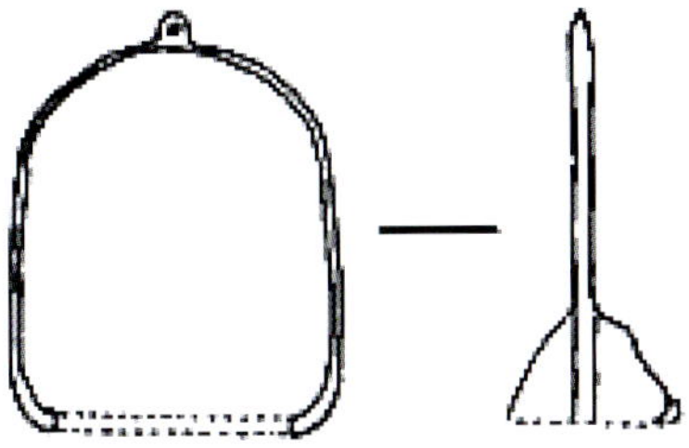

图 1-129

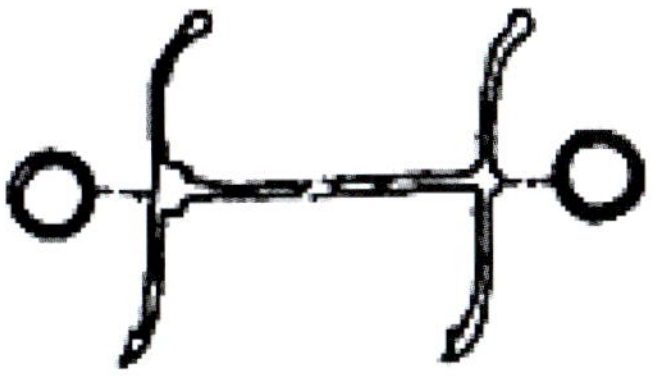

图 1-130

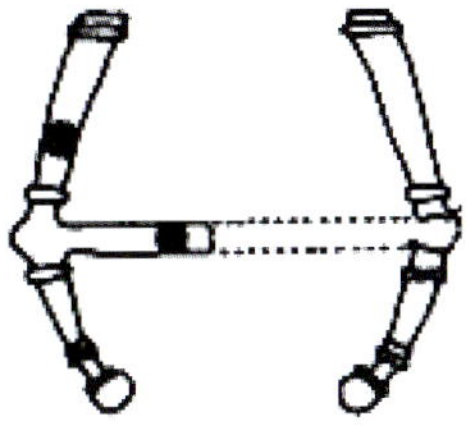

图 1-131

（图 1–131）。[1]

五二、科右前旗白辛屯辽墓

在科尔沁右翼前旗白辛屯村北一公里处山根下，1962 年春天当地村民发现一座墓葬。经调查，墓为石筑单室方形穹隆顶，壁厚达 3 米，券顶盖大石板，非常坚固。墓中出土“瓷、铜、铁器等二十七件”，皆甚精美少见。铁器六件，

图 1-132

为折柄铁铲（图 1–132）、环把铁剪、圆銎铁凿、凿形铁器、锛状铁器、三足铁灯檠各 1 件。[2]

① 兴安盟文物工作站 . 科右中旗代钦塔拉辽墓清理简报 . 内蒙古文物考古文集 . 第二辑 . 中国大百科全书出版社，1997 年 7 月版 .

② 潘行荣 . 内蒙古科右前旗白辛屯古墓古城的调查 . 考古，1965 年第 7 期 .

五三、突泉县西山村辽墓

突泉县东杜尔基镇西山村，1991 年 7 月兴安盟文物工作站对此地濒临破坏的墓群进行抢救性清理。这处墓群已发掘的墓有 11 座，可分三群，俱为石砌长方形或方形叠涩券顶墓，墓室较小，随葬遗物不多。其中四号墓、七号墓出土铁器，具体遗物如下：

四号墓：有铁镞 7 件，分四式：一式为长身扁圆体圆形长铤镞 2 件（图 1–133–5、图 1–133–6），二式为长身菱形体圆形短铤镞 2 件（图 1–133–3、图 1–133–4），三式为长身扁方形体圆形长铤镞 2 件（图 1–133–7、图 1–133–8），四式为平锋扁体方形铤铁镞 1 件（图 1–133–10）；有尖锋扁体起脊锯齿边圆銎铁矛 1 件（图 1–133–11）、两节大环铁马衔镳 1 件（图 1–133–2）、平背直刃方体柄铁刀 2 件（图 1–133–9）以及铁剑、铁带卡等。

七号墓：出土铁刀 1 件（图 1–133–12）。[①]

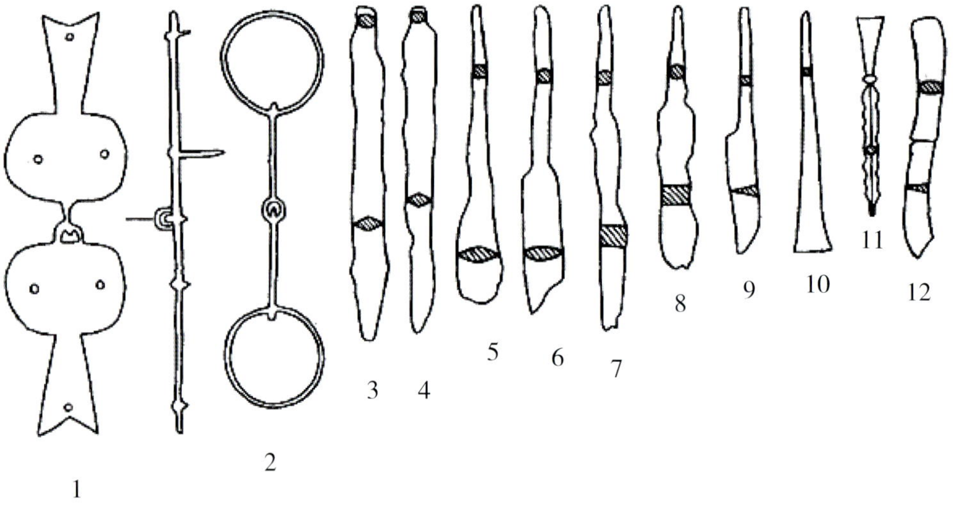

图 1–133

五四、陈巴尔虎旗西乌珠尔村辽墓

位于陈巴尔虎旗西乌珠尔苏木村正西 10 公里沙丘中，1986 年 9 月发现此墓地。这里是一处墓群，自二十世纪六十年代以来，就有零散文物出土，大部分

① 孟建仁，钱玉成 . 突泉县西山村辽墓 . 内蒙古文物考古文集 . 第一辑 . 中国大百科全书出版社，1994 年 8 月版 .

古墓遭到破坏，发掘时仅存三座墓。墓均以独木棺为葬具，根据出土内凹底饰梳齿纹陶罐、陶壶及铜马具饰件等遗物，为辽代早期契丹人墓葬。出土遗物中，铁器有扁立穿鼻横穿带孔环梁铁马镫 2 件（图 1–134）、铁鸣镝 21 件 [据形制可分三式：一式长锋扁身菱形体接骨哨（哨已残）铁鸣镝 3 件（图 1–135–1）；二式尖锋扁身菱形体接骨哨扁铤铁鸣镝 5 件（图 1–135–2）；三式长锋扁身菱形体接骨哨圆铤铁鸣镝 13 件（图 1–135–3）]、木鞘铁刀 2 件、长身叶形起脊套环连接三铆钉铁合页 4 件（图 1–135–4）。[1]

图 1–134

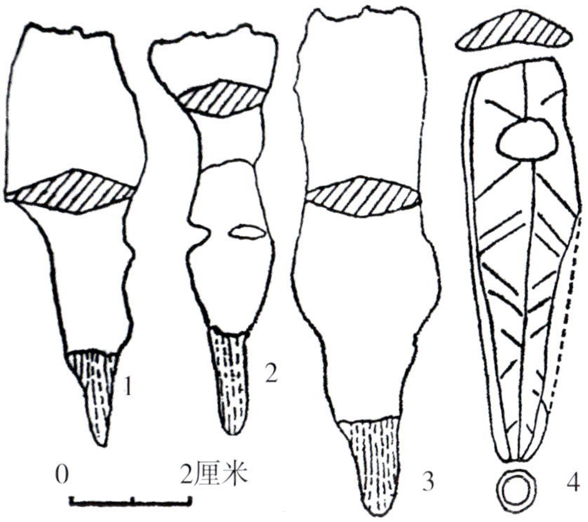

图 1–135

五五、陈巴尔虎旗巴彦库仁镇辽墓

在陈巴尔虎旗巴彦库仁镇东 2 公里小东山东南坡上，1995 年因村民取土前后发现三座辽墓，俱为土坑墓塘。其中 1 号墓较大，外有樟子松木椁，内有木棺，俱大头小尾、前高后低，内存人骨。此墓出土遗物种类很多，有篦齿纹陶壶、银器、金银带饰、铜镜、皮革弓箭囊、制皮靴、织锦等。铁器出土有长铁刀 1 件；铁镞 30 件，可分二式：一为燕尾式，一为三翼式；鸣镝 3 件。[2]

五六、准格尔旗焦家圪卜村辽墓

准格尔旗哈岱高勒乡焦家圪卜村境内，发现古墓。墓顶因破坏不存，墓室平

① 白劲松 . 陈巴尔虎旗西乌珠尔古墓清理简报 . 辽海文物学刊，1989 年第 2 期 .

② 王成，陈凤山 . 陈巴尔虎旗巴彦库仁镇辽代墓群调查清理简报 . 呼伦贝尔文物 . 总第 4 期，1997 年 .

面为六角形，单室，前有墓道。尸床下沿有六个龛，龛内有壁画。葬人骨头西足东。随葬遗物有四件，为铜带卡、海贝等。出土铁器 1 件，但已残坏。[①]

五七、鄂尔多斯市东胜区布日都梁村辽墓

鄂尔多斯市东胜区布日都梁乡布日都梁村墓，门向南，为圆形墓室，前有短墓道，因其遭到破坏，遗物不多。随葬有鎏金铜带饰 11 件、牛头骨 1 具。出土铁器有铁马镫一副。[②]

五八、商都县前海子村辽墓

商都县十八顷乡前海子村村民在住宅院内挖地窖发现，1988 年调查发现，进行清理。墓为石筑圆形单室，穹隆顶，上用大石板封盖，状似蒙古包。墓内有石板构的石棺。墓中随葬陶器、瓷器、铜镜、玉器、丝织品多种遗物。出土铁器有：敞口直壁深腹平底有柄铁熨斗 1 件（图 1–136–1）、铜线缠裹铜皮包封握柄直背铁刀 1 件（图 1–136–2）、交股铁剪 1 件（详见三幅墓葬及遗物分布放大图：图 1–137—图 1–139）、三足高檠浅圆盏铁灯 1 件、铁钉等。[③]

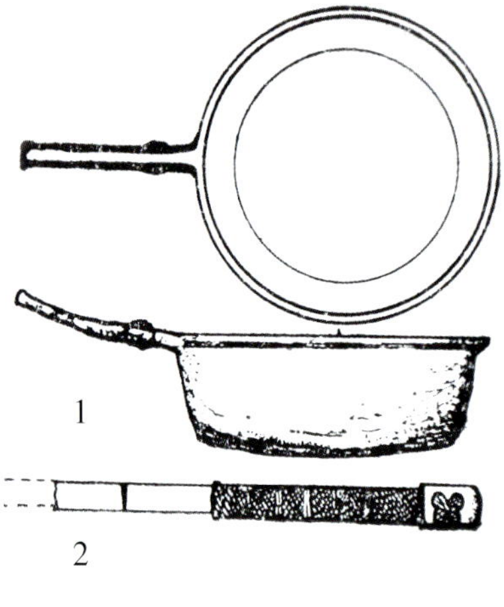

图 1–136

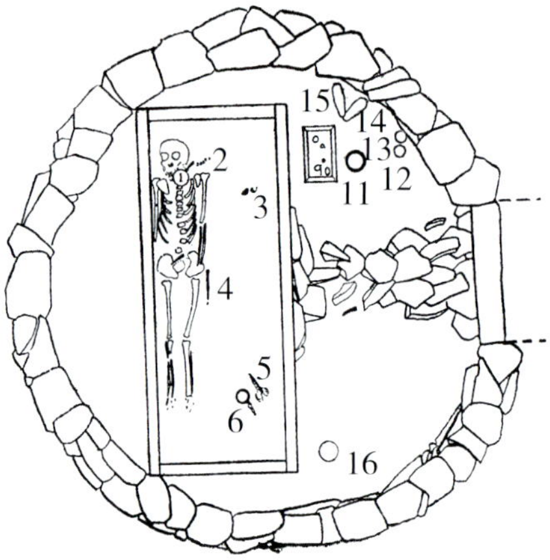

图 1–137

①② 王志浩．略论辽金遗存在鄂尔多斯的发现．中国考古集成·东北卷．第 15 册：辽（二）．北京出版社，1997 年 1 月版．

③ 富占军．内蒙古商都县前海子村辽墓．北方文物，1990 年第 2 期．

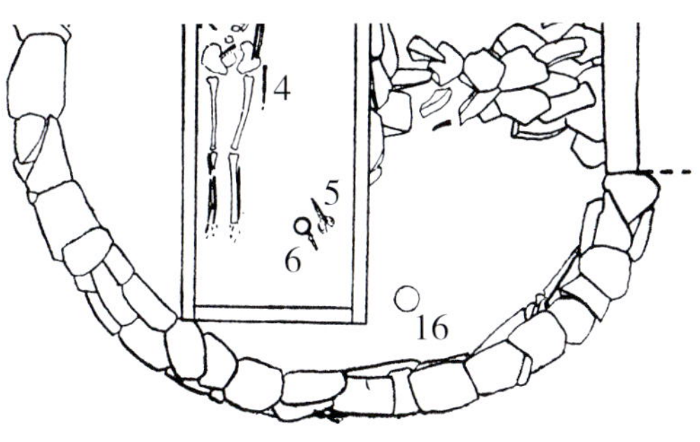

图 1-138

图 1-139

五九、凉城县水泉村辽墓

乌兰察布市凉城县永兴镇水泉村墓，在村北 1.5 公里山坡上。2008 年 5 月进行发掘。其中发掘辽墓 2 座（编号为二十六号、二十七号）。据报告称：“由此可判定这两座墓葬的年代应属于辽代早期。”两墓情况分别记述如下：

二十六号墓：为竖穴土坑墓，有木棺，遗物较多，主要出土在木棺中，有生活用器、工具、本马具、佩饰品等，包括陶器、铁器、银饰品、玛瑙佩饰等。墓中出土铁器有圆口折沿展唇浅斜直腹平底扁长柄铁熨斗 1 件（图 1-140-2）、六矩铁车辖 2 件（图 1-140-1、图 1-140-3）、四矩铁车辖 1 件（图 1-140-4）、环股铁剪 1 件（图 1-140-5）、尖锋菱体长身圆铤铁镞 2 件（图 1-140-6）、弧锋扁体宽尾扁铤铁镞 1 件（图 1-140-7）。

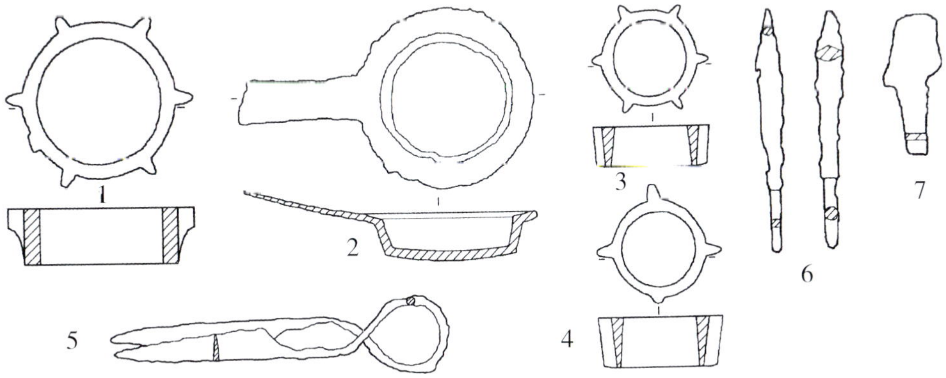

图 1-140

二十七号墓：为竖穴土坑墓，有壁龛，葬具为一椁一棺。遗物丰富，有生活用具、工具、马具、带饰、装饰品等。墓中出土铁器有高穿鼻环梁扁身宽踏板铁马镫 2 副（图 1-141-1）、附弯曲镳两节铁马衔 1 副（图 1-141-3）、弯曲形铁衔镳 1 件（图 1-141-2）、三翼形镞头枣核式骨鸣器铁鸣镝 11 件（图 1-142）、圆形铁器执柄 1 件（图 1-143）、铁构件 9 件（图 1-144-1~ 图 1-144-9）、铁牌饰（图 1-144-10）。①

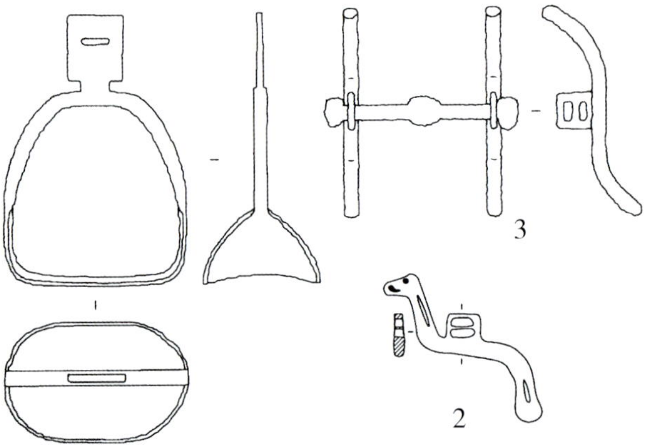

图 1-141

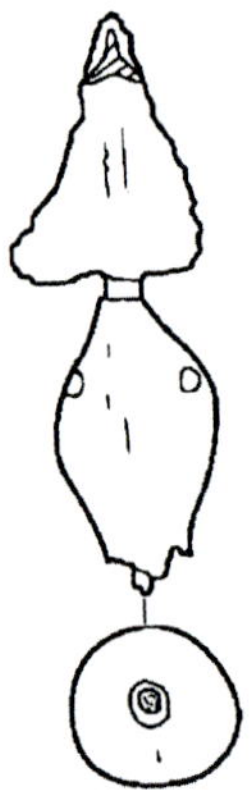

图 1-142

图 1-143

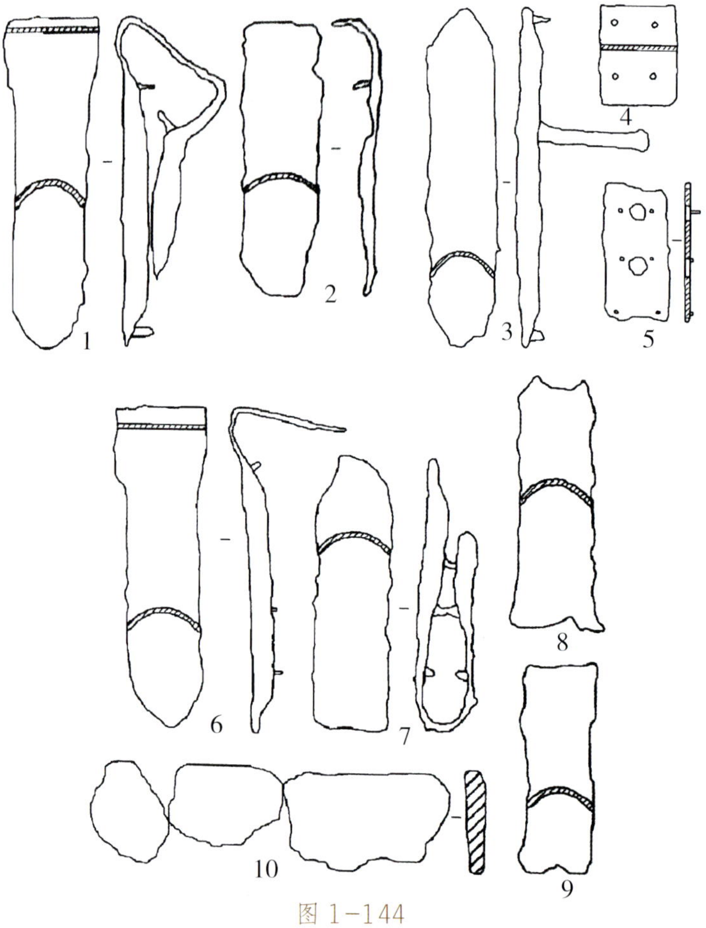

图 1-144

① 内蒙古文物考古研究所 . 内蒙古凉城县水泉辽代墓葬 . 考古，2011 年第 8 期 .

第二章　辽宁地区出土的辽代铁器

第一节　城址中出土的铁器

一、喀左县大城子镇辽利州城址

喀喇沁左翼蒙古族自治县驻地大城子镇东部，是辽代利州城址，方形，长宽各约 500 米。历年出土遗物很多，1989 年县博物馆获铜、铁、陶、瓷器数十件。其中在“辽代遗物”节中列出的铁器有两件：平唇敛口斜肩六錾耳弧腹圜底铁釜 1 件、“单面直刃刀身近柄部有一圆形穿孔柄尾弯曲”的铁剪 1 件。[①]（按：此铁剪在“刀身近柄部有一圆形穿孔”的特征，应为交股铁剪，而不是环股铁剪。）

二、彰武县小南洼村辽豪州城址

彰武县四堡子乡小南洼村西南发现一座城址，当地人称为“西南城子”，此城经考证为辽代豪州，系辽代头下州，金废。

城址中出土的铁器有双角张口利齿卷鼻长睛铁龙首 1 件（图 2-1）、尖锋弓背弧刃握柄铁刀 1 件（图 2-2-1）、前端三角形平背宽身短柄铁剥刀 1 件（图 2-2-2）、六矩铁车辖 1 件（图 2-2-3）。[②]

图 2-1

① 喀左县博物馆 . 辽宁喀左县辽代利州城址的调查 . 考古，1996 年第 8 期 .

② 李宇峰，孙杰 . 辽宁彰武县西南城子城址调查 . 辽海文物学刊，1990 年第 1 期 .

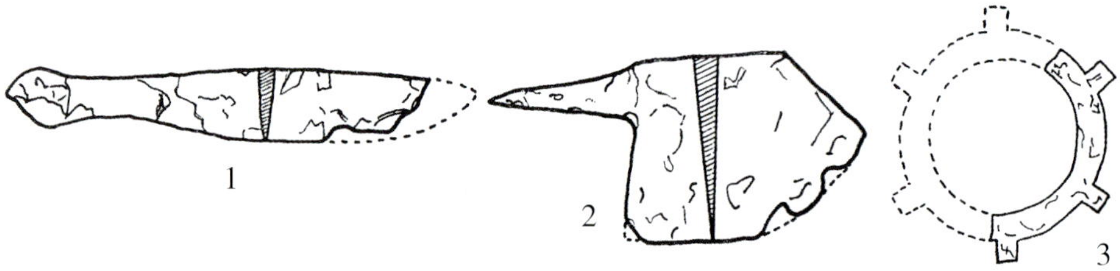

图 2-2

三、彰武县小五喇叭村辽城址

彰武县两家子乡小五喇叭村城址，保存完好，城墙虽有颓坍，四面城墙仍很高大，城内现为农田，地里经常有各种遗物出土，有灰陶片、青砖、白瓷片、石臼、石杵、铜钱。

城址出土属于铁质遗物有铁镞、铁鞭穗等。①

四、彰武县陈家窝堡辽城址

彰武县满堂红乡沙家村陈家窝堡屯城址，城址略呈长方形，城址内已被辟为农田，遗物比较丰富，常见有布纹瓦、绳沟纹砖、乳白釉四垫痕瓷碗底、口沿瓷片、彩修石雕件。铁器有铁刀、铁镞等。②

五、彰武县土城子屯辽城址

彰武县四合城乡大伙房村土城子屯城址，保存状况较差，有的墙段颓坍严重，遭到毁坏。采集到的遗物有莲纹瓦当、螭吻残块、粗白瓷片、缸胎黑釉瓷片，城内外过去出土过陶罐、瓷碗、瓷缸、石磨、铜钱等。

城址中出土铁器有铁刀、铁马镫等。③

六、彰武县土城子村辽横州城址

彰武县苇子沟乡土城子村北城址，呈不等边方形，南城墙长 260 米、北城墙

① 冯永谦主编；张春宇，刘俊玉，孙杰著 . 彰武县文物志：辽代城址 . 辽宁民族出版社，1996 年 3 月：第 66 页 .

② 冯永谦主编；张春宇，刘俊玉，孙杰著 . 彰武县文物志：辽代城址 . 辽宁民族出版社，1996 年 3 月：第 75 页 .

③ 冯永谦主编；张春宇，刘俊玉，孙杰著 . 彰武县文物志：辽代城址 . 辽宁民族出版社，1996 年 3 月：第 78 页 .

长 360 米、东城墙长 400 米、西城墙长 345 米，设有南、东、西三门，四角有角台，墙外侧有马面。此城址笔者考证为辽代横州[①]。城址内遗物很多，陶瓷器、青砖、筒瓦、板瓦、滴水瓦、瓦当、北宋铜钱等，历次调查，城址内未见金代遗物，铁器出土有铁锄、铁镰等农具。[②]

七、法库县红沙地村山城址

法库县四家子乡红沙地村北八虎山山城址，城墙建在山上，系在半山上环山峰一周。城址内有青铜时代文化遗物片，但主要是后期的，有粗白瓷片、北宋时期铜钱。铁器出土有六錾耳铁釜、铁镞等。[③]

八、法库县西二台子村辽渭州城址

法库县叶茂台镇西二台子村城址，在村北沙地林带间，保存基本完好，遗物较多，在村中街路旁和农户庭院中都有存留。调查所见，有灰陶片、布纹瓦、粗白瓷片、黑釉大缸等。经考古调查发现并考证，此城址即为辽代头下州中的渭州[④]，金灭辽后，渭州无建置，已废弃。

城址中各种遗物很多，村中农户家多有存留，此前村民于城址中曾发现一个酱黑釉大缸，其中盛装铁器有 100 多斤，为铁马镫、铁马衔及农业生产工具等。据《辽史》《金史》记载，金灭辽时，曾在渭州一带和其附近的懿州、显州等地多次发生战争，这一窖藏遗存有可能是辽末渭州人逃跑时埋下的，因而保存下来。

城址出土的铁器有前端下伸穿孔上翘尖直背薄刃短柄铁铡刀 1 件（图 2–3 为出土铡刀近年的照片，它显示铡刀刃部已残坏，图 2–4 为铡刀出土时原测图，两者因时间不同而不一致）、尖锋长身四棱锥形体圆铤铁镞 1 件（图 2–5）。

图 2–3

①④ 冯永谦．辽志十六头下州地理考．辽海文物学刊，1988 年第 1 期．

② 李宇峰，等．彰武朝阳沟辽代墓地．辽宁考古文集．辽宁民族出版社，2003 年 7 月版．

③ 冯永谦，温丽和．法库县文物志．辽宁民族出版社，1996 年 3 月：第 57 页．

图 2-4

图 2-5

九、法库县古城子屯辽辽州安定县城址

法库县登士堡子镇石砬子村古城子屯城址，保存较好，有的城段墙高仍壁立如削。城址考证为辽代辽州安定县址。[①] 内遗物很多，在一处发现的灰坑中，文化层厚达 1.5 米。城内地面至今仍散布有大量的灰布纹瓦片、陶器、瓷器片、白瓷小罐、石臼、石磨、铜钱等。

城址内出土铁器有六鋬耳铁釜。[②]

十、法库县北土城子村辽城址

法库县包家屯乡北土城子村城址，保存较好。在 1973 年笔者调查时，居民大都住在城外，城中只有几户农舍，遗物在地面就可见到，文化层厚可达 1.5 米。遗物有沟纹长方砖、灰色布纹厚瓦、陶片、印花定窑和仿定窑白瓷片、黑釉缸、石幢顶、石臼、铜钱、铜牌饰等。

城址中出土的铁器有铁铧、铁锄钩、六矩铁车辖、铁甲片等。[③]

十一、法库县四家子村辽宗州城址

法库县四家子乡四家子村城址，经过多次调查，城内遗物非常丰富，厚重布纹灰瓦片、沟纹长方砖、梳齿纹灰陶片、白瓷片、大缸、褐釉鸡腿坛、大量北宋

① 冯永谦 . 辽宁地区辽代建置考述 . 东北地方史研究，1986 年第 2 期 .

② 冯永谦，温丽和 . 法库县文物志 . 辽宁民族出版社，1996 年 3 月：第 70 页 .

③ 冯永谦，温丽和 . 法库县文物志 . 辽宁民族出版社，1996 年 3 月：第 73 页 .

时代铜钱、铜镜、石臼、石磨、石碾等。

城址中“出土铁器有：铁马镫、铁马衔、六耳铁锅、铁铧、铁锄、铁锹、铁镐、铁斧、铁镣铐等”[①]。（按：四家子村古城址，经考证为辽代宗州[②]，金灭辽后宗州被废。）

十二、昌图县八面城村辽韩州城址

昌图县八面城镇八面城村古城址，范围很大，保存较好，遗迹犹存，前后曾多次调查，是一座较早考证的辽代州城。据《辽宁史迹资料》考证：“王寂《辽东行部志》云：‘韩州，辽圣宗时并三河、榆河二州为韩州。三河本燕之三河县，辽祖掠其民于此置州，故因其旧名。而改城在辽水之侧，常苦风沙，移于白塔寨。后为辽水所侵，移于今柳河县。又以州非冲涂，即徙于旧九百奚营。’据此，知八面城遗址是辽代韩州的第三次州治。……近年不断发现遗物，如铜洗、铜镜、铜佛像、铜铧模子、铜趟头模子、铁铧、铁铡刀、铁矛、铁马镫、白瓷壶、白瓷碗和各种陶器等。辽货币也多有出土。铜铧模子外铸‘王中’‘十日山’（图 2-6、图 2-7），铜犁碗模子内铸‘□得山’等字。鬲形陶器裆部有‘张老□’三字。此外，还出土有兽面纹、龙纹及带汉文‘徐’字的瓦当和残鸱吻等，多数具有辽代的特征，少数是金代的。”[③] [按：八面城村古城址，为辽代二迁三治之韩州，金代迁韩州于辽九百奚营（今吉林省梨树县白山乡岫岩沟村“偏脸城”古城址），此城降为柳河县，建置发生巨大变化。因此，正如李文信先生所言：城中遗物“多数具有辽代的特征，少数是金代的”。]

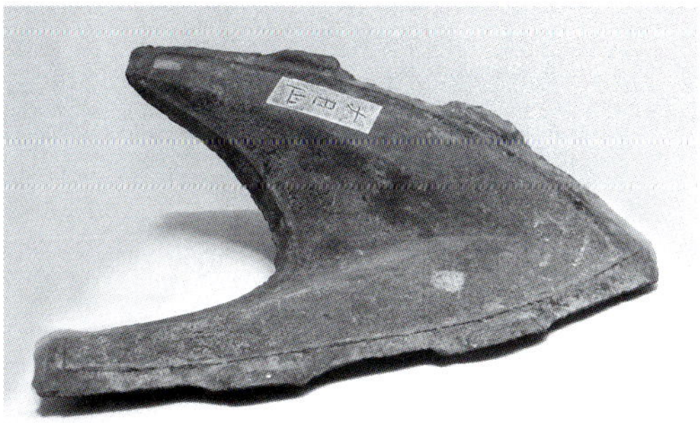

图 2-6

图 2-7

---

① 冯永谦，温丽和．法库县文物志．辽宁民族出版社，1996 年 3 月：第 87 页．

② 冯永谦，法库县辽代建置考．辽文化研究．第一辑．沈阳市辽文化研究会．2012 年 5 月．

③ 李文信主编．辽宁史迹资料．辽宁省博物馆，1962 年 1 月印行：第 69 页．

昌图八面城辽韩州城址出土遗物如有字铜铧范等，现在正陈列在辽宁省博物馆《辽河文明展》的《契丹王朝》展的陈列品中。这些铜铧范、铜蹚头范及铁铧、铁矛、铁铡刀、铁马镫等，和阜新的这些铁器在造型上并无差异，从而可以很好地解析、认识阜新铁器的特征和年代。

十三、大石桥市青城村辽城址

大石桥市沟沿乡青城村城址，处在村庄之中，城墙尚有保存，城内遗物有瓦片、残砖、陶器口沿、瓷片等。出土的铁器有铁釜、铁拉手等。[①]

第二节　遗址中出土的铁器

一、朝阳南大街辽窖藏

朝阳市旧城内大凌河西岸南大街北端东侧、大凌河西岸 150 米，1994 年 12 月发现辽代窖藏，出土在一个茶末绿釉大缸内，共盛有铜器 14 件、铁器 57 件。铜器也具有与辽代铁器相同的器形，为便于了解辽代铁器的年代与形制，现附此以便参考：宽边折沿直腹平底略下凹椭圆状三足铜火盆 1 件（图 2–8–1）、宽边折沿直腹平底扁梯形三足铜火盆 1 件（图 2–8–2）、窄边侈口双立耳直腹平底板状三足铜铛 1 件（图 2–8–3）、器盖覆钵式顶面中心铸一圆柱周饰三组牡丹纹图案器敛口高领腹外一周裙沿圜底折角三足铜釜 1 件（图 2–8–4、图 2–8–5）、侈口直腹平底长柄铜熨斗 1 件（图 2–8–6）、有流直口平底长柄铜鐎斗 1 件（图 2–8–7）、圆形沿边分布三提线孔与铁铆钉铜秤盘 1 件（图 2–8–8）等。

窖藏中出土的铁器有附盖直口圆唇广肩鼓腹平底有流执柄铁壶 1 件（图 2–9–1、图 2–10）、三角孔铁铧 1 件（图 2–9–2、图 2–11–1）、平刃长身梯形铁铲 1 件（图 2–9–3、图 2–11–2）、三齿铁耙 1 件（图 2–12–2）、筒状立式铁锁 1 件（图 2–12–1）、铁链 1 件（图 2–12–5）、活圆环铁鼻 4 件（图 2–12–3）、顶圆环曲身方体铁挂钩 1 件（图 2–12–6）、扁帽方身铁钉 46 件（图 2–12–4）。[②]

① 冯永谦主编，崔艳茹等著．营口市文物志．辽宁民族出版社，1996 年 3 月：第 80 页．
② 尚晓波．辽宁省朝阳市南大街辽代铜铁器窖藏．文物，1997 年第 11 期．

图 2-8

二、朝阳市北塔

在朝阳市老城北部偏西处，双塔街北端，是辽代的北塔，因其与在南面的南塔遥相对应，故名。1984年对北塔进行维修，1986年开始，为配合北塔维修工程顺利开展，对北塔进行了考古钻探和发掘，以了解塔的结构和历史情况。在辽代塔台基建筑遗址出土的铁器："遗址出土的遗物，质料上有铜、铁、陶、瓷、琉璃等。其中生产工具有铁锹、铁穿等。"在塔上发现的遗物："修塔工具五件，有铁錾子、铁刻刀、木抹子等，在塔檐上发现，皆属辽重熙时修塔施工工具。"[①] 平刃扁体长身圆顶铁錾子1件（图2–13）、尖刀斜刃曲体长直柄铁刻刀1件（图2–14）、梯形扁方体似斧凿（因残坏）1件。

图 2–9

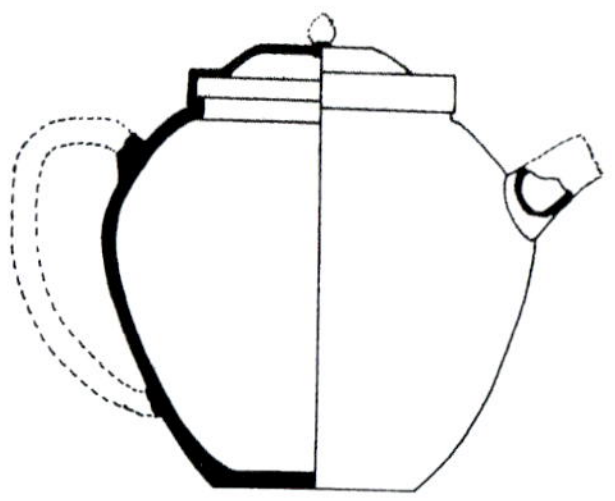

图 2–10

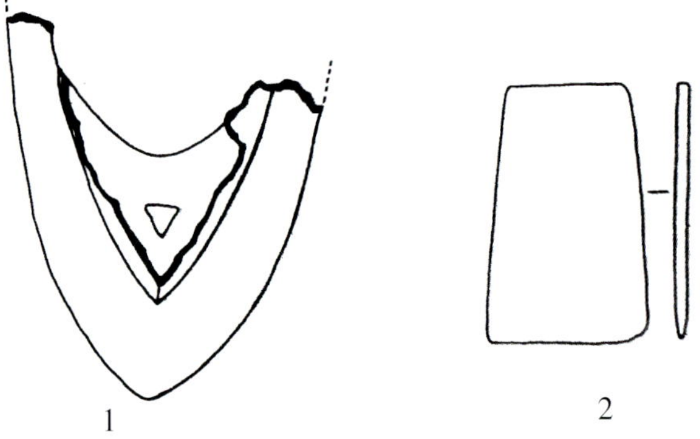

图 2–11

① 辽宁省文物考古研究所，等．朝阳北塔．文物出版社，2007年8月：第61页、103页．

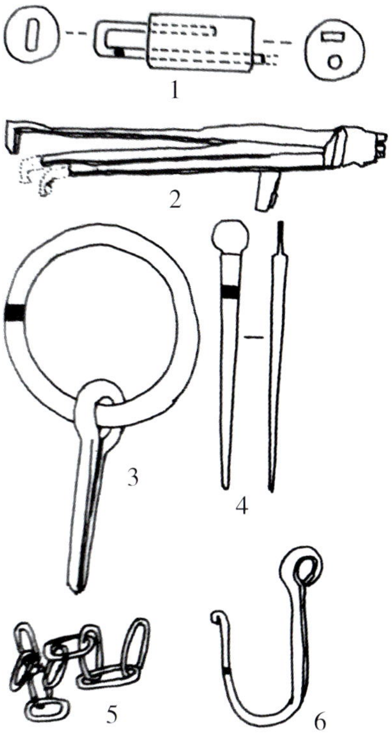

图 2-12

图 2-13

图 2-14

三、朝阳市西三家子屯辽遗址

朝阳市七道泉子镇上河首村西三家子屯遗址，经过发掘，有六座房址、灶、炕、烟囱遗迹尚存，烟道石砌，均为曲尺形，另有十三个灰坑，出土遗物有陶器、板瓦、瓷器、铜器、铁器、骨器、石斧等。出土“铜钱，共计 62 枚，其中有 9 枚唐‘开元通宝’，其余均为北宋铜钱，最晚的是宋徽宗政和年间的‘政和通宝’”。遗址年代，报告认为“本遗址应是辽代晚期的一处小型村落遗址”。出土的铁器有三翼圆铤铁镞 1 件（图 2-15-4）、尖锋三角形体扁铤铁镞 1 件（图 2-15-5）、大帽扁体铁钉 1 件（图 2-15-1）、折帽铁钉 1 件（图 2-15-2）、环鼻铁钉 1 件（图 2-15-3）、铁环 1 件（图 2-15-7）、条形铁器 1 件（图 2-15-6）。[①]

① 辽宁省文物考古研究所 . 辽宁朝阳西三家辽代遗址发掘简报 . 北方文物，2009 年第 1 期 .

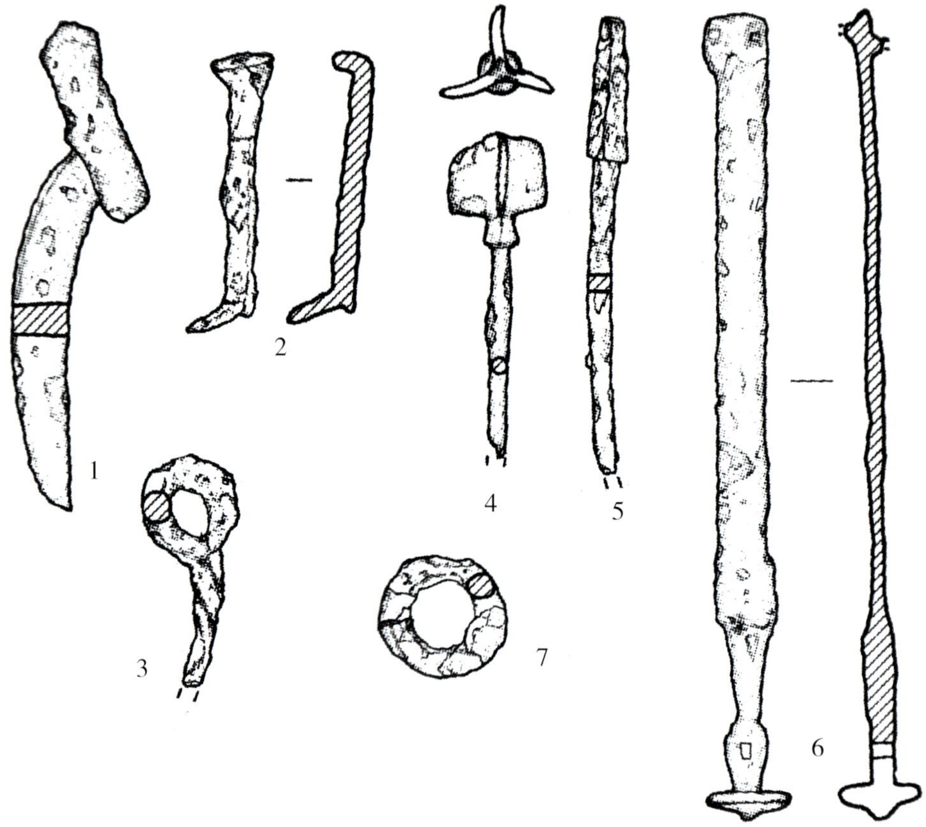

图 2-15

四、朝阳市龙城区西大营子村辽遗址

图 2-16

朝阳市龙城区西大营子村辽代遗址，2018 年由龙城区文物管理所发掘。遗址中相邻遗存有两处，发掘面积 100 多平方米。发现遗迹有窑址一处、房址一处，并有火炕等。出土遗物较多，包括生产工具、生活用具，有石臼、磨盘、石槽、磨石、瓷瓮片、陶片、瓦片、铁铡刀、铁镞、铁剪等。出土铁器较为重要，此遗址经过正式考古发掘，出土的铁剪即为交股铁剪（图 2-16），可证这种交股铁剪在辽代已经使用了。

关于这种铁剪的出现和使用情况报道较少，过去了解得不多，因此现在的发现很重要。见于论述的，有黄展岳在《中国文物报》上撰文所说：“……1954 年洛阳烧沟涧西 141 号北宋墓（出熙宁五年墓志）出土 2 把铁剪，一把仍作交股曲环式，另一把剪把后端绕成双环，刃把之间有支轴，横杆支点在重点与力点之间，与现代家用铁剪相同。由此推知，两种不同剪式的交替时期应在北宋。”[①]（图 2–17）这种交股铁剪在北宋时期已经出现了。朝阳西大营子村辽代遗址铁剪的考古发现[②]，也说明了这个问题。（按：北宋熙宁五年，熙宁是宋神宗赵顼的年号，五年为 1072 年，此时是辽道宗耶律洪基咸雍八年。）这种交股铁剪已经出土在熙宁五年墓中，则其产生的时间应较此为早，当在社会上已经流行，至少是较为普遍，才能埋入墓中。这种现象说明，此类铁剪已为当时人们所使用，并且不是非常少见的稀有物，故此才能埋在熙宁五年的墓中。应该说，这种交股铁剪的产生，至少是在熙宁之前，而不是在其后，并且应当是有相当一段时间的使用，才能普及到社会生活中去，为人们所使用。在辽代，这种铁剪出土较多，其时间约在辽代的中后期，因此种铁剪不仅阜新有，而且朝阳西大营子辽代遗址和康平克宝窝堡辽墓也有出土，因此说，这种铁剪辽、宋两地都见，南北方都有，其流行范围如此之大，可见应有一定的使用时间，才能出现这种情况。再说一点想法，这种铁剪辽代出土数量多，而辽代铁器甚为发达，种类齐全，并且制作精致，受到宋人的赞

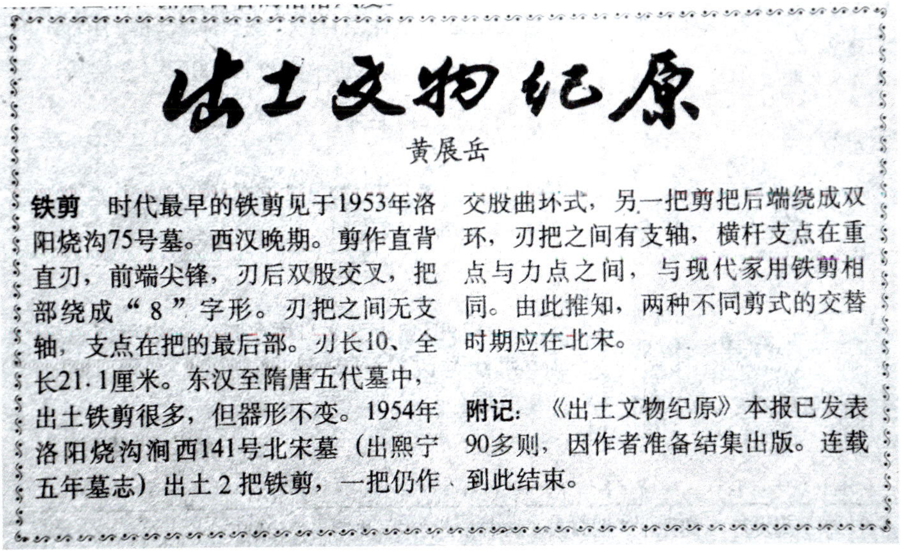
出土文物纪原

黄展岳

铁剪　时代最早的铁剪见于1953年洛阳烧沟75号墓。西汉晚期。剪作直背直刃，前端尖锋，刃后双股交叉，把部绕成“8”字形。刃把之间无支轴，支点在把的最后部。刃长10、全长21.1厘米。东汉至隋唐五代墓中，出土铁剪很多，但器形不变。1954年洛阳烧沟涧西141号北宋墓（出熙宁五年墓志）出土2把铁剪，一把仍作交股曲环式，另一把剪把后端绕成双环，刃把之间有支轴，横杆支点在重点与力点之间，与现代家用铁剪相同。由此推知，两种不同剪式的交替时期应在北宋。

附记：《出土文物纪原》本报已发表90多则，因作者准备结集出版。连载到此结束。

图 2–17

① 黄展岳 . 出土文物纪原 . 中国文物报 ,1991 年 1 月 13 日 .

② 朝阳西大营子遗址及出土铁剪，是笔者在 2018 年 10 月 16 日前去朝阳时，蒙龙城区博物馆李道新馆长见告，并将遗址出土铁剪提出让笔者观察了解，并允拍照 .

上卷

誉[①]。由此种剪的发现是否可以推测，这种交股铁剪就是辽人发明的，姑且备此一说，以待考古发现证实。

五、北镇市东沟村辽遗址

北镇市大市乡东沟村遗址，1973 年 4 月调查，通过了解，此遗址时间为辽代。在遗址中出土有辽代砖、瓦和瓷碗残片，并有一枚“皇宋通宝”铜钱。遗址中出土一件犁镜铜铸范（图 2–18），保存完整，圆肩曲身，上有铸造时浇铸口，斜底，内面中上部有二字，当是契丹大字文字（图 2–19）。同遗址出土铁器有铁镰、铁斧等。[②]

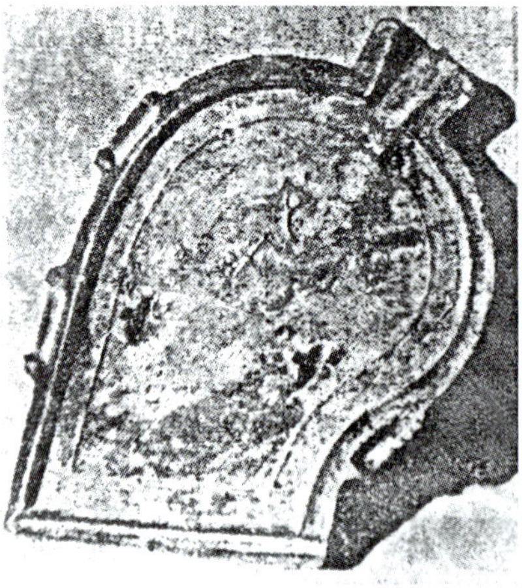

图 2–18

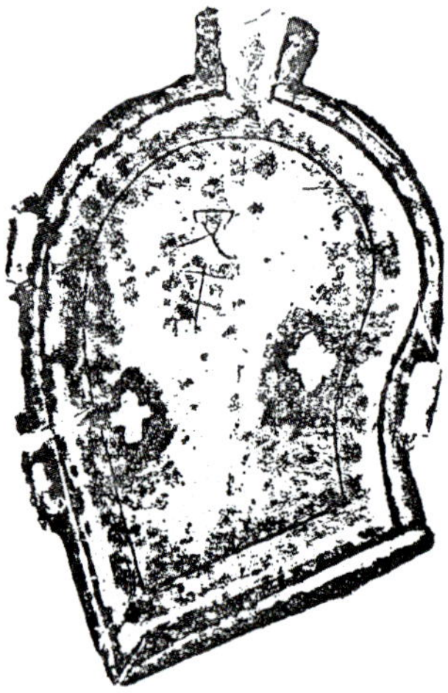

图 2–19

六、阜新县严金皋村辽酒坊遗址

阜新蒙古族自治县扎兰营子乡严金皋村辽代酒坊遗址 1955 年 1 月被发现，遂进行考古调查，遗址有主室和耳房。出土酿酒器具和生活用品，并有铁器。铁器计有两件：一件为平沿束颈圆腹六錾耳铁釜 1 件（图 2–20），一件为平沿浅腹平底铁锅 1 件（图 2–21）。[③]

① 宋太平老人《袖中锦》说：“西夏鞍，契丹剑，天下第一。”辽时之剑，应当是指铁剑，而非青铜剑。如此赞誉，可见辽时铁业确实发达 .

② 刘鲕 . 辽宁北镇县发现辽代铜犁范 . 考古，1984 年第 11 期 .

③ 刘鲕，刘谦 . 阜新县严金皋村发现的辽代酿酒厂遗址的报告 . 阜新辽金史研究 . 第三辑 . 阜新市辽金元契丹女真蒙古史研究会，1997 年版 .

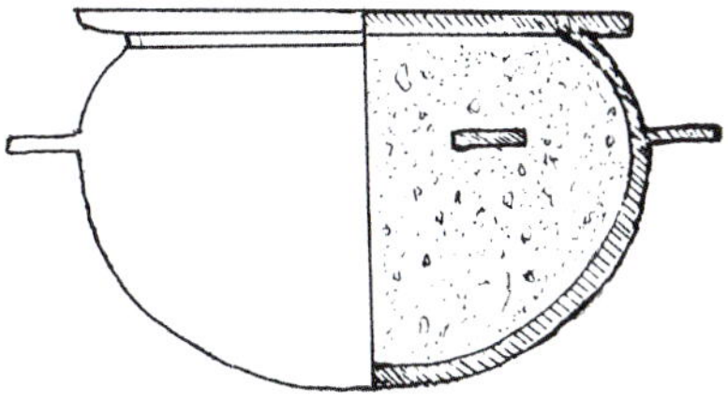

图 2-20

图 2-21

七、彰武县朝阳沟村辽遗址

离彰武县苇子沟乡朝阳沟村 2 公里，有一处辽代墓地，在 2 号墓的南面，应是墓地中的祭祠建筑遗址，出土有砖墙基、石柱础、琉璃瓦、佛像头等，铁器有铁刀两件：一件为厚背窄体长身直柄铁尖刀（图 2–22–1），一件为厚背宽身直柄铁刀（图 2–22–2）。[1]

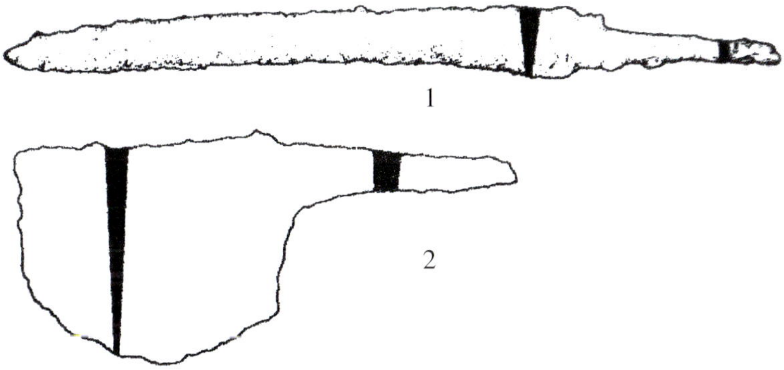

图 2–22

八、大连市西甸子辽遗址

大连市甘井子区营城子街道前牧城驿村遗址，在村西北 500 米处，2006 年因烟（台）大（连）轮渡工程之土羊高速公路特大桥在此通过，发现遗址。遗址为辽代，发掘地层可分六层，其中："第五层，黑淤土，土质细腻，含布纹瓦、瓷片、陶器残片、铁片、绳纹砖、马牙等，而主要以大量碎瓦片居多，厚 50~70 厘米。"[2]

① 李宇峰，等．彰武朝阳沟辽代墓地．辽宁考古文集．辽宁民族出版社，2003 年 7 月版．

② 张翠敏，等．大连西甸子辽代遗址发掘简报．辽金历史与考古．第一辑．辽宁教育出版社，2009 年 4 月版．

九、岫岩满族自治县岫岩镇辽遗址（一）

岫岩满族自治县岫岩镇阜昌路原阜昌门北侧遗址，经过发掘，对出土遗物考察，所出八枚铜钱没有晚于北宋时期的，因此笔者认为此遗址应是辽代遗址。出土铁器有圆顶弧边斜底背面上部穿鼻下二支钉铁犁镜、六矩圆形铁车辖、两端细菱形体铁钉、齿形铁器。[①]

十、岫岩满族自治县岫岩镇辽遗址（二）

岫岩满族自治县岫岩镇遗址，在岫岩镇内，发掘两个地点：一个为邮电小区，一个为中医院，出土陶器、瓷器等，建筑材料很多，如兽面瓦当、水波纹板瓦滴水、螭吻等。遗物中辽代特点突出，遗物数量也大。报告未具体分出辽金文化层，遗迹遗物均混称辽金，认为“岫岩镇辽金遗址的年代上限当为辽代中期之前，下限为金代末期”。遗址中邮电小区出土有铁器，计 2 件：铁犁镜 1 件、六矩铁车辖 1 件。[②]

十一、岫岩满族自治县岫岩镇长兴辽遗址

岫岩满族自治县岫岩镇北部长兴胡同遗址，经过发掘，有房址、冶铁作坊、灶址、灰坑，出土遗物较多，报告认为“根据上述器物对比，可推定长兴遗址的年代上限在辽代中期”。并经碳十四测定为“距今 1140 ± 55 年（公元 850 ± ），与契丹国在公元 908 年开始统一辽东地区的史实大致相符”。出土铜钱 31 枚，都是北宋时期的，最晚为“元祐”通宝，由此可见其年代当为辽代。出土的铁器有三角孔铁铧 1 件（图 2-23-2）、曲背弧刃铁刀 1 件（图 2-23-1）、铁车辖 1 件（图 2-23-3）、铁环鼻 1 件（图 2-23-4）、直背尖锋铁匕首 1 件（图 2-24-3）、条形长身菱体方铤铁镞 1 件（图 2-24-1）、折顶方体铁钉 1 件（图 2-24-2）。[③]

十二、沈阳市崇寿寺辽白塔

沈阳市旧城地载门即俗称小北门外的崇寿寺白塔，1956 年拆除，据地宫中铜

---

① 杨永芳，卜长义 . 岫岩镇阜昌门辽金遗址试掘简报 . 中国考古集成 · 东北卷 . 第 16 册：辽（三）. 北京出版社，1997 年 1 月版 .

② 鞍山市岫岩满族博物馆 . 辽宁岫岩镇辽金遗址 . 北方文物，2004 年第 3 期 .

③ 辽宁省文物考古研究所，等 . 辽宁岫岩县长兴辽金遗址发掘简报 . 考古，1999 年第 6 期 .

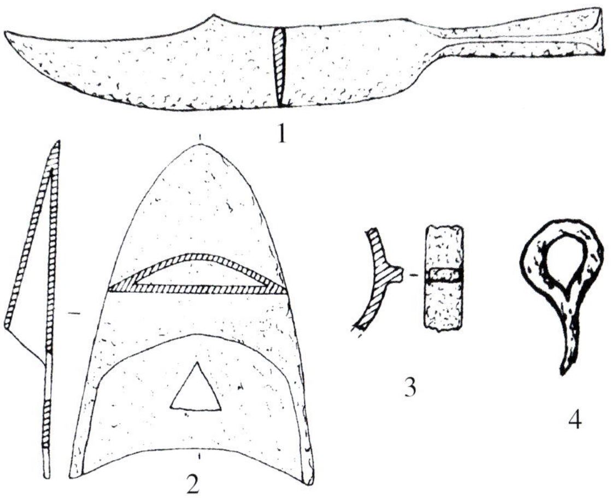

图 2-23

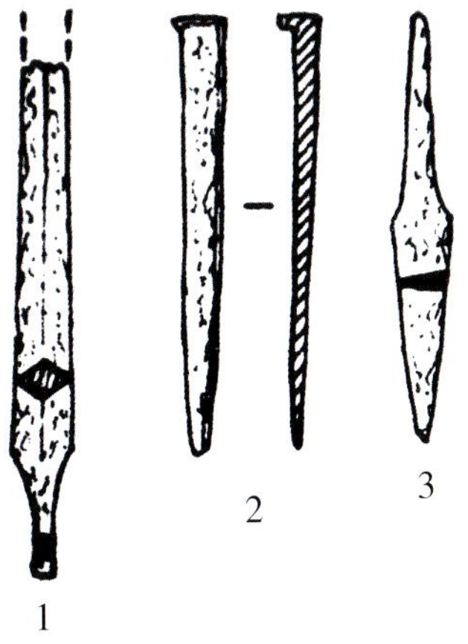

图 2-24

函刻款，为辽代天祚帝“乾统八年”（1108 年）建葬“佛舍利子”的塔。塔中出土铁器有铁凿 1 件。[①]

十三、铁岭市歪石砬子村辽遗址

位于铁岭市镇西堡乡歪石砬子村北 1 公里坡地上，1993 年 5 月因电厂建设发掘此遗址。遗址有房址、灶址、灰坑等，出土遗物较多，陶器、瓷器及建筑材料砖、瓦，还有铜器、铁器等。

关于此遗址的年代，实应为辽代，其实际情况是：其陶器、瓷器尤其砖、瓦，均具有辽代特点；又遗址距其西北的今康平县小塔子村辽棋州及倚郭庆云县很远，当不相属，而距在其东北不远的开原市中固镇新屯村辽代同州很近；再有，遗址中出土的“皇宋通宝”钱，认为是南宋理宗时的铸钱，以此定其为金代，称“遗址中的铜钱，为确定该遗址的时代提供了更充分的证据”。其实，这有误解：“皇宋通宝”不是南宋第五位皇帝理宗赵昀时期的铸钱，而是北宋初年第四位皇帝仁宗赵祯时期的铸钱，因此，以此定时代就不准确了。遗址出土的铁器如下。

铁刀 7 件，可分三式：

一式，铁刀，形制不相同：（1）直背斜直刃刃后出柄立扁方长柄铁刀，1 件（图 2–25–17）；（2）直背斜直刃柄在刀身中间出立扁方柄铁刀，1 件（图 2–25–18）；（3）尖峰直背铁刀，1 件（图 2–25–22）。

① 李彩畲 . 沈阳崇寿寺白塔的文物 . 考古通讯，1957 年第 6 期 .

二式，铁刀，尖峰弧背直刃铁刀，1 件（图 2–25–21）。

三式，铁刀，按形制亦有不同：（1）钝尖直背弧刃尖部上翘扁方柄铁刀，1 件（图 2–25–16）；（2）锐角状尖锋弧刃后部直背连接圆形柄铁刀，1 件（图 2–25–19）；（3）宽身直背一侧起棱薄刃扁立柄铁刀，1 件（图 2–25–20）。

铁镞 21 件，可分五式：

一式，平刃镞，可分两型：一型 9 件，一种为平刃菱形锋长身扁平体圆铤铁镞（图 2–25–5），另一种为平刃长身扁平体短圆铤铁镞（图 2–25–9）；二型 2 件，一种为宽身平刃扁体直边收尾锥状圆铤铁镞（图 2–25–6），另一种为与前者相似体较小的铁镞（图 2–26–18）。

二式，矛形镞，2 件，一件为尖锋矛头式长身菱形体方铤铁镞（图 2–25–10），另一件为形体较小尖锋矛头式菱形体圆铤铁镞（图 2–26–2）。

三式，“丫”形镞，双锋尖凹刃扁身有节圆铤铁镞 1 件（图 2–26–12）。

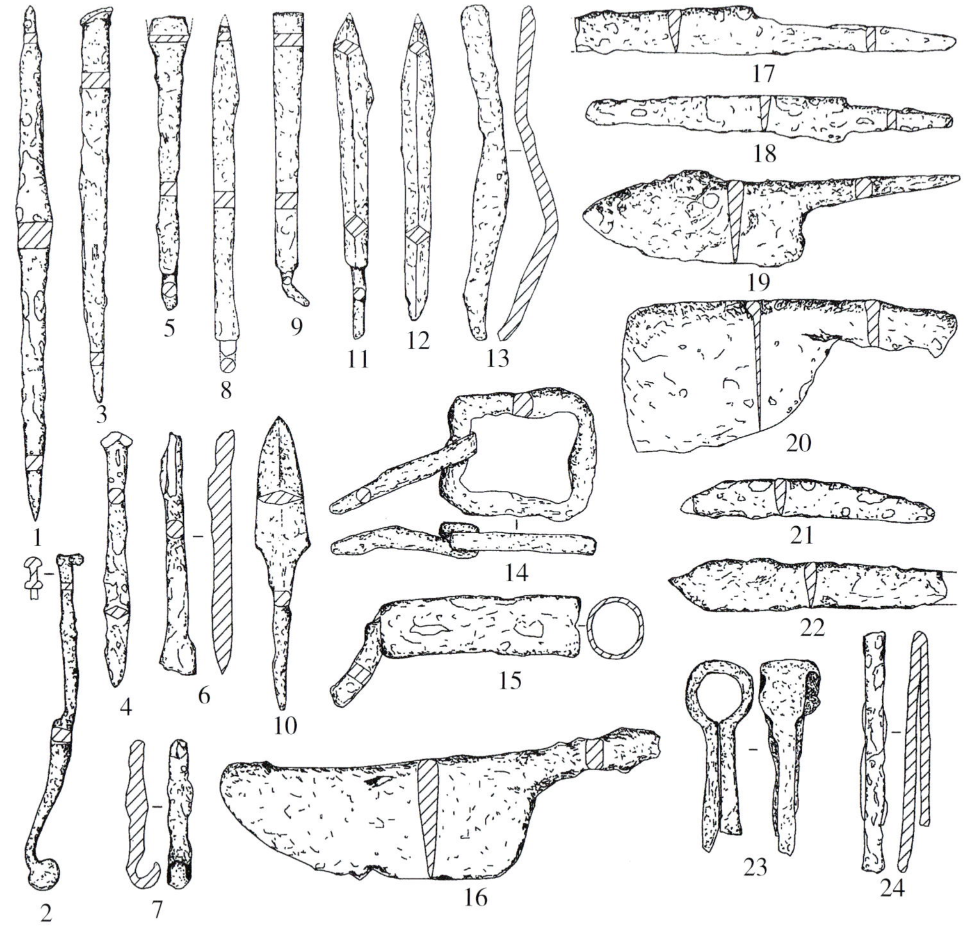

图 2–25

四式，三角形镞，3 件，一种为尖锋长身扁体圆铤铁镞（图 2–26–17），另一种为形体较前者为小的尖锋扁体长尾圆铤铁镞（图 2–25–8）。

五式，菱形镞，4 件，尖锋长身菱形体圆铤铁镞（图 2–25–11、图 2–25–12）。

铁车辖 1 件（图 2–26–4）。

铁钉 57 件，可分四式：

一式，扁帽长身扁方体铁钉 30 件（图 2–25–3、图 2–26–10）；

二式，小型圆帽尖菱形身圆体铁钉 2 件（图 2–25–4）；

三式，铲形尖圆身铁钉 2 件（图 2–25–6）；

四式，圆帽圆锥形体铁钉 23 件（图 2–26–15）。

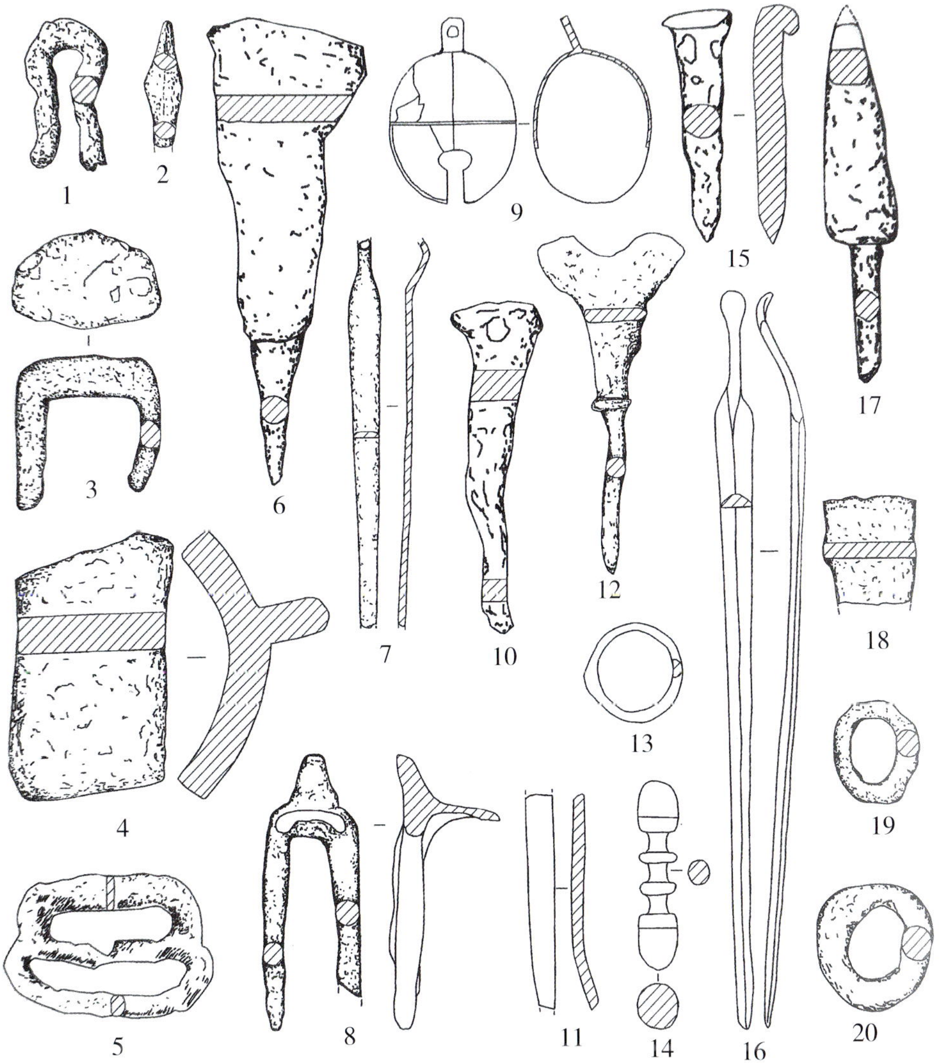

图 2–26

长方形单环孔半圆体带卡 1 件（图 2–25–14），横长方形双环扁带卡 1 件（图 2–26–5）。

椭圆与圆形图体铁环 3 件（图 2–26–19、图 2–26–20）、长条形扁体前端“工”字状尾端扁圆形铁钥匙 1 件（图 2–25–2）、两端尖锋细长身方体铁锥 1 件（图 2–25–1）、椭圆形面折下二圆体足铁锯钉 1 件（图 2–26–3）、直身圆体铁钩 1 件（图 2–25–7）、铁环鼻 2 件（图 2–25–23、图 2–26–1）、管形铁器 1 件（图 2–25–15）、双股圆体小铁叉 1 件（图 2–26–8）、铁镊形器 1 件（图 2–25–24）、扁身长铁条 4 件（图 2–25–13）。[1]

十四、昌图县塔东村辽遗址

昌图县泉头镇塔东村西北 50 米东西走向的后山上，2008 年 4 月发掘一处辽代遗址，有房址、墙基址、灰坑、灰沟、塔基及地宫。出土铜、陶、瓷、石、建筑构件及陶塑佛像等。铁器出土有扁帽扁方体铁钉 3 件、平头锋扁体圆铤铁镞 1 件、铸制长方形背板高浮雕铁佛像 1 件（图 2–27）。[2]

图 2–27

第三节　墓葬中出土的铁器

一、建平县勿沁图鲁村辽墓

建平县张家营子乡勿沁图鲁村墓，在村北一里的山坡下，1956 年秋因雨沟边土崖崩塌露出。同年 11 月进行调查清理。墓为石筑方形单室墓，内有柏木枋构成椁室，石块依椁室砌筑，墓内立木柱支撑墓顶，墓道绘有壁画。出土遗物丰富，是一座辽代早期墓葬。随葬铁器有错金角式镳铁马衔 3 件、高体扁身穿鼻环梁镂花踏板铁马镫 3 副（图 2–28）、方形外折平沿活环提手镂花铁火盆 1 件（图 2–29）、圆形口外折起沿直腹弧底銎孔执柄铁熨斗 1 件（图 2–30）、平顶横銎铁斧 1 件、方形箕状扁执柄铁铲 1 件、横式铁锁 1 件，还有平锋圆铤铁镞、铁链、铁环、铁鼻、

① 辽宁省文物考古研究所，等.辽宁铁岭市歪石砬子辽金遗址发掘简报.考古，2012年第2期.
② 辽宁省文物考古研究所，等.辽宁昌图县塔东辽代遗址的发掘.考古，2013 年第 2 期.

铁条等多件。[1]

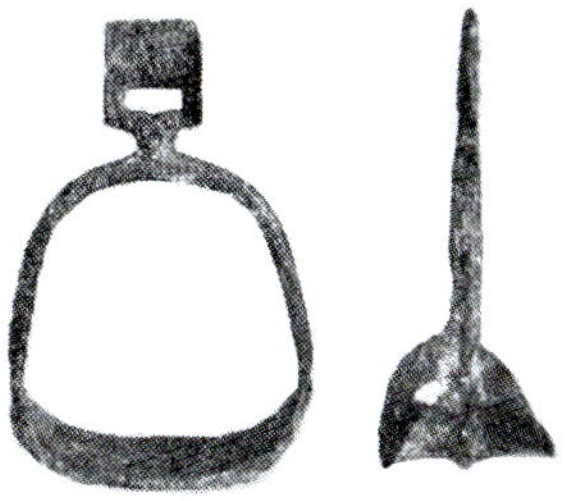

图 2-28

图 2-29

图 2-30

二、建平县王胡子沟村辽墓

建平县硃碌科乡王胡子沟村辽墓，在村西 2 公里的西沟山谷中，因雨冲刷土崖崩塌发现。1956 年 11 月调查清理。墓为砖筑圆形单室穹隆顶，内有柏木椁，出土遗物丰富，是辽代早期墓葬。随葬铁器有三足高檠四出托圆形盏铁灯 1 件、错金卷草纹镂孔直股铁剪 1 件（图 2-31）、横式铁锁 1 件。[2]

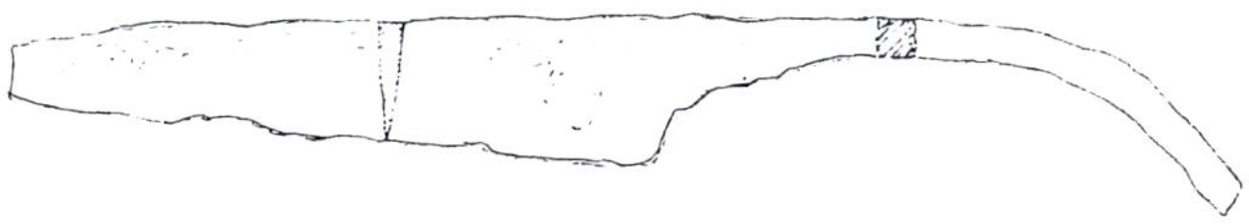

图 2-31

三、建平县大西沟屯辽墓

建平县沙海乡马杖子村大西沟屯墓，在屯西南 1 公里山谷中。1989 年因墓被盗进行清理发掘。墓为石筑长方圆角单室，出土遗物较为丰富，是辽代中期墓葬。随葬铁器有马具椭圆形扣孔铁带卡 1 件（图 2-32-5）、铁带箍 1 件、长圆形铁带卡 1 件（图 2-33-3）、三翼锋铁鸣镝 2 件（图 2-33-1）、箕形方銎上卷不封口铁锛 1 件（图 2-33-2）、条形身圆銎不封口铁凿 1 件（图 2-32-6）、扁方体圆帽、扁平帽、无帽铁棺钉 19 件（图 2-32-1~ 图 2-32-4）、横式铁锁 1 件。[3]

①② 冯永谦 . 辽宁省建平、新民的三座辽墓 . 考古，1960 年第 2 期 .

③ 辽宁省文物考古研究所 . 辽宁建平县两处辽墓清理简报 . 北方文物，1991 年第 3 期 .

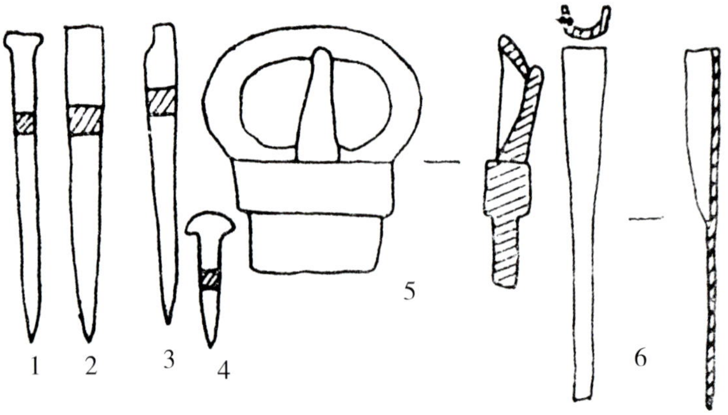

图 2-32

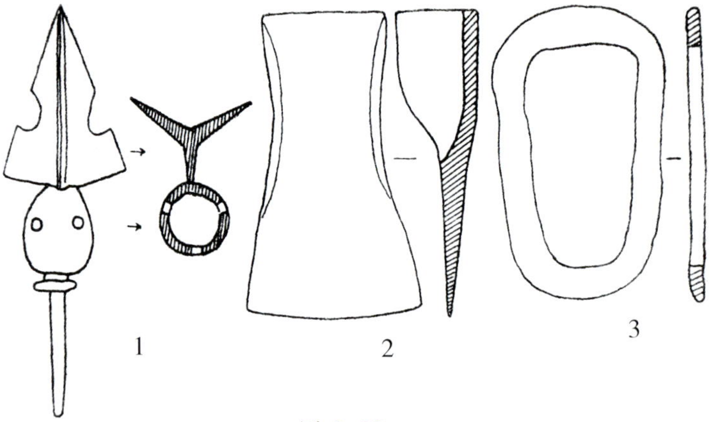

图 2-33

四、建平县五十家子村辽秦德昌墓

建平县三家子乡五十家子村墓，在村东南两公里波大沟里的搅牛洼西南坡地。1990 年 6 月因被盗发现。墓为砖筑，由甬道和八角形主室构成。墓中出土辽秦德昌墓志一合、陶器、瓷器、石灯、铜镜、北宋铜钱等。出土铁器有铁锁 1 件。[①]

五、建平县唐家杖子辽墓

建平县喀喇沁镇唐家杖子村墓，在村北 1 公里处的王子坟沟。1993 年 9 月因被盗发现墓葬，经发掘，这处墓地有七座辽墓，两座毁坏较重，清理五座。墓为石筑方形单室墓，三号墓为壁画墓。墓均被盗，遗物不多。二号墓保存较好，

① 李波．建平三家乡辽秦德昌墓清理简报．辽海文物学刊，1995 年第 2 期．

出土有陶器、瓷器、铜器、玉器等。墓中铁器亦有出土，因锈蚀严重，无法辨其形状。[①]

六、建平县丰山村辽墓

建平县青松岭乡丰山村长加哈达屯墓，在屯西北 2.5 公里处的菊花山西侧的山洼中，墓地东、西、北三面环山，形成椅背式山洼，南面为谷口，地势开阔。山洼中有墓葬十余座，此次发掘四座，由东至西排列，俱为坐北朝南。四座墓中，二、三号墓出土有铁器，现将有关各墓情况列下：

一号墓：为辽代耶律霞兹墓。墓为石筑，单室圆形穹隆顶，柏木内墙。墓因被盗，遗物多无存，出土墓志，耶律霞兹葬于圣宗太平元年（1021 年）。据此，亦可推知墓地的年代。

二号墓：在一号墓西 10 米，为沟纹砖筑，墓门、甬道拱券式，主室圆形。墓因被盗，“出土遗物有鼓腹平底陶壶 1 件、钧窑花式口小碗 1 件、白瓷残片、青瓷残片、鎏金铜片、铁钉等”。

三号墓：在二号墓西 12 米，墓为砖石混筑，有墓门、甬道、左右长方形耳室、方形主室，耳室与主室均四角攒尖顶，有柏木坊墙，葬用尸床。甬道两壁上绘有壁画，在甬道右侧墙白灰壁面上绘“有一木方桌，方桌上置一铜或铁釜，内盛大块牛或羊肘肉，前放两个盛酒的瓷碗”。此墓出土遗物较多，其他类不计，就以铁器来说，墓中出土“铁器有铁钟、灯、盒、斧、刀、扁铲、镩、凿、铺、锁、钉等”[②]。此墓铁器非常丰富，惜无详细介绍亦未附图或照片，外界无从得见。

七、建昌县龟山辽墓

建昌县喇嘛洞乡下五家子村墓，在村西北 300 米龟山南坡，1971 年 11 月发现，此处是一墓群，有四五座墓葬。发掘一座，编为一号墓。墓为砖筑，由墓道、墓门、甬道、东西耳室、主室构成。墓没被盗，出土瓷、银、铜、铁、漆器 166 件。出土铜钱最晚为北宋“圣宋元宝”，据此，该墓年代约为辽天祚帝乾统二年至六年（1102—1106 年）。随葬铁器有前圆柱体中有凸棱后为八棱体铁锏 1 件（图 2-34-1）、平顶方锥体铁钉 24 件（图 2-34-2）、桃形帽圆锥体铁钉 18 件（图

① 吕学明 . 建平唐家杖子辽墓清理简报 . 辽海文物学刊，1997 年第 1 期 .

② 韩宝兴，李宇峰 . 辽宁建平县丰山村辽耶律霞兹墓地发掘简报 . 辽金历史与考古 . 第一辑 . 辽宁教育出版社，2009 年 4 月版 .

2–34–3）。[1]

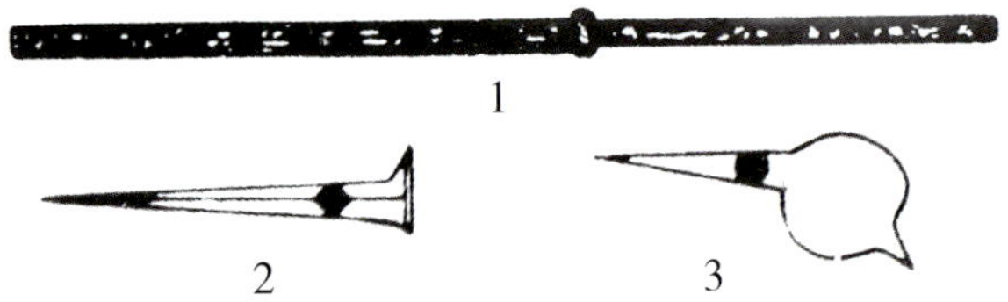

图 2–34

八、凌源市温家屯辽墓

凌源市瓦房店乡温家屯村西 100 米山坡上，自 1976—1983 年前后三次发掘三座墓，墓地后倚高山，前临小溪，呈“一”字形排列，由南至北，间距 20 米，门均向东。墓为石筑，六角形。墓葬时代依据遗物当为辽圣宗至兴宗或道宗时，即辽代中晚期。墓葬中二号墓出土铁器，现将其列下：

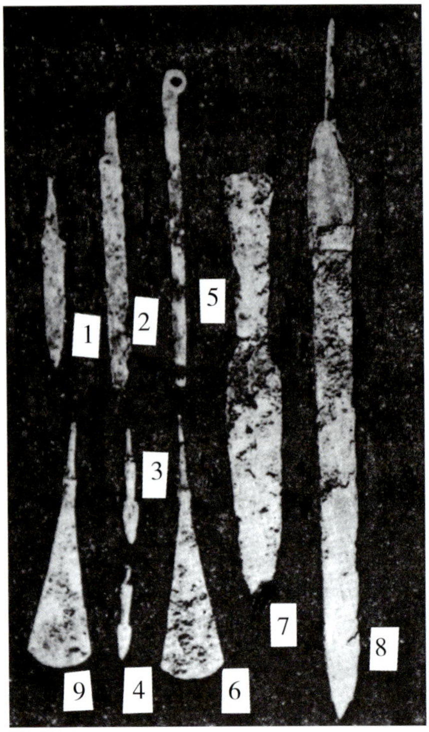

图 2–35

二号墓：出土铁器有尖锋直背一面刃镶柄铁长刀 1 件（图 2–35–8）、尖锋直背一面刃短柄铁刀 1 件（图 2–35–2）、尖锋小铁刀 1 件（图 2–35–1）、尖锋菱体长身两边刃銎柄铁矛 1 件（图 2–35–7）、矛式锋菱体圆铤铁镞 2 件（图 2–35–3、图 2–35–4）、扇锋扁体尾角圆铤铁镞 3 件（图 2–35–6、图 2–35–9）、圆顶梁体穿鼻铁马镫 2 件（图 2–37–1）、两节铁马衔 1 件（图 2–37–3）、前圆后方中间横梁铁带卡 2 件（图 2–36–1）、横长方形铁带卡 1 件（图 2–36–3）、圆柱形高体大铁铃 5 件（图 2–37–2 左）、圆球形小铁铃 6 件（图 2–37–2 右）、三足螺纹状檠花式托盘管形烛座铁灯台 1 件（图 2–38）、铁转环（图 2–36–2）、尖锋八棱形体环首铁锥 1 件（2–35–5）、平顶帽铁钉 7 件。[2]

---

① 靳枫毅，徐基 . 辽宁建昌龟山一号辽墓 . 文物，1985 年第 3 期 .

② 冯永谦，韩宝兴 . 凌源温家屯发现的辽代契丹人墓葬 . 辽金契丹女真史研究动态，1984 年第 2 期 .

韩宝兴 . 凌源温家屯辽墓发掘简报 . 辽海文物学刊，1994 年第 1 期 .

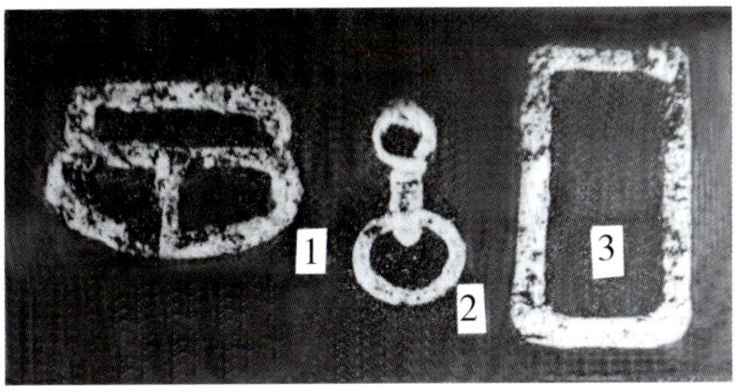

图 2-36

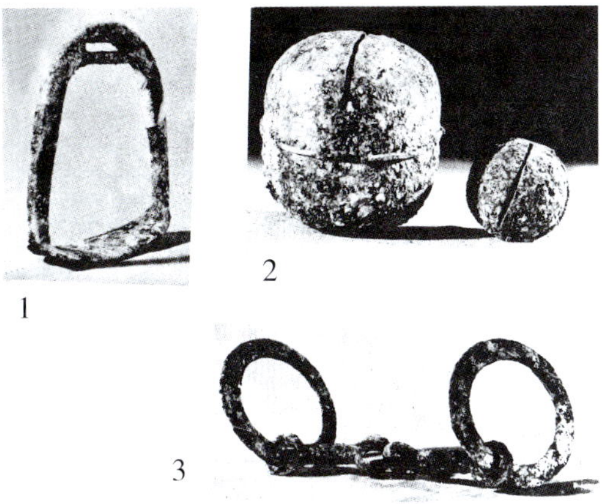

图 2-37

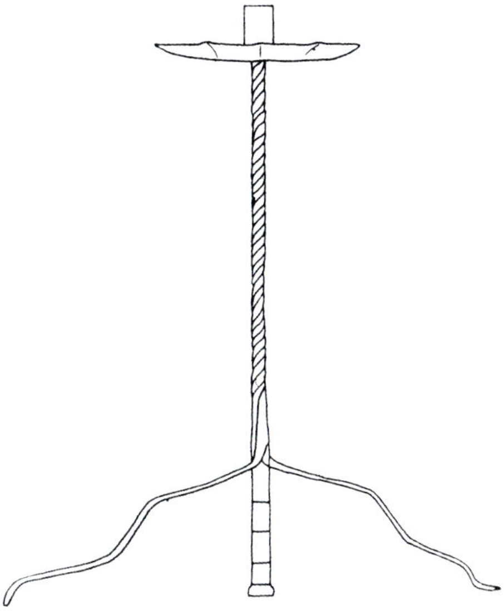

图 2-38

九、凌源市马家沟屯辽墓

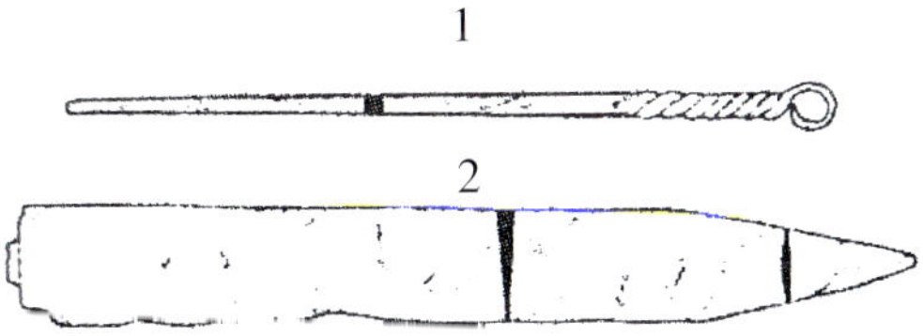

图 2-39

凌源市万元店镇康杖子村马家沟屯北 500 米山谷中，1996 年 6 月发现古墓，随即进行发掘。墓为砖筑，由仿木结构墓门、甬道、横长方形前室与八角形主室组成。出土遗物有绘四神墨书梵文石棺、瓷器、鎏金带饰、铜镜、琥珀饰、琉璃珠、玉钱等。铁器有厚背尖锋铁刀 1 件（图 2-39-2）、顶部环状麻花纹圆体铁箸 1 副（图 2-39-1）。①

十、喀喇沁左翼蒙古族自治县钱杖子村辽王悦墓

喀喇沁左翼蒙古族自治县坤都营子乡钱杖子村墓，在村西北 1 公里双尖山南

① 吕学明，朱达．凌源马家沟辽墓清理简报．辽宁考古文集．辽宁民族出版社，2003 年 7 月版．

麓下。1958年春发现，1961年11月发掘。墓为砖筑圆形券顶单室墓，出土遗物有陶器与瓷器，重要的是出土石质墓志，为辽王悦墓，圣宗统和二十三年（1005年）葬，是辽代中期的墓葬。出土铁器有铁带卡1件（图2-40）、圆帽方锥体铁钉50余件（图2-41、图2-42）。①

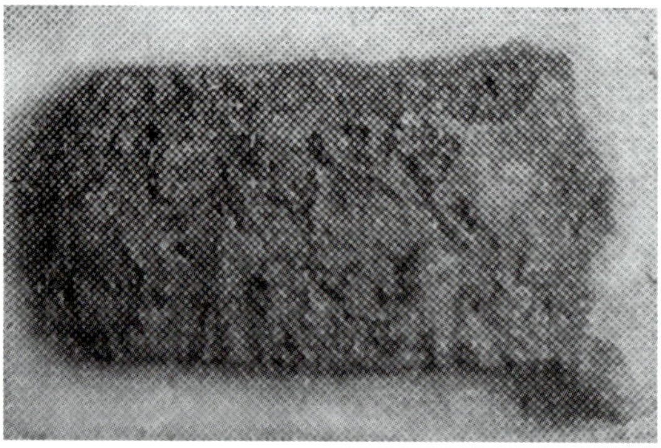
图 2-40

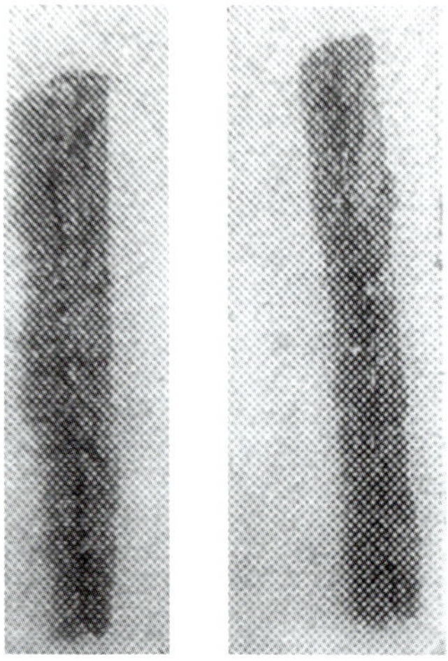
图 2-41

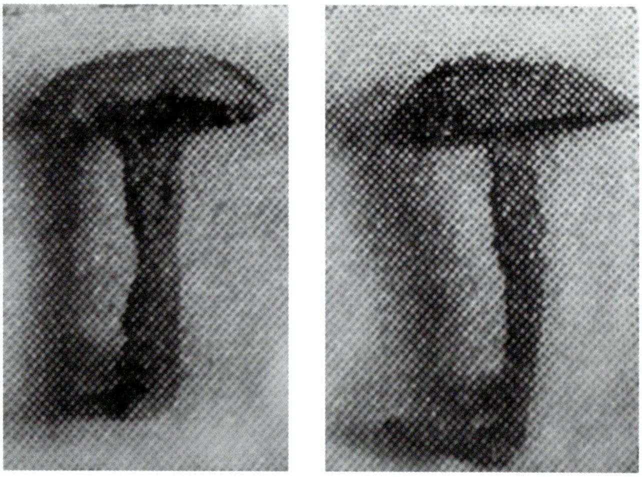
图 2-42

十一、喀喇沁左翼蒙古族自治县兴隆沟村辽墓

喀喇沁左翼蒙古族自治县老爷庙乡兴隆沟村墓，在村东100米处农田地中，1985年12月清理。墓为砖筑，圆形单室穹隆顶，出土遗物有陶、瓷器、铜镜、铜钱等，为辽代早期墓葬。出土铁器有三足八棱形檠四叶托盏铁灯台1件、平顶无帽方锥体铁钉11件。②

十二、喀喇沁左翼蒙古族自治县北岭村辽墓

喀喇沁左翼蒙古族自治县白塔子乡北岭村墓，在村1.5公里向阳山坡上，1979年10月发掘，有六座墓葬，发掘四座，其时代为辽代中、晚期即圣宗至道

① 辽宁省博物馆文物工作队．辽宁喀左县辽王悦墓．考古，1962年9期．
② 喀左县博物馆．辽宁喀左县兴隆沟辽墓．考古，1988年第4期．

宗时期的墓葬。墓中出土遗物很多，有陶、瓷、铜器等。各墓也大都出土铁器，现分别将各墓情况记述于下。

一号墓：为石筑八角形木椁单室墓。出土铁器有方形外折沿双活环提手四足铁火盆（图 2-43-1）、弯月形木柄铁刀 3 件（图 2-43-2）、环股铁剪（图 2-43-3、图 2-44）、高体扁身穿鼻环梁加强筋踏极铁马镫（图 2-45-1、图 2-46）、角弓形镳外置环双节铁马衔 1 件（图 2-45-2）、球形铁马铃多件、三足高檠圆盏铁灯台 1 件、横式铁锁 1 件、銎柄不存长方箕形底有深窝铁锹 2 件、铁镳斗 1 件。

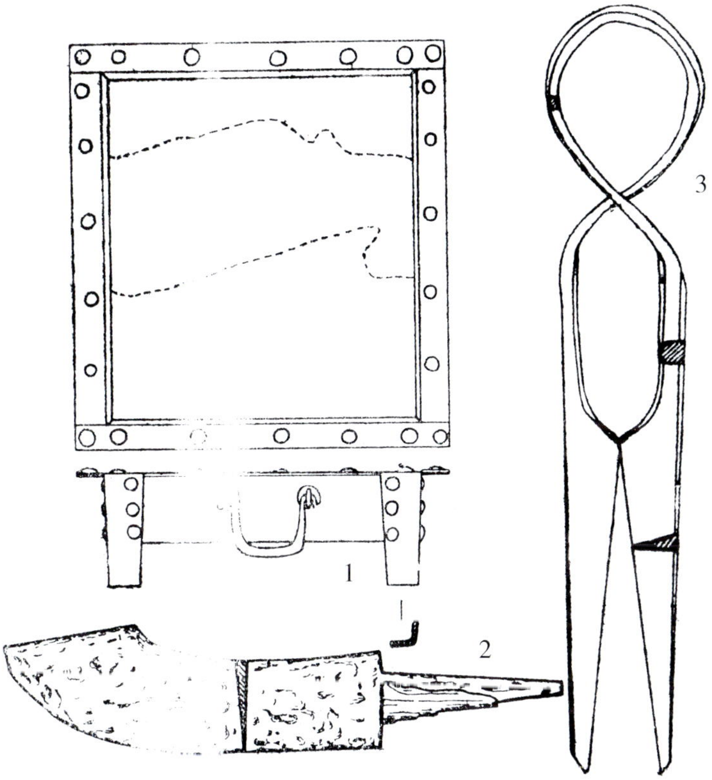

图 2-43

图 2-44

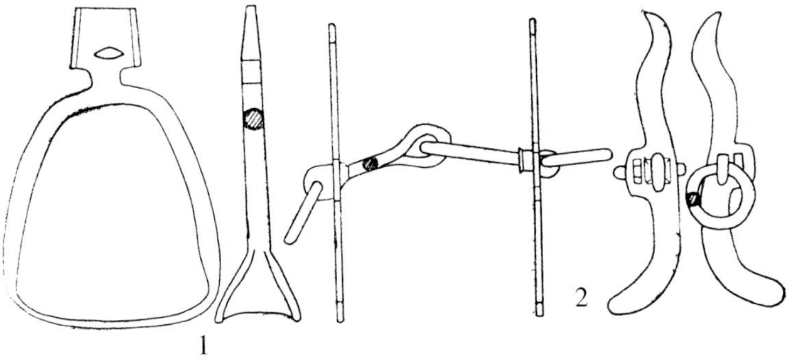

图 2-45

三号墓：墓为砖筑方形圆角墓室、甬道及左右圆形耳室。出土“熙宁元宝”一枚，随葬铁器有铁熨斗 1 件、环股铁剪 1 件。

四号墓：为大块山石砌筑而成单室前略方后圆形墓室。出土铁器有高体扁身环梁加强筋踏板铁马镫 1 副（图 2-47-1）、绳状直镳铁马衔 1 件（图 2-47-2）、平锋扁身铁镞 1 件（插图 2-47-6）、扁体双环孔铁器（图 2-47-3）、横式铁锁 1 件（图 2-47-4）、端口“工”字形铁钥匙 1 件（图 2-47-5）、大铁铃、铁钩、铁钉多件。[1]

图 2-46

十三、朝阳县姑营子村辽耿延毅族墓

朝阳市龙城区边杖子乡姑营子村辽宁第一师范学院内，发掘辽墓两座。一号墓为耿延毅之子耿知新（辽圣宗太平七年，1027 年）墓，二号墓为其父耿延毅（辽圣宗开泰九年，1020 年）及其妻耶律氏（辽圣宗统和三十年，即开泰元年，1012 年）合葬墓。两墓皆出土有铁器，分记于下：

一号墓（耿延毅之子耿知新墓）：砖筑仿木构建筑，墓室近方形抹角单室穹隆顶，前有角道，墓有壁画。随葬遗物较多，有陶、瓷器、铜镜等，并出土墓志。铁器 55 件，有铁弩机 1 件、尖锋菱体双面刃铁剑 1 件（图 2-48-6）、三翼式铁镞 1 件（图 2-48-4）、矛式尖锋菱形体长身圆铤铁镞 2 件（图 2-48-1）、矛式锋短身菱形体尾角圆铤铁镞 1 件（图 2-48-3）、前端二齿长身末端 90° 直角弯木柄铁猎钩 1 件、尖锋方体圆銎铁冰穿 2 件（图 2-48-2、图 2-48-5）、椭圆形双环窄踏板

① 武家昌．喀左北岭辽墓．辽海文物学刊，1981 年创刊号．

上部环梁中夹木板铆铁钉特殊形制铁马镫 1 件（图 2–48–7）、三足扁方柱檠圆盘盏中置短管以插烛铁灯台 2 件、横式铁锁与锁身穿附铁鼻及圆形隆起铁铺首 1 副、形制似近代木箱或皮箱用的铁提手 4 件、小铁铺首 8 件、环鼻铁铺首 4 件、两面折合中贯铁轴四角铆钉铁折页 4 件、铁钩 1 件、扁方锥体铁棺钉 30 件。

二号墓（耿延毅与耶律氏合葬墓）：随葬遗物较为丰富，计有 331 件，铁器亦甚多，可分为如下几类：

生产工具类：条形扁体长圆銎铁镢 1 件（图 2–49–10）、条形弧曲长身扁体长圆銎铁镢 1 件（图 2–49–12）、平顶弧身横銎铁斧 1 件（图 2–49–13）、条形密齿木柄铁锯 1 件、扁方体圆銎铁凿 1 件（图 2–49–11）、尖锋圆锥体圆銎铁穿 1 件（图 2–49–7）；

生活用具类：长方形平折沿深腹饰连弧纹平底圈足铁火盆 1 件（图 2–49–1、图 2–50–4）、圆球体短流长柄凹底圆钮盖盖柄连链环铁壶 1 件（图 2–49–6、图 2–50–2）、浅腹平底长柄三扁足铁铛 1 件（图 2–49–9）、长方形四足六箅长柄铁烤炉 1 件（图 2–49–2、图 2–50–1）、圆口外折平沿前出宽扁短流圜底三足长柄铁温锅 1 件（图 2–49–8）、圆形长身直壁二竖耳三扁足铁桶 1 件（图 2–49–3、图 2–50–

上
卷

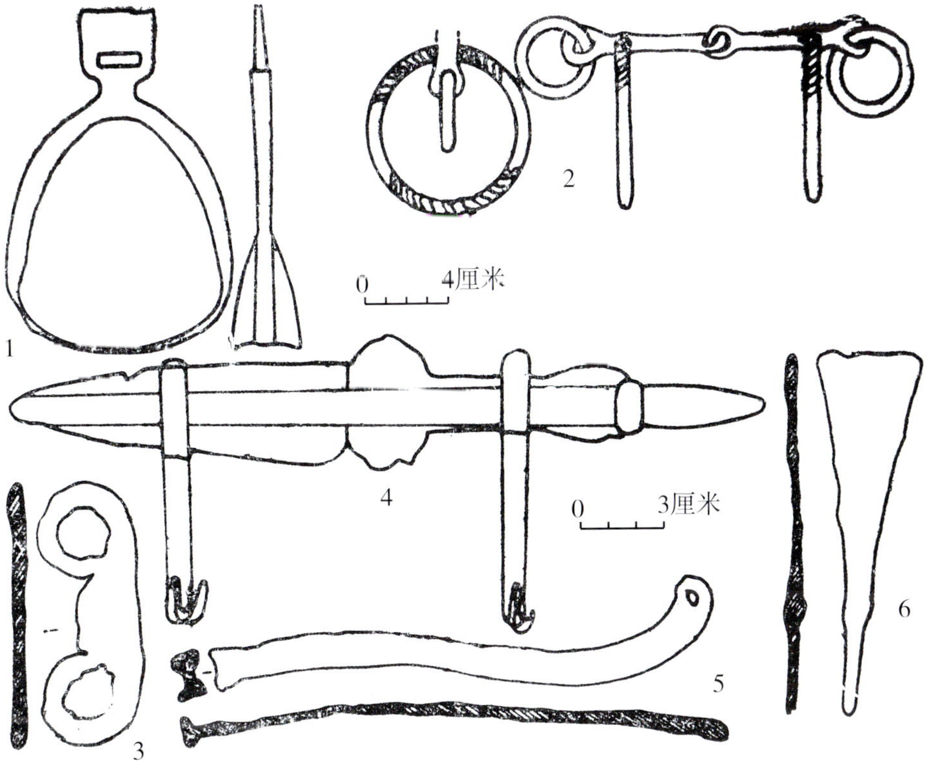

图 2–47

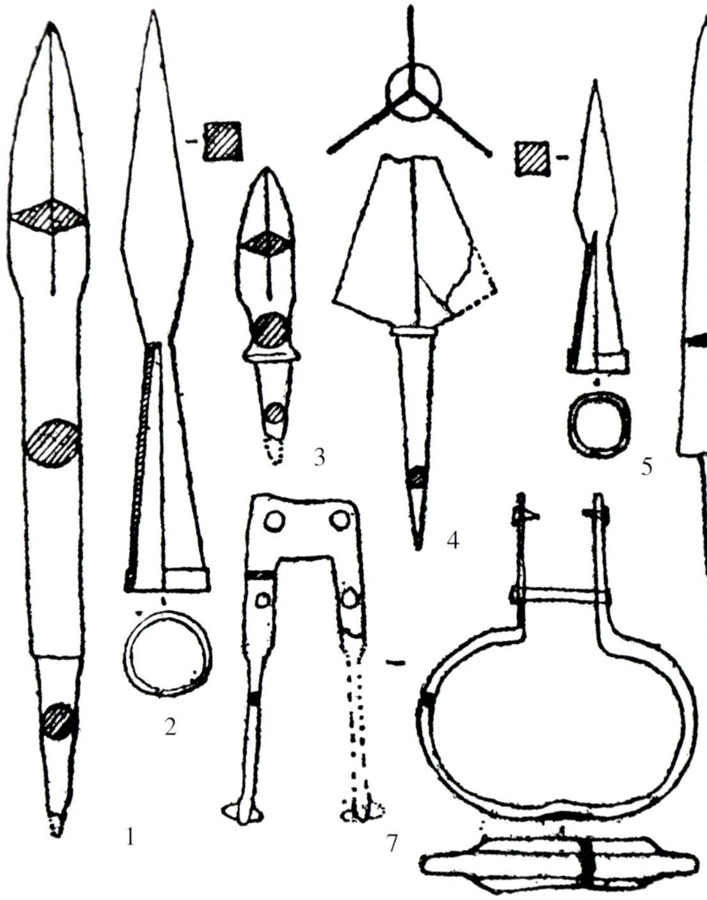

图 2-48

5）、圆形长身直壁二环耳提梁有盖盖梁连链环三扁足铁筒 1 件（图 2-49-4、图 2-50-3）、长方形弧口扁銎铁铲 1 件（图 2-49-5），横式铁锁、“工”字形铁钥匙、隆起馒头形铁铺首 3 副（图 2-49-14），鱼尾形两片折合中贯铁轴分铆八圆帽钉铁折页 4 件、灯台构件铁管 2 件；

兵器类：尖锋长身双面刃椭圆形护手铁剑 1 件（图 2-51-8）、圆球体扁方铤木柄（已朽）铁骨朵（图 2-51-6、图 2-51-7、图 2-52）、扇形锋扁体尾角铁镞 2 件（图 2-51-1）、弧曲凹刃扁体尾角铁镞 2 件（图 2-51-2）、平锋扁体铁镞 2 件（图 2-51-3）、尖锋三翼圆銎铁镞（图 2-51-5）、凹锋扁体四孔骨鸣器铁鸣镝（图 2-51-4）、扁三角形锋三股铁叉、图管状铁鐏、弓形扁身屈曲两端螭首状铁器 4 件、铁钉等。[①]

① 朝阳地区博物馆．辽宁朝阳姑营子辽耿氏墓发掘报告．考古学集刊．第 3 辑．1984 年．

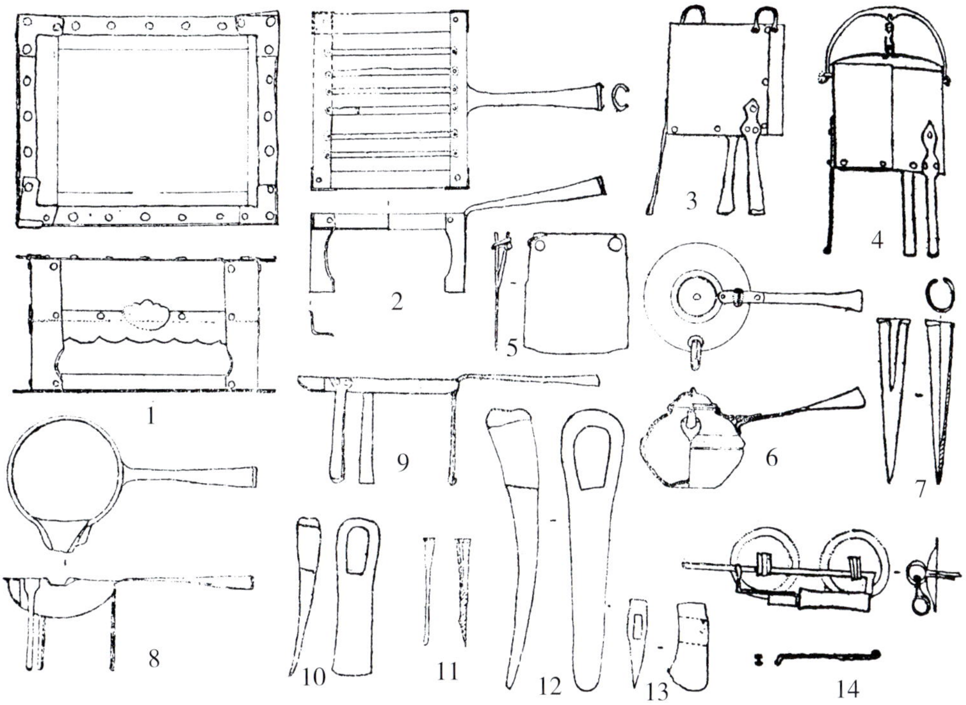

图 2-49

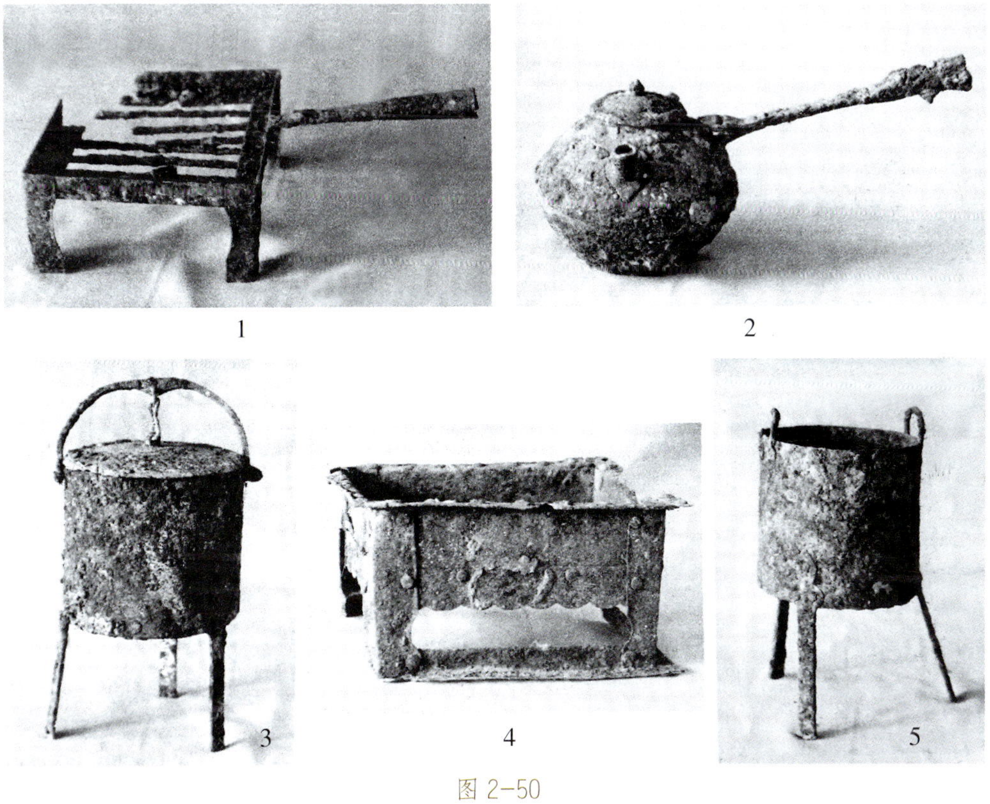

图 2-50

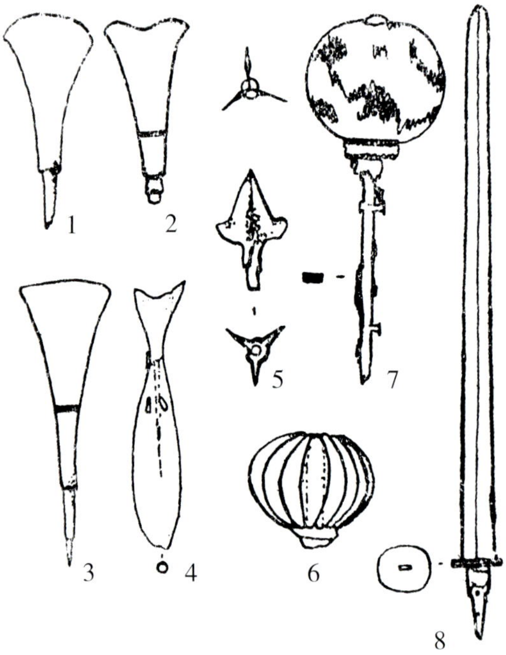

图 2-51

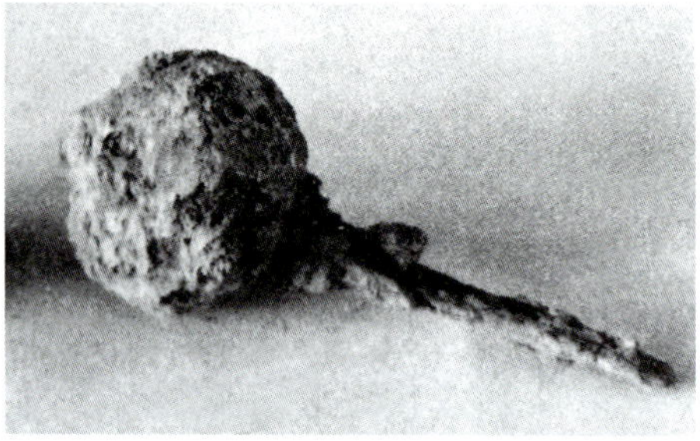

图 2-52

十四、朝阳县姑营子村三、四号辽墓

朝阳市西北 15 公里龙城区边杖子乡姑营子村，继 1975 年发掘一号墓（辽耿知新）、二号墓（辽耿延毅）之后，于 1997 年以来前后又发掘了两座墓，编为三、四号。三号墓出土遗物丰富，但无墓志，不知墓主是耿氏家族中的谁，而四号墓据墓志知为耿崇美之墓，其系耿延毅之祖父，初葬于辽世宗天禄三年（949 年），保宁二年（970 年）与其妻耶律氏合葬，是辽代早期墓葬。两墓中由于四号墓早年被盗，只有三号墓出土铁器，现记录于下：

三号墓：为砖筑有甬道和仿木构建筑墓门方形单室墓，券顶。墓中出土铁器均为锻铁铆制，较有特点，即或器物选型较为复杂的如六方铁火盆、三足铁桶、三足铁流勺、有流铁执壶、直柄有流铁壶、四足铁烤架等，亦均为锻铁铆制。铁器具体情况，计有六角形折沿直腹平底圈足二提环火炉 1 件（图 2-53-1）、双耳提梁环链拱纽平盖圆身直腹平底三扁足铁桶 1 件（图 2-53-10）、环链圆纽盖长颈圆肩有流斜直腹平底高曲柄铁执壶 1 件（图 2-53-9）、圆盖球身凹底有流长直柄铁注壶 1 件（图 2-53-8）、环纽平盖勺侧有流口圜底三足长柄有銎铁勺 1 件（图 2-53-3）、长方形箅面四足长銎柄铁烤架 1 件（图 2-53-5）、长方箕形身銎形柄铁铲 1 件（图 2-53-11）、长身三齿铁叉 1 件（图 2-53-7）、附铺首环横式铁锁 2 件（图

2-53-2）、圆顶梁体穿鼻铁马镫 2 件（图 2-53-6）、山字形铁包页 2 件（图 2-53-4）、凸起圆顶帽铁钉若干。[1]

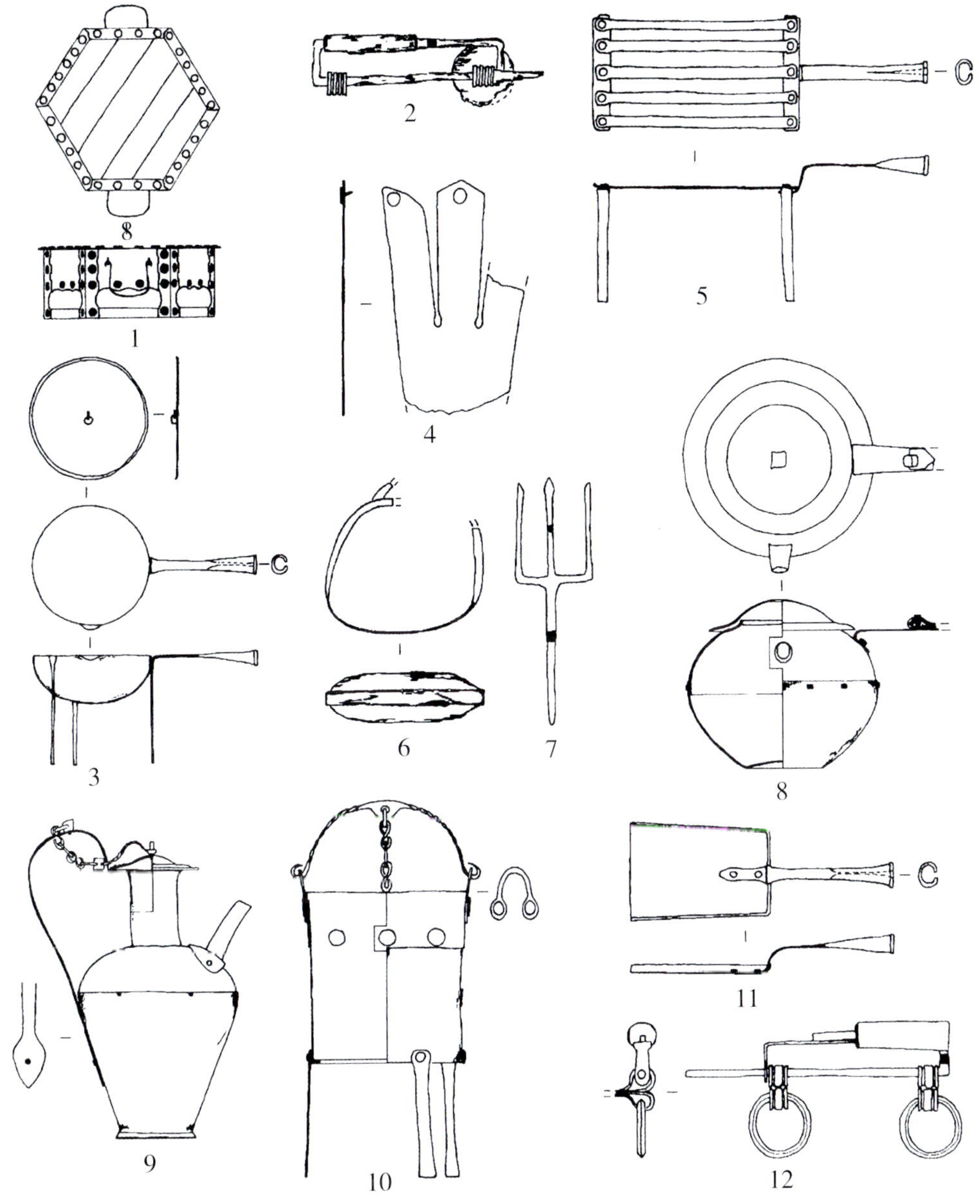

图 2-53

① 朝阳博物馆，等．辽宁朝阳市姑营子辽代耿氏家族三、四号墓发掘简报．考古，2011 年第 8 期．

十五、朝阳县柏树沟屯辽耶律延宁墓

朝阳县西五家子乡石片村柏树沟屯耶律延宁墓，辽圣宗统和四年（986年）葬。出土随葬铁器有长柄圆銎铁铲1件（图2-54）、横式铁锁2件。①

图 2-54

十六、朝阳县前窗户屯辽墓

朝阳县二十家子乡何家窝铺村前窗户屯墓，1972年11月村民挖菜窖时发现，随即进行发掘。墓为石筑，有墓门、甬道和左右两圆形耳室，主室为横长方形。墓中出土遗物两百余件，有陶瓷器、鎏金银器、玛瑙饰品、象牙制品，各种铜、铁用具。根据墓葬特点及出土遗物分析，此墓是辽中期约为圣宗统和至开泰时期墓葬。

墓中出土的铁器有马具：高体扁身穿鼻环梁铁马镫2件、高体扁身穿鼻环梁踏板镂孔铁马镫2件、角式镳铁马衔2对；兵器：柳叶形菱体圆柄起箍銎口铁矛2件、尖锋长身菱体长椭圆如意头护手铁剑1件（图2-55）；生活用具：横式铁锁1件、圆形折口起沿直腹圜底执柄铁熨斗1件、三足四棱体檠圆盘盏短烛管铁灯台1件、球体圆口鼓腹凹底短流长执柄铁壶1件、椭圆形侈口卷沿直腹圜底长柄铁勺1件、环股铁剪1件（图2-56）、铲头呈方形箕状后为卷筒式柄铁铲1件、长身圆銎铁凿1件、铁锛1件。②

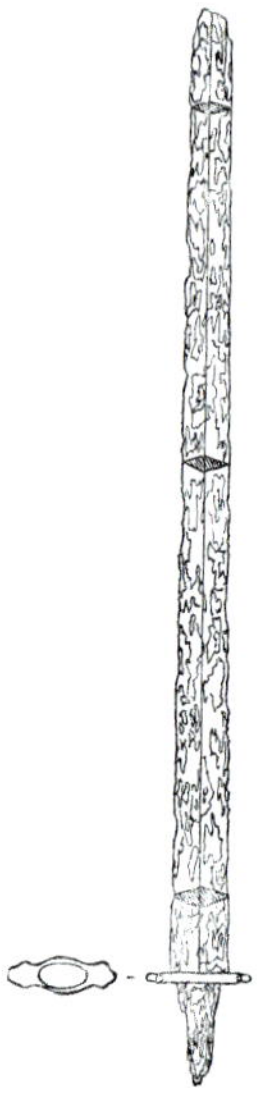

图 2-55

图 2-56

十七、朝阳县西涝村辽刘承嗣族墓

朝阳县西大营子乡西涝村墓，在西山洼，1970年因平整土地发现，前后几次调查和发掘，至1980年共发掘六座墓。诸墓中，一至三号墓为平地时发现，俱为

① 辽宁省博物馆文物工作队.辽代耶律延宁墓发掘简报.文物，1980年第7期.
② 靳枫毅.辽宁朝阳前窗户村辽墓.文物，1980年第12期.

砖筑圆形墓室，遭到破坏，后未做清理，亦未见铁器，但出土有墓志，非常重要：一号墓是辽刘承嗣墓（葬于辽景宗保宁二年，970 年），二号墓是刘承嗣孙刘日泳墓（葬于辽兴宗重熙十五年，1046 年），三号墓无墓志。发掘的后三座墓中，有铁器的有两墓，其中四号墓为刘承嗣之子刘宇杰墓（葬于辽圣宗统和十八年，1000 年）。各墓情况如下：

四号墓（刘宇杰墓）：为砖筑，有墓门、甬道和左右圆形耳室与圆形主室，券顶。随葬遗物较多，出土铁器有尖锋方锥体圆銎铁冰穿 1 件（图 2–57–2）、平口斜肩前卷銎不封口铁铲 1 件（图 2–57–6）、圆帽方体长身铁钉 1 件（图 2–57–4）、平帽方锥体铁钉 2 件、铁环鼻 1 件（图 2–57–5）、尖锋长身菱形体束腰圆铤铁镞 1 件（图 2–57–3）、长方形圆角铁甲片 5 件（图 2–57–1）、一端圆环一端扁平弯曲铁钩 1 件、二节铁连环 1 件、方身条形断面等腰形铁块 1 件。

五号墓：砖筑，有墓门、甬道、左右圆耳室、圆形主室。出土铁器有三长足短檠卷沿圆盘中心一小突起铁灯台 1 件（图 2–58）。[1]

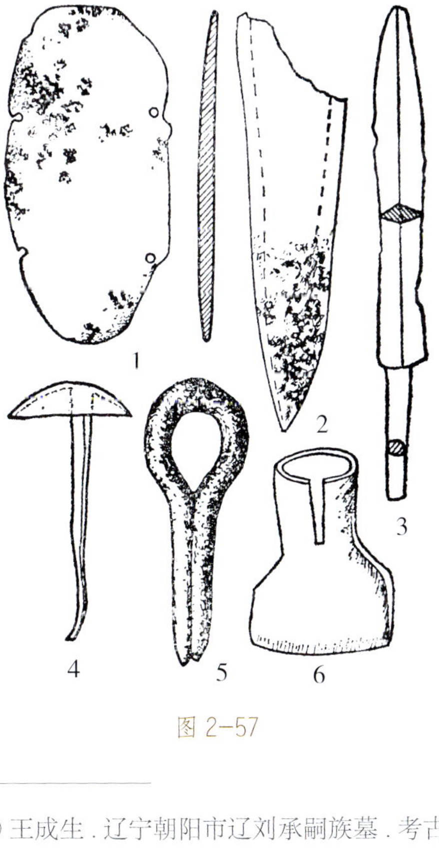

图 2–57

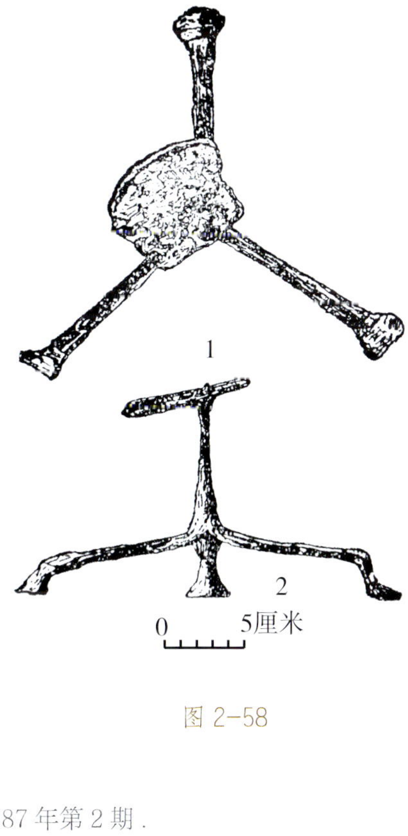

图 2–58

① 王成生 . 辽宁朝阳市辽刘承嗣族墓 . 考古，1987 年第 2 期 .

十八、朝阳市纺织厂辽常遵化墓

朝阳纺织厂，1967 年 5 月发现墓葬上报后，随即进行发掘。墓为砖筑单室圆形，甬道墓门向南。出土遗物甚珍贵，有“辽常化墓志”一合、陶器多件，并有一陶铛（原报告称鼎）、瓷器多件，最为少见的是制作精美的黑白两色完整玛瑙围棋子一套 372 粒。墓中出土铁器有铁灯盏 1 件（图 2-59）。①

十九、朝阳县平房店村辽墓

朝阳县孙家湾乡平房店村墓，在村西缓坡山地中，1988 年发现，随即进行调查清理。石筑圆形单室墓，出土遗物有石伏听、男女石侍俑、画像石、陶瓷器等。为辽代早期墓葬。墓中出土铁器有尖锋长身厚背薄刃圆柄銎口铁矛 1 件（图 2-60、图 2-61）。②

图 2-59

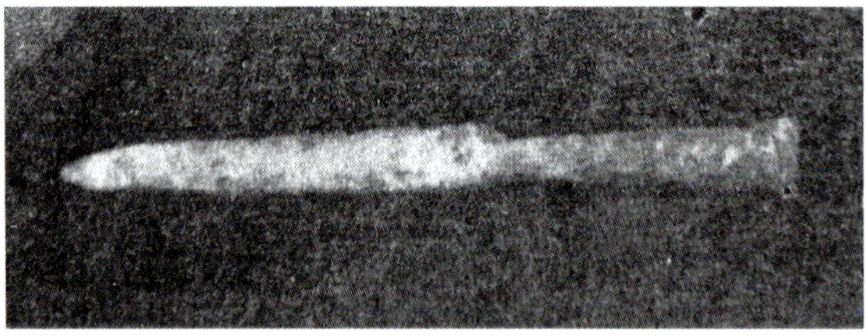

图 2-60

图 2-61

① 刘桂馨 . 辽代常遵化墓出土的围棋子 . 文物，1997 年第 11 期 .

② 孙国平，等 . 辽宁朝阳孙家湾辽墓 . 文物 ,1992 年第 6 期 .

二十、朝阳县刘家店村辽墓

朝阳县东五家子乡刘家店村墓，在村东 2.5 公里的“王坟沟”中部，因墓破盗，于 1994 年 10 月进行发掘。墓为石筑单室不规则六边形，券顶，石壁内有木枋护墙。随葬遗物有铜器与白瓷碗等辽白瓷。铁器出土有双节大环铁马衔 1 件（图 2-62）。[①]

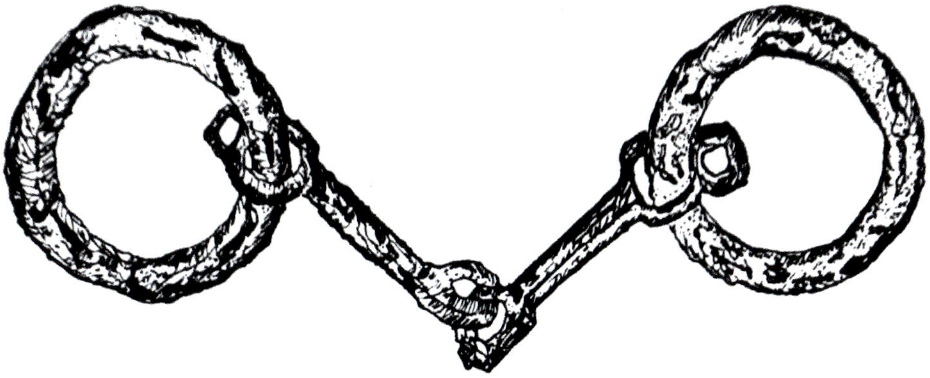

图 2-62

二一、朝阳市小刘杖子村辽墓

朝阳市龙城区召都巴镇小刘杖子村墓，为仿木构建筑的砖室墓，“随葬品丰富，陶、瓷、铜、铁、木器等种类齐全”，报告“认为这座墓属金代初期的墓葬”。但根据墓室结构与出土遗物特点考察，又笔者去朝阳市时曾在博物馆中看过此墓出土的文物，其辽代特征明显，故此墓应是辽墓，并将此意见相告，得到馆方同意，本书收录其材料。

墓中有陶釜、陶鏊、漆器、铜带饰等，亦可有助于对铁器的了解。墓中出土铁器有尖锋长身菱体双侧刃条护手扁柄铁剑 1 件、尖锋平背直刃铁刀 1 件、扇形锋扁体方铤铁镞 2 件、矛形弧体方铤铁镞数件、铁锁 1 件、铁马镫 1 件。[②]

二二、朝阳市杜杖子村辽墓

朝阳市龙城区七道泉子镇杜杖子村发现辽墓，2013 年 5 月进行发掘。墓为砖

---

① 孙玉铁 . 辽宁朝阳东五家子王坟沟辽墓清理简报 . 北方文物 ,1998 年第 1 期 .

② 朝阳市博物馆，等 . 辽宁朝阳召都巴金墓 . 北方文物 ,2005 年第 3 期 .

筑，由墓道、墓门、甬道、主室构成，主室四壁呈微外弧方形，仿木结构。随葬遗物有陶、瓷、铜、银、石诸质器物。铁器出土有敛口弧腹圜底一侧有流长柄三足铁鐎斗 1 件（图 2-63-1）、立领直口一周边沿圆腹平底三扁体足铁釜 1 件（图 2-63-2）、长身尖锋直背有柄附木鞘铁刀 2 件（图 2-63-3）、环股铁剪 1 件（图 2-63-4）、横式附二穿鼻铁锁 1 件（图 2-63-5）、锥状体前尖实心后部有銎孔铁镈 1 件（图 2-63-6）、四根布条缠绕铁丝拧成一缕下部弯成挂钩的铁帐钩 1 件。①

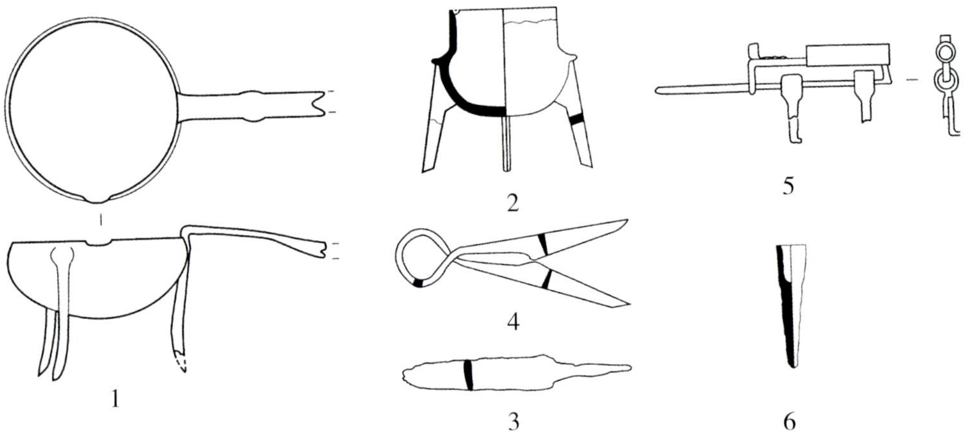

图 2-63

二三、朝阳市召都巴辽墓

朝阳市龙城区召都巴镇东北 2 公里山坡上，发现墓葬，经发掘，是一座辽代墓葬。墓室砖筑，前圆后平形状，内绘壁画。出土遗物有陶器、瓷器、铜钱。铁器出土有铁锁 1 件。②

二四、朝阳市西上台村辽墓

朝阳市双塔区孟克乡西上台村墓，1992 年 10 月在村北的“西梁”东坡挖电柱坑时发现，随即进行发掘。墓为砖筑仿木结构单室八角形券顶，随葬遗物虽被盗，仍很丰富，尤其墓壁所嵌 14 块佛经石版及葬具亦极罕见。出土铁器有横式铁锁 1 件。③

① 朝阳市博物馆，等 . 辽宁朝阳杜杖子辽代墓葬发掘简报 . 文物 ,2014 年第 11 期 .
② 朝阳市博物馆，等 . 辽宁朝阳召都巴辽壁画墓 . 北方文物，2004 年第 2 期 .
③ 韩国祥 . 朝阳西上台辽墓 . 文物，2000 年第 7 期 .

二五、北票市扣卜营子村辽墓

北票市西官营子乡扣卜营子村墓，在村北2公里矫麻子西北的西山南坡，其东有一沟，因经常有石棺被冲出，故称“石头棺材沟”。1972年4月发掘其地两座墓，都为青灰色绳纹长方砖建造，两墓情况如下：

一号墓：为单室圆形，券顶，前有甬道，门柱涂红色。出土遗物较多，有雕刻四神石棺、陶器、瓷器、银钗、铜镜、木梳等，瓷器有一件为“官”字款白瓷壶，出土铁器有很少见的现在虽朽但附着在铁架上的纱仍很清晰的铁骨架纱帽1件、扇形锋圆刃扁体铁镞5件（图2-64）、高体扁身穿鼻环梁铁马镫1副（图2-65）、带鼻圆铁环2件（图2-66-1、图2-66-2）、方形铁环3件（图2-66-3）、长身铁钥匙（原称铁器残件）1件（图2-66-4）。

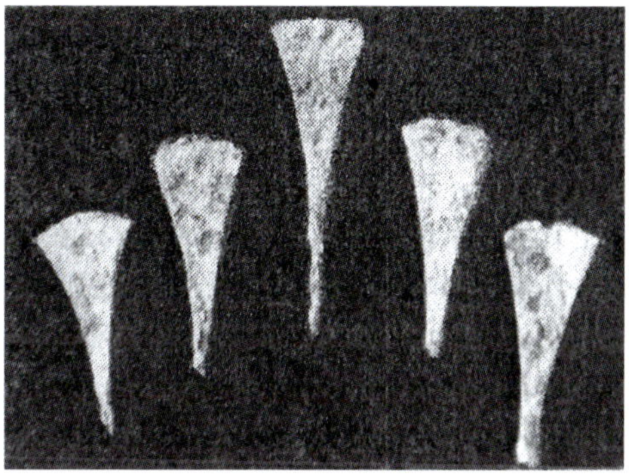

图2-64

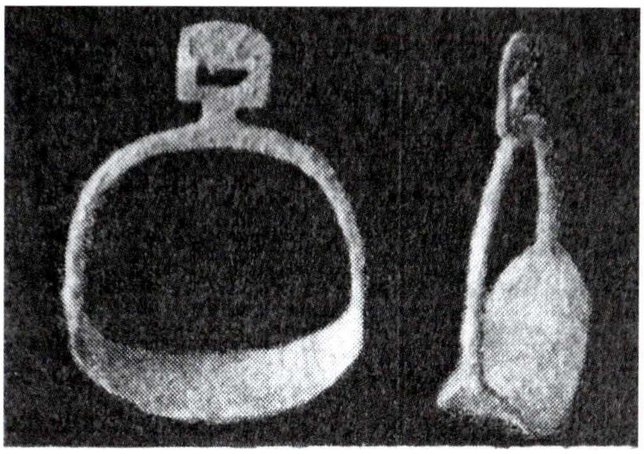

图2-65

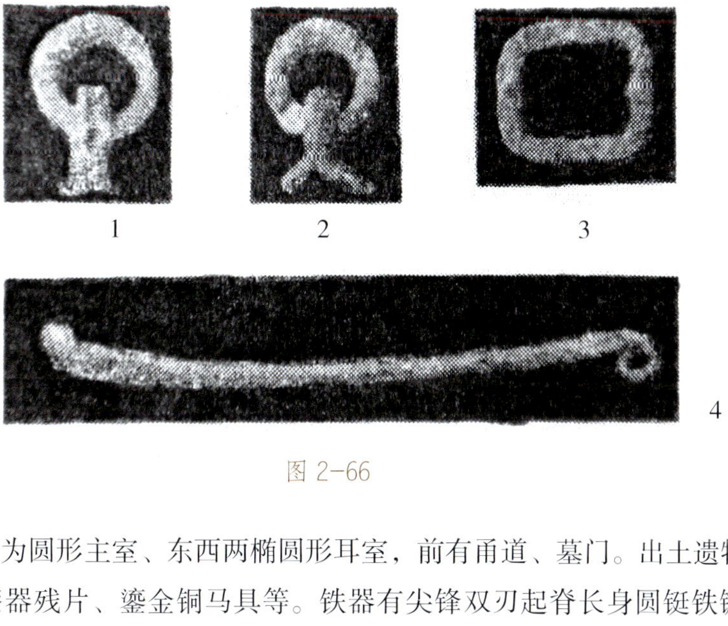

图2-66

二号墓：为圆形主室、东西两椭圆形耳室，前有甬道、墓门。出土遗物有陶、瓷器件、朱漆器残片、鎏金铜马具等。铁器有尖锋双刃起脊长身圆铤铁镞3件、铁棺钉 17 件、铁器残件等。[1]

二六、北票市柳条沟村辽墓

北票市西官营子乡柳条沟村墓，1965 年 9 月发掘十六国时期北燕冯素弗墓时在附近进行调查时发现，因有遭破坏可能，遂进行发掘。有两墓，一在村西 1 公里山谷中，一在村南约 200 米山坡上，时间为辽代中前期。两墓情况如下。

一号墓：砖筑长方形单室小墓，葬骨灰，出土遗物较单纯。铁器有扁帽圆体铁钉 5 件（图 2–67）、铁片 2 件。

二号墓：自然石块砌筑，单室圆形穹隆顶墓。出土遗物较多，铁器有方体环股铁剪 1 件（图 2–68–1）、立领圆体球形短流长柄弧盖圆纽盖柄相链接铁注壶 1 件（图 2–68–2）、圆盘体折沿弧底銎孔纳管柄铁熨斗 1 件（图 2–68–3）、椭圆体小孔铁环 1 件（图 2–68–4）。[2]

图 2–67

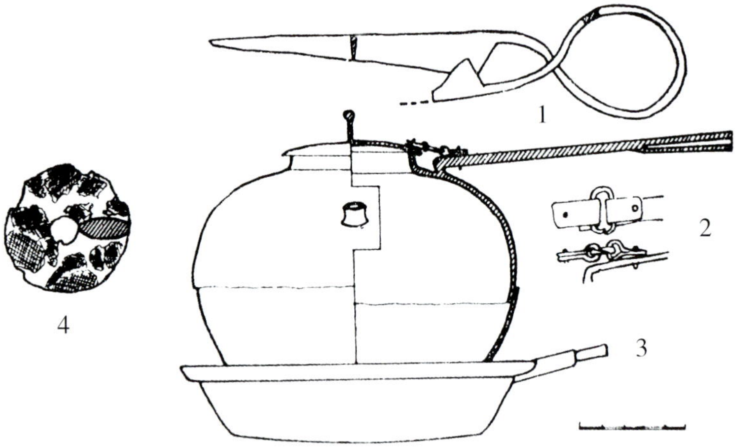

图 2–68

二七、北票市张石兰沟村辽墓

北票市泉巨涌乡张石兰沟村墓，1988 年 5 月发现，进行发掘，为辽墓。此墓为方形单室叠涩券顶石墓，内置柏木小帐。墓中出土遗物有银带饰、铜带饰、铜镜、玛瑙饰珠等。出土铁器有銎柄铁矛 1 件、铁镞 36 件、铁衔镳 1 件、铁甲片数十片，铁镞可分三式：矛头式菱体圆铤铁镞（图 2–69–1）、凸锋扁体束腰圆铤铁

① 辽宁朝阳地区文物组．北票扣卜营子辽墓发掘简报．文物资料丛刊．第 2 辑．1978 年 12 月版．

② 冯永谦．北票柳条沟辽墓．辽宁文物，1981 年第 1 期．

镞（图 2-69-2）、燕尾式双尖锋扁体铁镞（图 2-69-3）。[①]

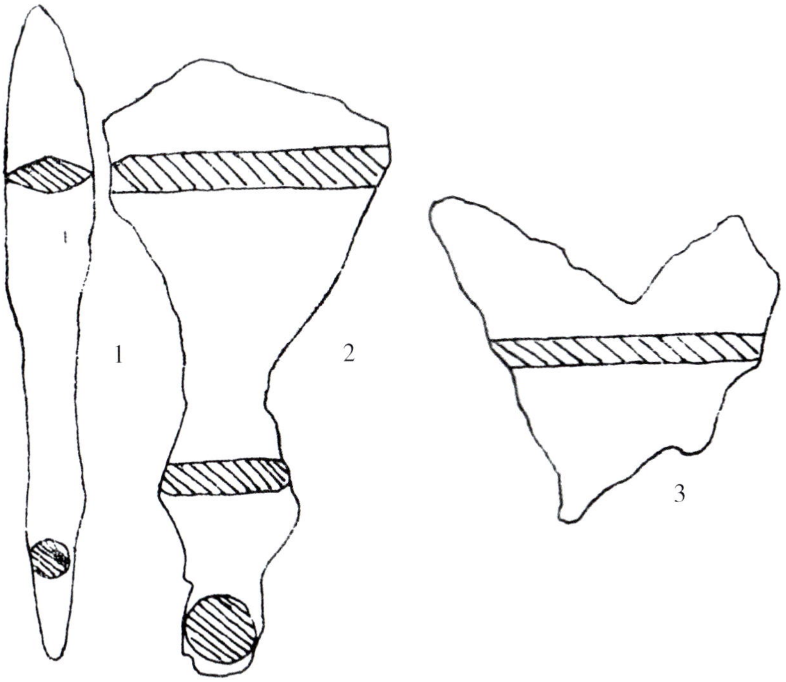

图 2-69

二八、北票市水泉村辽墓

北票市北四家子乡水泉村墓，在村北黄土坑沟的西坡，1971 年 8 月发掘。墓为砖筑，主室方形，前面甬道左侧一方形单耳室，出土遗物较多，并有一“官”字款瓷器。报告者称：“据此推断，北票水泉一号墓是属于辽代早期的墓葬。”墓中出土铁器有铁马镫 1 件、横式铁锁 1 件。[②]

二九、北祟市李杖子屯辽墓

北票市长皋乡白相屯村季杖子屯墓，存屯西 500 米太子山洼东梁坡地上，1968 年 5 月因取土发现，进行发掘。此辽墓为砖筑，由墓门、前室、左右方形耳室、甬道、圆形主室构成，绘有多幅壁画。出土遗物有瓷器、水晶、琥珀、大理石珠等。出土铁器有铁铃、铁锁、铁锛、圆帽大铁钉。[③]

---

① 张洪波，李智．北票泉巨涌辽墓发掘简报．辽海文物学刊，1990 年第 2 期．
② 辽宁省博物馆文物队．辽宁北票水泉一号辽墓发掘简报．文物，1977 年第 12 期．
③ 韩宝兴．北票季杖子辽代壁画墓．辽海文物学刊．1995 年第 1 期．

三十、北票市白家窝铺辽墓

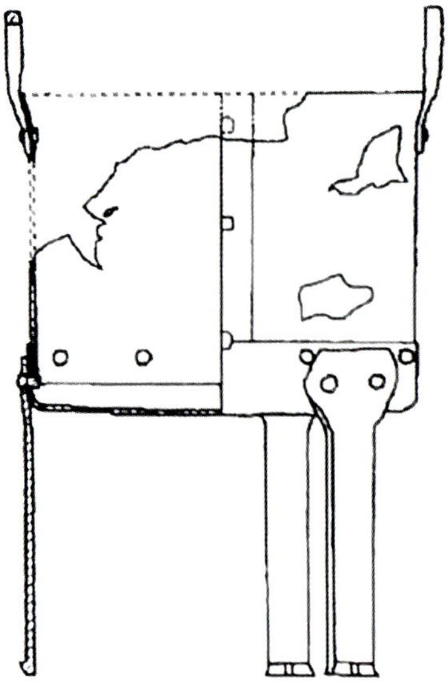

图 2-70

北票市巴图营子乡古家子村白家窝铺屯墓，在屯西山岗慢坡上，1981 年 9 日当地村民生产中发现，随即发掘。墓为砖筑，有墓门、前甬道、圆形前室、后甬道、圆形后室，券顶。随葬遗物很多，达 225 件，其中铁器有 93 件。据报告：“墓中出土的铁器主要包括生产工具、生活用具和武器以及车马器。主要有双耳三足铁桶、铁钟、铁铲、铁凿、铁锉、铁勺、铁锁、铁钥匙、铁镐、铁锛、铁钻、铁矛、铁箭、铁镞、铁车辖、铁马镫、铁马衔、铁拴马桩、铁带卡等，共计 93 件。”铆制双耳侈口直腹平底三足铁桶 1 件（图 2-70）、圆体六矩铁车辖 4 件、长方形穿鼻环形镫孔宽踏板饰镂孔花纹铁马镫 6 件、外端圆环贯镳铁马衔 1 件、长身四面呈菱形上有梯形环状纽铁钟 1 件。①

三一、葫芦岛市（原锦西县）西孤山村辽萧孝忠墓

葫芦岛市（原锦西县）江家屯乡西孤山村墓，在村南山的东南山坡上，距村约 300 米。此墓早年发现，曾经调查，并被取回出土墓志，知为辽萧孝忠于道宗大安五年（1089 年）葬之墓。1958 年 5 月进行考古发掘，墓为砖筑，券顶圆形单室墓。墓中出土的铁器有铁马镫 2 件。②

三二、凌海市（原锦县）张扛屯辽墓

凌海市（原锦县）沈家台乡张扛屯村墓，西临小凌河，东为起伏的丘陵，1960 年春当地开山种植旱树发现，遂进行发掘。计有四座墓葬，时代约为辽代早期，

① 辽西博物馆，等 . 辽宁北票白家窝铺辽代墓葬 . 北方文物，2008 年第 4 期 .
② 雁羽 . 锦西西孤山辽萧孝忠墓清理简报 . 考古，1960 年第 2 期 .

各墓均随葬有铁器，现分别记述如下：

一号墓：砖筑仿木构建筑圆形墓室，前有甬道，此墓特殊之处是左右二耳室建于主室的左右两侧，是名副其实的耳室。随葬遗物有陶器、瓷器、银器、珠玉等。出土铁器有平顶铁斧 1 件、环股铁剪 1 件（图 2–71–1）、尖锋直背铁刀 1 件（图 2–71–2）、三足高檠圆盏铁灯台 1 件。

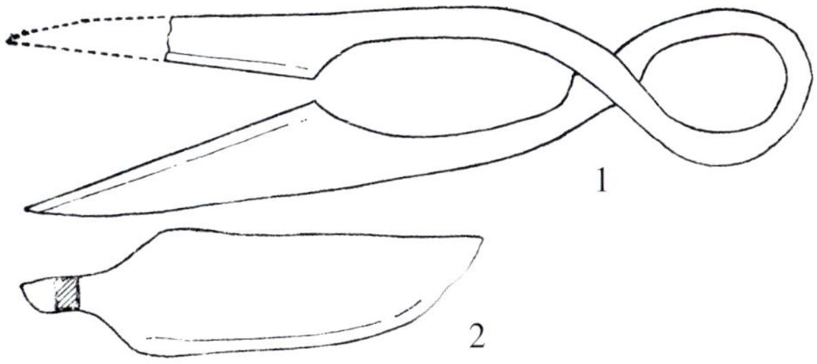

图 2–71

二号墓：石筑方形单室叠涩券顶，墓中有勾栏式束腰平座上为五脊重楼单檐庑殿式石棺。随葬遗物有陶瓷器、铜器、珠玉等。出土铁器有窄身直刃圆銎铁凿 1 件、窄身半圆槽刃圆銎铁凿 1 件（图 2–72–8）、窄身折角弯刃圆銎铁凿 1 件（图 2–72–7）、方顶楔形直穿铁斧 1 件（图 2–72–4）、尖锋扁方体圆銎铁穿 1 件（图

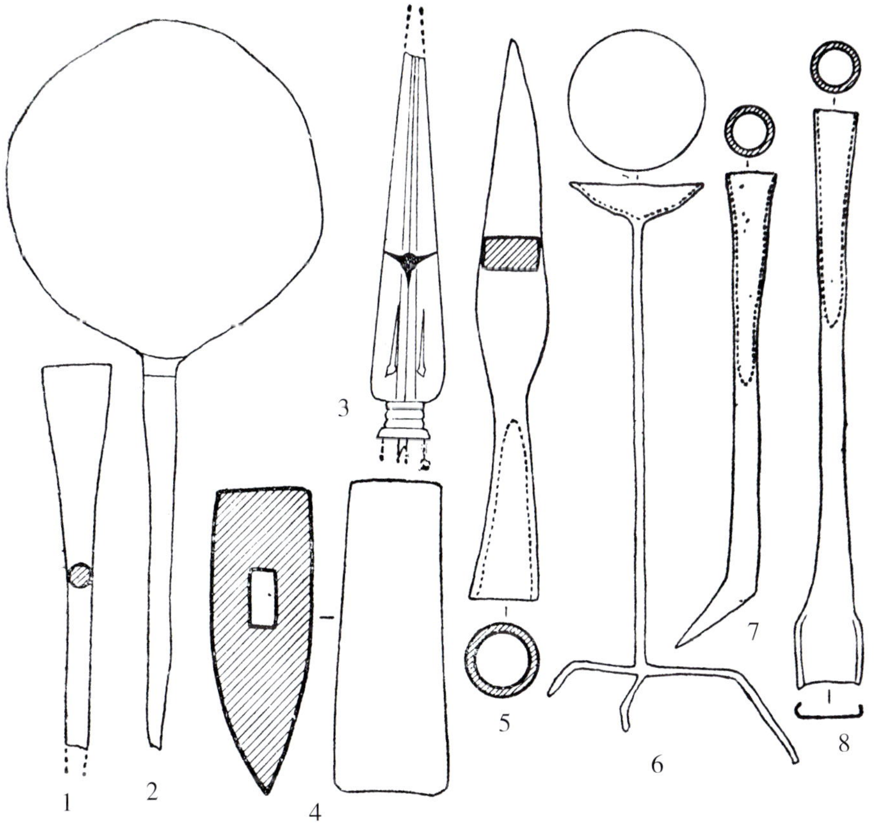

图 2–72

2–72–5）、尖锋三翼镂孔短颈细铤铁标枪1件（图2–72–3）、尖锋柳叶形菱体旋纹铤铁镞11件、平锋扁身圆铤铁镞6件（图2–72–1）、圜底圆盏直檠三足铁灯台1件（图2–72–6）、圆体微凹方柄铁勺1件（图2–72–2）。

三号墓：为砖筑单室方形墓，遗物有陶瓷器、铜器、珠玉及南唐元宗的“唐国通宝”铜钱。出土铁器有方顶楔形横銎铁斧1件、窄身圆銎铁凿1件、长方銎一面内卷扁圆形不封口长身铁铲状器1件（图2–73–1）、尖锋长身厚背梯形护手握柄铁刀1件（图2–73–2）、扁圆球形饰螺旋纹体中有贯穿孔上存垫片及木柄穿钉下为管状銎铁骨朵1件（图2–73–3）。

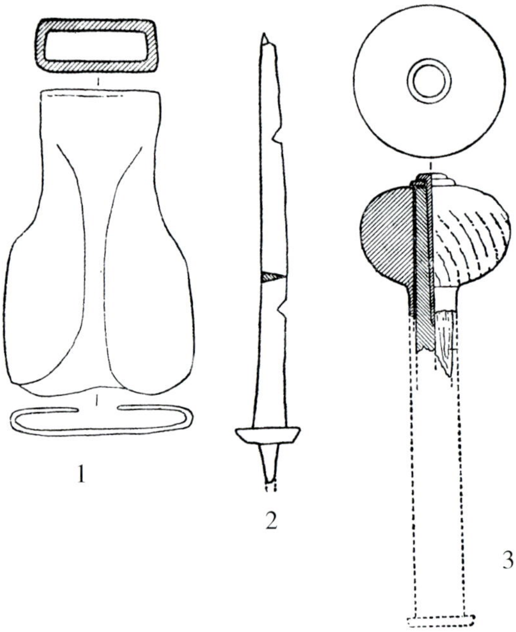

图2–73

四号墓：砖筑单室方形墓，因被盗，破坏较甚，墓室、遗物都受影响。墓中存有白瓷器残片。铁器有长身方体铁棺钉。[1]

三三、凌海市（原锦县）郑家窝铺辽墓

凌海市（原锦县）沈家台镇三家子村郑家窝铺屯墓群，发掘三座画像石墓，雕有精美去地浅浮雕画像，报告称“应是一处辽代晚期的贵族基地”。出土铁器有三角形菱体铁镞1件、平顶梁体穿鼻铁马镫1件、半球式铁铃1件、铁环1件。[2]

① 刘谦．辽宁锦州市张扛村辽墓发掘报告．考古，1984年第11期．
② 吴鹏，等．辽宁凌海市郑家窝铺发现辽代画像石墓．考古，2012年第6期．

三四、义县四道岔子辽梁援墓

义县大榆树堡乡四道岔子村梁援夫妻合葬墓，梁援葬于辽道宗乾统元年（1101年），其妻张氏葬于辽道宗乾统七年（1107年）。墓中出土铁器有高体扁身穿鼻环梁铁马镫、圆帽铁钉。[①]

三五、北镇市高起村辽耶律宗教墓

北镇市鲍家乡高起村西北1.5公里医巫闾山东麓一谷地阳坡崖下，1991年5月发掘，出土有墓志，为辽耶律宗教墓，葬于重熙二十二年（1053年）。墓为砖筑，由甬道、前室、左右方形耳室、八角形主室构成。出土遗物有墓志、三彩釉陶器、瓷器、琥珀、铜、钱币等。铁器出土有覆钵式折腹铜帽铁门钉19件（图2–74–1）、半球状帽铁门钉17件（图2–74–2）、横式铁锁1件（图2–74–3）。[②]

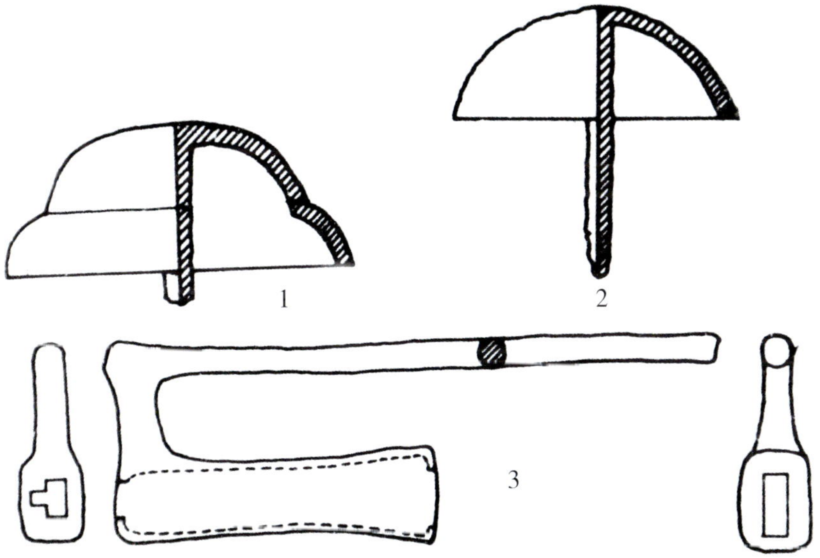

图 2–74

三六、北镇市洪家街屯辽耶律弘礼墓

北镇市富屯乡富屯村洪家街屯西北医巫闾山东麓支脉南坡下，发现四座墓，2015年9月发掘，其中2号墓为辽宗室耶律弘礼墓。耶律弘礼，过继给辽朝重臣

上卷

① 薛景平，宝兴．义县四道岔子辽梁援墓．辽金契丹女真史研究动态，1984年第2期．
② 鲁宝林，等．北镇辽耶律宗教墓．辽海文物学刊，1993年第2期．

图 2-75

韩德让（赐姓名耶律隆运）为嗣。此墓为砖筑，由墓道、天井、墓门、甬道、主室构成。主室呈圆形，墓门仿木构结构，建筑颇具规模。此墓虽早期被盗，出土遗物仍很丰富，有陶器、瓷器、银器、铜器、铁器、玉石器、木器等，出土遗物达两百余件，还出土了墓主的墓志。墓中出土铁器的情况如下：

“品”字形三足带盖三联铁釜（原报告称“鼎”）1 件（图 2–75、图 2–76）、平顶长身斜刃横穿铁斧 1 件（图 2–77–2、图 2–78）、椭圆銎长身薄刃铁铲 1 件（图 2–77–1）、四棱柱形平顶锥尖上部侧面出耳内纳一圆环铁锥 1 件（图 2–77–6）、顶部圆銎长身扁方体锐刃铁凿 1 件（图 2–77–4）、上丰下锐顶圆銎下部四棱锥状铁冰穿 1 件（图 2–77–3）、短横柄长身扁体铁锉 1 件（图 2–77–7）、尖嘴曲柄交股铁钳 1 件（图 2–77–8）、尖锋扁体长身铁剑 1 件（图 2–77–5）、横穿扁体环梁宽平踏板铁马镫 1 件（图 2–77–9、图 2–79）、两节游环铁马衔 1 件（图 2–77–12）、半球帽方体铁钉 11 件（图 2–77–10）、半月

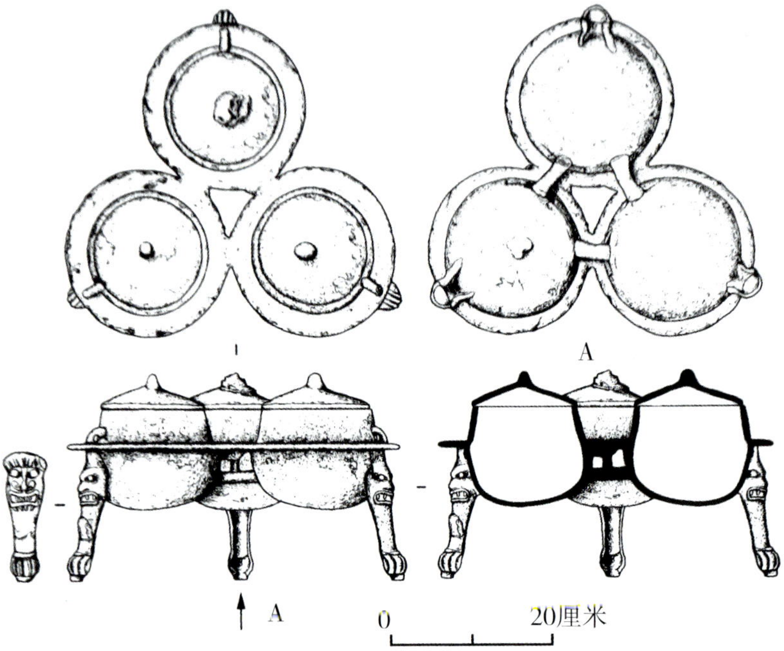

图 2–76

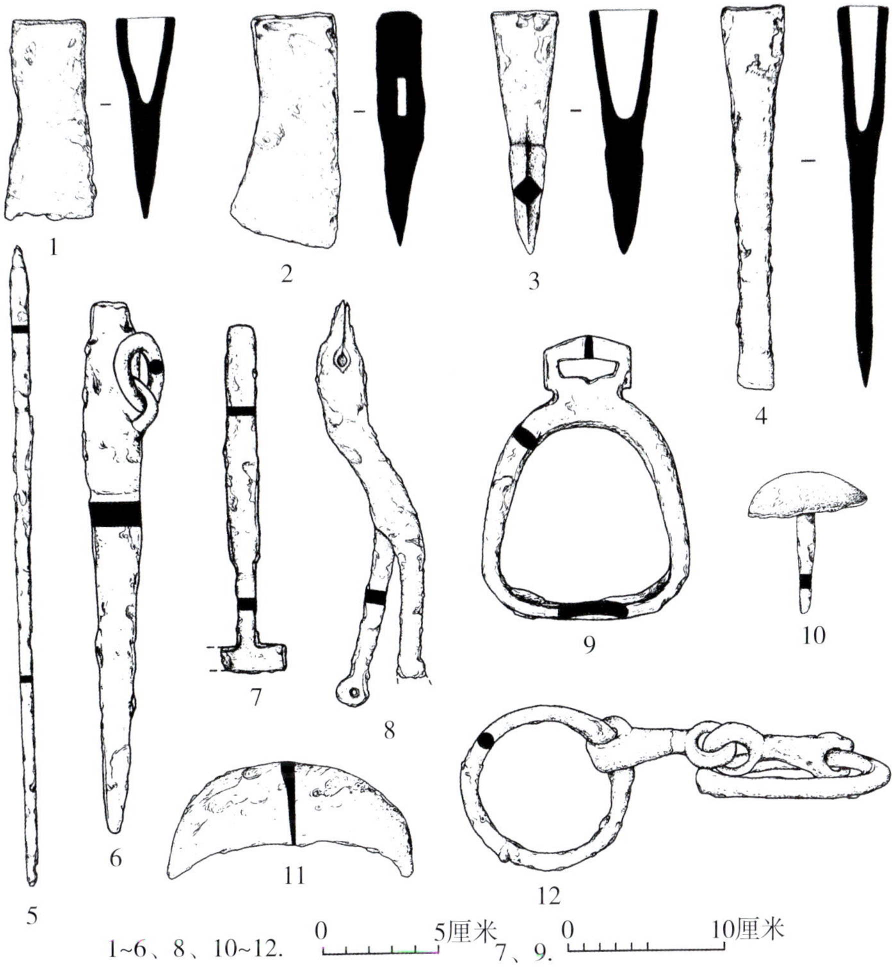

图 2-77

图 2-78

图 2-79

上卷

形铁镰刀（报告称“半月形器”）1件（图2-78-11）。①

三七、北镇市大平滩辽墓

北镇市鲍家乡桃园村大平滩墓，早年多次被盗，遗物所存无几，经发掘，“其年代也应在辽代中期以后”。墓中出土铁器有铁马镫1件。②

三八、阜新市西山村辽萧慎微祖墓群

阜新市清河门区（原属义县）河西镇西山村辽墓，在村西1公里山谷中，1950年发掘，共发掘四座墓。据墓志等考证，一、四号墓在前，应为晚辈，二、三号墓在后，应系长辈；一号墓的墓志载“佐移离毕萧相公”，死葬当在重熙十三年（1044年）之前，可能是二号墓主之子，二号墓约为清宁三年（1057年）葬，三号墓要早些，四号墓较为晚，墓中出“嵩德宫”款铜铫，可能与“次曰慎微崇德宫副部署”萧慎微有关。各墓随葬遗物较多，且均出土有铁器，分记如下。

一号墓：砖筑券顶圆形主室、甬道和左右耳室，为“佐移离毕萧相公”墓。出土铁器有铁钉两种：一种为圆笠顶方锥形铁钉，一种为歪顶方锥形铁钉，6件（图2-80）。

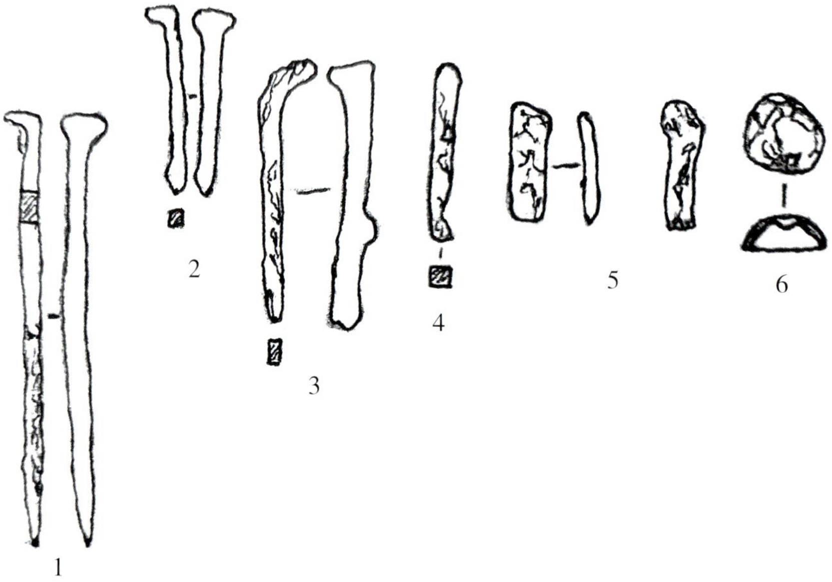

图2-80

①辽宁省文物考古研究所，等.辽宁北镇市辽代耶律弘礼墓发掘简报.考古，2018年第4期.
②辽宁省文物考古研究所.辽宁省北宁市鲍家乡桃园村大平滩辽墓.北方文物，2002年第1期.

二号墓：为壁画墓，有契丹文小字墓志铭，墓分别由砖石筑成，主室石筑八角形，内有木枋装镶，前有甬道和左右长方形耳室与墓门，砖筑仿木构建筑。出土铁器有：蘑菇状帽方体铁墓门钉 32 件（图 2–81–1、图 2–83–5）、横式铁锁（图 2–81–3、图 2–83–1）、铁门环（图 2–82–13、图 2–83–11）、铁拉手 3 件（图 2–82–3、图 2–82–4、图 2–83–8—图 2–83–10）、“乙”字形铁挂钩 3 件（图 2–81–2、图 2–82–4、图 2–83–6、图 2–83–7）、铁器残件（图 2–82–1、图 2–82–7—图 2–82–12）、铁环鼻 4 件（图 2–82–5、图 2–82–6、图 2–83–2~ 图 2–83–4）等。

三号墓：为砖石筑单室墓，门用砖，主室石建不等边六角形。出土铁器有小铁管 1 件、歪头方锥体铁钉 4 件（图 2–84–1~ 图 2–84–4）。

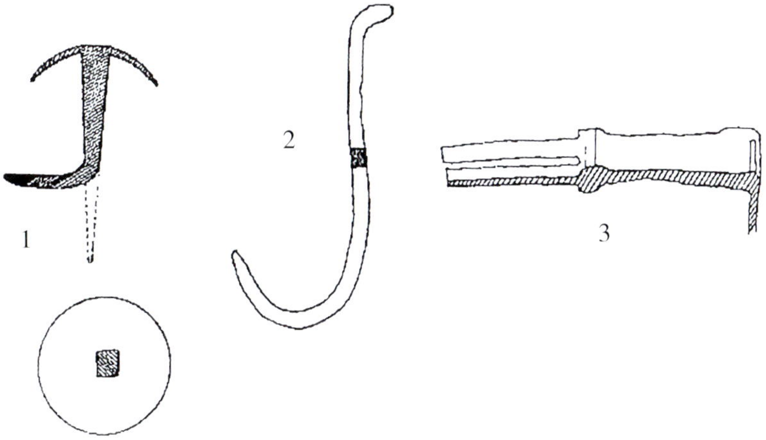

图 2–81

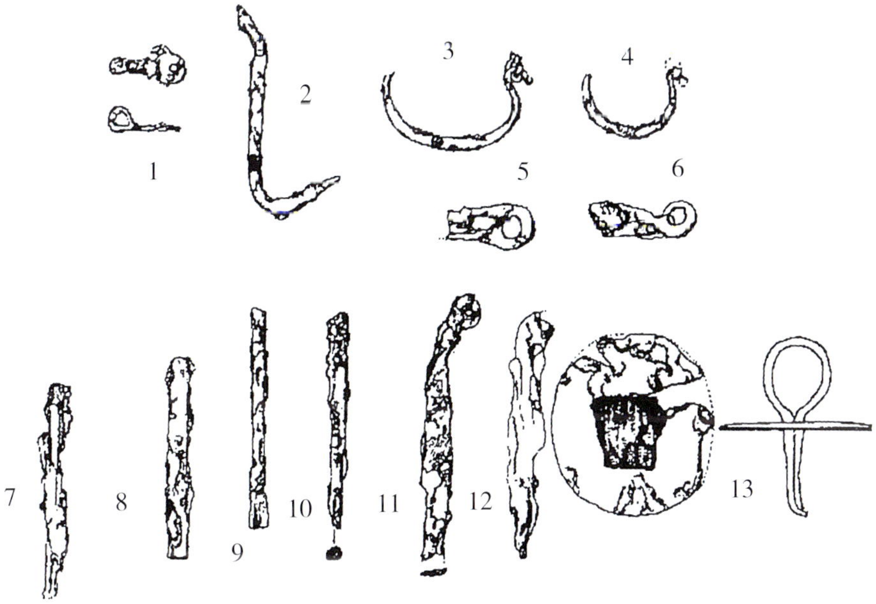

图 2–82

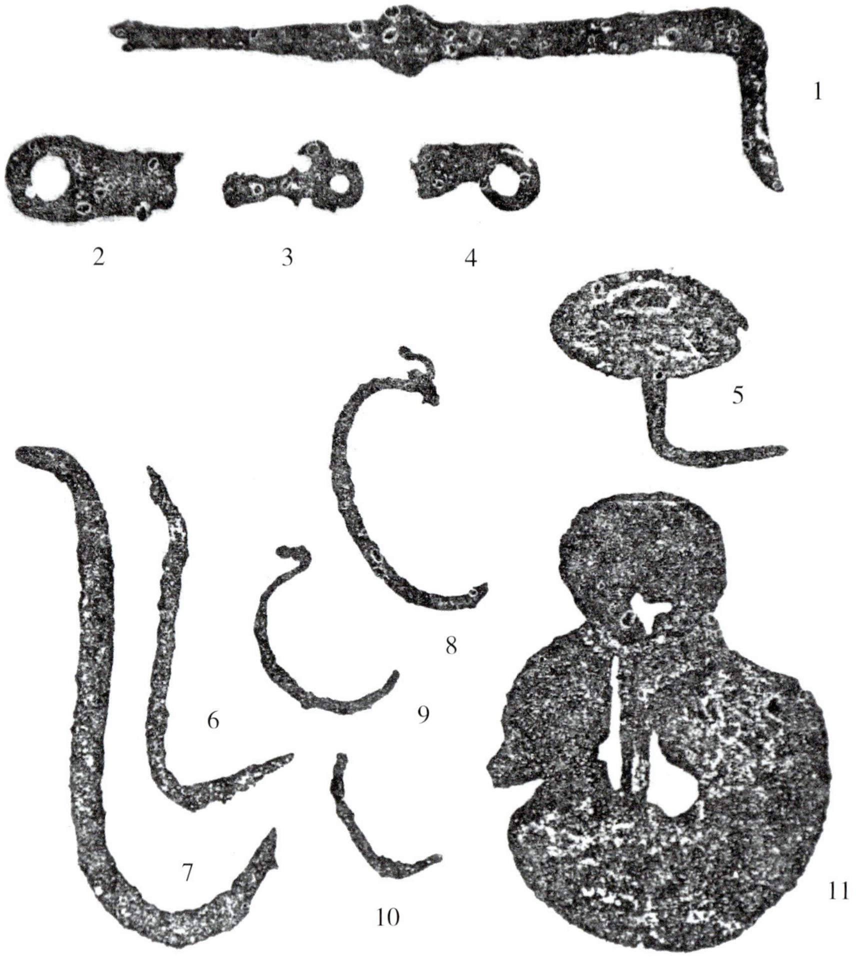

图 2-83

四号墓：为砖筑单室圆形券顶门仿木构建筑。出土铁器有铁门环 2 件。①

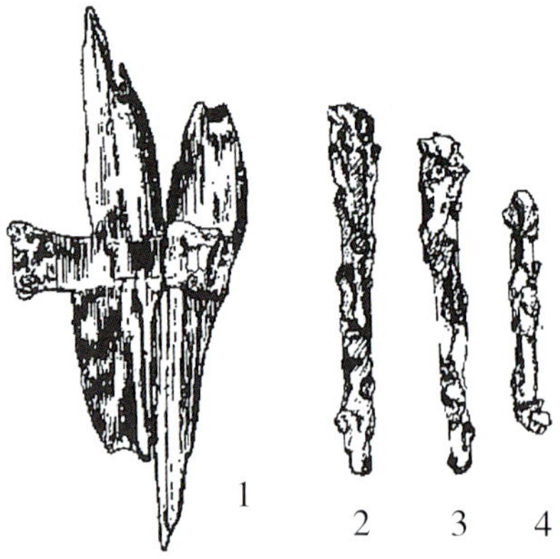

图 2-84

三九、阜新市高山子辽墓

阜新市新邱区长营子镇高山子村南发现一座辽墓，主室为八角形砖室墓，前面甬道两侧各有一方形耳室，主室南北长 5 米，东西宽 6 米。墓内随葬

① 李文信．义县清河门辽墓发掘报告．考古学报，1954 年第 8 期．

遗物有鎏金饰件等。铁器出土有铁镞。[1]

四十、阜新市黄家沟辽墓

阜新市细河区四合镇黄家沟村四合水库西南辽墓，1998 年 6 月发掘，砖石混筑构建墓室，八角形，单室，墓有壁画。墓中出土瓷器、玉器、铁器等多件遗物。铁器有铁镐 1 件（图 2-85-1）、铁锄 1 件（图 2-85-2）。[2]

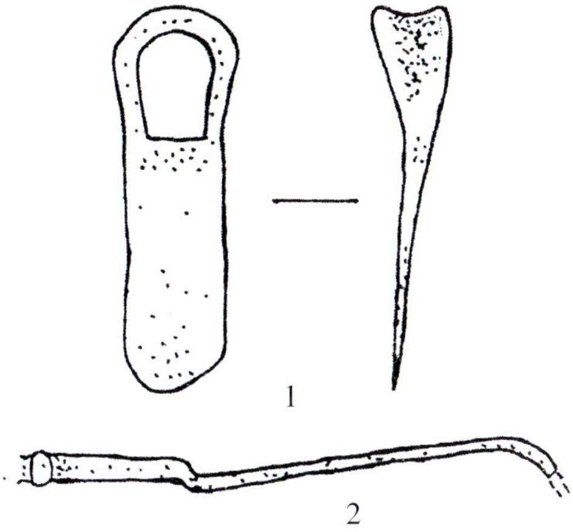

图 2-85

四一、阜新市五家子屯辽墓

阜新市新邱区长营子镇水泉村五家子屯辽墓，在村民宅院内因挖菜窖被发现，1988 年秋清理。墓为砖筑单室，平面八角形，穹隆顶，顶孔用大石封堵，出土有人骨、遗物多件。报告认为是辽代晚期墓葬，“五家子辽墓的入葬的时间，应在辽代末期的道宗时期”。墓中出土的铁器有薄铁敞口圜底圆灯盏立方体三足直檠铁灯台 1 件。[3]

四二、阜新县白玉都村辽墓

阜新蒙古族自治县阜新镇白玉都村东南辽墓，此墓为 1980 年 3 月发掘，由主室、甬道及左右耳室组成，主室和耳室均为方形，出土各种遗物甚多。铁器出土有扁梁长方穿孔铁马镫 1 副、长方形平顶两面刃铁斧 1 件、柳叶形菱体铁镞 1 件、圆锥形铁钉 1 件、扁形方身铁钩 1 件。[4]

四三、阜新县上平家沟辽墓

阜新蒙古族自治县化石戈乡魏家村上平家沟屯东北 800 米辽墓，1959 年、

① 国家文物局主编 . 中国文物地图集 . 辽宁分册 . 下 . 西安地图出版社，2009 年 7 月：第 249 页 .
② 郭添刚，等 . 阜新黄家沟辽墓 . 阜新辽金史研究 . 第四辑 . 中国社会出版社，2000 年 6 月版 .
③ 阜新市博物馆筹备处 . 辽宁阜新县契丹辽墓的清理 . 考古，1955 年第 11 期 .
④ 阜新蒙古族自治县文化馆 . 辽宁阜新县白玉都辽墓 . 考古，1985 年第 10 期 .

1969 年分别发现两座辽墓。出土铁器有铁马镫、铁马衔、铁铲等。①

四四、阜新县嘎岔沟辽墓

阜新蒙古族自治县化石戈乡老二色村嘎岔沟屯西北 500 米处，辽墓一座，石筑墓室，出土文物多件。铁器有铁刀、铁剑、铁斧、铁马镫等。②

四五、阜新县罗匠沟屯辽墓

阜新蒙古族自治县蜘蛛山乡双山子村罗匠沟屯西北 500 米，此辽墓为 1995 年 6 月发掘。墓为砖筑，主室圆形，有甬道及左右耳室。出土遗物多种，铁器有铁马镫、铁马衔。③

四六、阜新县台喇嘛营子村辽墓

阜新蒙古族自治县紫都台乡台喇嘛营子村北 600 米，此辽墓中出土其他随葬遗物，铁器有铁马镫、铁马衔。④

四七、阜新县小七家子屯辽墓

阜新蒙古族自治县王府镇烟台营子村小七家子屯墓，在屯西 400 米处，为辽墓。系砖筑墓室，出土梳齿纹陶罐等。铁器有铁马镫、铁马衔。⑤

四八、阜新县前衙门村辽晋国夫人墓

阜新蒙古族自治县红帽子乡前衙门村墓，在村西山谷中。此墓为辽晋国夫人墓，早年被盗，遗物被取出，墓中存留遗物有墓志一合，陶瓷器、铜器及装饰品、铁器等。⑥

四九、阜新县后衙门屯辽墓

阜新蒙古族自治县红帽子乡红石砬子村后衙门屯北 400 米，此墓为圆形单室

---

① 国家文物局主编 . 中国文物地图集 . 辽宁分册 . 下 . 西安地图出版社，2009 年 7 月：第 274 页 .

②③④⑤ 国家文物局主编 . 中国文物地图集 . 辽宁分册 . 下 . 西安地图出版社，2009 年 7 月：第 275 页 .

⑥ 冯永谦 . 辽晋国夫人墓志考 . 辽宁大学学报，1983 年第 6 期 .

墓，出土遗物多件。出土铁器有铁剑。[①]

五十、阜新县樱桃沟村辽墓

阜新蒙古族自治县沙拉乡樱桃沟村辽墓，1993 年村民在宅院内取土时发现，为自然石块砌筑墓室，无墓门，系辽代晚期墓葬。这种无墓门墓葬在阜新发现多处，1993 年知足山乡罗匠沟双山子一号墓，“墓主人随葬品非常可观，出土一批陶、瓷、铜、铁、玉、金银器和一套围棋子等遗物”，哈达乡前查台村、化石戈乡老二色村也都有发现，基本与樱桃沟村相同。

随葬遗物主要为铜、铁器。出土的铁器有长身铁刀 1 件（图 2-86-1）、短身铁刀 1 件（图 2-86-2）、椭圆镫身长方圆角镂孔花纹踏板铁马镫 1 副、铁镞分三式：1 式双锋刃扁圆体铁镞、2 式扇形锋扁圆体铁镞、3 式尖菱形体矛状铁镞共 13 件（图 2-87-1、图 2-87-2、图 2-87-3），尖锋长身菱形体束颈圆銎铁矛 1 件（图 2-87-8）、尖锋长身圆体深銎铁穿 1 件（图 2-87-4）、方顶方体铁钉 1 件（图 2-87-5）、平口方身不封口反銎铁铲 1 件（图 2-87-6）、鸟颈方体圆首长銎铁骨朵鸠杖首 1 件（图 2-87-7）。[②]

1

2

图 2-86

① 国家文物局主编 . 中国文物地图集 . 辽宁分册 . 下 . 西安地图出版社，2009 年 7 月：第 275 页 .

② 袁海波 . 阜新发现无墓门辽墓 . 阜新辽金史研究 . 第四辑 . 中国社会出版社，2000 年 6 月版 .

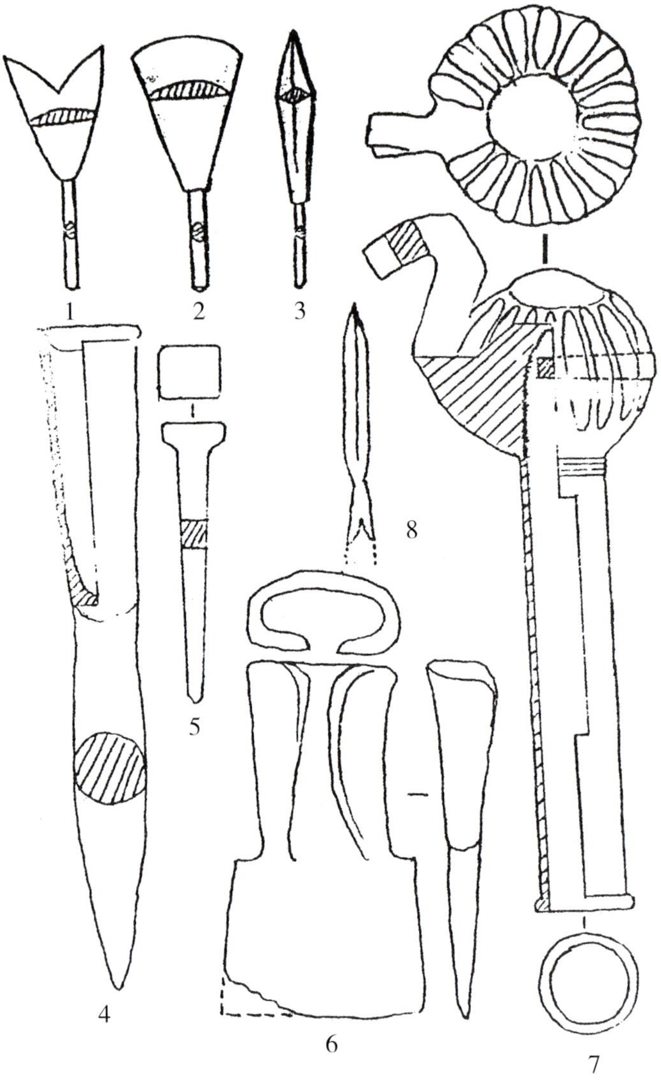

图 2–87

五一、阜新县关山辽墓

阜新蒙古族自治县大巴镇关山种畜场内山谷中，辽墓在 2001 年、2002 年发掘，王坟沟 3 座，马掌洼 6 座，共 9 座墓，砖筑墓室，为辽代萧和家族墓，出土萧德恭、萧知微、萧知行等五篇汉文墓志铭、一篇契丹文小字墓志铭及其他多种随葬遗物。各墓情况如下：

一号墓（萧德温墓）：在关山王坟沟西坡，墓为砖筑、仿木结构单室、八角形穹隆顶。萧德温葬于辽道宗大康元年（1075 年）。墓因早期被盗，遗物甚少。出土铁器有偏帽铁钉 1 件（图 2–88）。

二号墓（萧德恭及其妻耶律氏墓）：在关山王坟沟西坡南部，墓为砖筑单室八角形穹隆顶。出土墓志一合，萧德恭志文刻于志石上，其妻耶律氏志文刻于志盖内面，葬于咸雍九年（1073年）。墓中存少许遗物。出土铁器有细尖扁体环首铁锥1件（图2-89、图2-90）。

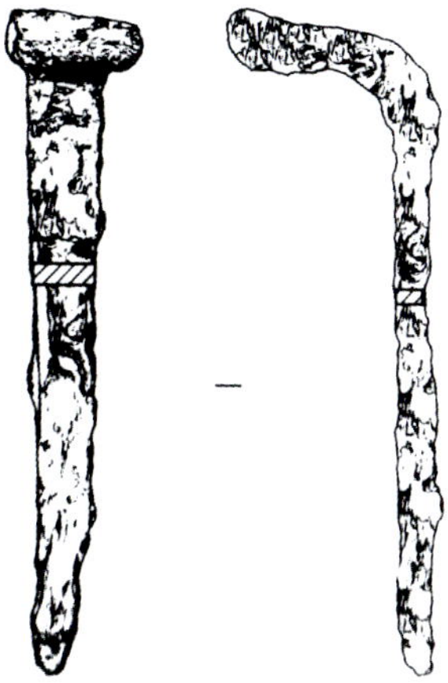

图2-88

三号墓（萧知行墓）：在关山王坟沟西坡中部偏南处，墓为砖筑单室八角形穹隆顶，墓有壁画。墓遭严重盗扰，遗物仅存少许。出土墓志载萧知行葬于咸雍四年（1068年）。铁器出土有长身一端有环一端有两齿铁钥匙1件（图2-91-1）、折顶侧帽铁钉多件（图2-91-2、图2-92）。

四号墓（萧和与其妻秦国太妃耶律氏墓）：在关山马掌洼西坡东南部，为砖石

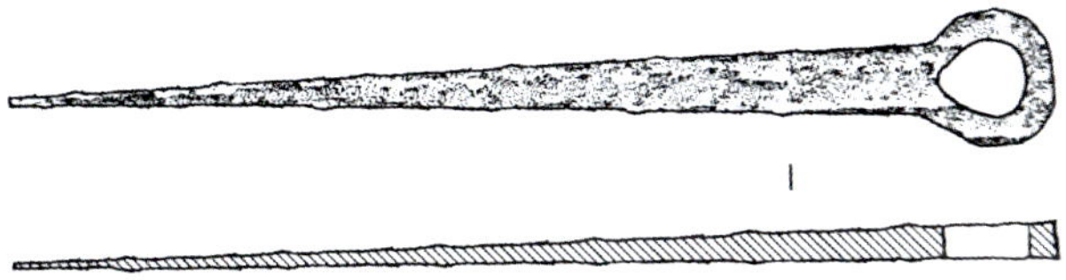

图2-89

图2-90

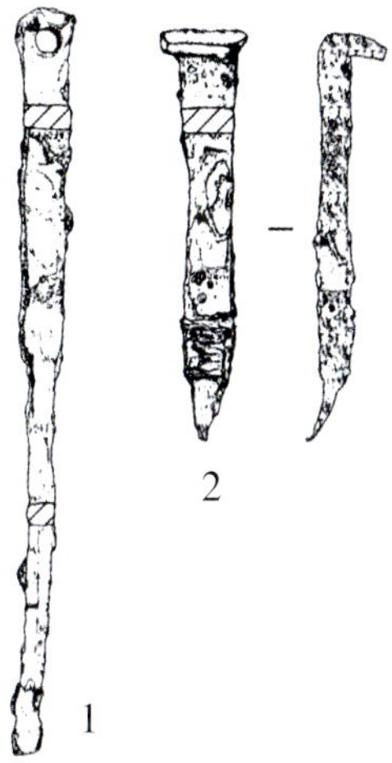

图2-91

图2-92

混筑多室墓，主室与其前甬道两侧耳室俱为八角形，仿木构建筑并有壁画。出土墓志载最后耶律氏葬于重熙十四年（1045年）。墓中出土文物较多，有陶瓷器、铜器和玻璃器等。出土铁器有环首直柄铁刀（图2–93–1、图2–94）、剑式短柄铁刀（图2–93–2、图2–95）。

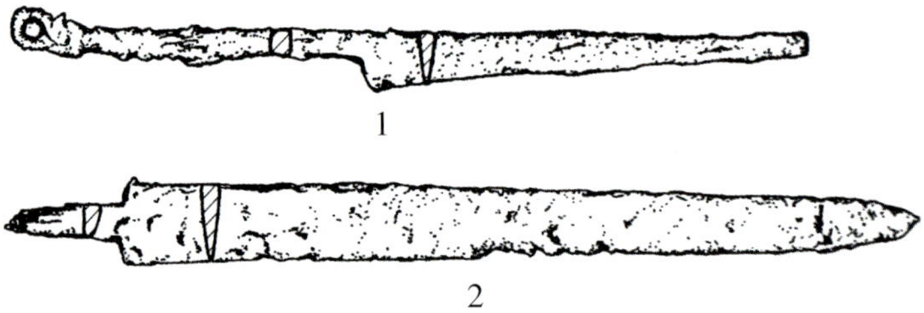

图2–93

图2–94

图2–95

七号墓：在关山马掌洼西坡西北部，墓为砖筑多室，前室、左右耳室及主室俱为方形，四角攒尖顶，有壁画。随葬遗物丰富，有陶瓷器、银质马具、铜器、玉石饰件等。出土铁器有平锋铁镞11件（图2–96–1）、尖锋长身菱形体矛式铁镞30件（图2–96–2）、钝锋后为球形三孔哨尾接铤鸣镝4件（图2–96–7）、尖锋长身三角形体三孔哨后接铤骨鸣镝1件（图2–96–8）、窄刃长身圆銎铁凿1件（图2–96–6、图2–97）、铁环（图2–96–3）、环梁上横穿孔铁马镫1件（图2–96–5、图2–98）、十字形铁骨朵（原报告称节约，误）1件（图2–96–4、图2–99）、铁甲片等。

八号墓：在关山马掌洼西坡西北，为砖筑单室八角形穹隆顶，有壁画。随葬遗物因被盗，存留不多。出土铁器有尖锋长身扁圆銎铁矛1件（图2–100、图2–101）。

九号墓（梁国太妃墓）：在关山马掌洼西坡西北部，为砖筑多室墓，耳室六角形，主室八角形，穹隆顶，有壁画。梁国国王萧术哲，汉名萧知微，萧孝诚第三子，其妻梁国太妃为耶律仁先之妹。墓中遗物主要为瓷器，少量铜器。出土铁器有锐尖侧面无刃铁剑1件。[①]

① 辽宁省文物考古研究所.关山辽墓.文物出版社，2011年9月版.

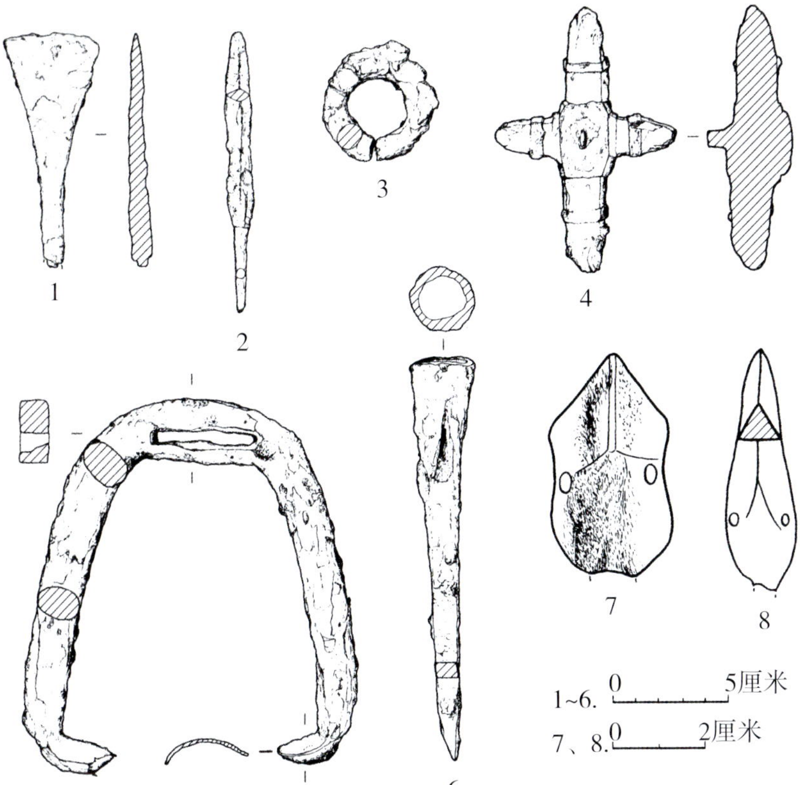

图 2-96

图 2-97

图 2-98

图 2-99

上卷

五二、阜新县文土营子辽墓

阜新蒙古族自治县大巴镇后朝阳村文土营子屯北200米辽墓，1980年清理，石筑墓室，出土多件遗物。出土铁器有铁剪子。①

五三、阜新县四家子屯辽萧图古辞墓

阜新蒙古族自治县太平乡大道村四家子屯墓，在屯北1.5公里佛手山上，此处是一墓地，已有四座墓葬遭到破坏。2000年7月，清理两座，编号为一号墓、二号墓，其中一座为辽萧图古辞墓。发掘的两座辽墓情况如下：

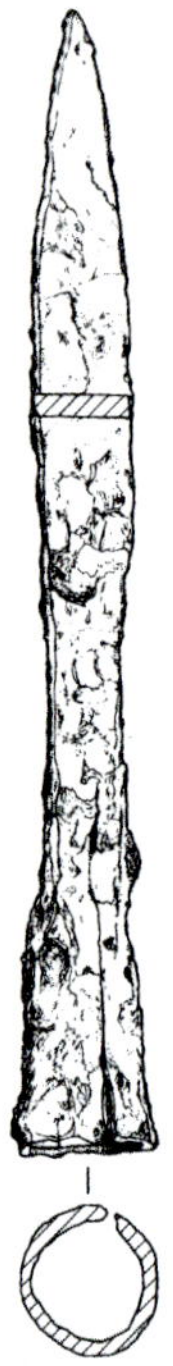

图 2-100

图 2-101

一号墓：砖筑仿木构建筑，有墓门、甬道、左右两方形耳室，主室八角形，截顶方锥形，封堵墓顶，柏木椁墙。墓中出土陶器、瓷器、铜器、琥珀珠、石夯、北宋铜钱，出土契丹文小字墓志，为辽萧图古辞墓，卒于咸雍四年（1058年）。墓有壁画，在甬道西侧有《归来图》，画一马两马童，马为褐色，“背搭金鞍，鞍饰梅花，坠铁马镫，辔头鲜明，鞧带清楚。人物形象逼真，马则比较匀称、驯顺、形象生动”。墓中随葬铁器有锐尖两侧边刃菱形体外附有铁质剑鞘铁长剑1件（图2-102-6）、圆形正面磨平边缘后斜素背面圆纽铁镜1件（图2-102-1）、扁尖略斜圆柄扁身铁刻刀1件（图2-102-5）、铁甲片。

二号墓：砖筑墓室，有墓门、甬道、两圆形耳室、八角形主室，内有柏木椁墙。出土遗物有瓷器、铜丝网罩残片、蓝色琉璃珠、铜钱等。铁器有横式长身铁锁1件（图2-102-4）、扁长条形环首弯柄微弧身前端二钩铁钥匙1件（图2-102-2）、锋尖略圆近平脊扁身矛式铁镞1件（图2-102-3）、圆顶大帽锥尖铁钉12件（图

① 国家文物局主编．中国文物地图集．辽宁分册．下．西安地图出版社，2009年7月：275页．

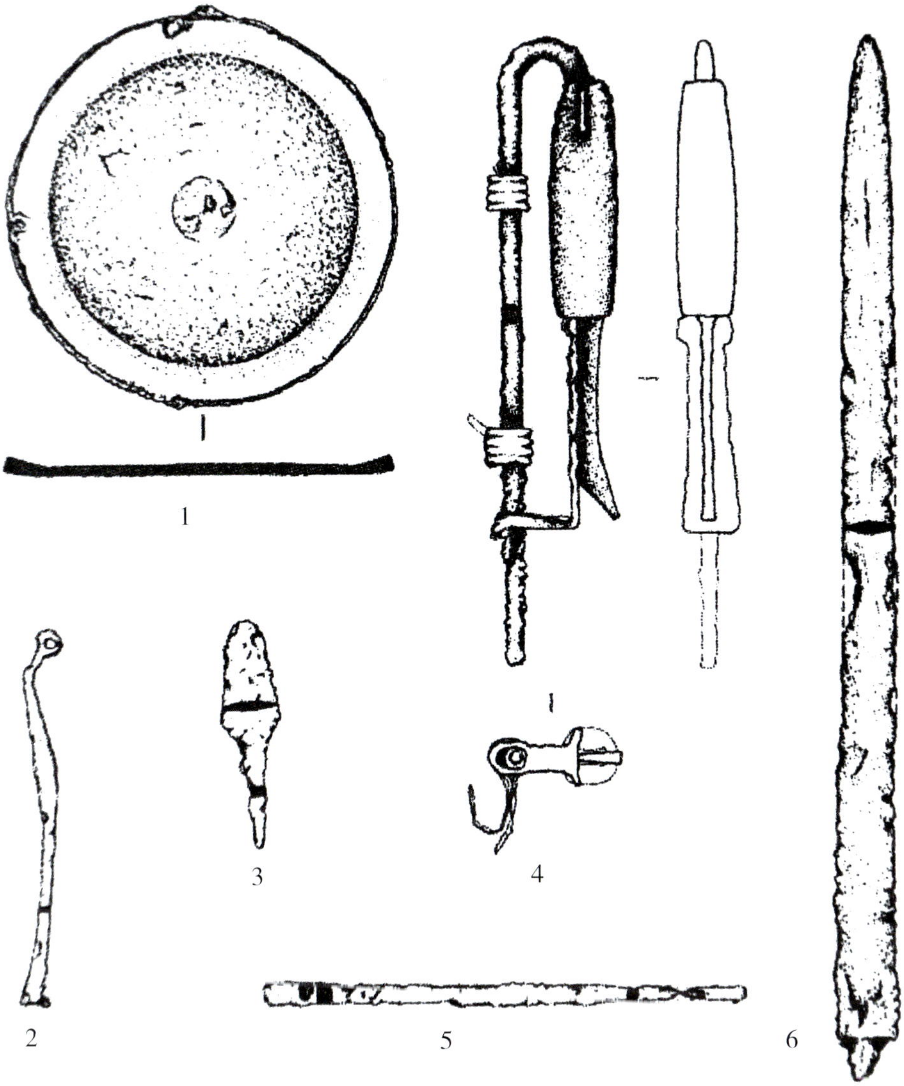

图 2-102

2-103）、铁注壶 1 件。[1]

五四、阜新县果树村辽萧仅墓

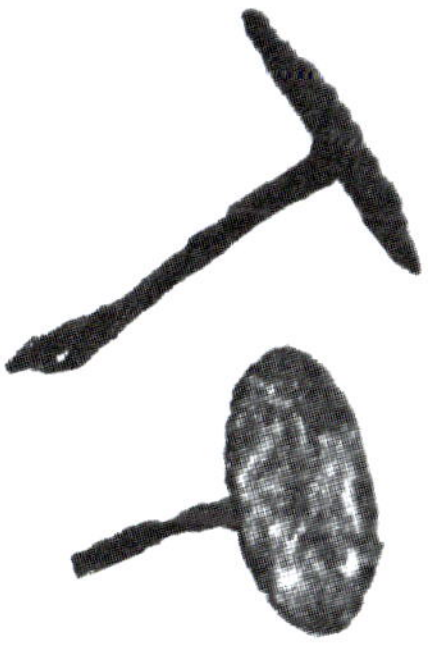

图 2-103

阜新蒙古族自治县八家子乡果树村辽墓，在村西 1.5 公里乌兰木图山南坡下。1981 年 1 月发现此墓，随即发掘。墓为砖筑，主室八角形，长方形甬道，左右方形耳室，券项。此墓系辽萧仅墓，据墓志萧仅于圣宗太平九年（1029

① 梁振晶 . 阜新四家子辽墓发掘简报 . 辽宁考古文集 . 辽宁民族出版社，2003 年 7 月版 .

年）葬。墓因被盗，遗物除墓志外，仅余一件铁器——铁斧。[①]

五五、阜新县梯子庙二、三号辽墓

阜新蒙古族自治县八家子乡果树村梯子庙屯辽墓，在乌兰木图山南麓下，共发现三座墓，于1997年9月发掘。因一号墓未进行发掘，现报告为二、三号辽墓。两墓情况如下：

二号墓：为石筑单室方形，穹隆顶，墓底铺砖。墓室出土铁器有横式铁锁1件（图2-104-2）、铁箍1件、平背直刃银白色无锈痕合金小铁刀2件（图2-104-4）。

三号墓：砖筑，有墓门、甬道、前室、左右耳室、主室，券顶，各室皆方形。出土铁器有侈口横双立耳浅腹圜底三高足铁釜1件（图2-104-1）、圆口舌状流斜腹平底长柄铁匜1件（图2-104-5）、短身宽体尖锋长柄铁刀2件（图2-104-3）、长柄铁刻刀1件（图2-105-1）、銎柄长身铁钩1件（图2-105-2）、铁镞7件。铁镞分四式：矛锋菱体圆铤铁镞（图2-105-3）、扇形平锋扁身圆铤铁镞（图2-105-4）、尖锋三角形燕尾式铁镞（图2-105-5）、尖锋矛式扁体铁镞（图2-105-6）。[②]

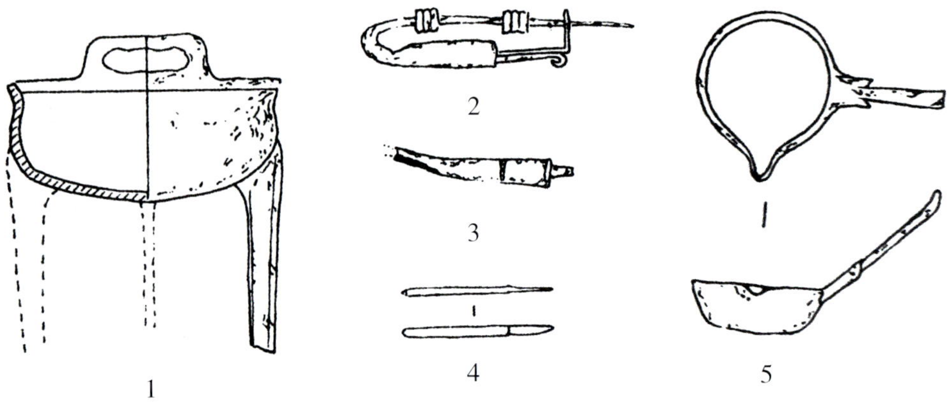

图 2-104

五六、阜新县果树村三（平原公主）、四号辽墓

阜新蒙古族自治县八家子乡果树村解家烧锅屯与梯子庙屯之北、乌兰木图山东麓，发现两座辽墓，进行发掘，编号为三号墓、四号墓。

---

① 李宇峰，袁海波．辽宁阜新辽萧仅墓．北方文物，1988年第2期．

② 辽宁省文物考古研究所，等．辽宁阜新梯子庙二、三号墓发掘简报．北方文物，2004年第1期．

三号墓：为辽圣宗长女平原公主墓，据墓志葬于“重熙二十年”（1051年），是辽最兴盛的中期墓葬。墓为砖筑，由墓道、墓门、前室、甬道、中室、左右方形耳室、圆形主室构成。墓壁绘有彩色壁画。墓曾被盗，其出土文物仍非常丰富，有瓷器、金器、银器、铜器、玻璃器、玉器、玛瑙、琥珀饰件及墓志等。出土铁器不仅数量多，而且品类齐全，计有以下数种，分记之。

生活用具有平口直腹平底双錾耳三足铁火盆1件（图2-106-11）、

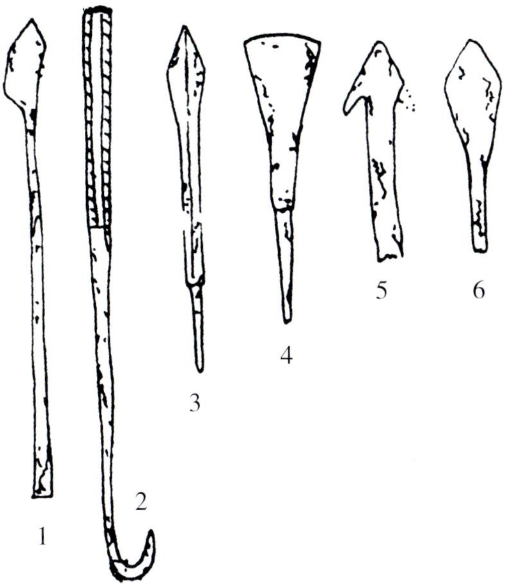

图 2-105

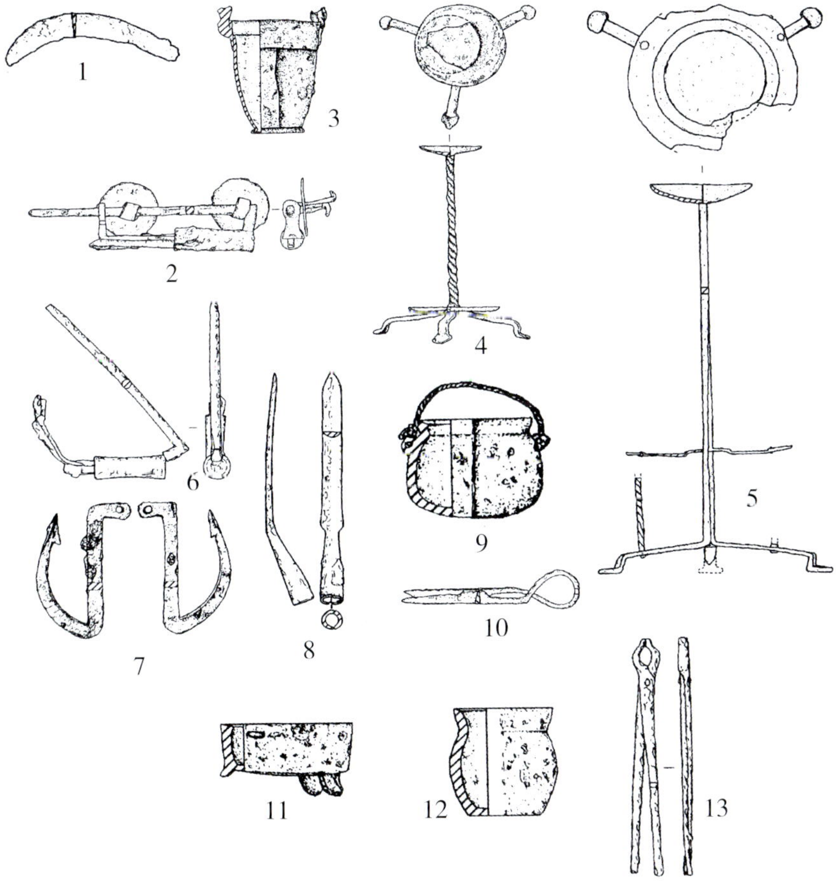

图 2-106

侈口束颈圆腹平底铁罐 1 件（图 2–106–12、图 2–108）、侈口束颈垂腹圜底提梁罐 1 件（图 2–106–9、图 2–107）、铁片铆制直口双耳收腹外展平底提梁罐 1 件（图 2–106–3、图 2–109）、圆盏高檠三足铁灯 3 件（图 2–106–4、图 2–106–5、图 2–110）、“乙”字形倒刺铁钩 2 件（图 2–106–7）、环股铁剪（图 2–106–10）、附铺首横式铁锁 3 件（图 2–106–2、图 2–106–6、图 2–111）、铁钥匙 1 件（图 2–112–16）、铁片铆制圆形六纵二横透空直腹平底銎口折柄铁桶状器（图 2–112–18）、圆勺细孔垂直扁柄铁漏勺 1 件（图 2–112–4）；

农业生产用具有曲身厚背薄刃铁镰刀 1 件（图 2–106–1）、半月形厚背薄刃四孔铁掐刀 2 件（图 2–112–7）；

手工工具有圆形扁口交股铁钳（图 2–106–13）、长身横扁方体单面斜刃圆銎铁凿 4 件（图 2–112–6、图 2–112–22）、长身扁体铁锉 1 件（图 2–112–21）、方体梯形小铁砧（图 2–112–5）、长身扁体单边齿铁锯 2 件（图 2–112–15）、长方扁体铁锛 1 件（图 2–112–2）；

图 2–107

图 2–108

图 2–109

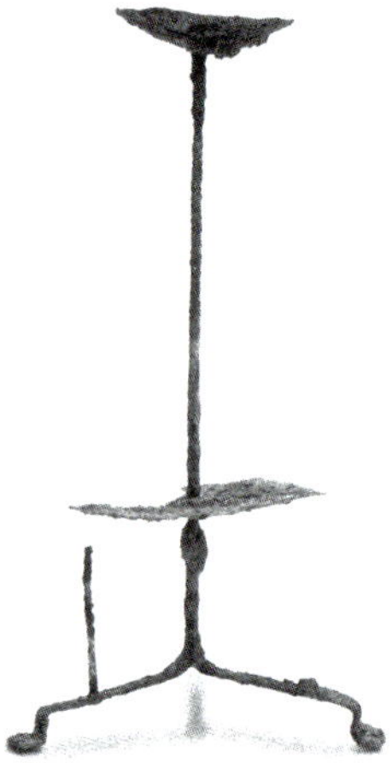

图 2–110

图 2–111

医药用具有长身略扁捣药铁杵、圆口圜底八方体四足捣药铁臼（图 2–112–1）、圆饼形中穿横棍铁碾轮、长圆平口宽沿尖底深槽镂孔足铁药碾（图 2–112–8、图 2–113）；

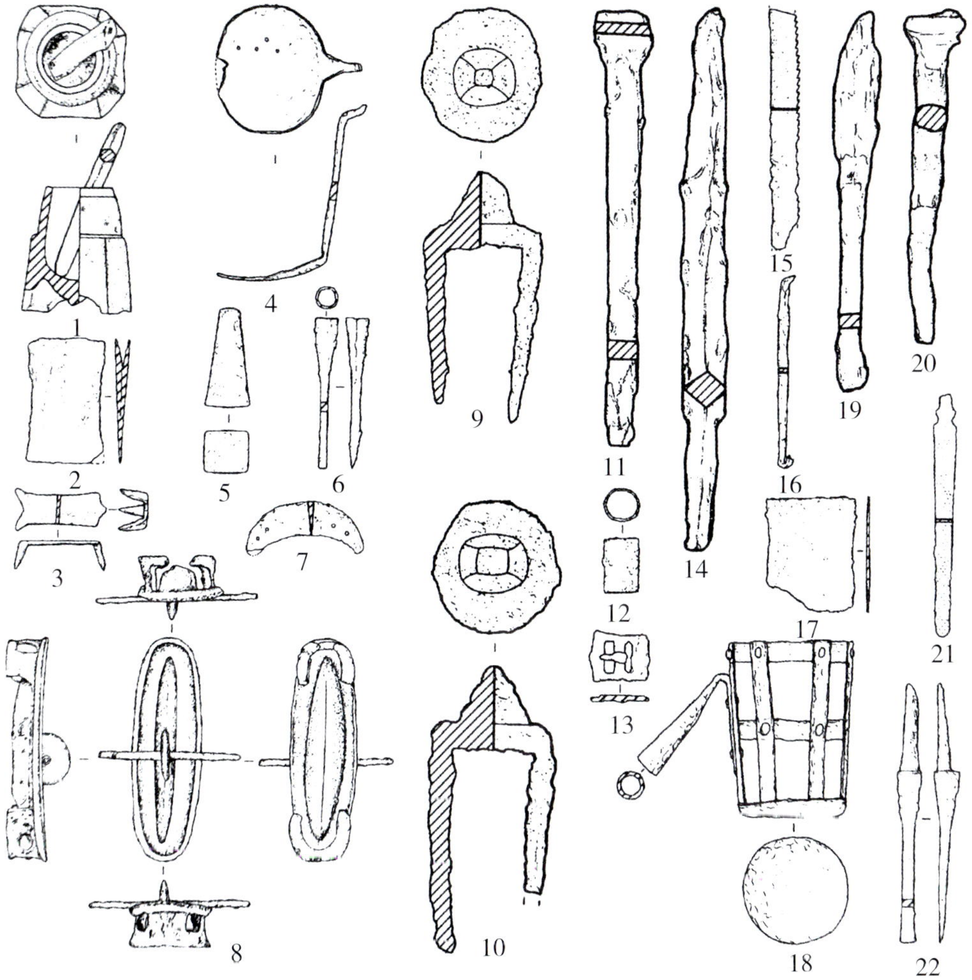

图 2–112

马具有铁带卡 1 件（图 2–112–13）；

兵器有长身一面棱脊圆銎铁矛（图 2–106–8）；

其他有圆形管状铁箍 2 件（图 2–112–12）、长方扁体扒锔 2 件（图 2–112–3）、长方铁

图 2–113

片 1 件（图 2–112–17）、圆帽凸顶双齿铁钉 2 件（图 2–112–9、图 2–112–10）。

四号墓：为砖筑，由墓道、仿木结构墓门、甬道、八角形主室组成。墓有彩绘壁画。墓虽被盗，随葬遗物仍很丰富，有陶器、瓷器、铜器、铁器、琥珀水晶珠饰等。墓中由于未出土墓志，其年代发掘报告认为："据此我们推测梯子庙 4 号墓的年代似以辽代中期为宜。"墓中出土的铁器很多，计有：长身扁体一面斜刃铁凿 1 件（图 2–114–7）、圆顶梁体穿鼻铁马镫 1 副（图 2–114–3、图 2–115）、长身铁带卡 2 件（图 2–114–1、图 2–114–2、图 2–116）、扇形锋扁体内弧边铁镞 5 件（图 2–114–4）、菱锋三翼式铁镞 1 件（图 2–114–6）、长顶圆铤捣锤状铁器（图 2–114–5）。①

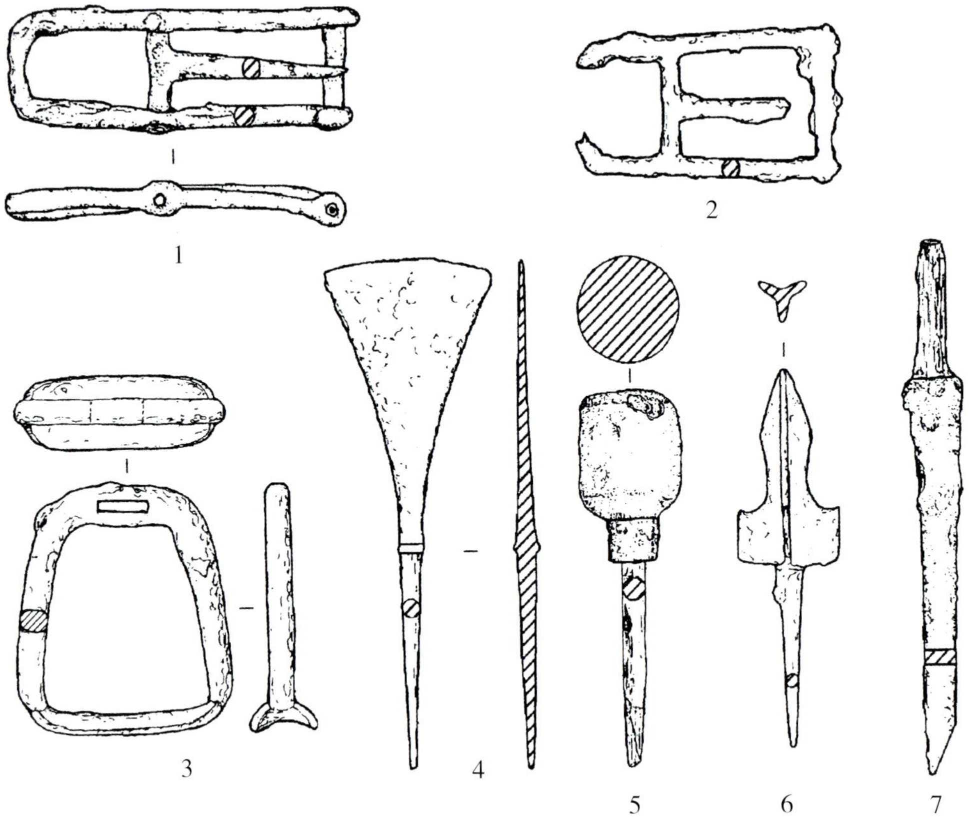

图 2–114

① 辽宁省文物考古研究所，等．辽宁阜新县辽代平原公主墓与梯子庙四号墓．考古，2011 年第 8 期．

图 2-115

图 2-116

五七、阜新县烧锅营子村辽萧旻墓

阜新蒙古族自治县八家子乡烧锅营子村墓，在村西乌兰木图山脚下，1996 年 7 月因当地村民将墓挖开，遂于当年进行发掘。墓为砖筑，由拱形墓门、方形前室、甬道、八角形主室组成，内有柏木枋墙，墙壁白灰面上有彩色壁画。墓中出土墓志，为辽萧旻墓，葬于辽道宗清宁四年（1058 年），萧旻《辽史》无传，可补其缺。墓因被盗，所余遗物不多，萧旻墓志是重要发现，其他文物尚存一些，据报告称："发现有白釉瓷碗残片、铜牌饰及青白釉黑花小碗等。……有灰陶钵、白釉凤首瓶、铁马镫、马衔、铁剪子、凿、锁、鎏金铜牌、铜牌饰等。"[①] 这里列出的铁马镫、铁马衔、铁剪、铁凿、铁锁是孑遗。

五八、阜新县吐拉尺村辽墓

阜新蒙古族自治县大固本乡吐拉尺村墓，为辽代早期墓葬。出土铁器有木风鸣器铁鸣镝、铁马镫、铁马衔等。[②]

五九、阜新县铁匠营子辽墓

阜新蒙古族自治县福兴地镇大喜营子村铁匠营子屯西 500 米辽墓，1960 年清理，计有两墓，出土铜丝网罩等。出土铁器有铁马镫。[③]

---

① 穆启文，李宇峰 . 辽宁省阜新县辽萧旻墓发掘简报 . 辽金历史与考古 . 第二辑 . 辽宁教育出版社，2010 年 5 月版 .

② 李宇峰 . 辽宁阜新县大固本辽墓发掘简报 . 博物馆研究，1993 年第 2 期 .

③ 国家文物局主编 . 中国文物地图集 . 辽宁分册 . 下 . 西安地图出版社，2009 年 7 月：第 275 页 .

六十、阜新县海力板村辽墓

阜新蒙古族自治县旧庙乡海力板村小忽拉哈营子屯辽墓，在屯西北 1 公里的缓山坡上，1987 年 5 月发现，经调查后进行发掘。墓为砖筑单室方形，穹隆顶，前有砖筑仿木结构墓门，前接斜坡墓道。随葬遗物很多，有 191 件。根据出土遗物特点及墓葬结构分析，此墓为辽代早期墓葬。墓中出土铁器也较多，有以下几类。

马具有：高体扁身穿鼻环梁加强筋踏板铁马镫 2 件（图 2–117–1）、角弓形镳铁马衔 2 件、铁带钩；

生活用具有：直口短领圆腹中部有凸棱圜底三兽爪足铁釜 2 件（图 2–118–1）、铁熨斗 1 件、铁剪刀 1 件；

工具有：方头箕形卷筒形柄铁铲 1 件（图 2–117–2）、圆弧嘴交股长柄铁钳 1 件、平头方顶楔形体横銎铁斧 1 件（图 2–117–3）、条形直刃圆銎铁凿 1 件（图 2–119–1）、条形折身圆銎铁凿 1 件（图 2–119–2）、宽刃圆肩上卷圆銎铁铲 1 件（图 2–117–4）；

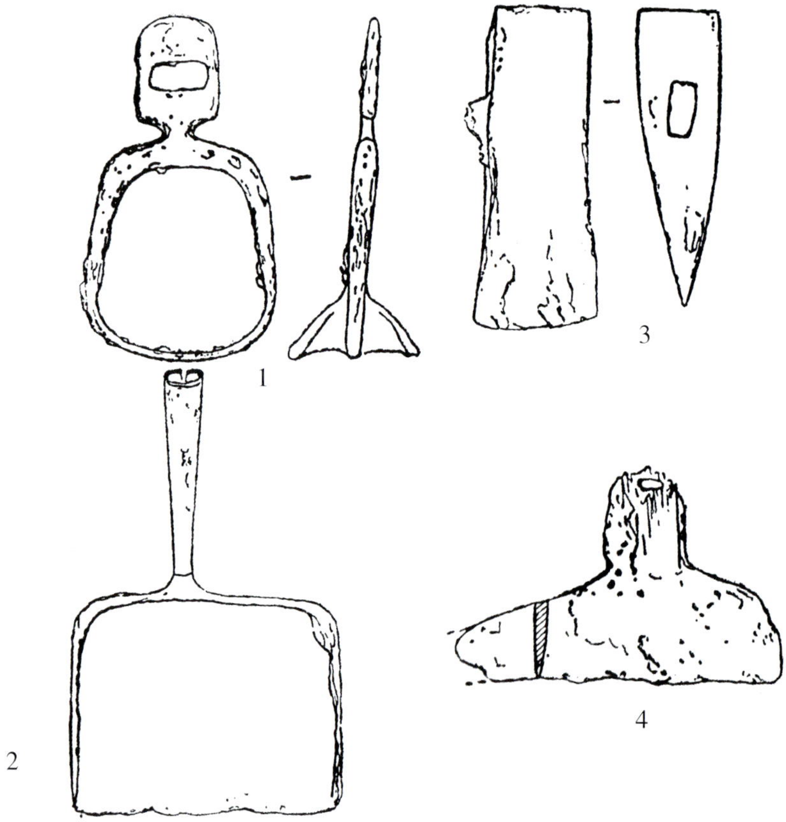

图 2–117

兵器有：一侧尖锋长身楔形体圆环形护手铁刀 1 件（图 2–118–2）、尖锋长身菱形体圆柄銎口铁矛 1 件（图 2–119–3）、蛇曲形锋铁矛 3 件、圆球形铁骨朵 1 件、矛锋式菱体脊侧相反血槽铁镞 5 件（图 2–118–3 左 1、左 2）、桂叶形突起棱脊相反血槽铁镞 10 件（图 2–118–3 左 3）、三角锋扁身铁镞 2 件（图 2–118–3 右 3）、扇锋扁体铁镞 2 件（图 2–118–3 右 2）、三角形双尖凹锋扁身斜直边铁镞 1 件（图 2–118–3 右 1）。[①]

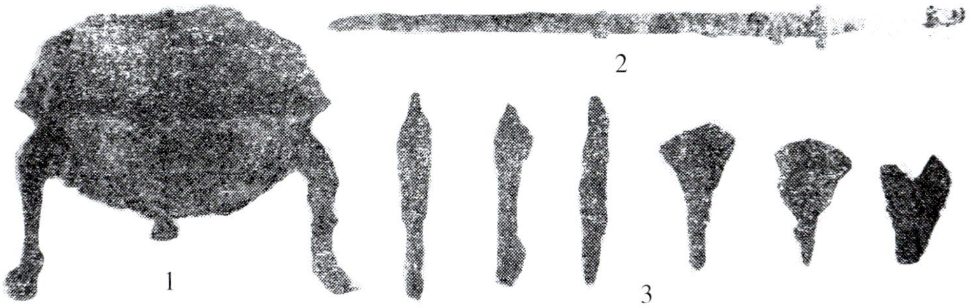

图 2–118

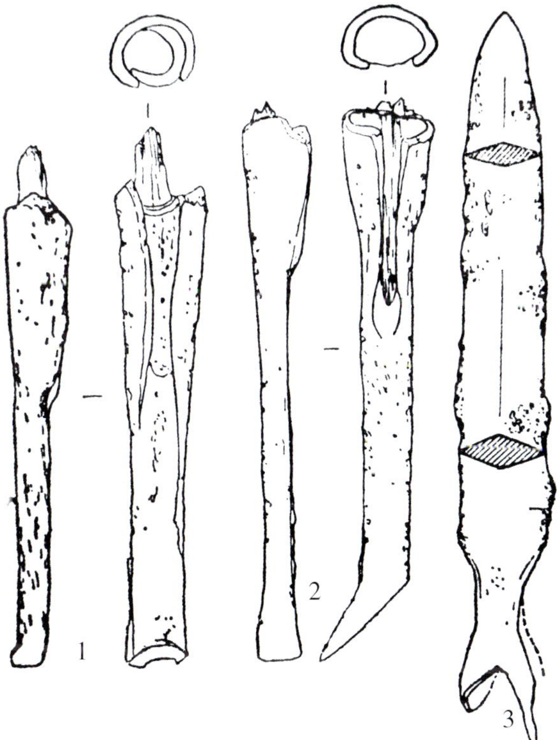

图 2–119

① 辽宁省文物考古研究所，等．阜新海力板辽墓．辽海文物学刊，1991 年第 1 期．

六一、阜新县南皂力营子村北辽墓

阜新蒙古族自治县王府镇南皂力营子村北1.5公里，有辽墓一座，1964年清理，墓室砖筑，出土遗物多件，铁器有铁马镫、铁剑。①

六二、阜新县南皂力营子村北山辽墓

阜新蒙古族自治县王府镇南皂力营子村北1公里山南坡，发现一座辽墓，1990年5月发掘，编为一号墓。砖筑墓室，主室圆形，甬道右侧有一方形耳室，随葬遗物较多。出土铁器有圆形敞口折沿方唇斜直腹弧底斜柄铁熨斗（图2-120-1）、高体扁身穿孔环梁加强筋踏板铁马镫2件（图2-120-4）、角弓形镳铁马衔1副（图2-120-3）、凸形铁节约6件（图2-121-2）、圭形铁节约2件（图2-121-1）、六角形卷草纹銙饰19件（图2-121-2）、长方形铁带箍3件、椭圆形扣孔铁带卡4件（图2-121-5）、铁环钉6件（图2-122-5）、环股铁剪（图2-122-3）、尖锋弧刃小铁刀6件（图2-122-1、图2-122-2）、横式铁锁1件（图2-120-2）、偏折帽方体铁棺钉72件（图2-122-4）等。②

六三、阜新县巴力嘎屯辽墓

阜新蒙古族自治县哈达户稍乡巴力嘎屯辽墓，1982年发现，有两座被破坏，其中一座为圆形砖室墓，出土遗物多件，铁器有铁马镫。③

六四、阜新县白台沟屯辽许王耶律义先墓

阜新蒙古族自治县卧凤沟乡翻身村白台沟屯山谷流井沟，1975年9月发掘已发现的辽墓一座。此墓为砖筑，其两耳室与主室均为八角形，墓中绘有壁画。出土遗物契丹文小字墓志一合，发掘报告据志文所载事迹，称“墓主人当为耶律义先，死于重熙二十一年”。墓因被盗，所余遗物不多，仅存陶灯盏、白瓷碗等。出土铁器方体铁棺钉3件。④

---

①③ 国家文物局主编. 中国文物地图集. 辽宁分册. 下. 西安地图出版社，2009年7月：第275页.

② 辽宁省文物考古研究所，等. 阜新南皂力营子一号辽墓. 辽海文物学刊，1992年第1期.

④ 阜新市文化局文物组. 辽宁阜新县辽许王墓清理简报. 文物资料丛刊. 第1辑.1977年12月版.

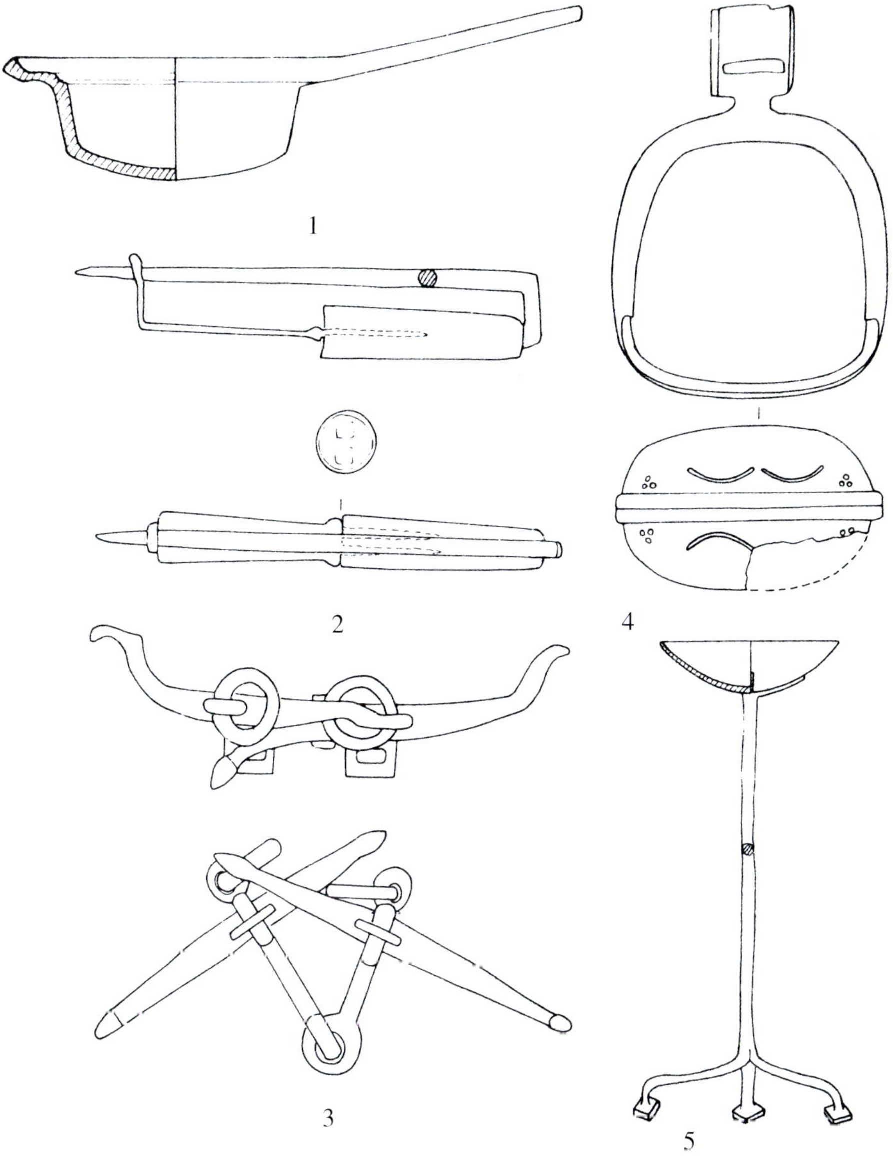

图 2-120

六五、阜新县七家子村辽墓

阜新蒙古族自治县卧凤沟乡七家子村辽墓，在村西河岸边，1982 年夏因山水冲刷露出，随即进行调查清理。墓为砖石砌筑，耳室与主室皆方形，叠涩起券穹隆顶，顶盖大石板。随葬品瓷器、铜器、铁器等一百多件。墓葬年代认为是辽代早期，报告说“七家子辽墓入葬时间应在辽穆宗时期”。墓中出土的铁器有平顶

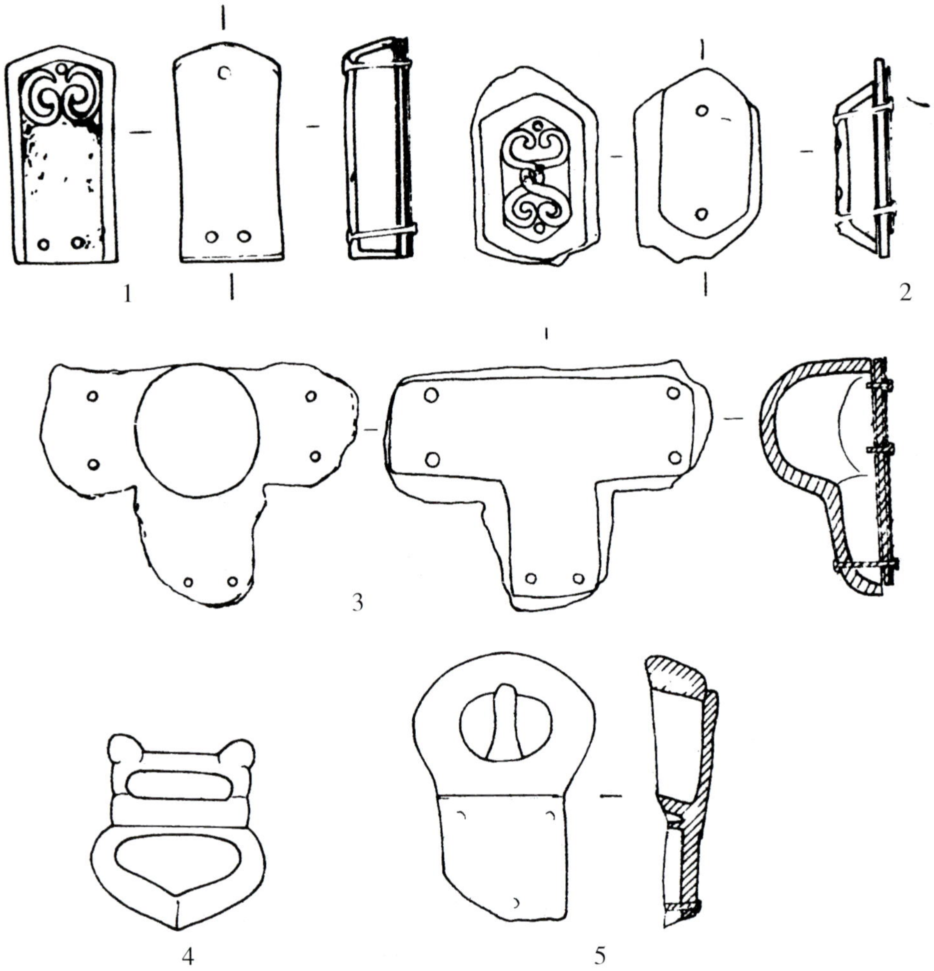

图 2-121

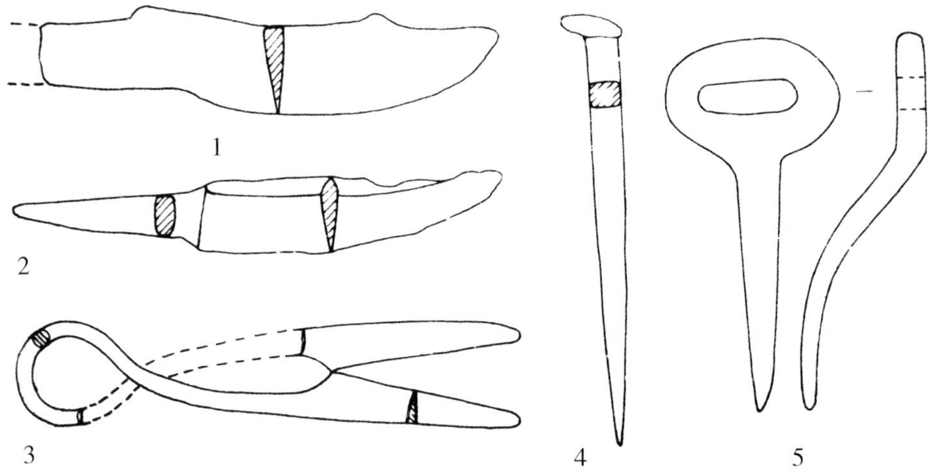

图 2-122

楔形体直銎铁斧 1 件、高体扁身穿孔环梁踏板镂水波纹式孔铁马镫 2 件、附镳铁马衔 2 件、尖锋长身菱体两面刃铁剑 1 件、尖锋两面刃“T”字形柄铁匕首 1 件、铁镞一百余件，可分两式：一式分四种，一种为扇形平锋扁体尾节圆铤铁镞（图 2–123–3），另一种为扇形弧锋扁体尾节圆铤铁镞（图 2–123–1），再一种为扇形弧锋扁体圆铤铁镞（图 2–123–2），第四种为扇形尖锋扁体尾节圆铤铁镞（图 2–123–4）；二式分两种，一种为尖锋三棱体圆铤铁镞（图 2–123–5），另一种为条形扁体圆柄铁锉（图 2–123–6，原报告称“铁镞”）。①

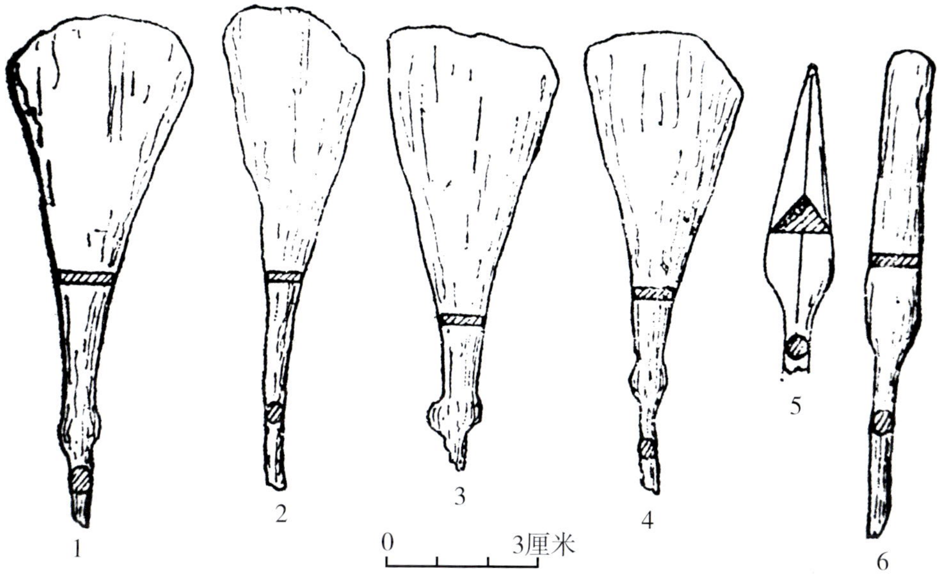

图 2–123

六六、彰武县东平村辽墓

位于彰武县后新秋镇东平村北 500 米山缓坡地上，1989 年 8 月采石发现。墓上有封土，墓为砖筑圆形单室墓，叠涩穹隆式顶。墓中出土有绿釉卷草纹鸡冠壶、铜丝网络、铜带饰等，报告称为“辽代中期墓葬”。墓中出土铁器 33 件，计有长身舌形锋銎柄铁矛 3 件（图 2–124–1）、长身菱脊侧刃有銎木柄铁剑 2 件（图 2–124–2）、柳叶形脊体圆铤铁镞 17 件（图 2–124–3）、平锋长身扁凿形圆铤铁镞 5 件（图 2–124–4）、圆顶梁体穿鼻铁马镫 1 副、球体穿鼻铁马铁 4 件（图 2–124–5）。②

① 阜新市博物馆筹备处 . 辽宁阜新县契丹辽墓的清理 . 考古，1995 年第 11 期 .

② 彰武县文物管理所 . 辽宁彰武县东平村辽墓发掘简报 . 北方文物，1999 年第 1 期 .

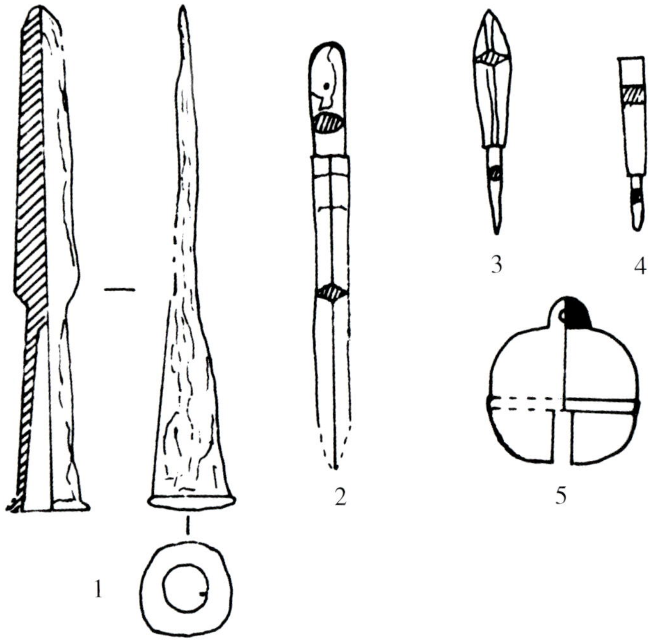

图 2-124

六七、彰武县平顶山村辽墓

彰武县后新秋镇平顶山村墓，为圆形砖室墓，早期被盗，出土遗物有一百多件，有陶器、瓷器、金银器、玉器、铜器、铁器等，其中铁器有铁矛 3 件、铁剑 2 件、铁镞 22 件、铁马铃 4 件、铁马镫 2 件。[①]

六八、彰武县朝阳沟村辽墓

位于彰武县苇子沟乡朝阳沟村北 2 公里山洼中，1999 年 5 月进行考古发掘，有辽代墓葬 5 座，其中方形单室砖墓 1 座、八角石筑木墙墓 3 座、六角石筑木墙墓 1 座，出土遗物 720 余件，有陶器、瓷器、金银器、铜器、琥珀玛瑙、铜钱等。其中出土铁器的墓葬有以下各墓：

一号墓：出土铁器有铁骨朵 1 件。

二号墓：出土铁器有兽蹄状三足高檠浅碗状盏铁灯 1 件、方形头卷筒柄铁铲 1 件、方顶长身楔形体横穿薄刃铁斧 1 件（图 2-125-1）、顶部上粗下细圆銎下部

① 冯永谦主编；张春宇，刘俊玉，孙杰著 . 彰武县文物志 . 辽宁民族出版社，1996 年 3 月：第 89 页 .

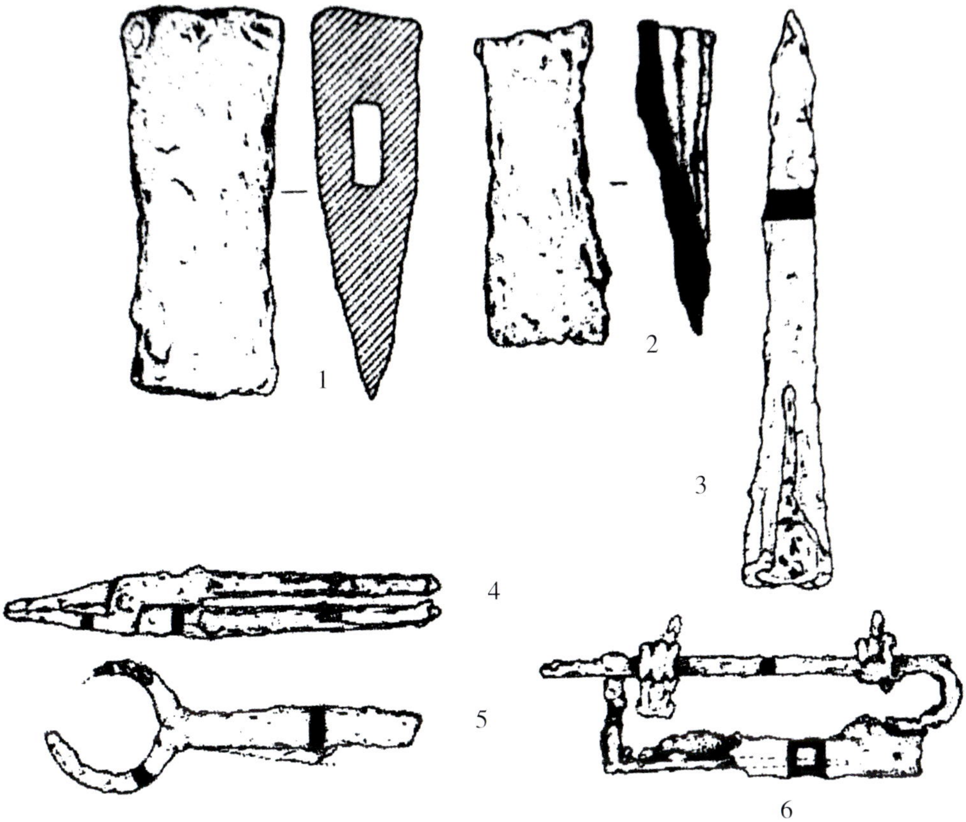

图 2-125

方棱形体尖铁冰穿 2 件、顶长方形銎体扁平束腰平刃铁锛（原报告称凿）2 件（图 2-125-2）、顶圆銎体修长舌弧形刃铁凿 1 件（图 2-125-3）、长柄交股鸭嘴铁钳 1 件（图 2-125-4）、长柄交股环状卡口铁钳 1 件（图 2-125-5）、弯曲钩状铁帐钩 1 件、铸制平顶方形半坏挂系体方棱形下曲波口四脚外敞铁钟 1 件、上横栓下圆形身铁锁 2 件（图 2-125-6）、锁栓上附有挂锁铁环 2 件、一端回曲成环条状铁钥匙 2 件、铁门环 4 件、有护手与鎏金铜刀鞘长铁刀 2 件（图 2-126-1）、木包银皮刀鞘木质包银皮鎏金錾花纹刀柄之铁刀 3 件、棱形体中间起脊两边刃铁剑 1 件、圆銎三棱锋铁长矛 1 件、铁镞 33 件。其中铁镞分四型：A 型弧形锋刃两侧弧收扁身铁镞 17 件（图 2-126-2）、B 型平头锋刃两侧直收扁身铁镞 9 件（图 2-126-3）、C 型“丫”形双尖锋两侧直身铁镞 5 件（图 2-126-4）、D 型尖矛锋柳叶形中部起脊有血槽铁镞 2 件（图 2-126-5）。铁甲片数量很大，锈结成堆，清理出几十片，铁马镫 4 副、铁马衔镳 2 件。

上卷

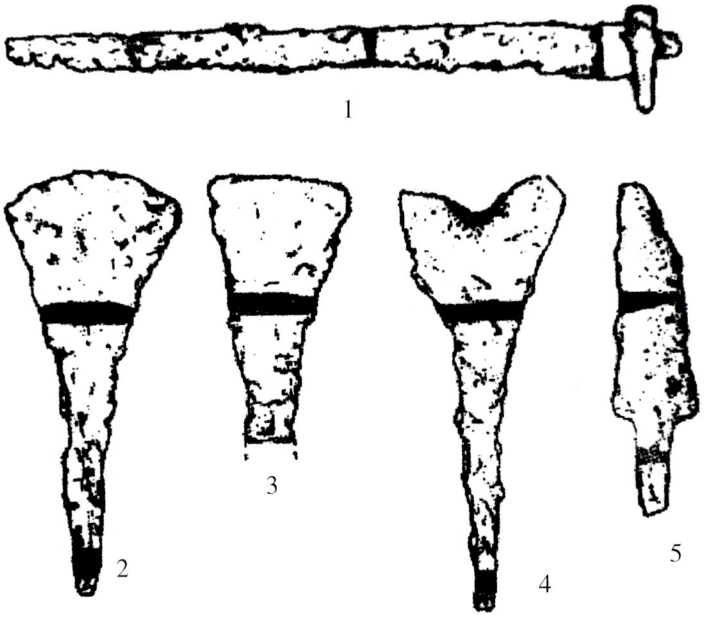

图 2-126

五号墓：出土铁器有三足高檠浅腹碗式盏铁灯 1 件。[①]

六九、彰武县高成窝堡辽墓

彰武县大四家子乡胜利村高成窝堡辽墓，在屯北 500 米山坡上，1995 年 11 月当地村民打石头发现此墓，后进行清理。墓为石块砌筑墓室，墓室内东南、西南角各砌出一耳室。出土遗物较多，有陶器、瓷器、金银器、铜器、铁器等 120 多件，其中铁器有铁马镫 1 件、铁马衔 1 件、铁渣斗 1 件、平锋铁镞 7 件、锥状铁镞 20 件。[②]

七十、彰武县大沙力土村辽墓

彰武县福兴地乡大沙力土村墓，为砖石合筑墓室，遗物有陶器、瓷器、铜镜、鎏金铜镯、饰珠等。墓中出土铁器有铁锄 1 件、铁马镫 1 件、铁条 1 件。[③]

---

① 李宇峰，等 . 彰武朝阳沟辽代墓地 . 辽宁考古文集 . 辽宁民族出版社，2003 年 7 月版 .

② 冯永谦主编；张春宇，刘俊玉，孙杰著 . 彰武县文物志 . 辽宁民族出版社，1996 年 3 月：第 91 页 .

③ 冯永谦主编；张春宇，刘俊玉，孙杰著 . 彰武县文物志 . 辽宁民族出版社，1996 年 3 月：第 93 页 .

七一、彰武县林场屯辽墓

彰武县福兴地乡大沙力土村林场屯墓，砖筑，早期被盗，遗物为残余，有鎏金铜带饰、铜铃、鹿骨架及巨大完整的鹿角等。出土铁器有方形平顶长身正锋直刃扁体铁柄铁斧 1 件（图 2–127–1）、长身方体圆銎直刃铁凿 2 件（图 2–127–3）、长身方体圆銎斜刃铁凿 1 件（图 2–127–2）、弧刃扁体铁镞 2 件、六矩大型铁车辖 2 件（图 2–128 右）、四矩中型铁车辖 1 件（图 2–128 中）、四矩小型铁车辖 1 件（图 2–128 左）。[1]

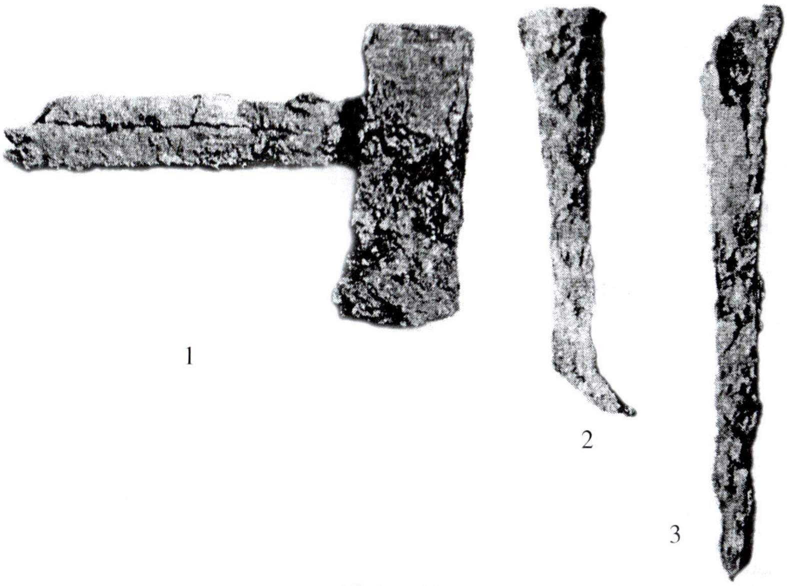

图 2–127

图 2–128

① 冯永谦主编，张春宇，刘俊玉，孙杰著．彰武县文物志．辽宁民族出版社，1996 年 3 月：第 100 页．

七二、彰武县马家村辽墓

彰武县平安乡马家村墓，为壁画墓，保存较好，出土遗物有石磨、石臼、石杵、陶器、青白瓷器、铜丝网络、鎏金铜饰片等。出土铁器有铁甲片、横式铁锁等。[①]

七三、彰武县差大马村辽墓

彰武县满堂乡差大马村墓，青砖砌筑，圆形单室，出土遗物不多，有瓷器、漆器等。出土铁器有平锋扁体圆铤铁镞 2 件（图 2–129–1、图 2–129–2）。[②]

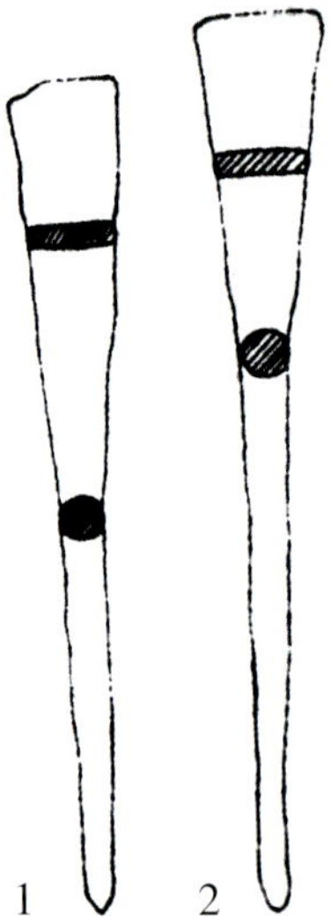

图 2–129

七四、彰武县木头沟屯辽墓

彰武县后新秋镇永安村木头沟屯墓，石砌墓室，内绘壁画，出土遗物有白瓷坛、金羊等，铁器有铁叉 1 件、铁刀 1 件、铁马镫 1 件。[③]

七五、彰武县后西米壕侵屯辽墓

彰武县大四家子乡东梁村后西米壕侵屯墓，石筑圆形墓室，出土遗物有长颈侈口鼓腹梳齿纹陶罐、乳白釉瓷盘等，铁器有梁上方角穿鼻铁马镫 1 件（图 2–130）、环股铁剪 1 件。[④]

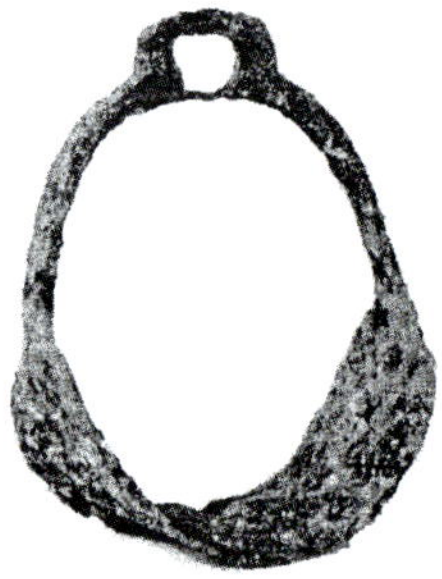

图 2–130

七六、彰武县张家坑屯辽墓

彰武县冯家镇哈大冷村张家坑屯墓，发现多处墓葬，有辽代火化骨灰罐墓等。出土遗物中，铁器有铁锄

① 冯永谦主编；张春宇，刘俊玉，孙杰著．彰武县文物志．辽宁民族出版社，1996 年 3 月：第 94 页．

② 王来柱．彰武差大马辽墓发掘简报．辽海文物学刊，1996 年第 1 期．

③ 冯永谦主编；张春宇，刘俊玉，孙杰著．彰武县文物志．辽宁民族出版社，1996 年 3 月：第 104 页．

④ 冯永谦主编；张春宇，刘俊玉，孙杰著．彰武县文物志．辽宁民族出版社，1996 年 3 月：第 105 页．

1 件（图 2-131），保存完好，粗大沉重，确有辽代特点。[①]

图 2-131

七七、辽阳市三道壕村辽墓

辽阳市北郊三道壕村墓，土坑竖穴，长方形，内置木棺，随葬几件遗物。此墓时间约为辽代早期墓葬。墓中出土的铁器有尖锋直背扁柄环首铁刀 1 件（图 2-132）。[②]

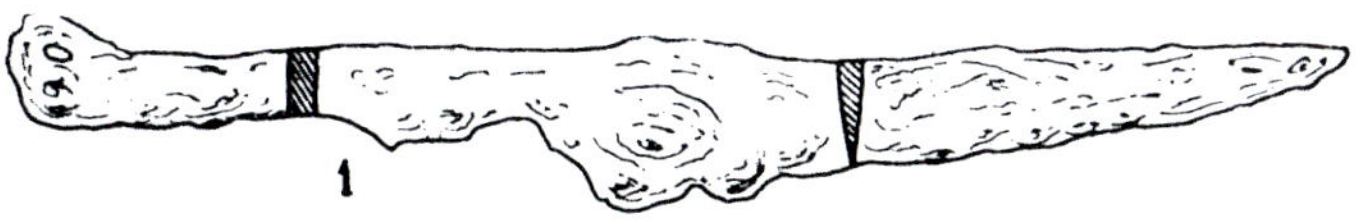

图 2-132

七八、辽阳县隆昌村辽墓

辽阳县隆昌村一号墓，根据遗物研究，为辽代中晚期墓葬。墓中出土铁器有扁方体窄刃銎柄铁凿 1 件（图 2-133-2）、平刃扁体圆銎铁铲 1 件（图 2-133-3）、方形平顶四面凹入角端垂叶项心一系孔铁铃 1 件（图 2-133-5）、梨形两半扣合起棱顶部穿鼻小铁铃 1 件（图 2-134-2）、尖锋厚背薄刃直柄铁刀 1 件（图 2-133-1）、直背环股铁剪 1 件（图 2-133-4）、圆形敞口折腹平底銎口斜直柄铁熨斗 1 件（图 2-134-3）。[③]

七九、新民市巴图营子村辽墓

新民市巴图营子村墓，在村西 200 米当地称为“二道岗子”的风成沙丘取土时发现，1956 年 10 月进行发掘。墓为砖筑，有墓道、翼墙、墓门、甬道、左右方

① 冯永谦主编；张春宇，刘俊玉，孙杰著 . 彰武县文物志 . 辽宁民族出版社，1996 年 3 月：第 269 页 .

② 李庆发 . 辽阳三道壕辽墓 . 辽宁文物，1981 年 1 期 .

③ 李庆发 . 辽阳隆昌两座辽金墓 . 辽海文物学刊，1986 年第 2 期 .

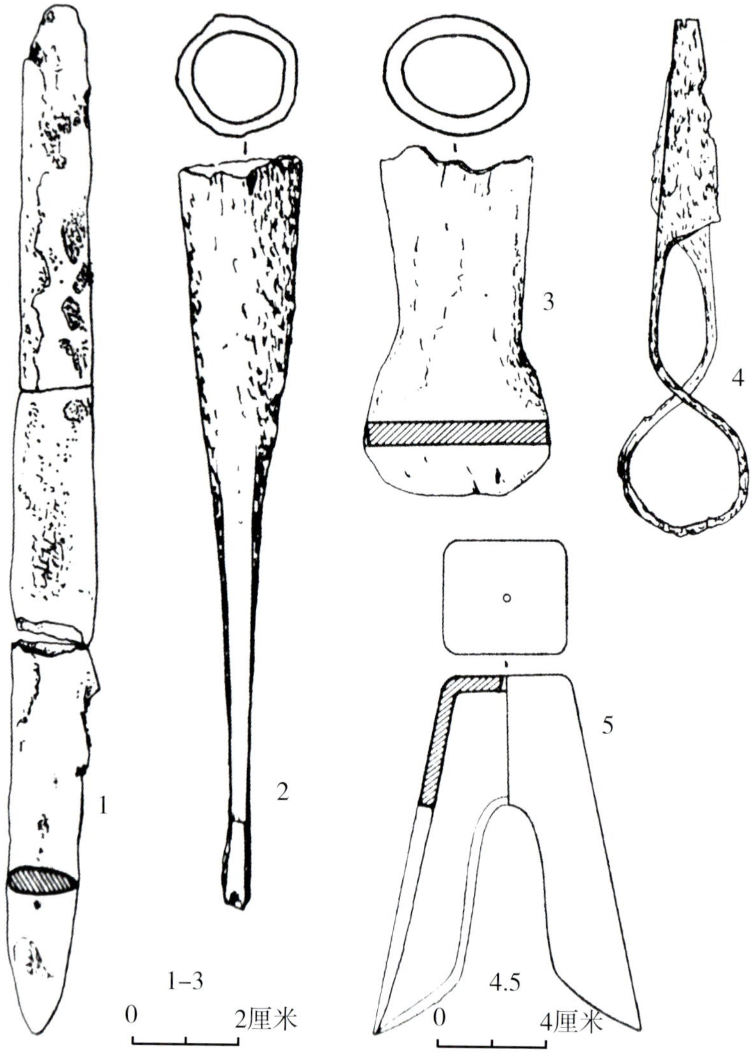

图 2-133

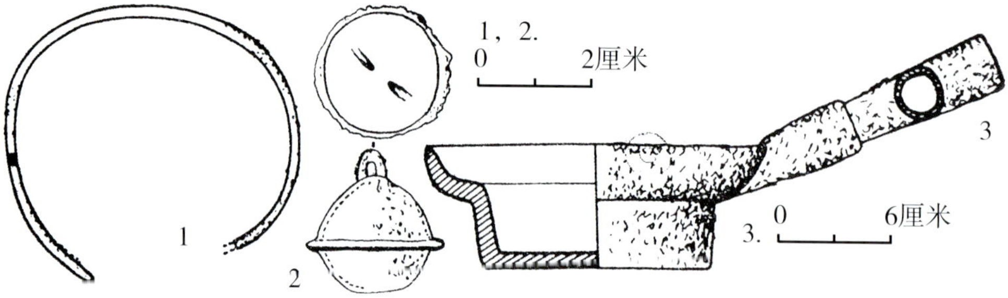

图 2-134

形耳室与圆形主室，穹隆券顶。随葬遗物较多，是一座辽代晚期墓葬。出土铁器有横式铁锁3件，1件锁上存有铁铺首（图2-135、图2-136）；三足管状盏花口托盘铁灯1件，铁镞、扁顶方锥体铁钉35件以及残器执柄、銎口等。[①]

图2-135

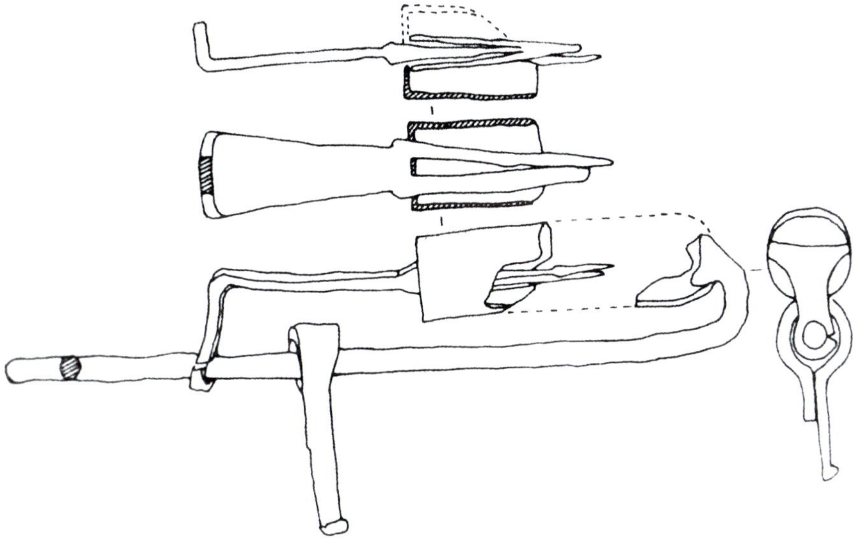

图2-136

八十、法库县叶茂台村辽墓

法库县叶茂台镇叶茂台村西山墓，是一处规模庞大的辽代墓群，经国务院批准公布为“全国重点文物保护单位”。1972年9月，经过发掘有六座辽墓，编号为一至六号，墓中出土遗物很丰富，有的墓出有铁器。现将出土有铁器的墓分别记

① 冯永谦．辽宁省建平、新民的三座辽墓．考古．1960年第2期．

述如下：

一号墓：为小型石室墓，单室方形，墓门向东，室内后部有石砌尸台，墓内出三具骨殖。出土遗物很少，有一件手制小陶碗。出土铁器有椭圆形平勺长柄铁匙1件。

三号墓：为方形石墓，门向南，前有甬道。在墓室左前角向前突出一小室，此种结构辽墓少见。此墓出土遗物较多，有瓷器、铜镜、玉、琥珀等装饰品。出土铁器有铁马镫1副。[1]

八一、法库县叶茂台村七号辽墓

法库县叶茂台镇叶茂台村西山七号墓，在村后西北部山下坡地上，接近村后平地。1973年5月发现，未遭受任何破坏，完整保存下来。墓为砖筑，有仿木构建筑墓门，船篷式拱甬道，东西两耳室，方形圆角主室。墓无塌陷，亦未被盗，墓中随葬遗物丰富，俱保持原位，有罕见的悬挂式条幅山水与花鸟卷轴绢画、棺床小帐、全套双陆棋、釉陶、瓷器、鎏金铜品、漆器、木器、鞍马具和酒、松塔等食物，许多重要遗物发现，为此前所未见，是辽代中早期的一座墓葬。墓中出土铁器有高体扁身穿鼻铁马镫1副（图2–137）、方形铁铲1件（图2–138）、环股铁剪1件（图2–139）、椭圆形深腹直壁平底四足铁鐎斗1件（图2–140）、盘口浅身平底方銎扁圆柄铁熨斗1件（图2–141）、上口与底同径环体三扁平条相接铁器座1件（图2–142）、铁马衔1件、铁斧1件等。[2]

图2–137

图2–138

① 冯永谦．法库叶茂台辽墓．东北考古研究（一）．中州古籍出版社，1994年12月：第163页．
② 辽宁省博物馆，等．法库叶茂台辽墓记略．文物，1975年第12期．

图 2-139

图 2-140

图 2-141

图 2-142

八二、法库县叶茂台村八、九号辽墓

法库县叶茂台镇叶茂台村西山八、九号墓，是在 1974 年 5 月发掘七号墓之后，发现并进行发掘的。此二墓在七号墓的右后方山半腰处。根据墓室结构、遗物特征，报告称“我们认为八号墓应属辽代中期，至晚属中期之末、晚期之初”，“此（九号）墓人也当属于辽代早期一个地位不太高的契丹贵族”。两墓情况分别为：

八号墓：墓为砖筑，有甬道、前室、左右各一个圆形门直墙耳室、圆形主室。随葬遗物因被盗留存不多，存有瓷器多件。出土铁器有三翼式锋骨哨铁鸣镝 1 件（图 2-143-5、图 2-145 左）、三角形锋圆铤铁镞 1 件（图 2-143-2、图 2-145 右）、模式铁锁、铁钥匙 1 副（图 2-144）、铁门环 1 件（图 2-143-4）、蘑菇状凸帽铁钉 3 件（图 2-143-3）。

九号墓：墓为石筑，有墓门、甬道，前及左右圆形、后直壁的单室墓，内置木棺，夫妻合葬。随葬遗物有瓷器 、铜器、银饰件等。墓中出土铁器有铁折页 1

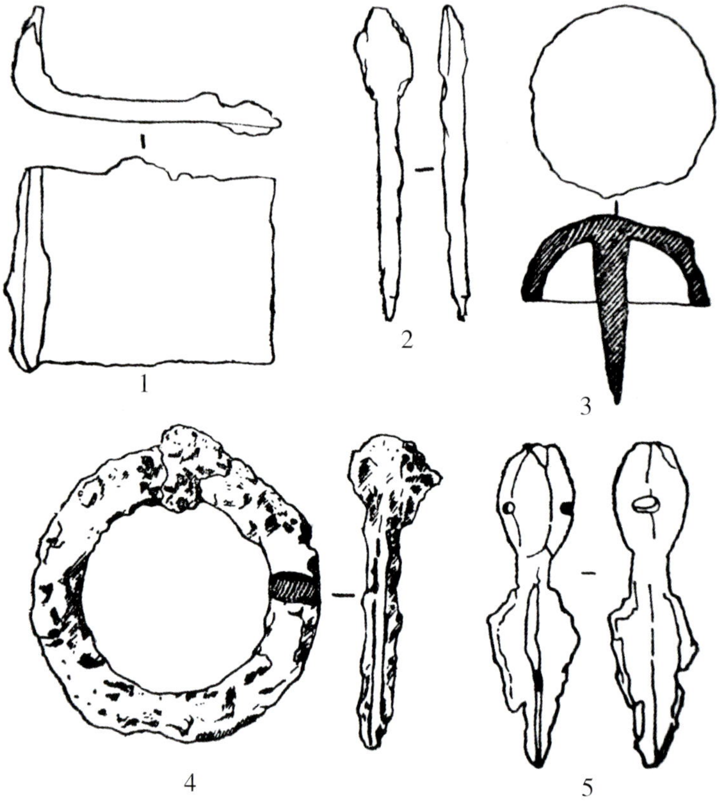

图 2-143

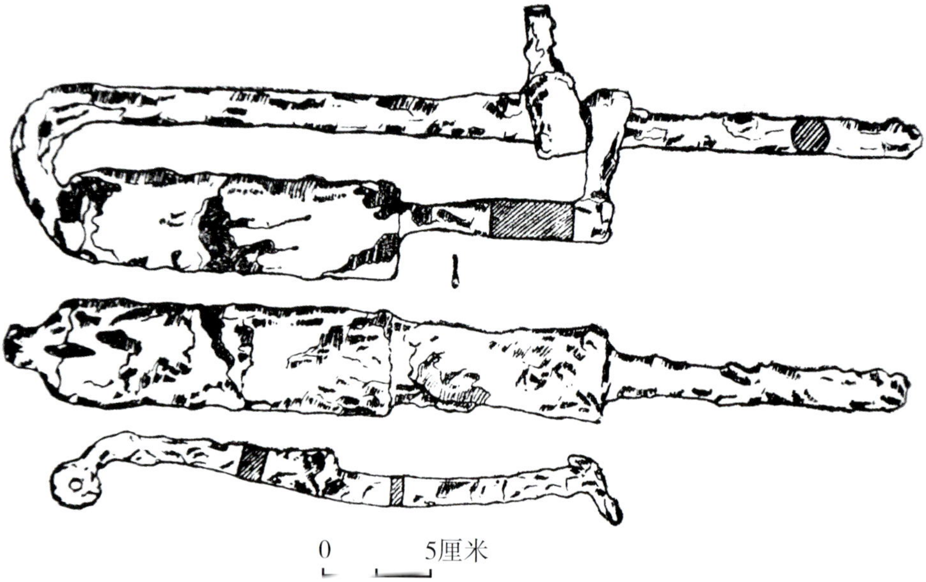

图 2-144

件（图 2–143–1）、铁棺钉 3 件。[1]

八三、法库县叶茂台村十四号辽墓

法库县叶茂台村西山十四号墓，出土遗物较多，且很有特点，其武器颇为少见，而木工工具和渔猎工具尤为突出。计有：

木工工具：长身铁凿 1 件（图 2–146–5）、短身铁凿 1 件、凹槽铁凿 1 件（图 2–146–3）、鸭嘴交股铁钳 1 件（图 2–146–4）、长身圆銎铁扁铲 1 件（图 2–146–7）、短身铁扁铲 1 件（图 2–146–1）。

渔猎工具：铁鱼钩 1 件、三齿圆銎铁鱼叉 1 件（图 2–146–7）、四棱铁冰穿 1 件（图 2–146–6）。

武器：铁剑 1 件、图銎剑式铁矛 1 件（图 2–146–8）、铁甲片数百片、柳叶形铁镞 1 件、平锋铁镞 1 件、双翼式铁镞 1 件、铁骨朵 1 件。

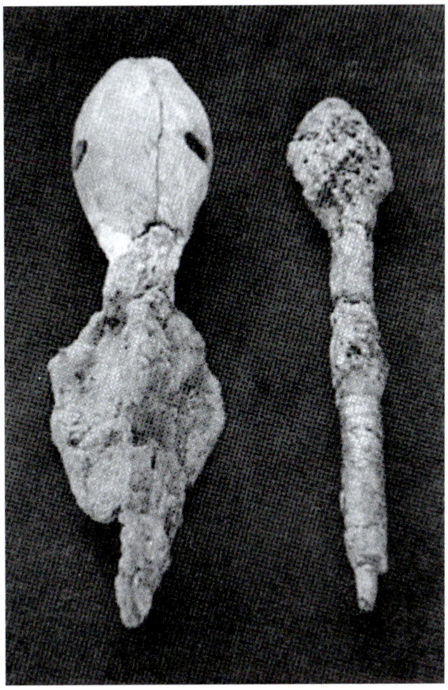

图 2–145

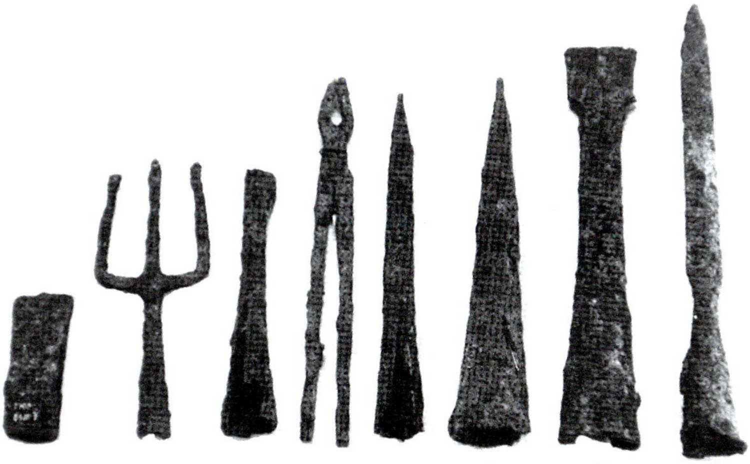

图 2–146

① 辽宁大学历史系考古教研室．辽宁法库叶茂台八、九号辽墓．考古，1996 年第 6 期．

马具：铁马镫 1 副、双节铁马衔 1 件。

生活用品：深直腹内凹底嵌银花鸟纹提梁铁罐 1 件、横式铁锁 1 件。①

八四、法库县叶茂台村十五号辽墓

法库县叶茂台村西山十五号墓，1975 年 5 月发掘，墓为砖筑，有甬道、耳室和主室，均有门相通。出土遗物以兵器为主，还有鞍桥、马具及铜铃、辔饰等。墓中出土的铁器有铁马镫 1 副、铁马衔 1 件、铁甲片数百片、铁刀 1 件、铁剑 1 件、铁矛 1 件、铁叉 1 件、错银铁提梁壶 1 件。②

八五、法库县叶茂台村十六号辽萧义墓

法库县叶茂台村西山十六号（萧义）墓，1976 年 4 月发掘，墓为砖筑，门向东南，门后有甬道，两侧各有一个八角形耳室，后部主室也为八角形。墓中出土大石棺，并有石质墓志一合。由墓志知萧义为辽天祚帝德妃之父，葬于天庆二年（1030 年）。此墓早年被盗，遗物无存。出土铁器有铁门鼻 1 件、横式铁锁 1 件。③

八六、法库县叶茂台村西山二十号辽墓

法库县叶茂台村西山二十号墓，1980 年 10 月发掘，墓为石筑，门向南，南道两侧有二耳室，墓室较大，保存较好，早年被盗，所存遗物不多，有围棋子等。出土铁器有铁蒺藜 1 件。④

八七、法库县叶茂台村西山二十三号辽墓

法库县叶茂台村西山二十三号墓，2004 年 10 月发掘。此墓是一座砖石混建多室辽墓，墓葬由墓道、天井、仿木结构墓门、甬道、左右长方形耳室及八角形主室构成，绘有彩色壁画，墓室保存较好。随葬遗物很多，有陶器、瓷器、金、银、铁、玉、玛瑙、琥珀、骨等，并出土契丹小字墓志残石。墓葬年代，发掘者认为“应在辽代晚期”。随葬遗物中，铁器占有一定数量，计为：筒身直腹平底铁提梁罐 1 件（图 2–147–15）、椭圆形銎长身四棱体铁冰穿 1 件（图 2–147–1）、尖锋长身菱体尾结圆銎剑式铁矛 1 件（图 2–147–2）、尖锋菱形宽身扁体扁方铤铁镞 7 件

---

①② 冯永谦，温丽和．法库县文物志．辽宁民族出版社，1996 年 3 月：第 101 页．

③ 温丽和．辽宁法库县叶茂台辽萧义墓．考古，1989 年第 4 期．

④ 冯永谦，温丽和．法库县文物志．辽宁民族出版社，1996 年 3 月：第 106 页．

（图 2–147–4）、尖锋长身棱体圆铤铁镞 15 件（图 2–147–3）、尖锋窄身矛式扁体圆铤铁镞 9 件（图 2–147–5）、尖锋弧背弧刃窄柄铁刀 1 件（图 2–147–8）、三节铁衔镳 1 件（图 2–147–14）、扁体圆形铁环 1 件（图 2–147–6）、扁体长圆形铁环 2 件（图 2–147–9、图 2–147–13）、铁器 1 件（图 2–147–10）、长条形方体铁器（图 2–147–7）、铁穿鼻 2 件（图 2–147–11、图 2–147–12）。①

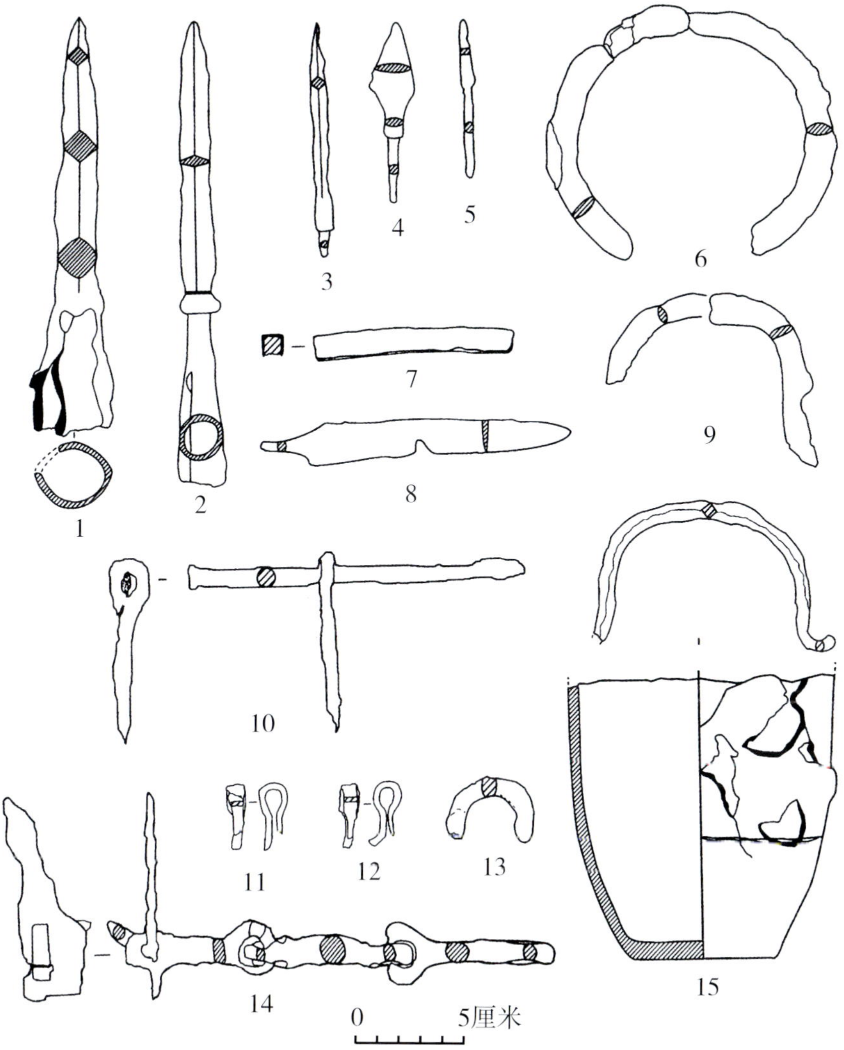

图 2–147

① 辽宁省文物考古研究所，等．辽宁法库县叶茂台二十三号辽墓发掘简报．考古，2010 年第 1 期．

八八、法库县前山村辽萧袍鲁墓

法库县柏家沟镇前山村辽萧袍鲁墓，1965 年 6 月发掘，墓为砖筑，门向东南，后为甬道，两侧有方形耳室，主室为八角形。出土有墓志，由其知墓为北府宰相萧袍鲁，为道宗大安五年（1089 年）葬。墓中出土的铁器有尖锋直背铁刀 2 件、平锋扁体圆铤铁镞 4 件、附镳铁马衔 1 件、横式铁锁 1 件、铁环、铁钩、铁钉 4 件、铜帽铁杆门钉 14 件以及墓室地下排水暗道中的铁箅子（图 2–148）。[1]

图 2–148

八九、法库县古城子村辽墓

法库县登士堡子镇古城子村墓葬，在该村辽城址（辽州安定县）南城墙外，是一座石棺墓，石棺内葬有骨灰。墓中出土铁器有铁马镫 1 副、铁矛 1 件。[2]

九十、法库县李贝堡村北辽墓

法库县大孤家子镇李贝堡村墓，在村北山的南坡上，因被盗掘发现古墓，1999 年 8 月对墓葬进行清理。墓为砖筑，由墓道、墓门、甬道、东西耳室组成，东耳室大，前有甬道，后为主室，各室皆为方形，大小不一，穹隆顶。报告认为

---

① 冯永谦．辽宁法库前山辽萧袍鲁墓．考古，1983 年第 7 期．

② 冯永谦，温丽和．法库县文物志．辽宁民族出版社，1996 年 3 月：第 70 页．

“李贝堡辽墓从墓室形制和结构上看都具有辽早期的特点”，随葬遗物“也是辽早期葬俗的特点”，“该墓的下限时间也不会晚于辽圣宗开泰七年”。墓中出土多种遗物，铁器有环股错银铁剪 1 件（图 2-149）、方体平顶弧刃大方銎铁斧 2 件（图 2-150）、圆銎扁身长体直刃铁凿 2 件（图 2-151-1、图 151-2）、圆銎折身铁凿 1 件（图 2-151-3）、圆銎长身弧刃铁铲 1 件（图 2-152-1）、半卷銎短身铁铲 2 件（图 2-152-2、图 152-3）、横长方体直刃圆角深銎铁臿 1 件（图 2-153）、铁镞 20 件（分四式：叉形斜锋扁体铁镞、内凹双扇锋扁体铁镞、扇形锋扁体内弧边铁镞、矛式尖锋铁镞，图 2-154）、铁带卡 3 件、长方形铁带箍 1 件、小铁刀 1 件、铁饰 1 件、长方形铁带铐 2 件、长方一端直一端弧铁甲片若干片。[1]

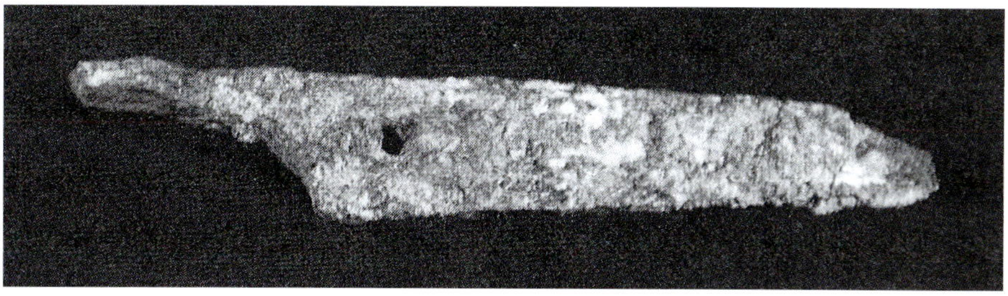

图 2-149

图 2-150

① 林茂雨，俞俊岩 . 法库李贝堡辽墓 . 北方文物，2001 年第 3 期 .

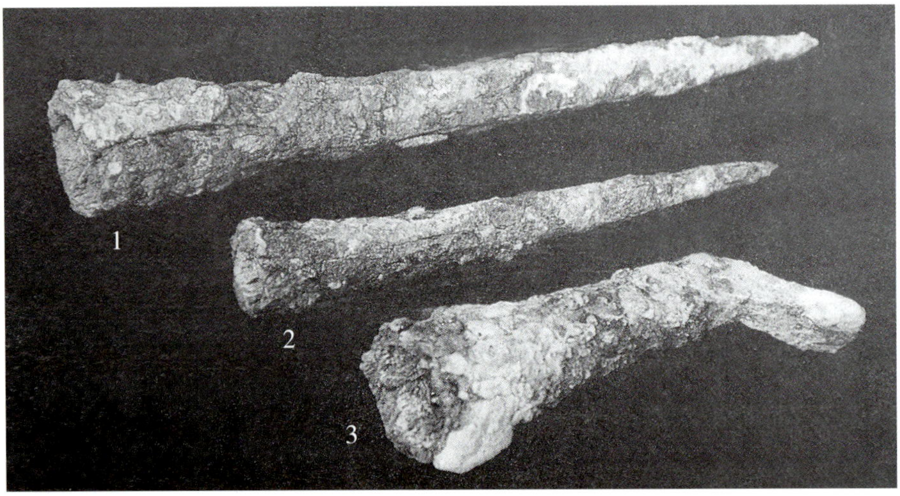

图 2-151

图 2-152

图 2-153

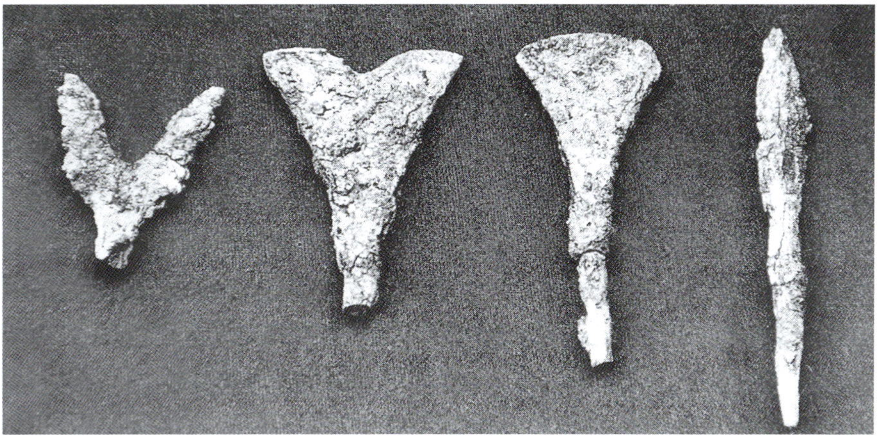

图 2–154

九一、法库县李贝堡村西辽墓

法库县大孤家子镇李贝堡村辽墓，很早就被发现，1972 年在村西的南山发掘三座小型辽代砖室墓，出土有小陶钵等遗物，1999 年发现村北的大型辽墓。此次因墓被盗，调查村西南山墓时，在其南又发现二墓被盗，并有一墓被山水冲出，计发掘四墓。出土铁器情况如下：

一号墓：墓室砖筑，采用青灰或红色条形绳纹砖，主室为略作长方形单室穹隆顶，葬用有漆木棺。随葬遗物有三彩釉陶器、瓷器、鎏金铜面具、北宋铜钱等。墓中出土铁器有环梁横穿孔窄踏板铁马镫 2 件（图 2–155–1、图 2–155–2、图 2–156）、折顶圆体铁钉 1 件（图 2–155–3）、方体铁钉 1 件（图 2–155–4）、长椭圆形铁带卡 1 件（图 2–155–5）。

二号墓：墓为石筑，方形单室券顶，葬有漆棺。随葬遗物有陶器、瓷器、料珠、北宋铜钱等。墓中出土铁器有锐尖直背薄刃铁剪（原报告称铁削）1 件（图 2–157–1）、直背薄刃扁柄铁刀 1 件（图 2–157–2）。

三号墓：墓为砖筑，六角形单室券顶，后部有尸床。随葬遗物有陶器、瓷器等。墓中出土铁器有环梁横穿孔高身窄踏板铁马镫 1 件（图 2–158–1）、环鼻半球体掩口铁铃 1 件（图 2–158–2）、扁顶平帽或折顶铁钉 3 件（图 2–158–3~ 图 2–158–5）。

四号墓：墓为石筑，方形单室，葬有木棺。随葬遗物有瓷器等。墓中出土铁器有锐尖方体铁钉 2 件（图 2–159–1、图 2–159–2）。[①]

① 沈阳市文物考古研究所．法库县李贝堡辽墓群 2007 年度抢救性考古发掘报告．沈阳考古文集．科学出版社，2009 年 12 月版．

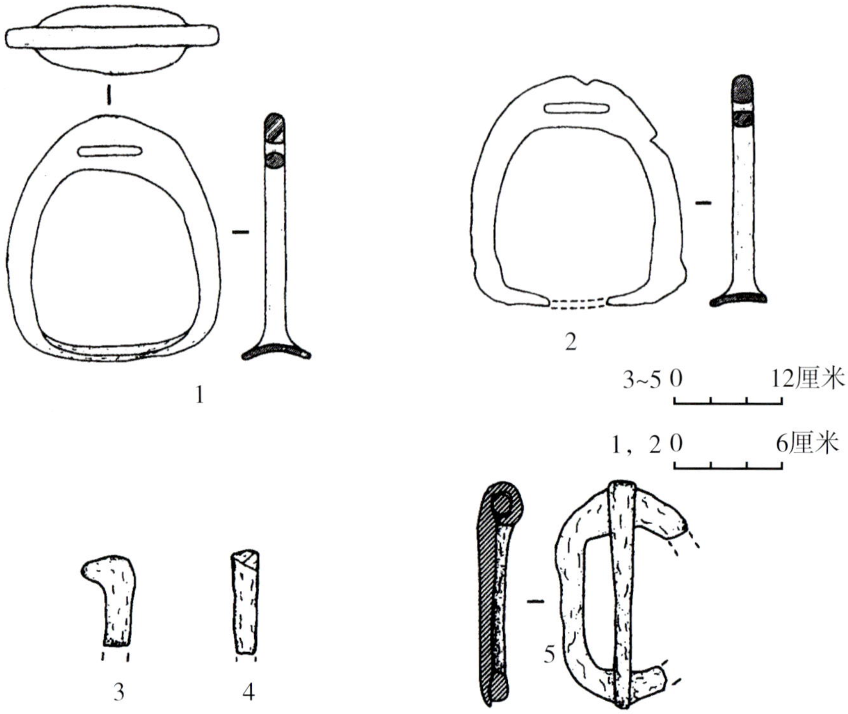

图 2-155

九二、法库县蔡家沟屯辽墓

法库县柏家沟镇前山村蔡家沟屯西北王秃山南坡上（山北即为辽萧袍鲁墓所在的蝴蝶山）发现一座辽墓，为砖石筑成，主室方形抹角与略长方形东西二耳室。墓虽被盗，随葬遗物仍有陶器、釉陶、瓷器及玛瑙珠等多件。出土铁器有直背直刃长铁刀 1 件（图 2-160-1）、扁方长柄圆护手身起脊双侧边直刃铁剑 1 件（图 2-160-2、图 2-161）、铁盒 1 件。①

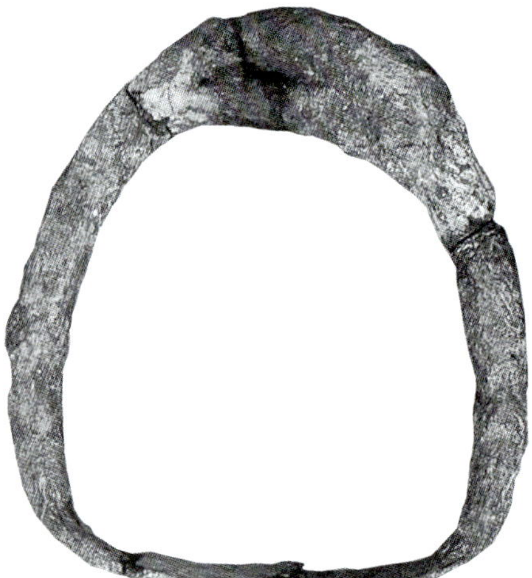

图 2-156

---

① 赵晓刚，林栋．辽宁法库县蔡家沟发现一座辽墓．考古，2013 年第 1 期．

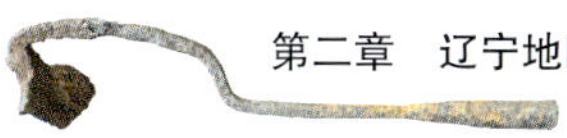

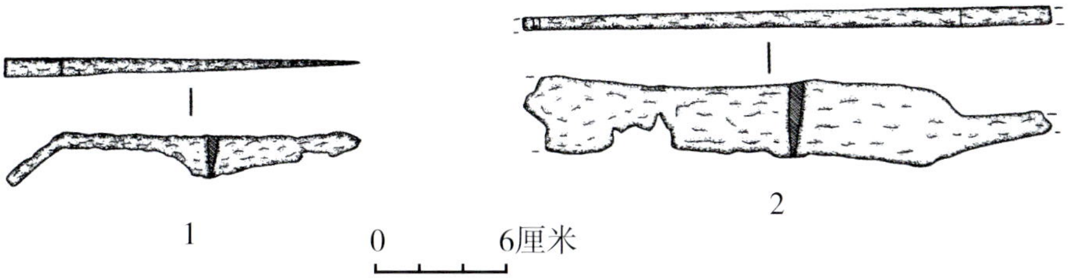

图 2-157

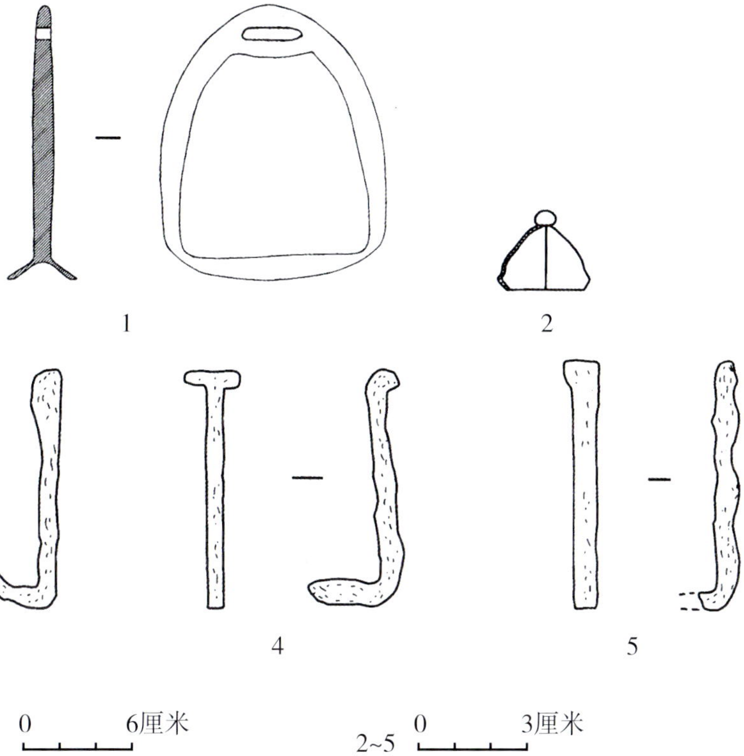

图 2-158

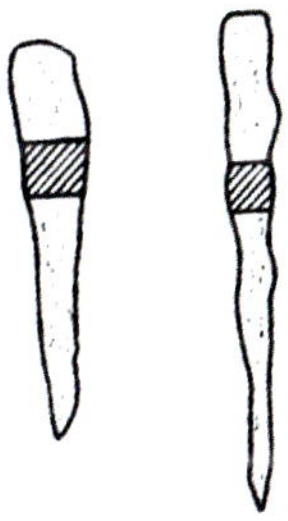

图 2-159

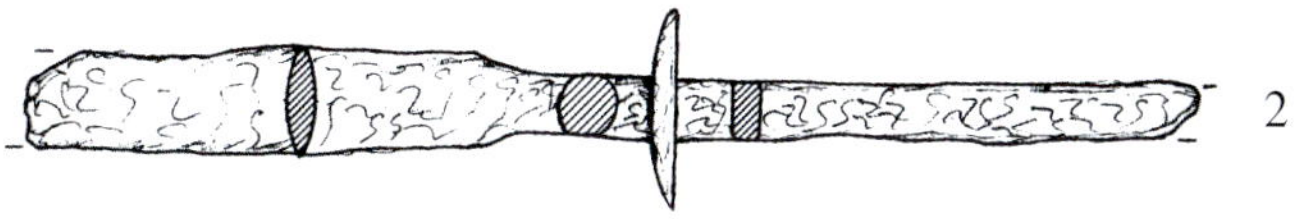

图 2-160

图 2-161

九三、法库县红花岭村辽墓

法库县五台子乡红花岭村魏家窝堡屯墓，在屯西南的一处西高东低南北两侧各有一道山梁环护形如座椅的山坡上。2006 年 9 月，因墓被盗进行抢救性发掘。墓为砖筑，青砖素面，有墓门、甬道，后为八角形穹隆顶主室。随葬遗物有瓷器、玉器、铜器、鎏金铜器、银器、金器、铁器。墓中出土铁器有环顶横穿孔宽踏板铁马镫 2 件（图 2-162-5）、包银曲棍形镳双节铁马衔 1 件（图 2-162-4）、铁钉 9 件。铁钉分三式：一式为单边折帽扁锥体铁钉（图 2-162-1），二式为单边折帽扁锥体

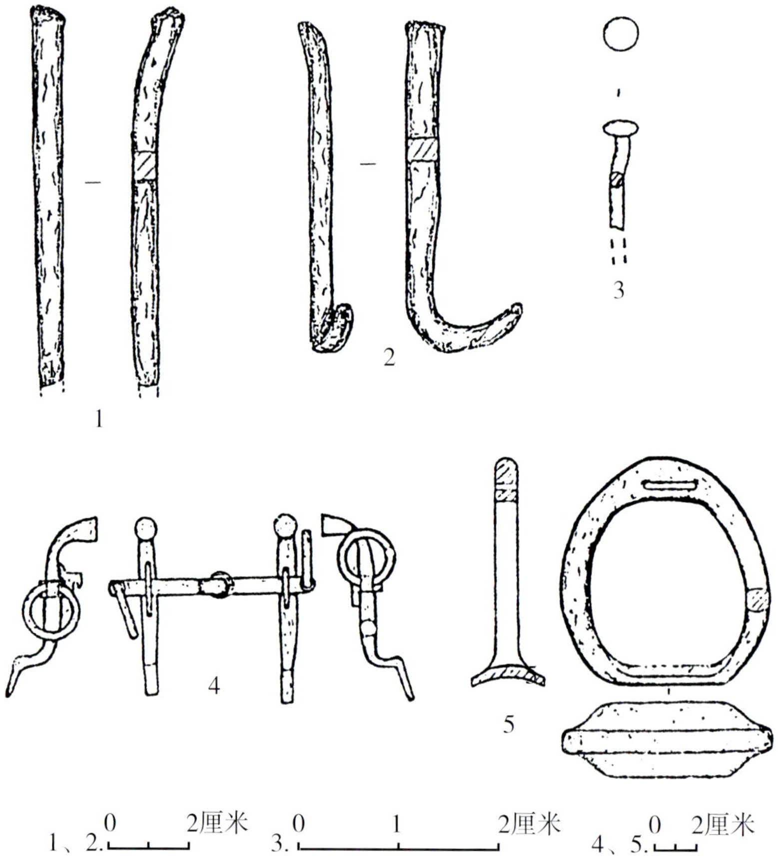

图 2-162

弯钩铁钉（图 2-162-2），三式为圆顶帽圆锥体铁锥（图 2-162-3）。[①]

九四、法库县秋皮沟村辽墓

法库县五台子乡秋皮沟村墓，在村西的北山南坡上。2006 年 10 月，因砖厂取土被发现，随即进行抢救性发掘。墓为石筑方形单室券顶墓。随葬遗物有釉陶器、瓷器、金属器、铁器等。墓中出土铁器有铁镞 13 件、尖锋直背薄刃铁 2 件（图 2-163-4、图 2-163-5）、尖锋直背薄刃铁刀（原报告称尖头铁器）1 件（图 2-163-15）、锐尖圆身銎口铁冰穿 1 件（图 2-163-6）、平刃扁体长身銎口铁凿 1 件（图

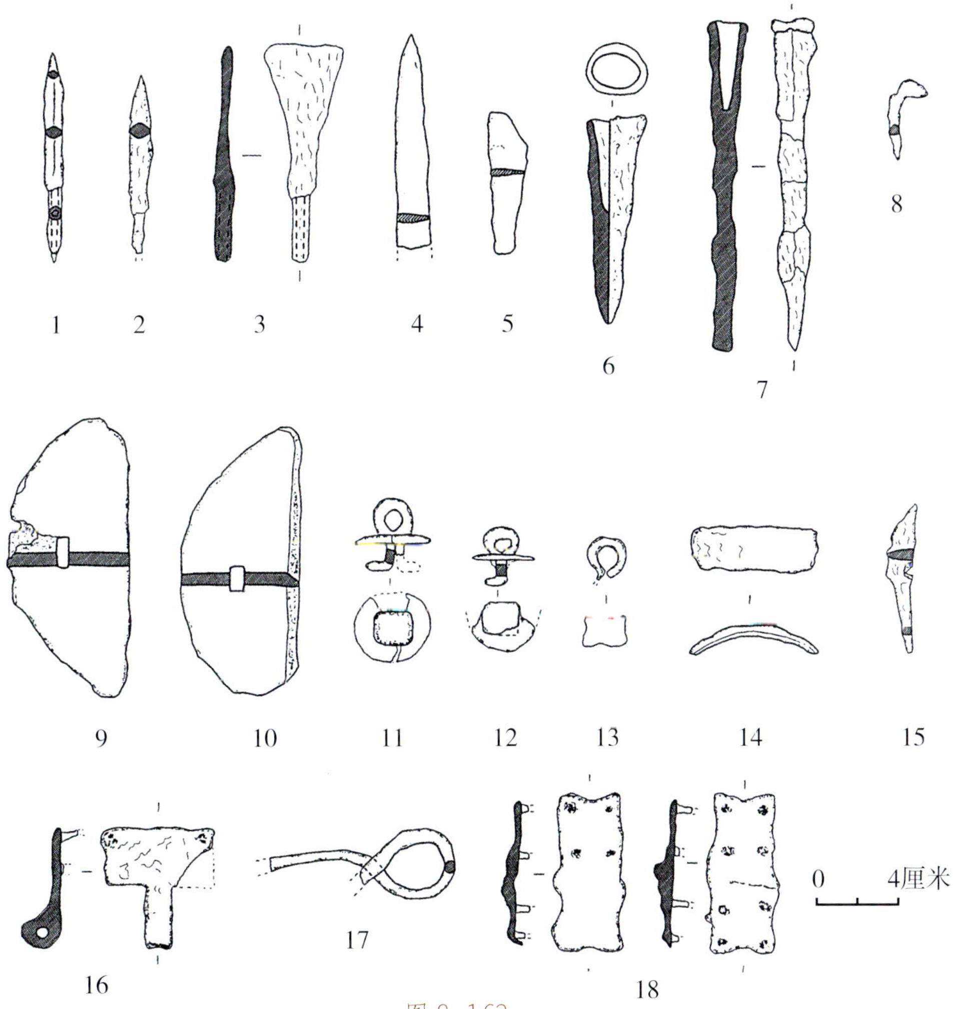

图 2-163

① 沈阳市文物考古研究所．法库红花岭辽墓．沈阳市考古文集．科学出版社，2007 年 12 月版．

2-163-7）、单边折帽多边体铁钉 1 件（图 2-163-8）、半月形方孔铁饰片 2 件（图 2-163-9、图 2-163-10）、环孔下穿圆片足尖外分铁鼻钉 3 件（图 2-163-11~ 图 2-163-13）、弧形铁片 1 件（图 2-163-14）、丁字铁饰件 1 件（图 2-163-16）、环股铁剪（原报告称铁条）1 件（图 2-163-17）、曲边长方形有钉铆合铁片木器饰件 3 件（图 2-163-18）、夹十字交错丝织品铁片 1 件。① 其中铁镞可分二式：一式尖锋长身菱形体圆铤铁镞 9 件（图 2-163-1、图 2-163-2），二式平锋扁体圆铤铁镞 4 件（图 2-163-3）。

九五、法库县小房身村南沟屯辽墓

法库县孟家窝堡乡小房身村南沟屯墓，是 2007 年 5 月屯中居民孟繁声在自家宅院中建房时发现的，随即进行清理发掘。墓道左侧迎墓门处有一壁龛，墓为青色绳纹长方砖筑成，有拱券墓门、甬道及方形单室穹隆顶主室，内尸床葬一女性。墓因早期被盗，随葬遗物仅存瓷器、漆器、铜、银、玉、玛瑙、丝织品等。墓中出土铁器有浅腹圆形盏圆角方柱檠下折曲三足铁灯 1 件（图 2-164-1）、圆筒

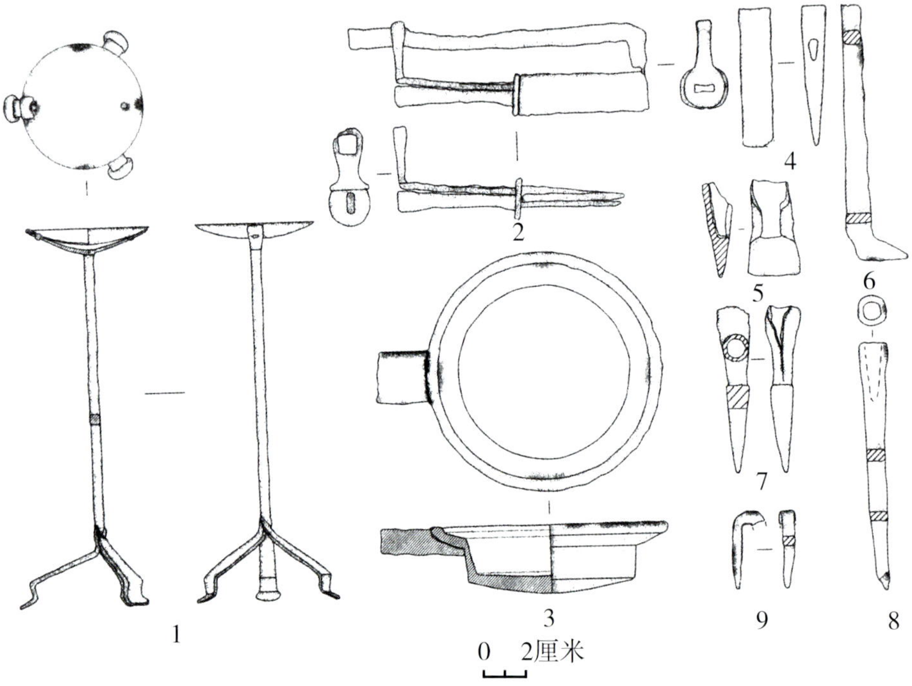

图 2-164

① 沈阳市文物考古研究所．法库秋皮沟辽墓发掘报告．沈阳市考古文集．第 1 辑．科学出版社，2007 年 12 月版．

状身三叉式插簧曲尺形穿梁铁锁 1 件（图 2–164–2）、敞口浅腹圜底椭圆柄方銎铁熨斗 1 件（图 2–164–3）、长方形顶楔形身薄刃楔形銎孔铁斧 1 件（图 2–164–4）平刃长身半开式銎铁扁铲 1 件（图 2–164–5）、平锋侧刃长身扁体圆銎铁凿 1 件（图 2–164–8）、锐尖方体锥形圆柄深銎铁穿 1 件（图 2–164–7）、折顶扁体锐尖铁钉 1 件（图 2–164–9）、扁体长身折角平刃铁撬（原报告称凿）1 件（图 2–164–6）、"U 形"有铆钉木门铁箍 3 件（图 2–165–1~ 图 2–165–3）、圆饼状铁牌饰 1 件。[①]

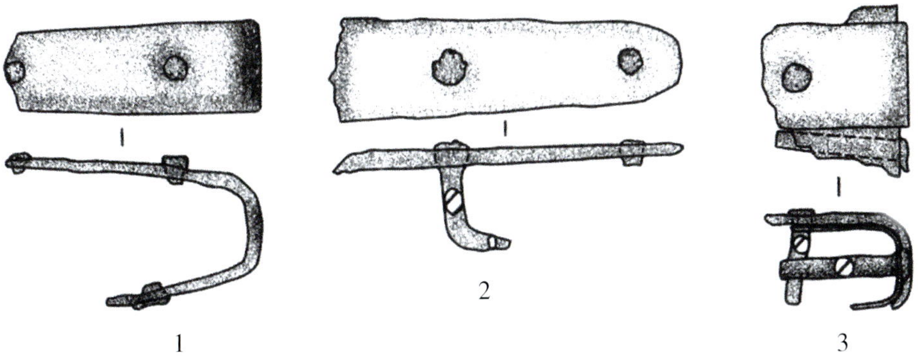

图 2–165

九六、康平县后刘东屯辽墓

康平县小城子乡四间房村后刘东屯墓，为辽代早期墓葬。墓中出土铁器有高体扁身穿鼻环梁加强筋踏板铁马镫、铁马衔外环 1 件（图 2–166–9）、平顶楔形体横銎铁斧 1 件、扁身铁凿 1 件（图 2–166–5）、翘尖直背一面刃铁刀 2 件（图 2–166–3、图 2–166–4）、尖锋曲背弧刃小铁刀 1 件（图 2–166–6）、平刃斜肩不闭合椭圆銎铁铲 1 件（图 2–166–2）、铁熨斗 1 件、环股铁剪 1 件（图 2–166–8）、三足直檠三出托圆盏内四钉铁灯台 1 件（图 2–166–1）、方顶方身铁钉（图 2–166–7）、饰两道三角沟纹半球形帽铁钉 2 件。[②]

九七、康平县后刘东屯二号辽墓

康平县小城子乡后刘东屯二号墓，为辽代早期偏晚墓葬。墓中出土铁器有尖锋长身菱体两侧直刃铁剑 1 件（图 2–168–1）、尖锋长身菱体侧刃圆柄附箍銎口铁矛 1 件（图 2–167–1、图 2–168–12）、球形首圆銎短柄铁骨朵 1 件（图 2–167–

① 沈阳市文物考古研究所，等．法库县小房身村南沟辽代墓葬．沈阳市考古文集．第 2 辑．科学出版社，2009 年 12 月版．

② 康平县文化馆文物组．辽宁康平县后刘东屯辽墓．考古，1986 年第 10 期．

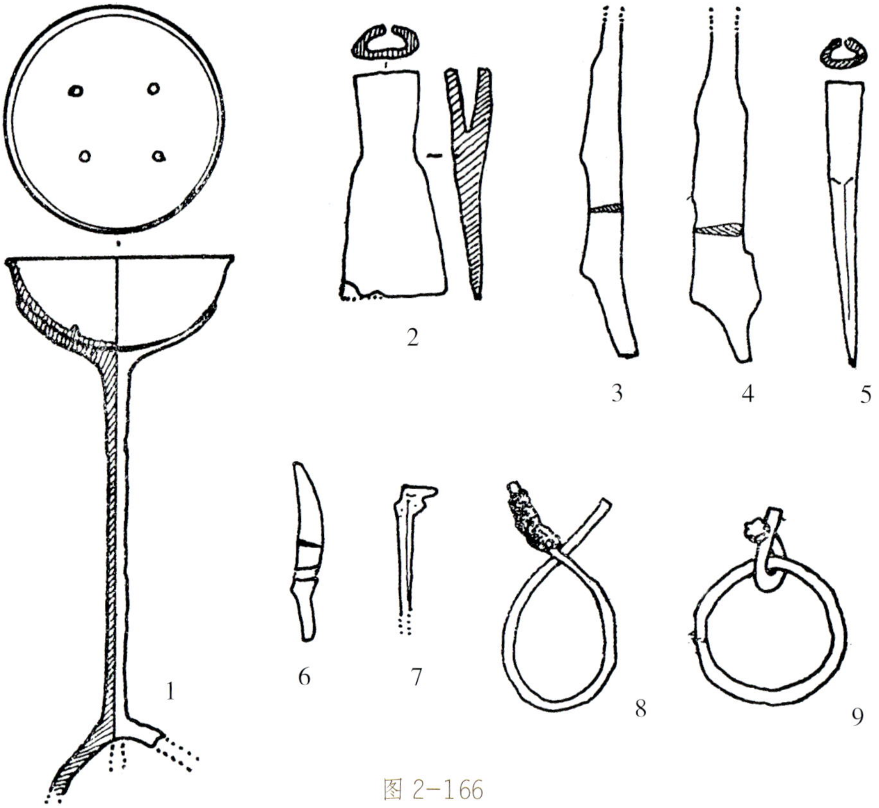

图 2-166

2、图 2-168-11）、铁镞 47 件、三角形内凹双扇斜锋扁体橄榄形木质风鸣器铁鸣镝 2 件（图 2-168-9）、高体扁身穿鼻环梁加强筋踏板铁马镫 1 副（图 2-168-15）、椭圆形两半合成腹部突脊铁铃 6 件（图 2-168-5）、条身圆柄銎口铁凿 2 件（图 2-168-3、图 2-168-6）、铲形外折扁柄铁勺 1 件（图 2-168-14）、“乙”字形长身铁钩 1 件（图 2-168-8）、三平支足圆柱檠盘形盏圆筒形芯铁灯台 1 件（图 2-168-13）。[1] 铁镞可分四式：一式为扇锋扁体束腰菱脊尾角圆铤铁镞

图 2-167

① 铁岭市文物办公室等 . 辽宁康平县后刘东屯二号辽墓 . 考古，1988 年第 9 期 .

（图 2–168–2），二式为扇锋扁体侧弧铁镞（图 2–168–4），三式为三角形内凹斜锋弧侧铁镞（图 2–168–7），四式为尖锋直侧突脊圆柄短铤铁镞（图 2–168–10）。

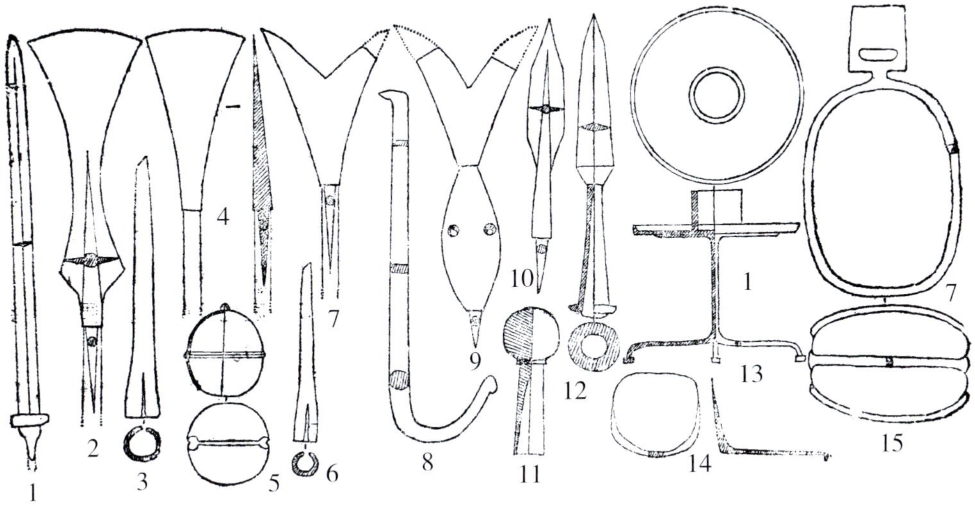

图 2–168

九八、康平县马莲屯辽墓

康平县胜利乡马莲屯墓地，自 1981 年建为沙场以来，“被掘毁的墓葬有二十多座，其中有一座长方形砖室墓，出土瓷碗、铁环、铁剑、铁斧等器物。此外，均为长方形竖穴土坑墓。在掘毁的墓葬中，出土文物有陶壶、缸等，可惜皆被砸坏丢弃”。1982 年 7 月发掘两座墓，皆为土坑竖穴墓，其时代报告认为应为辽代早期墓葬。其中一号墓出土铁器有尖锋直背小铁刀 1 件（图 2–169–1）、翘尖弧背曲刃小铁刀 1 件（图 2–169–2）。[1]

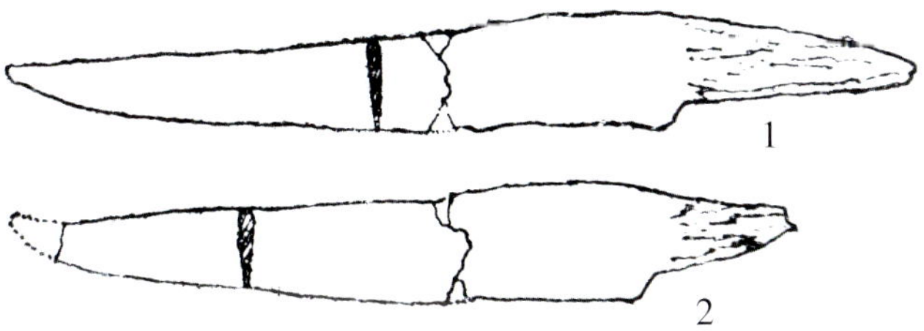

图 2–169

① 张少青．辽宁康平县发现的契丹、辽墓概述．北方文物，1988 年第 4 期．

九九、康平县马架子屯辽墓

康平县沙金台乡嘎土窝堡村马架子屯墓在屯北1公里沙丘中。墓为石筑方形单室墓，是辽代早期墓葬。出土铁器有直背平刃铁剥刀（图2–170–2）、直背翘尖弧刃铁刀（图2–170–3）、尖锋菱体圆铤铁镞2件（图2–170–1）。①

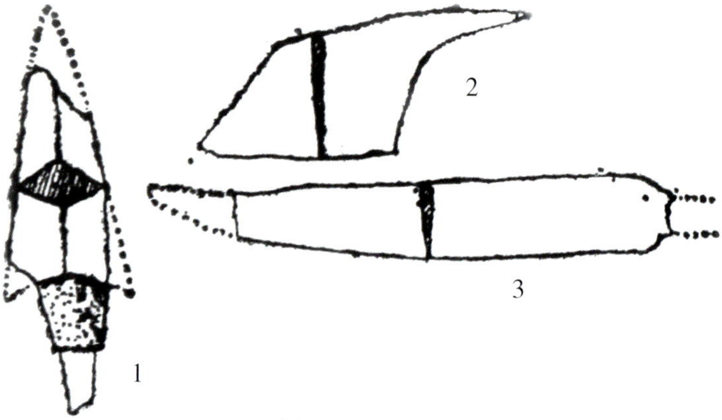

图2–170

一〇〇、康平县克宝窝堡村辽墓

康平县沙金台乡克宝窝堡墓，在村西环岗台地下边。1980年7月，当地村民挖火石，挖毁三座墓，后经调查，发掘一座。为土坑木棺墓，是辽代晚期墓葬。墓中出土铁器有尖角锋长身扁体铁镞5件（图2–171–5、图2–171–6）、折顶方锥体铁钉36件（图2–171–3、图2–171–4）、交股铁剪1件（图2–171–2）、尖顶梁体穿鼻环梁铁马镫1件（图2–171–1）。②

一〇一、康平县张家窑林场辽墓

康平县沙金台乡张家窑林场北1公里烟筒山东南坡，1980年春文物普查时发现，墓葬约有10座，各墓均有封土，存高1.5米左右，其上覆盖红褐色碎石片。后于5月发掘一座，编为一号墓。石筑单室墓，出土有陶、瓷、铜、银、玛瑙、宝石等遗物多件，铁器25件。铁器计有长锋剑式身深銎铁矛1件（图2–172–1、图2–173–1）、平顶横穿楔形铁斧1件（图2–172–2、图2–173–7）、平刃扁身半环形銎铁铲1件（图2–172–2、图2–173–2）、直背斜直刃扁柄铁刀1件（图

①② 张少青．辽宁康平县发现的契丹、辽墓概述．北方文物，1988年第4期．

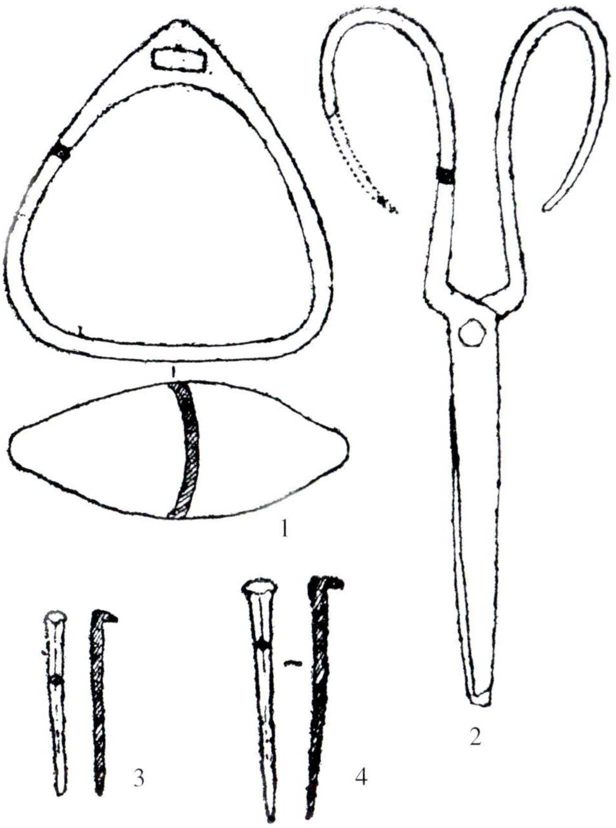

图 2-171

图 2-172

2-173-3)、管状体身有乳突前端三尖铁器 1 件(图 2-173-6)、柳叶形有脊与血槽圆铤铁镞 14 件(图 2-173-4)、“丫”形锋骨哨铁鸣镝 1 件(图 2-172-4)、平头成直刃扁方体圆铤铁镞 8 件(图 2-173-5)。①

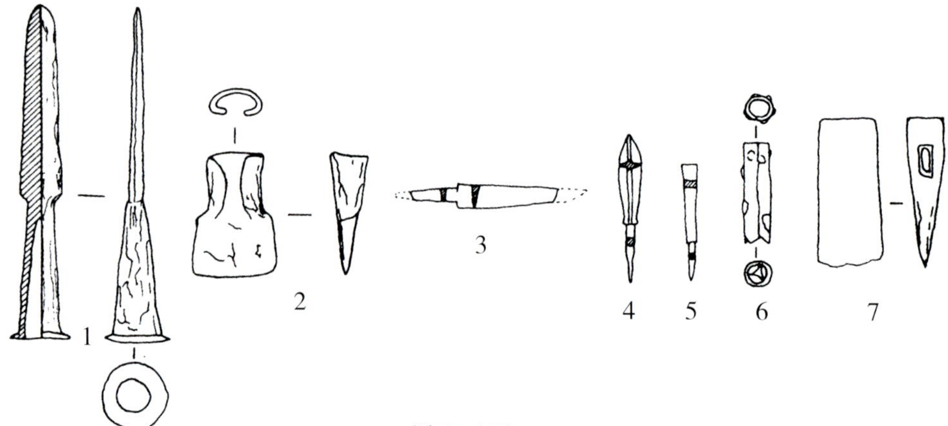

图 2-173

一〇二、调兵山市城子村辽墓

调兵山市晓南镇城子村墓，在村西北 2 公里的“券坟沟”西侧山坡上，1999 年 5 月一座墓被盗，进行调查处理，2002 年 5 月又一座墓被盗，两墓相距很近，遂进行发掘。两墓情况如下。

一号墓：为砖筑方形墓室，有大石板，应是石棺，遗物不存。

二号墓，为石块砌筑的石室墓，内有盖雕缠枝牡丹花纹棺壁雕四神与契丹人持剑武士像的大石棺，出土铁器有环股铁剪 1 件(图 2-174-1)、扇形锐刃长身扁方体圆銎开口铁凿 1 件(图 2-174-2)、平刃短身銎口铁臿 1 件(图 2-174-3)、浅平底扁方銎残坏铁熨斗 1 件(图 2-174-4)。②

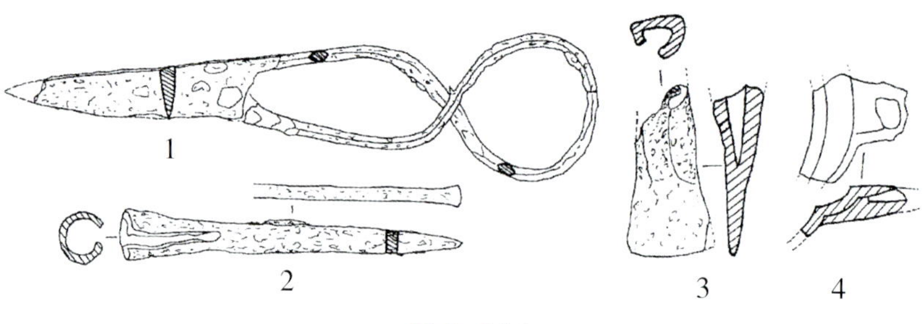

图 2-174

① 裴耀军 . 康平张家窑一号辽墓 . 辽海文物学刊，1996 年第 1 期 .
② 许志国 . 辽宁省调兵山市城子村两座辽墓清理 . 北方文物，2008 年第 3 期 .

第三章　吉林地区出土的辽代铁器

第一节　城址中出土的铁器

一、前郭尔罗斯蒙古族自治县他虎城辽达鲁古城址

前郭尔罗斯蒙古族自治县八郎乡北上台子村他虎城城址，在村北侧，长（春）白（城）公路经古城南北二门穿城而过，古城西、南、北都是平原，城址东北 2.5 公里为嫩江，由西北向东南蜿蜒流过。城址很大，至今仍保存较好。此城址的建置颇有争议，以前认为它是辽代长春州、金代泰州，实误。经过考证，笔者认为此城址应为辽代的“达鲁古”故城[①]。此城址的南、北两侧是查干泡和月亮泡，两处曾是辽代皇帝的春蒐之地，往来不断。近年对城址多次进行调查，现将有关情况分记如下：

一次调查，在城址发现有兽面纹瓦当、板瓦滴水、牡丹花纹雕砖，铜钱以北宋钱最多，其次也有“开通元宝”（此钱通常都被称为“开元通宝”，实误。它并非唐朝开元时期所铸，而是唐初高祖时期起铸，因而钱上文字非“开元通宝”）和“大定通宝”等，因此，调查者认为此城“可以肯定是辽、金时代的古城”。征集文物多件，其中铁器有四刺铁蒺藜 3 件（图 3-1）、尖锋菱体宽身尾节圆铤铁镞 1 件（图

图 3-1

① 孙进己，冯永谦总纂．东北历史地理．下册．辽代达鲁古部．黑龙江人民出版社，2013 年 7 月：第 18 页．

图 3-2

图 3-3

3-2）、半月形孔铁铧 1 件（图 3-3）。[①]

再一次调查，报告说城址内所见出土遗物很多，铜钱有 23 枚，皆为北宋时期，无再晚的，并出土有平口双横耳直腹圜底三扁圆足铜铛、平口浅折腹圜底三折角足铜铛、平口窄沿有流直腹平底銎孔圆柄铜匜等。（按：这些铜器都是辽代遗物。）

再次调查除发现铜器外，城址内出土的铁器有内壁三穿鼻铁趟头、长身（长 33 厘米）铁镐、铁斧、横式铁锁、穿鼻上有弯钩上翘铁铡刀、平沿窄唇直腹平底斜柄銎前五瓣花式护手斜柄铁熨斗、长身（存长 50 厘米）铁刀、柳叶形棱脊长身（长 39.4 厘米）铁矛、四面刃长身（长 87 厘米）铁锏等。[②]

城址内历年出土各类遗物较多，铁器也较多，今录如下：平口扩沿直腹平底三扁足铁火盆 1 件（图 3-4-1）、圆形铁枢 1 件（图 3-4-2）、平口扩沿直腹平底斜柄铁熨斗 1 件（图 3-4-3）、长方形圆窝铁器 1 件（图 3-4-4）、穿鼻（残）长椭圆体束胫展足平底铁杈 1 件（图 3-4-5）、敞口浅盘斜直腹平底直柄铁铛 1 件（图 3-4-6）、曲首细穿翘翅长身直柄铁刀 1 件（图 3-4-7）、平刃长身宽顶椭圆銎铁镐 1 件（图 3-4-8）、平底折身三角形铁趟头 1 件（图 3-4-9）、横式铁锁 1 件（图 3-4-10）、平底凹身背二穿鼻铁犁镜 1 件（图 3-4-11）、尖首长身短翅半月形孔铁铧 1 件（图 3-4-12）、尖锋菱形体细身长銎铁矛 1 件（图 3-4-13）、尖锋细身附镡铁剑 1 件（图 3-4-14）、长身附护手铁刀 1 件（图 3-4-15）、尖锋扁体

① 吉林省博物馆．吉林他虎城调查简记．考古，1964 年第 1 期．

② 何明．记塔虎城出土的辽金文物．文物，1982 年第 7 期．

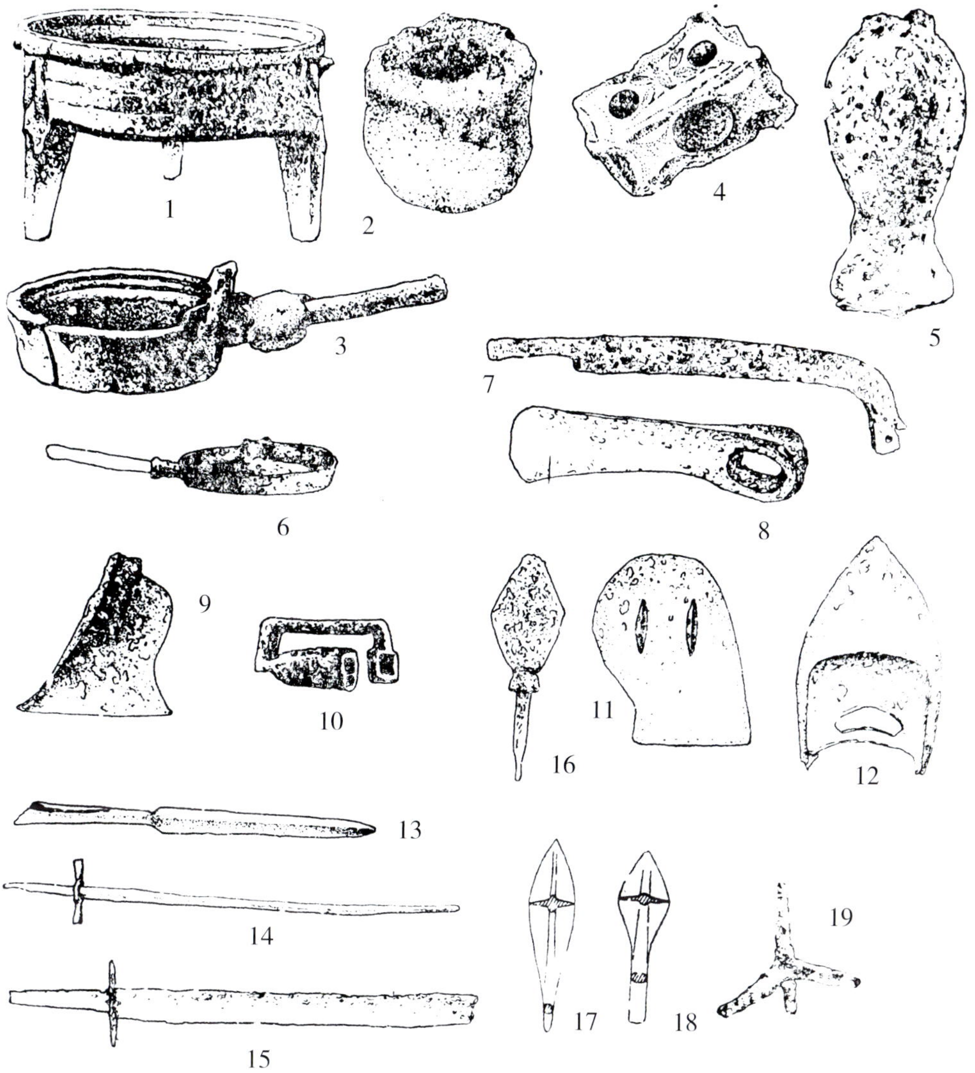

图 3-4

宽身菱形边尾结圆铤铁镞 1 件（图 3-4-16）、尖锋棱脊弧形边圆铤铁镞 1 件（图 3-4-17）、尖锋棱脊菱形边椭圆铤 1 件（图 3-4-18）。①

二、梨树县偏脸城辽城址

梨树县白山乡拓苏台河北岸岫岩沟村偏脸城城址，为辽代三迁四治之韩州及倚郭临津县，金因之。城址中出土遗物很多。铁器有内壁三穿鼻铁趟头、铁犁镜

① 前郭尔罗斯蒙古族自治县．前郭尔罗斯蒙古族自治县文物志．塔虎城古城．吉林省文物志编委会，1983 年 12 月：第 45-62 页．

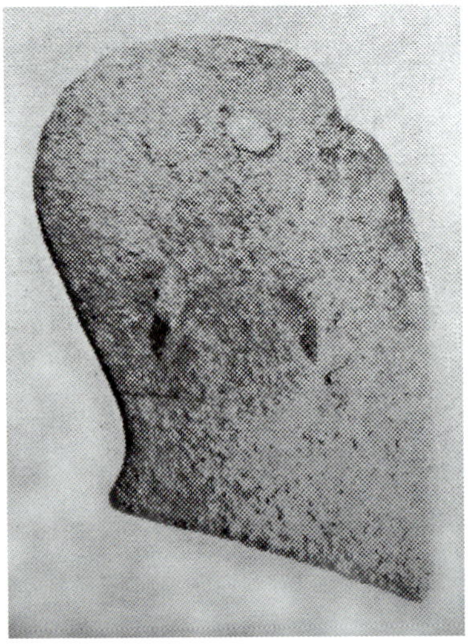
图 3-5

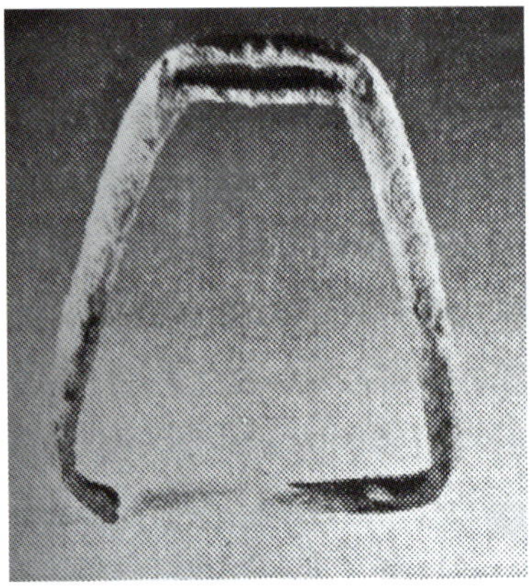
图 3-6

（图 3-5）、銎口前卷铁锹、菱形体铁镞、平梁环体穿鼻铁马镫（图 3-6）。①

三、农安县万金塔辽祥州城址

农安县万金塔乡所在地万金塔村城址，坐落在平畴广阔路有起伏的慢岗上，城址方形，夯土版筑，周长 3222 米，四门。在城内西北隅，有一高大土台，“其上堆积大量建筑材料以及红烧土块、炭渣和白灰等。出土有青砖、筒瓦、花缘敬瓦和兽面瓦当等。……如今城内地表上砖瓦残块和陶瓷碎片俯拾皆是。……在东北角，距北城垣外 108 米处，曾有一高 6—7 米的大土包，系辽代的一座塔基。1968 年 4 月因修公路用土，发现塔基下筑有‘地宫’一座，除四壁墨线绘的壁画已全部脱落外，其余出土文物大多保存完好。另外，在距古城二公里的傅家屯，先后发现两百余个骨灰罐和石棺、墓穴，是与古城同时代的一处古墓群。……1956年在古城牟家屯出土一陶瓮，内盛铁锅、铧、铡刀、斧、镐等农具及小石磨、浅绿色鸡腿坛”等。辽祥州，金废。②

四、农安县广元店辽宾州城址

农安县靠山镇新城村广元店屯辽宾州城址，在屯东南 50 米处，在松花江与饮马河汇流处西南临江高崖上，江面最宽处达 5 公里，成为护卫古城的天然屏障。城址依山势夯土筑墙，因地势蜿蜒起伏，城址不甚规则，呈南北狭东西长的矩形。此城址内发现多处建筑遗址，在地面上可见各类遗物，“建筑材料有沟纹砖、背施布纹的筒瓦和板瓦、兽面瓦当等；生活用具，瓷器数量较多，品类齐全，有缸胎单釉粗瓷，施有黑色、茶绿、浅绿或黄绿色釉，器形有鸡腿坛、瓮、瓷罐等”。从

① 段静修．吉林梨树县偏脸古城复查记．考古，1963 年第 11 期．

② 农安县文物志编写组．农安县文物志．万金塔古城（辽祥州）．吉林省文物志编委会，1986 年 10 月：第 109-112 页．

调查得知："早年城内还出土过铁铧、铜钱、石臼、八棱铜镜、金簪、金耳环和银戒指等。"①

五、农安县小城子村辽益州城址

农安县小城子乡小城子村辽益州城址，在村委会西侧200米，城址北面1500米是松花江河谷，其余三面为农田。城址为方形，城内遗物很多。城外也有遗址，如"正北面的西王家遗址，曾出土过六耳锅、铜人、铜牛等文物；西南方的潘家屯遗址出土的石磨、铜镜、铁锅都各具特色"②。

六、农安县三宝乡宝城村小城子屯辽威州城址

农安县三宝乡宝城村小城子屯辽威州城址，在屯东南100米处耕地中。城址近方形，有角台、马面，南墙有城门。"城内采集遗物有生产工具、粮食加工工具和生活用具。"调查时采集的铁器遗物有扁身竖銎孔铁斧1件（图3-7-1）、弧身厚背薄刃铁镰1件（图3-7-2）、圆顶方身锐尖铁钉1件（图3-7-3）。《农安县文物志》称："此城内以往多次出土过唐宋辽金铜钱，并出土有铁刀、铧、六耳锅、釉陶瓮等。"③

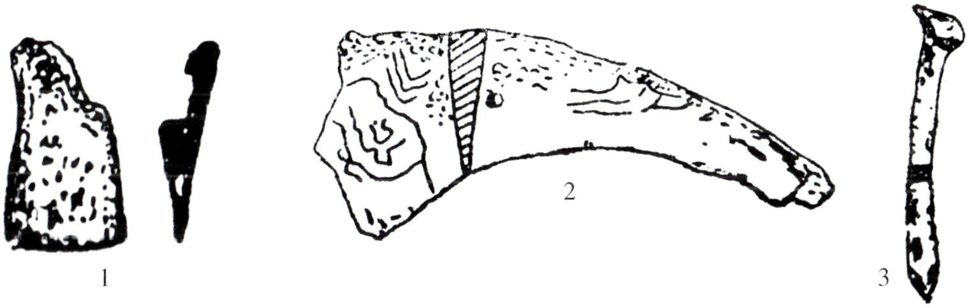

图3-7

七、榆树市大坡村辽城址

榆树市大坡镇大坡村古城址，是一座辽代城址，出土遗物很多，铁器有六鋬耳铁釜等。④

①②③ 农安县文物志编写组．农安县文物志．广元店古城（辽宾州）．吉林省文物志编委会，1986年10月：第112-116页．

④ 文宣．大坡古城．吉林文物．第22期，1986年12月30日．

第二节　遗址中出土的铁器

一、白城市四发屯辽窖藏

白城市青山乡四发屯辽窖藏，是 1984 年 4 月村民植树，在门前挖出的一个铁器窖藏，都是铁农具，计有七件：锐角尖端微翘长身三角孔燕尾状铁铧 4 件（图 3-8）、尖角折身背有穿鼻铁趟头 1 件（图 3-9）、平底凹身圆顶背二穿鼻铁犁镜 1

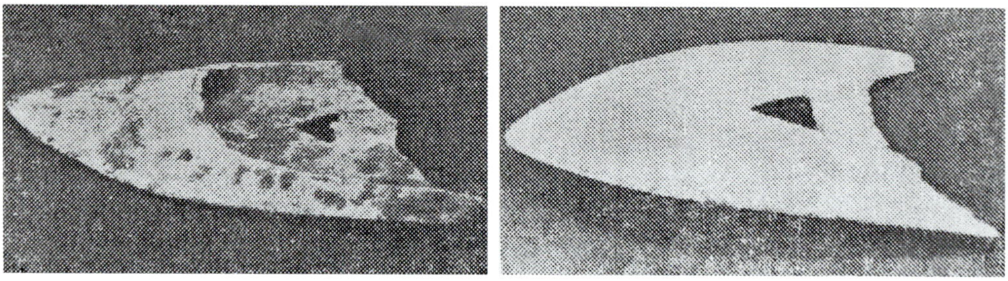

图 3-8

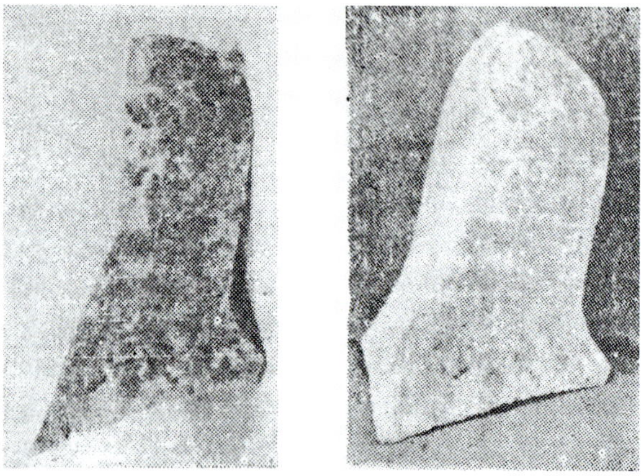

图 3-9

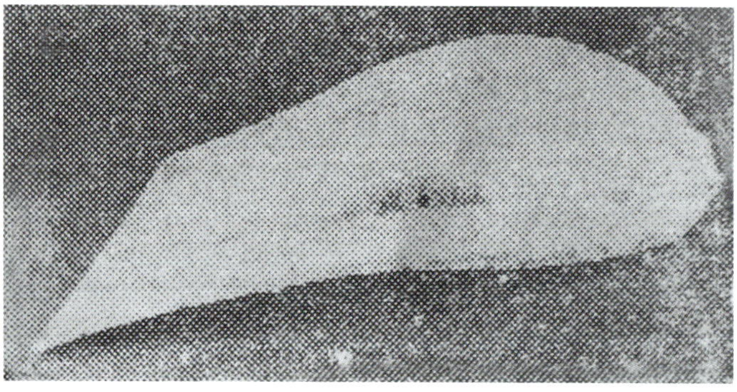

图 3-10

件（图 3-10）、铁镰刀 1 件。此窖藏年代：“从出土的文化遗存推断，应是辽代村落遗址，这些出土农具，对研究辽代的农业生产与铸造技术无疑是重要的。”[1]

二、通榆县方家围子屯南岗辽遗址

通榆县团结乡民主村方家围子屯遗址，位于屯南 2 公里的一座东西走向的山冈上，山冈东西长 1000 米，南北宽 500 米。遗址中遗物非常丰富，有陶器、瓷器、铁器、铜器等，残片遍地。铁器较多，“有大量的铁钉、铁锅残片及铁饰件、铸铁块、铁焦渣等。当年这里可能设置过冶炼场所”。完整的铁器有尖锋厚背薄刃铁刀 1 件（图 3-11-1）、尖锋菱形体长身侧边刃圆铤大铁镞 1 件（图 3-11-2）。《通榆县文物志》称：“这处遗址中的陶器、瓷器等遗物和附近的方家围子东南岗遗址、新发堡东岗遗址基本一致，是辽代早期文化遗存。”[2]

三、通榆县塌了盖屯辽遗址

通榆县团结乡新春村塌了盖屯遗址，在屯西南 2.5 公里的神树坨子上。在坨子地面“采集到刮削器、陶器残片、铁刀、铁镞等遗物”，陶片中一种“细泥质陶片多为灰色，火候较高，大部分饰有压印齿轮纹、短道纹、压印穗状纹”，还发现多件陶壶。发现的铁器有尖锋厚背曲刃铁刀 1 件（图 3-12-2）、尖锋圆脊锐角大直边后圆收尾结圆铤大铁镞 1 件（图 3-12-1）。此遗址“从火候较高的轮制陶片的质地、纹饰和铁刀、铁旋的特点看，应是辽代遗物”。[3]

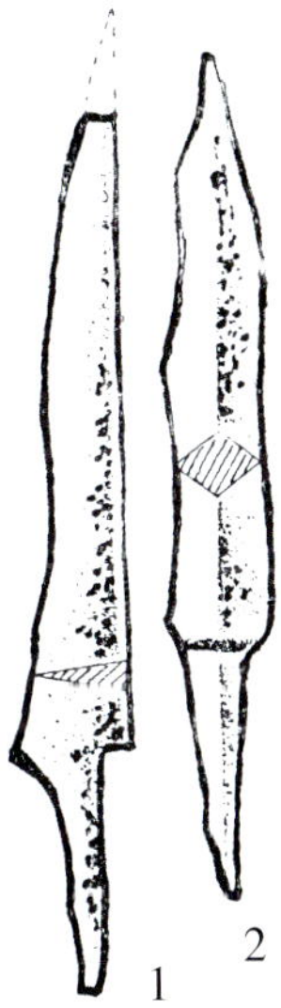

图 3-11

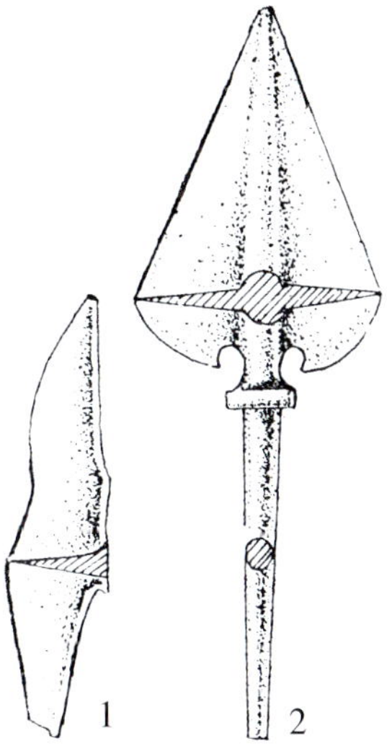

图 3-12

① 白城市文物志编写组．白城市文物志．四发屯窖藏铁器．吉林省文物志编委会，1985 年 7 月：第 99 页．

② 通榆县文物志编写组．通榆县文物志．方家围子南岗遗址．吉林省文物志编委会，1983 年 12 月：第 78、79 页．

③ 通榆县文物志编写组．通榆县文物志．神树坨子遗址．吉林省文物志编委会，1983 年 12 月：第 78-80 页．

四、农安县牟家屯辽窖藏

农安县万金塔乡牟家屯窖藏，是一处辽代窖藏。在一口大缸中，出土铁锅2件、铁铧2件及铁铡刀、铁斧、铁镐等遗物。①

五、农安县小城子屯辽窖藏

农安县黄花岗乡小城子屯窖藏，小城子村有一座辽代城址，遗物出土为辽代窖藏，现所见为六錾耳铁锅。②

六、农安县万金塔村辽塔遗址

农安县万金塔乡万金塔村塔基遗址，在万金塔村有辽代城址，为辽代祥州，塔在城址的北门外，塔基为辽代遗存，地宫内出土许多遗物。所出铁器有庑殿式顶四角方形双层空心有基座栏杆的薄铁小塔。③

七、扶余县平房店屯辽遗址

扶余县徐家店乡范家村平房店屯遗址，发现铜钱为北宋铜钱，其中以“元丰通宝”居多，“元丰”是钦宗之前第四位皇帝神宗赵顼年号，既然都为北宗铜钱，未见更晚者，则是此遗址应是一处辽代的村落遗址。出土遗物中，铁器有六錾耳铁锅。④

八、长岭县开山王坨子辽遗址

长岭县北正镇乡水月村前水月屯南3.5公里处。此遗址属新石器时代、青铜时代与辽代，遗址面积1.5万平方米。出土遗物除其他时代外，属于辽代的有泥质灰陶片与铁镞等。⑤

---

①② 罗继祖，高士润，赵振寰．农安伊通河西岸文物普查简记．吉林大学人文科学学报．1958年第3期．

③ 刘振华．农安万金塔基出土文物．文物，1973年第8期．

④ 庞志国，夏若英．拉林河沿岸的辽金遗迹．黑龙江文物丛刊，1984年第2期．

⑤ 国家文物局主编．中国文物地图集．吉林分册．中国地图出版社，1993年10月：第163页．

九、长岭县东四合屯辽遗址

长岭县新安镇王家窝堡村东四合屯东南部。遗址面积约 3 万平方米，采集的遗物，多为泥质灰陶器片，还有铁钉、铜泡、砺石等。①

十、通榆县后太平屯辽遗址

通榆县新发乡新发村后太平屯西北 50 米处。遗址为青铜时代和辽代，面积约 1 万平方米。采集遗物，属于辽代的有泥质灰陶片、瓷片、铁器残件等。②

十一、通榆县新发堡辽遗址

通榆县团结乡民主村新发堡屯东 200 米处。遗址面积约 8 万平方米，文化层厚 0.6—1 米。采集遗物有：弦纹、压印齿轮纹、环带纹、戳印纹泥质灰陶片、瓷片、铁钉、铁渣等。③

十二、通榆县保安镇屯辽遗址

通榆县团结乡解放村保安镇屯北 1 公里处。遗址面积很大，约 3 万平方米。调查时，在遗址中采集到的遗物有：泥质灰陶片、骨灰罐、铜器、铁器等。④

十三、通榆县西井沿辽遗址

通榆县新华乡新林村西井沿迤西处。遗址占地面积约 90 万平方米，地表遍布灰砖、布纹瓦、瓷片、陶片、茶绿釉鸡腿坛片、瓮残片等。在遗址中部 600 平方米的范围内，发现成片的铁炼渣。⑤

十四、双辽市仕家子村辽遗址

双辽市王奔乡仕家子村遗址，在村东 1.5 公里的坨子上，当地称为东坨子。

① 国家文物局主编 . 中国文物地图集 . 吉林分册 . 中国地图出版社，1993 年 10 月：第 167 页 .

②③ 国家文物局主编 . 中国文物地图集 . 吉林分册 . 中国地图出版社，1993 年 10 月：第 181 页 .

④⑤ 国家文物局主编 . 中国文物地图集 . 吉林分册 . 中国地图出版社，1993 年 10 月：第 182 页 .

此坨子西距西辽河 3 公里，西辽河支流小清河在坎下自北向南流过，东距东辽河 5 公里。遗址分早晚二时期，早期为青铜器时代遗址，晚期为辽代。

《双辽县文物志》称："遗址西南部，发现有大量的辽代遗物，有陶器、瓷器、铁器三类。"铁器主要是铁镞，分四式：一式为尖锋菱形体两侧边刃细长身圆铤铁镞 1 件（图 3–13–2），二式为尖锋菱形体两侧边刃长身束腰圆铤铁镞 1 件（图 3–13–3），三式为尖锋三棱体圆铤铁镞 1 件（图 3–13–4）、四式为平刃扁体长身圆铤铁镞 1 件（图 3–13–1）。①

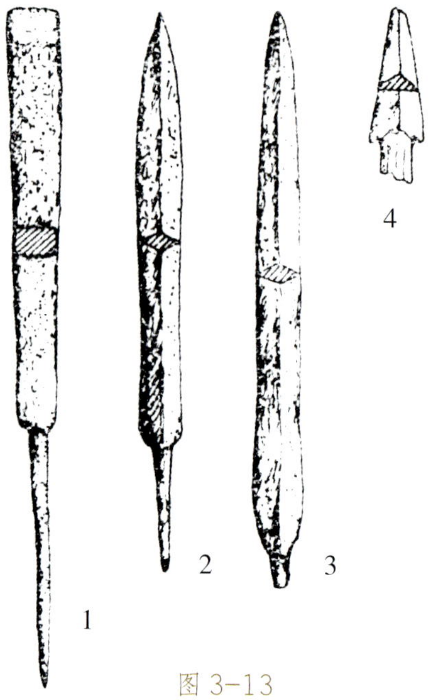

图 3–13

十五、双辽市东贤良屯辽遗址

双辽市红旗乡金良村东贤良屯遗址，位于屯南 200 米处的沙岗上。"遗址分布面积较广，南北长约 300 米，东西宽约 500 米，文化遗物十分丰富。遗物可分原始文化和辽代文化两部分。""在此遗址上有大量的辽代陶瓷片、砖瓦片、兽骨和铁器。"出土的铁器有尖锋椭圆体两侧边刃长身菱体尾部尖状铤铁镞 1 件（图 3–14）。②

图 3–14

十六、双辽市洪福屯辽遗址

双辽市向阳乡洪福屯遗址，坐落在屯外一东西走向的东西宽 300 米、南北长 100 米的沙坨南坡下，地表可见陶瓷片。1983 年夏，在遗址靠近屯落的南部边缘，出土三件遗物：敛口平沿内折鼓腹腹置六个梯形板状耳圆底铁釜 1 件、敞口斜直腹平底銎柄铁

① 双辽县文物志编写组．双辽县文物志：仕家东坨遗址．吉林省文物志编委会，1985 年 12 月：第 36–39 页．

② 双辽县文物志编写组．双辽县文物志：东贤良遗址．吉林省文物志编委会，1985 年 12 月：第 41–43 页．

熨斗1件（图3-15-2）、尖唇子母口两桥状竖耳直腹斜尖底三折角斜足铜鼎1件（图3-15-1）。根据调查所见，“此遗址中，篦齿纹、磨光网状暗条纹陶片，具有辽代遗物特点”。① 此遗址石角为辽代遗存。

十七、双辽市盘山村辽遗址

双辽市东明乡盘山村遗址，处于村中间。遗址南北长30米，东西宽500米。陶片多为泥质灰陶，纹饰有篦齿纹，附加堆纹、按压纹，建筑材料有青砖、布纹板瓦及鸱吻残块，瓷器以豌、盘片居多，铁器有尖锋菱形体铁矛1件（图3-16）。②

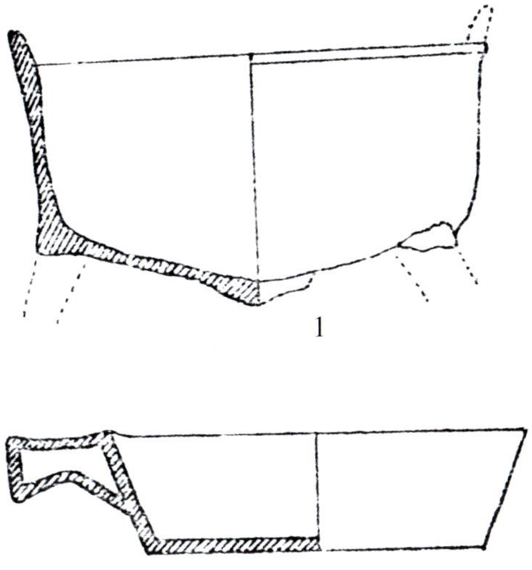

图 3-15

图 3-16

十八、双辽市桑树屯辽遗址

双辽市红旗乡桑树屯遗址，经过1957年调查，“在红旗乡桑树屯四周，发现五处古代文化遗址。其中，桑树屯后坨子遗址为青铜时代遗址，其余四处均为辽代遗址”。遗址分布在村外的南坨子、北坨子、东坨子等坨子上。“四处遗址文化内涵相同，所见遗物以陶器为主，多细泥灰陶，饰篦点纹、绳纹、措压带状凸

① 双辽县文物志编写组．双辽县文物志：洪福一号遗址．吉林省文物志编委会，1985年12月：第49页．

② 双辽县文物志编写组．双辽县文物志：盘山遗址．吉林省文物志编委会，1985年12月：第50页．

纹。”“遗址中建筑构件较多，有青砖、布纹板瓦、筒瓦、花檐板瓦、兽面瓦当、莲花纹瓦当、鸱尾残块等。”“除陶器外，还有瓷器、铁器和铜钱。”“铁器主要为铁钉：四棱形。铁片：直角三角形，上有钉孔。北坨子遗址探方 B 中，还发现一铁斧，形制与现代斧近似。”①

十九、双辽市霍家村辽遗址

双辽市红旗乡霍家村遗址，位于离村 1 公里处的霍家坨子南坡的耕地之中，距东、西辽河均 10 公里许。“遗址南北长 750 米，东西宽 1000 米。地表散布有大量的陶、瓷、铁器等遗物。”发现铁钱 1 枚。“在该遗址中多次拾得有铤三角形铁箭头。还曾挖出铜钱一坛，重约 40 余斤，多为北宋时期所铸。还经常发现瓮棺墓。”“此遗址范围广，遗物种类和数量可观，是一处大型的辽代遗址，并有大面积建筑址。”②

二十、双辽市生辉屯辽遗址

双辽市王奔乡光明村西北 1 公里的生辉屯西耕地中，地势平坦，西距西辽河 3 公里，东南约 700 米为王奔村辽代墓群。遗址面积较广，南北长 700 米，东西宽 1000 米。地表散布有陶瓷器残片与砖瓦等。调查“采集铁镞一件，平头有刃，呈凿形，后有方铤，通长 9 厘米。该遗址发现的遗物与王奔墓群的特点相同，是一辽代居住址”。③

第三节 墓葬中出土的铁器

一、洮安县丰满村辽墓

洮安县黑水乡丰满村墓，在村西北 2.5 华里的一个东西向呈月牙形漫岗中部

① 双辽县文物志编写组 . 双辽县文物志：桑树遗址 . 吉林省文物志编委会，1985 年 12 月：第 51、52 页 .

② 双辽县文物志编写组 . 双辽县文物志：霍家遗址 . 吉林省文物志编委会，1985 年 12 月：第 53、54 页 .

③ 双辽县文物志编写组 . 双辽县文物志：生辉屯遗址 . 吉林省文物志编委会，1985 年 12 月：第 56、57 页 .

的南坡。墓为砖筑，平面为对边相等六角形。此墓曾被盗，随葬遗物存有瓷器、玉器、铜器和骨器等。其时代应为辽代早期墓葬，出土铁器有13件，其中有大小不同柄前嵌铜箍铁刀3件。[1]

二、镇赉县岔合乡珠山辽墓

镇赉县珠山位于岔合乡北部与莫莫格乡交界处，是一圆形土岗，长500米，高20米，称为珠山。墓在珠山南部一小山沟的南坡上，为土坑竖穴墓，无棺，双人合葬，遗物有铁器残片、铁刀、骨板、玛瑙块等。铁器残片较多，厚薄不一，已看不出形状。铁刀残断，厚背薄刃，刀身与柄之间有一较小铜护手（图3–17）。《镇赉县文物志》称："这座墓葬北部，有契丹族早期遗址一处，……根据墓葬的形制、随葬器物和附近遗址情况看，应该是一处辽代早期墓葬，同北部契丹族人生活遗址有一定的联系。"[2]

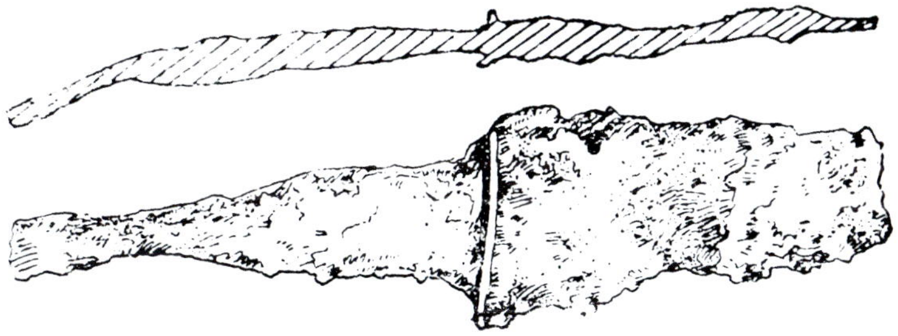

图3–17

三、镇赉县西报马屯辽墓

镇赉县大屯乡报马村西报马屯墓，坐落在一条东西走向长2里的沙岗南坡，南面是平整的农田。墓葬散布在西报马屯内东部、民宅北侧，村民取土发现，挖开三座。墓为砖筑，单室长方形墓。一座墓内无遗物，一座墓内抹白灰，遗物有白釉瓷碗、瓷罐各1件，铁马衔1件、带铤铁镞1件。"从上述两座墓葬的形制和出土的器物看，应属辽代墓葬。"《镇赉县文物志》又称："西报马辽代墓群，保存

① 郭敏，孙利峰．丰满古墓清理简报．白城文博．第7期，1985年．

② 镇赉县文物志编写组．镇赉县文物志：珠山墓葬．吉林省文物志编委会，1984年10月：第111、112页．

较为完好，对我们研究辽代契丹人的生活习俗，具有重要的价值。”[①]

四、乾安县朝字井村辽墓

乾安县才字井乡朝字井村坐落在花敖泡西岸的二级台地上，东距花敖泡岸边约1.5公里。1982年7月当地村民在村东北30米处取土，发现一墓。墓为土坑竖穴，无棺，出土一人完整骨架，在上肢右侧放一把长70厘米柄作“T”形铁剑，是一座“属于辽代早期的墓葬”。[②]

五、乾安县辰字井村辽墓

乾安县余字井乡辰字井村墓，在村西南200米处土岗的北坡和西坡上，岗顶和南坡为大型辽金遗址，其南即为与东面查干泡几近相接的大水泡。近十年来，当地村民在土岗北坡和西坡取土积肥等挖出多座墓葬，可知这里是一处墓群。“墓葬多为土坑竖穴墓，葬式多为仰身直肢单人葬。随葬器物有马鞍、马镫、矛头、铁箭头等。……根据墓葬形制、葬式及随葬器物和遗址的年代，可断定这里是一处辽代墓群。”[③]

六、乾安县宙字井村辽墓

乾安县余字井乡宙字井村辽墓，在村西100米处，西南与宙字井村西南的遗址北端相连。“1967年夏天，当地群众打电机井挖土时发现，骨架距地表约2米深，仰身直肢，随葬品有马镫、铁箭头、动物头骨和灰色陶罐。陶罐内装有暗红色粟类食物，根据所见陶片和葬式及西南部辽代遗址分析，是一处辽代墓葬。与附近辽代遗址应有一定联系。”[④]

---

① 镇赉县文物志编写组.镇赉县文物志：西报马古墓群.吉林省文物志编委会，1984年10月：第112、113页.

② 乾安县文物志编写组.乾安县文物志：朝字井墓葬.吉林省文物志编委会，1985年11月：第84页.

③ 乾安县文物志编写组.乾安县文物志：辰字井屯西南岗墓葬.吉林省文物志编委会，1985年11月：第84、85页.

④ 乾安县文物志编写组.乾安县文物志：宙字井西北岗墓葬.吉林省文物志编委会，1985年11月：第87页.

七、前郭尔罗斯蒙古族自治县青山头屯辽墓

前郭尔罗斯蒙古族自治县穆家乡青山头屯墓，在屯北一公里处的青山头南端半山腰上，山西面是水域茫茫的查干淖尔。1975 年当地村民引水上山挖沟时发现古墓，计四座，并排而列，俱为砖筑向灰勾缝长方形墓室，无墓道。遗物有陶罐、银镯。出土铁器有铁箭头等。“从墓葬的形制、结构及出土文物看，此墓是一处辽代墓群。在墓群西查干泡边沿，过去曾出土海马葡萄镜等辽代遗物。”①

八、前郭尔罗斯蒙古族自治县吉郭屯辽墓

前郭尔罗斯蒙古族自治县达里巴乡吉郭屯，在 1976 年因农业生产发现此墓。墓在下 1.5 米深处，共有墓二座，相距 15 米。一座墓室为正方形，边长 3 米，高 1.5 米。墓室中有二具尸骨，墓门两侧各有一儿童骨殖。出土遗物有：八角菱花形航海铭文铜镜和铁镞。另一座墓略小，不见随葬遗物。②

九、通榆县西力布克辽墓群

通榆县新华乡大有村西力布克屯南 150 米处。墓为 1974 年发现，在地下 1—2 米深处出土 50 余具散乱埋葬的人骨，并伴出土有：弓、铁刀、铁镞、动物骨骼等。在附近还发现过陶片、铁镞等。③

十、通榆县同发辽墓

通榆县同发畜牧场西南 10 公里处。此墓早经被盗，为砖、石混筑单室墓，有墓道、墓门、甬道、墓室，均为券顶，墓室长方形，北面有棺床，上面放置火烧人骨残段。出土遗物有：陶盆、铁锁、铁刀等。④

---

① 前郭尔罗斯蒙古族自治县文物志编写组 . 前郭尔罗斯蒙古族自治县文物志：青山头古墓群 . 吉林省文物志编委会，1983 年 12 月版 . 第 75、76 页 .

② 国家文物局主编 . 中国文物地图集 . 吉林分册 . 中国地图出版社，1993 年 10 月：第 178 页 .

③ 国家文物局主编 . 中国文物地图集 . 吉林分册 . 中国地图出版社，1993 年 10 月：第 183 页 .

④ 国家文物局主编 . 中国文物地图集 . 吉林分册 . 中国地图出版社，1993 年 10 月：第 183 页 .

十一、扶余县西山屯辽墓

扶余县西山屯墓，仅为一座，称为“辽金墓”，所定时间似有不妥。一般来说一座墓只能属一个朝代，不能跨两个时代。从墓葬所在地理位置、墓室结构及全部出土遗物特点以及它规模不大、又没有二次葬的情况看，此墓应是一座辽墓。而在墓中出土货币仅有“开通元宝”（此钱一般都称为“开元通宝”钱，实误）一枚，没有晚期钱币，也可说明此墓的时间。墓中随葬遗物都较珍贵，且很有特点。其中铁器很多，除木棺的铁棺钉外，铁器计有 12 件：平顶横銎铁斧 1 件（图 3–18）、一端方顶一端扁平横銎铁锤 1 件（图 3–19）、长身圆銎铁凿 1 件（图 3–20）、扁嘴交股长柄铁钳 1 件（图 3–21）、扁体木柄铁锉 1 件（图 3–22）、直背直刃尖锋铁刀 1 件（图 3–23）、弯曲形大钩 1 件（图 3–24）、平底铁铛 1 件、扁身椭圆体铁镞 1 件等。[1]

图 3–18

图 3–19

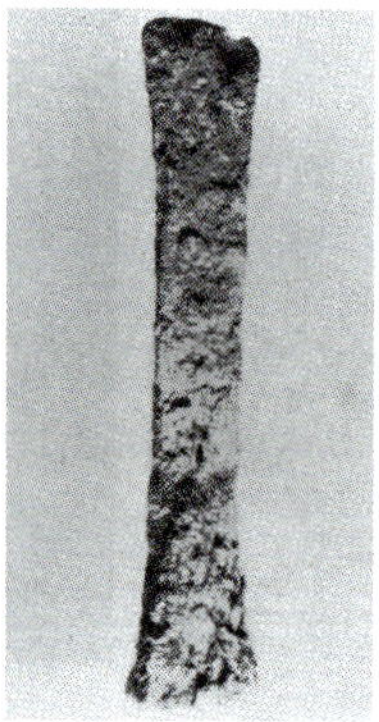
图 3–20

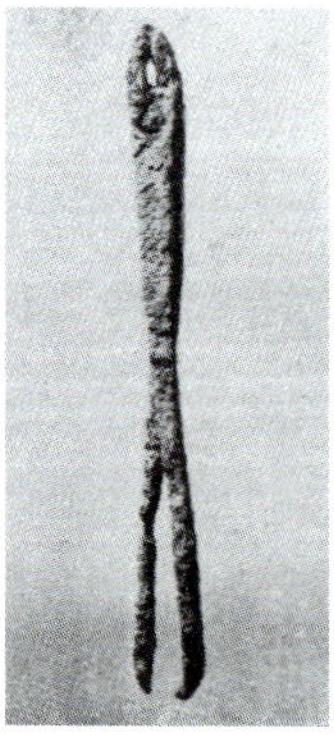
图 3–21

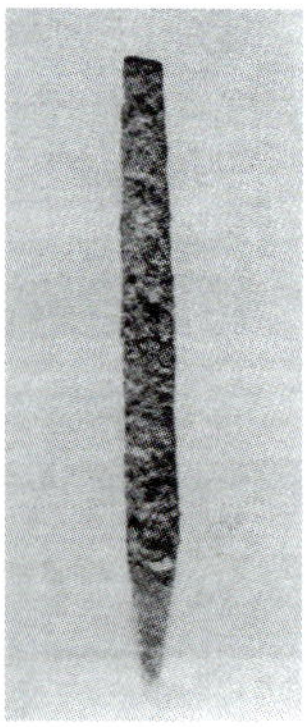
图 3–22

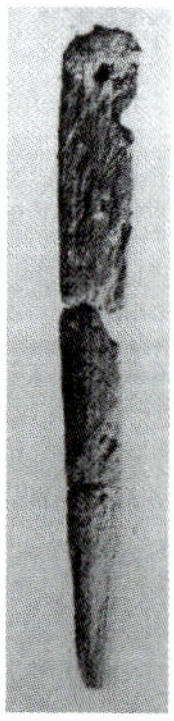
图 3–23

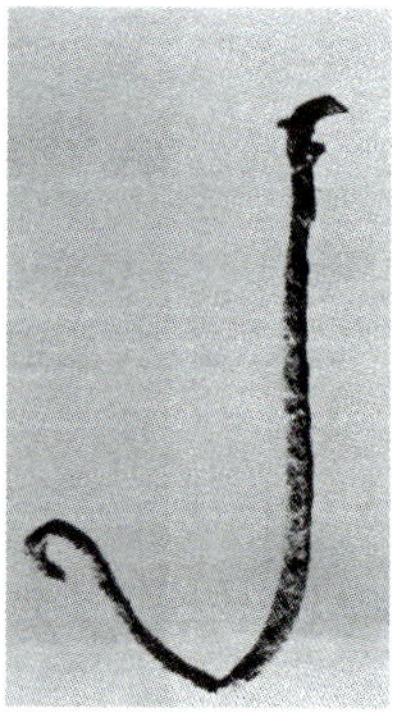
图 3–24

① 匡瑜．吉林省扶余县的一座辽金墓．考古，1963 年第 11 期．

十二、双辽市骆驼岭辽墓

双辽市骆驼岭水库墓，在骆驼岭水库南岸至骆驼岭火车站之间有一道东北至西南走向的山冈，墓在山冈东南面向阳的坡地上。时代为辽，在水库南、东均有辽代遗址，散布有大量遗物。此墓为砖筑，有仿木构墓门、前室、左右方形耳室与八角形主室券顶。随葬遗物有釉陶器、瓷器、铜丝网络、铜鎏金鞍马具、带饰等，铁器有在墓主室门内两侧地上置砖其上各放马蹄铁 1 件、铁带卡 2 件、铁钉 4 件等。①

十三、双辽市高力戈屯辽墓

双辽市王奔乡光明村高力戈屯墓群，在屯西南一华里处修建砖厂，1982 年 4 月王奔砖厂取土时发现古墓，墓群占地面积很大，墓葬很多，且多为小型墓，以为无主坟，挖坏了十六座，后即上报，进行考古发掘十五座。墓有砖室墓五座、土坑墓十座。墓为辽代时期。随葬遗物有陶器、瓷器、铜器、玉器、骨器、蚌器、玉器、漆器、琉璃、铜钱等。出土铁器 15 件，计有凹背弧刃翘尖木柄铁刀 2 件（图 3-25-7）、直背弧刃木柄铁刀 1 件（图 3-25-1）、桂叶形隆脊菱形体圆铤铁镞 4 件（图 3-25-4）、桂叶形隆脊菱形体束腰圆铤铁镞 1 件（图 3-25-5）、高扁穿鼻环梁长方形踏板铁马镫 1 件（图 3-25-6）、扁体铁钉 3 件（图 3-25-8）、环孔铁器 1 件（图

上卷

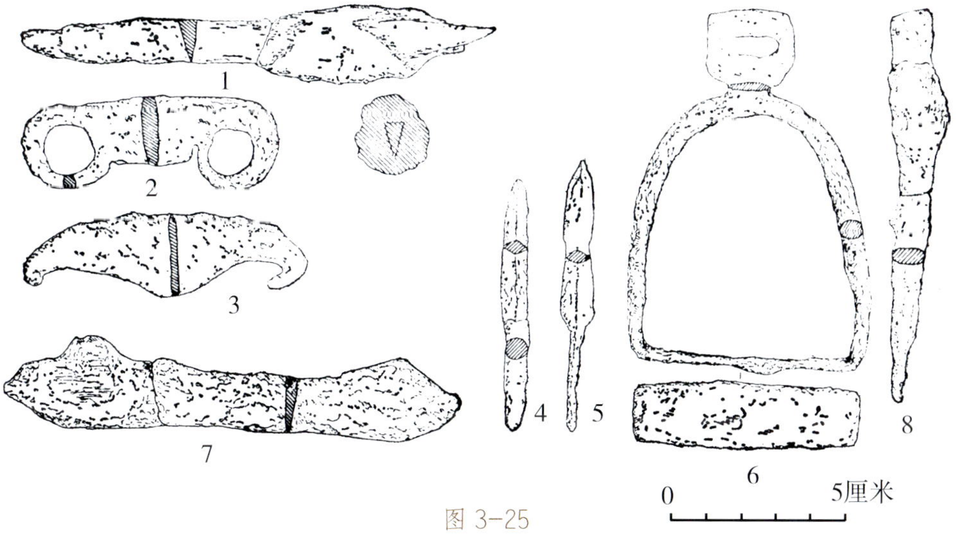

图 3-25

① 段一平 . 吉林双辽骆驼岭辽墓清理简报 . 博物馆研究，1983 年第 6 期 .

3-25-2)、“弓”形铁器1件(图3-25-3)、圆锥体铁器1件等。[①]

十四、梨树县赵家村辽墓

梨树县孤家子镇赵家村墓，是1987年6月因在村南山建房发现，墓地所在是一高出地面约4米的沙土岗。墓为圆形券顶砖室墓，葬三成年人，一人有木棺，仰面直肢，另二人为跪俯状，葬式特殊。随葬遗物有陶罐、“至道元宝”铜钱、铜环等。

出土铁器有顶部横穿孔环梁上窄下宽大踏板铁马镫2件(图3-26-2)、顶环鼻筒状长身中有凸棱线下有出音口内二锤形胆铁铃10件(图3-26-1)、外环形镳两节铁马衔1件(图3-26-4)、外大小双环形镳两节铁马衔1件(图3-26-5)、尖锋薄刃背与柄平直铁匕首1件(图3-26-6)、三角锋菱形体扁身铁镞(报告称“穿钉”)1件(图3-26-3)。[②]

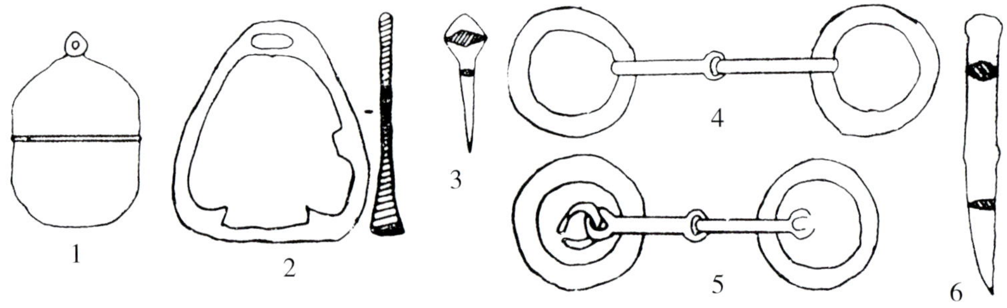

图 3-26

十五、梨树县花城子村辽墓

梨树县郭家店乡西花城子村墓，在村北的东西走向岗地上，其东400米便是花城子辽金古城址。1983年春该村挖电话线地缆沟时发现，这是一处墓群，南北排列，由南至北编为一至三号墓。一号墓，为砖筑，长方形单室穹隆顶，墓室较小，内葬一人。随葬遗物有白釉粗瓷大碗1件、灰褐色陶罐1件、铁剪1件、铜钱3件。

① 吉林省文物考古研究所．吉林省双辽县高力戈辽墓群．考古，1986年第2期．
双辽县文物志编写组．双辽县文物志：王奔墓群．吉林省文物志编委会，1985年12月：第85-89页．

② 赵铁．梨树孤家子南山辽墓清理简报．博物馆研究，1988年1期．

二、三号墓，遗物等皆同一号墓，仅多铁匕首1件。从此墓群的形制、结构及随葬遗物看，"故可认定为辽代墓葬"。[①]

十六、梨树县偏脸城村辽墓

梨树县偏脸城墓，在偏脸城内的北屯的西北耕地中，距北城墙150米，距西城墙400米，南距城内制高点300米。1983年当地村民春耕时发现此墓，为青石板砌成，棺状，大头小尾，无墓底，上盖石板。棺内葬一女性，头部铜簪，口含与左手握"祥符通宝"各一枚，头骨右侧出土铁器两件：一为平头厚背薄刃宽身翘柄铁刀（图3–27–1）、一为环股铁剪（图3–27–2）。《梨树县文物志》称："从葬式和随葬器物推断，此墓辽或金初石棺墓。"[②]（按：此墓从墓葬形制、葬式与铜钱等遗物看，应为辽墓。）

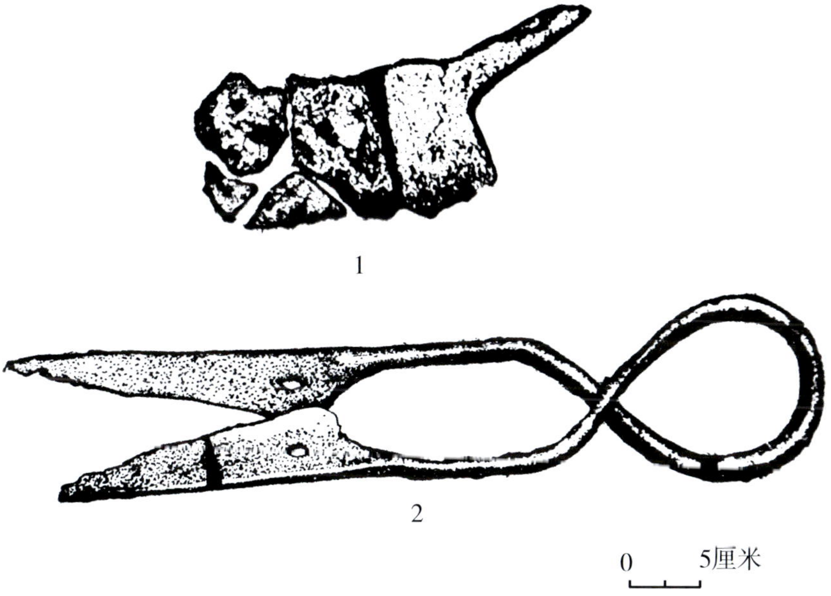

图 3–27

① 梨树县文物志编写组.梨树县文物志：花城子古墓群.吉林省文物志编委会，1984年4月：第136、137页.

② 梨树县文物志编写组.梨树县文物志：偏脸城石棺墓群.吉林省文物志编委会，1984年4月：第138、139页.

第四章　黑龙江地区出土的辽代铁器

第一节　城址中出土的铁器

泰来县塔子城村辽泰州城址

泰来县塔子城镇塔子城村古城址，为辽代泰州。城外早年有辽代砖塔，城内出土遗物有辽“大安七年”（1091 年）石刻，碑文中有“泰州河提”“办塔事”“提点塔事”等记载。出土铁器有铁坐佛像 1 件、三足铁釜 1 件、六矩铁车輨等。[①]

第二节　遗址中出土的铁器

一、哈尔滨市庙台子沟辽遗址

哈尔滨市成高子火车站东庙台子沟台地遗址，调查者认为是金代遗址，但从其出土遗物看，它应为辽代遗址，因为那里出土六耳铜釜 1 件（图 4–1），铜釜附近出土“开通元宝”钱 1 枚，还有北宋“皇宋通宝”钱 2 枚、“元祐通宝”“绍圣元宝”“崇宁重宝”各 1 枚，这些遗物的年代都较早，未见南宋和金代铜钱，且又出土铜釜，故它应为辽代遗址。此外即是出土铁器，有圆銎上卷由两铲铆合相接而成铁铲 1 件（图 4–2）、铁镰 1 件、铁刀 1 件。[②]

二、鹤岗市前安民村辽遗址

鹤岗市东方红乡前安民村遗址，有陶片和“皇宋通宝”“崇宁重宝”宋代铜钱，此遗址应属辽代。出土铁器有铁铧 1 件、内凹双扇锋扁尾节方铤铁镞 1 件。[③]

---

① 朱国忱．塔子城调查记略．辽海文物学刊，1987 年第 2 期．

② 王永祥．哈尔滨东郊的辽、金遗址和墓葬．考古，1960 年第 4 期．

③ 鹤岗市文物管理站．鹤岗地区发现的几处辽金时期遗址．北方文物，2006 年第 4 期．

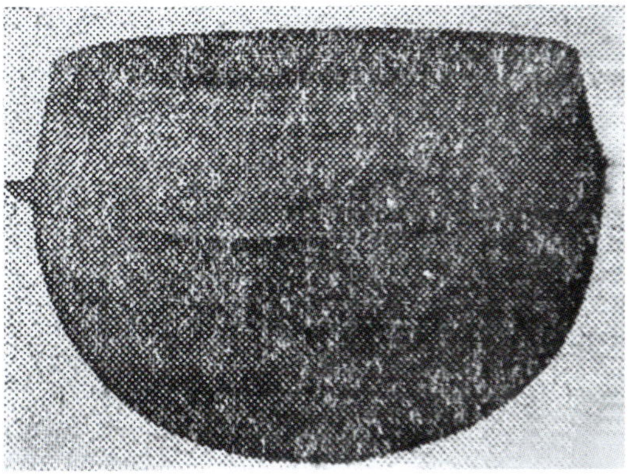
图 4-1

图 4-2

第三节　墓葬中出土的铁器

一、泰来县平等村辽墓

泰来县平等村辽墓，在村西 150 米田地里，有砖、石墓几座。1956 年发掘的墓，为砖筑，出土遗物较有特点，其中有圆顶梁体横穿鼻铜马镫 2 件（图 4–3）、银项环 1 件、北宋“治平通宝”“元丰通宝”铜钱各 1 件、双爪大铜钉 99 件、小铜钉 18 件、弦纹大陶罐等。铁器有尖锋四棱体侧刃长柄圆銎铁矛 1 件（图 4–4）、四棱体圆銎铁锥 1 件、附环身可麻花状大铁环 1 件、附环鼻小铁环鼻 1 件、外环式镳双节铁马衔 1 件、环状耳铁瓶残器 1 件。[1]

上卷

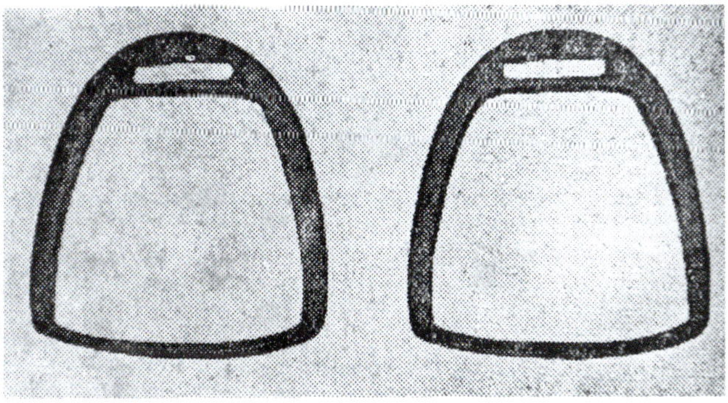
图 4-3

图 4-4

① 黑龙江省博物馆 . 黑龙江泰来辽墓清理 . 考古，1960 年第 4 期 .

二、泰来县英山村辽墓

泰来县英山村辽墓，在县西北和平乡英山村的东山上，是村民植树时发现的，泰来中学挖了二石墓、三砖墓，墓中出土有灰陶罐。铁器有三足铁釜1件（图4–5）、铁刀、铁棺钉、寿钉等。①

图4–5

三、泰来县后窝堡屯辽墓

泰来县平安乡后窝堡屯墓，在平安乡前、后窝堡屯之间的小岗西坡，是一处墓地，有几座墓早期被破坏。1957年夏，发掘一座，为长方形单室砖墓，有木棺，是辽代墓葬。出土遗物有陶瓮、陶罐、琥珀饰件等。出土铁器有展沿长扁形半环状耳铁锅1件（图4–6）、圆顶梁体横穿鼻铁马镫2件（图4–7）、铁马衔、平背尖锋鹿角柄铁匕首1件（图4–8）、铁环1件、铁棺钉2件等。②

图4–6

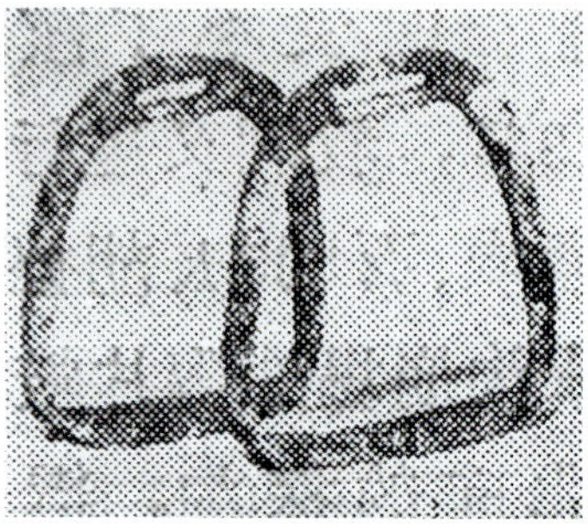

图4–7

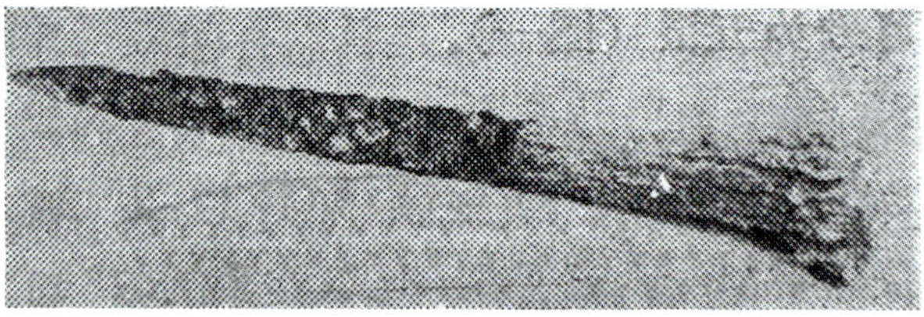

图4–8

四、泰来县塔子城镇辽墓

泰来县塔子城镇塔子城村辽墓，在村西北一华里平地上，1974年5月当地村

① 黑龙江省博物馆．黑龙江泰来辽墓清理．考古，1960年第4期．

② 丹化沙．黑龙江泰来后窝堡屯辽墓．考古，1962年第3期．

民挖水渠时发现，有一座儿童小砖墓掘毁。进行发掘是又一座墓，为砖筑，有木棺。出土遗物有西汉的“五铢”钱1枚。墓中出土铁器有铁棺钉2件、弧背曲刃尖锋骨柄铁刀1件（图4-9）。[1]

图 4-9

五、龙江县朱家坎镇辽墓

龙江县驻地龙江镇（原朱家坎镇，1958年9月改为龙江镇）墓，在镇西2公里处，1953年6月修筑铁路时发现，北临山冈，南近中长铁路，东西两面是农田。墓为石块砌成，平面似葫芦形，立面如漏斗状，葬一成人两儿童。随葬品有绿釉长颈瓶、鸡冠壶、刻花纹陶器、玉器、铜带钩、铜马镫等，是一座典型辽代墓葬。出土铁器有铁矛等30余件、很多铁铠甲片等。[2]

上卷

六、龙江县新丰砖厂辽墓

龙江县鲁河乡新丰砖厂，在山东屯村，1960年取土发现墓葬，先后两次调查清理。墓为土坑竖穴，单人仰身直肢葬，无葬具。出土文物有陶器、银器、铜器、骨鸣镝、丝织衣物等，陶器瓜棱内凹底模印篦齿纹陶罐及其他遗物等具有非常典型的辽代特征。出土铁器有双边刃中间有脊护手铁剑1件（图4-10）、头尾部失去存长椭圆形四孔骨哨铁鸣镝1件（图4-11），铁镞15件，分两式：一式为棱形铁镞，二式为平头镞铁镞。[3]

图 4-10

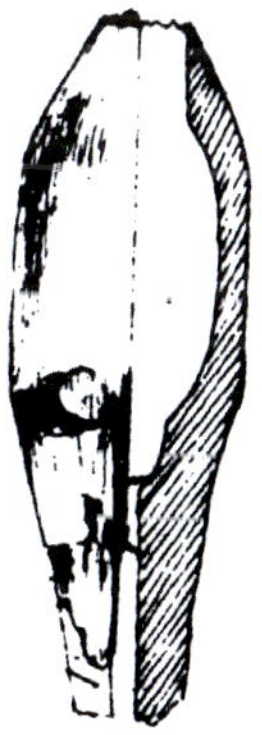

图 4-11

① 林杨．泰来县塔子城辽墓．黑龙江文物丛刊，1981年创刊号．

② 朱国忱，沙振宇．黑龙江朱家坎镇发现辽墓．考古通讯，1955年第2期；又见《文物参考资料》1953年第12期．

③ 邹向前．黑龙江省龙江县鲁河新丰砖厂辽墓．北方文物，1995年第2期．

七、齐齐哈尔市长岗村辽墓

齐齐哈尔市梅里斯达斡尔族区共和乡长岗村墓，出土有“开元通宝”（按：应为“开通元宝”）1枚、“崇宁重宝”3枚，因此当为辽代晚期墓葬。随葬遗物很多，铁器占较大部分，计21件，有长身直背尖锋棱形盘状护手大铁刀1件（图4-12）、铁镞16件、长方形顶扁方锥形体竖銎锋部尖锐铁鹤嘴啄1件（图4-13-4）、高体扁身穿鼻鎏金铁马镫1副（图4-14）、锤斧形圆銎鎏金杖首1件（图4-15），铁镞可分六式：一式为扇形锋扁体圆铤铁镞（图4-13-1）5件，二式为三角形凹锋扁方体铤铁镞（图4-13-2）2件，三式为内凹双扇锋扁方体铤铁镞（图4-13-3）3件、四式为平锋方尾方锥体铤铁镞1件，五式为矛式锋菱脊铁镞1件，六式为扁凿状锋圆铤铁镞4件[①]

图4-12

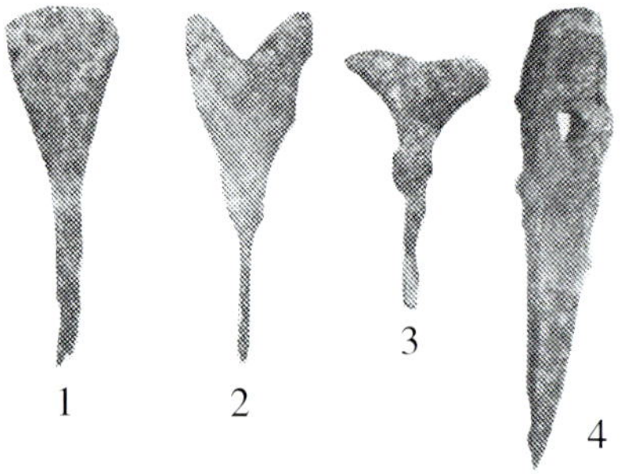

图4-13

图4-14

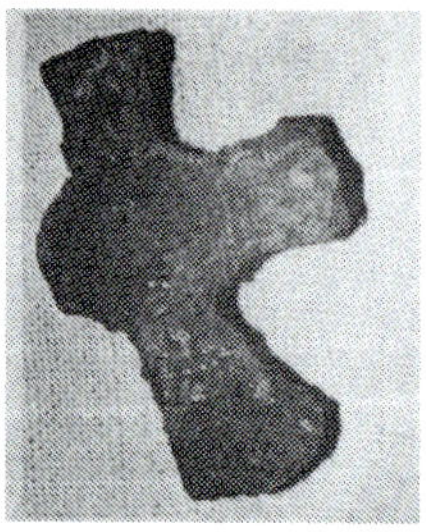

图4-15

八、齐齐哈尔市富拉尔基区永青村辽墓

齐齐哈尔市富拉尔基区长青乡永青村墓，根据墓葬结构和遗物特点，报告称“该墓葬初步断定为辽代晚期”。墓中出土铁器有双节大环铁马衔1件、平背直刃木柄小铁刀1件、铁折页2件、铁穿鼻2件。[②]

---

① 崔福来，辛建．齐齐哈尔市梅里斯长岗辽墓清理简报．北方文物，1993年第1期．

② 齐齐哈尔市文物管理站．齐齐哈尔富拉尔基辽代砖室墓．北方文物，2003年第3期．

九、肇东市安业村辽墓

肇东市涝洲镇安业村墓，出土有陶器、铜器、银器、玉器等，是辽代墓葬。墓中出土铁器有圆顶梁体穿鼻铁马镫 1 件（图 4-16-1）、直口弦纹环腹周耳圆底曲体三兽蹄足铁釜 1 件（图 4-16-2）、铁环鼻 1 件（图 4-16-3）、不同形制铁镞若干、不同长短铁钉若干。①

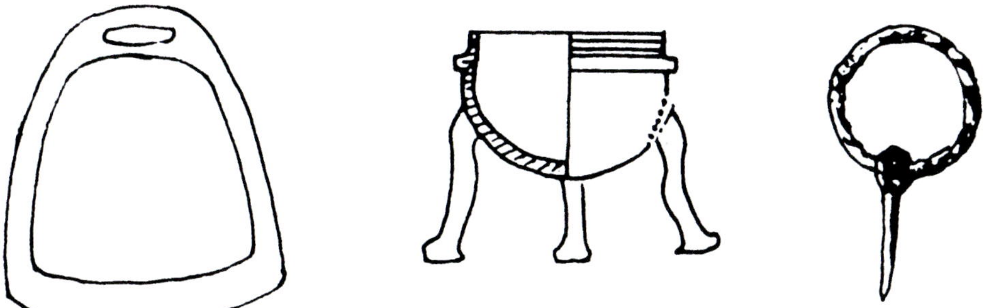

1　2　3

图 4-16

十、黑河市卡伦山村辽墓

黑河市四家子乡卡伦山村墓，发掘 19 座，出土遗物主要有陶器、铜器、铁器、漆木器、银器、骨器、珠饰等。为辽代墓葬，经“研究，这是辽代生活在龙江流域的女真人的一处文化遗存”。随葬铁器有铁马衔、铁刀、铁甲片、铁带卡等。②

十一、哈尔滨市东庙台子沟台地墓

哈尔滨市成高子火车站东庙台子沟台地墓，在站东 1 公里庙台子沟北坡台地上一处遗址的中部，铁路南 50 米左右，墓有木棺，已朽，随葬遗物有梳齿纹陶罐、红玛瑙珠、银项圈、银片、银丝、铜扣等。出土铁器有直口腹部环沿直腹圆底三曲形兽蹄状高足铁釜 1 件（图 4-17）、折曲穿鼻环梁出宽踏板铁马镫 2 件（图 4-18）、折项铁棺钉 11 件、铁棺环 1 件。③ 报告称“该墓可能是辽金时代的墓葬，

---

① 张杰，朱涛．黑龙江省肇东市涝洲镇安业村发现的辽代墓葬．北方文物，2004 年第 1 期．

② 李陈奇，郝思德．中国考古学年鉴．文物出版社，1986 年．

③ 王永祥．哈尔滨东郊的辽、金遗址和墓葬．考古，1960 年第 4 期．

也许会更早些”。（按：此墓为辽代墓葬，故将其墓出土的铁器录于此。）

图 4-17

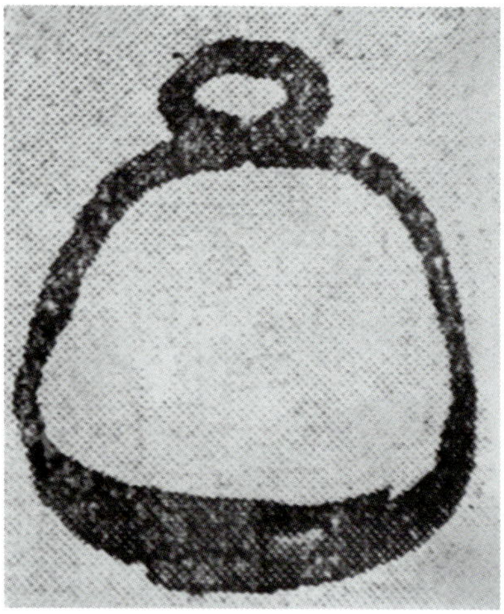

图 4-18

十二、哈尔滨市新香坊墓

哈尔滨市阿什河左岸新香坊墓，共有墓葬 16 座，有木椁墓、石椁墓、砖室墓，出土遗物丰富，达三百余件，金、银、铜、铁、玉、水晶、玛瑙、牙、骨等材质皆有。关于墓葬的年代，发掘者认为“是辽代晚期至金代中期”；有研究者认为“新香坊基地应为金代早、中期墓地”；文物资料整理者认为“新香坊墓地中可能有辽代女真人墓葬的成分，但不是主流，其主体应是金代女真贵族墓葬，年代为金代早、中期”。文物资料整理者对器物进行过比较，认为墓中“出土的金银器、铜器占多数。金银器的制作工艺精湛，纹饰风格与辽陈国公主墓出土的金银器十分相似，如鎏金荷花银盏、银鞍饰等。金耳饰的形制与辽宁朝阳一辽代墓葬出土的金耳饰几近相同。……铜器以饰品居多，其纹饰吸收唐代遗风，受辽代风俗影响（墓中出土的三足铜注壶，与新民巴图营子辽墓出土的三足铜注壶完全一致，其他遗物也多有相同者——本书笔者注）。……从陶器风格及烧造的火候来看，火候不高，年代较早。”陶器的篦齿纹、底内凹，均是契丹陶器的特点。笔者根据这些观察，即从文物自身特点看，其年代已很明显，辽代成分较多。因此，新香坊墓主要应为辽墓，若定女真也是辽代女真人墓，其墓地下限可到金代。因未展开讨论，笔者仍依原文意见暂录于此。

墓地出土的铁器有敛口弦纹鋬沿深腹三曲足铁釜 3 件（图 4-19-1、图 4-19-2、图 4-19-3）、铁提梁锅 1 件（图 4-19-4）、长柄铁锤 1 件（图 4-19-5）、宽身铁斧 1 件（图 4-19-6）、窄身铁斧 1 件（图 4-19-7）、銎柄铁铲 1 件（图 4-19-8）、尖锋条身菱体尾节圆銎铁矛 1 件（图 4-19-9）、尖锋长身棱体圆柄铁钻 1 件（图 4-19-10）、长方形铁甲片 1 套（图 4-20-5）、平顶梁体穿鼻铁马镫 1 件（图 4-20-4）、穿鼻铁棺环 12 件（图 4-20-1、图 4-20-2、图 4-20-3）。[①]

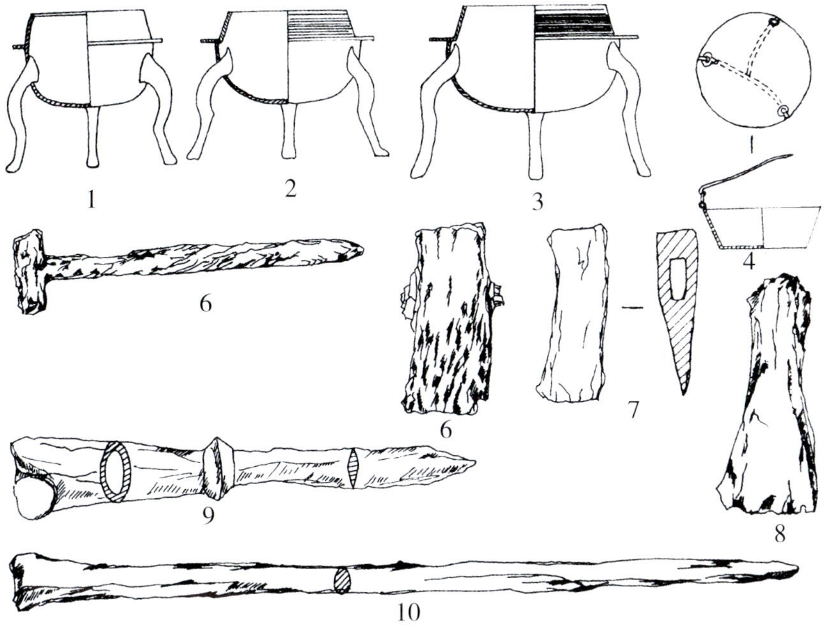

图 4-19

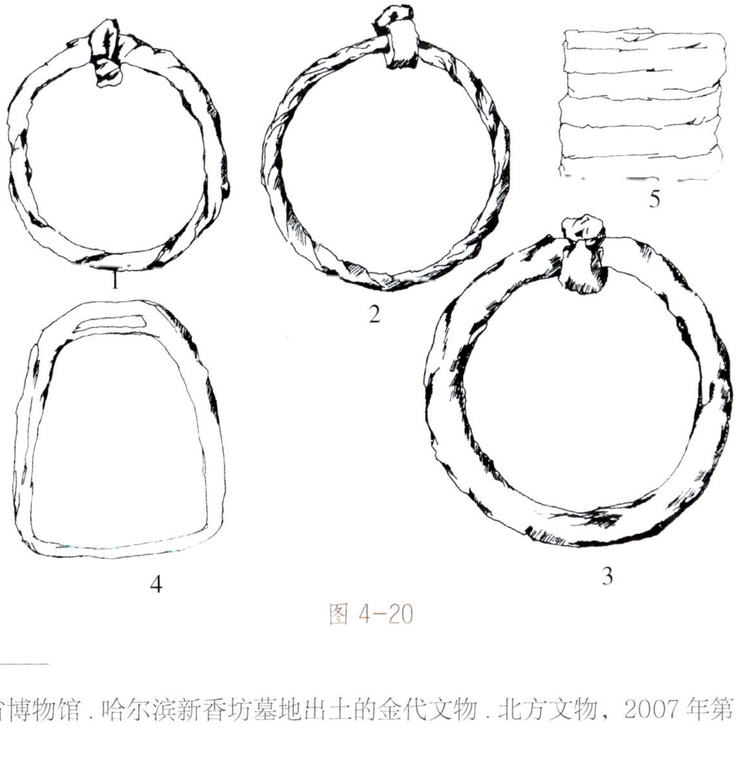

图 4-20

① 黑龙江省博物馆 . 哈尔滨新香坊墓地出土的金代文物 . 北方文物，2007 年第 3 期 .

十三、佳木斯市黎明村辽墓

佳木斯市建国乡黎明村墓，有五座，为土坑竖穴墓，报告认为：墓中的遗物在辽金遗址和墓葬中均有出土，“是辽代女真墓中较典型的器物”，稍远处有辽金城址，因此“该墓群为辽金时期女真人的平民墓葬”。（按：根据其特点，应是辽代女真人的墓葬。）墓出土铁器有长方形横式深銎弧刃铁锛 1 件（图 4–21–1）、平背弧刃扁柄小铁刀 1 件（图 4–21–2）、柳叶形菱体菱铤铁镞 1 件（图 4–21–3）、柳叶形菱体圆铤铁镞 2 件（图 4–21–4）、平锋条形扁体菱铤铁镞 10 件（图 4–21–5、图 4–21–6、图 4–21–7）、桂叶形菱体圆铤铁镞 3 件（图 4–21–8）、尖锋方体圆铤铁镞 1 件（图 4–21–9）、尖锋条形菱体方铤铁镞 1 件（图 4–21–10）、尖锋菱体窄尾菱铤铁镞 3 件（图 4–21–11）。[1]

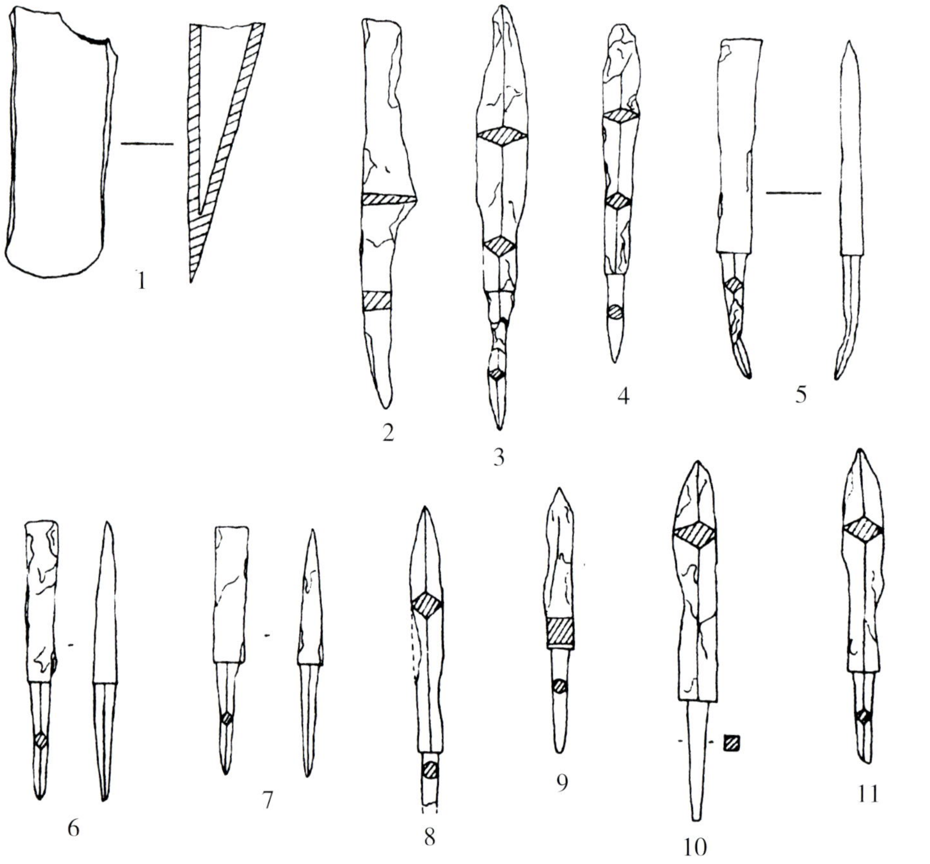

图 4–21

① 佳木斯市博物馆．佳木斯市黎明村辽金墓群出土的文物．北方文物，2004 年第 4 期．

十四、绥滨县新城村辽墓

绥滨县军民农场新城村墓，遗物较多。出土铁器有平背弧刃尖锋铁刀 1 件（图 4–22–1）、平背弧刃扁方柄铁刀 1 件（图 4–22–2）、铁镞 40 件。依形制特征铁镞可分十式：一式为内凹双扇锋扁方铤铁镞（图 4–23–10），二式为短矛身菱体扁锥铤铁镞（图 4–23–1），三式为长矛身菱体扁方铤铁镞（图 4–23–3），四式为桂叶形菱体铁镞（图 4–23–2），五式为长矛身菱体尾角扁方铤铁镞（图 4–23–4），六式为柳叶形菱体束腰扁方铤铁镞（图 4–23–5），七式为平锋扁体扁铤铁镞（图 4–23–8），八式为平锋扁体束腰有孔尾角扁铤铁镞（图 4–23–9），九式为平锋条身扁体尾角扁铤铁镞（图 4–23–6），十式为平锋条身扁体扁铤铁镞（图 4–23–7）。[①]

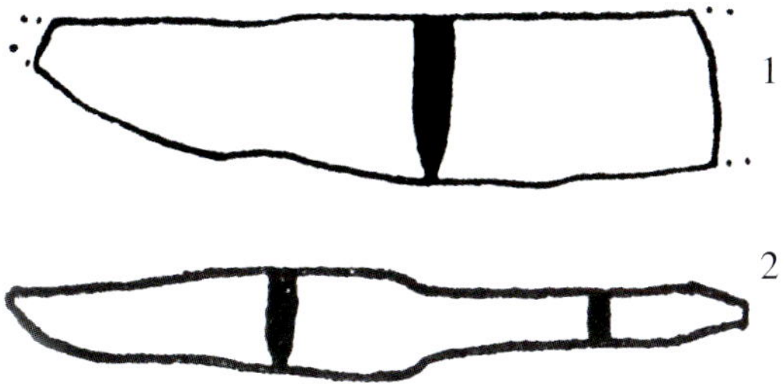

图 4–22

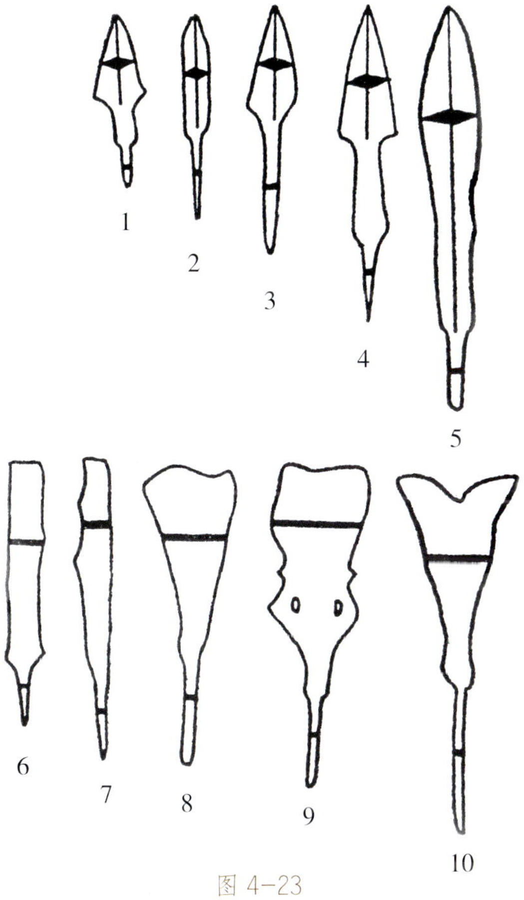

图 4–23

研究中，孙秀仁等将新城三号墓列为辽代五国部女真人墓葬。各墓中出土铁刀的有绥滨新城三号墓：铁刀 2 件（图 4–24–1、图 4–24–2）；军民农场一连墓：铁刀 1 件（图 4–24–3）；军民农场四十连东岗墓地：铁刀 1 件（图 4–24–4）；纳杰日金斯科耶墓：铁刀 2 件

上卷

① 郝思德．黑龙江绥滨新城辽代墓葬．博物馆研究，1989 年第 3 期．

（图 4–24–5、图 4–24–6）。出土铁镞的有绥滨新城三号墓：铁镞 3 件（图 4–25–1~图 4–25–3）；军民农场一连墓地：铁镞 3 件（图 4–25–4~ 图 4–25–6）；纳杰日金斯科耶墓：铁镞 3 件（图 4–25–7~ 图 4–25–9）。在墓地中还出土了“铁腰带，系用铁条、铁圈和铁带卡制成。三号墓出土的一条完整铁腰带为历年考古发现所仅见”[①]。

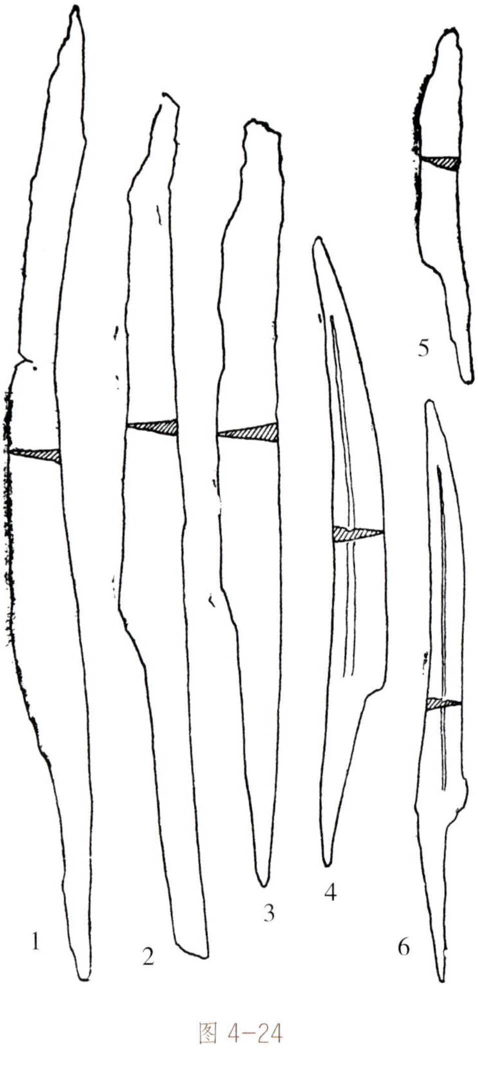

图 4–24

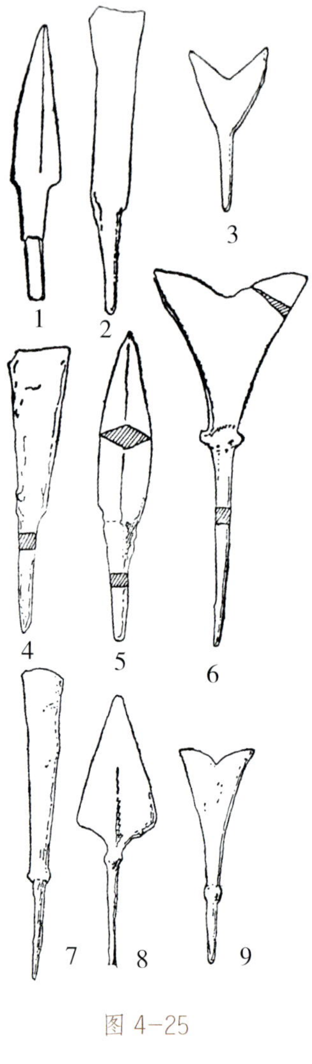

图 4–25

十五、绥滨县奥里米古城外辽墓

绥滨县奥里米古城外西北部墓群，有 70 余座，清理 25 座，出土遗物较有特点，

① 孙秀仁，干志耿．论辽代五国部及其物质文化特征．东北考古与历史．第一辑．1982 年版．

金玉饰件此前少见。墓中出土铁器有五号墓，铁棺钉；十五号墓，三足铁釜 1 件；二十四号墓，出土大量生铁块。[①]

十六、绥滨县永兴村辽墓

绥滨县永兴村墓葬，共发掘 8 座，墓中出土六錾耳铜釜 1 件，“铜钱 1 枚，为‘元祐通宝’，借此可以断代”。根据出土遗物，发掘者认为一至四号墓“可断定为金代”墓葬，五至八号墓“即我国历史上的辽代”墓葬。（按：永兴墓葬，从时间看都应归属于辽代的墓葬。）出土铁器有三号墓铁棺环 1 件，四号墓铁斧 1 件、木棺铁包角 4 件及铁棺钉，五号墓铁剑 1 件、锥形铁镞 1 件、扇形锋扁体铁镞 1 件。[②]

十七、绥滨县中兴村辽墓

绥滨县中兴乡中兴村墓，是一处在中兴古城址外西北部的墓群，发掘的墓有 12 座，墓葬被定为金墓，实则并不尽然。墓中出土三高足铜釜，与铁釜一致，还有一矮足铜釜，也与铁釜相同，此铜釜为辽代，非金代遗物。后来研究者胡秀杰等人也提出意见：“根据中兴墓群的出土文物，我们认为中兴墓群很可能含有辽代文化的遗物。”其意见很对。中兴墓群出土各类文物 300 多件，其中铁器有 28 件，分记如下：

工具：铁锛 1 件（图 4–26–1）、铁斧 3 件。铁斧可分两式：一式为长方形顶扁体折身竖銎薄刃铁斧（图 4–26–2），二式为长方形顶条形体竖銎薄刃铁斧（图 4–26–10）。

兵器：錾缠枝花纹银柄铁匕首 1 件、漆皮鞘铁刀。

车马具：铁马镫 2 件、铁马衔 1 件。

生活用具：尖锋平背斜刃方铤铁刀 2 件（图 4–26–4）、直口外弦鼓腹环沿圜底三斜高足铁釜 3 件（图 4–26–7、图 4–26–9）、直口鼓腹环沿圜底三曲形牛角状三矮足铁釜 1 件（图 4–26–8）、方体直折角环孔附钉形穿鼻铁提梁 1 件（图 4–26–6）、方体圆鼻尾端外卷铁器 1 件（图 4–26–11）、敞口浅腹平底铁铛 1 件。

葬具：横楔状钉形下直体铁棺钩 4 件（图 4–26–3）、方体圆形附环鼻铁棺环 1

---

① 黑龙江省文物考古工作队．松花江下游奥里米古城及其周围的金代墓葬．文物，1977 年第 4 期．

② 方明达，王志国．绥滨县奥里米辽金墓葬抢救性发掘．北方文物，1999 年第 2 期．

件（图 4-26-5）。①

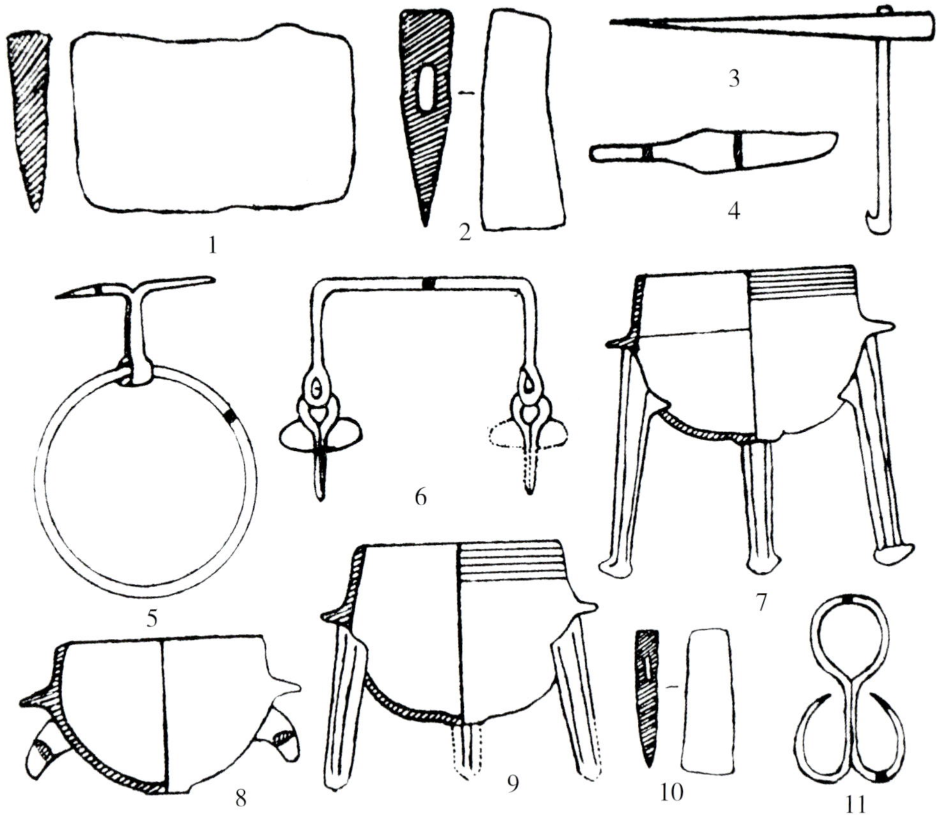

图 4-26

十八、绥滨县永生村辽墓

绥滨县北岗乡永生村墓群，发现 14 座墓，清理 12 座，报告称："永生墓群中的一些随葬品，如瓜棱形陶罐、小铁刀、曲柄金耳坠等，其形制与绥滨中兴金墓、奥里米金墓出土的同类器物相同，并出土了景祐元宝、咸平通宝、祥符元宝等北宋时代的铜钱，据此可知其时代与中兴金墓、奥里米金墓相近，也当是金代中晚

① 黑龙江省文物考古工作队．黑龙江畔绥滨中兴古城和金代墓葬．文物，1977 年第 4 期。文中称铁器有 28 件，在具体列表中只列出 15 件．
胡秀杰，田华．黑龙江省绥滨中兴墓出土的文物．北方文物，1991 年第 4 期。文中称有铁器 11 种 310 件，因铁钉较多，已有损坏，文中介绍的为入库的 15 件。上述二文描述的虽为同一墓地，但具体同一种遗物的件数却不相同。本书插图采自后者．

期的墓葬。随葬品以陶器、铁器为主，其他诸如玉器、金银器等贵重的器物出土极少，且墓圹较小，葬具简单，都表明墓主的社会地位较低，当是平民的墓葬。”“在永生金墓中出土了两件具有‘细石器’作风的细小石器，……这是很值得注意的现象。这种细小的石器在历史上延续了很长的时间，其下限有可能到达金代前后。”从这些记述看，其时代应较早，属于辽代，应是辽代女真人的墓葬。因未展开讨论，暂记于此。各墓中出土的铁器有：

七号墓：叉形扇刃扁体铁镞 5 件；

九号墓：叉形直刃扁体铁镞 5 件、“曰”字形铁带卡 2 件、双节外环铁衔镳 1 件；

十号墓：弯首双股铁钗 1 件；

十一号墓：尖锋平背直刃扁铤装柄铁刀 1 件；

十二号墓：尖锋平背直刃扁铤装柄铁刀 1 件、铁容器 1 件、铁镞 10 件。①

十九、绥滨县永生村辽墓

绥滨县北岗乡永生村墓，1974 年 9 月发掘 26 座，初被认为是金墓，后被认为是辽墓。出土遗物较多，陶器、铜器、石器、玉器等。随葬铁器有敞口斜腹平底麻花状双提耳铁锅 1 件、弧背曲刃翘尖铁刀 1 件（图 4–27–1）、平背尖锋铁刀 1 件（图 4–27–2）、折背尖锋铁刀 1 件（图 4–27–3）、环镳铁马衔 1 件（图 4–27–4）、三角形凹锋扁体尾角圆铤铁镞 14 件（图 4–27–5、图 4–27–6）、扁凿形长身圆铤铁镞 6 件（图 4–27–7、图 4–27–8、图 4–27–12）、“曰”字形铁带卡 2 件（图 4–27–9、

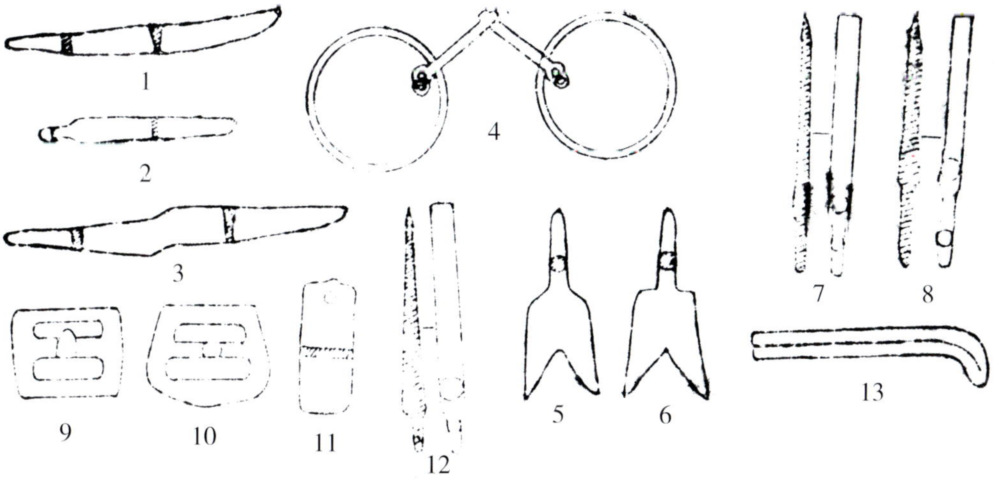

图 4–27

① 黑龙江省文物考古工作队．绥滨永生的金代平民墓．文物，1977 年第 4 期．

上卷

图 4-27-10)、曲首双股铁簪 1 件(图 4-27-13)。①

二十、大庆市沙家窑辽墓

图 4-28

大庆市大同区双榆乡沙家窑村，1986 年 6 月发现墓葬，随即清理。墓为土坑竖穴，平面近长方形。墓内葬有二人骨，为夫妻合葬墓。出土遗物有篦齿纹陶罐、玛瑙与绿松石珠。出土铁器有铁刀 1 件(图 4-28)。②

二一、黑河市卡伦山辽墓

黑河市四家子乡卡伦山村墓，1985 年 6 月发现，清理墓葬 19 座，出土文物达 155 件。墓为长方形竖穴土坑墓，有的较大，有的稍小，部分墓有木棺，棺较简单，在墓圹四周立置松木板，无棺盖和棺底，有覆桦树皮为盖的，墓多为二次捡骨葬，有的并经火烧，或殉有马头。随葬遗物有陶器、铜器、铁器、银器、漆木器、玛瑙绿松石骨与料珠等。出土铁器有铁带卡、铁马衔、铁甲片、铁削刀等。此墓群的年代皆为辽墓，它们是辽代女真族的墓葬。③

① 田华，胡秀杰，周美茹 . 黑龙江省绥滨永生墓群原貌 . 北方文物，1992 年第 3 期 .
② 云瑶，日平 . 黑龙江省大庆市沙家窑发现的辽代墓葬 . 北方文物，1991 年第 2 期 .
③ 芸薇，金源 . 黑龙江畔的卡伦山古墓葬 . 黑河学刊，1987 年第 4 期 .

第五章　北京地区出土的辽代铁器

第一节　遗址中出土的铁器

一、顺义区大固现村辽遗址

顺义区大固现村遗址，在村东北角，1958 年春发现。“这个地方是一个辽、金时代的遗址”，出土铁器有 6 件，它们为辽代遗存。圆尖后圆形凹入两面圆棋铁铧 1 件（图 5–1–1）、钝尖后三角形凹入一面折角一面半圆形突起铁铧 2 件（图 5–1–2、图 5–2–1）、扁銎三角形锄板扁体折曲柄耘锄 1 件（图 5–1–3、图 5–2–11）、圆顶弧边凹底背四穿鼻“卐”字纹铁犁镜 1 件（图 5–1–5、图 5–2–4）、平口缘下十二小孔半球形下有滴水管铁漏水器 1 件（图 5–1–4）。[①]

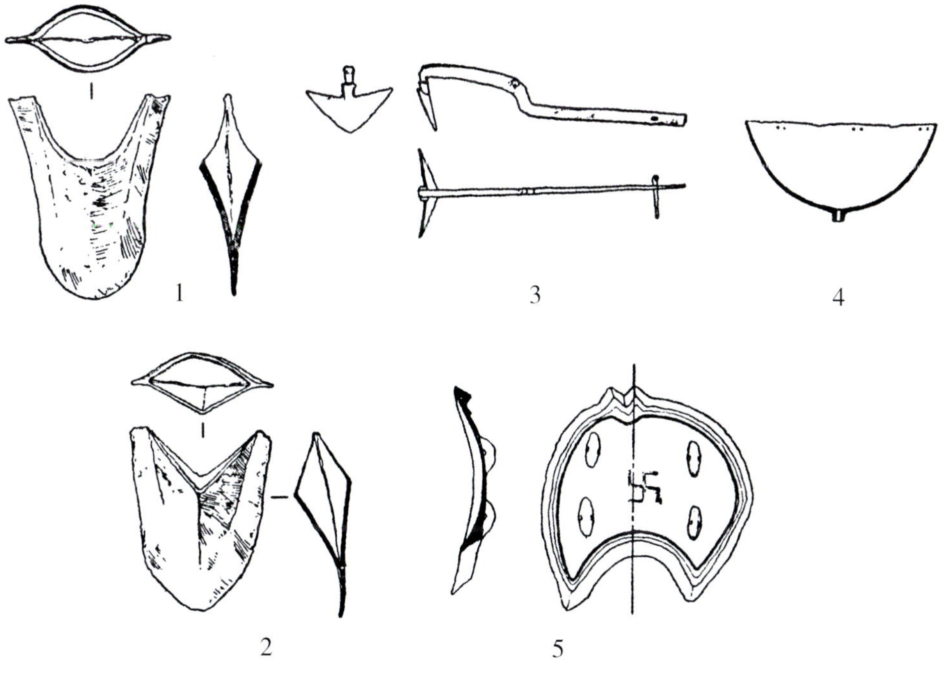

图 5–1

① 北京市文物工作队．北京出土的辽、金时代铁器．考古，1963 年第 3 期．

二、通州区东门外辽遗址

通州区（原通县）东门外遗址，1958 年 8 月发现。出土的铁器有平口外折沿直圆腹脐底腹间六长方形錾耳铁釜 1 件（图 5-2-16、图 5-3-3）、扁銎斜肩凸刃铁锄板（原报告称为“耪”，但“耪”为动词，如“耪地”，而非铁锄板，故改）1 件（图 5-3-4）、平刃抹角折柄深銎铁镰（报告称手铲）1 件（图 5-3-2）、弯背弧刃宽身扁柄铁镰 1 件（图 5-3-1）。[①]

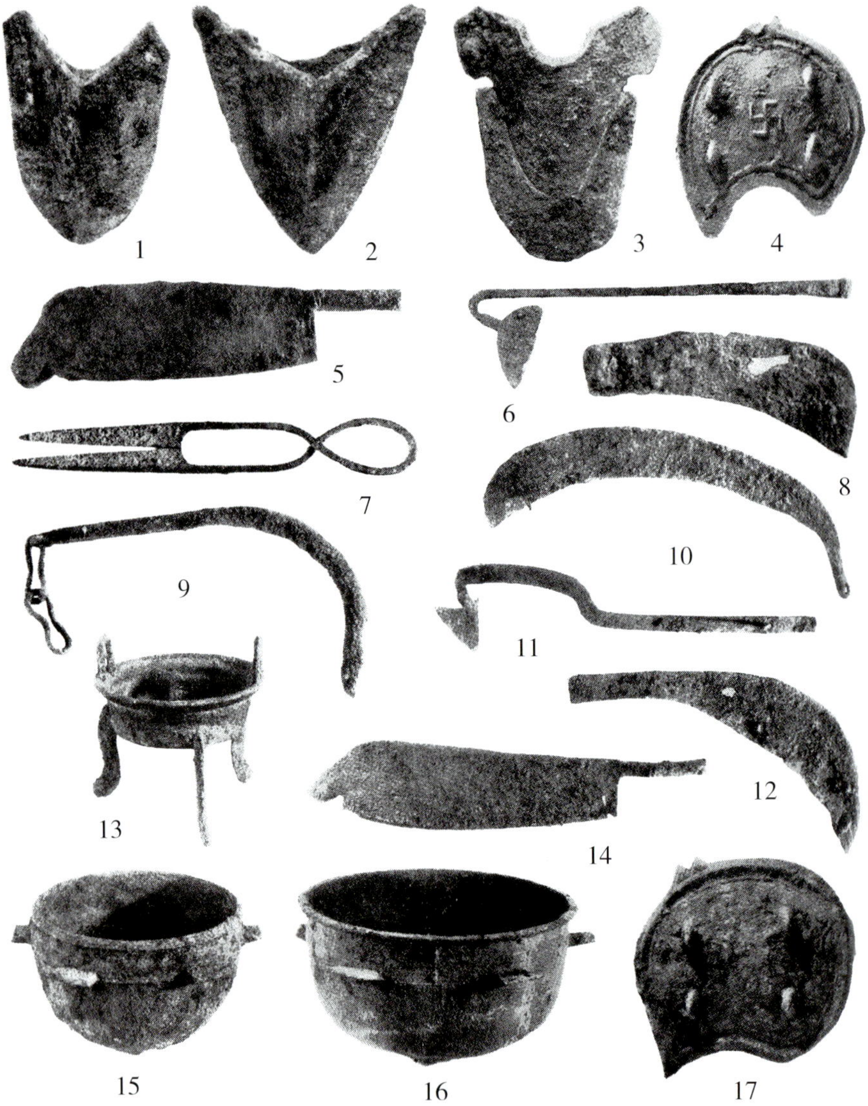

图 5-2

① 北京市文物工作队．北京出土的辽、金时代铁器．考古，1963 年第 3 期．

图 5-3

三、怀柔区上庄村辽遗址

怀柔区上庄村遗址，1958 年发现。从其出土铁器自身特点看，它应为辽代遗址，原报告依据绥中、新民遗址年代将其定为金元，实误。（按：绥中、新民二遗址是辽金遗址，原定年代有误。）此遗址出土铁器有平口外折沿直壁折腹脐底腹间六长方形鋬耳铁釜 3 件（图 5-4-1、图 5-2-15）、折沿直壁微凸底二竖耳三曲形足铁鼎 1 件（图 5-4-2、图 5-2-13）、敞口浅腹斜壁平底二立耳三折角足铁铛 1

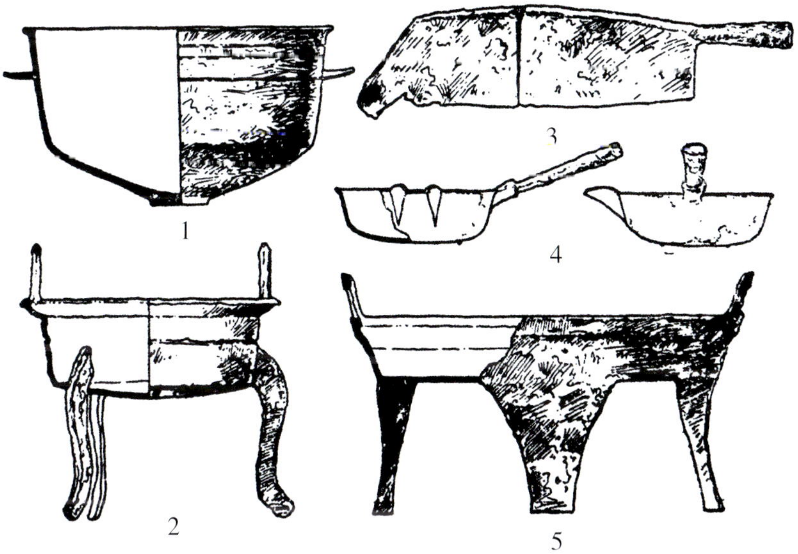

图 5-4

件（图 5–4–5）、展口直壁弧底长流短銎装柄四短足铁匜（原报告称“流勺”）2 件（图 5–4–4）、环股铁剪 1 件（图 5–2–7）、长穿鼻弧背直刃圆辆深銎铁铡刀 1 件（图 5–4–3、图 5–2–5）。[①]

四、房山区焦庄村辽窖藏

房山区焦庄村窖藏，在村南断崖上，1961 年发现。此窖藏出土铁器较多，达 64 件。按其类别可分为：

农具：平刃半月形锄板锐角弯钩直柄铁锄 8 件（图 5–5–1、图 5–2–6）、钝尖突刃上翘锐尖锄板曲柄直杠铁耘锄 2 件（图 5–5–4、图 5–6–6）。铁镰 5 件 [可分三式：一式为长身弧背曲刃扁方直柄铁镰刀（图 5–2–12），二式为短宽身背刃微曲柄部卷筒铁镰刀（图 5–2–8），三式是身弧背曲刃短直柄铁镰刀（图 5–2–10）]。弧背曲刃条形身坎直柄扁体柄端链环铁钩镰 1 件（图 5–5–6、图 5–2–9）、铁铧 7 件、椭圆桃状背四纽鼻铁犁镜 1 件（图 5–5–15、图 5–2–17）、平刃长身扁体梯形銎孔铁镐 1 件（图 5–5–17、图 5–6–1）、农具附件铁钩 7 件（图 5–6–12）、农具附件铁环 1 件（图 5–6–16）、农具附件链环 1 件（图 5–7–1）、农具附件转环 1 件（图 5–7–2）、农具附件铁环钩 1 件（图 5–7–3）、农具附件铁器 1 件（图 5–7–4）、农具附件铁器 1 件（图 5–7–5）。铁铧可分二式：一式为锐尖三角形后宽中央脊状凸起铁铧 6 件（图 5–5–14、图 5–2–2），二式为前端半圆形无脊活刃可调换头部铁铧 1 件（图 5–5–9、图 5–2–3）。

工具：斜刃宽身扁体扁五方形銎孔铁斧 2 件（图 5–5–13）、平刃扁身长柄圆銎铁凿 1 件（图 5–6–8）、前突鱼嘴形直背微凸刃圆銎柄铁铡刀 3 件（图 5–5–2、图 5–2–14）、内方孔外斜矩铁齿轮 1 件（图 5–5–7、图 5–6–9）。

马具：条形片状铁页折成笼头 1 件（图 5–7–6）、弯曲半环状铁马衔 1 件（图 5–6–4）。

兵器：尖锋扁体长柄圆銎铁矛 1 件（图 5–5–10、图 5–6–10）。

生活用具：三股圆肩铁叉 1 件（图 5–5–8、图 5–6–2）、三股平肩圆銎铁叉 2 件（图 5–5–11、图 5–6–3）、剑式尖平背直刃长柄扁身端有圆孔铁尖刀 1 件（图 5–5–3、图 5–6–15）、长节两端环孔铁链 1 件（图 5–7–7）、敞口双立耳浅腹平底三足铁铛 2 件（图 5–6–18）、敞口折沿双展耳三足铁铛 1 件（图 5–6–17）、敞口有流

① 北京市文物工作队 . 北京出土的辽、金时代铁器 . 考古，1963 年第 3 期 .

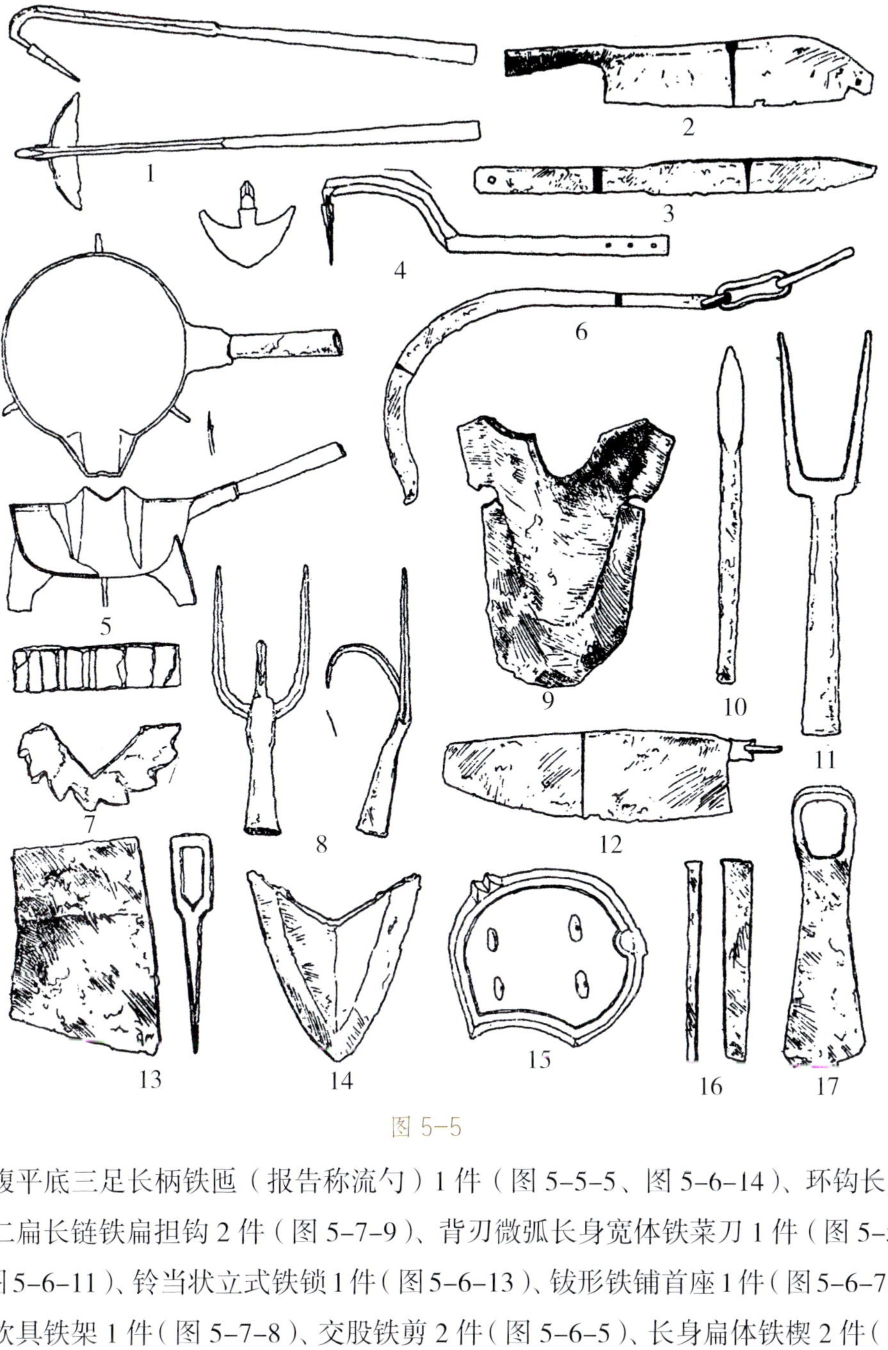

图 5–5

斜直腹平底三足长柄铁匜（报告称流勺）1 件（图 5–5–5、图 5–6–14）、环钩长身套接二扁长链铁扁担钩 2 件（图 5–7–9）、背刃微弧长身宽体铁菜刀 1 件（图 5–5–12、图 5–6–11）、铃当状立式铁锁 1 件（图 5–6–13）、钹形铁铺首座 1 件（图 5–6–7）、三足炊具铁架 1 件（图 5–7–8）、交股铁剪 2 件（图 5–6–5）、长身扁体铁楔 2 件（图 5–5–16）。此外，在此遗址中还有很多农具上的附件，不复记述。

上述所记北京顺义、通州、怀柔、房山四处遗址，关于其年代，调查报告结论说：“这批铁器大多是北京远郊区出土的，如顺义、怀柔、通州、房山等地。由于没有经过正式发掘，因此对这些遗址的地层关系不甚清楚，只能根据出土铁器的器形来推测它们的大概年代。通州出土的六鋬釜和怀柔出土的六鋬釜、双耳三

图 5-6

足铛、流勺、剪刀等，与北京彭庄辽墓出土的陶器模型的样式很相像，因此这两地出土的铁器可能是辽代的。焦庄和顺义出土的铁农具，与东北辽宁绥中县、新民县（今新民市——本书笔者注）出土的铁农具，也有共同之点，如铁镰、铁铡刀、铧头等等，式样很相像。焦庄的铁铧与北京金墓出土的铁铧一样，因此我们推断这两个地方所出土的铁器年代，可能是金代的。”①

① 北京市文物工作队 . 北京出土的辽、金时代铁器 . 考古，1963 年第 3 期 .

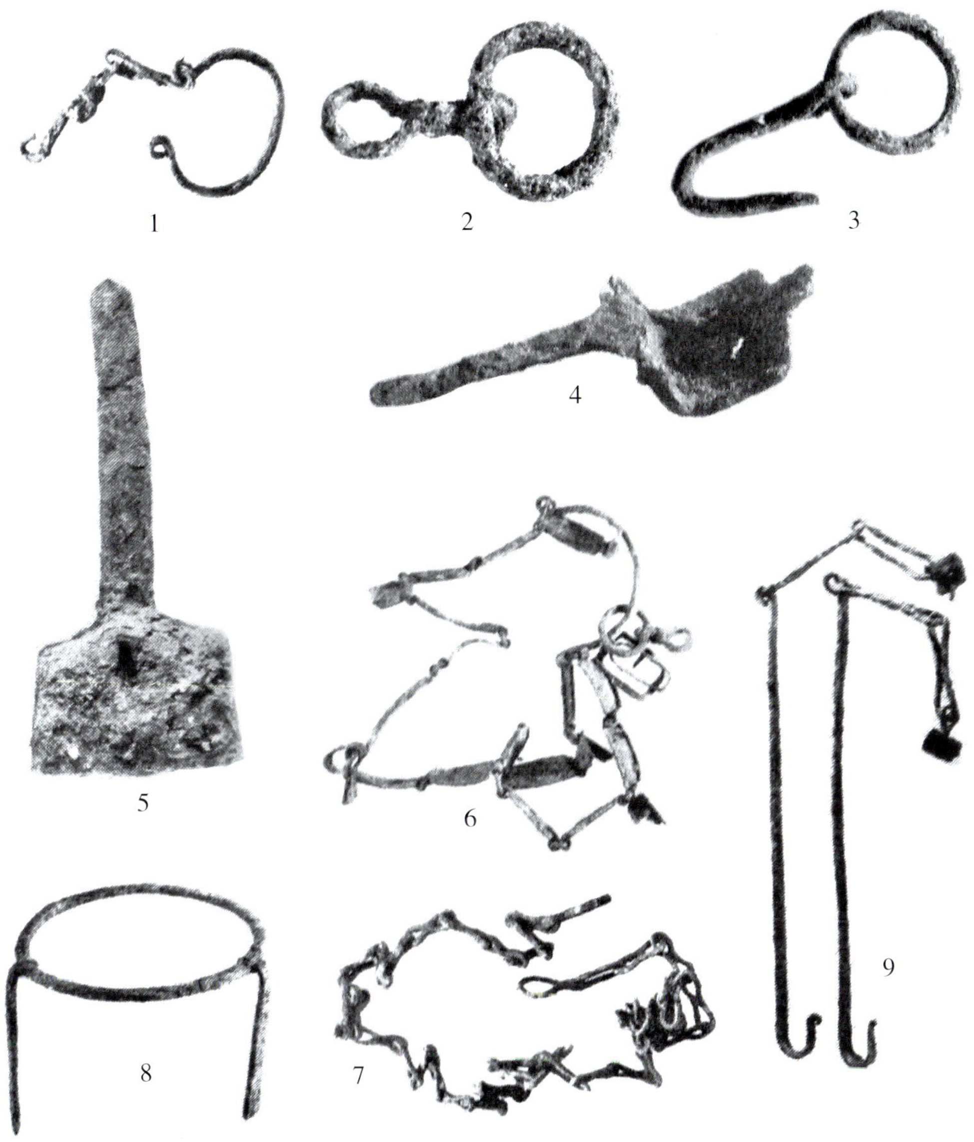

图 5-7

按：辽宁绥中城后村、新民前当铺这两处遗址，调查报告定为金元时期，实则此两处遗址面积都很大，文化层很厚，辽代遗物很多，且很明显，绥中城后村遗址应是辽金时代的，新民前当铺遗址应是辽金元的。遗址的年代，主要应是从辽代开始的，其地后来金代当有过沿用，但确定遗址年代时，辽代是不应漏掉的。对绥中城后村、新民前当铺村遗址调查、出土遗物以及写调查简报的过程情况，笔者 1954 年就在东北文物工作队，是较为熟悉这两处遗址的，故知定金、元时期有误。因此，如果仅据引用绥中、新民二地遗址以为据，以定北京等处遗存的年代，则将失之准确，则北京四地点出土铁器的年代定金代者，是应很好进行研究的。

这四处遗址出土的铁器，在后来的研究中也被认为是辽代的，如张忠培作序、北京市文物研究所编著的由所长宋大川主编的十卷本《北京考古史》中于璞著《辽代卷》，即将此四处遗址出土铁器全部列入其中。本书中的铁器测绘图，即采用该书所附原报告之器物图。[①]

五、怀柔区南房村辽遗址

北京市怀柔区北房镇南房村东，为村落遗址，面积 2 万平方米，有几个时代遗存。属于辽代的遗址，出土鸡腿瓶、砖瓦残片、宋钱等，铁器有六鋬耳铁釜。[②]

六、房山区常舍村辽窖藏

房山区琉璃河地区常舍村东 100 米处，1983 年发现一处窖藏，埋藏皆为铁器，俱是六鋬耳铁釜，计出土六件，造型与尺寸相同，其中有 3 件破损。[③]

七、密云县栗榛寨辽遗址

密云县高岭镇栗榛寨村西北山谷中部高地，遗址面积 3000 平方米，在地表下 2 米，有 1 米厚的文化层堆积，发现有房址、墙基、灶址等。出土遗物除各种瓷器片、沟纹砖外，铁器有铁锄、铁斧、六鋬耳铁釜。[④]

八、密云县车道峪辽遗址

北京市密云县太师屯镇车道峪村内安达木河北侧高坡上，遗址面积约 8000 平方米，大部分遗址压在民居下。在地表下 1 米处发现砌灶址、墙基和炭灰，出土遗物有釉陶、瓷片、沟纹砖与宋代铜钱，铁器有六鋬耳铁釜。[⑤]

---

① 宋大川主编，于璞著．北京考古史：辽代卷：第四章．上海古籍出版社，2012 年 12 月：第 84-86 页．

② 宋大川主编，于璞著．北京考古史：辽代卷：第二章．上海古籍出版社，2012 年 12 月：第 38 页．

③ 北京市文物局编．北京文物地图集．科学出版社，2009 年版．

④⑤ 宋大川主编，于璞著．北京考古史：辽代卷：第二章．上海古籍出版社，2012 年 12 月：第 37 页．

九、密云县黄土坎遗址

北京市密云县不老屯镇黄土坎村东40米半山坡上，1976年发现，遗址面积2000平方米，距地表1米以下发现有房址、灶址等遗迹。出土遗物有陶、釉陶、瓷器片、沟纹砖等，铁器有铁马镫。[1]

附：北京西便门窖藏

北京市西便门外石桥东断崖上，20世纪五六十年代发现一处铜器窖藏，为辽代窖藏，出土各种铜器17件。其中有一件三足铜火盆（图5-8），具有典型辽代特点，[2]因此收入本书，足资参考。

图5-8

第二节　墓葬中出土的铁器

一、南郊西马场洋桥村辽赵德钧墓

位于北京市南郊西马场洋桥村，1960年8月发掘，为辽赵德钧与种氏夫妻合葬墓。墓志铭载赵德钧为“辽故卢龙军节度使、太师、中书令、北平王、赠齐王”，于应历八年（958年）葬，是辽代早期墓葬。赵德钧墓为砖筑，结构庞大复杂，有前中后三主室、六耳室，出土有墓志，并有文物多件，墓室绘壁画。铁器有出于右前室灶上

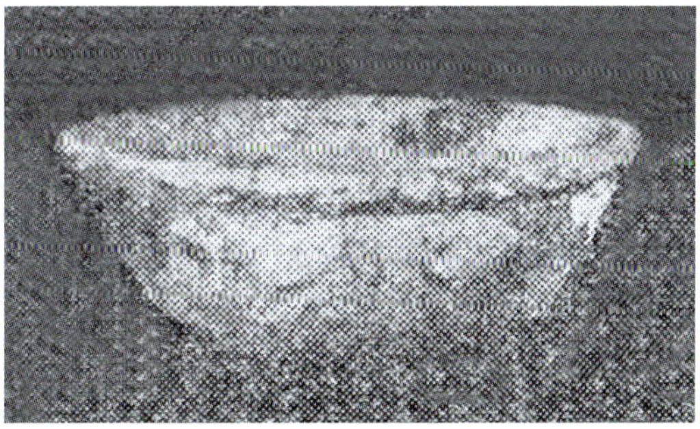

图5-9

① 宋大川主编，于璞著．北京考古史：辽代卷：第二章，上海古籍出版社，2012年12月：第38页．

② 宋大川主编，于璞著．北京考古史：辽代卷：第四章，上海古籍出版社，2012年12月：第90页．

铁锅 1 件（图 5-9）。[1]

二、西郊八宝山辽韩佚墓

北京市西郊八宝山殡葬管理所院内，1981 年因施工发现一墓，6 月发掘。墓为砖筑圆形单室墓，前有仿木构墓门和甬道，室内彩绘壁画。墓中出土墓志二，为韩佚一方、其妻王氏墓志一合，知为辽韩佚与王氏夫妻合葬墓。韩佚是辽代名臣韩颎即韩延徽之孙，韩德邻之子、韩德枢之侄，韩佚官至始平军、辽州、御史大夫、上柱国、昌黎县开国男，死于统和十三年（993 年）六月，葬于圣宗统和十五年（997 年），为辽代中期墓葬。墓中出土遗物丰富，有陶器、瓷器与银、铜、漆、木等器物。铁器出土有铁饰架 1 件（图 5-10）、铁钉等。

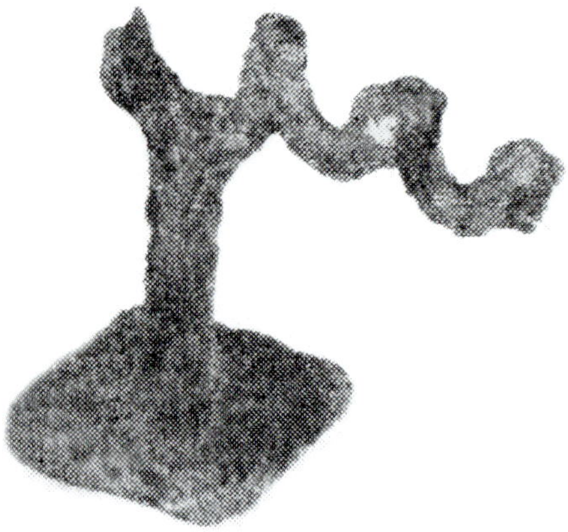

图 5-10

另外，此墓出土许多陶明器，颇为形象，有的与铁器造型相同，形制很典型，对研究辽代铁器有参考价值，如陶釜，异常完整，对了解和认识相同的铁釜形制、年代很有帮助，故亦收录于本书中：六錾耳陶釜 1 件（图 5-11-2、图 5-12）、六錾耳陶釜 1 件（图 5-11-5）、三足陶铛（原报告称“三足炉”）1 件（图 5-11-1）、三足陶鏊子 1 件（图 5-11-3、图 5-13）、三足陶火盆（原报告称“陶三足炉”）1 件（图 5-14）、陶熨斗 1 件（图 5-11-4）。[2]

三、西郊百万庄辽丁文逌墓

北京市西郊百万庄辽墓，在 1958 年发掘，计有两座墓，均出土有铁器，现分别记述如下：

一号墓：系辽代丁文逌及其子丁洪墓。丁文逌墓志铭载“皇辽故太子左卫率府率银青崇禄大夫检校右散骑常侍潞县鞠铁都监云骑尉”，卒于天庆三年（1113 年）。墓为砖筑，圆形双室，中有甬道相通，分别葬丁文逌及其子丁洪。墓中出土文物，有陶瓷器等残件。墓中铁器有三足铁灯架 1 件、铁灯碗 1 件、横式铁锁 1 件。

---

① 苏天钧 . 北京南郊辽赵德钧墓 . 考古，1962 年第 5 期 .

② 黄秀纯，傅公钺 . 辽韩佚墓发掘报告 . 考古学报，1984 年第 3 期 .

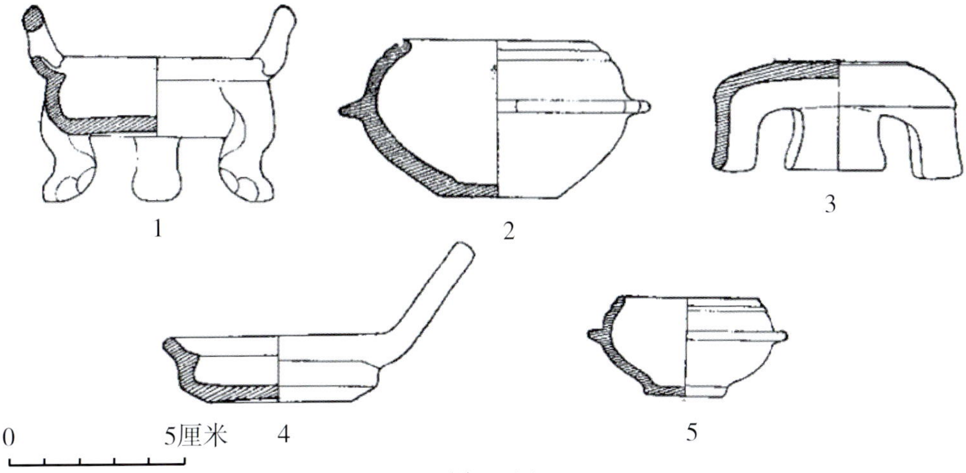

图 5-11

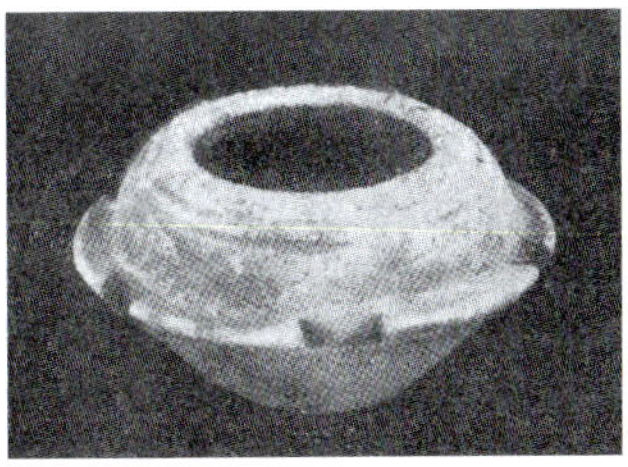

图 5-12

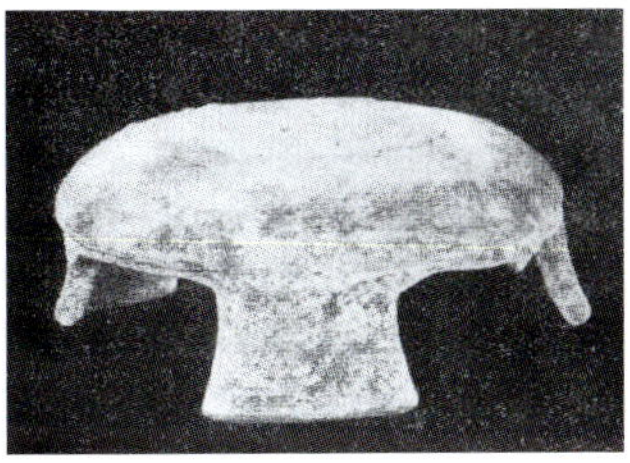

图 5-13

图 5-14

二号墓：砖筑墓室，平面做八角形。墓因被盗，遗物有白瓷片和北宋铜钱。铁器出土有铁锁 1 件。[1]

四、房山区刘李店辽墓

在房山区刘李店村东南 50 米，自 1973 年以来，陆续发现不同时期的墓葬。其中辽墓为砖筑单室墓，墓室平面方形，四壁微向外弧。出土遗物陶瓷器多件，铁器有铁犁头、铁灯、铁铃。[2]

五、顺义区安辛庄村辽墓

顺义区木林乡安辛庄村墓，1988 年发掘，是一座砖筑圆形单室墓。出土陶瓷器鸡冠壶等遗物，其时代被认为是在辽圣宗时期。墓中出土的铁器较多，有：

① 苏天钧．北京西郊百万庄辽墓发掘简报．考古，1963 年第 3 期．

② 北京市文物局编．北京文物地图集．科学出版社，2009 年版．

工具：平顶长身横銎铁斧1件（图5-15-1、图5-16）、长身扁体平面横圆柄铁锉1件（图5-15-5）、窄刃长身圆銎有隙铁凿1件（图5-15-6）、扁刃有隙銎铁扁铲1件（图5-15-3）、平刃弧背方柄圆銎铁削铲1件（图5-15-4）。

马具：高体扁身穿鼻铁马镫2副（图5-15-9、图5-17）、环镳两节铁马衔1件（图5-15-10、图5-18）、长方形铁带卡1件（图5-20-5）。

兵器：尖锋直背斜长刃扁铤铁刀1件（图5-15-11）、三翼式镞头橄榄形骨哨铁鸣镝6件（图5-21）、丫形双扇锋扁体尾角圆铤铁镞10件（图5-20-1）、凸锋

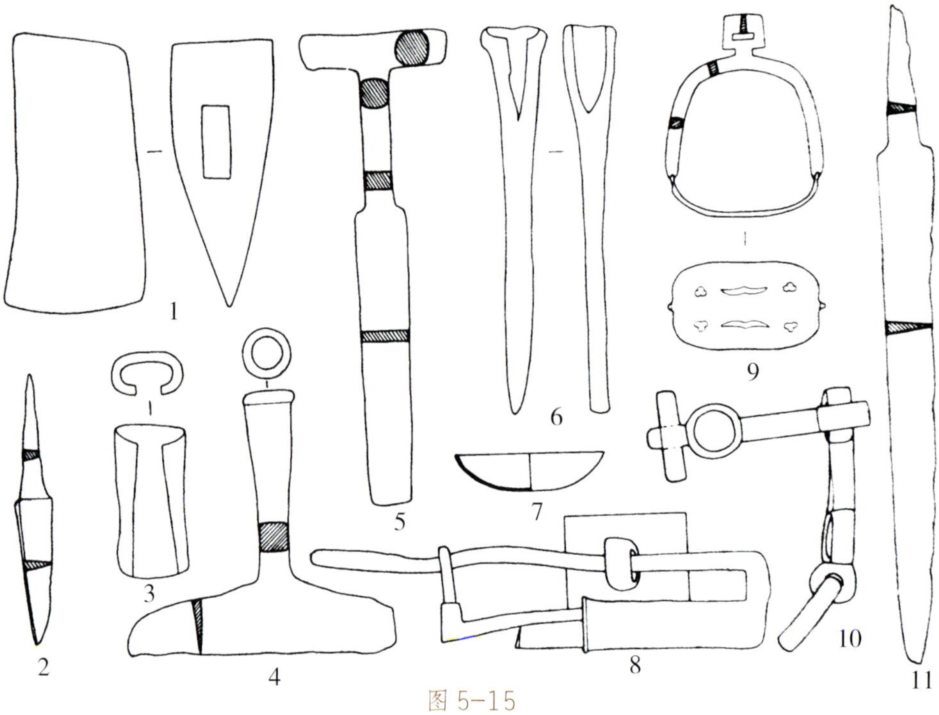

图5-15

图5-16

图5-17

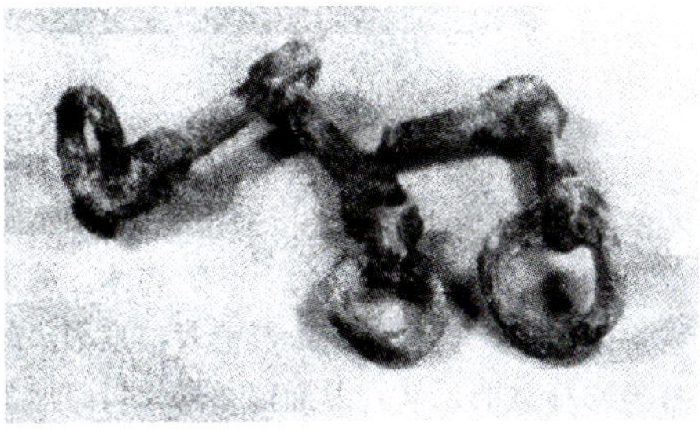

图 5-18

图 5-19

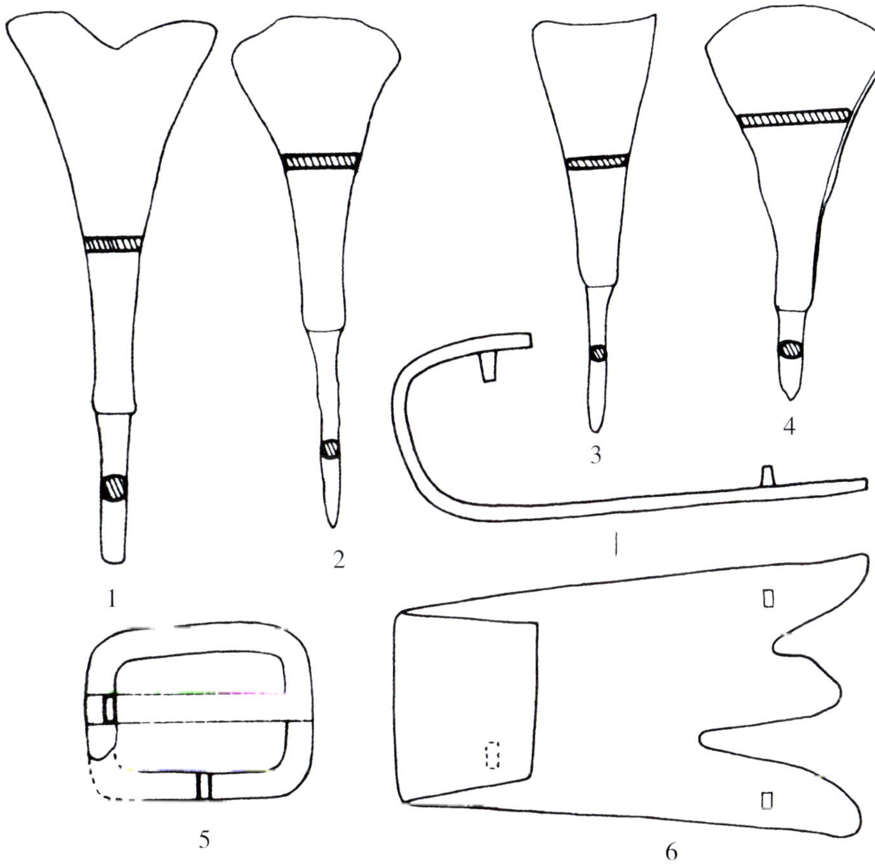

图 5-20

扁体尾角方铤铁镞 17 件（图 5–20–2）、凹锋扁体尾角方铤铁镞 7 件（图 5–20–3）、凸锋扁体尾角椭圆铤铁锨 1 件（图 5–20–4）。

生活用具：尖锋厚背斜直刃小铁刀 1 件（图 5–15–2）、穿鼻铺首横式铁锁 1 件（图 5–15–8、图 5–19）、门轴铁包角 4 件（图 5–20–6）、敞口圆腹圜底失柄铁勺 1 件（图 5–15–7）。

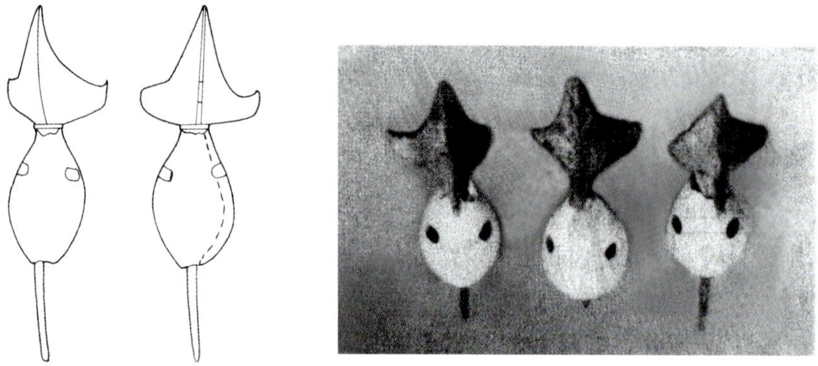

图 5-21

此外，还出土扁体铁棺钉 16 件。①

六、密云县大唐庄辽墓

密云县城关镇大唐庄墓，因建住宅发现此墓地，经发掘，辽墓计 11 座，俱为砖室墓，南北方向，出土文物不计铜钱数，有 86 件（套）。其中有两座辽墓出土铁器：

十四号墓，出土文物多件，并有墓志，墓志文甚长，惜石残破，名为“晋卿”（按：本书笔者据墓志拓本看，墓主人似姓“张”），墓中铁器有铁灯 1 件。

十五号墓，陶瓷器、铜镜等多件，铁器出土有铁灯 1 件。②

七、海淀区羊坊店辽墓

海淀区羊坊店邮电局宿舍北，墓葬保存完好，长方形，沟纹砖筑，为一女性墓。出土各种遗物多件，铁器有铁剪 1 件。③

附一：西城区先农坛辽墓

西城区先农坛南部工厂，1973 年年初发掘一座辽墓，为砖筑单室圆形，出土多件随葬遗物。其中墓室在建造上，于墓门两侧壁上分别砌有影作的雕砖灯檠和桌子，灯檠即三足高檠铁灯一种建筑表现形式；在出土遗物中，有三足陶火盆（原

---

① 王武钰，祁庆国．北京顺义安辛庄辽墓发掘简报．文物，1992 年第 6 期．

② 宋大川主编，于璞著．北京考古史：辽代卷：第六章．上海古籍出版社 2012 年 12 月：第 156、159 页．

③ 刘连成，李达．海淀区羊坊店辽墓．中国考古学年鉴．1992．文物出版社，1994 年版．

报告称“三足洗”）1 件（图 5-22-1）、陶熨斗 1 件（图 5-22-2）。[①] 此墓所见资料，皆可为研究之参考。

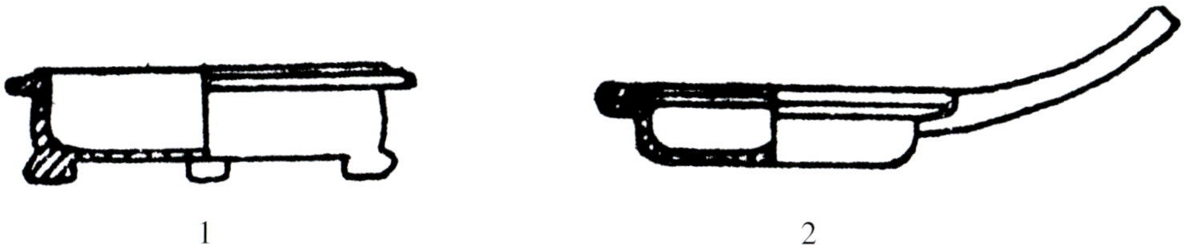

图 5-22

附二：大兴区东白塔村辽墓

大兴区安定镇东白塔村，2008 年 9 月发现一座辽墓。此墓为砖筑单室圆形墓室，墓室内周围有影作仿木建筑结构与仿木家具七组，在这些墓室装饰中，反映铁器内容的有两组结构可作参考：一组在墓室正北面，为一砖造假门，门上锁有一个横式铁锁（图 5-23）；一组在墓室西北面，为一梳妆架。[②] 此二件在出土辽代文物中都有发现，因此可供研究辽代铁器的参考。

图 5-23

① 马希桂. 北京先农坛辽墓. 文物，1977 年第 11 期.

② 宋大川主编，于璞著. 北京考古史：辽代卷：第六章. 上海古籍出版社，2012 年 12 月：第 125 页.

附三：大兴区团河农场辽墓

大兴区团河农场，2009 年 5 月因工程发现辽墓，共清理两座。其中一号墓，为沟纹砖建筑，墓室平面为单室圆形，出土遗物为陶器、瓷器，计 15 件。陶器都为仿生活用具，其中有：陶熨斗（图 5-24-1）、六鋬耳陶釜（图 5-24-2）、三足陶铛（图 5-24-3）、陶勺（图 5-24-4）等，与相同年代的铁器一致，因其出土在辽墓里，年代明确，故可参考。[①]

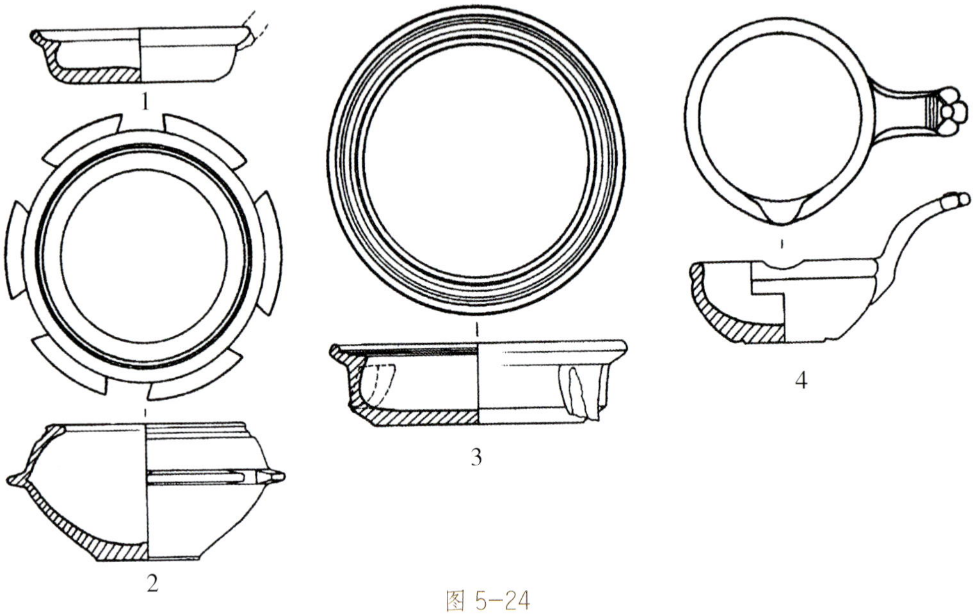

图 5-24

附四：门头沟区龙泉务村辽墓

门头沟区龙泉务村西北，因建设工程用地，于 2005 年进行考古发掘，发现不同时期墓葬 126 座。现将辽代相关墓葬选择几项加以介绍，以便了解。墓均为砖筑圆形单室墓，南北向，穹隆券顶。遗物各墓不等，均有出土，计有陶器、瓷器、唐宋铜钱。各墓出土陶器中，多有仿铁器制作的陶明器，如釜、火盆、剪等，此类随葬品具有十分明显的时代特点，对辽代铁器的研究很有启发，可借以了解辽代铁器的时代。下面引用几座墓的相关材料，墓葬本身年代依原报告结论。

十九号墓：为砖石混筑圆形单室墓，年代为辽代早期。出土陶仿铁器的遗物，

① 宋大川主编，于璞著 . 北京考古史：辽代卷：第五章 . 上海古籍出版社，2012 年 12 月：第 127 页 .

有：掩口图腹斜柄有流平底陶匜 1 件（图 5–25）。

二十号墓：为砖石混筑单室圆形穹隆顶墓，年代为辽代中期。出土陶仿铁器的遗物有掩口口外两道弦沟纹腹外展沿斜圆腹小平底陶釜 1 件（图 5–26）、圆形平面折肩三大足陶鏊子 1 件（图 5–27）、展沿平唇浅腹大平底三兽蹄足陶火盆（原报告称“三足盆”）1 件（图 5–28）。

图 5–25

图 5–26

图 5–27

图 5–28

二十七号墓：为砖石混筑单室圆形墓，年代为辽代中期。出土陶仿铁器的遗物有掩口外两道弦沟纹腹外部平沿斜直腹小平底涂红彩陶釜 1 件（图 5–29）、平顶外敞斜壁一道弦沟纹三足鏊子 1 件（图 5–30）、外展沿平唇浅腹平底三足内壁涂红彩陶火盆 1 件（图 5–31）、斜柄敞口平唇浅腹平底内壁饰红彩陶熨斗 1 件（图 5–32）。

图 5–29

图 5–30

图 5-31

图 5-32

十七号墓：为砖筑单室圆形券顶墓，年代为辽代中期。出土陶仿铁器的遗物有掩口腹外部展沿收腹平底陶釜 1 件（图 5-33）。

二十八号墓：年代为辽代中期靠后。出土陶仿铁器的遗物有外折宽沿浅腹平底三足口沿及内壁涂红彩陶火盆 1 件（图 5-34）。

图 5-33

图 5-34

十六号墓：为砖筑单室圆形券顶墓，年代为辽代晚期。出土陶仿铁器的遗物有侈口平唇浅腹平底三锥足内壁涂朱色三足陶火盆 1 件（图 5-35）、侈口平唇浅腹平底斜柄陶熨斗 1 件（图 5-36）、掩口弦沟纹腹外展沿收腹小平底陶釜 1 件（图 5-37）、环股陶剪 1 件（图 5-38）。

二十一号墓：年代为辽末。出土陶仿铁器的遗物有掩口外两道弦沟纹腹外部

图 5-35

图 5-36

图 5-37

图 5-38

展沿斜腹小平底陶釜 1 件（图 5-39）、直口立领腹外平沿斜腹三足陶釜 1 件（图 5-40）、外展平沿漫圆腹平底下置三足内涂红色陶火盆 1 件（图 5-41）、展沿平唇浅腹内壁涂红彩大平底三足陶火盆 1 件（图 5-42）、侈口平唇斜直柄浅腹内壁皆涂红彩陶熨斗 1 件（图 5-43）。

图 5-39

图 5-40

图 5-41

图 5-42

二十九号墓：年代为辽代末年。出土陶仿铁器的遗物有掩口两道弦沟纹腹外展沿斜直腹平底陶釜 1 件（图 5-44）、直口立领一道凸弦腹圆收平底三足陶釜 1

图 5-43

图 5-44

件（图 5-45）、圆形平面坡状向下斜展涂红彩三足陶鏊子 1 件（图 5-46）、敞口展沿平唇曲腹平底三足陶火盆 1 件（图 5-47）、宽平沿三道弦沟纹浅腹平底三足陶火盆 1 件（图 5-48）、敞口浅腹平底陶熨斗 1 件（图 5-49）、环股铁剪 1 件（图 5-50）。①

图 5-45

图 5-46

图 5-47

图 5-48

龙泉务村辽代墓葬中的陶釜、陶鏊子、陶火盆、陶熨斗等，在其器物的内壁涂有红彩，这表明这些器物内装有炭火，且燃力正旺，因而器内用涂上红色以表

① 北京市文物研究所．北京龙泉务辽金墓葬发掘报告：第二章墓葬介绍．文物出版社，2009 年 1 月：第 12-178 页．

图 5-49

图 5-50

示，恰好也说明了其功能。

附五：大兴区西杭子村辽墓

大兴区青云店镇东南的西杭子村王致和腐乳厂西墙外，2002 年 4 月发现两座墓，随即进行清理。两墓均为砖筑单室圆形墓，仿木构建筑斗拱及影作桌椅等，绘有彩色壁画，随葬遗物主要是陶器和瓷器，其壁画和陶器均有与铁器有关的内容，故可供研究参考。

一号墓：壁画，墓室南壁“墓门西侧绘一侍女，高髻簪花，面部丰满，着红衣，束白丝带，立于一枝灯旁，作点灯状。该灯有三个黑色灯碗，下方两侧的二个灯碗为绘制，上方中央的一个用雕砖影作，凸显于墓壁”（图 5-51）。墓室北壁彩绘“门的西侧绘有一红边木箱，箱子正面有一横置的黑色锁具；箱子顶面放置一直口鼓腹容器，容器表面饰有垂环纹及折线，仿编织篓状，内盛满方孔圆形钱币；箱子后面有一高髻簪花、面部丰满、着浅色衣的侍女坐于椅子上，右手托腮，肘部支撑于箱子顶部，做休息状”（图 5-52）。陶器有三足陶鏊子（原报告称“陶锅”，

图 5-51

图 5-52

因此它在图中被倒置）1 件（图 5-53-1）、环股陶剪 1 件（图 5-53-2）。

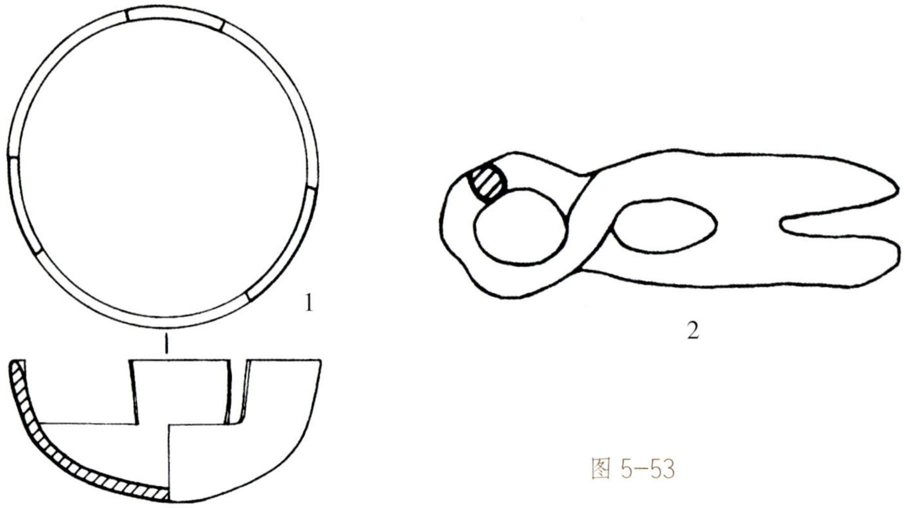

图 5-53

二号墓：随葬陶器仿铁制器物主要有六錾耳陶釜 1 件（图 5-54-1）、三足陶鏊子（原报告称“陶锅”，图中器物因此被倒置）1 件（图 5-54-5）、敞口附耳折腹平底三足陶火盆（报告称陶三足盆）1 件（图 5-54-4）、敞口折腹长柄口柄有花纹陶熨斗（报告称陶铛）1 件（图 5-54-2）、直口圆唇有流圆腹平底曲柄陶勺 1 件（图 5-54-3）、环股陶剪 1 件（图 5-54-6）。

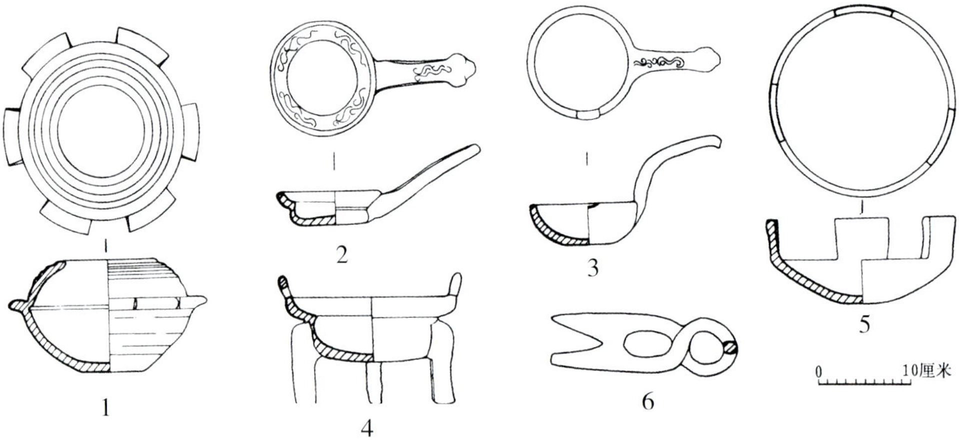

图 5-54

此二墓的年代，报告认为：“从器物特点看，这批器物的时代早于 2000 年北京市丰台区发掘的辽墓的时代（该墓葬于 1043 年），所以这两座墓葬的时代应为辽代早期。”①

① 北京市文物研究所 . 北京大兴区青云店辽墓 . 考古，2004 年第 2 期 .

附六：大兴区北程庄辽墓

大兴区黄村镇北程庄村东北 150 米，2008 年 5 月因建居民小区发现不同时期墓葬 48 座，其中辽代墓葬 12 座。辽墓中出土文物主要为陶瓷器，但陶器中有许多是仿日常生活用的铁器制作的陶明器，但这些仿制铁器的陶明器却能反映出日常生活用铁器的实际情况，故于此选择一些相关的出土遗物，以为研究铁器的参考。

十七号墓：砖筑圆形单室壁画墓，穹隆券顶，仿木构建筑结构。出土仿铁器的陶器有直口外三道弦沟纹腹部出平沿斜腹平底三足陶釜 1 件（图 5–55）、环股铁剪 1 件（图 5–56）、外展宽平沿两道弦沟纹浅腹平底内涂红色三足陶火盆 1 件（图 5–57）。

十八号墓：砖筑圆形单室穹隆顶壁画墓，仿木构建筑，出斗拱等。遗物中有仿铁器的陶器：敛口平沿圆腹平底外施红彩陶釜 1 件、大口展沿圆腹平底陶甑 1 件（图 5–58）、大口展沿平唇微斜腹平底通体施红彩三足陶火盆 1 件（图 5–59）、大口展沿斜柄浅腹平底内施红彩陶熨斗 3 件（图 5–60~ 图 5–62）、环股陶剪 1 件（图 5–63）、敛口有流圆腹斜柄平底陶匜 1 件（图 5–64）。

图 5–55

图 5–56

图 5–57

图 5–58

图 5-59

图 5-60

图 5-61

图 5-62

图 5-63

图 5-64

二十一号墓：砖筑圆形单室墓，穹隆券顶。随葬陶仿铁器遗物有敛口外两道弦沟纹环平沿斜小平底施红彩陶釜 1 件（图 5-65）、敞口平唇斜柄浅腹平底内施红彩陶熨斗 1 件（图 5-66）、环股陶剪 1 件（图 5-67）。

二十六号墓：砖筑圆形单室仿木结构建筑穹隆券顶墓。出土仿铁器陶明器有大平顶周饰凸弦纹斜三足通体施红彩陶鏊子 1 件（图 5-68）、敞口方圆唇斜柄浅腹平底内施红彩陶熨斗 1 件（图 5-69）、环股陶剪 1 件（图 5-70）。

三十一号墓：砖筑圆形单室穹隆券顶墓。随葬仿铁器的陶明器有敛口外两道弦纹斜腹平底陶釜 1 件（图 5-71）、平沿斜腹平底平顶折腹三足陶鏊子 1 件（图

图 5-65

图 5-66

图 5-67

图 5-68

图 5-69

图 5-70

图 5-71

图 5-72

5-72)、外展平沿两道弦沟纹圆腹平底三兽蹄足内施红彩陶火盆1件(图5-73)、敞口平沿浅腹平底斜柄器施红彩陶熨斗1件(图5-74)。

图5-73

图5-74

四十一号墓:砖筑圆形单室穹隆券顶墓。出土仿铁器的陶明器有敞口外展宽平沿三道弦沟纹浅腹平底三足陶火盆(原报告称“陶三足盆”)1件(图5-75)。

四十三号墓:砖筑圆形单室穹隆券顶墓。随葬陶仿铁瓷器有敞口外展宽平沿三道弦沟纹浅腹平底陶火盆1件(图5-76)。[1]

图5-75

图5-76

北京市大兴区黄村镇北程庄村辽墓出土遗物中,虽然没有铁器,出土皆为陶器,但其相关遗物都为仿制铁器而制作的陶明器,其形制即使或有差别,也不会相去甚远,故可作为研究铁器之参考。

① 北京市文物研究所.大兴北程庄墓地.科学出版社,2010年12月版.

第六章　河北地区出土的辽代铁器

第一节　城址中出土的铁器

隆化县下洼子村辽北安州城址

辽北安州土城遗址，在河北省隆化县城北下洼子村西，1979年调查并发掘。报告称："在城内曾出土了大量铁器，有时一次出土即达几十公斤。"其数量很大，有铁锄、铁镰、铁犁镜、铁叉、铁斧、高体扁身穿鼻铁马镫、两节双环铁马衔、铁骨朵、铁漏勺、熨铁、横式铁锁2件、环股剪刀2件等。[①]

第二节　遗址中出土的铁器

一、承德辽驿道馆顿遗址

宋辽时期通使，自辽南京（今北京市）北去过古北口，至辽中京（今宁城县大明城村古城址）、上京（今巴林左旗林东镇南古城址）有驿道，当时建有馆舍及中顿，中经承德地区，今仍存有当年的遗址，调查发现遗物较多，其中出土铁器有：

打造馆：今隆化县韩麻营子村后海代沟，出土有辽代铁锄。

鹿峡馆：今承德县东山嘴村荞麦地沟门台子地，出土有辽代六錾耳铁釜、铁锄、铁砧。

铁浆馆：今平泉县罗杖子村，出土有辽代铁镰。

铁浆馆中顿：今平泉县深家营子村，出土有铁镰、铁犁、铁犁镜。[②]

---

① 郑绍宗，孙慧君. 隆化皇姑屯辽北安州及其附近遗迹调查简报. 文物春秋，1991年第2期.

② 成长福，李柏龄. 辽中京至南京口外驿道调查. 社会科学战线，1984年第1期.

二、承德县三沟村辽窖藏

承德县三沟村窖藏，遗物埋在一个泥质灰陶罐中，出土有瓷器9件、铁器8件和铜钱5枚。其中有铁器8件，保存较好的为：横式铁锁1件（图6–1）、钉马桩1件（图6–2）。[1]关于窖藏年代，调查报告在与各地文物单位收藏及曲阳定窑遗址、察右前旗豪欠营六号辽墓、新民巴图营子辽墓出土文物比较后均相同和一致，而其结论则说："窖藏的时代当为辽代晚期，或辽末金初。"

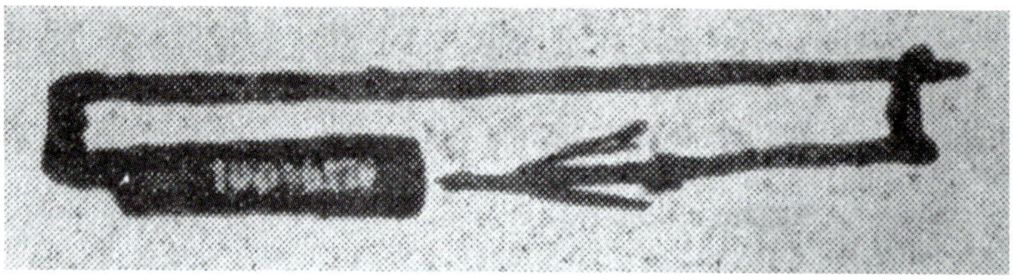

图6–1

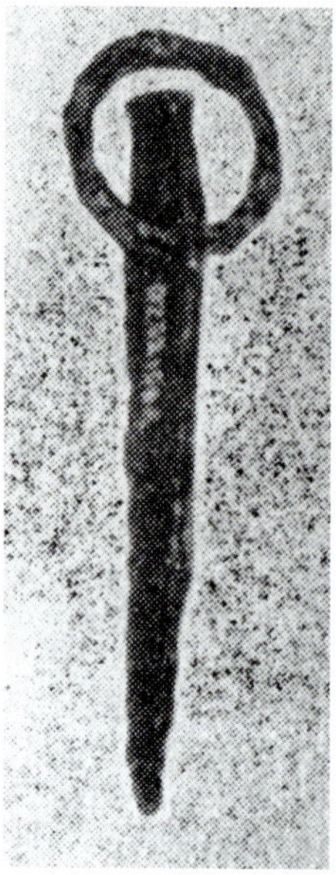

图6–2

笔者按：此窖藏遗物不多，但非常典型，白釉瓷碗、白釉深腹碗、转轮菊纹器盖，均为辽瓷，尤其白釉瓜棱状注壶，更是典型辽代瓷器，出土铜钱有"崇宁通宝"2枚、"崇宁重宝"3枚，均为北宋徽宗早年所铸，窖藏中不见时代较晚的遗物。因此，这处窖藏实为辽代遗存。

三、平泉县党坝村辽铁器窖藏

平泉县党坝村窖藏，为村民挖建房地基时发现，根据其特点，与几地相似考古发现比较，认为是"辽金遗物"。调查报告说："平泉县辽代属中京道泽州辖境，金为北京路大定府神山县地，几年来，我县经常发现辽金文物。党坝这一窖藏文物的发现，又为平泉辽金文物研究提供了实物资料。"（按：此窖藏遗物比较单一，皆为铁器，虽无断代明确的其他遗物，但此窖藏以其遗物特征看，应是辽代。）出土铁器均放于铁釜内，计有六鋬耳铁釜2件（图6–3）、弧背弧刃铁镰1件（图6–4上）、直背直刃铁镰1件、铁锄板1件（图6–4中）、菱脊圆銎铁矛2件（图6–5右1、右2）、铁斧1件（图6–4下）、铁凿1件（图6–5左1）、铁钩1件（图6–5左2）、

① 田淑华．承德县三道沟村发现辽金窖藏．文物，1986年第6期．

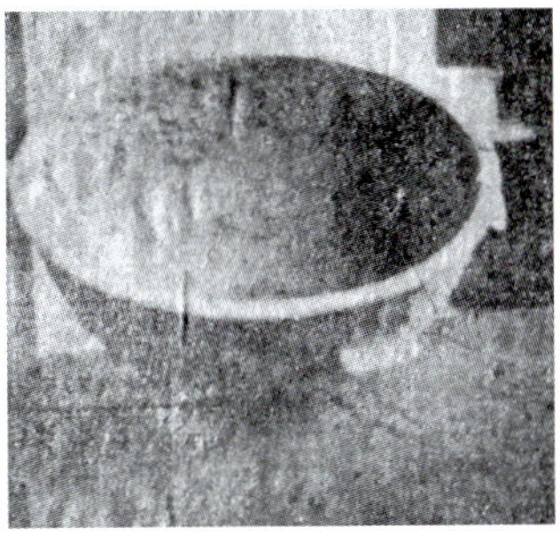
图 6-3

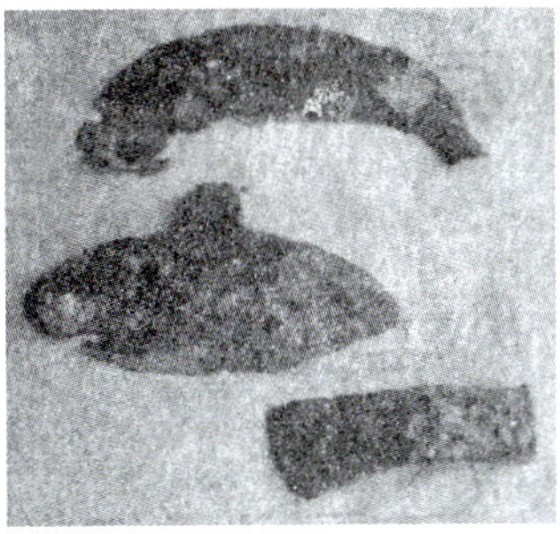
图 6-4

图 6-5

铁趟头 1 件。[①]

四、平泉县高台子村辽遗址

平泉县黄土梁子乡高台子村北的北山脚下台地上，1977 年秋平整土地中发现此遗址。从土层看，陶片、瓷片、瓦片、木炭等遗物及灰坑随处可见，同时，多处发现地脚石，文化层厚度可达 1.5 米。这处遗址遗存很丰富，是一处居住址。清理出土的遗物有六鋬耳铜釜、六鋬耳铁釜、辽三彩罐、铁铧、铁镰、宋代货币等 50 多件。[②]（按：此遗址从报告情况看，应是辽代。）

五、宽城县东梨园村辽遗址

宽城县东梨园村北，遗址面积 17500 平方米，文化层厚约 1 米。1955 年村民王永山挖菜窖时，挖出六鋬耳铁釜 2 件，后又在院内挖出宋代铜钱、铁铧、铁锄、铁斧、瓷碗、陶盆等。[③]

六、滦平县曹窝铺村辽铁器窖藏

滦平县金沟屯镇曹窝铺村窖藏，南侧为战国、汉至辽金时期遗址，东边是墓葬。此次出土遗物单纯，均系铁器，调查报告说："滦平古代就是华北平原通往塞北草原的重要通道，辽代是中京（今内蒙古宁城）通往南京（今北京）的必经之路，辽初就已划入辽的版图。由于北方各少数民族与中原地区在政治、经济不断交往，

① 张翠荣 . 平泉县党坝村发现辽金铁器窖藏 . 文物春秋，1990 年第 1 期 .
② 承德地区行政公署文化局 . 承德地区文物普查报告：二、古遗址：（3）平泉县高台子辽金遗址 .1978 年 10 月：第 30 页 .
③ 承德地区行政公署文化局 . 承德地区文物普查报告：二、古遗址：（8）隆化县二道窝铺辽金遗址 .1978 年 10 月：第 33 页 .

受中原文化的影响，铁农具的使用，不但有铁犁铧，还有铧溜子、犁镜，促进了农业、手工业的进一步发展。”铁器出土时叠放，计有一式圆钝尖前铸横弦后二孔尾部方孔铁铧 2 件（图 6–6）、二式圆钝尖尾部长方形孔铁铧 2 件（图 6–7）、圆尖束翼式椭圆凹吸铁铧 1 件（图 6–8）、铁犁镜 1 件（图 6–9）、尖端呈“3”字形尾部圆銎铁器 1 件（图 6–10）。[1]

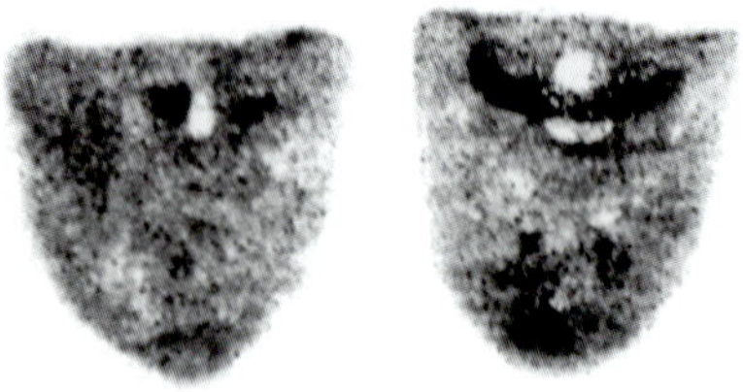

图 6–6

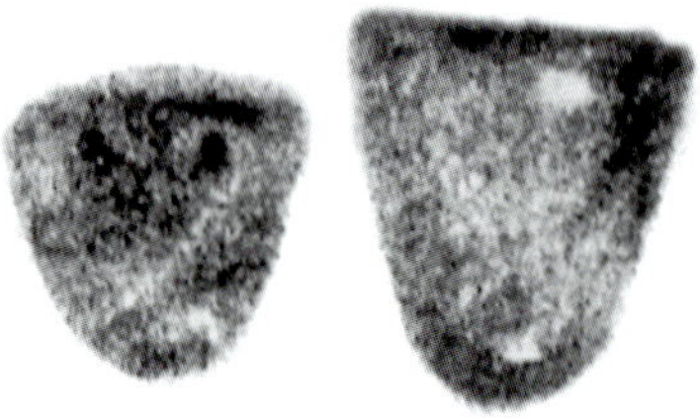

图 6–7

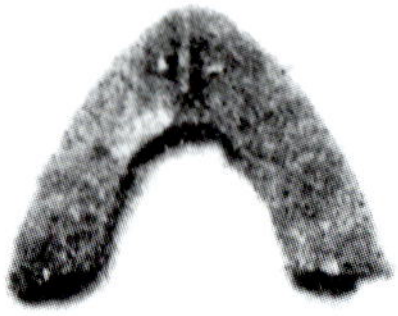

图 6–8

图 6–9

图 6–10

七、隆化县二道窝铺辽遗址

隆化县牛录乡鸟梁苏二道窝铺遗址，面积约 2000 平方米，东 2 公里是驿马吐河，这里地势平坦。1975 年秋，在遗址 1 米深处发现大量铁镞、瓷器、石槽。1976 年 10 月，又出土了铁鼎、铁熨斗、铁铡刀、铁大刀、瓷罐，还有大批砖瓦和陶罐等。[2]

八、隆化县大旗尖辽遗址

隆化县章吉营子乡韩吉营子村西沟大旗尖的山顶上，发现一处遗址，“面积约八十平方米”。1986 年出土“金”字童子押，1972 年出土鎏金篆字“契丹节度使印”铜印，据《辽史》记载，“圣宗太平六年二月，诏党项别部塌西，设契丹节度使治

① 赵志厚．河北滦平县发现一批辽金时期铁犁铧．文物春秋，1993 年 4 期．

② 承德地区行政公署文化局．承德地区文物普查报告：二、古遗址：（4）隆化县二道窝铺辽金遗址．1978 年 10 月：第 30 页．

之”。这处遗址曾出土过铁镞、铁剪子等物。[①]

此遗址“根据出土文物及史书记载初步确定是辽金遗址”。（按：此遗址如此之小，仅 80 平方米，又经王朝死亡，不太可能持续两个朝代，历 300 多年；而从遗物看也非金代之物。故此遗址应为辽代。）

九、青龙县官场辽遗址

青龙县官场乡官场庄村东 100 米处山根下，遗址面积 7000 余平方米，文化层厚 1.7 米。遗址处先后发现过一些瓦片、铁锄、铁铧和瓷片等物。遗物大量发现是 1976 年，因农田基建，出土各类遗物，铁器有六錾耳铁釜 1 件、铁犁千斤 1 件。[②]

第三节　墓葬中出土的铁器

一、承德县房深沟村辽墓

承德县下板房镇房深沟村，一村民在山谷中取土发现一墓。墓中有人骨、马骨及铜、铁器，报告认为“墓年代为辽早期”。出土的铁器有环梁顶部出穿鼻铁马镫 1 件（图 6–11–1）、附曲体镳两节外大环铁马衔 1 件（图 6–11–2）、球体穿鼻铁马铃 3 件（图 6–11–3）、矛式锋菱体铁镞 18 件（图 6–11–4）、双尖弧锋凹刃曲边圆铤铁镞 2 件（图 6–11–5）、矛式菱体圆铤铁镞 13 件（图 6–11–6）、直身翘尖厚背曲刃短铤铁刀 1 件（图 6–11–7）、扁体直身焊接长扁柄铁锤 1 件（图 6–11–8）、长方形铁带卡 1 件。[③]

二、承德县道北沟村辽墓

承德县十道河乡道北沟村墓，1984 年村民在村内挖水井时发现。墓为长方形土坑竖穴，东南向，木棺右侧殉马一匹，骨架保存完整。遗物有瓷器、铜器、银器、铁器、琥珀等。铁器有直背尖锋铁刀 2 件（图 6–12–4、图 6–12–5）、敞口平沿浅

① 承德地区行政公署文化局 . 承德地区文物普查报告：二、古遗址 :（5）隆化县大旗尖辽金遗址 .1978 年 10 月：第 31 页 .

② 承德地区行政公署文化局 . 承德地区文物普查报告：二、古遗址 :（7）隆化县二道窝铺辽金遗址 .1978 年 10 月：第 3 页 .

③ 刘朴 . 河北承德县房深沟发现一座辽墓 . 北方文物，1999 年第 1 期 .

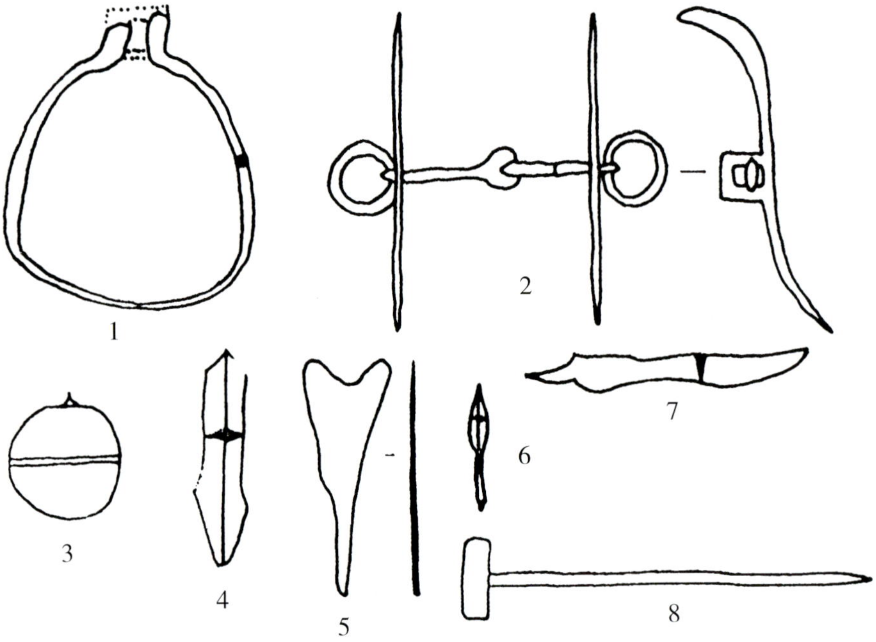

图 6-11

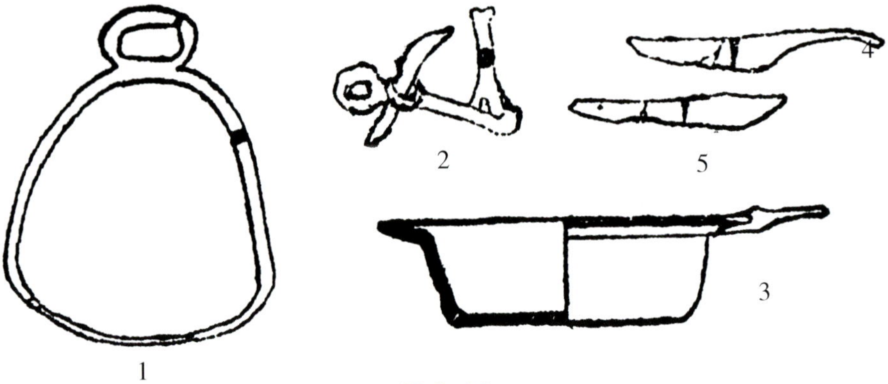

图 6-12

腹平底铁熨斗 1 件（图 6–12–3）、叠环穿鼻环梁铁马镫 1 件（图 6–12–1）、附镳两节铁马衔 1 件（图 6–12–2）。①

三、平泉县小吉沟村辽墓

平泉县台头山乡小吉沟村墓，1977 年春，当地村民在西山根坡地发现。墓为石筑，两耳室及主室，券顶。从出土遗物看，为辽代早期偏晚墓葬。报告未详叙

① 李霖．河北承德县道北沟辽墓．考古，1990 年第 12 期．

出土铁器遗物，综述中称："在主室北侧发现棺木残迹和一具零乱的尸骨，并有鎏金银冠。室内东南角有瓷碗、铜盂、铁马镫、铜节约、玛瑙缨饰等。左耳室有鸡冠壶、鸡腿坛、青釉执壶、白釉盘口长颈注壶、白瓷盆等生活用具。右耳室有铁提梁壶、铁勺、铁方炉（方炉上放有铁铲）、铁剪、铁锁、铁熨斗、铁铃等总计一百二十余件。"（图 6–13）[①] 由此可知小吉沟村辽墓出土有大量铁器。

图 6–13

四、滦平县平坊村辽墓

滦平县平坊乡平坊村墓，1988 年 7 月，村民取土时发现。墓为砖石混筑，前后双室，中通甬道，葬用木棺，系辽代中晚期墓葬。墓因被盗，遗物存留不多，有瓷器、银刀、鎏金铜缨饰、玛瑙珠署等。墓中出土铁器有铁铃、铁棺钉。[②]

五、丰宁县上官营子村辽墓

承德市丰宁满族自治县凤山镇上官营子村墓，1988 年春村民在村西的小皮匠沟缓山坡上开垦荒地发现此墓。墓为砖筑，单室圆形，墓顶可能有木板棚盖。墓中随葬遗物较多，有黄釉凤首瓶、三彩印花方碟、白瓷碗、铜、银鞍具饰件、铜马铃及铁器等四十余件。为辽代晚期墓葬。墓中出土的铁器有环梁横穿孔错银卷云纹铁马镫 2 件（图 6–14）、两节外大环镳铁马衔 1 件（图 6–15）、扁锋方铤铁镞 4 件、铁刀 1 件。[③]

---

① 张秀夫，田淑华，成长福 . 河北平泉县小吉沟辽墓 . 文物，1982 年第 7 期 .

② 赵志厚 . 滦平县银窝沟砖室墓清理简报 . 文物春秋，1991 年第 4 期 .

③ 张汉英，白光 . 河北丰宁小皮匠沟发现辽墓 . 考古，1993 年第 10 期 .

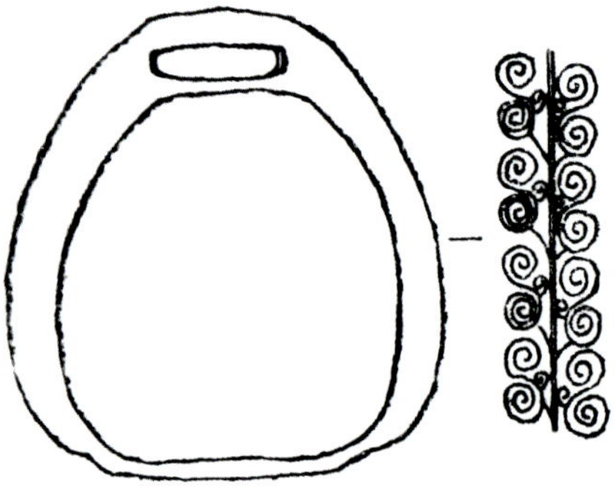

图 6-14

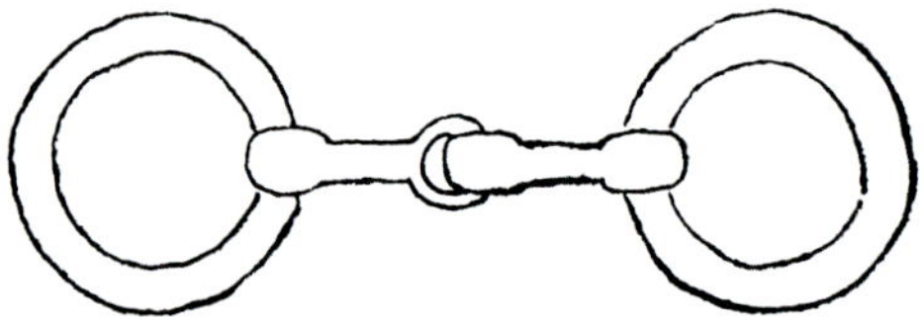

图 6-15

六、丰宁县张百万村辽墓

丰宁满族自治县张百万乡张百万村哈拉海沟墓，1987 年 9 月，村西南 1.5 公里的哈拉海沟西坡半山处的土崖下裸露出完整的鸡腿坛，因而发现此墓。墓为木棺葬，遗物有鸡腿坛、篦纹陶壶、牡丹纹铜镜、铜鱼、琥珀饰等，为辽代墓葬。墓中出土的铁器有环状柄曲背弧刃小铁刀 1 件（图 6-16）、三爪铁车构件 1 件。[1]

图 6-16

七、迁安市上芦村辽韩相墓

迁安市沙河驿区上芦村韩相墓，在村西北 250 米岗地的娘娘岗南坡下的梯田中，1964 年春村民翻地时发现。墓为砖筑，用小型青灰色砖，仿木结构建造，单室圆形墓，绘有壁画。随葬有陶瓷器、铜钱等。出土石质墓志，为辽代名臣韩知古之孙、辽兴军衙内马步军都指挥使韩相，葬于辽开泰六年。墓中出土铁器有铁马镫 1 件。另在壁画中画有一盏高檠铁灯（图 6-17）。[2]

八、怀安县张家屯辽墓

怀安县张家屯乡张家屯村墓，在村西 1 公里坡地梯田上挖排水渠时发现。1987 年 5 月发掘。墓为砖筑，仿木结构建筑，单室圆形穹隆券顶。墓葬时代为辽

---

① 白光 . 河北丰宁哈拉海沟发现辽墓 . 考古，1989 年第 11 期 .

② 河北省博物馆，等 . 河北迁安上芦村辽韩相墓 . 考古，1973 年第 5 期 .

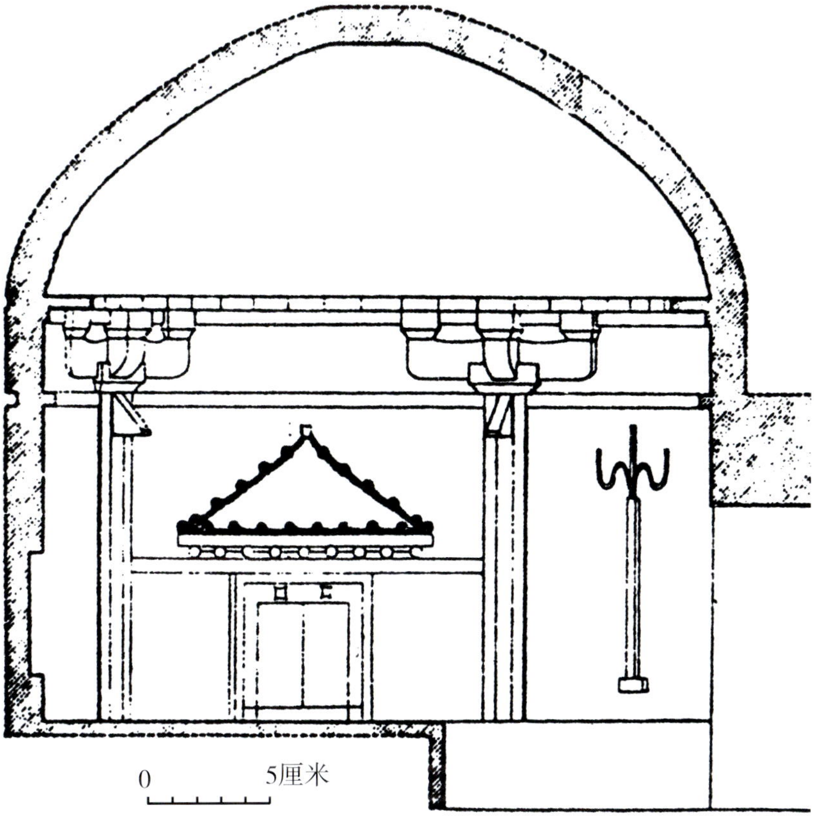

图 6-17

代中前期。墓中随葬遗物有陶器、铜器、漆器、铜钱等。出土铁器 13 件，计有敞口平沿圆尖唇平底铁灯盏 1 件（图 6-18）、敞口尖唇圜底铁灯盏 2 件（图 6-19）、横式铁锁 1 件（图 6-20）、折顶方身圆尖铁钉 9 件（图 6-21）。[①]

九、尚义县囫囵村辽墓

尚义县甲石河乡囫囵村墓，为辽代中前期墓葬。墓中出土遗物种类较多，釉陶、各色瓷器、铜镜、铜带饰、骨刷、绿松石饰、砺石等。铁器多件，有铁臿1件（图 6-22-1）、铁冰穿 1 件（图 6-22-6）、铁斧 1 件（图 6-22-2）、铁锛 1 件（图 6-22-4）、铁凿 1 件（图 6-22-7）、铁矛 1 件（图 6-22-3）、桂叶形菱体铁镞 28 件（图 6-22-8）、铁骨朵 1 件（图 6-22-5）。[②]

① 张家口地区文管所，等．河北怀安县张家屯辽墓．考古，1991 年第 1 期．

② 河北省张家口地区文物保护管理所．河北尚义囫囵村发现辽代石棺墓．文物春秋，1990 年第 4 期．

图 6-18

图 6-19

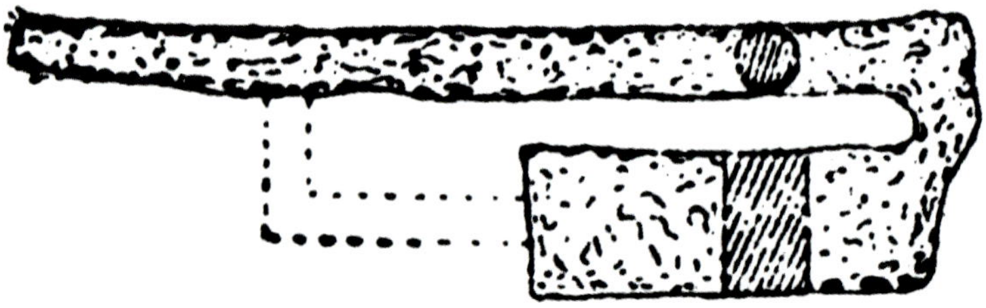

图 6-20

图 6-21

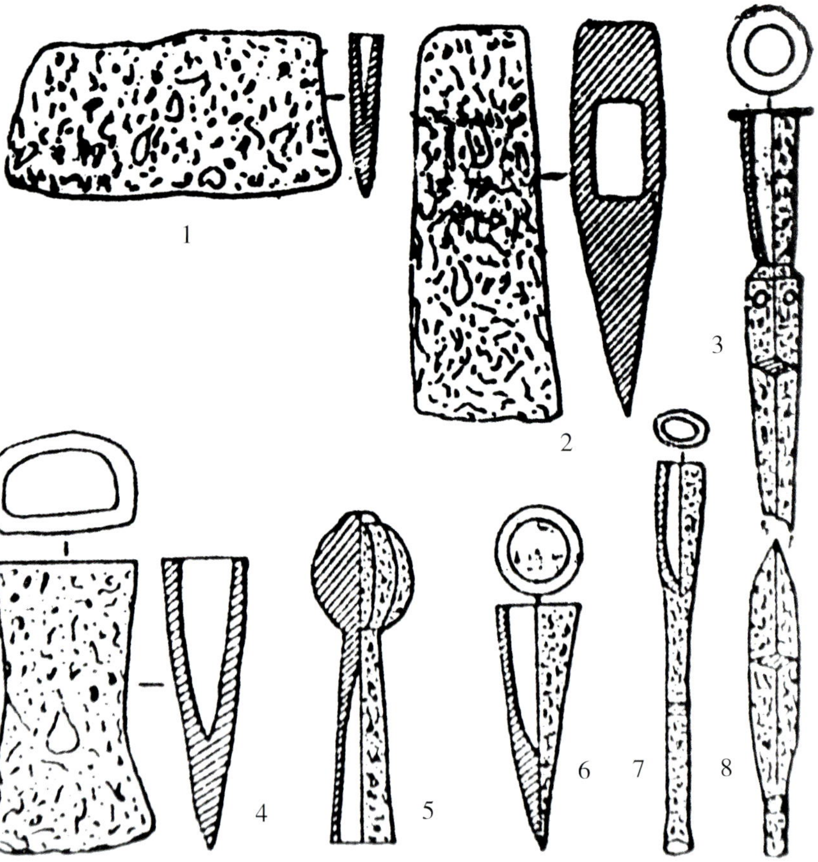

图 6-22

十、张北县贲汗庙村辽墓

张北县公会镇贲汗庙村墓，在村西南 150 米处，1984 年 4 月由当地村民发现。墓为黑色玄武岩石板建成，单室近八角形墓室，是辽代石室石棺壁画墓。随葬遗物有一瓷碗。出土铁器有铁盘 1 件。[①]

十一、宣化县邓家台村辽墓

宣化县邓家台村墓，根据出土遗物特点，此墓当为辽代中晚期契丹人墓葬。墓中出土铁器有圆口外展唇直腹平底长曲柄铁熨斗 1 件（图 6–23）。[②]

图 6–23

十二、宣化区下八里村张匡正墓

张家口市宣化区下八里村辽张匡正（十号）墓，是一家族墓地，在村东北 150 米处，其北为两个前后错列的山峰，辽时称为兴福山、七宝山，墓群在山之阳。张匡正为张世卿之祖，居辈最长，其子为张文藻。张匡正于辽道宗清宁四年（1058 年）卒，大安九年（1093 年）合葬。墓为砖筑，仿木构建筑，前室方形，后室圆形。墓室壁面绘有彩色壁画，连壁大幅，内容丰富。墓中随葬遗物较多，品类较全，不仅出土有墓志，还有陶器、瓷器、木器、竹木器等，尤其陶明器数量很多，颇有特点。

墓中出土铁器有铁雁足灯盏 1 件（图 6–24）、铁锁 1 件（图 6–25）、铁钥匙 1 件（图 6–26）。

墓中同时还出土有陶明器，为仿铁器的随葬品，有：陶釜 1 件（图 6–27）、陶鼎 1 件（图 6–28）、三足陶铛 1 件（图 6–29）、陶鏊子 1 件（图 6–30）、陶匜 1 件（图 6–31）、陶熨斗 1 件（图 6–32）、环股陶剪 1 件（图 6–33）等。

墓中还出土木镜架 1 件（图 6–34），此件亦可为阜新的铁梳妆架作参考。

---

① 张家口地区文化局 . 河北张北县清理一座辽代壁画墓 . 考古，1987 年第 1 期 .

② 陶宗治，李维 . 河北宣化邓家台辽墓 . 考古，1994 年第 8 期 .

图 6-24

图 6-26

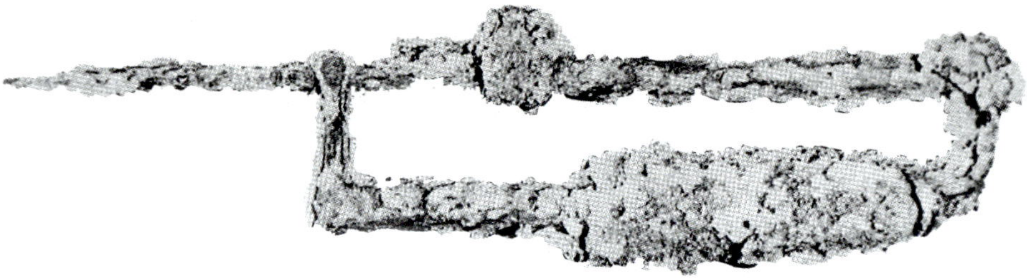

图 6-25

图 6-27

图 6-28

图 6-29

图 6-30

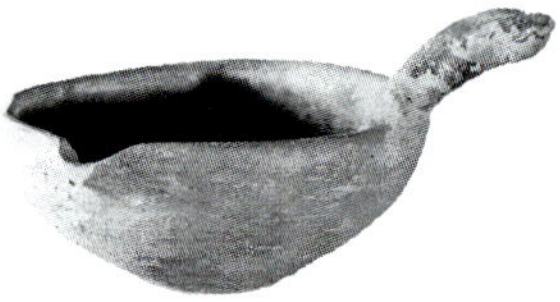

图 6-31

图 6-32

图 6-33

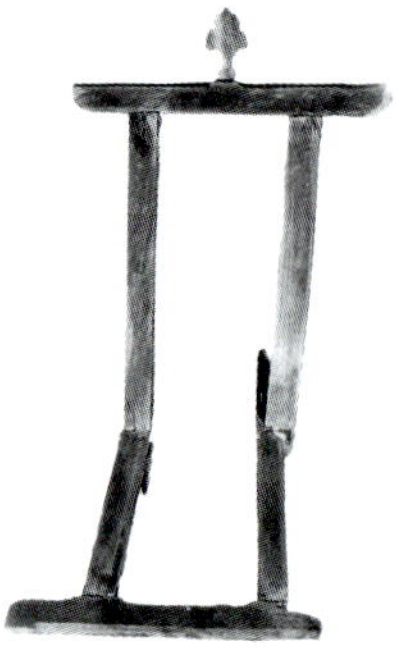

图 6-34

墓葬仿木构建筑，后室北壁正中有砖雕的门楼（图 6-35），下部为饰有铁泡钉的木门，门上有横式铁锁 1 把（图 6-36），由此可知铁锁的应用形态。

图 6-35

图 6-36

墓室内绘有壁画，其中与铁器有关的内容有如下几幅：前室东壁《备茶图》中（图 6-37），画有铁茶碾，一童子正在碾茶（图 6-38），旁有一人正在火炉旁吹火烧水（图 6-39）。后室西壁《燃灯侍女图》中，绘一高檠铁灯（图 6-40）；在后室

图 6-37

图 6-38

东壁《桌子和文房四宝图》中，桌子下面即绘一取暖的铁火盆（图 6-41）。①

这些砖雕或壁画以及仿铁器的陶制随葬品，出土在有明确纪年的辽墓中，可帮助我们认识同形制的铁器在辽代存在的情况。

十三、宣化区下八里村张文藻墓

张家口市宣化区下八里村张文藻（七号）墓，为张匡正之三子。张文藻死于咸雍十年（1074 年），大安九年（1093 年）改葬。墓为沟纹砖筑，长方形前室，圆形主室，穹隆顶，葬用木棺。墓中出土遗物较多，有墓志，并有陶器、瓷器、铜器、铁器、木器、漆器、服饰、水晶等饰品。其中铁器 2 件，陶器仿铁器多件。

铁器有铁雁足灯 1 件（图 6-42）、铁锁 1 件。

墓中仿铁制陶器有三足陶釜 1 件（图 6-43）、三足陶鼎 1 件（图 6-44）、陶匜 1 件（图 6-45）、陶熨斗 1 件（图 6-46）、陶灯碗 1 件（图 6-47）、环股陶剪 1 件（图 6-48）等。

① 河北省文物研究所等．宣化辽代壁画墓群．文物春秋，1995 年第 2 期．
河北省文物研究所（郑绍宗执笔）．宣化辽墓．下册图版．文物出版社，2001 年 12 月版．

图 6-39

图 6-40

图 6-41

图 6-42

图 6-43

图 6-44

图 6-45

图 6-46

图 6-47

图 6-48

墓室壁面绘有壁画，其与铁器有关的画面有如下两幅：一幅为前室东壁壁画《备茶图》(图 6-49)，画中有灰色茶碾，当为铁质，其旁为青灰色茶炉，梁上悬

图 6-49

挂装有桃子的竹篾吊篮铁钩。另一幅为后室西壁壁画《妇人启门图》(图 6-50)，绘妇人开门后手持横式铁锁。①

图 6-50

十四、宣化区下八里村辽张世卿墓

张家口市宣化区下八里村张世卿（一号）墓，在村东北山南坡，1971 年春发现墓葬，1974 年发掘，因其发掘最早，故编为一号墓。墓为砖筑，有前后二室，俱方形，穹隆券顶。仿木构建筑，绘有彩色壁画，是一座辽代壁画墓，出土墓志知为张世卿墓，于辽天庆六年（1116 年）葬，是为辽代晚期。其父张文震、祖父张匡正。此墓因早期被盗，遗物已不完整，有陶器、瓷器、铜器等，其铜器遗物有菱体直身铜剑。墓中出土的铁器有菊花式口铁洗 1 件(图 6-51)。

此墓出土的仿铁器的陶器有三足双耳陶鼎 1 件(图 6-52)、三足陶铛 1 件(图

① 河北省文物研究所(郑绍宗执笔). 宣化辽墓：第二章. 文物出版社，2001 年 12 月版.

6–53）、三足陶鏊 1 件（图 6–54）、三足平沿陶火盆 1 件（图 6–55）、陶熨斗 1 件（图 6–56）。[1] 这些陶明器在墓中出土，亦可见此类器物当时在辽代是日常所用之器，故以之随葬。

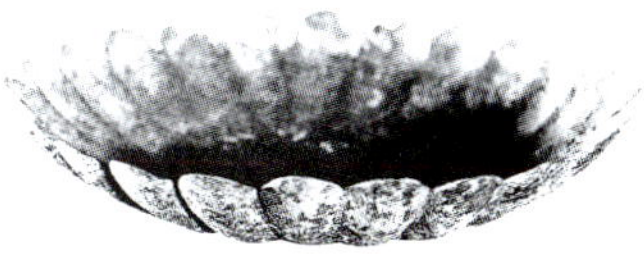
图 6–51

图 6–52

图 6–53

图 6–54

图 6–55

图 6–56

十五、宣化区下八里村张世古墓

张家口市宣化区下八里村张世古（五号）墓，在张世卿（一号）墓西南侧。墓为砖筑，前室方形，后室六角形，穹隆券顶，葬用木棺。张世古于辽天庆七年（1117 年）葬，为辽代晚期墓葬。其父张文藻、祖父张匡正。

此墓中未出土铁器，但陶器中有仿铁器的遗物，计有五鋬耳陶釜 1 件（图 6–57）、三足陶鼎 1 件（图 6–58）、三足陶鏊 1 件（图 6–59）、三足平沿陶火盆 1 件（图 6–60）、环股剪 1 件（图 6–61）、长柄陶熨斗 1 件（图 6–62）

墓中绘有彩色壁画，画幅中有铁器及其应用情况的，有以下两幅：一幅是前室西壁《出行图》，三人一马，马备鞍鞯，下垂马镫，甚为形象（图 6–63、图 6–64）。

图 6–57

图 6–58

图 6–59

① 郑绍宗 . 河北宣化辽壁画墓发掘简报 . 文物，1975 年第 8 期 .

图 6-60

图 6-61

图 6-62

图 6-63

图 6-64

另一幅是后室西南壁《备茶图》，木桌前面有一只炭火中长流执壶烧水的灰色敞口平沿直腹五足大火盆（图 6-65、图 6-66）[1]。

图 6-65

图 6-66

① 张家口市宣化区文物保管所．河北宣化辽代壁画墓．文物，1995 年第 2 期．
河北省文物研究所，等．宣化辽代壁画墓群．文物春秋，1995 年第 2 期．
河北省文物研究所（郑绍宗执笔）．宣化辽墓．第七章．文物出版社，2001 年 12 月版．

这些陶明器和壁画中的器物，均颇形象，对了解辽代同式铁器增加新的认识。

十六、宣化区下八里村张世本墓

张家口市宣化区下八里村张世本（三号）墓，在东部诸墓中最北（上）边，墓中墓志载，张世本于辽大安九年（1093 年）葬，为其修建墓室，是辽代晚期墓葬，其妻焦氏金皇统四年（1144 年）入葬，前后相差 51 年。其父张文纪、祖父张匡正。墓为砖筑，仿木构建筑，单室圆形穹隆券顶，葬用木棺。墓中出土遗物数量较多，有陶器、瓷器、铜器、木器、漆器、骨器等。出土铁器有铁棺钉数枚。

墓中出土铁器虽甚少，但却有大量随葬陶器，除其他各种器物外，还有多件仿铁器的遗物，计有六鋬耳带盖陶釜 1 件（图 6–67）、三足盆形鼎 1 件（图 6–68）、立耳三足陶鼎 1 件（图 6–69）、三足双耳陶铛 1 件（图 6–70）、双耳无足陶铛 1 件（图 6–71）、双耳三足圆腹陶铛 1 件（图 6–72）、三足陶鏊子 1 件（图 6–73）、四足陶烤架 1 件（图 6–74）、三足展沿陶火盆 1 件（图 6–75）、五足桶身镂孔陶火炉 1 件（图 6–76）、三足流口长柄陶鐎斗 1 件（图 6–77）、流口长柄陶匜 1 件（图 6–78）、敞口平底执柄陶熨斗 1 件（图 6–79）、敞口平底斜柄陶熨斗 1 件（图 6–80）。

图 6–67

图 6–68

图 6–69

图 6–70

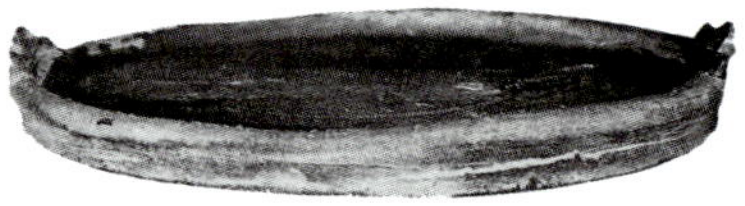
图 6–71

图 6–72

图 6–73

图 6–74

图 6–75

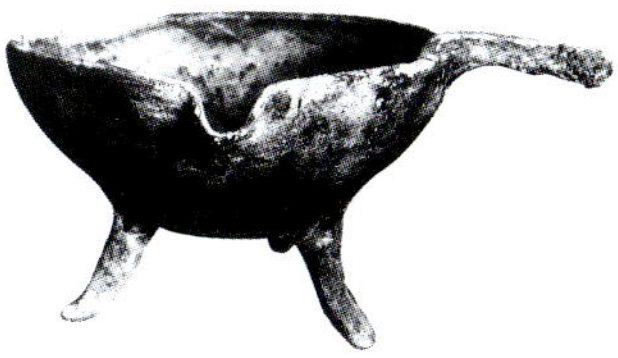

图 6-76 图 6-77 图 6-78

图 6-79 图 6-80

此墓室内绘有彩色壁画，有关铁器的画面有：一幅是墓室北壁《妇人启门图》，绘一妇人在钉有泡钉的朱漆大门前正在开门，手持横式铁锁（图 6-81）。另一幅为墓室西壁《燃灯侍女图》，绘一妇人在高檠灯前点燃灯火（图 6-82）。①

图 6-81

图 6-82

① 陶宗治，刘仲羽，赵欣．河北宣化下八里辽金壁画墓．文物，1990 年第 10 期．
河北省文物研究所（郑绍宗执笔）．宣化辽墓：第三章．文物出版社，2001 年 12 月版．

此墓的年代，有前后两次葬入问题，张世本葬于辽大安九年（1093 年），其妻焦氏葬于金皇统三年（1143 年）。发掘报告称："墓内随葬之物基本为辽大安九年张世本去世时所葬。焦氏死时，只是启坟合葬，并作志文随葬于墓内。分析墓之筑造年代当在张世本入葬时的大安九年，木棺、棺床架以及大量的木器家具、陶器和瓷器等，应为此时随葬。其器物风格也为辽代晚期特征。金皇统三年只是张世本妻焦氏合葬年代。所以，墓志是为'张君重合葬'。"[①] 此论甚是，从遗物本身特点看，没有差别，均具有辽代特点，其分析符合实际情况。

十七、宣化区下八里村张恭诱墓

张家口市宣化区下八里村张恭诱（二号）墓，在一号墓张世卿墓之北，其父张世古、祖父张文藻。墓为砖筑，仿木结构建筑，单室六角形穹隆券顶，葬用木棺。墓中出土墓志，张恭诱于辽天庆七年（1117 年）葬，是辽代晚期墓葬。墓中出土铁器，有横式铁锁 1 件。在出土陶器中，多有仿铁器遗物，计有三足陶鏊子 1 件（图 6–83）、三足平沿乳钉纹陶火盆 1 件（图 6–84）、长柄陶熨斗 1 件（图 6–85）、环股陶剪 1 件（图 6–86）。[②] 这些仿铁陶制遗物出土于纪年墓中，年代明确，故录入本书，以为研究参考。

图 6–83

图 6–84

图 6–85

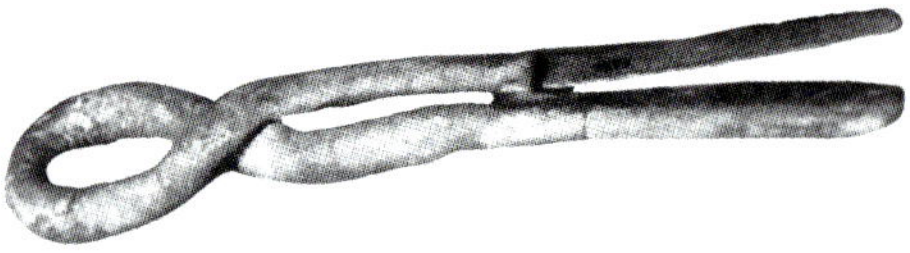

图 6–86

① 河北省文物研究所（郑绍宗执笔）. 宣化辽墓：第三章 . 文物出版社，2001 年 12 月版 .
② 陶宗冶，刘仲羽，赵欣 . 河北宣化下八里辽金壁画墓 . 文物，1990 年第 10 期 .

十八、宣化区下八里村六号辽墓

张家口市宣化区下八里村辽代六号墓，在张家口墓群的东南边缘。墓为砖筑，有方形前室、八角形后室，穹隆券顶。仿木结构建筑，墓壁绘有彩色壁画。此墓多年雨水冲刷和几经盗掘，墓内遗物所剩无几。出土的铁器有横式铁锁 1 件（图 6–87）、铁钉（图 6–88）。

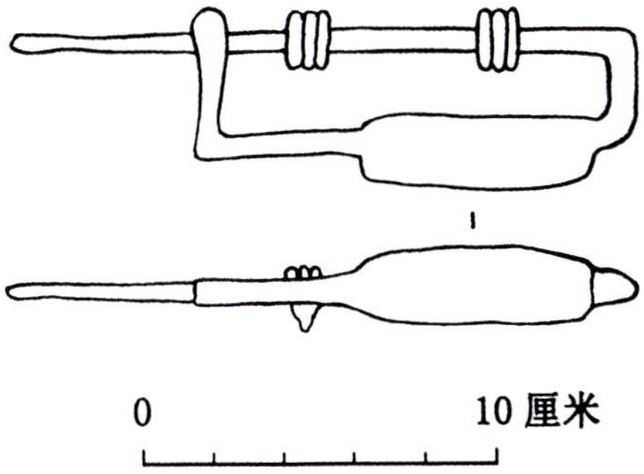

图 6–87

图 6–88

墓室彩色壁画，与铁器可比较或借鉴的材料，有以下两种。一幅是前室东壁《备茶图》（图 6–89），壁画中左前方一童子正在灰黑色茶碾上碾茶，铁茶碾非常形象，右边稍后是一髡发契丹人正在灰色莲花座上火炉边用扇子扇风煮水备用。另一幅是后室西南壁《燃灯侍女图》（图 6–90），铁灯碗上灯焰正旺。[①]

附一：三河市行仁庄辽墓

廊坊市三河市行仁庄村墓，在村北 250 米当地称为“方桌子”的高岗地，北为“哑巴坑”洼地，在历年取土中发现“这里曾多次挖掘到圆形砖穴纵石函以及陶瓷器、铁器等遗存”。1976 年、1992 年进行调查和复查。墓为砖筑圆室，石函，遗物三十余件，主要为陶瓷器，另为铜镜和砺石等。墓中未出土铁器，却有仿铁生活用具的陶明器，计有裙沿陶釜 1 件、陶熨斗 1 件（图 6–91）、有流陶匜 1 件（图 6–92）。[②] 这些陶明器对了解辽代铁器断代，具有一定参考价值，故录于此，以供研究参考。

① 张家口市宣化区文物保管所．河北宣化辽代壁画墓．文物，1995 年第 2 期．

② 河北省文物研究所，等．河北三河县辽金元时代墓葬出土遗物．考古，1993 年第 12 期．

图 6-89

图 6-90

图 6-91

图 6-92

附二：宣化区粮库辽姜承义墓

张家口市宣化区粮库院内姜承义墓，1990 年 6 月发现。墓为砖筑，仿木构建筑，单室六角形穹隆顶墓室。出土有墓志，为辽圣宗统和十二年（994 年）葬，是辽代中期的墓葬。墓中出土随葬遗物 85 件，主要是陶器，少量是瓷器和铜钱，未见铁器。但在陶器中，有仿铁器遗物，计有六鋬耳陶釜 1 件（图 6-93）、三足陶

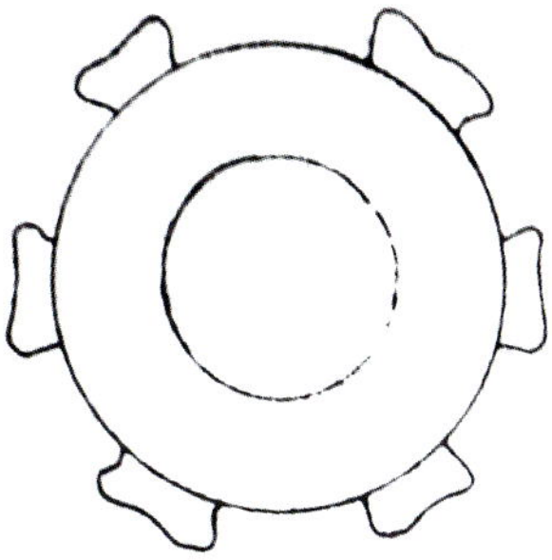

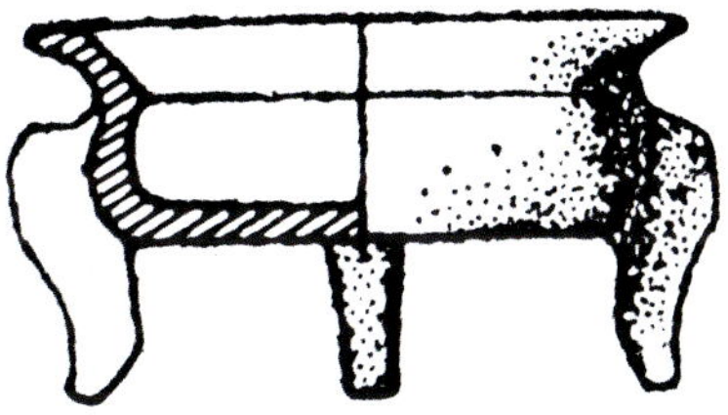

图 6-94

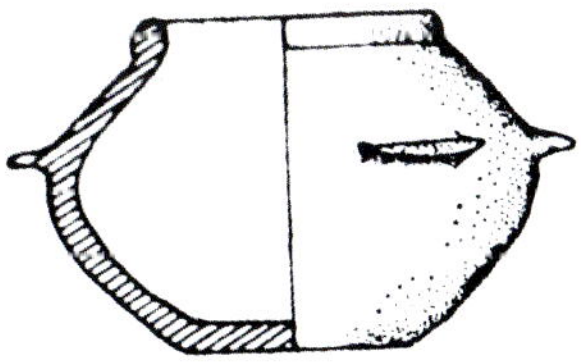

图 6-93

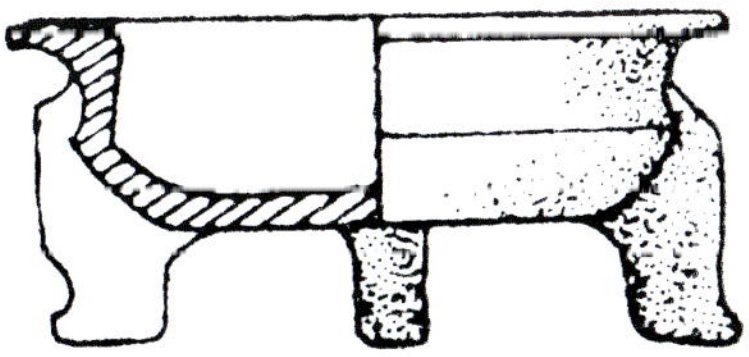

图 6-95

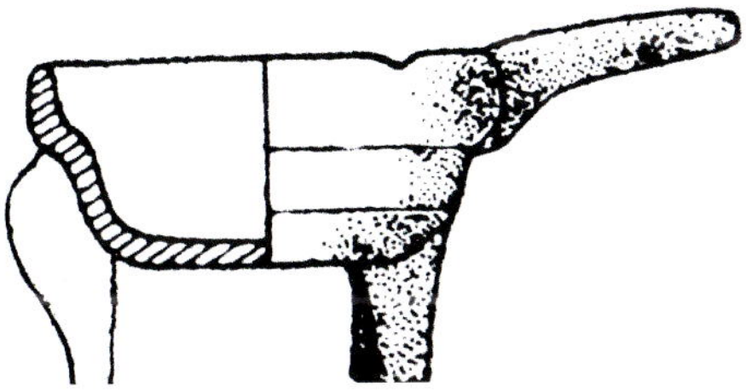

图 6-96

图 6-97

鼎 2 件（图 6–94、图 6–95）、陶镳斗 1 件（图 6–96）、陶鏊子 1 件（图 6–97）[①]。这些仿铁器的陶明器，形态逼真，通过它们可以清楚地看到辽代相同式样铁器存在的情况，这对我们研究辽代铁器及其源流演变等，都很难得。

附三：宣化区下八里村辽韩师训墓

张家口市宣化区下八里村墓，1990 年 10 月发现，出土有墓志，是辽韩师训墓。墓为砖筑，仿木结构墓室，是一座由墓门、方形前室、甬道、六角形主室构成的壁画墓。据墓志，韩师训为辽天庆元年（1111 年）葬，是辽代晚期墓。墓中出土遗物主要是陶明器，未见铁器。但陶明器中，有的形制与铁器相同，可为研究铁器参考，故附录于此。有三足陶鏊子 1 件（图 6–98–3）、陶熨斗 1 件（图 6–98–1、图 6–99）、陶斧 1 件（图 6–98–2、图 6–100）、双耳三足陶锅 1 件（图 6–98–4）。在墓室壁画中，前室西壁《出行图》，前导画一马，鞍鞯俱全，马镫清晰画出（图 6–101），[②] 使用情况明确，足可参考。

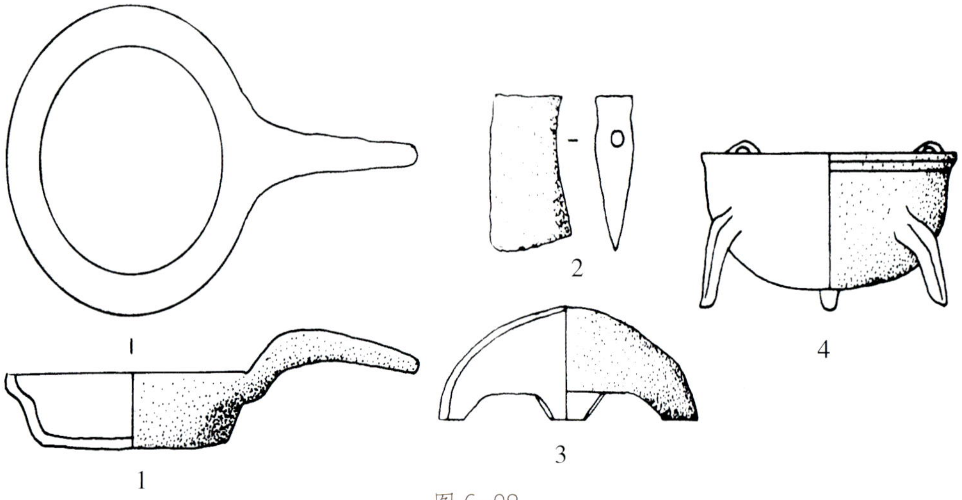

图 6–98

图 6–99

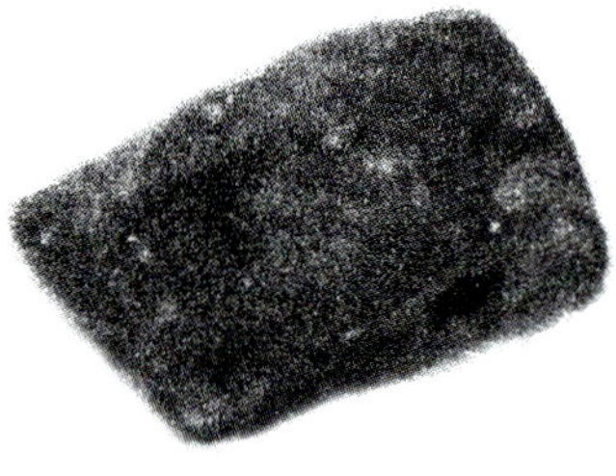

图 6–100

① 张家口市文管所，等 . 河北宣化辽姜承义墓 . 北方文物，1991 年第 4 期 .
② 张家口市宣化区文物保管所 . 河北宣化下八里辽韩师训墓 . 文物，1992 年第 6 期 .

图 6-101

附四：下花园区前山煤矿辽墓

张家口市下花园区前山煤矿墓，在鸡鸣山下，1987 年 7 月，煤矿工人因开荒发现此墓。墓为砖筑，单室圆角方形穹隆券顶，为辽代墓葬。墓因被盗，存有陶器及铜钱，中未见铁器。出土遗物皆为陶明器，但其中有几件为仿铁器的陶器，计有三兽蹄足陶火盆 1 件（图 6-102-1）、三足陶鏊子 1 件（图 6-102-2）、环股陶剪 1 件（图 6-102-3）、敞口平底斜柄陶熨斗 1 件（图 6-102-4）、敞口浅斜腹平底双耳三足陶铛 1 件（图 6-102-5）。[①] 墓中的陶制仿铁器明器，较为形象，有助于了解辽代铁器的形制。

① 赵欣．张家口市下花园发现一座辽代墓．文物春秋，1990 年第 1 期．

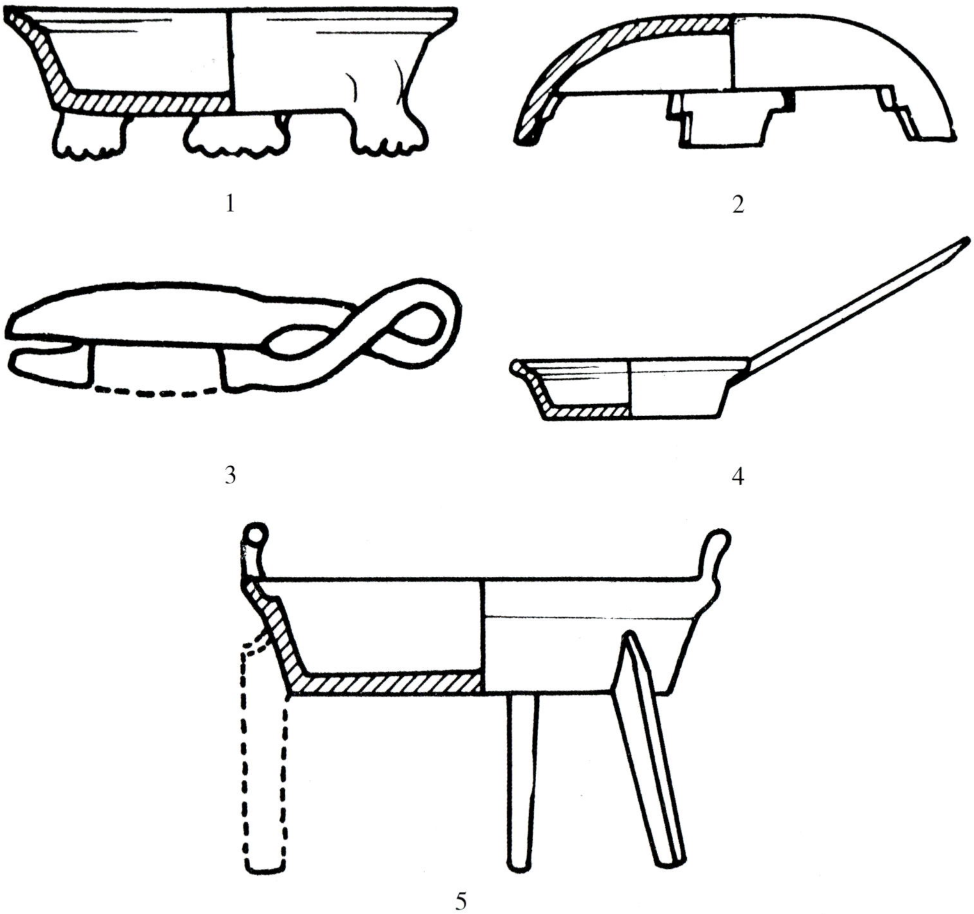

图 6-102

附五：怀来县桑园村辽墓

怀来县桑园乡桑园村墓，从出土遗物分析，应为辽代墓葬。遗物皆为素烧无釉瓷胎明器，有桌、椅、凤首瓶、执柄注壶、碗、罐等。属于仿制铁器的随葬品有六鋬耳瓷釜1件（图6-103-1）、敞口平沿直柄平底瓷熨斗1件（图6-103-2）、敞口双耳平底三足瓷铛1件（图6-103-3）、敞口平底三足瓷铛1件（图6-103-4）、环股瓷剪 1 件（图 6-103-5）、敞口有流圆腹圜底三足瓷鐎斗 1 件（图 6-103-6）。①

此墓时代，报告在和宣化下八里辽代张氏族墓比较后称与其“近似”“接近”“相似”，但结论却说此墓“应为辽代晚期和金代初期”。既与有墓志的年代明确辽墓

① 贺勇．怀来县桑园发现辽金时代墓葬．文物春秋，1993 年第 2 期．

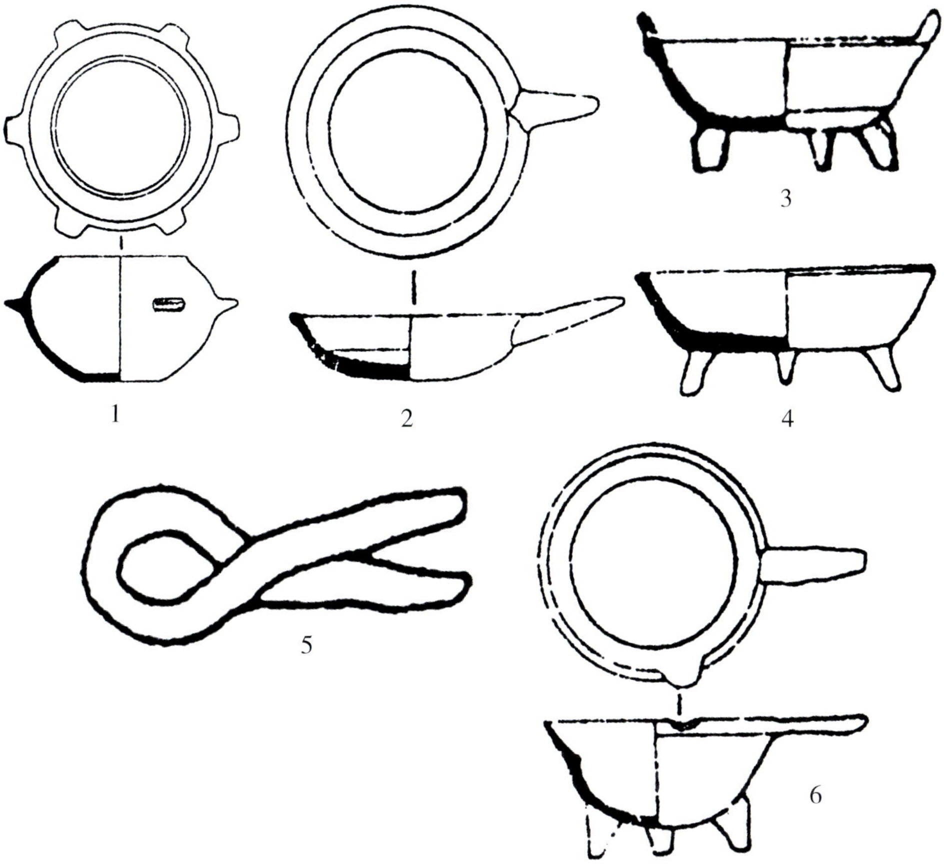

图 6-103

多方面比较都相近，仅一座墓为何称为“辽金墓”？再就遗物自身看，如凤首瓶、执柄注壶、圈足碗等，都是典型的辽代特点。因此，本墓当为辽墓。

附六：涿鹿县谭庄村辽咸知进墓

张家口市涿鹿县西二堡乡谭庄村咸知进墓，在村南 1.5 公里台地上挖树坑时，发现一处辽代墓群，有墓被破坏，后进行清理一座墓。墓为砖筑，单室圆形穹隆顶，仿木结构建筑，室内砖雕并彩画，还砌出门和直棂窗，还有灯台等。葬用雕花石棺。据墓志，咸知进卒于辽景宗保宁元年（969）十二月，属辽代早期墓葬。

墓中出土随葬遗物，除石质墓志铭一合外，余皆为陶器，计 29 件，为仿生活日用器具。属于仿铁器方面的陶器有五錾耳陶釜 2 件（图 6-104-1）、三足双耳陶铛 1 件（图 6-104-2）、三足陶火盆 1 件（图 6-104-3）

此墓除上述仿铁器的陶器外，墓室建筑亦有相同内容，在券门的右侧即墓室南壁上，用砖砌出一个高檠灯台（图6-105）[1]。

咸知进墓年代比较早，出土仿铁器的陶明器很重要，如五鋬耳釜、陶火盆等，可知这种日常生活使用的铁釜、铁火盆，在辽代早已出现并使用了。

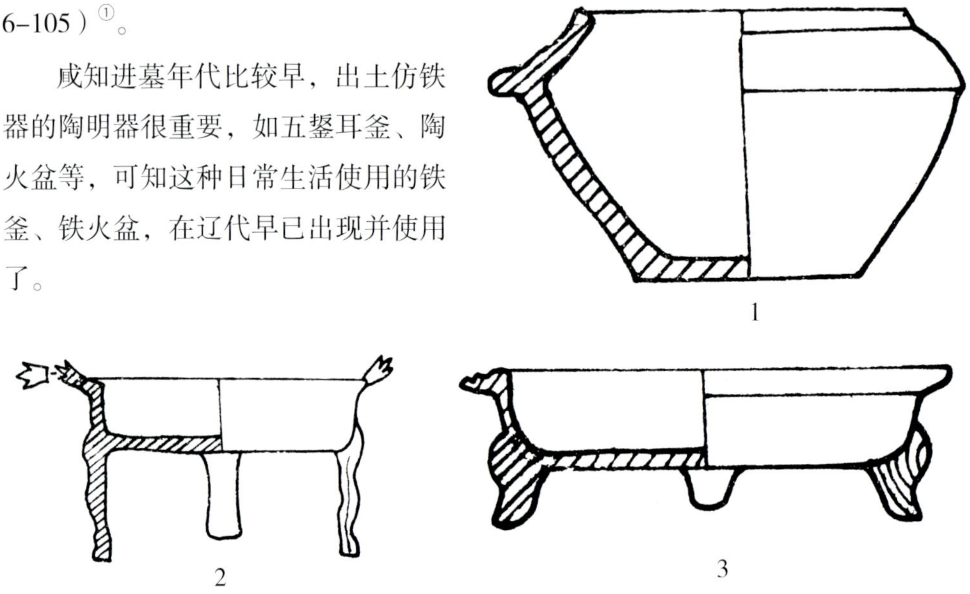

图 6-104

图 6-105

① 张家口地区文管所，等．河北涿鹿谭庄辽咸知进墓．文物春秋，1990 年第 3 期．

第七章 天津、山西地区出土的辽代铁器

第一节 天津地区出土的铁器

一、蓟县营房村辽墓

蓟县官庄乡营房村墓，在村西北 2.5 公里风景胜地盘山，1986 年 6 月村民挖沙子，在盘山东南麓坡地上，发现墓葬。墓保存完好，室内空无陷土，遗物原地未动。墓为沟纹砖筑，单室圆形穹隆券顶，仿木结构砖砌立柱与一斗三升斗拱。根据墓葬形制、结构和遗物考察，当为辽中期圣宗统和与开泰间墓葬。墓中出土遗物有瓷器、铜器、漆器、骨、葫芦、草编等多件。铁器有“U”形铁臿 1 件（图 7–1–1）、三足螺纹高檠圜底盏铁灯 1 件（图 7–1–9）、环股铁剪 1 件（图 7–1–3）、桥状纽方体四叶状身三叉形胆铁钟 1 件（图 7–1–7）、侈口折腹平底斜柄铁熨斗 1 件（图 7–1–8）、直背尖锋长身直柄铁刀 1 件（图 7–1–7）、直背短身直柄铁刀 1 件（图 7–1–6）、有木刀鞘的直身铁刀 1 件（图 7–1–2）、钝尖铁刀 1 件（图 7–1–5）等。

另外，此墓出土一件鎏金铜镊子（图 7–2），小巧精致，较为少见。[1] 笔者过去曾见多件铁镊子，颇为精致，故今将此墓出土的铜镊子附记于此，可与其他地区出土之铁镊子相互比较。

二、蓟县官庄辽墓

蓟县官庄辽墓，1985 年发现。墓为砖筑圆形单室，穹隆顶，仿木建筑结构砌出柱和斗拱，左侧有壁龛，龛内置羊头和趾骨。随葬遗物丰富，有陶器、瓷器、铜器、莲花纹镜、手镯、耳环、耳坠、指套、漆盒、骨笄等。墓中出土铁器有铁剪 1 件、铁熨斗 1 件。[2]

---

① 赵文刚 . 天津市蓟县营房村辽墓 . 北方文物，1992 年第 3 期 .

② 韩嘉谷 .1979—1989 年天津文物考古新收获 . 北方考古研究（四）. 中州古籍出版社，1994 年 12 月版 .

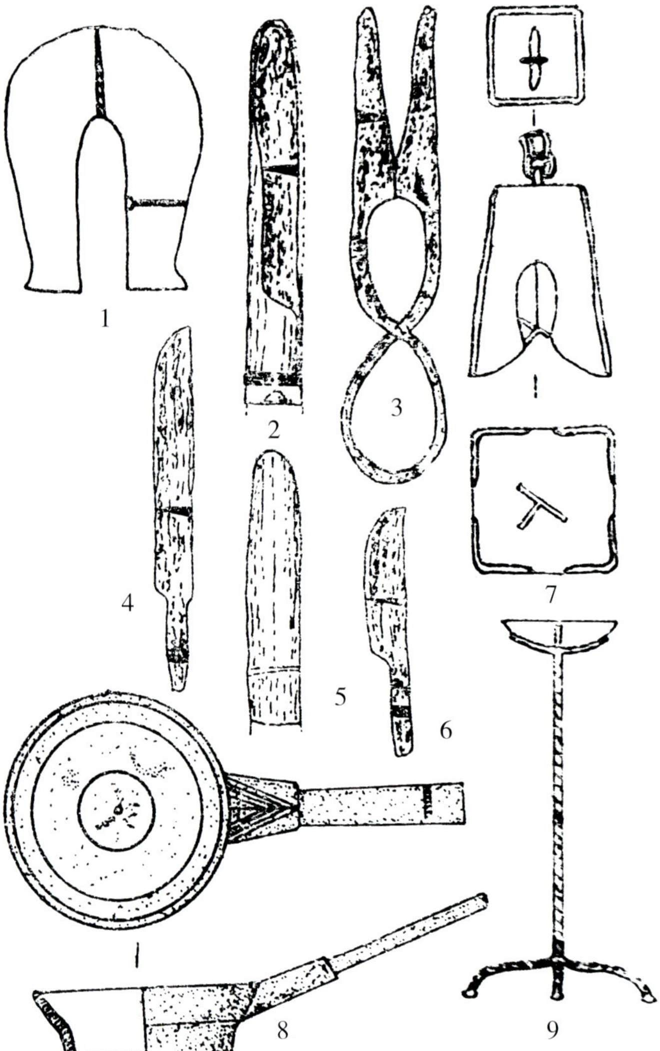

图 7-1

图 7-2

附：蓟县抬头村辽墓

蓟县抬头村，1984 年发现辽墓，为砖筑圆形单室穹隆顶，壁用砖砌出四立柱与单抄单下昂五铺作斗拱上承磨砖瓦檐。墓内随葬遗物皆为陶器，有注壶、长盘、杯等，另有与铁器同式的陶火盆、陶鏊、陶剪刀。①

① 韩嘉谷 .1979—1989 年天津文物考古新收获 . 北方考古研究（四）. 中州古籍出版社，1994 年 12 月版 .

第二节　山西地区出土的铁器

大同市新添堡辽许从赟墓

大同市西南郊新添堡村南，1984 年 10 月发现此墓，随即进行发掘。墓为砖筑，由墓门、甬道及单室圆形穹隆券顶墓室构成，仿木结构建筑，并绘有彩色壁画，豪华富丽，为在山西“已发掘五十余座辽墓中规模最大、内涵最为丰富的一座”。从出土墓志可知，墓主人为辽代大同军节度使许从赟。许从赟后来作为朝官，在燕京任职，应历八年（958 年）病逝于燕京肃慎坊家中，其妻沙氏在云州丰稔坊家逝世后，乾亨四年（982 年）许从赟遗骨迁葬于云中县权宝里与其妻合葬，此“是晋北地区唯一的一座辽代早期纪年墓”。墓中出土遗物不甚多，但很有特点，除墓志外，陶器三件彩绘堆花喇叭口形器、彩绘将军罐、长颈枭首壶都很少见，还有铜镜、木俑、瓦当等。出土铁器很多，并有特点，同时壁画反映的与铁器相关内容也很突出，兹并记于下。

此墓随葬遗物中的铁器计有敛口圆腹六錾耳圜底铁釜 1 件（图 7–3、图 7–4）、敞口附二耳浅腹平底三兽蹄足铁铛（原报告称“釜”）1 件（图 7–5、图 7–6）、弧面窄边三扁宽足铁鏊子 1 件（图 7–7、图 7–8）、侈口附二耳直腹平底三扁足铁火盆（原报告称“釜”）1 件（图 7–9、图 7–10）、敛口圆唇鼓腹圜底相对四空心足座铁臼 1 件（图 7–11、图 7–12）、橄榄形宽槽口尖底下接长方形镂孔座架铁茶碾 1 件（图 7 13、图 7–14）、敞口深腹圜底铁灯盏 1 件、横式铁锁 1 件、顶部半环状穿鼻体呈钟形敞口上小下大四方体铁铃 6 件、圆体铁钩 1 件。

壁画中反映出铁器内容的画面，有如下两幅：（1）墓门内西侧《侍女图》：此壁画“位于墓门西侧。画面左侧为一影作砖雕灯檠，十字形灯架上顶三个灯盏，中间一个较高，并放置铁灯盏一件。灯檠右侧有一侍女，……侍女左手执碗，右手持勺正在往灯盏里添油，双眼直视灯盏，神情专注、安详”（图 7–15、图 7–16）。

（2）墓室北壁《守门侍官图》：此壁画“位于北壁正面，画面中央影作砖雕板门一个，外表涂成红色，砖砌包框，门槛和门簪，板方上施四路八枚共三十二枚凸起的砖雕乳钉，门中心绘黑色铺首，两铺首间穿砖雕长锁，外表亦涂成黑色”[①]

① 王银田，等 . 山西大同市辽代军节度使许从赟夫妇壁画墓 . 考古，2005 年第 8 期 .

（图 7-17、图 7-18）。在此门上可见横式铁锁。

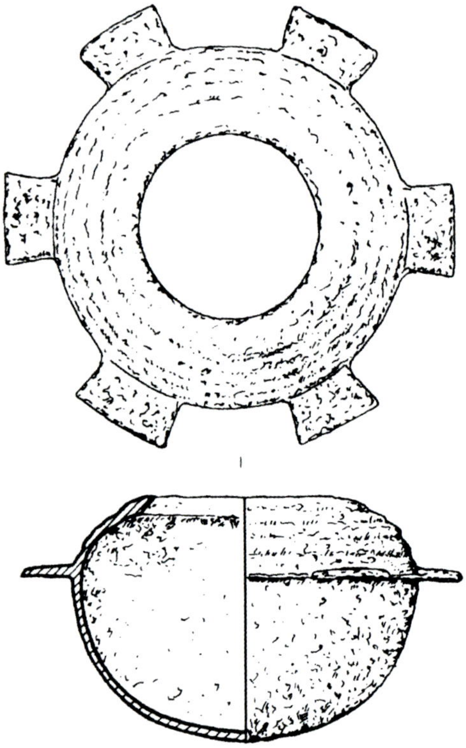

1

图 7-3

图 7-4

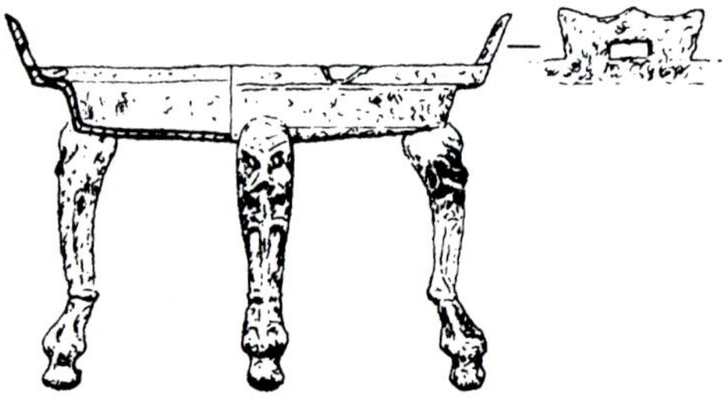

图 7-5

图 7-6

图 7-7

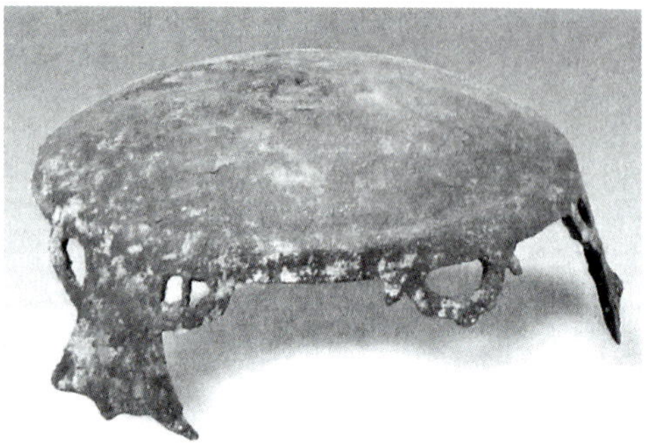

图 7-8

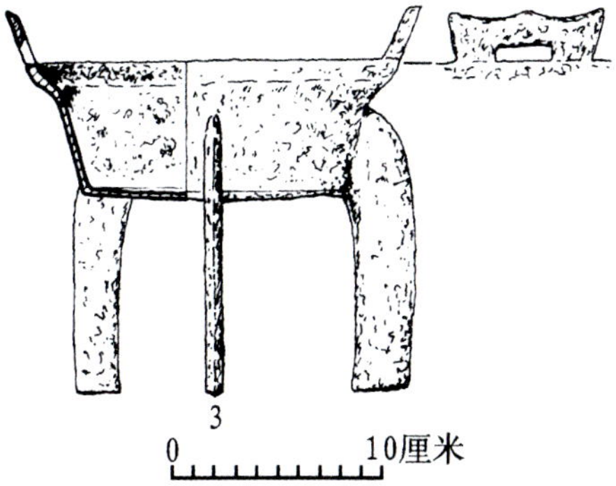

图 7-9

图 7-10

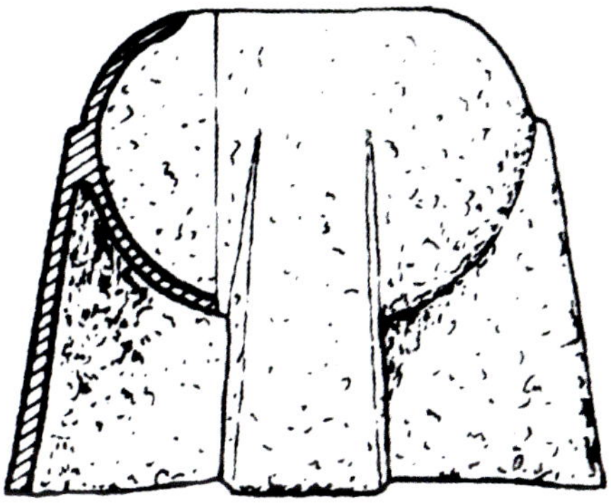

图 7-11

图 7-12

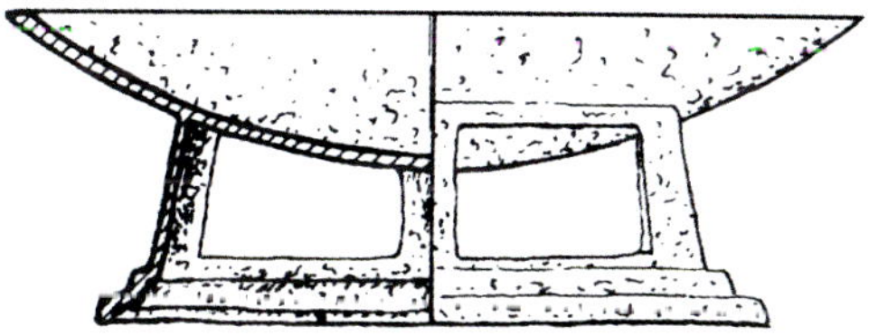

图 7-13

图 7-14

上卷

图 7-15

图 7-16

图 7-17

图 7-18

中　卷

阜新出土的辽代铁器

本卷收录的铁器，全部是阜新蒙古族自治县收藏者耿文东的收藏。这些铁器大都是阜新县废旧物公司回收站收购的“废物”。它们的来源都是当地人们在生产、生活中无意间发现的，或因耕耘犁地，或是翻整田园，或去取土积肥，或系兴建房舍，或为深挖菜窖，总之，是在这样的生活中，偶然于地下发现的。发现后，因其对于现实生活用处不大，放置又占地方，脱皮落渣，有碍观瞻，于是就都采取到附近的废品收购站卖掉。这些被回收铁器的归宿，集中后无时间早晚的差别，最后基本是回炉炼铁去了。但在阜新，却有耿文东专捡回收站的这些“废物”铁器，买回来收藏。二十几年过去，不觉间积累了不同时代、主要是过去的各种铁器竟达近三千件，这是一个非常了不得的数字！

本卷收录的铁器，即是在耿文东收藏近三千件铁器中选出的。因铁器数量庞大，亦非同一时期，因此，我首先是进行年代鉴定，先去掉残坏的，再去掉或早或晚其他时代的，余下则是辽代的；然后再对确定为辽代的铁器又进行选择，对其有特点或典型的器物留用，最终进行录入。由于铁器种类较多，涵盖范围很广，几乎当时人们生产、生活各方面都有遗物，因此，在本卷中按其性质和功能进行分类，分为“农业生产工具”“渔猎生产工具”“泥瓦工具”“木工工具”等八大类和“铁铧”“铁犁镜”“铁趟头”“铁牵引”等六十种，隶属厘定，这样就较为系统，同时也较为明显了，并且也可进一步了解辽代铁器的发展情况。下面就按这种分类，依次叙述。

第八章　农业生产工具

契丹族用铁很早，冶铁也见于文献记载，其农业生产在汉族等各族人民涌入之后也很发达，仅反映在农业生产上，就是非常明显的。本章收录的农业生产工具，即可证明这一史实。辽代铁器不仅数量大，制作精良，而且种类多，分门别类，农业生产的各个环节都有相应的工具出现，这是农业发展水平的具体表现。

第一节　铁铧

铁铧是农业生产中的一部重要构件，是历史上农业生产时犁杖底部的破土装备，没有它不能破土起垄。当春天耕种时，犁杖破土做垄掩埋撒下的种子，完成春播，此时必用铁铧。而夏季中耕除草后垄埂培土时，犁杖也需安装铁铧，破土功能相同。辽代铁铧的数量很多，虽同为犁地破土工具，但存在不同形制，大小有别，因用途差别而有其自身特点。本书以其相关特征，分以下几种类型，分别加以记述。

一、方孔铁铧

1 件。铁铸制，保存完整，锈蚀较轻（图 8–1）。铁铧上面板平，两边呈微弧等腰三角形，尖端略钝，当是由于使用原因造成，尾端铧翅平齐，后部作半圆形内凹，中间有方形透孔（图 8–2）。底面中部作拱状外突，铧体中空，突起宽度较窄，其外侧铧边较宽，拱面凹形回缩较大（图 8–3）。铧身长 41 厘米、尾距宽 32.7 厘米、翅端宽 4 厘米、拱外侧铧边宽 4 厘米，铧体壁厚 0.7 厘米、上面内凹 7.5 厘米、底面内凹 15 厘米、拱高 5 厘米，上面方孔长 5.6 厘米、宽 5

图 8–1

中

卷

图 8-2

图 8-3

厘米。

二、方孔铁铧

1 件。铁铸制，铸造规整，保存较好，锈蚀不重。铧尖部向下微弧（图 8-4）。上面板平，侧边弧曲明显，尾翅平齐，但不规整，后部凹入，近内凹处有一方形透孔（图 8-5）。下面后部拱起（图 8-6），拱边不明显（图 8-7）。铧尖较为圆钝，当为使用所致。铧长 35 厘米、尾端宽 32 厘米、尾翅宽 4.8 厘米、上面内凹 6 厘米、底面内凹 15 厘米、拱高 5.3 厘米，上面方孔底宽 5 厘米、高 6 厘米，壁厚 0.4 厘米。

图 8-4

三、方孔铁铧

1 件。铁铸制，铧身微残，锈蚀不多。尖部微向下弯（图 8-8）。铧上面板平，

图 8-5

侧边弧曲，左侧边残，尾翅斜尖，一侧残坏，后部凹入，近凹边处有方形透孔（图 8-10）。下面拱起（图 8-9），拱边线不明显，后部凹入（图 8-11）。尖部稍钝。铁铧长 46 厘米、尾间距 31 厘米、尾翅宽 3.2 厘米、上面内凹 8 厘米、底拱面内凹 16 厘米、拱高 6 厘米，上面有一近似梯形透孔，孔高 7 厘米、上边长 5 厘米、下边长 6 厘米，壁厚 0.4 厘米。

图 8-6

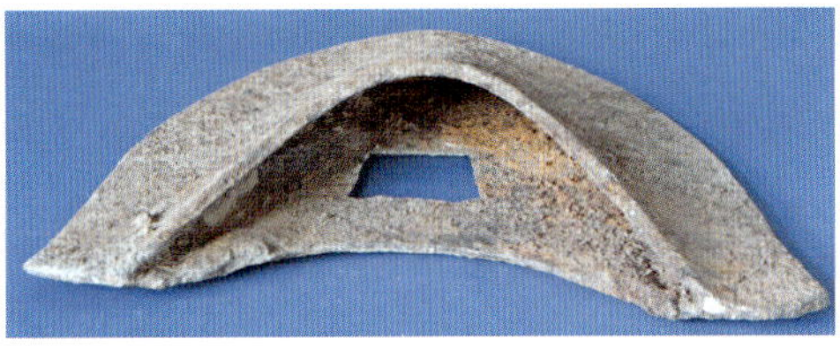

图 8-7

图 8-8

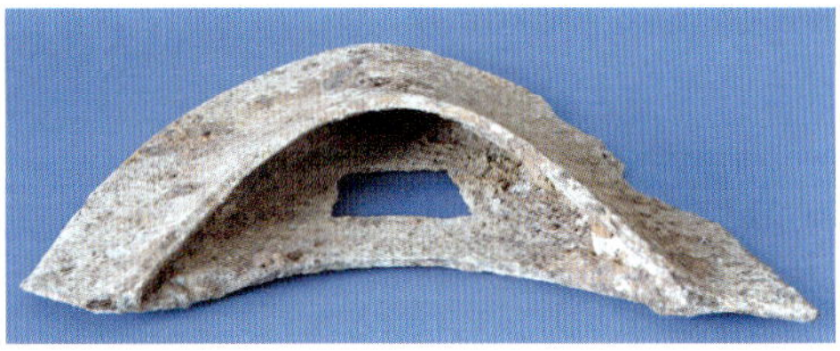

图 8-9

图 8-10

图 8-11

四、方孔铁铧

1 件。铁铸制，保存较好，身无锈斑。铧体较平直，略有弯度（图 8–12）。上面板平，两侧边弧曲，尾翅较窄平齐，现残缺，后部凹入，近凹处有一纵长方形透孔（图 8–14）。下面拱起（图 8–13），拱边线不明显，后部凹入（图 8–15）。铧尖部有磨损和残坏。铁铧长 39 厘米、尾间距 32 厘米、尾翅宽 4.5 厘米、上面内凹 8 厘米、下面内凹 17 厘米、拱高 5 厘米、拱外铧边宽 4.5 厘米，上面纵长方孔宽 5 厘米、高 6 厘米、壁厚 0.3 厘米。

图 8–12

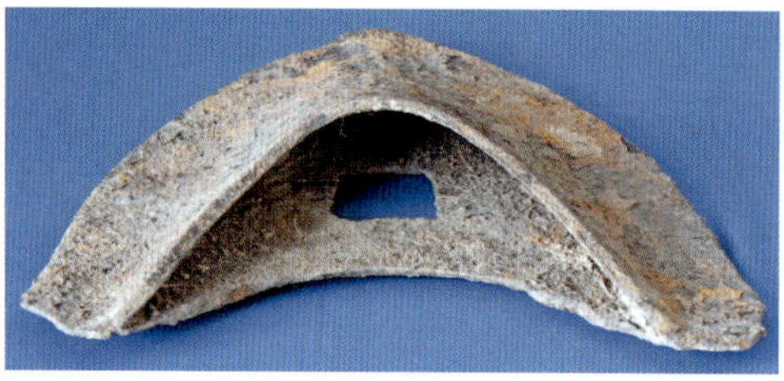

图 8–13

图 8–14

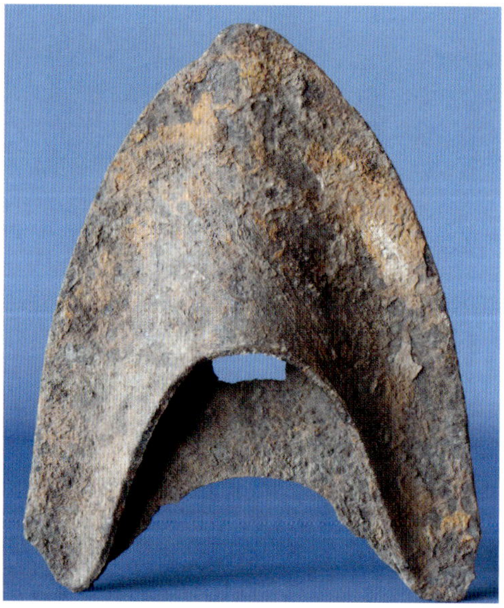

图 8–15

五、椭圆方孔铁铧

1 件。铁铸制，保存较好，无损坏，略有锈痕（图 8–16）。铁铧上面平整，呈弧边等腰三角形，前端尖锐，微向下弯曲，尾端铧翅斜边，中间圆形内凹，后部

图 8-16

中间留有圆顶方孔（图 8-17）。铧身下面两侧边微见棱线，中间作拱状外突，形成铧体中空，外突部分圆缓，空间较大，两侧边缘几近铧边（图 8-18）。铧身长 38.5 厘米、尾距宽 30 厘米、翅端宽 2 厘米、上面内凹 6.8 厘米、下面内凹 14.2 厘米、拱高 5 厘米，上面方形孔底边宽 3.8 厘米、长 4.8 厘米，壁厚 0.6 厘米。

图 8-17

图 8-18

六、椭圆方孔铁铧

图 8-19

1 件。铁铸制，保存完整，基本没有锈蚀。铧身较窄而体较长，尖部锋锐，磨蚀较轻，前端微下曲，便于犁地起土，尾翅平齐，后部内凹，铧面凹入较少，底面凹入较多，反面侧视犹如鞋状（图 8-19）。铧面板平，后部铸有拱形方孔（图 8-20），铧身下面拱起，呈漫圆形，拱与铧边不明显（图 8-21）。铧长 37 厘米、尾间距 27.8 厘米、尾翅宽 4 厘米、铧面内凹 6 厘米、下面内凹 13.5 厘米、拱高 5.5 厘米，上面漫圆孔底边长 5 厘米、高 4 厘米，壁厚 0.7 厘米。

图 8-20

图 8-21

七、椭圆方孔铁铧

图 8-22

1 件。铁铸制，磨蚀较重，铧尖已残，后经接补（晚清和民国时期，东北地区耕地使用铁铧，地里有石头或其他物，也经常发生犁地时铁铧残坏的事，俗谓“铧子打了”，然后去烘炉即农村个体铁匠炉接补铧尖，称为“扛铧尖”），铧侧边磨损明显，一侧尾翅亦残。铧身较平，尖部下曲（图 8-22）。铧面平整，尾端内凹，近后部有一近椭圆形透孔，孔外部有一圆形突起，系为坚固加厚铧身（图 8-23）。铁铧下面作漫圆状拱起，后部内凹，近尖部有一小圆孔（图 8-24）。铧长 38.8 厘米、尾间距 27.5 厘米、尾翅宽 4.5 厘米、上面内凹 6 厘米、下面内凹 15 厘米、拱高 5 厘米，上面椭圆形孔底边长 6 厘米、高 4.3 厘米，壁厚 0.8 厘米。

八、椭圆方孔铁铧

1 件。铁铸制，铸造不甚规整，保存较好，身有多处锈斑，因土浸现呈灰白色。铧尖部弯曲不大（图 8-25）。上面板平，侧边弧度明显，尾翅平齐、较小，后部内凹，沿凹边铸有一道细线沟纹，近凹边处铸一弧边圆顶透穿孔，孔左边残坏（图 8-27）。下面拱起（图 8-26），拱线不明显，平视亦不作三角形，比较漫长浑圆，后部内凹（图 8-28）。铧尖略有磨损。铁铧长 34 厘米、尾间距 30 厘米、尾翅宽 3

图 8-23

图 8-24

图 8-25

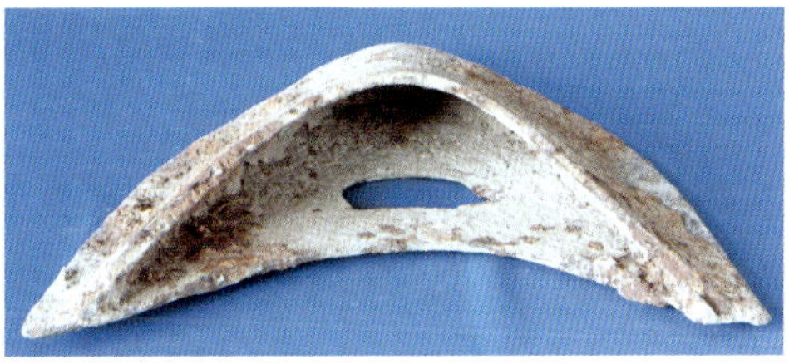

图 8-26

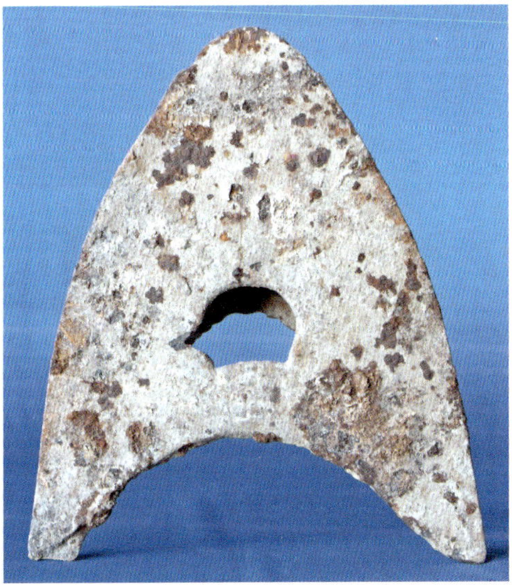

图 8-27

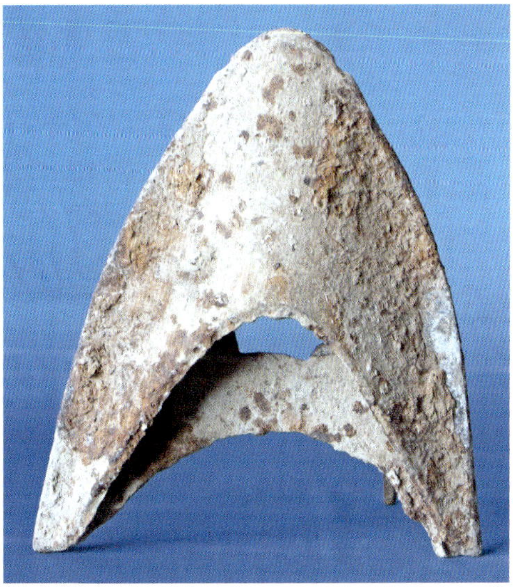

图 8-28

厘米、上面后部内凹 7.6 厘米、下面后部内凹 15.7 厘米、拱高 5 厘米，上面弧边圆顶方孔底边长 5 厘米、高 4.7 厘米，壁厚 0.5 厘米。

九、椭圆方孔铁铧

1 件。铁铸制，保存较好，锈迹较多。铧尖部分微向下弯（图 8-29）。上面板平，尖端锋锐，侧边弧曲，尾翅平齐较窄，后部凹入，近凹边有一平底圆形透孔（图 8-31）。下面拱起，拱膛较大（图 8-30），铧边较窄，拱边线微显，后部凹入（图 8-32）。铁铧长 38 厘米、尾间距 30 厘米、尾翅宽 2.5 厘米、上面内凹 8.5 厘米、底面内凹 15 厘米、拱高 5.5 厘米，上面圆形孔底边长 4 厘米、高 4.5 厘米，壁厚 0.5 厘米。

图 8-29

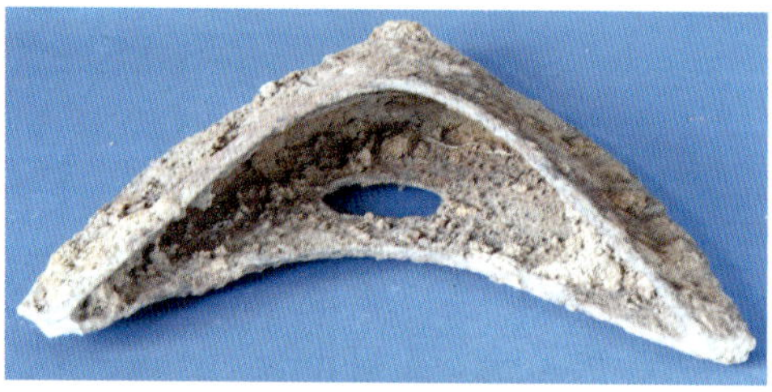
图 8-30

图 8-31

图 8-32

十、椭圆方孔铁铧

1 件。铁铸制，保存较好，锈斑不多。铧身弯曲度较小，前后较平（图 8-33）。上面板平，两侧边弧曲，尾翅较窄平齐，后部凹入，近凹入有一方形圆顶透孔，孔下至凹边有条沟纹（图 8–35）。下面拱起（图 8–34），拱边线较明显，拱外铧边较窄，拱后部凹入，凹边有一近三角形缺口（图 8–36）。铧尖有较大磨蚀。铁铧长 37 厘米、尾间距 30.8 厘米、尾翅宽 2.5 厘米、上面内凹 9.4 厘米、下面内凹 17 厘米、拱高 4.5 厘米，圆拱方形孔底边宽 6 厘米、高 5 厘米，拱外铧边宽 1.8 厘米，壁厚 0.4 厘米。

图 8–33

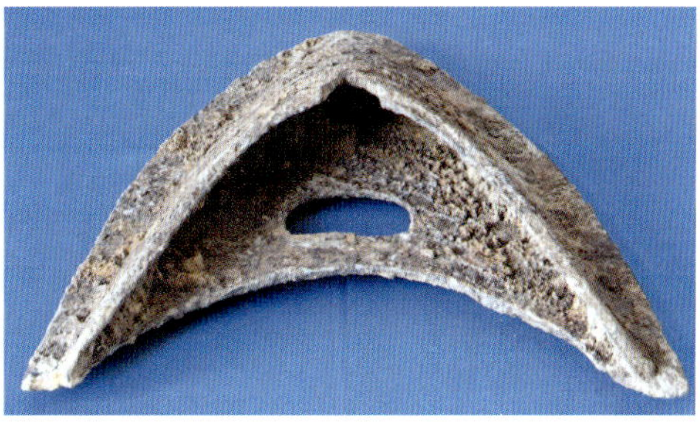

图 8–34

图 8–35

图 8–36

十一、三角孔铁铧

1 件。铁铸制，铧体完整，保存较好，锈蚀轻微（图 8–37）。铧身上面平整，两侧边略作弧形，尖端圆钝，系使用磨蚀所致，前部微下曲，便于犁土，尾端铧翅平齐，后部圆形内凹，铧面后部有一个三角形透穿孔（图 8–38）。铧身下面有拱状外突，形成铧体中空，拱身较小，外侧铧边较宽，起拱痕迹明显，内凹较大，几与铧面内凹相等（图 8–39）。铧身长 33.5 厘米、尾距宽 28 厘米、翅端宽 4.5 厘米、上面内凹 9 厘米、下面内凹 11.5 厘米、拱高 6 厘米、上部三角孔边长 4 厘米，壁厚 0.8 厘米。

图 8-37

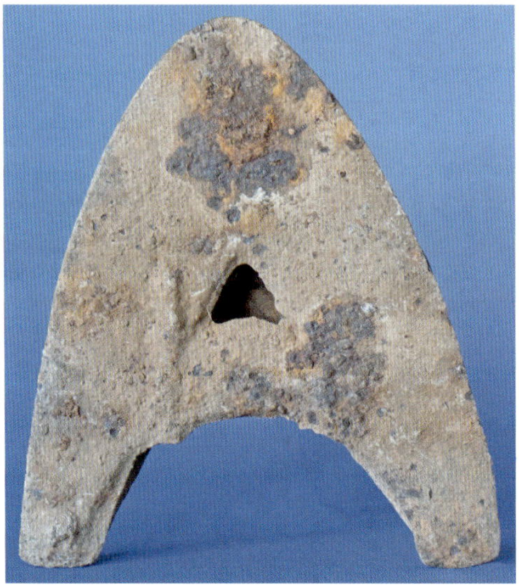

图 8-38

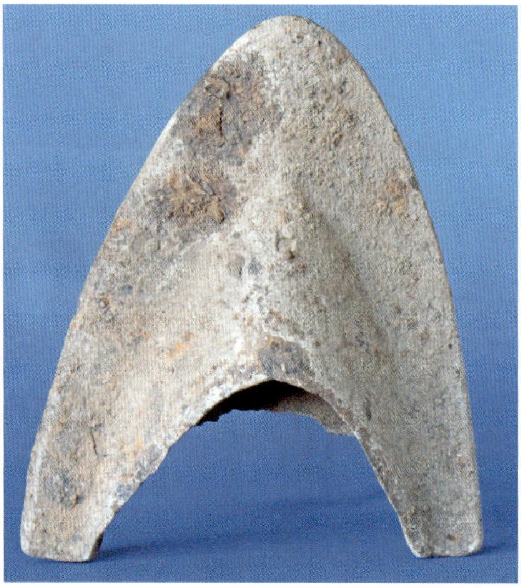

图 8-39

十二、三角孔铁铧

1件。铁铸制，保存较好，锈蚀不重（图 8-40）。铧身上面平整，两侧铧边微弧，尖部圆钝，系为使用磨蚀所致，前端微下弯曲，便于起土，尾部翅端平齐，后部内凹，较浅而宽，缘边饰一道弦沟纹，铧面铸有等边三角形透孔（图 8-41）。铧身下面有拱状突起，拱体长而两侧边较直，拱边明显，铧侧边较窄，拱身内凹较深（图 8-42）。铧身长 36.3 厘米、

图 8-40

图 8-41

尾距宽31厘米、尾翅宽5厘米、上面内凹8厘米、下面拱内凹16厘米、拱高5.5厘米、上面三角孔边长6.5厘米、壁厚0.8厘米。

图8-42

十三、三角孔铁铧

1件。铁铸制，保存较好，略有锈痕。铧尖部下弯（图8-43）。上面板平，尾翅平齐，中间内凹，近后部有三角形透孔（图8-44）。下面拱起，与铧边界线分明，前端至尖部略见棱线（图8-45）。铧尖磨蚀较重，呈漫圆形，使铧身长度变短，可知使用时间较长。铧长29厘米、尾间距27.8厘米、尾翅宽4.5厘米、铧上面内凹5.6厘米、下面内凹8厘米、拱高5.5厘米、上面等边三角形孔边长3.5厘米、壁厚0.7厘米。

图8-43

图8-44

图8-45

十四、三角孔铁铧

1件。铁铸制，铸造规整，保存完好，因土浸表面现呈灰白色，存有锈斑。铧尖部向下弯曲（图8-46）。上面板平，侧边弧曲明显，尾翅一平齐、一斜尖，后部凹入，沿凹边有一道沟纹，近凹处有一等边三角形透孔（图 8–48）。铁铧下面后部拱起（图 8–47），拱边界线清晰，前端至铧尖处铧体增厚，后部凹入（图 8–49）。铁铧长 36 厘米、尾间距 34.5 厘米、尾翅宽 5 厘米、上面内凹 9.3 厘米、下面内凹 12.5 厘米、中间拱起 6 厘米、上面等边三角形孔边长 2.7 厘米、壁厚 0.4 厘米。

图 8–46

图 8–47

图 8–48

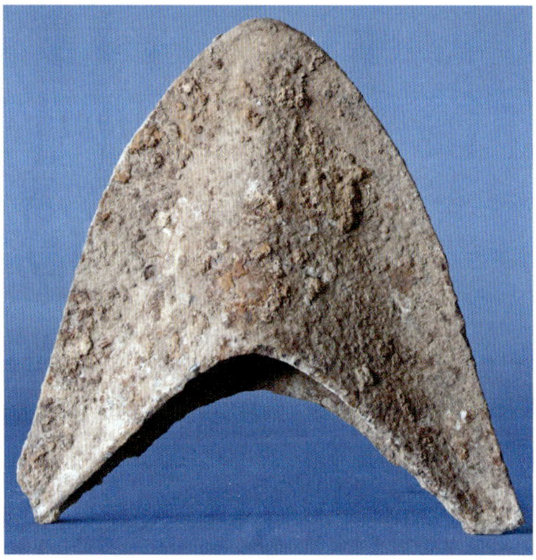

图 8–49

十五、三角孔铁铧

1 件。铁铸制，铸造规整，保存较好。铧身弯曲度较小，尤其尖部弯曲不明显（图 8–50）。铧上面板平，两侧边弧曲，尾翅平齐，后部凹入，缘弧处铸有一道沟纹，近弧边有一等边三角形透孔（图 8–51）。下面拱起（图 8–52），拱边线较

图 8–50

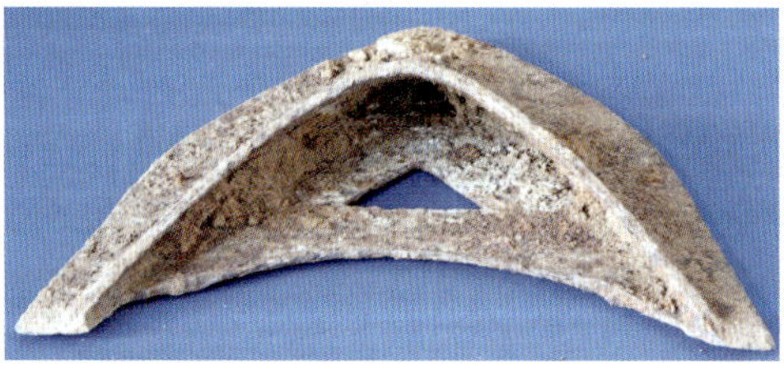

图 8–51

明显，后部凹入（图 8–53）。铧尖部稍钝。铁铧长 46 厘米、尾间距 31 厘米、尾翅宽 3.2 厘米、上面内凹 8 厘米、下面内凹 16 厘米、拱高 6 厘米、上面等边三角形孔边长 6.5 厘米、壁厚 0.4 厘米。

图 8–52

图 8–53

十六、三角孔铁铧

1 件。铁铸制，保存完整，只是附着锈斑较多。铧身较平，弯曲度不大（图 8–54）。上面板平，两侧边前部弧度较明显，尾翅平齐，后部凹入，近凹处有一等边三角形透孔（图 8–55）。下面拱起（图 8–56），拱边线不明显，后部凹入（图 8–57）。铁铧长 37 厘米、尾间距 31.5 厘米、尾翅宽 5 厘米、上面内凹 8 厘米、下面内凹 13.2 厘米、拱

图 8–54

图 8–55

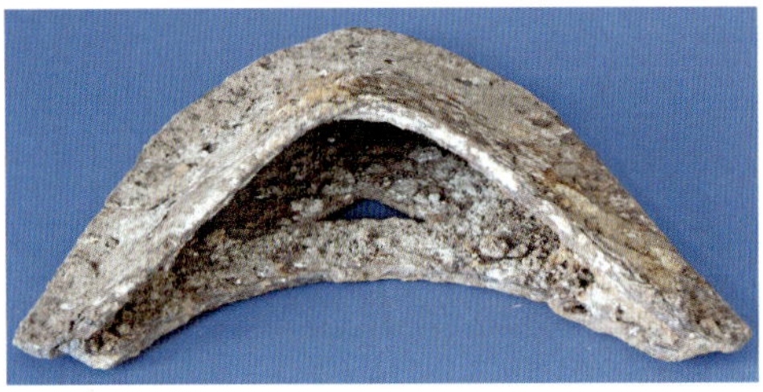

图 8-56

高 5 厘米、上面等边三角形孔边长 4.5 厘米、壁厚 0.6 厘米。

图 8-57

十七、三角孔高拱铁铧

1 件。铁铸制，保存完好，身有铁锈。铧身规整，尖部下弯明显（图 8-58）。铁铧上面板平，侧边微弧，尾部圆形内凹，近后部有一等边三角形透孔（图 8-59）。底面后部内凹并拱起，拱顶面与铧边分界处边线分明，前端至铧尖处铸出一道突起棱线（图 8-60）。尖部稍有圆钝，这是使用造成的，其磨蚀不大，说明使用时日未深。铧身长

图 8-58

图 8-59

图 8-60

31.5 厘米、尾间距 26.7 厘米、尾翅宽 4.5 厘米、上面内凹 6.5 厘米、下面拱内凹 8 厘米、拱高 5 厘米、上面三角形孔边长 4 厘米、壁厚 0.7 厘米。

十八、三角孔高拱铁铧

1 件。铁铸制，整体保存异常完好，身无锈蚀，犹如新铸。铁铧尖部下弯（图 8–61）。上面板平，边侧微弧，尾端深圆内凹，两翅平齐，近后部有一等边三角形透孔（图 8–62）。下面内凹，并呈拱状突起，拱身边线分明，前端至铧尖处有一道微起棱线（图 8–63）。铁铧尖部圆钝，是较长时间耕种磨损形成的。铧长 31.5 厘米、尾间距 27 厘米、尾翅宽 4 厘米、铧上面内凹 7.7 厘米、下面内凹 11 厘米、拱高 5 厘米、上面等边三角形孔边长 6.5 厘米、壁厚 0.8 厘米。

图 8–61

图 8–62

图 8–63

十九、三角孔高拱铁铧

1 件。铁铸制，身被铁锈，保存仍较完整。铧身尖部略为向下弯曲（图 8–64）。铧上面板平，边微弧，尾翅斜尖，近后部有一等边三角形透孔（图 8–65）。下面拱起，拱边较为明显（图

图 8–64

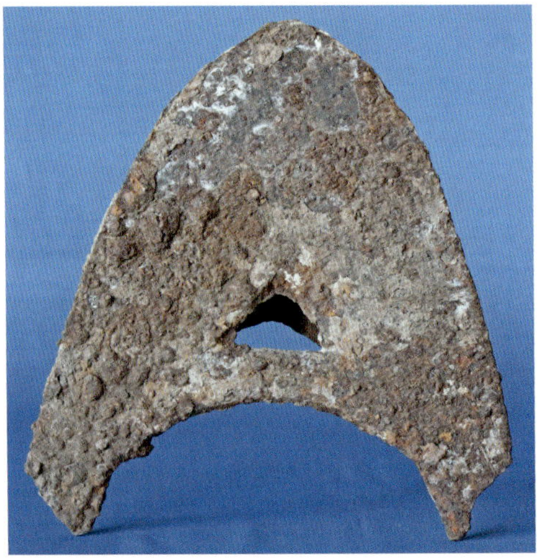

图 8-65

图 8-66

8-66）。铧尖圆钝，系较长时间耕种所致。铧长 31.5 厘米、尾间距 28 厘米、尾翅斜宽 4 厘米、上面内凹 8.2 厘米、下面内凹 12.7 厘米、拱高 5.5 厘米、壁厚 0.7 厘米。

二十、三角孔高拱铁铧

1 件。铁铸制，保存较好，因在土中侵蚀，铧身表面现灰白色。铧尖部微向下弯曲（图 8-67）。铁铧上面板平，侧边微弧，尾翅平齐，后部内凹，凹入较少，左侧微残，沿内凹边缘有一道沟纹，近后部有一等腰三角形透穿孔（图

图 8-67

图 8-68

图 8-69

8-68）。下面拱起，边缘明显，后部内凹，凹入较大（图 8-69）。铧长 30.5 厘米、尾间距 19 厘米、尾翅宽 3.5 厘米、上面内凹 3.5 厘米、下面内凹 10.5 厘米、拱高 5 厘米、上面等边三角形孔边长 5 厘米。

二一、三角孔高拱铁铧

1 件。铁铸制，保存较好，铧体光洁，锈痕较少。铁铧尖部下曲，弯度明显（图 8-70）。铧体上面板平，侧边较直，尾翅平齐，后部作圆形内凹，近后部有一等边三角形透穿孔（图 8-71）。下面拱起，拱边明显，前端至铧尖处铸出凸脊（图 8-72）。铁铧长 32 厘米、尾间距 28 厘米、尾翅宽 4.2 厘米、上面内凹 6.7 厘米、下面内凹 9.5 厘米、拱高 5.7 厘米、上面等边三角形孔边长 4.5 厘米、壁厚 0.5 厘米。

图 8-70

图 8-71

图 8-72

二二、三角孔高拱铁铧

1 件。铁铸制，保存较好，无多锈迹，仅尾翅微残。铁铧尖部向下弯曲（图 8-73）。上面板平，两侧斜直，尾翅平齐，后部内凹，近凹处有一等边三角形透穿孔（图 8-74）。下面拱起，拱边

图 8-73

明显，前端至铧尖铸出一道棱线，后部内凹较大（图 8–75）。铁铧尖有磨蚀。铧身长 30.5 厘米、尾间距 27.5 厘米、尾翅残，上面内凹 6.8 厘米、下面内凹 10 厘米、拱高 5 厘米、边宽 4.5 厘米、上面三角形孔边长 4.5 厘米。

图 8–74

图 8–75

二三、三角孔高拱铁铧

1 件。铁铸制，略有残坏，锈迹不多。铁铧尖部向下弯曲（图 8–76）。上面板平，侧边微弧，尾翅斜尖，后部内凹，近凹边有一等边三角形透孔，孔右边角残缺（图 8–78）。下面圆拱（图 8–77），拱边明显，前端至铧尖处铸出一道棱线，后部内凹（图 8–79）。铁铧长 30.3 厘米、尾间距 26 厘米、尾翅宽 4.7 厘米、上面后部内凹 6.5 厘米、下面后部内凹 9.7 厘米、拱高 5.5 厘米、上面等边三角形孔边长 3.3 厘米、壁厚 0.5 厘米。

图 8–76

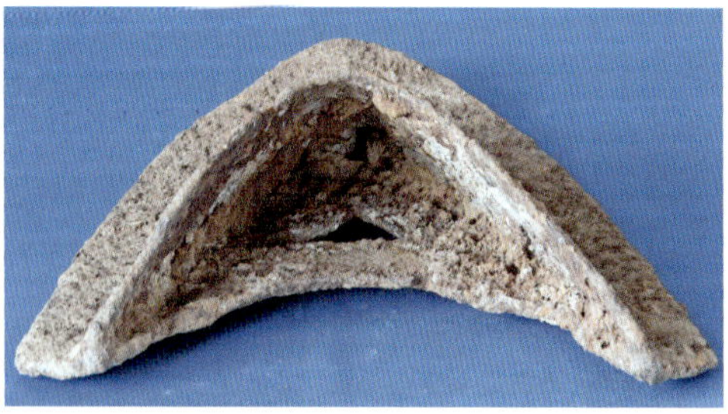

图 8–77

图 8-78

图 8-79

二四、三角孔高拱铁铧

图 8-80

1 件。铁铸制，保存完整，锈迹较多，因土浸现表面呈灰白色。铧尖略向下弯曲（图 8-80）。铧身上面板平，侧边圆弧，尾翅平齐，左翅端稍残，后部内凹，近凹边处有一等边三角形透穿孔（图 8-81）。下面拱起（图 8-83），边棱明显，前部至铧尖处铸有一道凸棱（图 8-82）。铁铧长 28 厘米、尾间距 27.6 厘米、尾翅宽 4 厘米、上面后部内凹 8 厘米、下面后部内凹 10.5 厘米、拱高 5.2 厘米、上面等边三角孔边长 5.2 厘米、壁厚 0.5 厘米。

二五、“刘”字款三角孔高拱铁铧

1 件。铁铸制，器形规整，工艺精良，保存完整，身无锈迹。铧尖略向下弯曲（图 8-84）。上面板平，侧边较直，尾翅平齐，后部内凹，沿凹边铸出一道细线沟纹，近凹边处铸出一等边三角形透穿孔，下面拱起（图 8-85），拱边线明显，前端至铧尖处铸有一道凸线纹，后部内凹（图 8-86）。铧尖圆钝，为长时间使用所致，说明此铧使用时间很长，故有此现象出现。在两侧尾翅铸有

图 8-81

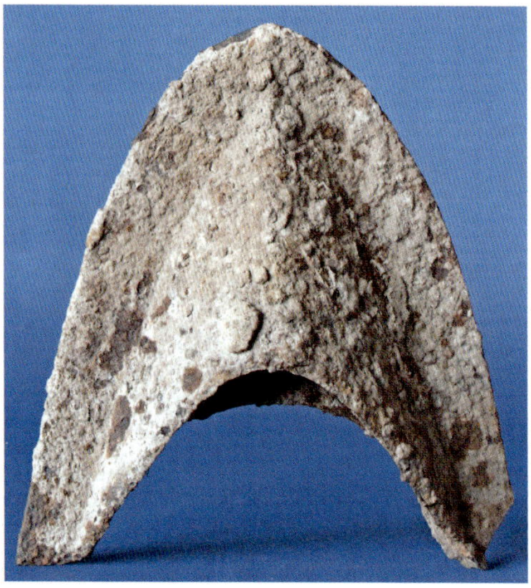

图 8-82

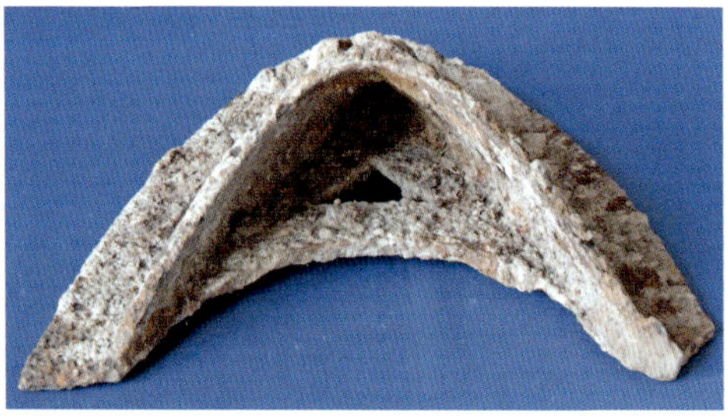

图 8-83

图 8-84

图 8-85

图 8-86

文字，字为阴文，现较模糊，经细辨，右侧有一字，为“刘”字，左侧有二字，为“敬忠”二字（图 8-87），为人名，当是主人或铸铧人的名字。铁铧长 28 厘米、尾间距 28 厘米、尾翅宽 5.5 厘米、上面后部内凹 5.5 厘米、下面拱后部内凹 9 厘米、拱高 5 厘米、上面等边三角形孔边长 4.5 厘米、壁厚 0.5 厘米。

二六、三角孔高拱铁铧

1 件。铁铸制，保存较好，铧身锈迹不多。铁铧尖部向下弯曲（图 8-88）。上面板平，两侧边略弧，尾翅平齐，后部内凹，近内凹处铸有等边三角形透穿孔（图 8-89）。下面拱起（图 8-90），拱边线较清晰，前端至铧尖处铸出一道凸脊，后部内凹（图 8-91）。铧长 31 厘米、尾间距 27 厘米、尾翅宽 5 厘米、上面后部内凹 6 厘米、下面后部内凹 12.3 厘米、拱高 6 厘米、上面等边三角形孔边长

图 8-87

图 8-88

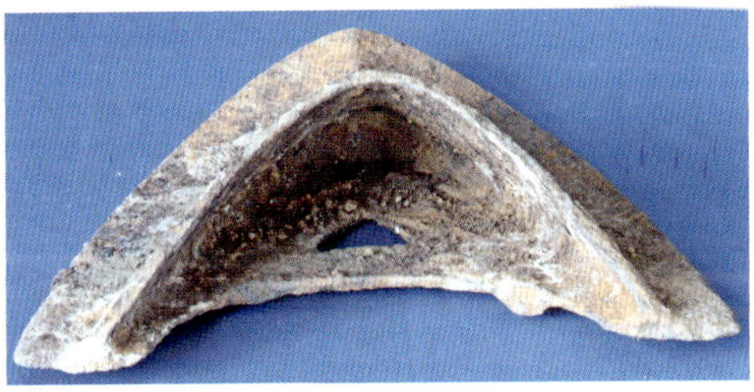

图 8-90

图 8-89

4 厘米、壁厚 0.5 厘米。

二七、三角孔高拱铁铧

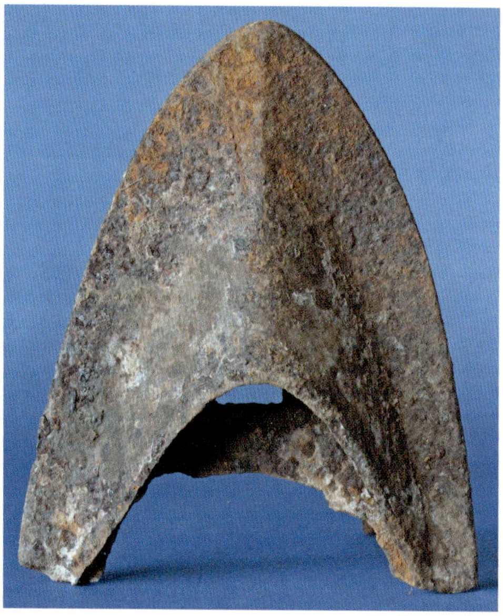

图 8-91

1 件。铁铸制，铸造规整，工艺精良，保存较好，多未锈蚀，铧身仅有几处较薄锈斑。铧尖部分略向下弯曲（图 8-92）。铧身上面板平，侧边微弧，尾翅平齐，后部内凹，铧边铸有一周细线沟纹，两侧边沟纹较浅，后部内凹处沟纹清晰明显，近内凹处铸有一等边三角形透穿孔。下面拱起（图 8-93），拱边线明显，前端至铧尖处铸出一道棱线，后部内凹（图 8-94）。铧尖略有磨损。铁铧长 33.5 厘米、尾间距 29 厘米、尾翅宽 4 厘米、上面后部内凹 6.7 厘米、下面后部内凹 10.3 厘米、拱高 5 厘米、上面等边三角形孔边长 5 厘米、壁厚 0.7 厘米。

图 8-92

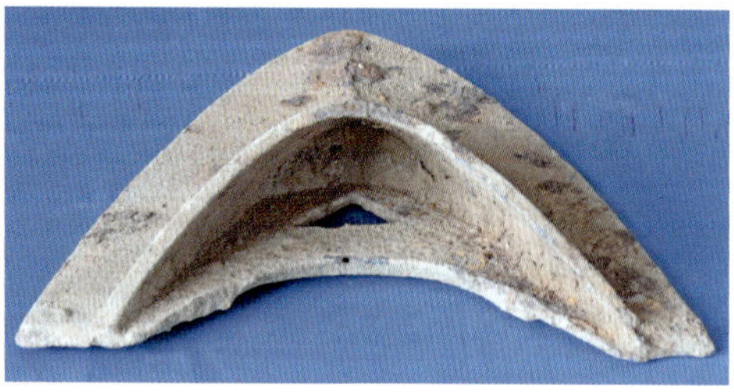

图 8-93

图 8-94

二八、“天下太平”款小圆孔铁铧

1 件。铁铸制，铸造规整，体较厚重，造型别致，保存较好，锈斑不多。铧身弯曲较大，从前至后均见弧度（图 8–95）。铧上面虽纵向曲度较大，但仍板平，两侧边较平直，尾端平齐而略有不整，后部凹入，状作倒桃形，沿凹边铸出角形凸棱，近凹边有一小圆孔（图 8–97）。下面拱起，拱如半圆锥状，拱边线明显（图 8–96），前部至铧尖处铸出一道较高且大的凸棱，其两边各有一道短线宽体凸棱，铧两侧边亦有较细边棱，后部凹入，但回缩较浅，与一般拱端凹入较大不同。拱体两侧铧边有字，字为阳文，右侧为“天下”二字，左侧为“太平”二字（图 8–98）。铁铧长 32 厘米、尾间距 31 厘米、尾翅宽 6.5 厘米、上面内凹 8 厘米、底面拱内凹 7 厘米、拱高 6.5 厘米、上面圆孔直径 1.7 厘米、拱侧铧边宽 6.1 厘米、壁厚 0.6 厘米。

图 8–95

图 8–96

图 8–97

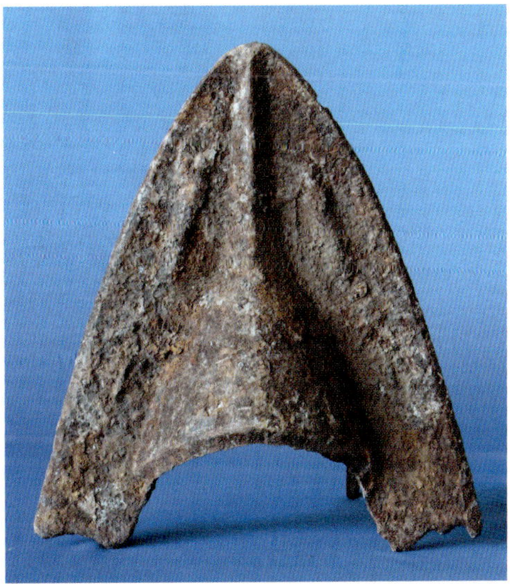

图 8–98

二九、葫芦形孔铁铧

1 件。铁铸制，保存完好，基本无锈蚀，边缘清晰。铁铧尖部略为向下弯曲（图 8-99）。铧身上面板平，外缘微弧，尾翅平齐，后部内凹，缘凹边起一道平棱，意在加厚以增强铧体坚固程度，近后部有一葫芦形透孔，这种形状透孔较为少见（图 8-100）。下面拱起，后部内凹，前端至铧尖处微起一道凸棱（图 8-101）。铧长 32.7 厘米、尾间距 28 厘米、尾翅宽 4.7 厘米、上面内凹 7.5 厘米、下面内凹 11.5 厘米、拱高 5 厘米，上面葫芦形孔高 6 厘米、上径 2 厘米、下径 2.8 厘米、壁厚 0.8 厘米。

图 8-99

图 8-100

图 8-101

三十、葫芦形孔铁铧

1 件。铁铸制，保存基本完整，仅一侧铧翅尾端稍残，锈蚀较重，铧体多有锈斑。铁铧尖部略向下弯曲（图 8-102）。上面板平，侧边微弧，尾翅平齐，后部内凹，凹入较大，近后部有一葫芦形透穿孔，形体较小，但较规整

图 8-102

（图 8-103）。下面拱起，拱边较明显，后部凹入较大（图 8-104）。铧尖圆钝，应是使用磨蚀。铁铧长 34 厘米、尾间距 28 厘米、尾翅宽 4.5 厘米、上面内凹 9.5 厘米、下面内凹 13.5 厘米、拱高 5 厘米，上面葫芦形孔长 4.5 厘米、上径 1.5 厘米、下径 2 厘米，壁厚 0.5 厘米。

图 8-103

图 8-104

三一、葫芦形孔铁铧

1 件。铁铸制，保存较好，锈迹轻微，形态完整。铁铧尖部向下弯曲明显（图 8-105）。上面板平，两侧边弧曲，尾翅平齐，后部凹入，近凹处有一葫芦形透孔，葫芦因模具关系而形成上下两孔，但仍具葫芦形象（图 8-107）。下面拱起（图 8-106），拱边线明显，前端至铧尖处铸出一道棱线，尾翅平齐，后部凹入（图

图 8-105

图 8-106

8–108）。铁铧长 34 厘米、尾间距 28.5 厘米、尾翅宽 3.5 厘米、上面内凹 9 厘米、下面内凹 12.5 厘米、拱高 6 厘米、拱外铧边宽 3.2 厘米，上面葫芦形孔上径 1.5 厘米、下直径 2.5 厘米，壁厚 0.4 厘米。

图 8–107

图 8–108

三二、“水”“火”字款合拱小圆孔铁铧

1 件。铁铸制，保存较好，因在地下土浸现铧体表面呈灰白色，微有锈斑。此铧形制较为特殊，与一般铁铧有较大差异：一般铁铧上面板平、下面拱起，此式铁铧为播种起垄的犁铧；本件铁铧为耘土工具，故形制有异（图 8–109）。此铧两面起拱（图 8–110），拱面形制相同，前为铧尖，外侧边缘稍内弧，尾翅较窄，后部内凹。拱面漫圆，外观如两片合成，拱与铧边分界迹象不明显。拱面近后部两面各有

图 8–109

图 8–110

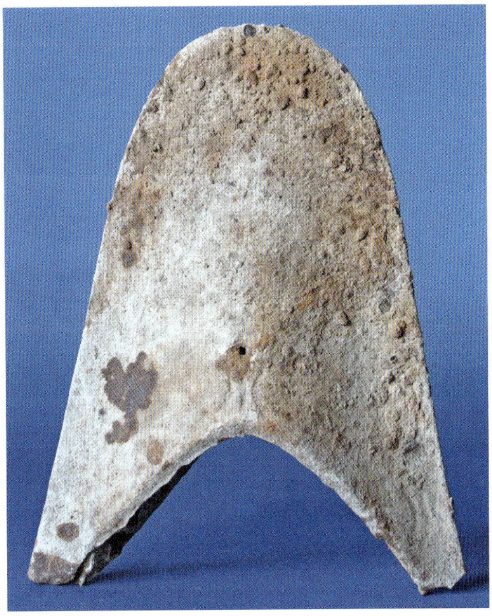

图 8-111

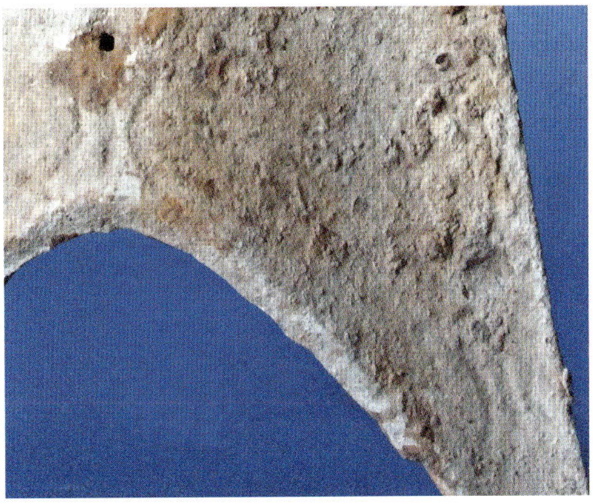

图 8-112

一小圆孔（图 8-111），此孔为铁铧固定在木犁上之用。尖部圆钝，为较长时间使用磨蚀形成。铁铧铸有文字，字在两处，均在一面，每处一字，为阴文篆书，一在钉孔后边，是一“水”字，一在其右侧铧翅尖处，为一“火”字（图 8-112）。铁铧长 33.7 厘米、尾间距 28 厘米、尾翅宽 3.5 厘米。上下外拱，内凹均为 10 厘米、两面拱间距 7.2 厘米。上下相对各有一个透穿孔，孔径 0.4 厘米，壁厚 0.7 厘米。

三三、合拱小圆孔铁铧

1 件。铁铸制，较为规整，保存较好，锈蚀不重。此铧特点是形制对称，无论是左右铧边，还是上下铧面，均表现形态一致，使用上安装选择性不大，正反皆可用（图 8-113）。铧尖圆钝，两面外向圆拱（图 8-114），两侧边均微向内弧曲，后部凹入，近凹边处两面各有一圆孔（图 8-115、图 8-116）。铁铧长 34.5 厘米、尾间距 30 厘米、尾翅宽 3 厘米、上下两面后部均内凹 9 厘米、两凸起间距 7 厘米、上下对穿孔直径 1 厘米、壁厚 0.5 厘米。

图 8-113

图 8-114

图 8-115

图 8-116

三四、合拱小圆孔铁铧

1 件。铁铸制，器形规整，工艺精良，保存较好，仅有薄锈（图 8-117）。铧尖圆钝，身作两大页，侧边较直，尾翅平斜、宽窄不一，后部相对外拱，形成空间较大（图 8-118），尾端凹入，近凹边处两面均各有一对穿圆孔（图 8-119、图 8-120）。铧长 33.5 厘米、尾间距 30 厘米、两面后部内凹 10 厘米、凸起拱状间距 8.5 厘米、上下两面对穿圆孔直径 1 厘米、壁厚 0.6 厘米。

图 8-117

图 8-118

三五、“水”字款合拱小圆孔铁铧

1 件。铁铸制，铸造规整，保存完好，因土浸表面呈灰白色，锈斑不多。铧体结构对称，状如上下两页面相合（图 8-121、图 8-122），铧尖圆钝，侧边略有

图 8-119

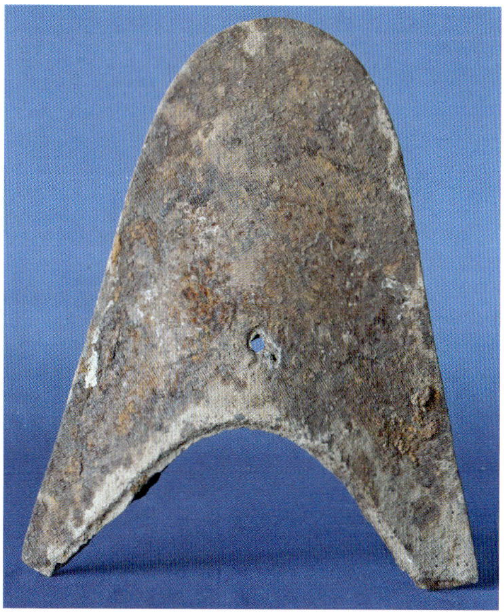

图 8-120

图 8-121

图 8-122

内弧，尾翅外张，翅端尖斜，后部凹入，上下两页相对外拱，拱面近后部各有一对穿圆孔（图 8-123），在铧背面的右边尾翅上铸有一字，为“水”字（图 8-124）。铧长 36.8 厘米、尾间距 29 厘米、尾翅宽 4 厘米、上下两面均内凹 9.7 厘米、上下两面拱起间距 7 厘米、上下拱面孔径 1 厘米、壁厚 0.6 厘米。

三六、合拱小圆孔铁铧

1 件。铁铸制，保存完整，锈迹轻微，形态清晰。此铧形制与一般铁铧不

图 8-123

同，身窄而长，后面张翅较小，无上下铧面之分，侧视前锐后丰（图 8–125）。铁铧实为两面起拱，对称扣合，上下相同（图 8–126）。此铧尖部圆钝，侧边尾端外张较小，铧身双向外拱，因此拱内空间较大，铧面外拱边线不明显，尾翅平齐，后部凹入，近凹处两拱面相对各有一小圆孔（图 8–127、图 8–128）。铧长 35.7 厘米、尾宽 29.7 厘米、尾翅宽 3 厘米、两面后部内凹均为 10 厘米、两面内拱高 7 厘米、对穿孔直径 1 厘米、壁厚 0.6 厘米。

图 8–124

图 8–125

图 8–126

图 8–127

图 8–128

三七、合拱小圆孔铁铧

1 件。铁铸制，保存完整，表面呈灰白色，略露锈斑。器为对称式合拱铁铧，侧视前锐后丰（图 8–129）。平面形态，尖部圆钝，尾端外张（图 8–130），两侧边弧曲不大，尾翅较窄，后部凹入（图 8–131），两面相同（图 8–132），近凹处拱面相对，各有小圆形透孔。边前长 34.5 厘米、尾端宽 30.5 厘米。两面对称拱起，内凹 10.3 厘米、拱高 7 厘米。双面对穿孔直径 0.8 厘米，壁厚 0.8 厘米。

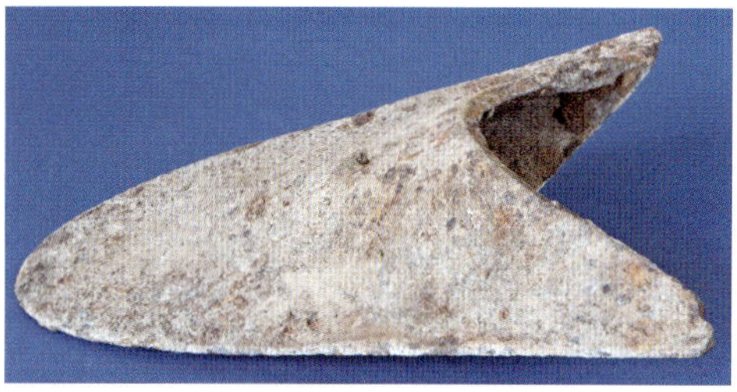
图 8–129

图 8–130

图 8–131

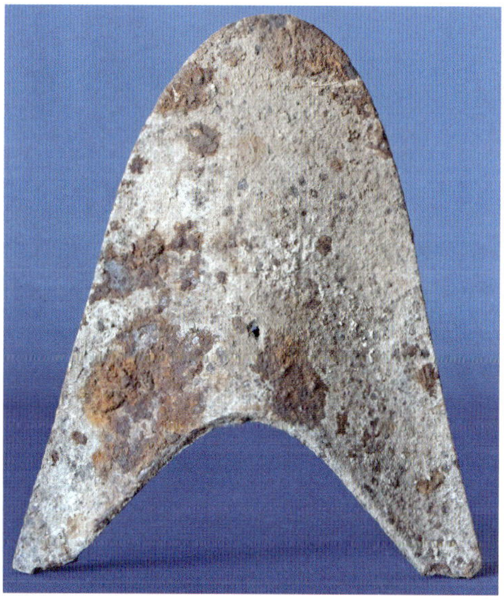
图 8–132

三八、小合拱铁铧

1 件。铁铸制，保存较好，身被铁锈，斑结较重。铧身稍小（图 8–133），与普通铁铧形体差异明显，不是一般意义的铁铧。尖部圆钝，两侧边较斜直，弧度不清晰，尾翅斜平，后部凹入，铧身结构为双拱对称式，但两面拱起略有不同（图 8–134）。上面起拱浑圆，后部沿凹边铸出两道沟纹，近凹边处拱面横向分布两圆孔（图 8–135）。下面拱身中间纵向起脊，纵视作三角形（图 8–136）。铁铧长 23 厘米、尾翅宽 21 厘米、两面拱起高 7 厘米、上面后部内凹 5 厘米、拱面两孔相距 3 厘米、直径 0.5 厘米、下面后部内凹 6.5 厘米、壁厚 0.5 厘米。

图 8–133

图 8–134

图 8–135

图 8–136

三九、小合拱铁铧

1 件。铁铸制，保存基本完整，只上面拱部稍有残坏，锈蚀不多。铁铧较小，状如普通铧尖（图 8–137），较为少见。铁铧尖较锐，两侧边斜直，尾翅较平，后部凹入。铧身上面拱起，较为圆浑，略见拱边形态，拱因残坏结构不明，按通例其上当有一个或两个透孔，以便与犁具固定（图 8–138）。下面作三角形拱起，拱边与铧身边缘明显（图 8–139）。后视拱上作圆弧、下作三角形（图 8–140）。铁铧长 14.8 厘米、尾 宽 14.5 厘米、尾翅宽 1.5 厘米、铧边宽 1.7 厘米、两面拱高 4.5 厘米、壁厚 0.6 厘米。

图 8-137

图 8-138

图 8-139

图 8-140

四十、小合拱铁铧

1件。铁铸制，保存较好，结构完整，仅略见锈斑。铁铧形体较小，状如普通铧尖（图 8-141），较为少见。铧身两面出拱，尖因使用磨蚀较为圆钝，两侧边斜直，尾翅斜直，后部凹入。铧身起拱，两面形制不同。上面起拱圆浑，拱边与铧身边缘明显，拱中间向铧尖处铸出一道宽棱，棱后端两侧各有一圆形透孔（图 8-142）。下面起拱呈三角形，拱边与铧边一致（图 8-143）。后视铧身上面圆拱、下面呈倒置等腰三角形（图 8-144）。铁铧长 11.7 厘米、尾宽 9.5 厘米。后部内凹，上面内凹 1 厘米、下面内凹 2 厘米、双面起拱高 3.7 厘米，上面双孔距 2.5 厘米、孔径 0.5 厘米，壁厚 0.5 厘米。

图 8-141

图 8-142

图 8-143

图 8-144

四一、小合拱铁铧

1件。铁铸制，保存完整，仅有浅薄锈斑。此铧亦为极小型铁铧，只有普通铁铧尖大小，是较为少见的古代铁农具之一。铁铧前锐后隆（图 8-145），因使用铧身有多处磨蚀，尤其尖部圆钝明显，两侧边亦不整齐。铧身两面起拱，两侧边略有弧曲，尾翅平齐，后部凹入。

图 8-145

锌身上面作拱状，拱形圆浑，隆起较小，拱边缘明显，拱后部有两处铧体厚重，当为浇铸孔遗存，在拱上横向分布两透孔，左侧圆形，右侧长圆形（图 8–146）。铧身下面隆起较高，中间折出，横断面呈倒置等腰三角形，拱边缘与铧身不明显（图 8–147）。铧后视两边锋锐（图 8–148）。铁铧长 12 厘米、尾宽 10 厘米、上面内凹 2.2 厘米、下面内凹 3 厘米、拱间距 5 厘米、圆孔径 0.5 厘米、边宽 1.5 厘米、壁厚 0.3 厘米。

上述铁铧，因使用功能不同，形体差异较大，而尺寸亦不同，为便于了解，选择几件列出（图 8–149），做一比较，以增加感性认识。

图 8–146

图 8–147

图 8–148

图 8–149

第二节　铁犁镜

古代犁镜均为铁铸制，是当时农具重要构件之一，是耕种不可缺少的农具，它与铁铧配合使用，起到成垄的作用。

古代犁杖为木制，犁梁弯拱，扶把直立后斜，便于耕者掌握。犁杖下部，就安装铁铧与犁镜，这二者是犁杖中最重要不可或缺的铁构件，它是破土起垄的工具。耕种时，铁铧在犁下破土，犁镜立置于铧上，并加固定，然后用以翻土。土或左翻、或右翻，需一个往返始合成一垄，谷物种子于垄上种植。

犁镜的功能是翻土作垄，如果没有犁镜，农田土垄就无法完成。犁镜在东北俗称为"犁碗子"，因其本身弯曲，形如半个碗状，用以将翻起的土扣向侧边，故此称作"犁碗子"。另外还有一名，即称"犁耳"，此名甚古，因其挂在铁铧的侧边，类耳，故称其为"犁耳"，亦称犁镜，因为其体呈片状，虽微凹，但因翻土而被磨亮，犹如铜镜或铁镜。本书采用"犁镜"一名，用以记述。

一、四纽右翻土铁犁镜

1 件。铁铸制，保存完整，因侵蚀呈灰白色，略有铁锈斑痕。犁镜形体较高，左方倾斜，侧边弧曲较直，上圆下平，中部弯曲。犁镜前面光素（图 8–150），背面在犁镜内边随形铸一周凸线，其内分左右两排上下竖向铸穿鼻四个，鼻纽作桥状式，圆顶面存有浇铸疤痕（图 8–151）。犁镜高 25 厘米、宽 22 厘米、底边长 17.8 厘米，四纽长 3.8 厘米、宽 1.3 厘米、高 1.5 厘米，穿孔径 0.5 厘米，壁厚 0.6

图 8–150

图 8–151

厘米。

二、四纽右翻土铁犁镜

1件。铁铸制，保存较好，锈蚀轻微，结构明晰。犁镜形体较高，左方倾斜，侧边弧曲较直，上部圆形，底边平齐，中部凹回。前面光素（图8-152），背面沿犁镜周边铸出断面略呈三角状边棱，旨在加厚犁镜边缘，使犁镜坚实耐用，中心部位铸有四个横孔竖穿鼻，鼻纽作桥状式（图8-153）。上部中间存有浇铸疤痕。犁镜高29厘米、宽27厘米、底边长19厘米，四纽长3.5厘米、宽1.3厘米、高1.7厘米，孔径0.5厘米，壁厚0.5厘米。

图8-152

图8-153

三、“山路刘造”款双纽左翻土铁犁镜

1件。铁铸制，保存完整，前面土浸呈灰白色，背面无锈蚀，铸有文字，字迹明显。犁镜形体较高，右方倾斜，侧边弧曲较直。犁镜前面光素（图8-154）。背面缘镜边随形铸出一周凸棱纹，凸棱内另依形铸出一周凸线，凸线内左右列二穿鼻，鼻纽作桥状式，穿鼻两侧铸有文字三行（图8-155）。镜背上的铭文为阴文楷书，右第一行在穿鼻上面，二字为“主者”，中间第二行在两穿鼻中间，六字为“山路刘□所造”，左第三行在穿鼻上面，二字为“王刘”（图8-156）。

图8-154

图 8-155

图 8-156

犁镜高 24.5 厘米、宽 22.5 厘米、底边长 18 厘米，二穿鼻长 3.5 厘米、宽 1.3 厘米、高 1.5 厘米，穿孔径 0.5 厘米，二穿鼻距 9 厘米，壁厚 0.4 厘米。

四、四纽右翻土铁犁镜

1 件。铁铸制，保存完整，锈蚀较多。犁镜形体较高，左方倾斜，右翻土，上部圆形，下边平齐，中部凹回，顶端中间存有浇铸痕。犁镜前面光素（图 8–157）。背面缘边随形铸有凸棱，其内另铸同形凸线一周，凸线内分铸穿鼻四个，鼻纽作桥状式（图 8–158）。犁镜高 25.3 厘米、宽 22 厘米、底边长 28 厘米，四穿鼻长 3.5 厘米、宽 0.5 厘米、高 1.5 厘米，壁厚 0.5 厘米。

图 8-157

图 8-158

五、有铭四纽右翻土铁犁镜

1 件。铁铸制，保存完整，因土浸表面呈灰白色，间有铁锈斑痕。犁镜形体较矮，左方倾斜，右翻土，上部圆形，底边内凹，镜身弯曲。犁镜前面光素，左侧缘中部存有浇铸痕（图 8–159）。背面缘镜边随形铸出凸棱，棱线较细，致左侧不清，其内铸同形凸线一周，中心分布两组四个穿鼻，鼻纽状枣核（图 8–160）。犁镜背面铸有文字，可惜因锈蚀严重已无法辨识。犁镜高 26.5 厘米、宽 29 厘米、底边长 19.3 厘米，四鼻纽长 3.8 厘米、宽 1 厘米、高 1.2 厘米，穿孔径 0.5 厘米，壁厚 0.5 厘米。

图 8–159

图 8–160

六、有铭四纽右翻土铁犁镜

1 件。铁铸制，保存完整，因土浸表面呈灰白色，部分有铁锈斑痕。犁镜形体较矮，左方倾斜，右翻土，上部圆形，侧边圆弧，镜身弯曲，底边微内凹。犁镜前面光素，左侧缘存有浇铸痕（图 8–161）。背面边缘内铸出与镜同形凸线一周，

图 8–161

图 8–162

其内分布两组四个穿鼻，鼻纽桥式（图 8–162）。犁镜背面铸有文字，因锈蚀已变得不清晰。犁镜高 25 厘米、宽 28.5 厘米、底边长 19 厘米，四纽鼻长 3.5 厘米、宽 1 厘米、高 1.5 厘米，孔径 0.5 厘米，壁厚 0.5 厘米。

七、四纽右翻土铁犁镜

1 件。铁铸制，保存较好，仅底边略有残坏，土浸较轻，略有锈斑。犁镜高与宽几相等，左方倾斜，向右翻土，上部圆形，底边微凹，现有残坏，镜身弯曲。犁镜前面光素（图 8–163）。背面顶及两侧，缘犁镜边铸凸棱一道，顶部并出二尖耳状饰，背有四穿鼻，状如枣核（图 8–164）。此犁镜特殊之处是上有二尖耳状饰、底边未加铸凸棱线。犁镜高 26 厘米、宽 25 厘米、底边长 18 厘米，四鼻纽长 3.5 厘米、宽 1 厘米、高 1.5 厘米，孔径 0.5 厘米，壁厚 0.5 厘米。

图 8–163

图 8–164

八、押款四纽右翻土铁犁镜

1 件。铁铸制，镜边略有残损，锈蚀不多。犁镜形体较高，左方倾斜，向右翻土，上面圆顶，底边平直，镜身弯曲。犁镜前面光素（图 8–165）。背面缘犁镜边铸出一周凸棱，镜心分别铸出四个穿鼻，鼻纽为桥状，另有押款，在纽上方中间，铸出凸线型“银锭”式标志（图 8–166），在犁镜顶部中间有浇铸口（图 8–167）。犁镜高 30.8 厘米、宽 27

图 8–165

厘米、底边长 16 厘米，四鼻纽长 5 厘米、宽 1.5 厘米、高 2 厘米，孔径 1 厘米，壁厚 0.6 厘米。

图 8-166

图 8-167

九、有铭四纽右翻土铁犁镜

1 件。铁铸制，犁镜稍有残损，锈蚀轻微，结构明显。形体较高，左方倾斜，右侧翻土，上面圆形，底边平直，略有残缺。犁镜前面光素（图 8-168）。背面沿镜上部及两侧边铸出凸棱一道，中心处分别铸出穿鼻四个（图 8-169），其右边铸有文字，阳文，状如竖写的“三”字（图 8-170）。犁镜高 29 厘米、宽 27 厘米、底边长 15.5 厘米，四纽长 4.5 厘米、宽 1 厘米、高 2 厘米，孔径 1 厘米，壁厚 0.5 厘米。

图 8-168

图 8-169

十、四纽右翻土铁犁镜

1件。铁铸制，保存完整，因土浸表面呈灰白色，略见铁锈斑痕。犁镜形体较高，左方倾斜，为右翻土，顶部较平，两侧边微弧，底边平直，镜身弯曲。犁镜前面光素（图8–171），背面沿镜边缘随形铸出凸棱，其内铸同形凸线一周，分布四个穿鼻，鼻纽为桥状（图8–172）。犁镜高28厘米、宽23.5厘米、底边长19.2厘米，四纽长3厘米、宽1.2厘米、高1.5厘米，孔径0.4厘米，壁厚0.5厘米。

图8–170

图8–171

图8–172

十一、"廿"字款四纽右翻土铁犁镜

1件。铁铸制，铸造规整，保存完好，锈蚀轻微，略有斑痕。犁镜近团形，左方倾斜，向右侧翻土，上部浑圆，侧边微弧，底边内凹，两端较尖。犁镜前面光素（图8–173）。背面沿镜边随形铸凸起宽棱一周，棱边并有一圈沟纹，使凸棱更觉明显，在中心处分别铸出四个穿鼻，鼻纽如拱桥状（图8–174），另于鼻纽上方中间铸有文字，字为阴文"廿"字，当是标志或编号（图8–175）。长27.5厘米、

图 8-173

图 8-174

宽 26.5 厘米，底边弧形，长 17.5 厘米、弧内凹 3.5 厘米，四纽长 3 厘米、宽 1.5 厘米、高 1.5 厘米，孔径 0.5 厘米、壁厚 0.5 厘米。

图 8-175

十二、“水”字款“犁耳”铭四纽右翻土铁犁镜

1 件。铁铸制，保存完整，锈蚀很少，结构清晰。犁镜形体较大，左方倾斜，右侧翻土，上部较平，两侧略弧，底边平直，镜身弯曲。犁镜前面光素（图 8-176），背面缘镜边随形铸凸棱，其内复铸同形凸线一周，凸线内分布四个穿鼻，鼻纽拱桥状（图 8-177），四纽间铸有文字，阴文，为自铭“犁耳”二大字，左下角亦铸字，为一字阴文“水”小字（图 8-178），当是铸器者自记标志。犁镜高 27.5 厘米、宽 22 厘米、底边长 16.3 厘米，四纽长 3.2 厘米、宽 1 厘米、高 1.7 厘米，孔径 0.5 厘米，壁厚 0.8 厘米。

图 8-176

图 8-177

图 8-178

十三、双纽左翻土铁犁镜

1件。铁铸制，保存完整，锈蚀不多，前面因土浸呈灰白色。犁镜形体较窄而高，右方倾斜，左侧翻土，上部圆形，两侧边较直，底边内凹，镜身弯曲。犁镜前面光素（图 8-179）。背面亦无纹饰，仅在下部有两个大型穿鼻，鼻纽如梭形（图 8-180）。犁镜高 25.5 厘米、宽 21 厘米、底边长 17.5 厘米，二鼻纽间距 10 厘米，纽长 8.5 厘米、宽 0.7 厘米、高 2 厘米，穿孔径 0.5 厘米，壁厚 0.6

图 8-179

图 8-180

厘米。

十四、四纽右翻土铁犁镜

1件。铁铸制，保存完整，面有锈蚀微斑，结构清晰。犁镜体高与宽基本相同，左方倾斜，右侧翻土，上部圆形，侧边微弧，底边平直，镜身弯曲。犁镜前面光素（图8-181），背面缘镜边铸出宽边，边内侧铸同形沟纹一周，另在穿鼻下部有一道沟纹，两端外斜抵穿鼻处，背部铸有四个穿鼻，鼻纽为桥式纽（图8-182）。犁镜高22.5厘米、宽22.2厘米、底边长17.5厘米，四鼻纽长4厘米、宽1.2厘米、高1.2厘米，孔径0.5厘米，壁厚0.7厘米。

图8-181

图8-182

十五、四纽右翻土铁犁镜

1件。铁铸制，保存完整，因侵蚀锈迹较多，表面斑驳（图8-183）。犁镜形体较矮，高宽相等，几为方形，左方倾斜，右侧翻土，其状上部圆形，两侧边微弧，底边平直，镜身弯曲，上部偏右处留有浇铸痕（图8-184）。犁镜高25厘米、宽25厘米、底边长19厘米，四鼻纽长4厘米、宽1.5厘米、高1.5厘米，孔径0.8厘米，壁厚0.8厘米。

十六、四纽右翻土铁犁镜

1件。铁铸制，保存完好，铸造规整，身无锈蚀，表面光洁。犁镜较高，左方倾斜，右侧翻土，顶面较平，两侧弧边，底面平直。犁镜前面光素，上面因浇铸口而较平直（图 8–185）。背面缘边随形铸出凸棱边，断面呈三角形，其内另铸同形凸线纹一周，背部分布四个穿鼻，鼻纽为桥状（图 8–186）。犁镜高 26.5 厘米、宽 22 厘米、底边长 17.5 厘米，四纽长 3 厘米、宽 0.8 厘米、高 1.5 厘米，孔径 0.5 厘米，壁厚 0.4 厘米。

图 8–183

图 8–184

图 8–185

图 8–186

十七、“士”字款四纽右翻土铁犁镜

1 件。铁铸制，保存完好，铸造规整，现镜身锈斑轻微，特征清晰可见。犁镜形体较高，左方倾斜，右侧翻土，上部圆形，侧边弧曲，底边平直，上部存有浇铸疤痕。犁镜前面光素（图 8–187）。背面缘边随铸凸棱，其内铸出同形沟纹一周，背部分布穿鼻四个，鼻纽为拱桥状（图 8–188），鼻纽上部中间铸出阴文“士”

字（图 8–189）。犁镜高 28 厘米、宽 26 厘米、底边长 19.5 厘米，四鼻纽长 4.3 厘米、宽 1.7 厘米、高 2 厘米，孔径 0.5 厘米，壁厚 0.5 厘米。

十八、二纽左翻土铁犁镜

1 件。铁铸制，保存完好，铸造规整，虽经土浸但无损坏，仅有星散锈迹。镜体较高，右方倾斜，左侧翻土，据其形制，翻土量较大，上部圆形，侧边弧曲较大，底边平直，镜身凹弯。犁镜前面光素（图 8–190）。背面缘边随形铸凸棱，棱内侧边缘有沟纹一周，中部铸出二大型穿鼻，鼻纽形如梭状（图 8–191）。犁镜高 28 厘米、宽 24 厘米、底边长 19 厘米，二鼻纽间距 8 厘米、长 5.5 厘米、宽 1.3 厘米、高 1.5 厘米，孔径 0.5 厘米，壁厚 0.7 厘米。

十九、二纽左翻土铁犁镜

1 件。铁铸制，保存完好，铸造规整，镜身仅见体表锈斑。镜体较大，右向倾斜，左侧翻土，上部圆形，两侧边弧曲较大，底部平直。犁镜前面光素（图 8–192），背面于镜内缘边铸出同形沟纹一周，中间有二鼻纽，纽作梭形（图 8–193）。犁镜高 28 厘米、宽 24 厘米、底边长 16.5 厘米，二纽间距 7 厘米、长 1.3 厘米、宽 0.5 厘米、高 1.5 厘米，孔径 0.5 厘米，壁厚 0.7 厘米。

图 8–187

图 8–188

图 8–189

图 8-190

图 8-191

图 8-192

图 8-193

二十、“郝”字款四纽右翻土铁犁镜

1件。铁铸制，保存完好，铸造规整，因土浸现镜体多呈灰白色，略见铁锈微痕。犁镜较矮而宽，视如圆球，此形体在所见的同类器物中较少，左向倾斜，右侧翻土，上部浑圆，两侧边弧曲，底边内凹，镜身凹曲。犁镜前面光素（图 8-194）。背面缘边铸出一道凸棱，

图 8-194

其内另铸同形凸线纹一周，背部铸四个穿鼻以便固定于犁铧之上，鼻纽如梭状（图 8-195）。在上部两鼻纽之间，铸有文字，字为阴文，系一“郝”字（图 8-196）。犁镜高 15.5 厘米、宽 29.5 厘米、底边长 19.5 厘米，四鼻纽长 4 厘米、宽 1 厘米、高 1.5 厘米，孔径 0.5 厘米，壁厚 1 厘米。

图 8-195

图 8-196

二一、“赵”字款四纽右翻土铁犁镜

1 件。铁铸制，铸造规整，镜身略有锈迹，保存完好。镜体较大，左向倾斜，右侧翻土，上部圆形，顶端有二耳状尖突，两侧边弧曲，底边平直，镜身凹曲。犁镜前面光素（图 8-197）。背面缘镜边铸出一道凸棱，背有四个突起半圆形鼻纽，用以固定在犁具上（图 8-198）。背面上部二纽间铸有文字，字为阳文，是一楷书“赵”字，当为制犁镜家标志（图 8-199）。犁镜高 33 厘米、上宽 27 厘米、底边长 18 厘米，四鼻纽底长 8 厘米、宽 1 厘米、高 2.5 厘米，孔径 0.5 厘米，壁厚 1.3 厘米。

图 8-197

二二、四纽右翻土铁犁镜

1 件。铁铸制，铸造工整，镜身因土浸呈灰白色，略有锈斑，保存完整。犁镜形体较大，左向倾斜，右侧翻土，上边浑圆，顶部有二耳状尖角，两侧边弧曲，

图 8-198

图 8-199

底边平直，镜身凹曲。犁镜前面光素（图 8-200）。背面缘镜边铸出凸棱，棱迹明显，背部铸四个穿鼻，鼻纽呈桥状（图 8-201）。犁镜高 26.5 厘米、宽 25.5 厘米、底边长 19 厘米，四鼻纽长 4.5 厘米、宽 1.5 厘米、高 2.5 厘米，孔径 1.3 厘米，壁厚 0.6 厘米。

图 8-200

图 8-201

二三、四纽右翻土铁犁镜

1 件。铁铸制，铸造工整，镜身略有锈斑，保存完整。犁镜形体较大，左向倾斜，右侧翻土，上边较平，顶部出有方角，两侧边弧曲，底边平直，镜身凹曲。犁镜前面光素（图 8-202）。背面缘镜边铸出凸棱，其内铸出同形凸线纹一周，背部铸四个穿鼻，鼻纽呈拱桥状（图 8-203）。长 28 厘米、宽 23 厘米、底边长 16.5 厘米，四鼻纽长 3 厘米、宽 1.5 厘米、高 2 厘米，孔径 0.5 厘米，壁厚 0.5 厘米。

图 8-202

图 8-203

二四、四纽右翻土铁犁镜

1 件。铁铸制，铸造工整，身有浅层铁锈，保存完好。犁镜形体较大，左向倾斜，右侧翻土，镜体上部较平直，存有浇铸疤痕，两侧边弧曲，底边平直。犁镜前面光素，镜身凹曲（图 8-204）。背面缘镜边铸出一道凸棱，其内有同形沟纹一周，背有四个穿鼻，距离较近，鼻纽较宽大，呈拱桥状（图 8-205）。犁镜长 26

图 8-204

图 8-205

厘米、宽 23 厘米、底边 17 厘米，四鼻纽长 5 厘米、宽 2 厘米、高 1.5 厘米，孔径 0.6 厘米，壁厚 0.6 厘米。

二五、四纽右翻土铁犁镜

1 件。铁铸制，铸造工整，因土浸略显灰白色，保存完整，镜身铁锈浅薄，存有土斑。犁镜形体较大，左向倾斜，右侧翻土，犁镜上部圆形，顶端有二耳状尖角，两侧边弧曲，左部有浇铸疤痕，底边平直。犁镜前面光素，镜身凹曲（图 8-206）。背面缘镜边铸出一道凸棱，背部有四个穿鼻，鼻纽作桥状（图 8-207）。犁镜高 27.7 厘米、宽 25 厘米、底边长 18.5 厘米，四鼻纽长 3.5 厘米、宽 1.2 厘米、高 1.5 厘米，孔径 0.6 厘米，壁厚 0.8 厘米。

图 8-206

图 8-207

二六、四纽右翻土铁犁镜

1 件。铁铸制，铸造规整，保存完好，至今仅有浅薄铁锈，说明其铁质优良、工艺精湛。犁镜左向倾斜，为右侧翻土，上部较平，顶端近方角，两侧边弧曲，底边平直。犁镜前面光素，镜身凹曲（图 8-208）。背面缘镜边铸出一道凸棱，其内铸同形凸线纹一周，背部有四鼻纽，为桥式纽（图 8-209）。犁镜高 27.3 厘米、宽 22.7 厘米、底边长 16.5 厘米，四鼻纽长 4 厘米、宽 1 厘米、高 1.5 厘米，壁厚 0.6 厘米。

图 8-208

图 8-209

二七、四纽右翻土铁犁镜

1件。铁铸制，铸造规整，保存完好，镜身略有铁锈。犁镜较大，左向倾斜，为右侧翻土之犁镜，上部圆形，两侧边弧曲，底边平直。犁镜前面光素，镜身凹曲，顶部有一缺口（图 8-210）。背面缘边内侧铸出同形沟纹一周，上部相对前面缺口存一浇铸痕，背部铸有四个穿鼻，鼻纽短小而宽，为拱桥状（图 8-211）。犁镜高 24 厘米、宽 21.5 厘米、底边长 17 厘米，四鼻纽长 3 厘米、宽 1.5 厘米、高 1.5 厘米，孔径 0.5 厘米，壁厚 0.6 厘米。

图 8-210

图 8-211

二八、四纽右翻土铁犁镜

1件。铁铸制，铸造工整，保存完好，镜身略有锈斑。犁镜较高，左向倾斜，右侧翻土，上部圆形较平，存浇铸口痕迹明显，两侧边弧曲，底边平直。前面光素，镜身弯曲（图8-212）。背面缘镜边铸有较矮小凸棱，其内侧随形铸出细线沟纹一周，背部四个穿鼻，穿鼻较宽，形为拱桥状（图8-213）。犁镜高26厘米、宽21厘米、底边长17厘米，四鼻纽长5厘米、宽1.8厘米、高1.5厘米，孔径0.6厘米，壁厚0.6厘米。

图8-212

图8-213

二九、“寇”字款四纽右翻土铁犁镜

1件。铁铸制，铸造规整，现镜身已残，仅存上部，锈蚀轻微。镜体左向倾斜，右侧翻土，上部圆形，前后观视不尽相同，两侧边弧曲。前面光素，镜身弯曲，上部圆形出现下凹（图8-214）。背面缘镜边铸出凸棱与一道细线沟纹，其内随形铸出宽凸线纹一周，背部应是四鼻纽，因残坏，现存二纽，纽为拱桥状，镜上部圆形未显现下凹，但存破损

图8-214

痕，应是浇铸口残迹（图 8–215）。在二镜纽间有铸字，字为阴文，楷书，现清晰可见者为“寇”字，其上存有字画痕，但因锈残无法辨识（图 8–216）。犁镜存高 16 厘米、宽 21 厘米，鼻纽长 3 厘米、宽 0.8 厘米、高 1.5 厘米，孔径 0.5 厘米，壁厚 0.6 厘米。

图 8–215

图 8–216

三十、二纽左翻土铁犁镜

1 件。铁铸制，铸造规整，保存完好，通体仅有浅层锈蚀。犁镜形体较高，右向倾斜，为左侧翻土，上部圆形，两侧边弧曲，底边平直。犁镜前面光素，镜身弯曲，顶端浇铸口疤痕明显（图 8–217）。背面在镜缘内侧铸有细线沟纹一周，中间有二鼻纽（图 8–218），纽窄而长，状如梭形（图 8–219）。犁镜高 33 厘米、上宽 23 厘米、底边长 18 厘米，鼻长 8 厘米、宽 0.6 厘米、高 2.7 厘米，孔径 0.6 厘米，壁厚 0.6 厘米。

图 8–217

图 8-218

图 8-219

第三节　铁趟头

铁趟头是古代农具重要构件之一，它和铁铧组合，有起土和翻土作用。铧与犁镜组合，为单面翻土，或左翻或右翻，往返各一次形成一垄，趟头与犁镜功能相近，也为铧破土后，由趟头向外分土，不过趟头不是单侧分土，而是向左右两面分土，但其分土量要较犁镜为小，常为农田作业的中耕或起小垄时应用。

一、铁趟头

1 件。铁铸制，铸造规整，保存基本完好，锈蚀轻微，略有锈斑，只尖部稍有磨损，下部中间存一孔洞。侧视如靴形，上部圆顶，下部前端尖状，底边平直，缘边略厚并铸一道细线沟纹（图 8-220），中间起脊，两侧外展，左右对称，边缘弧曲（图 8-221）。背面中部有二横穿鼻，鼻纽为桥状（图 8-222）。趟头高 18.5 厘米、宽 19.5 厘米、底面斜边长 17 厘米，背部二纽长 3 厘米、宽 0.8 厘米、高 1.2 厘米，孔径 0.6 厘米。

图 8-220

图 8-221

图 8-222

二、铁趟头

1 件。铁铸制，铸造工整，保存完好，锈蚀亦少，只尖部稍残。趟头较大，形如靴状（图 8-223）。上部圆顶，中间折角贯脊，前端尖出，两侧边弧曲，底边平直，缘边增厚并现一道细线沟纹（图 8-224）。背面边缘铸出凸棱，折角两边各有一竖穿鼻，鼻纽拱形，用以将其固定在农具与犁铧之上，上面折角处铸有一横加强筋（图 8-225）。趟头高 22 厘米、宽 20 厘米、斜边长 19 厘米，背二纽长 2.8 厘米、宽 1 厘米、高 1 厘米，孔径 0.5 厘米。

图 8-223

三、铁趟头

1 件。铁铸制，铸造规整，保存完好，因上浸现体表呈灰白色，略有锈斑。器侧视作靴形（图 8-226）。上部圆形，中间有脊，钝角状外展，两侧边弧曲，底边平直（图 8-227）。背面内侧铸有凸线纹一周，两边各有一竖穿鼻，鼻纽拱形，上部折角处铸有横加强筋，顶部存有浇铸口疤痕（图 8-228）。趟头高 19 厘米、宽 20.6 厘米、斜边长 15.5 厘米，背二鼻纽长 3 厘米、宽 1 厘米、高 1.2 厘米，孔径 0.6 厘米。

图 8-224

图 8-225

图 8-226

图 8-227

四、铁趟头

1 件。铁铸制，铸造规整，保存完好，锈蚀轻微。状如靴形（图 8-229）。顶部浑圆，两侧边弧曲，中间有脊，钝角外展，前端尖锐，底边平直（图 8-230）。背面左右各铸一横穿鼻，鼻纽拱桥形，在两鼻纽上向上铸半月状圆形凸线纹，顶部浇铸口痕明显（图 8-231）。趟头高 20 厘米、底边两翅间距宽 20 厘米、斜边长

图 8-228

图 8-229

图 8-230

图 8-231

18.6 厘米，背面二横纽长 2.5 厘米、宽 1 厘米、高 1 厘米，孔径 0.5 厘米，厚 0.9 厘米。

五、铁趟头

1 件。铁铸制，铸造工整，保存稍差，器身略有残坏。趟头侧视作靴形（图 8-232）。上部圆形，中间起脊，下部前端尖出，底边平直（图 8-233）。背面左右两边各有一横穿鼻，鼻纽为桥状，上

图 8-232

面折角间铸有横加强筋（图 8-234）。趟头高 19 厘米、底边两翅间距宽 19 厘米、斜边长 16.5 厘米，背面二纽长 3 厘米、宽 0.5 厘米、高 1.5 厘米，孔径 0.5 厘米。

图 8-233

图 8-234

六、铁趟头

1 件。铁铸制，铸造规整，保存完好，器因土浸表面呈灰白色，锈斑较多。趟头侧视如靴形（图 8-235）。上部圆形，中间起脊，下部前端尖出，两侧边弧曲，底边平直（图 8-236）。背面缘边铸出凸棱，左右两边各有一横鼻纽，纽为拱形，顶部存有浇铸孔痕（图 8-237）。趟头高 19 厘米、底边两翅间宽 19 厘米、斜边长 18 厘米，背面二纽长 2.5 厘米、宽 1 厘米、高 1.3 厘米，孔径 0.5 厘米。

图 8-235

七、铁趟头

1 件。铁铸制，铸造工整，保存完好，锈痕浅薄。趟头侧视如靴形（图 8-238）。上部较圆，中间起脊，下部前端尖出，尖因磨蚀较钝，两侧边弧曲，底边平直（图 8-239）。背面左右各有一横穿鼻，鼻纽桥形，上部折角处有一加强筋，顶面存浇铸口疤痕（图 8-240）。趟头高 20.5 厘米、底边两翅间距宽 22 厘米、斜边长

图 8-236

图 8-237

图 8-238

图 8-239

图 8-240

19 厘米，背部二纽长 3 厘米、宽 1.2 厘米、高 1.5 厘米，孔径 0.5 厘米。

八、铁趟头

1 件。铁铸制，铸造工整，保存稍差，上部与右下角略有残坏，锈蚀斑痕明显。趟头侧视如靴状（图 8-241）。上部圆形。中间起脊，两边延展，下部前端尖出，两侧边弧曲，底边平直（图 8-242）。背面缘边加厚并铸一道细线沟纹，左右两边各有一横穿鼻，鼻纽拱状，上部折角间铸一横加强筋，顶部存浇铸口痕（图 8-243）。趟头高 19 厘米、底边两翅间宽 18.5 厘米、斜边长 17.5 厘米，背二纽长 2.5 厘米、宽 1 厘米、高 1.3 厘米，孔径 0.5 厘米。

九、铁趟头

1 件。铁铸制，铸造工整，保存较好，器因土浸呈灰白色，略有锈斑，并有一孔洞。趟头侧视如靴状（图 8-244）。上部圆形，中间起脊，两边延展，下部前端尖出，两侧边弧曲，底边平直（图 8-245）。背面缘边略具凸棱，中部左右两

图 8-241

图 8-242

图 8-243

图 8-244

边各有一横穿鼻，鼻纽桥状，上部折角处铸一道横加强筋，顶端存浇铸口痕（图8-246）。趟头高19.5厘米、底边两翅间宽19厘米、斜边长16.5厘米，背二纽长3厘米、宽1厘米、高1.3厘米，孔径0.5厘米。

图 8-245

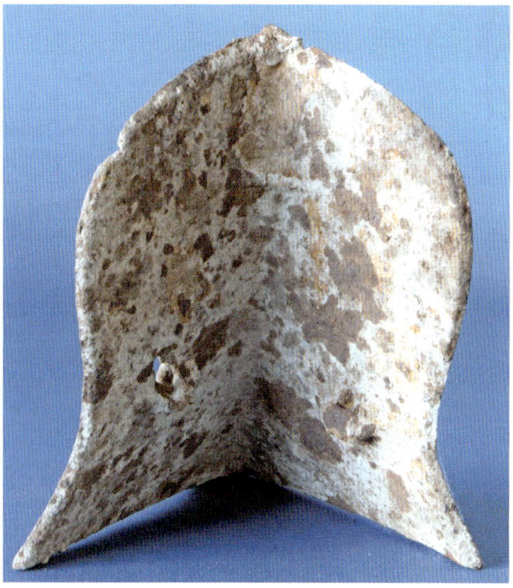

图 8-246

十、铁趟头

1件。铁铸制，铸造工整，保存完好，锈蚀浅薄。趟头侧视如靴状（图8-247）。上部圆形，中间起脊，两边延展，下部前端尖出，两侧边弧曲，底边平直（图

图 8-247

图 8-248

8–248）。背面缘边铸有凸棱并有细线沟纹，左右两边各铸一横穿鼻，鼻纽桥形，上部折角处铸有横加强筋，顶间存浇铸口痕（图 8–249）。趟头高 22.5 厘米、底边两翅间宽 20.5 厘米、斜边长 19 厘米，背二纽长 2.5 厘米、厚 1 厘米、高 1.5 厘米，孔径 0.5 厘米。

十一、铁趟头

1 件。铁铸制，铸造工整，保存较好，锈蚀轻微，只尖部稍残。趟头侧视如靴状（图 8–250）。上部圆形，中间起脊，两边斜分，下部前端尖出，两侧边弧曲，

图 8–249

图 8–250

图 8–251

图 8–252

底边平直（图 8–251）。背面左右两面各有一竖穿鼻，鼻纽拱形，上部折角处铸横加强筋，顶面存浇铸口痕（图 8–252）。趟头高 21.5 厘米、底边两翅间宽 20.5 厘米、斜边长 16 厘米，背二穿鼻长 3 厘米、宽 1 厘米、高 1 厘米，孔径 0.5 厘米，加强筋长 4.8 厘米、根部宽 1.5 厘米、高 2 厘米。

十二、铁趟头

1 件。铁铸制，铸造工整，保存较差，尖部已经残坏。趟头侧视如靴状（图 8–253）。上部圆形，中间起脊，两面延展，下部前端尖出，两侧缘弧曲，底边平直（图 8–254）。背面左右两边各有一横穿鼻，鼻纽拱状，上部折角处铸横加强筋，顶端存浇铸口疤痕（图 8–255）。趟头高 19 厘米、底边两翅间宽 21.3 厘米、斜边长 15.7 厘米，背部二穿鼻长 2.5 厘米、宽 1 厘米、高 1.3 厘米，孔径 0.5 厘米。

图 8–253

图 8–254

图 8–255

十三、铁趟头

1 件。铁铸制，铸造工整，保存较差，尖部已残坏。趟头侧视如靴状（图 8–256）。上部圆形，中间起脊，两边延展，下部前端尖出，两侧缘弧曲，底边平直（图 8–257）。背面缘边内侧铸细线沟纹一周，左右两边各有一横穿鼻，鼻纽桥状，上部折角处铸横加强筋，顶端存浇铸口痕（图 8-258）。趟头高 19 厘米、底边两翅间宽 20 厘米、斜边残长 12 厘米，背部二纽长 3 厘米、宽 0.5 厘米、高 1.5 厘米，孔径 0.5 厘米，加强筋长 3.7 厘米、宽 1.5 厘米、高 1.8 厘米。

十四、铁趟头

1 件。铁铸制，铸造工整，保存较差，尖及顶部已残坏，锈迹轻微。趟头侧视如靴状（图 8-259）。上部圆形，下端尖出，中间有脊，两边延展，两边缘弧曲，底边平直（图 8-260）。背面有二横穿鼻，鼻纽为桥式（图 8-261）。趟头高 19 厘米、底边两翅间宽 20.5 厘米、底边长 16.5 厘米，二穿鼻长 3 厘米、宽 0.5 厘米、高 1.5 厘米，孔径 0.5 厘米。

图 8-256

图 8-257

图 8-258

图 8-259

图 8-260

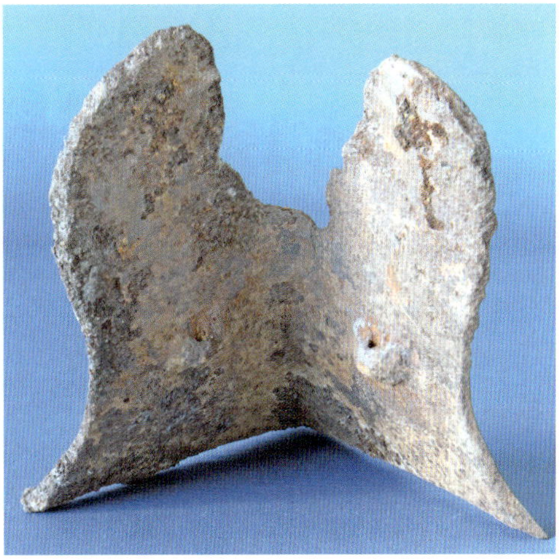

图 8-261

第四节　铁牵引

牵引是农耕所用犁杖的构件，它被用在犁杖拱梁前端衔接畜套的联结处，使犁与畜力挂钩在一起，形成整体，以便耕种，是犁的必配件。

一、铁环钩

1 件。铁锻制，为一环一钩（图 8-262）。环作长椭圆形，上部较小，体径亦细，内侧略有磨痕，下部较大，因有穿孔以挂钩体较宽。钩体上作圆形，钩端为方形，顶端有馒头形帽，用以卡在环孔内，可以随意转动（图 8-263）。通长 31 厘米、环高 13 厘米、上宽 6.5 厘米、下宽 9.5 厘米、体径 1 厘米，钩长 21 厘米、体径 1.5 厘米。

图 8-262

图 8-263

二、铁环钩

1 件。铁锻制，环钩由三节组成，体径断面基本为方形（图 8–264）。上部为长椭圆形环，环上宽下窄，下端扁宽，中间有圆孔，以纳拉杆。中间一节为拉杆，顶部有馒头形帽，卡在环体下部孔内，下端弯曲成环，以纳钩体。下边为钩，钩体上端弯曲作环，与上件环接，下面为钩，钩形如“U”字形。环钩通长 44.5 厘米、钩长 16 厘米、钩宽 5 厘米、体径 1.2 厘米、厚 0.8 厘米，环高 5.8 厘米、上宽 8.5 厘米、下宽 6 厘米、体径 1 厘米。

图 8–264

三、铁环（钩）

1 件。铁锻制，此件钩已失去，现仅存环（图 8–265）。环略作长椭圆形，上部稍宽，下部略窄，中间内凹。从现状看，可知此环制作过程：环为上下两半环相锻接，下半环体方形，中间打扁延宽，其上作圆孔，然后直角上折；上半环体圆形，中间圆形下弯，然后两半环相锻接。环上部环梁处磨蚀较甚，几磨近半，从磨蚀情况看挂套物体较粗且为圆形，因此才能磨出此现状（图 8–266）。铁环长 19 厘米、上宽 7.5 厘米、下宽 7 厘米、下端宽 3 厘米、孔径 2 厘米。

图 8–265

图 8–266

四、铁环钩

1 件。铁锻制，现存两节，缺上环，仅存拉杆与钩。器为方体，拉杆上下卷成小环，用以套挂，钩较短，上有小环与拉杆相套接（图 8–267）。钩通长 24.5 厘米、钩柱长 16.5 厘米、体方形径 1.2 厘米，钩长 10 厘米、钩口宽 5.5 厘米、体宽 1 厘米、厚 0.8 厘米。

图 8–267

五、铁（环）钩

1 件。铁锻制，现存两节，缺上部铁环。此环钩体较粗壮，拉杆上部为蒜头式帽，用以卡在环孔内，下部卷成小环与钩相连接；钩较短，上有大孔环与拉杆环套接，下为弯钩，钩端较尖（图 8–268）。通长 28 厘米、拉杆长 17 厘米、体径 1.8 厘米、帽直径 3 厘米、厚 1.5 厘米，钩长 11.5 厘米、宽 5.5 厘米、体径宽 1.5 厘米、厚 1 厘米。

图 8–268

六、铁（环）钩

1 件。铁锻制，现仅存一钩。钩较长，体略方，上部帽如馒头形而较扁，下部弯钩较短（图 8–269）。铁钩长 24 厘米、宽 5.5 厘米、体径 1.2 厘米。

图 8–269

第五节　铁锄

锄是农业生产中的除草、松土工具，是必不可少的，在中国古代农业上占有重要的位置。过去的农业生产，最低要做到“三铲三趟”，即农作物从播种后，早田作物一般在小苗初长至一定高度，要除第一遍草，铲草也有松土作用，并能保持水分，然后用犁培土，即所谓“一铲一趟”。在禾苗长成前的两个多月的时间里，还要每隔一段时间如前进行，如此反复，完成“三铲三趟”，锄就是此时的唯一工具。辽代铁锄非常多，在辽代遗址或窖藏中时有发现，形制、大小各异，反映辽代农业种植和需求不同，因而形成不同形式，说明其时农业不仅发达，而且是很先进的。

一、铁锄

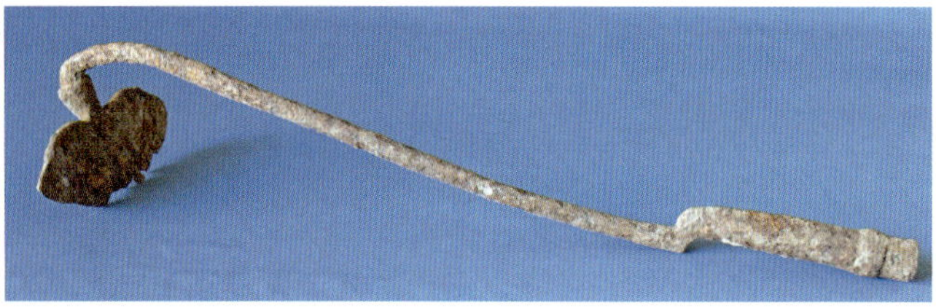

图 8-270

1 件。铁锻制，保存较好，只锄板刃部略有残坏，锄身锈蚀不重（图 8-270）。锄钩较平直，只前端弯曲，圆体，近銎处作向上折转，体呈扁方状，銎体较短，锄钩后部为銎孔，用以纳木柄——锄杠，銎外束一道较宽铁箍（图 8-271）。前端锄钩方角下折，下为锄板。锄板近半圆形，耸肩，斜背，凸刃，上有扁方銎以纳锄钩（图 8-272）。铁锄通长 74.5 厘米、钩体长 55.5 厘米，銎管长 19.5 厘米、外径 3.5 厘米、内径 2.8 厘米，锄板通高 10 厘米，板体高 7 厘米、长 23.5 厘米、背厚 0.8 厘米，銎长 3 厘米、宽 2 厘米，銎内径长 2 厘米、宽 1.4 厘米。

图 8-271

图 8-272

二、铁锄

1 件。铁锻制，保存较好，虽锄身铁锈较重，但锄钩、锄板基本完好。锄钩弓弯，圆体，中部平折，后为銎柄，銎外束铁箍一道（图 8-273）。前端锄钩方角下折，下为锄板。锄板肩背斜直，两端较尖，外凸，平刃，上部中间有扁方銎，以纳锄钩（图8-274）。通长65厘米、钩长32厘米、銎长33厘米，銎外径4厘米、内径3厘米，锄钩体径2厘米，锄板长17.5厘米、通高13厘米、板高9厘米，上部銎长3厘米、宽2.5厘米、高4厘米，内径长2.2厘米、宽1.5厘米，板背厚1厘米。

图 8-273

图 8-274

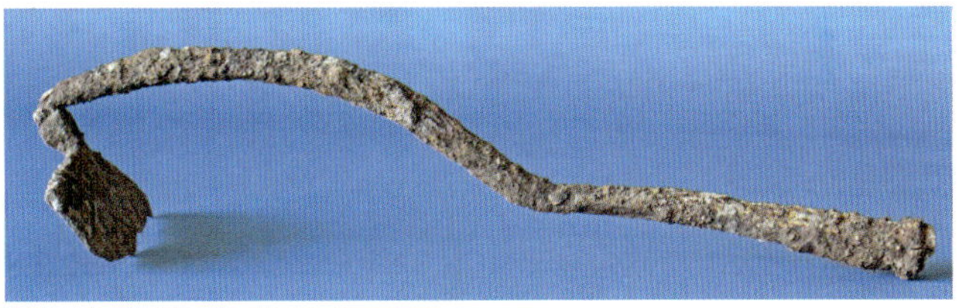

图 8-275

三、铁锄

1件。铁锻制，保存较好，略存锈蚀，只锄板有残损（图8-275）。锄钩弓弯，圆体，稍后锄钩平折，后部为銎柄，外束铁箍一道（图8-276）。前端锄钩方角下折，下接锄板。锄板弧背凸刃，上为方銎，銎口纳锄钩（图8 277）。通长67.5厘米、钩体长39厘米、钩径2.2厘米，銎柄长28厘米、外径3.5厘米、内径2.5厘米，锄板长24厘米、通高12厘米，板高8.5厘米、板背厚0.7厘米，銎高3.5厘米、长3厘米、宽3厘米，銎内径长2.3厘米、宽1.5厘米。

图 8-276

图 8-277

四、铁锄

1件。铁锻制，保存较好，锈蚀不重，只锄板一端残坏（图8-278）。锄钩前端弯曲，方体，稍后折转，銎柄较直，直至銎口（图8-279）。锄钩前端方角下折，下接锄板。锄板弧背平刃，上部有扁方板銎，以纳锄钩（图8-280）。通长62.5厘米、锄钩长25.5厘米，銎柄长37厘米、外口径3.3厘米、内口径2.6厘米，锄板通高9.5厘米、板高7厘米、板长21.5厘米，銎高2.5厘米、长3.5厘米、宽2.5厘米，銎内径长2.5厘米、宽1.5厘米，板背厚1.5厘米。

图 8-278

图 8-279

图 8-280

五、铁锄

1件。铁锻制，保存一般，锄钩较好，锄板残坏严重（图8-281）。锄钩前端弯曲，圆体，后部较直，至銎柄处作一折转，后为钩銎（图8-282）。锄钩前端方角下折，下接锄板。锄板弧背，刃部残坏不清，上部有扁方銎，以纳锄钩（图8-283）。通长61厘米、锄钩长40厘米，銎长17厘米、外口径3.7厘米、内口径3厘米，锄板残，存高9厘米、存宽7厘米、背厚1.5厘米，銎高4厘米、长3.5厘米、宽2.2厘米，钩体直径1.5厘米。

图 8-281

图 8-282

图 8-283

六、铁锄

1 件。铁锻制，保存较好，略有锈蚀，只锄板与锄钩銎部稍残（图 8-284）。锄钩弯曲，圆体，中间平折，后部平直，銎圆口，微残。锄钩前端直角下折，下接锄板。锄板圆肩，平刃微凸，右尖稍残，上有扁方銎，以纳锄钩（图 8-285）。残通长 45.5 厘米，锄板长 25 厘米、板通高 11.5 厘米、板高 9 厘米、背厚 1 厘米，銎高 2.5 厘米、长 2.5 厘米、宽 1.5 厘米。

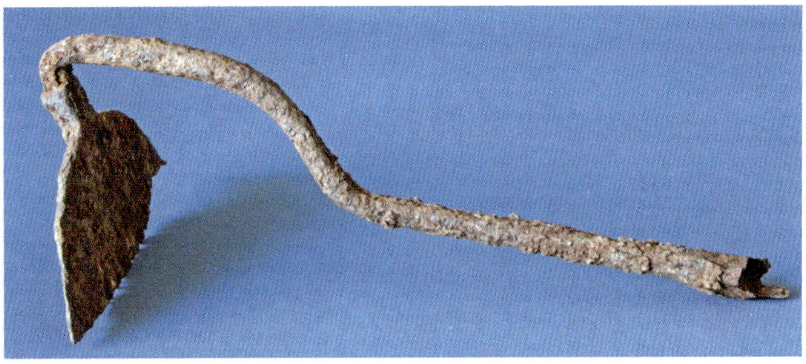

图 8-284

图 8-285

七、铁锄

1 件。铁锻制，保存较好，锈蚀轻微，只锄钩銎部有残（图 8-286）。锄钩较大，弯曲弧度明显，圆体，中部平折，銎管较长，口端外部束一道铁箍。锄钩前端直角下折，

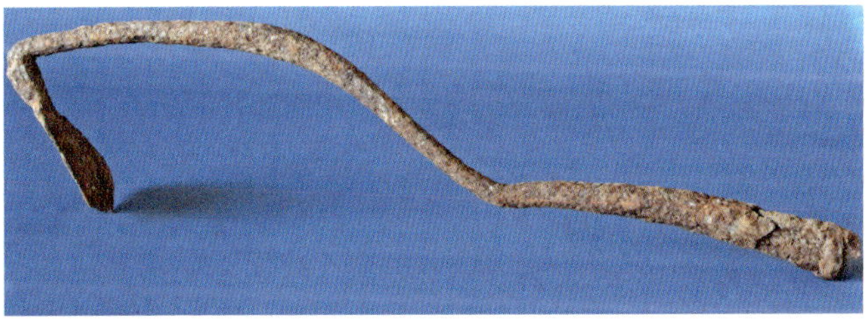

图 8-286

下接锄板。锄板圆肩，凸刃，上部有扁方銎，以纳锄钩。通长 68.5 厘米、钩部长 41 厘米、銎部长 27.5 厘米，锄板长 14 厘米、通高 12.7 厘米、板高 9 厘米、背厚 0.8 厘米，钩体直径 1.3 厘米。

八、铁锄板

1 件。铁锻制，保存较好，完整，身有锈斑（图 8–287）。锄板圆肩，凸刃，上有扁方銎，銎口存锄钩残段。锄板长 27 厘米、通高 13.5 厘米、板高 9.5 厘米、背厚 1.8 厘米，銎高 4 厘米、长 3 厘米、宽 2.2 厘米。

图 8–287

九、铁锄板

1 件。铁锻制，保存完好，身有轻微锈斑（图 8–288）。锄板圆肩，凸刃，上有扁方銎，銎口存锄钩残段。锄板长 28.5 厘米、通高 15 厘米、板高 11 厘米，銎高 4 厘米、长 3 厘米、宽 2.5 厘米，内径长 2.3 厘米、宽 1.5 厘米，锄背厚 1.7 厘米。

图 8–288

十、铁锄板

1 件。铁锻制，保存完好，身有锈斑（图 8–289、图 8–290）。锄板圆肩，凸刃，上有扁方銎。锄板长 29.5 厘米、通高 14.5 厘米、板高 11 厘米，銎长 3 厘米、宽 2.5

图 8–289

图 8–290

厘米，锄板背厚 1.6 厘米。

十一、铁锄板

1 件。铁锻制，保存完整，身有锈斑（图 8-291、图 8-292）。锄板圆肩，凸刃，上部有扁方銎。锄板长 24.5 厘米、通高 13.5 厘米、板高 9.5 厘米，銎长 3 厘米、宽 2.8 厘米，内径横长 1.7 厘米、宽 1.3 厘米，锄背厚 1.7 厘米。

图 8-291

图 8-292

十二、铁锄板

1 件。铁锻制，保存完整，身有锈斑（图 8-293、图 8-294）。锄板长 22.5 厘米、通高 10.5 厘米、板高 7.5 厘米，銎横长 2.7 厘米、宽 2 厘米，内径横长 1.8 厘米、宽 1.1 厘米。

图 8-293

图 8-294

第六节　铁镰刀

镰刀是农业生产使用的主要工具之一，它是待秋天种植的农作物成熟时进行收割的工具。这种镰刀，在古代农业生产中是必有的，所谓“春种、夏锄、秋收”

各阶段，镰刀是秋天农田里唯一使用的工具。镰为铁锻制，一般装有木柄，现存皆为刀身，木柄均失。

一、铁镰刀

1件。铁锻制，保存完整，身有锈斑。镰刀斜柄，柄体扁方，刀身平刃弧背，前端略呈尖状（图 8–295）。镰刀通长 32.5 厘米，刀身长 27 厘米、宽 7.3 厘米、背厚 0.4 厘米，柄长 9 厘米。

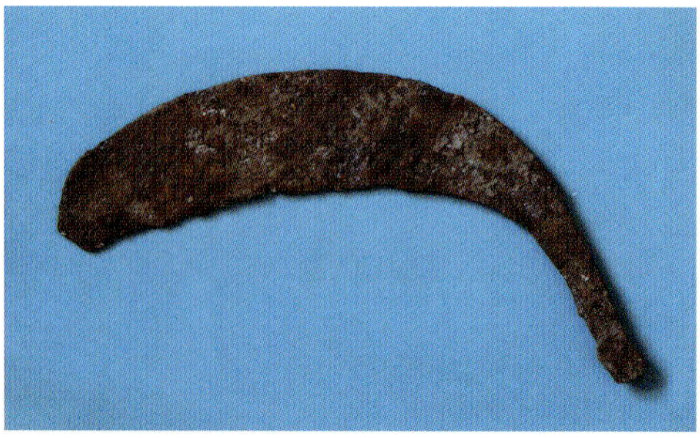

图 8–295

二、铁镰刀

1件。铁锻制，保存较好，身有锈斑，刃部略残。镰刀柄稍斜，柄体扁方，刃微内凹，弧背，背部稍厚（图 8–296）。镰刀通长 34.5 厘米，刀身长 29.5 厘米、宽 7.2 厘米、背厚 0.4 厘米，柄长 9 厘米。

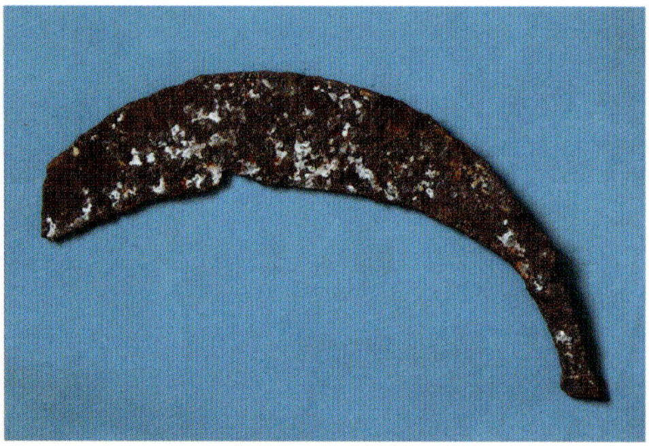

图 8–296

三、铁镰刀

1件。铁锻制，保存较差，刃部残坏，身有锈斑。镰刀斜柄，刃部微凹，弧背（图 8–297）。镰刀存长 30.5 厘米，刀身长 18.5 厘米、宽 6.7 厘米、背厚 0.3 厘米。

图 8–297

四、铁镰刀

1件。铁锻制，保存完好，身有锈斑。镰刀斜柄，较细，扁方体，刀身较宽，凹刃，弧背，背部缘边加厚，锻有凸棱（图 8–298）。镰刀通长 22 厘米，刀身长 20 厘米、宽 6 厘米、背厚 0.5 厘米，柄长 6 厘米。

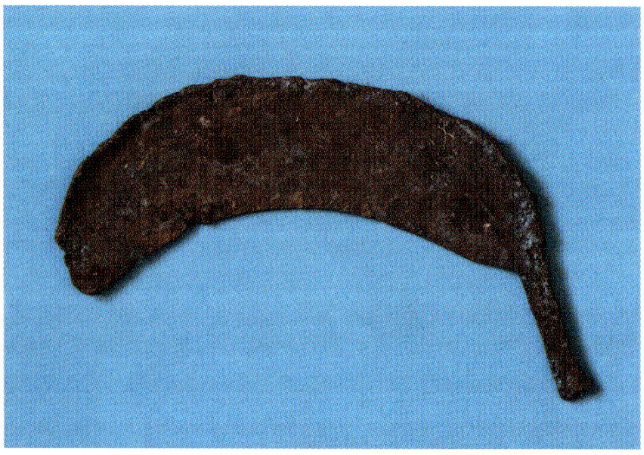

图 8–298

五、铁镰刀

1件。铁锻制，保存较好，身有铁锈，刃部稍残。镰刀斜柄，扁方体，柄较细且短，外斜较大，刀身短而宽，凹刃，弧背，背部加厚，缘边锻出凸棱（图8-299）。镰刀通长26厘米，刀身长21.5厘米、宽7.7厘米、背厚0.5厘米，柄长5.5厘米。

图8-299

六、铁镰刀

1件。铁锻制，保存完好，身有锈斑。镰刀斜柄，柄较短而细，柄端外折，扁方体，刀身后宽前窄，凹刃，弧背，背部加厚，略有凸棱（图8-300）。镰刀通长19厘米，刀身长17.5厘米、宽6厘米、背厚0.4厘米，柄长4.5厘米。

图8-300

七、铁镰刀

1件。铁锻制，保存较差，刀身尖部、刃部与刀銎均有残坏。此镰刀较为少见，为銎柄镰刀，因銎口已残，结构不明，现存为后部，可见为半銎，刀身较宽，凹刃，弧背，背稍厚（图8-301、图8-302）。镰刀残长18.5厘米，刀身残长14.5厘米、宽5.5厘米、背厚0.4厘米，柄长5厘米。

图8-301

图8-302

八、铁镰刀

1 件。铁锻制，保存稍差，锈蚀斑驳，刀身并有断裂。镰刀斜柄，体扁方，柄较长略细，柄端扩延呈箭头状，刀身较窄，刃部微凹，背部略弧，背缘稍厚（图 8–303）。镰刀通长 24.7 厘米，刀身长 22.5 厘米、宽 5 厘米、背厚 0.3 厘米、柄长 8.5 厘米。

图 8–303

九、铁镰刀

1 件。铁锻制，保存较好，身有铁锈。刀略作折尺形，折弯处圆钝，刀身较窄，前端较尖，背稍厚，刃较薄，曲背弯刃，柄较纤细（图 8–304）。镰刀横长 23 厘米，刀身宽 6 厘米、背厚 0.5 厘米。

图 8–304

十、铁钩镰刀

1 件。铁锻制，保存完好，略有锈蚀（图 8–305）。此刀为钩镰，直柄，柄较宽而厚，扁方体，柄端两侧外展加厚（图 8–306）。刀身较窄，刃凹入，刀身如钩，尖部较短，自柄下至尖皆为刃，刀弧背，背部较厚。钩镰刀通长 28.7 厘米，刀身长 17.7 厘米、宽 4.7 厘米、背厚 0.7 厘米，柄长 11 厘米。

十一、铁钩镰刀

1 件。铁锻制，保存较好，身有锈

图 8–305

图 8–306

斑（图 8-307）。刀柄较直，形近钩镰，柄较宽而略薄，柄端外展加大。刀身较短，内凹如钩，前端较尖，背弧曲，缘边较厚。镰刀通长 25 厘米，刀身长 20 厘米、宽 4.5 厘米、背厚 1 厘米，柄宽 2 厘米、厚 0.5 厘米。

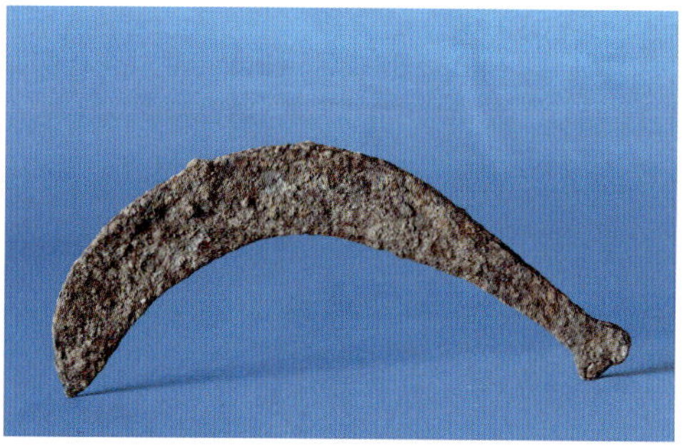
图 8-307

十二、铁刮刀

1 件。铁锻制，保存完好，略有铁锈。此刀为刮刀，两端有柄，刀身外凸，两边对称，平面近三角形。刀柄较短，体作扁方形，但窄而薄。刀身刃部内凹，背部外突，边缘较厚（图 8-308）。刀横长 23 厘米、宽 6.5 厘米、背厚 0.2 厘米，柄宽 2 厘米、厚 0.2 厘米。

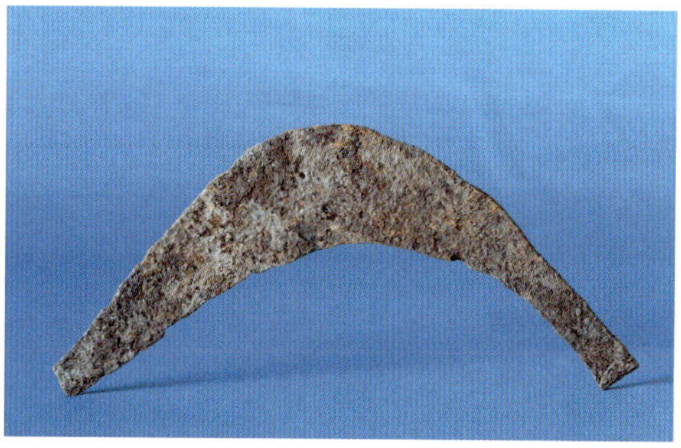
图 8-308

第七节 铁锹

铁锹在古代人们的生产、生活中，是一种较为普遍使用的工具，它用途广泛，无论是起土还是修筑等工作，都离不开它，是考古中常见的一种器物。辽代铁锹，较有特点，但也因用途不同，形制略有差异。

一、铁锹

1 件。铁锻制，保存稍差，身被锈斑，锹后部略有残坏（图 8-309）。此锹较大，体长方形，耸肩，直边，前端口部平展，下折，后部凹入，形成深窝，銎较短，两侧向上反卷，形成锹銎，以纳木柄（图 8-310）。通高 44.5 厘米、身高 35 厘米、宽 24 厘米、壁厚 0.4 厘米、内凹 9.4 厘米，

图 8-309

銎长 9.5 厘米、外径 4.3 厘米、内径 3 厘米。

图 8-310

二、铁锹

1 件。铁铸制，保存稍差，因土浸体表多呈灰白色，锈斑较厚，前端亦有磨蚀，锹体缩短（图 8-311）。锹平肩，直边，口部平展，下折，后部内凹，形成深窝。銎部上斜，两侧并向上反卷成銎（图 8-312）。锹通高 36 厘米、身高 26 厘米、宽 22.5 厘米、厚 0.3 厘米、内凹 8.5 厘米，銎长 10 厘米、外径 4 厘米、内径 3 厘米。

图 8-311

图 8-312

三、铁锹

1 件。铁锻制，保存较好，身有铁锈，肩部有一断裂（图 8-313）。铁锹较小，斜肩，簸箕形边，平口，前部微下折，后部内凹甚小。柄端两侧向上反卷成銎（图 8-314）。通高 27 厘米、身高 19 厘米、宽 19.3 厘米、厚 0.2 厘米、内凹 2.5 厘米，

图 8-313

图 8-314

銎长 8 厘米、外径 3.3 厘米、内径 2.7 厘米。

四、铁锹

1 件。铁锻制，保存较好，只因土浸锈色斑驳（图 8–315）。锹体较小，略为横宽，平肩，边稍外张，锹口稍凸，后部内凹，但凹洼较浅，銎柄较大，两侧向上反卷（图 8–316）。通长 23.5 厘米、身长 14.5 厘米、宽 20.5 厘米、厚 0.2 厘米、内凹 2 厘米，銎长 11 厘米、外径 4 厘米、内径 3.4 厘米。

图 8–315

图 8–316

五、铁锹

1 件。铁锻制，保存较好，只身有锈斑（图 8–317）。此锹较小，身略宽，平肩，圆角，直边，平口，口边略下折，后部内凹，但内凹极浅，銎柄较大，两边向上反卷成銎（图 8–318）。通高 23.7 厘米、身高 14 厘米、宽 19 厘米、厚 0.3 厘米，銎长 9.7 厘米、外径 4.5 厘米、内径 3.5 厘米。

图 8–317

图 8–318

六、铁锹

1 件。铁铸制，保存完整，略有铁锈，锹身微折（图 8–319）。此锹较小，锹身横宽，平肩，圆角，簸箕形边，平口，口边有五个由后面打出的透孔（图8-320），后部无内凹，銎较大，两侧边向上反卷，与其他锹具有相同特征。通高22厘米、身高12厘米、宽20厘米、厚0.2厘米，銎长10厘米、外径3.4厘米、内径2.8厘米。

图8-319

图8-320

七、铁锹

1件。铁锻制，保存较好，无大损坏，只身有锈斑，口刃部略残（图8-321）。此锹较大，体长方形，平肩，直角，簸箕形边，前端口部平展，下折，后部凹入，形成深窝，銎较短，两侧向上反卷，形成锹銎，以纳木柄（图8-322）。此锹最具特点之处，一是锹身前端折口，后部有深窝，二是柄部向上反卷成銎。通高47厘米、宽23厘米、后宽16厘米、内凹8.5厘米、厚0.5厘米，銎长9.5厘米、外径4.5厘米、内径3厘米。

图8-321

图8-322

八、铁锹

1件。铁锻制，保存完好，器无损坏，略存锈斑（图8-323）。此锹较大，长身，平肩，圆角，簸箕形边，平口，口部平展，并有平折，后部深长内凹，形成大洼，銎柄较小，两侧向上反卷，形成不闭合圆銎，以纳木柄（图 8-324）。通高 41 厘米、身高 32 厘米、前宽 25 厘米、后宽 16 厘米、内凹 6 厘米，銎长 9 厘米、外径 4.5 厘米、内径 3 厘米。

图 8-323

图 8-324

九、铁锹

1 件。保存较好，锈蚀浅薄，左侧后部略残坏（图 8-325）。此锹较大，长身，平肩，圆角，簸箕形边，平口，口部较宽，向下弯折，后部内凹，形成较大洼兜，銎柄较小，两侧向上反卷，形成不闭合圆銎，以纳木柄（图 8-326）。通高 42 厘米、身高 33 厘米、前宽 24 厘米、后宽 16 厘米、内凹 5.5 厘米、壁厚 0.4 厘米，銎长 9 厘米、外径 4.5 厘米、内径 3 厘米。

图 8-325

图 8-326

十、铁锹

图 8-327

1 件。铁锻制，保存较好，铁锈浅薄，口部略有残缺（图 8-327）。此锹平肩，圆角，簸箕形边，平口，口部平展，微向下弯，后部内凹，凹入较小，銎柄略上斜，两侧向上反卷，形成圆銎，以纳木柄。通高 39 厘米、身高 30 厘米、前宽 26.5 厘米、后宽 18.5 厘米、内凹 3 厘米、壁厚 0.4 厘米，銎长 9 厘米、外径 4.5 厘米、内径 3.5 厘米。

第八节 铁镐

铁镐是农业生产中常用的工具之一，它的用途主要是翻土，如耕种刨埯下种，起垄培土、收成刨地等，都需此种用具。

一、铁镐

1 件。铁锻制，保存较好，表面布有锈斑（图 8-328）。镐身扁体而修长，平口，上部为镐襻，顶圆形，内有拱状銎孔（图 8-329），以纳镐柄，两端与镐身锻接（图 8-330）。通高 32 厘米，镐身高 25 厘米、宽 9.5 厘米、厚 1.5 厘米，

图 8-328

图 8-329

图 8-330

镐銎高 7 厘米、内高 5.7 厘米、外宽 7.5 厘米、内宽 4 厘米、厚 4 厘米。

二、铁镐

1 件。铁锻制，保存完好，略见锈蚀（图 8–331）。镐身扁体条形，刃部因使用略圆，上部为镐襻，銎孔拱形（图 8–332）。通高 30 厘米，身高 23 厘米、宽 5 厘米、厚 1.8 厘米，镐銎高 7 厘米、内高 6.3 厘米、外宽 7.5 厘米、内径宽 5 厘米、厚 5 厘米。

三、铁镐

1 件。铁铸制，保存较好，因土浸表面呈灰白色，锈蚀轻薄（图 8–333）。镐身呈条形，等宽，刃部使用呈圆形，上部镐襻呈拱桥状，中有銎孔，以纳木柄。銎底平上圆（图 8–334）。通高 26.5 厘米，身高 18.5 厘米、宽 5 厘米、厚 2.3 厘米，镐襻高 8 厘米、内高 7 厘米、外宽 7.8 厘米、内宽 6 厘米、厚 4.5 厘米。

图 8–331

图 8–333

图 8–332

图 8–334

中卷

四、铁镐

1件。铁锻制，保存完好，锈蚀浅薄（图8-335）。镐身条形，等宽，上厚下薄，刃部因使用磨蚀呈圆角。上部镐襻圆顶，与镐身锻接痕迹明显（图8-336）。通高28厘米，身高21厘米、宽4.3厘米、厚1.6厘米，襻高7厘米、外宽6厘米、内高5.3厘米、内宽4.3厘米、厚4.7厘米。

五、铁镐

1件。铁铸制，保存完好，基本未锈蚀（图8-337）。镐身条形，下部略宽，上部厚，下部渐次减薄，刃部因使用磨蚀呈圆角。上部为镐襻，下与镐身锻接，接痕明显（图8-338）。

图8-335

图8-336

图8-337

图8-338

通高 27.7 厘米，身高 21.5 厘米、宽 4.5 厘米、厚 1.5 厘米，襻高 6.2 厘米、内高 5 厘米、宽 6.8 厘米、内宽 3.7 厘米、厚 3.7 厘米。

图 8-340

六、铁镐

1 件。铁锻制，保存完好，无锈斑附着，露出铁质（图 8-339）。镐身条形，下部微宽，刃部因使用磨蚀角呈圆形。上面镐襻顶部圆拱状，銎内镐身顶部亦略呈圆顶形，襻与镐身锻接（图 8-340）。通高 23 厘米，身高 16 厘米、宽 6.2 厘米、厚 2 厘米，襻高 7 厘米、内高 5.5 厘米、宽 5.7 厘米、内宽 3 厘米、厚 3.2 厘米。

图 8-339

七、铁镐

1 件。铁锻制，保存较好，表面存有铁锈。铁镐长身，背面较平，前面中间纵向隆起，形成有脊两边坡状，镐身两侧边较薄，如同刃口（图 8-341）。镐身上部为銎柄，柄外卷成銎，銎圆形。銎柄与镐身间弯折，侧视其形几成直角（图 8-342）。通长 34 厘米、高 12.5 厘米，镐身长 27 厘米、前宽 7.5 厘米、后

图 8-341

图 8-342

宽 5 厘米，身上面纵向脊厚 0.5 厘米，銎外口径 3.6 厘米、壁厚 0.4 厘米。

八、铁镐

1 件。铁锻制，保存较好，表面存有铁锈，前端中间略有缺失，出一豁口，当是使用所致。铁镐长身，背面较平，前面中间纵向隆起，形成脊状，两侧边较薄，如同刃口（图 8–343）。镐身上部为銎柄，柄端为圆銎。銎柄与镐身间弯折，侧视几成直角（图 8–344）。通长 33 厘米、高 12.5 厘米，镐身长 26 厘米、前宽 8 厘米、后宽 6 厘米，身上面脊厚 0.5 厘米、两边薄刃，柄外卷成銎，銎外口径 4 厘米、壁厚 0.4 厘米。

图 8–343

图 8–344

九、矛式小铁镐

1 件。铁铸制，保存完好，身无锈斑，结构与制作工艺清晰（图 8–346）。镐身如矛头，前端尖锐，中间宽度最大，上部略小，以接镐襻。镐襻上端较厚，中间有一道凹槽（图 8–345），下面渐窄，与镐身锻接，襻为外包镐身。通高 20 厘米、身高 14 厘米、最宽处 10.2 厘米、厚 0.8 厘米、襻厚 5 厘米、顶部中间内凹 0.5

图 8–345

图 8–346

厘米，襻高 6 厘米、内高 5 厘米、外宽 5.7 厘米，銎内宽 3 厘米。

十、小铁镐

1 件。铁铸制，保存完好，身有锈斑。镐身条形，上部较厚，下部渐薄，微宽，刃部因使用磨蚀呈圆角（图 8–347）。上部镐襻平顶，外侧与镐身平，内侧渐厚（图 8–348），銎孔上平下尖，如倒馒头形。镐高 11 厘米、身宽 3.5 厘米、厚 0.6 厘米，銎外径宽 4 厘米、厚 2.5 厘米，銎孔高 2.5 厘米、宽 3 厘米。

图 8–347

图 8–348

第九节　铁垛叉

铁叉以其功能又称铁垛叉，两齿，也有三齿或多齿的，是农业生产工具，在秋天收获季节中常用，主要用于谷豆类秧科植物的挑举、搬运，如堆垛、脱粒、打场等，亦是农业生产中不可缺少的工具。

一、铁垛叉

1 件。铁锻制，保存完好，略有锈斑（图 8–349）。叉为两股，对称，后粗前尖，圆肩，体菱形，后接銎柄（图 8–350）。柄为环包叉身锻接而成，柄前细后粗，前扁方体后圆锥状，后端有銎孔，以纳木柄，銎口侧有圆孔，以使用钉固定

图 8–349

木柄，使之与叉套接牢固。通长36厘米，菱形齿长17.5厘米、宽距19厘米、最粗径2厘米，銎外径3.8厘米、内径3厘米、厚0.4厘米，侧边孔径0.5厘米。

图 8-351

图 8-350

图 8-352

二、铁垛叉

1件。保存较差，锈蚀严重，叉体齿尖与銎部多有残坏（图8-351）。叉为两股，对称，后粗前尖，菱形体，后部曲处较平直，与銎柄锻接（图8-352）。存长21厘米、齿距10厘米，四菱齿长13厘米、最粗径1.7厘米。

第十节　铁铡刀

铁铡刀是农业生产工具，也是饲养牲畜等所需铡草工具，由铁质长刀和木制刀床与穿钉组成，现刀床、穿钉不存，主要是铡刀，它是将长枝青饲料或干草切成短节，以便饲养牲畜。

一、铁铡刀

1件。铁锻制，保存较好，身被铁锈，刃部略有残损。刀长身，齐头，平背，背较厚，直柄，柄较长，尾端圆銎，薄刃，刀头有穿钉孔（图8-353）。通长78.7厘米，刀身长53厘米、宽12.7厘米、背厚1.4厘米，穿钉孔径1.5厘米，銎柄外径4.2厘米、内径3.2厘米。

图 8-353

二、铁铡刀

1 件。铁锻制，保存较好，身有锈迹，刃部有残。刀类鱼形，前端锐出，弧背，直柄，柄较长，尾端圆銎，刀薄刃，刃部稍外凸，前端有穿钉孔（图 8-354）。通长 74 厘米，刀身长 55 厘米、宽 12 厘米、背厚 1 厘米，穿钉孔径 1.6 厘米，銎柄外径 3.4 厘米、内径 3 厘米。

图 8-354

三、铁铡刀

1 件。铁锻制，保存较好，身有锈蚀，刃部稍残。刀拱顶，犹如“斗牛”蓄势待发之态，前端锐出，上有一角，下有穿钉孔，与刃相接处留一缺口，背部加厚，侧面出凸边，背弧曲，拱形直线下斜，直至柄端，柄亦下斜，柄端圆銎，刀刃部薄，并稍外凸（图 8-355）。通长 72.7 厘米，刀身长 57.5 厘米、宽 17.3 厘米、背厚 2.2 厘米，穿钉孔径 2 厘米，銎外径 3.8 厘米、内径 3 厘米。

图 8-355

四、铁铡刀

1件。铁锻制，保存较好，身有锈迹，前端有残坏。刀拱顶，前端趋下，如低首欲前冲之牛颈状，刀背平直，背部加厚，侧面出凸边，柄稍下斜，与刀背下斜成一直线，柄端圆銎，刀刃平直，薄刃。前端锐出之穿钉孔部分残坏，存有角尖状物（图8-356）。通长68.5厘米，刀身长55.5厘米、宽15.5厘米、背厚2厘米，穿钉孔径1.5厘米，銎外径3.8厘米、内径3.2厘米。

图8-356

五、铁铡刀

1件。铁锻制，保存一般，锈迹较重，刃部稍残。刀前端拱起锐下，直背微斜，背部加厚出凸棱，直柄较短，微下斜，尾端圆銎。刀前端穿钉孔，为锈覆盖。刀刃平直，薄刃（图8-357）。通长72.5厘米，刀身长59.4厘米、宽14厘米、背厚2.2厘米，穿钉孔径在锈下未测出，銎外径3.5厘米、内径2.2厘米。

图8-357

六、铁铡刀

1件。此铡刀原保存较好，身有锈迹，但因被卖废品，将其砍砸（图8-358），尤其刃部颓卷变形，直观有失原貌，细辨仍可复原。

图 8-358

铡刀铁锻制，其造型非常生动，刀头前高，状如拱颈，又复低下锐出，上有一弯角，角下穿孔似眼，活似一头挺颈低首欲蓄势猛冲之“斗牛”，形象逼真（图 8-359）。刀弧背，背部加厚，两侧均出凸棱，下接刀柄，柄较短，尾端圆銎。前端穿钉孔呈菱形（图 8-360），下面刀刃据侧卷情况观察，应是平刃，刃薄锋利。通长 70 厘米，刀身长 52.5 厘米、宽 11 厘米、背厚 2 厘米，穿钉孔径 1.6 厘米，銎柄外径 3.4 厘米、内径 3 厘米。

图 8-359

七、铁铡刀

1 件。铁锻制，保存完好，满身锈迹（图 8-361）。刀形为前部拱起，直背，背部加厚，两侧出凸棱，背接刀柄，柄较短，沿背直线柄亦下斜，尾端圆銎（图 8-362），前端下部作环状，中为穿钉孔，孔因铡草用力上下磨蚀，现已变为长圆形（图 8-363），刀刃平直，刃薄。通长 58 厘米，刀身长 44 厘米、宽 10.8 厘米、背厚 2.5 厘米，

图 8-360

图 8-361

图 8-362

穿钉孔径 1.3 厘米，銎柄外径 3.7 厘米、内径 2.7 厘米。

图 8-363

八、铁铡刀

1 件。铁锻制，保存较好，身有锈迹（图 8-364）。刀弧背，前端拱起，其下锐出，并有弯角，当中有圆孔，与眼

图 8-364

相似，前下端有直角缺口回缩（图 8-365），综观此形亦颇类欲冲之牛。背逐渐平直，延伸至柄，背部加厚，两侧出凸棱，柄稍下斜，保持与背同势，尾端圆銎（图 8-366），刀刃微外凸，较薄。通长 68.5 厘米，刀身长 54.5 厘米、宽 15 厘米、背厚 2 厘米，穿钉孔径 0.7 厘米，柄端銎外径 3.2 厘米、内径 2.6 厘米。

图 8-365

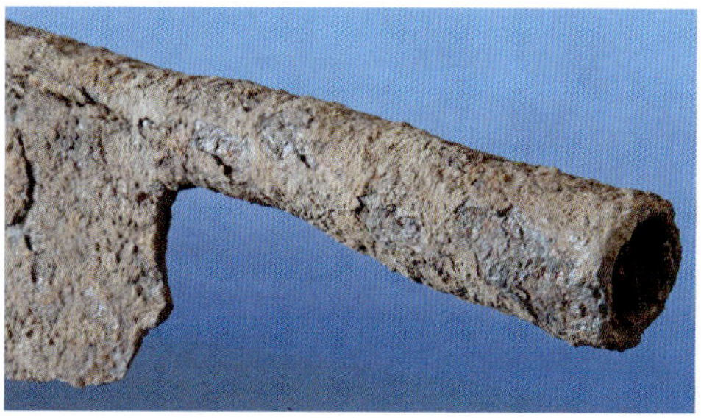

图 8-366

第九章　渔猎生产工具

辽代的渔猎仍然是社会生活的重要组成部分，契丹或汉族及其他民族择时进行渔猎，皇帝的四时捺钵、春水秋山、行捕出猎，尤不可缺。因此，渔猎是辽代社会生活的重要内容之一，故其用具多有遗存。

第一节　铁冰穿

铁冰穿是渔猎工具，为冬季捕鱼用，因北方天寒，江河封冻，水结成冰，捕鱼要在冰面上凿孔，此时则需冰穿以破冰成洞，用钩片或网罗伸入水中，以钩或网而得鱼。

一、矛式铁冰穿

1 件。铁锻制，保存完好，身有锈斑（图 9–1）。穿头似矛，前端有尖，扁体，后部两侧圆卷成銎，以纳木柄，銎孔不锻造闭合（图 9–2）。通长 27.5 厘米，身长 16.5 厘米、宽 7.5 厘米、厚 0.4 厘米，銎长 11 厘米、外径 6.5 厘米、内径 5 厘米。

图 9–1

图 9–2

二、方锥形铁冰穿

1 件。铁锻制，大部分保存完好（图 9–3），因土浸表面

图 9-3

呈灰白色，只銎柄残坏颓卷。冰穿方锥形，前端细尖，后部逐渐增粗，上端为圆銎（图 9-4）。通长 31 厘米，锥体长 21 厘米、棱面最宽 5 厘米，銎长 10 厘米、外径 5.5 厘米。

图 9-4

图 9-5

三、矛式四棱铁冰穿

1 件。铁锻制，保存完好，略有锈迹（图 9-5）。穿形似矛，身较短，四棱体，前尖锐后粗大，接较长穿柄，柄圆形，后端为圆銎（图 9-6）。通长 31.2 厘米，四棱体宽 3 厘米，銎长 19 厘米、外径 4.5 厘米、内径 3.3 厘米。

图 9-6

四、四棱小铁冰穿

1 件。铁铸制，保存一般，銎部略有残坏。穿为四棱尖形，后部略有收束，即接穿柄，柄圆体，尾端为圆銎（图 9-7）。通长 16 厘米、棱面宽 2 厘米，銎长 7 厘米、外径 3.4 厘米、内径 2.8 厘米。

图 9-7

五、四棱小铁冰穿

1件。铁锻制，保存较差，锈迹斑驳。穿为四棱尖形，身较小，四方体，尖端锋锐，后渐粗，接圆体穿柄，尾端圆銎（图9–8）。通长13厘米、棱面宽1厘米，銎长6.5厘米、外径3.5厘米、内径3厘米。

图9–8

第二节 铁鱼钩

鱼钩是捕鱼工具之一，其发明很早，至辽时多为铁制，大小不一，其制作较简单。辽人兴钓鱼，从皇帝始，常见文献记载，而民众亦然。钩鱼时，钩或单独使用，或多钩连片成群用，其效果颇佳。

铁鱼钩

1件。铁锻制，保存较好，钩体完整，结构清晰。钩身弧曲，体径扁方，钩端上弯，顶端出尖，下有倒刺，钩身上端微粗成帽，以便系绳（图9–9）。钩长4厘米，弯钩间宽2厘米、体径0.3厘米。

图9–9

第三节 铁鞭穗

铁鞭穗，是打猎用具之一种。辽人喜行猎，常用此器，铜铁质均有，形制大小有异，数量较多。此件亦可作兵器。其物由短木柄、铁链或绳索、顶端连接鞭穗而成。此器整体若鞭，故称鞭穗，用时抡打或抛出击之，以获猎物。

一、五环方体铁鞭穗

1 件。铁锻制，保存完好，身有铁锈。鞭穗四方体，前端尖锐，后部有环梁，环不闭合，环梁上挂有五环链，环圆形，大小不一（图 9-10）。通长 24 厘米，大环外径 4.8 厘米、内径 3.8 厘米，中环外径 4.4 厘米、内径 3.6 厘米，小环外径 3.5 厘米、内径 3 厘米，鞭穗长 8 厘米、四面宽均 2 厘米。

图 9-10

二、八棱体铁鞭穗

1 件。铁锻制，身有铁锈，锈蚀较严重。鞭穗八棱体，前端尖锐，最大径在腹部，上较圆钝，顶部出有环梁（图 9-11 左）。通长 5.5 厘米，体径 3 厘米，环梁高 1.5 厘米、孔径 0.6 厘米。

图 9-11

三、六棱体铁鞭穗

1 件。铁锻制，保存完好，身有铁锈。鞭穗六棱体，前端尖锐，最大体径在肩腹部，肩、腹均为六面体，腹部较长，上部中心有环梁（图 9-11 中）。通长 5.5 厘米，体径 3 厘米，八棱面宽 1 厘米，环鼻高 1.5 厘米、孔径 0.6 厘米。

四、鸡心形铁鞭穗

1 件。铁锻制，保存较好，身有铁锈。鞭穗圆形，前端尖锐，最大径在腹部，上部有环梁（图 9-11 右）。通长 4.5 厘米，体径 2.8 厘米，环梁高 1.5 厘米、孔径 0.5 厘米。

第十章 泥瓦工具

泥瓦工具是土木建筑中必备的工具，辽时土木建筑很发达，分工明确，工具专用，社会大型工程以及民众日常生活建筑，都需要这些工具，故此多有发现。

第一节 铁泥抹子

铁泥抹子，也称泥板子，是土木建筑中抹泥的工具，建筑房舍等凡墙面需要抹泥以使其光滑平整者，都要由此器完成，故泥抹子是泥瓦工人必用的工具。

一、铁泥抹子

1 件。铁锻制，保存较好，身有锈蚀，板尖有残。泥板条形，前尖后方，现尖部残缺。执柄在后部，握手较粗，中空，便于执握，两端扁方体，下折，端部复外折，锻接于泥板上（图 10–1、图 10–2）。泥板存长 23.5 厘米、板前宽 5.5 厘米、后宽 6.5 厘米、厚 0.2 厘米、通高 6.5 厘米，柄高 6.3 厘米、长 9.5 厘米、外径 2.5 厘米，柄前后柱宽 1 厘米、高 3.5 厘米、厚 0.3 厘米。

图 10–1

图 10–2

二、铁泥抹子

1 件。铁锻制，身有锈迹，板前端与后部均有残缺。泥板条形，后部有执柄，握手弯成圆体，较粗，便于执握，两端下折，锻接于板体上（图 10–3、图 10–4）。泥板存长 20 厘米、前宽 6.5 厘米、后宽 7 厘米、通高 7 厘米，握柄长 10.5 厘米、直径 3 厘米、板厚 0.1 厘米，柄前后柱宽 1.4 厘米、高 3.7 厘米、厚 0.2 厘米。

图 10–3

图 10–4

三、铁泥抹子

1 件。铁锻制，保存较好，锈痕苍然。泥板条形，前尖后方，后部有执柄，柄为前后两板柱折脚锻接于板上，上端有孔，孔存铁钉，可知原握手为木制，木质已经朽坏不存（图 10–5、图 10–6）。泥板长 24 厘米、前宽 3.3 厘米、后宽 6 厘米、厚 0.2 厘米，柄两柱高 6 厘米、宽 2 厘米、厚 0.2 厘米。

图 10–5

图 10–6

第二节 铁瓦刀

铁瓦刀，也是土木建筑中常用的工具之一，它常与铁泥抹子配合使用，切剁建筑材料，是泥瓦工人建筑施工中工具的一种。

铁瓦刀

1件。铁锻制，保存完好，身有锈迹，蚀及刀身，尖与刃部稍残。整体作刀形，前尖后平，厚背薄刃，直柄，柄近刃部弯折。刀体厚重（图 10–7、图 10–8）。通长 39.7 厘米，刀身长 19 厘米、宽 5.2 厘米、背厚 0.8 厘米，柄上折 2 厘米、长 20.7 厘米、宽 3.2 厘米、厚 0.8 厘米。

图 10–7

图 10–8

第三节　铁夯头

铁夯头，又称铁筑，是土木建筑施工中的工具，用木、石或铁制成，辽代铁夯头发现甚多，其用途是分层锤打土层使其质密坚实，如修筑的房墙、院墙、城墙、道路等，依次填入土层，层层夯击，以使土层质实坚固，经久耐用。

铁夯头

1件。铁铸制，保存完好，身有铁锈，锈迹苍然。铁筑亦称夯头，作窝头形，体较高，下尖上平，上面中心有一圆孔，深过体半，孔边存有浇铸痕（图 10–9、图 10–10）。筑高 7.5 厘米、上面径 7.5 厘米、内口径 3.8 厘米、深 5 厘米。

图 10-9

图 10-10

第十一章　木工工具

辽代木工甚为发达，无论是大型木构建筑，还是日常生活器具，都需木工完成，因此木工工具种类很多，可应用于各方面，故其发现数量很大，择其要者述之。

第一节　铁锛

铁锛是木工必需的工具，是古代木工锛、刨、斧、锯“四大工具”之一，功用是修整巨木，以使适用，为木料最初加工时的用具。

一、铁锛

1 件。铁锻制，保存完好，身有铁锈。锛略作长方形，刃部略宽（图 11-1），上有銎口，锛身一面平直、一面斜，刃口可见备钢痕迹（图 11-2）。锛高 10.3 厘米，刃宽 9.5 厘米、上宽 8.5 厘米、厚 3.5 厘米，銎孔长 7 厘米、宽 2 厘米。

图 11-1

图 11-2

二、铁锛

1件。铁锻制，保存较好，锈蚀较重，锈痕斑驳。锛略作长方形（图 11–3），刃部稍宽，上部为銎口（图 11–4）。锛高 10.5 厘米，刃宽 9 厘米、上宽 8.5 厘米、厚 4 厘米，銎孔长 7 厘米、宽 2.5 厘米。

图 11–3

图 11–4

三、铁锛

1件。铁铸制，保存较好，身有铁锈。锛近方形（图 11–5），刃部稍宽，侧面贴钢口痕迹明显，上为銎口（图 11–6）。锛高 8 厘米，刃宽 9.5 厘米、上宽 8.5 厘米、

图 11–5

图 11–6

厚 3 厘米，銎孔长 7 厘米、宽 2.8 厘米。

四、铁锛

1 件。铁锻制，保存较好，锈斑层叠。锛略作长方形（图 11–7），刃部稍宽，一侧面平直，另一侧面斜削，顶部銎口（图 11–8）。锛高 9 厘米，刃宽 8.3 厘米、上宽 7.5 厘米、厚 3 厘米，銎孔长 6 厘米、宽 2.8 厘米。

图 11–7

图 11–8

第二节　铁斧

铁斧，用途广泛，它不仅是木工的工具，也是人们日常生活常用的工具之一。辽时铁斧发现很多，其原因亦即在此。

一、铁斧

1 件。铁锻制，保存较好，身存铁锈（图 11–9）。斧扁方体，平顶，弓身，斜刃，斧身中部纵贯一扁銎孔（图 11–10）。斧高 14.8 厘米、刃宽 7.5 厘米，顶长 5.5 厘米、宽 4 厘米，銎孔高 3.5 厘米、宽 1 厘米。

二、铁斧

1 件。铁锻制，保存完好，铁锈斑驳（图 11–11）。斧身略作方形，平顶，斧前直，后曲，斧刃较长，上宽下削，中部纵贯一扁銎孔（图 11–12）。斧高 14.5 厘米、

图 11-9

图 11-10

图 11-11

图 11-12

刃长 6.7 厘米，顶长 4.5 厘米、宽 4 厘米，銎孔高 3.3 厘米、宽 1.5 厘米。

三、铁斧

1 件。铁锻制，保存完好，身有铁锈（图 11-13）。斧身略作方形，平顶，顶因使用捶砸斧顶面已颓，斧前直后曲，刃面较长，斧身中上部纵贯一扁方孔（图 11-14）。斧高 13.3 厘米、刃长 6 厘米，顶面长 5 厘米、宽 4.5 厘米，銎孔高 3.5 厘米、宽 1.5 厘米。

图 11-13

图 11-14

四、铁斧

1 件。铁锻制，保存完好，锈迹苍然（图 11-15）。斧身方形，平顶，前直后曲，斧刃较长，方顶因捶砸等使用已颓，斧身中上部纵贯一扁方孔（图 11-16）。斧高 12.5 厘米、刃长 5.5 厘米，顶长 4.5 厘米、宽 4.5 厘米，銎孔高 3.5 厘米、宽 1.2 厘米。

图 11-15

图 11-16

五、铁斧

1 件。铁锻制，保存较好，身有铁锈（图 11-17）。斧身方形，平顶，体略弧曲，斧刃稍斜，斧身上部有一扁方孔（图 11-18）。斧高 12 厘米、刃长 6 厘米、顶长宽均 3.6 厘米，銎孔高 3 厘米、宽 1 厘米。

六、铁斧

1 件。铁锻制，保存基本完整，身有锈蚀，顶部因捶砸使用已颓残（图 11-19）。斧身略作长方形，平顶，体略弧曲，近上部有一纵向扁贯通孔（图 11-20）。斧高 11 厘米、刃长 6 厘米，顶长 5 厘米、宽 4 厘米，銎孔高 3 厘米、宽 1.4 厘米。

七、铁斧

1 件。铁锻制，保存较好，锈斑层叠（图 11-21）。斧身略作方形，平顶，体外张，上小下大，刃部较宽，斧身中上部有一纵向扁贯通孔（图 11-22）。斧高 12 厘米、刃长 6 厘米，顶长 4 厘米、宽 3.5 厘米，銎孔高 2.5 厘米、宽 1.3 厘米。

图 11-17

图 11-18

图 11-19

图 11-20

图 11-21

图 11-22

第三节　铁凿

铁凿，是木工专用的工具。中国古代木构建筑或木器家具，必要用凿，因主要是由榫卯结构组成，故铁凿是做榫卯必不可缺的工具。

一、铁凿

1 件。铁锻制，锈蚀严重，略有残损。凿为窄刃，一面刃斜，扁方体，銎口，体径下细上渐粗（图 11–23）。凿高 19 厘米，身宽 1.3 厘米、厚 0.7 厘米，銎外径 2.5 厘米、内径 1.8 厘米。

二、铁凿

1 件。铁锻制，保存完好，身有铁锈，锈迹苍然（图 11–24）。此件为窄刃凿（图 11–25），一面刃，凿刃明显（图 11–26），扁身，圆銎，銎身有隙，反映出铁凿的锻制工艺，凿顶部应有短柄，现已朽坏不存，但銎内仍保存木质痕迹。凿高 22.5 厘米、宽 1.7 厘米、厚 0.8 厘米，銎外径 3.5 厘米、内径 2.6 厘米。

图 11-23

图 11-24

图 11-25

图 11-26

三、铁凿

1 件。铁锻制，保存完好，身有铁锈，锈迹斑驳。此件为窄刃凿（图 11-28），一面斜刃，凿刃明显，至今仍很锐利，顶部圆銎 銎内存木柄残物（图 11-27）。凿高 22.5 厘米、身宽 2 厘米、厚 1 厘米，銎外径 3.5 厘米、内径 2.5 厘米。

图 11-27

图 11-28

四、铁凿

1 件。铁锻制，保存完好，略有锈斑（图

11-29)。此件为窄刃凿，扁直身，一面斜刃，刃稍外张(图 11-30)，圆銎，銎管与凿身分明，銎管规整(图 11-31)。凿高 19.2 厘米、身宽 1.5 厘米、厚 1 厘米、刃宽 1.5 厘米，銎外径 2.8 厘米、内径 2 厘米。

图 11-29

图 11-30

图 11-31

第四节　铁扁铲

铁铲刀，也可称铁扁铲，是木工工具之一，是粗加工时用的。这种工具刀在辽代发现很多，它是木工经常使用的一种工具。

一、铁扁铲

1 件。铁锻制，保存完好，身有铁锈(图 11-32)。铲身近梯形，下大上小，体较薄，上接铲柄，柄体厚重，身较长，两侧向后半卷成銎，銎孔椭圆形(图 11-33)。铲长 12 厘米、刃口宽 6.5 厘米、肩宽 5.5 厘米、铲身厚 0.4 厘米、长圆外径 4.2 厘米、扁圆外径 2.8 厘米、銎壁厚 0.3 厘米。

图 11-32

图 11-33

二、铁扁铲

1 件。铁锻制，保存较好，身有铁锈，刃部略残（图 11–34）。铲窄身，体较厚重，平刃，直柄，柄较粗，柄身为銎孔，孔不闭合（图 11–35）。铲长 9.2 厘米、身宽 5.2 厘米、厚 0.5 厘米，銎长 3.5 厘米、外径 4.5 厘米、内径 3.5 厘米。

三、铁扁铲

1 件。铁锻制，保存较好，身有铁锈（图 11–36）。铲窄身，平刃，直柄，柄端銎口（图 11–37）。铲长 10 厘米、刃宽 6 厘米、身厚 0.7 厘米，銎长 4.5 厘米、外径 4 厘米、内径 3.3 厘米。

四、铁扁铲

1 件。铁锻制，身有铁锈，锈斑层叠（图 11–38）。铲较短小，窄身，平刃，有肩，直銎柄，銎内锈结木柄残痕，铲身厚重（图 11–39）。铲长 8 厘米、身宽 4.5 厘米、厚 0.5 厘米，銎长 3.5 厘米、外径 3.5 厘米、内径 2.6 厘米。

图 11-34

图 11-35

图 11-36

图 11-37

图 11-38

图 11-39

第五节　铁钩镐

铁钩镐，呈尖钩状，形制较为特殊，这种镐是木工拖拉或翻转巨大木料时使用的一种工具。由此工具可知辽代生产工具很完备，不同工作程序会有与之相应的工具出现。

一、铁钩镐

1件。铁锻制，保存完好，身有铁锈（图 11-40）。铁镐鹤嘴状，身略弯曲，桃式銎，扁身，端部尖锐（图 11-41）。镐高 11 厘米、身宽 1.5 厘米、厚 0.5 厘米，

图 11-40

图 11-41

銎外环径 3.1 厘米、内环径 2.2 厘米、内环高 2.5 厘米。

二、铁钩镐

1 件。铁锻制，保存完好，身有铁锈（图 11–42）。铁镐鹤嘴状，身略弯曲，桃式銎，扁身，端部尖锐（图 11–43）。镐高 12.5 厘米、身宽 1.5 厘米、厚 0.8 厘米，銎高外环径 2.8 厘米、内环径 1.8 厘米、内环高 2 厘米。

图 11–42

图 11–43

三、铁钩镐

1 件。铁锻制，保存较好，遍身锈斑，尖部残缺（图 11–44）。铁镐鹤嘴状，身略弯曲，桃式銎，圆身（图 11–45）。铁镐存高 11 厘米、体径 1 厘米，銎外环径 2.8 厘米、内环径 1.8 厘米、内环高 1.8 厘米。

图 11–44

图 11–45

第十二章　铁杂工具

铁杂工具，包括制革工具和其他工具，这些工具比较少见，但其具有的使用功能显而易见，亦是辽代生产生活中不可或缺的工具。

第一节　铁刮刀

铁刮刀，是畜牧业生产的一种工具。此件为皮革工人鞣制皮革时使用的工具，用以刮削剥下来的牛皮或羊皮上粘带的油脂。

铁刮刀

1 件。铁锻制，保存较好，身有铁锈，锈迹斑驳。刀长方形，两端圆钝，背厚刃薄，两端可用手握（图 12-1）。刀长 49.5 厘米、宽 10 厘米、刀背厚 0.4 厘米。

图 12-1

第二节　铁铲

铁铲，是生活中常用的工具，其形制大小厚薄不同，有平头、有尖状、有葫芦形，也有桨式，说明其功用有差别，在使用上会因时因地而异。

一、平头铁铲

1 件。铁锻制，保存较好，锈层浅薄，口部略残（图 12-2）。铲较厚重，圆肩，直边，平口（图 12-3），后部圆銎，外口较大，銎口闭合（图 12-4）。通高 22 厘米，

图 12-2

图 12-3

图 12-4

身高 14 厘米、宽 17 厘米、厚 0.3 厘米，銎长 8 厘米、外径 3.9 厘米、内径 3 厘米。

二、矛式铁铲

1 件。铁锻制，保存较好，身有锈斑，刃部稍残（图 12-5）。此铲平面如矛头形，平肩较小，圆角，侧边外张，然后内收至尖，形如矛头形状，后部有銎，銎较粗大（图 12-6）。铲头底面由銎根向前有加强筋，以使坚固（图 12-7）。通高 18.5 厘米，身高 14 厘米、最宽处 11.5 厘米、厚 0.2 厘米，銎长 4.5 厘米、外径 3.4 厘米、内径 2.6 厘米。

图 12-5

图 12-6

三、葫芦形铁扁铲

1 件。铁锻制，保存较好，身被铁锈，下部略有残损（图 12-8）。铲作葫芦形，身为板状，下大上小，弧刃，直柄，柄有銎，不闭合（图 12-9）。铲身长 18.5 厘米、刃宽 11 厘米、上宽 7 厘米、厚 0.5 厘米，銎长 6.5 厘米、外径 3.3 厘米、内径 2.7 厘米。

图 12-7

四、环柄桨式大铁铲

1 件。铁锻制，铲体较大，保存基本完好，铁锈浅薄，铲身微残，环柄略有断缺（图 12-10）。铲形如船桨，长身薄体，圆肩，平口，后部有长铁柄，柄端出横式长圆形环（图 12-11）。通长 66 厘米，铲身长 36 厘米、前宽 14 厘米、后宽 10 厘米、厚 0.2 厘米，柄长 20 厘米、宽 2 厘米、厚 1 厘米，环柄宽 20 厘米、高 10 厘米、径 0.8 厘米。

图 12-8

图 12-9

图 12-10

图 12-11

第十三章　铁工工具

铁工工具，是辽代锻制铁器的手工工人所使用的工具，有碾打锻造器物的铁砧与铁锤等，是锻造不可或缺的主要工具。

第一节　铁砧子

铁砧子，是锻打制造器具的工具，体积较大，厚重，笔者见有几件，形制大致相同，唯有出针与不出针者，今选两件列下。

一、铁砧子

1 件。铁铸制，保存完好，略存锈迹。铁砧四方体（图 13–1），下部较大，底边不规整，上部略小，砧面平顶，微有使用残留凹痕（图 13–2）。铁砧高 20 厘米、底边宽 17.5 厘米、顶边宽 13.5 厘米。

图 13–1

图 13–2

二、铁砧子

1件。铁铸制，铸造工整，边角平齐，保存完好，略有锈痕（图13–3）。铁砧四方体（图13–4），下部较大，上部渐收，砧面较底为小，顶面因使用存有凹痕，在一角中部铸出角状圆锥，是为锻打铁环、管状器件之设施（图13–5），在另一侧面中心位置铸有铁鼻，鼻间挂游环，是为搬动铁砧方便之用（图13–6）。

图13–3

图13–4

图13–5

图13–6

第二节 铁锤

铁锤，是铁工手工工人常用的必需工具，其用途较广，非仅限于铁工之专用，日常生活亦可使用，但铁工使用应是极为正常之事。

一、铁锤

1件。铁锻制，保存完好，锈迹苍然（图13-7）。铁锤长身（图13-8），扁体，微弓，等宽，两端斜面，中间外凸，内为不透穿銎孔（图13-9）。铁锤长19厘米、宽7厘米、中间厚4.5厘米、两边厚1.5厘米，銎孔径2.3厘米、深5厘米。

图13-7

图13-8

图13-9

二、铁锤

1件。铁锻制，保存完好，身有锈迹。铁锤长身（图13-10），体较纤细，扁身，微弓，一端较大，另一端较小，两端斜面，中间外凸，内为不透穿半銎孔，孔中残存木质（图13-11）。铁锤长18.5厘米、中间宽4厘米、厚4.5厘米、边厚1厘米、孔径2厘米、进深3厘米。

三、铁楔锤

1件。铁锻制，保存完好，铁锈斑驳（图13-12）。铁楔锤其状似斧，长身，方体，一端方顶，一端斧刃，中部纵贯一透穿孔，顶端因使用捶砸已颓顶（图13-13）。铁楔锤高10.5厘米、刃长3厘米、方顶边长2.5厘米，銎孔高1.5厘米、宽0.8厘米。

图 13-10

图 13-11

四、铁锤

1 件。铁锻制，保存完好，身存锈斑（图 13-14）。铁锤长身，一面平直，一面外凸略呈三角形，下面锤面近方形，上面锤顶扁体，中部纵向贯穿一透孔（图 13-15）。铁锤高 9.6 厘米，顶端长 2.5 厘米、宽 0.8 厘米，下面锤头方形，边长 2 厘米，中间凸出宽 2.6 厘米、厚 2.4 厘米，銎孔高 2 厘米、宽 0.7 厘米。

五、铁锤

1 件。铁锻制，保存完好，锈迹斑驳（图 13-16）。铁锤长身，扁体，微弧，

图 13-12

图 13-13

图 13-14

图 13-15

锤头近方形，顶端弯曲，中部后凸，其间为一纵向贯穿孔，以纳锤柄（图 13-17、图 13-18）。铁锤高 8.4 厘米、顶横宽 1.8 厘米、纵厚 0.5 厘米、锤头横宽 1.8 厘米、纵厚 1.5 厘米、中部横宽 2 厘米、纵厚 1.5 厘米、銎孔高 1.5 厘米、宽 0.7 厘米。

图 13-16

图 13-17

图 13-18

六、铁羊角锤

1 件。铁锻制，保存较好，身有铁锈，锤顶一角缺失。此种上部分股铁锤俗称为羊角锤（图 13-19），方体，直身，上部角端分股后弯，锤顶因捶砸已颓顶，中间有纵向透穿孔，孔中因锈残存柄部木质（图 13-20、图 13-21）。铁锤高 6.5 厘米，单角宽 0.6 厘米、厚 0.5 厘米，方顶长宽均 1.5 厘米，中间宽 1.5 厘米、厚 1.3 厘米，銎孔高 1.2 厘米、宽 0.6 厘米。

图 13-19

图 13-20

图 13-21

第三节　铁钳

铁钳是锻铁手工工人重要的专用工具，用来夹持已被炉火烧红的锻件以便锤打，使之成器，故铁钳子是不可或缺之工具。

一、铁钳

1 件。铁锻制，保存完好，身有铁锈，锈迹苍然（图 13–22）。铁钳双股，钳口短小粗壮，扁方体，前薄后宽，交股处，两股叠压，中间铆钉，直柄，柄上下对夹，后部圆形，尾端内曲（图 13–23）。铁钳通长 27 厘米、柄长 19 厘米，扁方部分长 8 厘米、宽 1 厘米、厚 0.6 厘米，圆柄直径 1 厘米，钳口宽 1 厘米、厚 1 厘米。

二、铁钳

1 件。铁锻制，保存较好，有锈迹，一柄部分残断缺失（图 13–24）。铁钳双股，钳头较小，钳口喙形，其后为柄，前扁方，左右相并，中间铆钉组合，因此本钳工作时，柄部不是上下对夹，而为左右并夹，柄较细长（图 13–25）。铁钳通长 32 厘米、柄长 25 厘米，柄前扁方后圆体，扁长 9 厘米、宽 1.5 厘米、厚 0.7 厘

图 13–22

图 13–23

图 13–24

图 13–25

米，圆柄径 0.5 厘米，钳口宽 1.8 厘米、厚 0.8 厘米。

三、铁钳

1 件。铁锻制，保存完好，锈迹苍然（图 13–26）。铁钳双股，钳头较小，钳口上下相对，状如喙形，两股在钳口后铆钉联结，柄为左右并合，与钳口上下结构形式不同，后部为柄，圆体较短而粗（图 13–27）。铁钳长 23 厘米、柄长 17 厘米，铆钉处宽 2 厘米、厚 0.5 厘米，柄径 0.6 厘米，钳口宽 1.3 厘米、厚 1 厘米。

图 13–26

图 13–27

第四节 无刃铁剪

无刃铁剪，以其剪身无锋锐的利刃，则是一种剪裁薄金属片之用，亦为手工工人所用之工具。此种器物，过去发现较少。

一、无刃铁剪

1 件。铁锻制，锈蚀较重，多不完整，执柄部分残缺。此件应是铁剪，因后部残断缺失，其形莫辨，类似铁剪，故列于此（图 13–28）。剪身无刃，前端斜削稍尖，两剪身相并，后部有圆孔用穿钉结合，左侧为钉帽，右侧穿钉有长孔用铁辖卡牢，辖扁体较宽，上端捶打已颓，其下辖身有一曲形孔（图 13–29），剪身固定在一扁铁柱上，上部宽平，下部尖锐，可以钉入木中以便工作。铁柱高 23 厘米，剪身长 16 厘米、宽 4 厘米、厚 0.4 厘米，辖长 13 厘米、宽 2.5 厘米、厚 0.5 厘米，穿钉长 8.5 厘米，帽径 2 厘米，体径 1.8 厘米。

图 13–28

图 13–29

二、无刃铁剪

1 件。铁锻制，保存完好，身有铁锈。铁剪两股（图 13–30），一长一短，剪身作刀形，条状，扁体，无刃，前端有孔，用钉固定，可转动开合，进行剪裁相关加工物件（图 13–31），后部有曲柄，柄一短一长，长柄后端较粗，便于手握，内有銎孔。从结构看，长柄较粗壮，短柄应是固定，因物理学的力点、支点原理，长柄当为工作握柄（图 13–32）。铁剪通长 56 厘米，剪身长 15 厘米、宽 5 厘米、厚 1.5 厘米，柄长 43 厘米、宽 2.5 厘米、厚 1.5 厘米，銎长 13 厘米、外径 4 厘米、内径 3.3 厘米。

图 13-30

图 13-31

图 13-32

第五节　铁锉

铁锉，是铁工手工工人使用的工具，在锉身斜交网沟纹，使成锉体。从锉的结构特征看，是铁工锉，而非木工之锉。

一、铁锉

图 13-33

1 件。铁锻制，保存完好，身有铁锈（图 13-33）。铁锉长身，体作等腰三角形（图 13-34），前端略细，后部稍粗，尾端有铤，可装木柄以便使用，锉身三面均有锉纹，纹作斜交叉锉线，锉纹现仍清晰可见（图 13-35）。铁锉长 27 厘米、底面宽 2.8 厘米、侧二边宽 2 厘米。

图 13-34

图 13-35

二、铁锉

1 件。铁铸制，保存较好，身有铁锈。铁锉长身，体作菱形（图 13-36），四面均有锉纹，后部有铁铤，以装木柄（图 13-37）。铁锉长 28.7 厘米、每边宽 2.4 厘米、厚 1.7 厘米。

图 13-36

图 13-37

三、铁锉

1 件。铁锻制，保

存完好，身有铁锈。锉身修长，纤细（图 13–38），体作四等边菱形，四面均有锉纹，后有铁铤，铤存木质残痕（图 13–39）。铁锉长 20 厘米、每边宽 1 厘米、厚 1 厘米。

图 13–38

图 13–39

第十四章　车马器

车马器，在辽代出土遗物中数量是很大的，它属运载工具，既为生产所需，也为军事必备，还为生活所用，用途广泛，是古代主要交通运输工具，也反映出当时道路交通的情况。现所见主要为铁车辖、铁马镫、铁马衔等。

第一节　铁车辖

铁车辖（图 14–1），是交通运输工具——车的构件之一，它安装于车轴两个车轮上，在车轮的中心有轮毂，套接车轴，以便轮转。但轮毂是木制的，不耐车轮转动研磨，因此嵌铁车辖于轮毂，再套接车轴，即耐车辆载重运输研磨。

图 14–1

一、六矩铁车辖

1 件。铁铸制，保存完好，身有铁锈。铁车辖圆体管状，外有六矩，辖身与六矩均内侧稍小而外侧略大，以便嵌入毂内（图 14–2~ 图 14–4）。铁车辖外侧外径 20.7 厘米、矩高 2 厘米、矩宽 2.5 厘米，内侧外径 20.3 厘米、矩高 2.1 厘米、矩宽 2.3 厘米，轴孔圆径 15.9 厘米，辖身长 4.5 厘米。此件铁车辖是本书车辖中尺寸最大的。

图 14-2

图 14-3

二、六矩铁车辖

1 件。铁铸制，保存完好，身有铁锈。铁车辖圆体管状，外有六矩，辖身与六矩均内侧稍小而外侧略大，以便嵌入车毂内（图 14-5~ 图 14-7）。铁车辖外面外径 20.5 厘米、矩高 2.5 厘米、矩宽 2.5 厘米，内侧外径 20.3 厘米、矩高 2.2 厘米、矩宽 2.2 厘米，轴孔圆径 15.5 厘米，辖身长 4 厘米。此件是本书中尺寸第二大的铁车辖。

图 14-4

图 14-5

图 14-6

三、六矩铁车辖

1件。铁铸制，保存完好，身有铁锈。铁车辖圆体管状，外有六矩，辖身与六矩均内侧稍小而外侧略大，即外大内小，以便嵌入车毂内（图 14-8~图 14-11）。铁车辖外侧外径 20.3 厘米、矩高 2.6 厘米、矩宽 2.6 厘米，内侧外径 19.6 厘米、矩高 2.5 厘米、矩宽 2.5 厘米，轴孔圆径 15.5 厘米，辖身长 4.2 厘米。

图 14-7

四、六矩铁车辖

1件。铁铸制，保存完好，身有铁锈。铁车辖圆体管状，外有六矩，辖身与六矩均内侧稍小而外侧略大，以便嵌入车毂内（图 14-12、图 14-13）。铁车辖外侧外径 20.2 厘米、矩高 2.4 厘米、矩宽 2.3 厘米，内侧外径 19.5 厘米、矩高 2.4 厘米、矩宽 2.3 厘米，轴孔圆径 15.3 厘米，辖身长 5 厘米。

图 14-8

图 14-9

图 14-10

图 14-11

图 14-12

图 14-13

五、六矩铁车辖

1 件。铁铸制，保存较好，身有铁锈。铁车辖圆体管状，外有六矩，辖身与六矩均内侧稍小而外侧略大，以便嵌入毂内（图 14–14~ 图 14–16）。铁车辖外侧外径 18.6 厘米、矩高 2.7 厘米、矩宽 1.9 厘米，内侧外径 18.5 厘米、矩高 2.5 厘米、矩宽 1.3 厘米，轴孔圆径 14.9 厘米，辖身长 5 厘米。

图 14-14

图 14-15

六、六矩铁车辖

1 副。此车辖 2 件，形制相同。铁铸制，保存完好，身有铁锈。铁车辖圆体管状，外有六矩，辖身与六矩均内侧稍小而外侧略大，以便嵌入车毂内。铁车辖一件外侧外径 15.7 厘米、矩高 2 厘米、矩宽 1.7 厘米，内侧外径 15.3 厘米、矩高 1.6 厘米、矩宽 1.6 厘米。轴孔圆径 12.6 厘米。辖身长 3.5 厘米（图 14-17~ 图 14-19）。

图 14-16

图 14-17

图 14-18

图 14-19

另一件外侧外径 15.5 厘米、矩高 2 厘米、矩宽 2 厘米。内侧外径 15.4 厘米、矩高 2 厘米、矩宽 1.6 厘米。轴孔圆径 12.5 厘米。辖身长 3.6 厘米（图 14-20~ 图 14-22）。

图 14-20

图 14-21

七、六矩铁车辖

1 副。此车辖 2 件，形制相同。铁铸制，保存完好，身有铁锈。铁车辖圆体管状，外有六矩，辖身与六矩均内侧稍小而外侧略大，以便嵌入车毂内。铁车辖一件外侧外径 14.3 厘米、矩高 1.8 厘米、宽 1.8 厘米，内侧外径 14 厘米、矩高 1.5 厘米、宽 1.5 厘米，轴孔圆径 11.1 厘米，辖身长 2.8 厘米（图 14-23~ 图 14-25）。

另一件外侧外径 14.3 厘米、矩高 1.5 厘米、宽 1.9 厘米，内侧外径 14 厘米、矩高 1.7 厘米、宽 1.5 厘米，轴孔圆径 11.1 厘米，辖身长 3 厘米（图 14-26~ 图 14-28）。

图 14-22

图 14-23

图 14-24

图 14-25

图 14-26

图 14-27

图 14-28

图 14-29

八、六矩铁车辖

1 副。此车辖 2 件，形制相同。铁铸制，保存完好，身有铁锈。铁车辖圆体管状，外有六矩，辖身与六矩均内侧稍小而外侧略大，以便嵌入车毂内。此副车辖形体相同，个别尺寸略有差异。一件外侧外径 11.2 厘米、矩高 1.8 厘米、宽 1.8 厘米，内侧外径 10.8 厘米、矩高 1.6 厘米、宽 1.6 厘米，轴孔圆径 8.2 厘米，辖身长 3.5 厘米（图 14-29、图 14-30）。

另一件外侧外径 11.3 厘米、矩高 1.7 厘米、宽 1.7 厘米，内侧外径 10.5 厘米、矩高 1.5 厘米、宽 1.5 厘米，轴孔圆径 8.2 厘米，辖身长 3.5 厘米（图 14-31、图 14-32）。

图 14-30

图 14-31

图 14-32

图 14-33

图 14-34

九、六矩铁车辖

1 件。铁铸制，保存完好，身有铁锈。铁车辖圆体管状，外有六矩，辖身与六矩均内侧稍小而外侧略大，以便嵌入车毂内（图 14-33、图 14-34）。铁车辖外侧外径 15.5 厘米、矩高 2 厘米、宽

2.5 厘米，内侧外径 15.4 厘米、矩高 1.8 厘米、宽 2.2 厘米，轴孔圆径 11.5 厘米，辖身长 4.6 厘米。

十、六矩铁车辖

1 件。铁铸制，保存完好，身有铁锈，锈蚀较严重，锈斑突显。铁车辖圆体管状，外有六矩，辖身与六矩均内侧稍小而外侧略大，以便嵌入车毂内（图 14–35、图 14–36）。铁车辖外侧外径 12.5 厘米、矩高 1.5 厘米、宽 1.6 厘米，内侧外径 11.5 厘米、矩高 1.5 厘米、宽 1.5 厘米，轴孔圆径 10.1 厘米，辖身长 2.7 厘米。

图 14–35

图 14–36

十一、六矩铁车辖

1 件。铁铸制，保存完好，身有铁锈。铁车辖圆体管状，外有六矩，辖身与六矩均内侧稍小而外侧略大，以便嵌入车毂内（图 14–37~ 图 14–39）。铁车辖外侧外径 12 厘米、矩高 1.6 厘米、宽 1.6 厘米，内侧外径 11.6 厘米、矩高 1.6 厘米、宽 1.3 厘米，轴孔圆径 9.1 厘米，辖身长 2.8 厘米。

图 14–37

图 14-38

图 14-39

十二、六矩铁车辖

1 件。铁铸制，保存完好，身有铁锈。铁车辖圆体管状，外有六矩，辖身与六矩均内侧稍小而外侧略大，以便嵌入车毂内（图 14-40~ 图 14-42）。铁车辖外侧外径 11.2 厘米、矩高 1.6 厘米、宽 1.6 厘米，内侧外径 10.8 厘米、矩高 1.5 厘米、宽 1.5 厘米，轴孔圆径 8.8 厘米，辖身长 3.6 厘米。

图 14-40

图 14-41

图 14-42

图 14-43

图 14-44

十三、六矩铁车辖

1 件。铁铸制，保存完好，身有铁锈，锈蚀较重。铁车辖圆体管状，外有六矩，辖身与六矩均内侧稍小而外侧略大，以便嵌入车毂内（图 14-43、图 14-44）。铁车辖外侧外径 10.2 厘米、矩高 1.5 厘米、宽 1.5 厘米，内侧外径 9.6 厘米、矩高 1.6 厘米、宽 1.6 厘米，轴孔圆径 8.2 厘米，辖身长 2.3 厘米。

十四、四矩铁车辖

1 件。铁铸制，保存完好，身有铁锈，锈蚀严重，锈斑层叠。铁车辖圆体管状，外有四矩，辖身与四矩均内侧稍小而外侧略大，以便嵌入车毂内（图 14-45、图 14-46）。铁车辖外侧外径 8.5 厘米、矩高 1.3 厘米、宽 1.3 厘米，内侧外径 8.2 厘米、矩高 1.3 厘米、宽 1.2 厘米，轴孔圆径 6.1 厘米，辖身长 3 厘米。

图 14-45

图 14-46

十五、五矩铁车辖

1 件。铁铸制，保存完好，身有铁锈。铁车辖圆体管状，外有五矩，辖身与五矩均内侧稍小而外侧略大，以便嵌入车毂内（图 14-47、图 14-48）。铁车辖外侧外径 5 厘米、矩高 0.8 厘米、宽 0.8 厘米，内侧外径 4.8 厘米、矩高 0.8 厘米、宽 0.8 厘米，轴孔圆径 3.1 厘米，辖身长 1.9 厘米。

图 14-47

图 14-48

十六、六角铁车辖

1 副。此车辖 2 件，形制相同（图 14-49、图 14-50）。铁铸制，保存完好，身有铁锈。铁车辖六面体管状，外有六角，角间内凹，内圆形，辖身外边六面均内侧稍小而外侧略大，以便辖体嵌入车毂内，辖外侧光素，内侧缘六角边起凸线纹，轴孔边亦有凸线纹，角间并有浇铸疤痕（图 14-51~ 图 14-54）。铁

图 14-49

图 14-50

图 14-51

图 14-52

图 14-53

图 14-54

车辖六棱边长 9.5 厘米、内凹 0.3 厘米、外侧对边长 16 厘米、对角长 19.5 厘米，内侧对边长 16 厘米、对角长 19 厘米，轴孔圆径 12.6 厘米，辖身长 5 厘米。

十七、六角铁车辖

1副。铁铸制，保存完好，身有铁锈。铁车辖六面体管状，外有六角，角间内凹，内圆形，辖身外边六面均内侧稍小而外侧略大，以便辖体嵌入车毂内，辖外侧光素，内侧缘六角边起凸线纹，轴孔边缘亦起凸线纹，轴孔与车轴受重力作用磨蚀不一，轴辖厚薄不同，有的边缘较薄（图 14-55~ 图 14-58），六边形。铁车辖六角外侧边长 8.3 厘米、对边长 11.7 厘米、对角长 14.4 厘米，内侧边长 7.8 厘米、对边长 11.5 厘米、对角长 13.5 厘米，轴孔圆径 10 厘米，辖身长 4.1 厘米。

图 14-55

图 14-56

图 14-57

图 14-58

第二节 铁马镫

铁马镫，是用以上下马方便和骑行时踏脚而使人骑稳并使双手解放出来的设施。古代军事行动和日常生活都需骑乘马匹，马镫是必不可少的，故发现的辽代马镫数量极多。

一、高穿鼻铁马镫

1件。铁锻制。保存完好，身有铁锈。铁马镫立鼻扁体，中间有方穿孔，下为环状镫梁，梁圆体，下为踏板，板较宽薄，中间微凸，板下面有环梁，形成加强筋，以加固踏板（图14-59、图14-60）。镫通高21.3厘米，踏板长13.5厘米、宽4.8厘米、厚0.2厘米，环梁径1.3厘米、颈高1厘米，穿鼻高3.7厘米、宽3.9厘米、厚0.5厘米，穿孔宽2.2厘米、高1.8厘米。

图 14-59

图 14-60

二、高穿鼻铁马镫

1件。铁锻制，保存较好，身有铁锈，踏板略有残坏。铁马镫先锻成圆体环梁，下接椭圆形踏板，板面微凸，底面有环梁与踏板锻接形成的凸棱，起加强筋作用，以使镫体坚固，马镫穿鼻制作，先锻成横式梁，然后在镫梁上部环绕相接，接后形成圆球状，成为镫体装饰，既实用又美观，足见匠心（图14-61~图14-63）。镫通高17.2厘米、环梁间距14.5厘米、体径1.2厘米，踏板长14.2厘米、宽6厘米、厚0.3厘米，

中
卷

图 14-61

图 14-62

图 14-63

穿鼻宽 4.5 厘米、高 2.3 厘米，孔长 2.2 厘米、高 0.7 厘米，穿鼻颈高 1 厘米。

三、横梁穿孔铁马镫

1 件。铁锻制，保存完好，身有铁锈。铁马镫环梁略呈梯形，上部平梁，下为横长孔，镫梁圆体，下为踏板，板较窄，板面凸起，背面有环梁形成的加强筋（图 14-64、图 14-65）。镫通高 17.5 厘米、环梁间距 16 厘米、踏板长 14.5 厘米、宽 5.5 厘米、厚 0.2 厘米、穿孔长 6.5 厘米、高 0.9 厘米、梁径 1.5 厘米。

图 14-64

四、横梁穿孔铁马镫

1 件。铁锻制，保存较好，身有铁锈，锈痕明显。铁马镫环梁略呈梯形，上部平梁，下为横长孔，镫梁圆体，下为踏板，板较窄，板面凸起，背面有环梁形成的加强筋（图 14-66、图 14-

图 14-65

68）。镫通高 17.8 厘米，环梁间距 15.5 厘米、体径 1.5 厘米，踏板长 14 厘米、宽 6 厘米、厚 0.2 厘米，穿鼻孔长 6.8 厘米、高 1 厘米。

五、横梁穿孔铁马镫

1 件。铁锻制，保存较好，身有铁锈，踏板有裂纹。环梁略呈梯形，上部平梁，下为横长孔，镫梁圆体，下为踏板，板较窄，板面凸起，背面有环梁形成的加强筋（图 14–67、图 14–69）。镫通高 17 厘米、环梁间距 15.5 厘米、体径 1.3 厘米，踏板长 13.5 厘米、宽 6 厘米、厚 0.3 厘米，穿孔横长 6 厘米、高 1 厘米。

图 14–66

图 14–67

图 14–68

图 14–69

六、横梁穿孔铁马镫

1 副。此马镫 2 件，形制相同。铁锻制，锈蚀较重，锈迹斑驳。铁马镫环梁略呈梯形，上部平梁，下为横长孔，镫梁圆体，下为踏板，板较窄，板面凸起，背面有环梁形成的加强筋（图 14-70~ 图 14-73）。镫通高 18.2 厘米、环梁间距 15.5 厘米、径 1.2 厘米，踏板长 13 厘米、宽 6.5 厘米、厚 0.3 厘米，横穿孔长 6.5 厘米、高 1 厘米。

图 14-70

图 14-71

图 14-72

图 14-73

七、横梁穿孔铁马镫

1 件。铁锻制，保存较好，身有铁锈。铁马镫环梁略呈梯形，上部平梁，下为横长孔，镫梁圆体，下为踏板，板较窄，板面凸起（图 14-74、图 14-76）。镫通高 17 厘米、梁间距 13.5 厘米、体径 1.2 厘米，踏板长 13.7 厘米、宽 3.5 厘米、厚 0.4 厘米，梁横穿孔长 6 厘米、高 0.7 厘米。

八、横梁穿孔铁马镫

1 件。铁锻制，保存较好，因土浸表面为灰白色。铁马镫环梁略呈梯形，上部平梁，下为横长孔，镫梁圆体，下为踏板，板较窄，板面凸起（图 14–75、图 14–77）。镫通高 18.5 厘米、环梁间距 16.5 厘米、体径 2.1 厘米，踏板长 15 厘米、宽 4.5 厘米、厚 0.2 厘米，横穿孔长 7.5 厘米、高 1.1 厘米。

图 14–74

图 14–75

图 14–76

图 14–77

九、横梁穿孔铁马镫

1 件。铁锻制，保存较好，身有铁锈。铁马镫环梁略呈梯形，上部平梁，下为横长孔，镫梁圆体，较粗壮，下为踏板，板较窄，板面凸起（图 14–78）。通高 18.5 厘米，踏板长 14 厘米、宽 4 厘米、厚 0.3 厘米，环体径 2 厘米，穿孔长 5.5 厘米、高 0.5 厘米。

十、凸梁穿孔铁马镫

1 件。铁锻制，保存较好，身存锈迹，略有残损。铁马镫环梁上部凸起，穿鼻扁体，中有横孔，环梁圆肩下垂，底部为踏板，板身椭圆形，面凸起（图 14–

图 14-78

图 14-79

图 14-80

图 14-81

图 14-82

79、图 14-80）。镫通高 16 厘米、环梁间距 13.5 厘米、体径 1 厘米，踏板长 13.5 厘米、宽 5.8 厘米、厚 0.3 厘米，穿鼻高 1.5 厘米、宽 4.5 厘米，孔长 2.8 厘米、高 1 厘米。

十一、凸梁穿孔铁马镫

1 件。铁锻制，保存完好，身有铁锈。铁马镫环梁上部凸起，穿鼻扁体，中有横孔，环梁圆肩下垂，底部为踏板，板身椭圆形，面凸起（图 14-81、图 14-82）。镫通高 15.7 厘米、环梁间距

13.5 厘米、体径 0.7 厘米，踏板长 12.5 厘米、宽 5.5 厘米、厚 0.2 厘米，穿鼻宽 5.5 厘米、高 1.2 厘米，孔长 2.5 厘米、高 0.7 厘米。

十二、凸梁穿孔铁马镫

1 件。铁锻制，保存完好，身有铁锈。铁马镫环梁上部凸起，穿鼻扁体，中有横孔，环梁圆肩下垂，底部为踏板，板身椭圆形，面凸起（图 14-83、图 14-85）。镫通高 14.5 厘米、环梁间距 13 厘米、体径 0.8 厘米，踏板长 12.5 厘米、宽 5.3 厘米、厚 0.2 厘米，穿鼻宽 4.5 厘米、高 1.5 厘米，孔长 2.8 厘米、高 1.2 厘米。

十三、凸梁穿孔铁马镫

1 件。铁锻制，保存完好，身有铁锈，锈迹斑驳。铁马镫环梁上部凸起，穿鼻扁体，中有横孔，环梁圆肩下垂，底部为踏板，板身椭圆形，面凸起（图 14-84、图 14-86）。镫通高 14.4 厘米、环梁间距 13.5 厘米、体径 1 厘米，踏板长 12

图 14-83

图 14-84

图 14-85

图 14-86

厘米、宽7厘米、厚0.2厘米，穿鼻宽4.5厘米、高1.3厘米，穿孔长2厘米、高1厘米。

十四、凸梁穿孔铁马镫

1件。铁锻制，保存完好，身有铁锈。铁马镫环梁上部凸起，穿鼻扁体，中有横孔，环梁圆肩下垂，底部为踏板，板身椭圆形，面凸起，底面有环梁锻打而成的加强筋（图14–87、图14–89）。镫通高14.3厘米，踏板长12.5厘米、宽4.6厘米、厚0.2厘米，穿鼻宽4.5厘米、高1.5厘米，孔长2.5厘米、高1.3厘米。

十五、凸梁穿孔铁马镫

1件。铁锻制，保存还较完整，锈蚀严重，略有残损。铁马镫环梁上部凸起，穿鼻扁体，中有横孔，环梁圆肩下垂，底部为踏板，板身椭圆形，面凸起，底面存环梁锻接的痕迹，此会使踏板坚固（图14–88、图14–90）。镫通高14.7厘米、

图14–87

图14–88

图14–89

图14–90

环梁间距 13.8 厘米、体径 1 厘米，踏板长 12.7 厘米、宽 5.5 厘米、厚 0.2 厘米，穿鼻宽 4.5 厘米、高 1.2 厘米，孔长 2.7 厘米、高 1 厘米。

十六、凸梁穿孔铁马镫

1 件。铁锻制，保存完好，身有铁锈。铁马镫环梁上部凸起，穿鼻扁体，中有横孔，环梁圆肩，扁体，下接底部踏板，板身椭圆形，中间微凸起，底面有加强筋（图 14–91、图 14–93）。镫通高 13.5 厘米、环梁间距 11.5 厘米、体径 0.6 厘米，踏板长 11.8 厘米、宽 5 厘米、厚 0.2 厘米，穿鼻宽 4.6 厘米、高 1.2 厘米，孔长 2.7 厘米、高 0.9 厘米。

十七、凸梁穿孔铁马镫

1 件。铁锻制，保存完好，身有铁锈，踏板稍残。铁马镫环梁上部凸起，穿鼻扁体，中有横孔，环梁圆肩下垂，扁体，底部为踏板，板身椭圆形，面微凸起，底面有环梁锻接凸棱，形成加强筋作用（图 14–92、图 14–94）。镫通高 15.5 厘米、

图 14–91

图 14–92

图 14–93

图 14–94

环梁间距 14 厘米、体径 0.8 厘米，踏板长 14.5 厘米、宽 7.5 厘米、厚 0.2 厘米，穿鼻宽 4.5 厘米、高 1.2 厘米，孔长 2.3 厘米、高 1 厘米。

图 14–95

十八、凸梁穿孔铁马镫

1 件。铁锻制，保存完好，身有铁锈，锈迹斑驳。铁马镫环梁上部凸起，穿鼻扁体，中有横孔，环梁扁方体，下与底部踏板相接，板身椭圆形，面微凸起（图 14–95、图 14–96）。镫通高 14.5 厘米、环梁间距 12.7 厘米、体径 1 厘米，踏板长 11.5 厘米、宽 5.8 厘米、厚 0.5 厘米，穿鼻宽 5.5 厘米、高 1.5 厘米，孔长 3.7 厘米、高 1.2 厘米。

图 14–96

十九、凸梁穿孔铁马镫

1 件。铁锻制，保存完好，身有铁锈。铁马镫环梁上部凸起，穿鼻扁体，中有横孔，环梁圆体，圆肩下垂，接底部踏板，板身椭圆形，底面内凹，上面凸起（图 14–97、图 14–98）。镫通高 16.8 厘米、环梁间距 13.7 厘米、体径 1 厘米，踏板长 11.5 厘米、宽 5.7 厘米、厚 0.2 厘米，穿鼻孔长 2.2 厘米、高 0.8 厘米。

图 14–97

二十、凸梁穿孔铁马镫

1 副。此马镫 2 件，形制相同。铁锻制，保存完好，身有铁锈。铁马镫环梁上部凸起，穿鼻扁体，中有横孔，环梁圆肩下垂，底部为踏板，板身长椭

图 14-98

图 14-99

圆形，面凸起（图 14-99、图 14-100）。镫通高 13 厘米、环体径 0.7 厘米，踏板长 12 厘米、宽 5 厘米、厚 0.3 厘米，穿鼻高 2.6 厘米、宽 4.5 厘米，孔宽 2.5 厘米、高 1 厘米。

图 14-100

二一、尖梁穿孔铁马镫

1 件。铁铸制，保存较好，微存铁锈，环梁略有缺损，踏板边缘稍残。铁马镫上部环梁平缓，穿孔隐于梁下，两侧环梁下连踏板，板下面两端存与环梁锻接痕迹（图 14-101、图 14-102）。镫通高 14.5 厘米、环梁间距 13.7 厘米、体径 1 厘米，踏板长 13 厘米、宽 5.5 厘米、厚 0.2 厘米，穿孔长 2.3 厘米、高 1.5 厘米。

图 14-101

二二、尖梁穿孔铁马镫

1 件。铁锻制，保存完好，身有铁锈。铁马镫环梁上部平缓，穿鼻扁体，

图 14-102

中有横孔，环梁微弧，横扁体，下与底部踏板相接，板身长椭圆形，面微凸起，底面存环梁与踏板锻接凸棱，踏板边缘稍厚（图 14-103、图 14-105）。镫通高 15 厘米、环梁间距 13.2 厘米、体径 0.7 厘米，踏板长 12.3 厘米、宽 5 厘米、厚 0.2 厘米，穿鼻孔长 2.3 厘米、高 1.2 厘米。

二三、尖梁穿孔铁马镫

1 件。铁锻制，保存完好，身有铁锈。铁马镫环梁上部尖状凸起，穿鼻扁体，中有横孔，环梁微弧，横扁体，下与底部踏板相接，板身椭圆形，面微凸起（图 14-104、图 14-106）。镫通高 14.5 厘米、环梁间距 13.3 厘米、体径 0.6 厘米，踏板长 12 厘米、宽 5.5 厘米、厚 0.2 厘米，穿鼻宽 4.2 厘米、高 1.4 厘米，孔长 2 厘米、高 1 厘米。

图 14-103

图 14-104

图 14-105

图 14-106

二四、尖梁穿孔铁马镫

1 件。铁锻制，保存完好，身有铁锈。铁马镫环梁上部尖状凸起，穿鼻扁体，中有横孔，环梁微弧，横扁体，下与底部踏板相接，板身椭圆形，面微凸起（图 14–107、图 14–109）。通高 15.3 厘米、环梁间距 14 厘米、体径 1 厘米、踏板长 12.7 厘米、宽 6 厘米、厚 0.2 厘米、穿鼻孔长 2.1 厘米、高 0.7 厘米。

二五、尖梁穿孔铁马镫

1 件。铁锻制，保存完好，身有铁锈。铁马镫环梁上部尖状凸起，穿鼻扁体，中有横孔，环梁微弧，横扁体，下与底部踏板相接，板身椭圆形，面微凸起，踏板底面有与环梁锻接凸棱，形成加强筋（图 14–108、图 14–110）。镫通高 15 厘米、环梁间距 13.6 厘米、体径 1 厘米，踏板长 11 厘米、宽 5.7 厘米、厚 0.2 厘米，穿

图 14–107

图 14–108

图 14–109

图 14–110

鼻孔长 2.2 厘米、高 0.7 厘米。

二六、尖梁穿孔铁马镫

1 件。铁锻制，保存完好，身有铁锈。铁马镫环梁上部尖状凸起，穿鼻扁体，中有横孔，环梁微弧，横扁体，下与底部踏板相接，板身椭圆形，面微凸起，底面微见踏板与环梁锻接凸棱（图 14–111、图 14–113）。镫通高 15.2 厘米、环梁间距 13.7 厘米、体径 1 厘米，踏板长 12.7 厘米、宽 6.5 厘米、厚 0.2 厘米，穿鼻孔长 2.3 厘米、高 1.4 厘米。

二七、尖梁穿孔铁马镫

1 件。铁锻制，保存完好，身有铁锈。铁马镫环梁上部尖状凸起，穿鼻扁体，中有横孔，环梁横扁体，下与底部踏板相接，板身椭圆形，面微凸起，底面存环梁与踏板锻接凸棱，边缘也有规整凸棱，以使踏板坚实（图 14–112、图 14–114）。

图 14–111

图 14–112

图 14–113

图 14–114

镫通高 14.7 厘米、环梁间距 12.9 厘米、体径 0.8 厘米，踏板长 11.7 厘米、宽 7 厘米、厚 0.2 厘米，穿鼻孔长 2.7 厘米、高 1.4 厘米。

二八、尖梁穿孔铁马镫

1 件。铁锻制，保存完好，身有铁锈。铁马镫环梁上部尖状凸起，穿鼻扁体，中有横孔，环梁横扁体，下与底部踏板相接，板身椭圆形，面微凸起，底面存环梁与踏板锻接的凸棱（图 14–115、图 14–117）。镫通高 14.3 厘米、环梁间距 12.5 厘米、体径 0.8 厘米，踏板长 11.3 厘米、宽 6.5 厘米、厚 0.2 厘米，穿鼻孔长 2.1 厘米、高 0.7 厘米。

二九、尖梁穿孔铁马镫

1 件。铁锻制，保存较好，身有铁锈，踏板略残。铁马镫环梁上部尖状凸起，

图 14–115

图 14–116

图 14–117

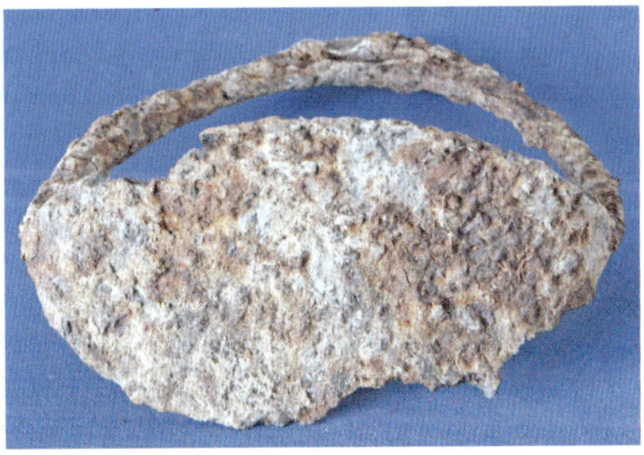

图 14–118

穿鼻扁体，中有横孔，环梁微弧，横扁体，下与底部踏板相接，板身椭圆形，面微凸起（图 14-116、图 14-118）。镫通高 15.5 厘米、环梁间距 14.7 厘米、体径 1 厘米，踏板长 13.3 厘米、宽 6.5 厘米、厚 0.2 厘米，穿鼻孔长 2.5 厘米、高 0.8 厘米。

三十、尖梁穿孔铁马镫

1 件。铁锻制，保存完好，身有铁锈，穿孔与踏板均有残坏。铁马镫环梁上部尖状凸起，穿鼻扁体，中有横孔，环梁微弧，横扁体，下与底部踏板相接，板身长椭圆形，面微凸起，底面中间存环梁与踏板锻接凸棱（图 14-119、图 14-120）。镫通高 16 厘米、环梁间距 17 厘米、体径 0.4 ~ 0.5 厘米，踏板长 14 厘米、存宽 7 厘米、厚 0.3 厘米，穿鼻孔长 2.5 厘米、高 1 厘米。

图 14-119

图 14-120

第三节　铁马衔

铁马衔是古代马具之一，它是含在马口内，在其行走过程中由骑者通过它下达指令，控制马的行为左右转向或停止前进的一种设施。铁马衔为两节或三节，通常在其两外端还附有铁条状或环状物，称镳，以使铁衔不致在马口中左右窜通和脱落，并在骑者勒动时使马知行止，故完整的一副应为铁衔镳。

一、铁马衔

1 件。铁锻制，铁锈斑驳。现存衔体两节，衔节较短，圆体，外端环镳缺失（图 14-121）。通长 19 厘米、单节长 10 厘米、径 0.7 厘米，环外径 2 厘米、内径 1.5 厘米。

二、小环镳铁马衔

1 件。铁锻制，身有铁锈。衔由两节组成，衔节较长，圆体，相互环结，外端各套结一环镳（图 14–122）。通长 31 厘米、衔节长 12.5 厘米、体径 0.6 厘米，环外径 5.6 厘米、内径 4.5 厘米。

图 14–121

图 14–122

三、小环镳铁马衔

1 件。铁锻制，身有铁锈。衔由两节组成，衔节较长，圆体，相互环结，外端各套结一环镳（图 14–123）。通长 40 厘米、衔节长 11 厘米、体径 1 厘米，环外径 6 厘米、内径 4.5 厘米。

四、大环镳铁马衔

1 件。铁锻制，身有铁锈。衔由两节组成，衔节较短，圆体，相互环结，外端各套结一环镳，制作较为精致（图 14–124）。通长 34 厘米、衔节长 8 厘米、体径 1 厘米，环外径 11 厘米、内径 9 厘米。

图 14–123

图 14–124

五、铁马衔环

2 件。一大环、一小环，此为铁马衔之环。铁锻制，身有铁锈（图 14–125）。

大环外径 11.2 厘米、体径 0.8 厘米，小环外径 6.4 厘米、体径 0.7 厘米。

马衔外侧之环不完全相同，有大有小，前面二衔非常明显，大环镳铁马衔（图 14–124）与小环镳铁马衔（图 14–123）相比较，则此二环分属不同马衔之环镳（图 14–126）。

图 14–125

图 14–126

第四节　铁烙印

铁烙印，是对饲养的马匹做记号用的一种工具，将其自制专属花纹烙印于马体上，标志马的归属，以为与他人马匹的区别。因其功能关系，这种工具过去在辽墓中出土较少，应是存在于辽代遗址中。现在这种遗物于阜新获得，可补此方面的空白。

一、铁烙印

1 件。铁锻制，保存较好，身有铁锈。烙印为扁铁条锻打而成。烙印面长方形，较为平齐，印面组成较为复杂，婉转迂回，似图案，亦类文字，其功用为烙马印记。烙印后面，有三股铁条分别支持连接，然后三股组成执柄（图 14–127~图 14–129）。通柄长 17.5 厘米，面高 14 厘米、宽 6.5 厘米，铁条宽 1 厘米、厚 0.5 厘米，执柄宽 1.5 厘米、径 1 厘米。

二、“永”字铁烙印

1 件。铁锻制，保存较好，身有铁锈。烙印为方体铁条锻打而成。烙印面呈桃形，较为平齐，印面组成较为复杂，组成一“永”字，其功用为烙马印记。字为反写，犹如印章，铃（烙）印后“永”字才为正常字。烙印后面，有七股八叉铁

图 14-127

图 14-128

图 14-129

条分别支撑——三股连接桃形，四股五叉连接“永”字各笔画，然后各股组合成执柄（图 14-130~ 图 14-132）。通长 28.5 厘米，印面桃形高 9.2 厘米、宽 8 厘米，柄长 16 厘米、体径 1.2 厘米，桃边铁条宽 0.6 厘米、厚 0.9 厘米。

图 14-130

图 14-131

图 14-132

第十五章　兵器

铁制的兵器，包含种类很多，内涵复杂，在古代社会中是极为重要的。因那时为冷兵器时期，这些军事装备就不可或缺，故此极显重要。本书选择所见数种遗物，以见一斑。

第一节　铁兜鍪、铁甲片

兜鍪和甲片，俗称盔甲，是古代军事装备上的重要构件。兜鍪即头盔，甲片即铠甲的组成物，是甲衣上的缀片，甲有人甲也有马甲，其功能是可御敌与防弓箭刀剑的杀伤。

一、铁兜鍪

1 件。铁锻制，由各式不同形状铁片锤打钉铆而成，身有铁锈，部分有残损，近顶部有一条形口，当是刀剑类兵器当年所伤。兜鍪盔形，圆形穹顶，顶中心有一短管柱，当是置缨饰之用。兜鍪由四块近似三角形的铁片组成，四块互相叠压钉铆，铁片下部每块宽 20.5 厘米，两侧外压两内，在外的下宽 20.5 厘米、在内的下宽 19 厘米，每条边用 3 钉；下边外侧围有铁箍，箍高 3.2 厘米，一周用 12 钉；鍪顶外部覆圆形帽盖，径 6 厘米，一周用 4 钉。顶部中心置管柱，管高 2.5 厘米、外径 1.5 厘米、内径 1 厘米。兜鍪高 20 厘米、外径 22 厘米、壁厚 0.2 厘米（图 15-1、图 15-2）。

二、铁甲片

1 副。现存完整甲叶 635 片。铁锻制，身有铁锈。甲衣已散，俱为零叶，甲衣原状已不可知，复原较有难度，但各种甲片形状不同，对了解古代甲衣仍有价值，故记录于下。经观察，甲叶为铁锻制，较轻薄，身有穿孔，形状规整，质较

图 15-1

图 15-2

坚实，至今仍较完好，互不粘连，可以连缀（图 15-3）。其形制计有八种，其甲叶尺寸如下：

1. 一端平一端圆形甲叶，长 10.5 厘米、宽 4 厘米、厚 0.1 厘米。

2. 两端圆形甲叶，长 10.2 厘米、宽 2.5 厘米、厚 0.1 厘米。

其余均为一端平一端圆形甲片，厚度基本相同，但长、宽均有不同，形状亦略有异，其具体尺寸如下：

3. 长 8.5 厘米、宽 3.3 厘米。

4. 长 8.5 厘米、宽 3 厘米。

图 15-3

5. 长 7.8 厘米、宽 2.5 厘米。

6. 长 7 厘米、宽 2 ~ 2.5 厘米。

7. 长 7 厘米、宽 2.5 ~ 3 厘米。

8. 长 6.5 厘米、宽 2.5 厘米（图 15–4）。

图 15–4

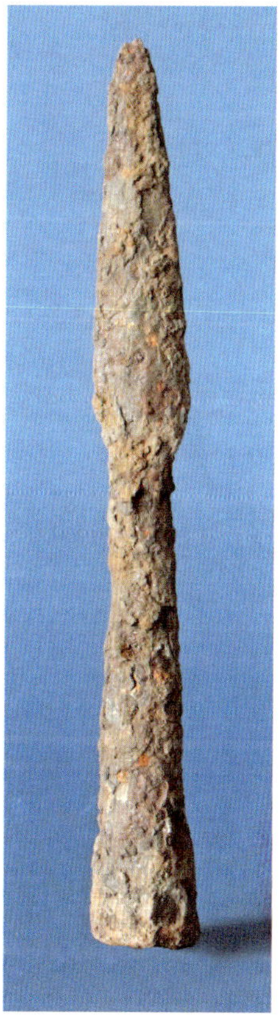

图 15–5

第二节　铁矛

铁矛是古代兵器的一种，与刀剑相比属长兵器类。矛前有铁矛头，后有长木柄，现木柄俱不存，仅余铁矛头。

一、铁矛

1 件。铁锻制，保存较好，身有铁锈。铁矛身作扁菱形，后部圆体，尾端有銎孔，銎内残存有木质（图 15–5、图 15–6）。通长 31.2 厘米，矛身宽 3.4 厘米、厚 0.8 厘米，銎长 17.3 厘米、外径 3.7 厘米、内径 2.7 厘米。

图 15–6

二、铁矛

1件。铁锻制，保存较好，身有铁锈，銎部稍残。铁矛长身，纤细，矛头菱形，后部圆体，尾端有銎口（图15-7、图15-8）。通长51.3厘米，矛身长21.5厘米、宽2.5厘米、厚1.4厘米，銎外径3.5厘米、内径2.5厘米。

图15-7

图15-8

三、铁矛

1件。铁锻制，保存较好，身有铁锈，略有残损。矛头较短，扁菱形，后部圆体，尾端銎口（图15-9、图15-10）。通长30厘米，身长12厘米、宽3.5厘米、厚0.8厘米，銎外径4.3厘米、内径3.3厘米。

图15-9

图15-10

四、铁矛

1件。铁锻制，保存完好，身被铁锈。矛头尖较圆钝，扁身，略作菱形，中间有脊，近尾处略内收，两侧各有圆耳，柄部圆身，銎口，以纳木柄（图15-11、图15-12）。通长29厘米，矛身长13.5厘米、宽3.5厘米、厚0.7厘米，銎外径

图 15-11

图 15-12

3 厘米、内径 2.3 厘米。

五、铁矛

1 件。铁锻制，保存完好，身有铁锈。此矛头短小，扁菱形，长柄，尾端为銎口（图 15-13、图 15-14）。通长 32.2 厘米、身长 7.5 厘米、宽 2.5 厘米、厚 0.7 厘米，銎外径 2.9 厘米、内径 2.4 厘米。

图 15-13

图 15-14

第三节　铁标枪、铁梭标

铁标枪、铁梭标，亦是古代兵器之一种，与铁矛相类，其功能亦相近，属刺杀兵器，但形制略有区别。这种兵器发现较少，不如矛之普遍。

一、铁标枪

1 件。铁锻制，保存完好，身有铁锈。标枪长身，前端细尖，圆体，后端较粗，有銎孔，接缝不闭合，銎口外部束一道铁箍，以便装柄牢固，銎孔内因铁锈木质仍存（图 15–15、图 15–16）。通长 82.5 厘米、体径 1.7 厘米，銎长 18 厘米、外径 3.3 厘米、内径 2.8 厘米。

图 15–15

图 15–16

二、铁梭标

2 件。铁锻制，一较大，一稍小，形制相同，保存完好，身有铁锈。梭标长身，前部菱形体，尖细长，犹如枪头，中部有短颈，后部圆体，逐渐细尖，可以置入柄内（图 15–17、图 15–18）。大者通长 34 厘米、梭宽 1.3 厘米、柄直径 1.4 厘米、束腰径 0.8 厘米。小者通长 32 厘米，余皆相同。

第四节　铁战刀

铁战刀是古代兵器之一种，相对戈矛来说，刀属短兵器。铁刀类兵器古时较多，今选择几件不同形制铁刀加以介绍。

图 15-17

图 15-18

一、铁战刀

1 件。铁锻制，保存较好，身有铁锈，刃部折断，刀尖缺失。刀长身条状，背厚刃薄，尖部微上翘，后部有护手，略作椭圆形，边缘向前弯折，原应镶有饰物，柄部木质握手已朽不存，后端有纳柄铁箍等物（图 15-19~ 图 15-21）。战刀通长 81 厘米，刀身长 53 厘米、宽 3.2 厘米、背厚 0.5 厘米，护手长 9 厘米、宽 7.5 厘米、

图 15-19

图 15-20

图 15-21

厚 0.3 厘米，折边高 0.9 厘米，刀柄铁芯宽 0.3 ~ 1.5 厘米、厚 0.5 厘米，柄箍长 3.5 厘米、厚 0.5 厘米，刀柄尾端椭圆形，长 3.9 厘米、宽 2.4 厘米。

二、铁战刀

1 件。铁锻制，保存完好，身有铁锈。刀长身条状，背厚刃薄，尖部上翘，后部有护手，略作椭圆形，边缘向前弯折，原应镶有饰物，柄部木质握手借铁锈得以保存，握柄圆形，护手后木柄上有一道窄铁箍，握柄后端有纳木柄铁箍，箍端部外张（图 15-22~ 图 15-24）。战刀通长 84 厘米，刀身长 70 厘米、宽 4 厘米、刀背厚 0.7 厘米，护手椭圆形，长 9.3 厘米、宽 7 厘米，折边高 0.8 厘米，刀柄木质尚存，高 3.7 厘米、厚 3.3 厘米，尾端后覆铁盖缺失，柄箍外露，铁箍高 4.7 厘米、宽 4.1 厘米、壁厚 0.5 厘米。

图 15-22

图 15-23

图 15-24

三、铁战刀

1 件。铁锻制，身有铁锈，刀柄缺失，刀长折曲，略有残损。刀身条状，背厚刃薄（图 15–25）。刀身长 53.3 厘米、身宽 3 厘米、背厚 0.5 厘米。

图 15–25

四、铁战刀

1 件。铁锻制，身有铁锈。刀长身，前端剑尖，刀身背厚刃薄，尾部有铁镡，镡椭圆形，中间长方孔，套刀柄上，两端方体，柄残，仅存部分握柄（图 15–26、图 15–27）。存长 53.5 厘米，刀身长 50.5 厘米、宽 4.5 厘米、背厚 1.3 厘米，刀镡长 11.5 厘米，中间椭圆形宽 3.5 厘米、长 5.5 厘米，两端方形宽 1.3 厘米、厚 1.5 厘米，刀柄存长 3 厘米、宽 2 厘米、厚 0.5 厘米。

图 15–26

五、铁战刀

1 件。铁锻制，身有铁锈，柄缺失。刀长身，前端剑尖，厚背薄刃，刀柄部略尖锐（图 15–28、图 15–29）。通长 55 厘米，刀身长 46.5 厘米、宽 2 厘米、背厚 0.8 厘米，刀柄长 8.5 厘米。

图 15–27

图 15-28

图 15-29

六、铁战刀

1 件。铁锻制，身有铁锈。刀身残断，尖部缺失，柄部亦因捶击而颓卷（图 15-30）。残长 23.7 厘米，刀身宽 3.3 厘米、背厚 0.8 厘米。

图 15-30

第五节　铁鸣镝、铁镞

铁镞是古代的一种消耗性武器，在冷兵器时代属远射兵器，能远距离攻战，杀伤力较强，形制多种，数量甚多。鸣镝，也称嚆矢，是信号箭，利用箭前端的孔洞凌空而发出声响，是古时行军或布阵时射向空中发布命令的一种响箭。

一、铁鸣镝

1 件。铁锻制，保存较好，身有铁锈，略为残损。鸣镝较大，前端有尖，镝身鼓腹，空腔，外有三道棱脊，后部内收，尾为管状銎口，以纳箭笴，腹部每面各有一孔，当箭射出疾速飞行时，因空气贯入而发声，此即为鸣镝，是古代军事上应用的信号箭（图 15–31、图 15–32）。通长 8.8 厘米、两棱间距 4 厘米，棱高 0.6 厘米、棱厚 0.2 厘米，銎长 1.5 厘米、外径 1.4 厘米、内径 1 厘米。

图 15–31

图 15–32

二、铁镞

5 件。铁锻制，保存状况不一，身有铁锈，略有残损。各镞的具体情况是：

1. 三棱形铁镞，镞身三棱形，镞体较长，尾部有铤，铤身圆形。镞长 9.5 厘米、棱面宽 0.6 厘米、铤径 0.2 厘米（图

15-33-1）。

2. 方体铁镞，镞身方形，前有尖，后部为铤，铤圆形。镞长 5.5 厘米、身宽 0.6 厘米、铤径 0.2 厘米（图 15-33-2）。

3. 三翼式铁镞，镞身较宽，分出三翼，后为铁铤，铤圆体。镞长 8.8 厘米、三翼均宽 1 厘米、铤径 0.3 厘米（图 15-33-3）。

4. 菱形铁镞，镞身扁菱形，前尖后广，镞尾略细，后接铁铤，铤圆体，尾端尖细。镞长 11 厘米、面宽 0.5 厘米、圆铤长 4 厘米、径 0.3 厘米（图 15-33-4）。

5. 菱形铁镞，镞身菱形，铤残失。镞存长 6 厘米、面宽 0.4 厘米、厚 0.5 厘米（图 15-33-5）。

图 15-33

三、铁镞

7 件。铁锻制，身有铁锈，均有不同程度残坏。铁镞作叶状，体宽狭不一，略有中脊，有的较明显。各镞具体形制如下：

1. 大叶铁镞，扁体，镞身宽大，平面呈菱形，中间叶体最宽，镞身尾部有一道圆箍，后为铁铤，铤圆体。镞长 9 厘米、身宽 2.8 厘米、厚 0.2 厘米、铤长 4.5 厘米、径 0.3 厘米（图 15-34-1）。

2. 宽叶铁镞，扁体，镞身较宽，最宽处在镞后部，镞尾接铁铤，铤圆形。镞长 9.5 厘米、身宽 2 厘米、厚 0.2 厘米，铤长 5.5 厘米、径 0.3 厘米（图 15–34–2）。

3. 三角形铁镞，扁体，平面呈长等腰三角形，镞身较窄，两边等长，底边较短而平，镞尾后接铁铤，铤方体。镞长 8.5 厘米、身宽 2.1 厘米、厚 0.2 厘米，铤长 4 厘米、径 0.3 厘米（图 15–34–3）。

4. 长叶形铁镞，扁体，镞身平面呈不对称菱形，后部稍内弧，外张，最宽处偏厚，前锋较长，镞尾接铁铤。镞长 6 厘米、身宽 2.1 厘米、厚 0.2 厘米，铤长 2.7 厘米、径 0.3 厘米（图 15–34–4）。

5. 菱形铁镞，扁体，平面呈菱形，后接铁铤，铤方形。镞长 6 厘米、身宽 1.5 厘米、厚 0.2 厘米，铤长 3 厘米、面宽 0.3 厘米（图 15–34–5）。

6. 叶形铁镞，扁体，其状如叶，中间漫圆而宽，两端尖细，后为铁铤，铤方形。镞长 7 厘米、身宽 1.5 厘米、厚 0.2 厘米，铤长 3.5 厘米、面宽 0.2 厘米（图 15–34–6）。

7. 菱形铁镞，扁体，平面呈正菱形，后为铁铤，铤方形。镞长 6.5 厘米、身宽 2 厘米、厚 0.2 厘米，铤长 1.8 厘米、面宽 0.3 厘米（图 15–34–7）。

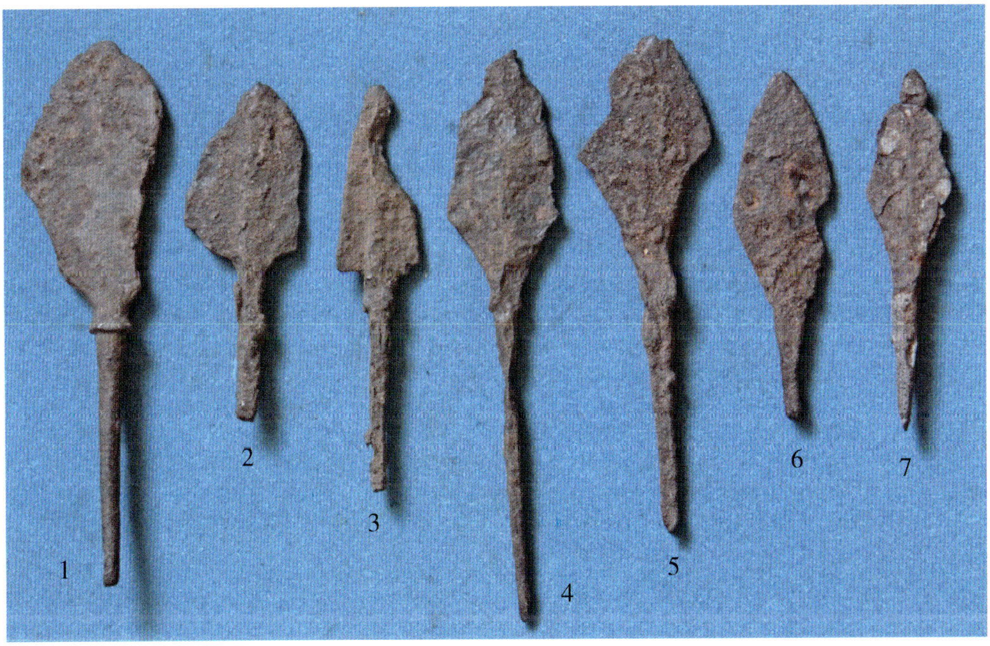

图 15–34

四、铁镞

6 件。铁铸制，身有铁锈，镞身均有不同程度残坏。镞身扁体，中间较厚，略似中脊，边缘呈薄刃，前端镞尖，两侧有短斜刃，肩折明显，后面是长身，是此类镞形制的一个特点。6件铁镞的具体情况如下：

1. 长叶形铁镞，形体较大，尾部外突，其后为铤，铤方形。镞长11厘米、身宽3厘米、厚0.2厘米，铤宽0.3厘米、厚0.2厘米（图15-35-1）。

2. 叶形铁镞，身较细长，后为铁铤，铤体方形。镞长10厘米、身宽1.5厘米、厚0.2厘米，铤宽0.2厘米、厚0.2厘米（图15-35-2）。

3. 叶形铁镞，较短小，尾部外突，后接方体镞铤。镞长9厘米、身宽2厘米、厚0.2厘米，铤宽0.3厘米、厚0.2厘米（图15-35-3）。

4. 圭形铁镞，长身，前端宽，后渐狭，尾端稍厚，接铁铤，铤方形。镞长8厘米、宽2厘米、厚0.2厘米，铤宽0.3厘米、厚0.3厘米（图15-35-4）。

5. 圭形铁镞，长身，前端宽，后渐狭，尾端稍厚，接铁铤，铤方形。镞长7.5厘米、宽2.5厘米、厚0.2厘米，铤方形，各边长0.3厘米（图15-35-5）。

6. 令箭形铁镞，形体较小，前宽后窄，尾部较厚，后接铁铤，铤方形。镞长7厘米、宽1.7厘米、厚0.3厘米，铤方形，各边长0.3厘米（图15-35-6）。

图15-35

五、铁镞

5件。铁锻制，身有铁锈，镞有不同程度残坏。镞皆扁身，形制不同，有平刃、弧刃之分。具体形制如下：

1. 平刃窄身铁镞，条形，镞尾端明显，后接铁铤，铤扁方形。镞长 6 厘米、身宽 0.6 厘米、厚 0.4 厘米（图 15–36–1）。

2. 平刃窄身铁镞，前端宽，次第收束，直至铤尖，无明显区分。镞长 7.5 厘米、身宽 1 厘米、厚 0.2 厘米（图 15–36–2）。

3. 弧刃铁镞，状如弧底倒三角形，后接扁方铁铤。镞长 4.5 厘米、身宽 1.5 厘米、厚 0.2 厘米（图 15–36–3）。

4. 弧刃铁镞，前宽后窄，尾端明显，后接铁铤。镞长 6.5 厘米、身宽 2 厘米、厚 0.2 厘米（图 15–36–4）。

5. 弧刃铁镞，前宽后窄，镞铤一体而成。镞长 5 厘米、身宽 2 厘米、厚 0.2 厘米（图 15–36–5）。

图 15–36

六、铁镞

4 件。铁铸制，身有铁锈，保存状况基本完好。4 件铁镞具体形制如下：

1. 平刃铁镞，平刃条身，后部渐收，下接扁方铁铤。镞长 8.8 厘米、宽 1 厘米、厚 0.2 厘米（图 15–37–1）。

2. 圆刃铁锨，形体较小，圆刃条身，尾端方角，后接扁铁铤。镞长 5.5 厘米、宽 1.5 厘米、厚 0.2 厘米（图 15–37–2）。

3. 凸刃铁镞，刃尖微凸，宽身，镞尾内收，平底，后接扁铁铤。镞长 4.5 厘米、身宽 2 厘米、束尾宽 0.7 厘米（图 15-37-3）。

4. 平刃长身铁镞，平刃，两侧斜坡，刃后镞身六棱，尾端圆铤。镞长 13 厘米（图 15-37-4）。

图 15-37

七、铁镞

6 件。铁锻制，保存状况一般，身有铁锈，有的尖部折断。针均为扁体，中间较为宽大，两端尖锐（图 15-38），顺序自左至右排列，其尺寸依次为：

1. 长 7 厘米，扁体，最宽 0.6 厘米、厚 0.4 厘米、尖长 4 厘米。

2. 长 8 厘米，扁体，最宽 0.5 厘米、厚 0.2 厘米、尖长 4.5 厘米。

3. 长 9 厘米、宽 0.6 厘米、厚 0.3 厘米、尖长 5 厘米。

4. 长 6 厘米，扁体，最宽 0.6 厘米、厚 0.4 厘米、尖长 3.5 厘米。

5. 长 6.5 厘米，扁体，最宽 0.5 厘米、厚 0.4 厘米、尖长 4 厘米。

6. 长 8.5 厘米，方体，宽 0.5 厘米、尖长 4 厘米。

图 15-38

八、铁镞

3 件。铁锻制，保存状况一般，身有铁锈，有的尖部折断。镞均为扁体，中间较为宽大，两端尖锐（图 15-39），顺序自左至右排列，其尺寸依次为：

1. 长 9.8 厘米，扁体，最宽 0.5 厘米，厚 0.3 厘米、尖长 6.5 厘米。

2. 长 12.2 厘米，扁体，最宽 0.6 厘米，厚 0.2 厘米、尖长 8.5 厘米。

3. 长 12.5 厘米，扁体，最宽 0.6 厘米，厚 0.5 厘米、尖长 8 厘米。

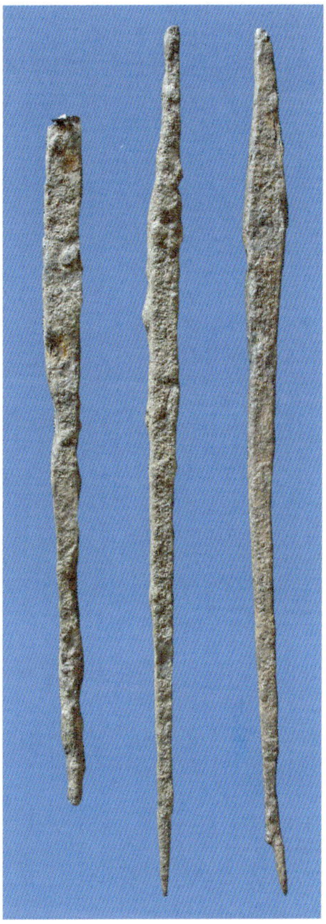

图 15-39

第六节　铁蒺藜

铁蒺藜，也称渠荅，是古代一种军事防御物，施放在御敌前方或其必经之路上，可抛撒散置，也可连缀成片，具有一定的防御和杀伤效果。

铁蒺藜

10 件。铁锻制，身有铁锈。蒺藜四刺，长尖，尖方体锥状，角度相等，长短相同，无论怎样滚动，始终有一尖向上，古代军事行动将其布置在防御外围地上，专扎敌兵马蹄。因其甚小，不易发现，具有较强防御效果（图 15-40、图 15-41）。通高 4.5~5 厘米、刺根宽 0.5 厘米。

图 15-40

图 15-41

第十六章　刑具

铁刑具，是古代为防范犯人逃跑或有其他行为发生，而对犯人进行管理使用的一种人身限制的工具，主要有手铐和脚镣。

第一节　铁手铐

铁手铐，是古代管理犯罪人员的刑具之一，铐犯人双手，使其失去以手进行再次作案或其他犯罪伤害行为的最有力防范工具，故其数量发现较多。

一、铜锁单环铁手铐

1 件。铁锻制，保存较好，身有锈迹。手铐两端铐环圆形，体较宽，两侧边外侈，环端相对，外卷成小环鼻，鼻中各置一活环，环作条形，两环相套，然后再联结一椭圆形大环，椭圆形大环中间锁有一铜锁，可以开或锁（图 16–1、图 16–2）。手铐通长 28.5 厘米，铐环外径 7 厘米、宽 3 厘米、厚 0.2 厘米，椭圆形大

图 16–1

图 16-2

链环长 12.5 厘米、宽 7 厘米、体径 1 厘米，铜锁高 4 厘米、腹径 3.5 厘米。

二、铁锁四链环铁手铐

1 件。铁锻制，保存完好，身有铁锈。镣铐两端铐环为圆形，体较宽，两侧边外侈，环为折页式，中间有环鼻和固定穿条，铐环可以开合，环端外折，成相对长鼻，其上有穿孔，可以套链环和加锁，两铐环间由四链环相连，一铐环上有一横式短锁（图 16-3、图 16-4）。通长 30 厘米，环外径 6.1 厘米、宽 2 厘米、厚 0.2 厘米，单节链长 3.5 厘米、宽 1.8 厘米、径 0.5 厘米，锁长 6 厘米、宽 4 厘米、厚 2.2 厘米。

图 16-3

三、铁锁单链环铁手铐

1 件。铁锻制，保存较好，身有铁锈。镣铐两端铐环为圆形，体较宽，两侧

图 16-4

边外侈，环为折页式，中间有环鼻和固定穿条，铐环可以开合，环端外折，成相对长鼻，其上有孔，可以套链环和加锁，具体为：一环端部外折为长鼻，上有二孔，近铐环处之孔为加锁孔，其外端仅一侧面有孔，孔中连接链节，另一侧无孔为钩形半环状，以便锁铐环之锁开解。此铐中间有链节，另一链节与桃形链钩相接，另端铐环两端外折为大形环状鼻，中纳桃形链钩，鼻上套一扁环，以防桃形链钩脱开。锁为横式短锁（图 16-5、图 16-6）。通长 30 厘米，环外径 7 厘米、边外折 0.7 厘米、内径 5.5 厘米、壁厚 0.2 厘米，链单节长 4.5 厘米、宽 2.3 厘米、体径 0.6 厘米、厚 0.5 厘米，锁长 6.5 厘米、宽 2.5 厘米、高 3 厘米。

图 16-5

图 16-6

第二节 铁脚镣

铁脚镣，也是古代管理犯罪人员的刑具之一，用于犯人的双腿上，主要是为防止犯人逃跑之器械，它可与手铐配合使用，因此常是手铐、脚镣并称。

一、铁锁单环铁脚镣

1件。铁锻制，保存较好，身有铁锈。脚镣两端铸环为“U”形，体较厚重，

图 16-7

两侧边外侈，环两端外卷成穿鼻，各纳一条形环，两环相套，再与长身大锁相衔，锁梁固定，前端设圆孔，内置一锁芯，可以开锁（图 16–7、图 16–8）。通长 41.5 厘米，铐环外径 8 厘米、内径 6.5 厘米、宽 2.5 厘米、厚 0.3 厘米，横式锁长 13 厘米、体径 2.5 厘米，锁梁扁，体径 1~1.5 厘米。

图 16–8

二、铁锁铁脚镣

1 件。铁锻制，保存完好，身有铁锈。脚镣两端镣环为圆形，体较宽，两侧边外侈，环为折页式，中间有环鼻和固定穿条，铐环可以开合，环端外折，成相对长鼻，其上有孔，可以套链环和加锁。具体为：一环端部外折为长鼻，上有二孔，近铐环处之孔为加锁孔，其外端仅一侧面有孔，孔中连接链节，另一侧无孔为钩形半环状，以便锁铐环之锁开解，此镣中间有链节，另一链节与桃形链钩相接，另端镣环两端外折为大形环状鼻，中纳桃形链钩，鼻上套一扁环，以防桃形链钩脱开。锁为横式短锁（图 16–9、图 16–10）。通长 37 厘米，镣环外径 8.7 厘米、边外折 0.7 厘米、内径 7.2 厘米、宽 2.5 厘米、厚 0.2 厘米，链节长 6 厘米、宽 3.2 厘米、体径 1 厘米、厚 0.7 厘米，锁长 4.6 厘米、宽 2.2 厘米、高 3.6 厘米。

三、铁锁铁脚镣

1 件。铁锻制，保存完好，身有铁锈。脚镣两端镣环为圆形，体较宽，两侧边外侈，环为折页式，中间有环鼻和固定穿条，镣环可以开合，环端外折，成相对长鼻，其上有孔，可以套链环和加锁。具体为：一环端部外折为长鼻，上有二孔，近镣环处之孔为加锁孔，其外端仅一侧面有孔，孔中连接链节，另一侧无孔为钩形半环状，以便锁铐环之锁开解，此铐中间有链节，另一链节与桃形链钩相

图 16-9

图 16-10

接，另端镣环两端外折为大形环状鼻，中纳桃形链钩，鼻上套一扁环，以防桃形链钩脱开。锁为横式短锁（图 16-11、图 16-12）。通长 40 厘米，镣环外径 9 厘米、边外折 0.8 厘米、环内径 7.5 厘米、宽 2.5 厘米、厚 0.2 厘米，链节长 7 厘米、宽 3.5 厘米、体径宽 1 厘米、厚 0.7 厘米，锁残半截，原长为 6 厘米，存长 3 厘米、宽 2.5 厘米、高 3.2 厘米。

四、环状铁脚镣

1 件。铁铸制，保存较好，身存铁锈。脚镣两端镣环为圆形，圆体，略呈“U”形，两端为环孔，孔中分别纳条形和近三角形链节，三角形链节与一链节套连，此链节套入条形链节内，可以和另端形制相同的镣环加锁连接，成一副完整脚镣（图 16-13）。缺锁存长 33 厘米，镣环横外径 11 厘米、内径 9 厘米、体径 1 厘米。

图 16-11

图 16-12

图 16-13

五、三链环铁脚镣

1 件。铁锻制，身有铁锈，铁锁缺失。脚镣两端铸环为 U 形，圆体，镣环两端均有环孔，孔纳条形铁链环，一镣环链节上加三链环——二条形、一圆形，此圆环可与另一镣环加锁（图 16-14）。缺锁存长 41、镣环外径 9.5 厘米、环体径 1 厘米。

图 16-14

六、铁锁连环铁脚镣

1 件。铁锻制，保存完好，身有铁锈。脚镣两端镣环为“U”形，环身较短，圆体，端部有环孔，外端孔纳一折身链形环，里端环孔纳二链形环，其中一链形环为锁环，余二链形环可以相套扣，可以锁起。两镣环形制相同，中间横式铁锁相连（图 16–15、图 16–16）。镣铸通长 38 厘米，镣环外径 10 厘米、环体径 1.5 厘米，铁锁通长 11 厘米、锁身长 7.5 厘米、锁梁体径 1 厘米。

图 16-15

七、铁锁二链环铁脚镣

1 件。铁锻制，保存完好，身有铁锈。脚镣两端镣环为圆形，镣环扁体，身较薄而宽，两侧边较厚外侈，环为折页式，中间有环鼻和固定穿条，镣环可以开合，环端外折，使成相对的长鼻，其上有穿孔，可以套链环和加锁，两镣环间由一链和桃形帽的环钩相连，一镣环上锁有一横式短锁（图 16–17、图 16–18）。脚镣通长 43 厘米，镣环平面长圆形，外径长 10 厘米、宽 8 厘米、环体高 3 厘米、边缘厚 0.5 厘米，锁断面呈鸭蛋形，椭圆，下大上小，长 6.6 厘米、宽 3 厘米、高 3.5 厘米。

图 16-16

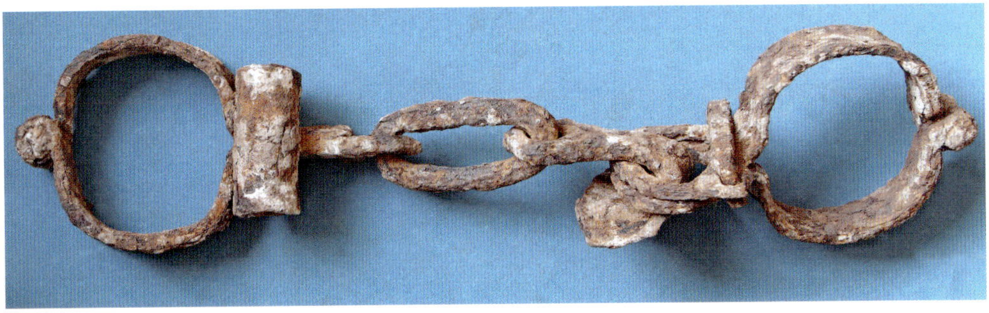

图 16-17

图 16-18

第十七章　生活用具

铁器作为生活用具，用途广泛，举凡生活所需各方面都有铁器，大如铁釜，小如铁刀，几乎无所不包，俱用铁来制作，铁器和人们的生活密不可分，是铁器用途中很主要的部分。生活用铁器，有铸铁和锻铁之别。

第一节　铁釜

铁釜，是日常生活中不可或缺的用具，其形体，大小不一，当是与使用人口数量不同而有差异，大者肯定是因为使用者人数众多，但本书中收录之铁釜，是如此之大，过去少见，值得注意。是何处用此大釜？小者则应是使用者人口较少，故体量不大。此种铁釜，主要应是辽人用来煮饭或蒸物之炊具，于此可见一斑。

铁釜有三种类型：六錾耳铁鍑、六錾铁鍑、裙沿铁鍑，现分别记述如下。

一、六錾耳铁鍑

1 件。铁铸制，保存完好，略有锈蚀。釜作鍑形，体较高，直口，平沿外折，无肩，直腹，至腹下部始内收，底有小圆饼形鍑脐，突出体外。耳平板状，等宽，耳际间有微凸小棱，鍑体存有竖向铸造时合范的范线纹（图 17-1）。鍑高 29 厘米、外口径 43 厘米、内口径 40 厘米、唇沿宽 1.5 厘米，錾耳根部宽 7 厘米、外侧耳宽 7 厘米、耳长 4 厘米。

图 17-1

二、六錾耳铁镀

1件。铁铸制，保存完好，锈斑较多。釜作镀形，直口，平沿外折，无肩，直腹，腹下部圆收，底部中心有小圆脐，突出镀体外。肩腹间有六錾耳，耳微上翘，耳板状，体等宽，端部平齐，耳间有一道凸棱线，镀体并存有竖向合范之范线痕（图17–2）。铁镀高27厘米、外口径43厘米、内口径39厘米、平沿宽2厘米，錾耳根部宽7厘米、外侧宽7厘米、耳长4厘米。

图17–2

三、六錾耳铁镀

1件。铁铸制，保存较差，锈蚀严重，六耳俱残，仅存根部。釜作镀形，直口，平沿外折，无肩，直腹，腹下圆收，底有圆形镀脐。耳存残根，耳际间有一道凸棱，镀体存铸造时合范的范线痕（图17–3）。镀高24厘米、外口径38厘米、内口径34厘米、平沿宽2厘米。

图17–3

四、裙沿大铁镀

1件。铁铸制，保存较好，表面现呈灰褐色，锈斑浅薄，只在镀底部有残坏，破损出一洞。此镀在已知辽代裙沿铁镀中是最大的，非常难得（图17–4）。铁镀高领直颈，直口平沿内折，有肩，较小，微外凸，肩下有环锅一周的宽沿，腹直壁，圆收，平底（图17–5），底部有圆形镀脐，脐较大（图17–6）。口沿外之立领上，等距分布五组弦沟纹，每组两道，肩部有一道凸弦纹。铁镀通高61厘米、外最大径93厘米、沿宽8.5厘米、口外径66.5厘米、内折平沿宽3.5厘米、沿至口高23厘米、腹内径76厘米、壁厚0.8厘米。

图 17-4

图 17-5

图 17-6

五、裙沿小铁镀

1件。铁铸制，保存较好，现表面呈灰白色，锈痕轻微，身较光平。铁镀较前一件较小（图 17-7），直领长颈，口部稍内收，口边无折沿，肩腹际出有环镀一周宽沿，沿略下斜，并有折边，腹直壁，下部稍内收，底部有镀脐（图 17-8）。口

图 17-7

图 17-8

缘外有两道弦沟纹，长颈上有三组弦沟纹，上面两组均为两道，下面一组为一道弦沟纹，鍑体存有合范线。铁鍑通高 20 厘米、最大外径 27 厘米、外腹径 21 厘米、沿宽 3 厘米、沿下斜 1 厘米、沿至上口高 7 厘米、口外径 20 厘米、内径 19 厘米、壁厚 0.5 厘米（图 17-9）。

图 17-9

六、六鋬耳铁釜

1 件。铁铸制，保存完好，因土浸表面呈灰白色，身存钬锈。铁釜立领，平沿内折，溜肩，圆腹，圜底，底下有小圆形平脐。肩下部横置六个鋬耳，耳外端略宽，中间内凹，状如鱼尾。肩部上下各有两道细弦沟纹（图 17-10）。釜高 29 厘米、外口径 42 厘米、内口径 37.5 厘米、平沿宽 2 厘米，六耳根部宽 11 厘米、耳外边宽 12.5 厘米、耳长 5 厘米、耳端内凹 1 厘米。

图 17-10

七、六鋬耳铁釜

1 件。铁铸制，保存完好，身有锈斑。釜之形状，敛口，口外缘略有边棱，

图 17-11

斜沿内折，肩部微凸，圆腹，底部有圆脐。肩腹部有六个横錾耳，耳外侧稍宽，中间内凹，形如鱼尾状。各耳间均有一道凸棱，口沿下有一周弦沟纹（图 17-11）。釜高 28 厘米、外口径 34 厘米、内口径 30 厘米、沿宽 2 厘米，錾耳根部宽 9 厘米、外宽 11 厘米、长 4 厘米、耳端内凹 1 厘米。

图 17-12

八、六錾耳铁釜

1 件。铁铸制，保存较好，身存锈斑，耳有残缺。釜为敛口，平沿内折，立领，圆肩，鼓腹，底有圆形脐。肩腹部有六个横錾耳，现三耳缺失（图 17-12）。釜高 22 厘米、外口径 32 厘米、内口径 28 厘米。

九、六錾耳大铁釜

1 件。铁铸制，保存较好，身有锈斑，口下部有裂，錾耳残坏，现存二耳，四耳缺失。此铁釜形体硕大，在目前所知历来发现的辽代六錾耳铁釜中，其容积是最大的，体量无出其右者。据此可知，此釜非一般家庭所能使用，一定是人数众多才可能使用它煮食物，这样大的铁釜过去少见，因此值得注意（图 17-13）。釜直口，平沿内折，微有肩，圆腹，底部有圆形釜脐。肩腹部有六个横錾耳，耳外侧较宽，中间内凹，状如鱼尾。一面口沿下部肩上，铸出凸起花纹，为牡丹花，形式与辽代海棠盘印出的牡丹花纹相似，中心花朵，向左右两侧延伸出花叶（图 17-14）。通高 60 厘米，上口外径 73.3 厘米、口内径 66.3 厘米、沿宽 3.5 厘米、外腹直径 83 厘米、壁厚 1.4 厘米，耳长 10.5 厘米、根部宽 16 厘米、外端宽 22.5 厘米、厚 1 厘米、耳内凹 3 厘米，呈鱼尾状。

十、六錾耳铁釜

1 件。铁铸制，保存完好，锈蚀较严重，多见锈斑。釜体较矮，直口，平沿内折，肩部稍外突，斜腹，底部有小圆形釜脐。肩腹间有六个横錾耳，耳板状。釜口外

图 17-13

图 17-14

沿立领下有一道弦沟纹，耳际间有一道凸棱（图 17-15）。釜高 25 厘米、外口径 40 厘米、内口径 35 厘米、平沿宽 2.5 厘米，鋬耳根部宽 9 厘米、外侧宽 10 厘米、耳长 5 厘米、耳内凹 1 厘米。

十一、六鋬耳铁釜

1 件。铁铸制，保存完好，釜身附有浅薄铁锈。釜直口，平沿内折，口缘外有小立领，口沿下部微外突，无肩，圆腹，底部有圆脐。肩腹部有六横鋬耳，耳外部稍宽，端部内凹，如鱼尾形状。口唇下有五道弦沟纹，其下又有两道弦沟纹（图 17-16）。釜高 23 厘米、外口径 39 厘米、内口径 35 厘米、平沿宽 2 厘米，鋬耳根部宽 8 厘米、外侧宽 9 厘米、耳长 5 厘米、内凹 1 厘米。

图 17-15

图 17-16

十二、六鋬耳铁釜

图 17-17

1 件。铁铸制，保存完好。由于此铁釜长时间在农村被人使用，恐其生锈，在铁釜上涂有油漆，尤其是外面涂层较厚，漆为绿色，现已转灰，直视状如铜釜，并使釜外弦纹模糊不清。釜直口，立领，平沿内折，肩稍外凸，圆腹，圜底，底外中心处有小圆形釜脐。肩腹部有六个横鋬耳，耳内窄外端略宽，中间内凹，形如鱼尾状，耳际铸出一道凸棱，直口外部饰有弦纹（图 17-17）。釜高 32.5 厘米、口径 49 厘米、内口径 43 厘米、折沿宽 3 厘米，鋬耳长 6 厘米、根部宽 10 厘米、外侧宽 13 厘米、端部内凹 1 厘米。

十三、六鋬耳铁釜

图 17-18

1件。铁铸制，保存较好，因土浸表面呈灰白色，略有锈斑，耳有缺失。铁釜直口，平沿内折，肩部稍外突，圆腹，底部有圆形釜脐。肩腹部有六横鋬耳，耳外侧稍宽，中间内凹，形如鱼尾状，耳有三个不同程度残坏。耳间有一道凸棱，口部有竖向凸线（图 17-18）。釜高 20 厘米、外口径 31 厘米、内口径 27 厘米、平沿宽 2 厘米，鋬耳根宽 7 厘米、外侧宽 8 厘米、耳长 3 厘米、耳内凹 0.5 厘米。

第二节 铁三足釜、铁铛、铁鼎

铁三足釜、铁铛、铁鼎，此三种器物造型、性质相近，均属生活中的熟食器，其中釜、鼎为烧水或煮食物之器，铛系平底，为烙饼或炒菜用具。

一、三足裙沿铁釜

1件。铁铸制，保存较好，釜有锈蚀，锈斑显著，足缺失。身作釜状，高领长颈，口微内收，下有环器一周宽沿，沿下为圆腹，圜底，腹外部三足，足圆体，现均残，其中一足不存，另二足缺失一段，仍犹存根部（图 17-19、图 17-20）。口沿外高领上，横施多道细线弦沟纹，宽沿上左右对称饰有一个馒头形圆突。釜高 15 厘米、

图 17-19

图 17-20

外口径 19.5 厘米、内口径 17.8 厘米、腹上部宽沿直径 29 厘米，三足均有残，残存二足长分别为 4.5 厘米、5.8 厘米。

二、三足裙沿铁釜

1 件。铁铸制，保存较好，身被铁锈，存有烟炱，残失一足。身作釜形，高领直颈，下有环釜宽沿，沿下圆腹，底部脐较突出。腹外部有三足，足体作圆形，略曲微张（图 17–21）。釜存高 18.5 厘米、外口径 18.5 厘米、内口径 16 厘米，腹部外环形沿直径 25.5 厘米，釜足残，一足断缺，一足存高 11.4 厘米，另一足存高 10.3 厘米。

图 17–21

三、三足铁铛

1 件。铁铸制，保存较好，身有铁锈，一足尖残断缺失（图 17–22）。口部稍侈，外展唇边，内下凹略作子母口状，外腹微斜收，平底，腹下部附设三足，足作三角形，面略作兽面纹。口外部两面对称铸二錾耳，板状，甚短小，略突出于腹外部。铛高 17.5 厘米、外口径 41.2 厘米、内口径 36.7 厘米、口沿宽 2.8 厘米、足高 12 厘米、宽 7.3 厘米。

图 17–22

四、三足铁铛

1 件。铁铸制，保存较好，略附锈斑，一足有残（图 17–23）。铛口微侈，口边外有唇，内口下凹作坡状，有子母口形态，腹下部微收，平底（图 17–24）。腹侧下部有三足，足较短，形作三角状，足间突起，呈兽面纹形。腹外两

图 17–23

侧相对有錾耳，耳甚短小，为板状横耳（图 17-25）。通高 15 厘米、外口径 41 厘米、内口径 36 厘米、平底直径 37 厘米，两侧平耳长 11 厘米、宽 2 厘米、厚 1 厘米，釜身高 9 厘米。

图 17-24

图 17-25

五、双耳三足铁铛

1 件。铁铸制，保存较好，因土浸表面呈灰白色，身有铁锈，一耳缺失（图 17-26）。铁铛口部微侈，缘边出唇，口沿较锐，内唇坡下。口缘边相对置二竖耳，耳形偏体漫圆。铛身下部微收，平底。底边有三足，足略外侈，面饰条形纹，断面折角状（图 17-27）。铛高 20 厘米、外口径 32.5 厘米、内口径 30 厘米，耳高 4.5 厘米、耳底宽 14.5 厘米，足高 11 厘米、宽 4 厘米。

图 17-26

图 17-27

六、双耳三足铁铛

1件。铁铸制，身有锈蚀，多呈灰白色，表面光洁，三足残缺（图17–28）。铁铛口部微外侈，平沿外折，沿上对称铸出长形圆体链条状竖耳。腹下部略内收，平底（图17–29）。腹外部铸三个扁足（图17–30）。铛高18厘米、口外径35厘米、内径31厘米、平沿宽2厘米、壁厚0.7厘米，耳高5厘米、宽7厘米，足根部外突4厘米、足壁厚0.5厘米。

图17–28

图17–29

图17–30

七、双耳三足带盖铁铛

1件。铁铸制，保存较差，周身铁锈，锈迹斑驳，双耳与三足俱残断缺失（图17–31）。铛身口部微侈，外出唇边，口内下凹，凹处边缘出一道凸线，呈子母口状。口沿上两侧，对称铸出双耳。腹下部微收，平底。平底下面接铸三足。铛有铁盖，盖径略小，盖在子母口上，顶部中央有纽，纽圆柱状（图17–32）。铁铛存高15厘米、口外径24.5厘米、内径23.3厘米，盖直径22厘米、厚0.4厘米，纽高3厘米、径2厘米。

图 17-31

图 17-32

八、铁鼎

1 件。铁铸制，保存完好，身附土浸颜色，锈蚀较轻，略有斑痕。鼎身圆形，立领平口，斜肩，圆腹，圜底。口下肩部有对称二环状耳，中有圆孔，腹部铸出三足，足扁体，足端腹部饰五条细线纹。在肩部，施有四道较粗凸弦纹，并与足上线纹相叠（图 17-33）。铁鼎高 31 厘米、外口径 26.2 厘米、内口径 24 厘米、外腹径 33 厘米，肩部环状耳高 2 厘米、宽 4 厘米、厚 0.5 厘米、孔径 0.7 厘米，足高 23 厘米、宽 3 厘米、厚 1 厘米。

图 17-33

九、铁鼎

1 件。铁铸制，保存完好，鼎身虽经土浸，锈色斑驳，蚀痕明显，但仍很完整（图 17-34）。鼎身桶状，上部略侈，直口，平沿内折，平沿上对称铸半环状二竖耳，腹下部圆收，平底（图 17-35），腹下部底间铸三鼎足，足微外侈，体作折角，上宽下窄，足面饰竖条纹

图 17-34

（图 17-36）。鼎通高 31 厘米、口外径 28 厘米、内径 24 厘米、身高 11 厘米、耳高 6.5 厘米、间距宽 12 厘米，足高 15 厘米、根部宽 9 厘米、尖部宽 4 厘米。

图 17-35

图 17-36

第三节 铁碗、铁匙

铁碗、铁匙是食具，为日常生活用具之一。此类遗物辽代考古发现较多，尤其铜制器物数量较大，而铁碗、铁匙相对较少。

一、铁碗

1 件。铁铸制，制作规整，身有铁锈，略见剥蚀，保存较好。碗敞口圆唇，斜直腹，腹下部圆收，圈足，足壁直立。碗造型匀称，曲线优美，制作甚工。碗口径 16 厘米、圈足径 7 厘米、高 7.5 厘米（图 17-37、图 17-38）。

图 17-37

二、铁匙

1 件。铁锻制，保存较好，身有铁锈，略见斑驳，器形完整（图 17-39）。匙体较薄，修长，匙头圆形，较小，后连匙柄，柄略弯曲，既窄且薄，柄端作菱形（图

17–40）。铁匙通长 25 厘米，勺体宽 4 厘米、厚 0.1 厘米，长 21 厘米、宽 1.2 厘米、厚 0.2 厘米，尾柄宽 2 厘米。

图 17–38

图 17–39

图 17–40

第四节　铁刀

铁刀，数量较多，俱为日常生活用具，刀的形制不同，可区分为几种，应是功能有别，如菜刀或其他日常生活所用之刀等。

一、长身铁菜刀

1 件。铁锻制，保存完好，身有铁锈，斑痕轻匀。刀前窄后宽，薄刃厚背，后部上端有方锥体柄（图 17–41），此类柄原应安装木柄，以便使用。刀通长 37.5 厘米，刀身长 31.5 厘米、前宽 4 厘米、后宽 10.7 厘米、背厚 0.7 厘米，刀柄长 6 厘米。

图 17–41

二、短身铁菜刀

1 件。铁铸制，保存完好，因土浸铁锈斑驳，锈迹苍然。刀略作长方形，背厚刃薄，后端上部有方锥体柄（图 17-42），此短锥体柄为安插木柄而设。刀通长 18 厘米，刀身长 13.5 厘米、宽 6.8 厘米、背厚 0.3 厘米，锥柄长 4.5 厘米。

图 17-42

三、小铁菜刀

1 件。铁铸制，保存完好，通体锈痕，锈迹斑驳。刀体前宽后窄，后有连体铁柄，柄宽而长，后端出尖状缺口，并较中部手握处稍宽，可知此刀即为铁柄（图 17-43）。刀通长 18 厘米，刀身长 9 厘米、前宽 4.2 厘米、后宽 2.9 厘米、背厚 0.3 厘米，柄长 9 厘米。

图 17-43

四、铁尖刀

1 件。铁锻制，保存较好，刀身布满铁锈，刀柄部分断缺。刀体条形，前端出斜尖，长身，后端中部有铁柄，现已残断（图 17-44），柄原应加装木柄。通长 23 厘米，刀身长 21 厘米、宽 2.7 厘米、背厚 0.4 厘米，柄残存长 2 厘米。

图 17-44

五、銎柄铁尖刀

1 件。铁锻制，保存完好，身被铁锈，锈迹平匀。刀作条形（图 17-45），前端斜出尖，长身，厚背，一侧薄刃，后有銎式柄，柄端为外卷成銎（图 17-46），銎面有钉孔，可知此刀原应装有木柄，并用铁钉固定。通长 35.2 厘米，身长 24 厘米、宽 3 厘米、背厚 0.7 厘米，銎外径 3.3 厘米、内径 2.4 厘米。

图 17-45

图 17-46

六、銎柄铁尖刀

1 件。铁锻制，保存较好，略有铁锈，刀尖残断。刀作条形（图 17–47），前出斜尖，长身，厚背，一侧薄刃，后为銎式柄，柄端外卷成銎（图 17–48），銎面有钉孔，以固定木柄用。刀存长 28.5 厘米，身长 17.5 厘米、刀宽 2.7 厘米、背厚 0.4 厘米，銎外径 2.9 厘米、内径 2.4 厘米。

图 17–47

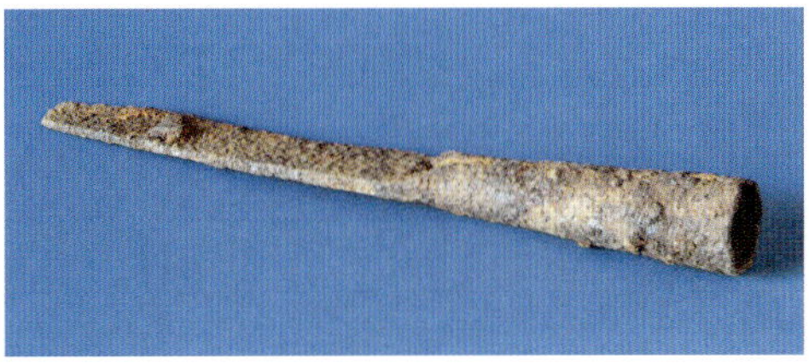

图 17–48

七、长身条形铁尖刀

1 件。铁锻制，保存较好，身有铁锈，刀体后端被弯曲，有失其形。刀作条形，前有刀尖，长身，厚背薄刃（图 17–49），尾端应装木柄，现木朽不存。刀长 31 厘米、前宽 1.5 厘米、后宽 2 厘米、背厚 0.5 厘米。

图 17–49

八、长身窄体铁尖刀

1 件。铁锻制，保存较好，身有锈蚀，柄端略残。刀质地较好，呈条形，背厚刃薄，尖端较锐，刃口锋利，刀曾经长期使用，因磨蚀刀身变窄（图 17–50）。全长 24 厘米、刀身长 21 厘米、刀身宽 1.5 厘米、背厚 0.2 厘米。

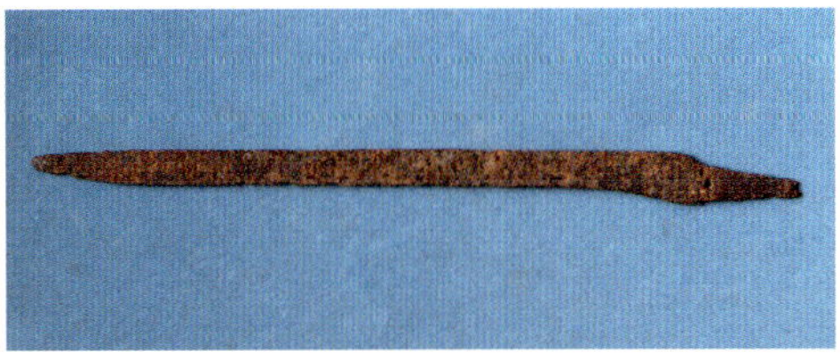

图 17–50

第五节 铁壶

铁壶，为日常生活用具之一，它是烧水用的器具，其形制相同。1965 年辽宁北票柳条沟二号辽墓出土了一件铁壶。

三系铁注壶

三系铁注壶 1 件。铁铸制，保存完好，遍身铁锈，锈斑层叠。壶体作球形（图 17–51），圆唇，短颈，鼓腹，平底，前端肩部有斜直流，两侧及后三面有小横耳（图 17–52），用以穿系提拿。壶高 13 厘米、外口径 9.8 厘米、内口径 9 厘米、腹径 16.5 厘米、底足径 9 厘米、流长 7.8 厘米。

图 17–51

图 17–52

第六节 铁桶箍

铁箍，系木桶的构件。桶为条形木板围成，下部有圆形木底，在木桶的上下部位各置一箍，一只木桶需要二箍。箍分上下，上箍上口圆径小，下口圆径大，下箍上口圆径大，下口圆径小。现木桶之木板不存，仅有铁箍。

一、小号木桶铁箍

1 副。此铁箍直径略小，2 件大小相同。铁锻制，保存完好，身有铁锈，浸色自然（图 17–53）。铁箍先锻打成扁长铁板，然后弯曲成圆形，搭接后再锻打，使成铁箍。因木桶鼓腹两端小，中间大，所以铁箍一边口大，一边口小（图 17–54）。两箍围成一只木桶，此木桶上下二箍（图 17–55）。上箍上端外口径 27.2 厘米、下端外口径 28 厘米，下箍上端外口径 28 厘米、下端外口径 27.2 厘米，箍体高 2.5 厘米、厚 0.4 厘米。

图 17–53

图 17–54

图 17–55

二、木桶铁箍

1 副。此铁箍直径较前者略大，2 件大小相同。铁锻制，保存完好，锈迹斑痕明显。铁箍圆形，二箍一副，是一只木桶外部之铁箍，桶上部铁箍上口径小，下部铁箍下口径小（图 17–56）。本只木桶两只铁箍尺寸相同，上箍上端外口径 35

图 17–56

厘米、下端外口径 35.8 厘米，下箍上端外口径 35.8 厘米、下端外口径 35 厘米，箍高 2.8 厘米、厚 0.4 厘米。

三、木桶铁箍

1 副。铁锻制，保存完好，身有锈斑。木桶铁箍圆形，先锻打成条形片状，然后相搭接锻打成箍，接痕明显（图 17–57）。箍本身口径相同，上箍上端口径小、下端口径大，下箍上端口径大、下端口径小。上箍上端外口径 37.8 厘米、下端外口径 38.6 厘米，下箍上端外口径 38.6 厘米、下端外口径 37.8 厘米，箍高 2.6 厘米、厚 0.4 厘米。

图 17–57

四、木桶铁箍

1 件。铁锻制，保存完好，身有锈斑。铁箍用以箍拢木桶，一桶应上下各一箍，本件仅存一箍，另一只缺失。铁箍因木桶中间腹部外鼓，故铁箍一端口大，另一端略小（图 17–58、图 17–59）。此铁箍上端外口径 30.7 厘米、下端外口径 31.5 厘米、箍高 3 厘米、厚 0.4 厘米。

图 17–58

图 17-59

第七节　铁匜

铁匜，为日常生活用具。匜，古代为青铜制，是盥器，与盘相配，洗手洗脸用，即后世之瓢。此匜为铁制，其器有柄，内贮水，身有流，用以出水。另一匜为铜质铁柄，甚少见。

一、长柄铁匜

1 件。铁铸制，保存较好，身存铁锈。匜圆形，平口，直腹，圆底，一侧有漏斗式流，流口边高于匜边，后部有圆形短柄，外有銎孔，銎内纳铁柄（图 17-60、图 17-61）。匜内、外壁及底部，均存有较厚烟炱，说明此匜使用时可用火加温，因长时间使用，故积存较厚烟炱。通长 42 厘米、匜口缘外径 24 厘米、流长 7 厘米，流口端外宽 3.5 厘米、里边外宽 8 厘米，匜高 9 厘米、壁厚 0.5 厘米。

图 17-60

图 17-61

二、铁匜

1 件。铁铸制，保存较好，只执柄有残缺。匜身圆形，平口，直腹，圆底，一侧有漏斗式流，后部有圆形短柄，外有銎孔，銎孔内纳铁柄，现柄折断部分缺失（图 17-62、图 17-63）。匜外壁及底部，存有较厚烟炱，说明此匜使用时用火加温，因长时间使用，故积存较厚

图 17-62

图 17-63

烟炱（图 17-64）。此匜存长 30 厘米、匜口缘外径 23.5 厘米、流长 6 厘米，流口边外宽 3.5 厘米、流口里边外宽 8 厘米，匜高 9 厘米、壁厚 0.5 厘米。

图 17-64

三、铁柄铜匜

1 件。器身有残。铁柄为锻制，匜为铜质。铜匜作长椭圆形，平沿，折唇，圜底。前端出流，齐口，身两侧边为八曲，曲边有凸棱。铁柄条状，用铁钉铆于铜匜边缘上，铆钉两行，共铆六钉，每行三钉（图 17-65、图 17-66）。铜匜长 18.7 厘米、宽 11.5 厘米、高 4 厘米，边沿宽 1 厘米，注口长 3.5 厘米、宽 5 厘米，铁柄存长 5.5 厘米、宽 3 厘米、厚 0.3 厘米。

图 17-65

图 17-66

第八节　铁灯盏

铁灯有两种形制：一种是下有铁灯架，三足，高檠，上有盏盘，为古代“雁足灯”式；一种只有铁灯盏，能单独使用，但两者亦可共同构成，盏置灯架上端。

图 17-67

一、三足铁灯

1 件。铁锻制，保存较差，架身足部与盏托略有残坏。下为三足，足端外折，三足聚接灯檠，外用环箍加固，灯檠圆体，扭作麻花状，上端为二分盏托，托枝有残（图 17-67）。存高 43 厘米、檠高 34 厘米、灯柱体径 1 厘米、足长 12 厘米、足高 6 厘米、足体径 1 厘米。

二、三足铁灯

1 件。铁铸制，保存完好，身有锈迹，表面驳蚀。铁灯作碗状（图 17-68），敞口，平沿，斜直腹，小底，下有三足，前两足稍短，后一足较高，故使灯盏前倾，便于置灯捻点亮照明。后部唇口上有一方形圆角环状耳，以供提拿或挂于墙壁和他物上（图 17-69）。灯盏通高 11 厘米，上口外径 13.5 厘米、内径 12 厘米，后足高 2 厘米、径 1 厘米。

图 17-68

图 17-69

三、铁灯盏

1 件。铁铸制，保存完好，锈蚀严重，表面呈灰白色，锈斑层叠（图 17-70）。灯盏平视前部宽圆后端窄狭，敞口，斜直腹，圈足，后部有执柄，柄有肩，端部稍狭（图 17-71）。灯盏通高 4.5 厘米，外口径 10 厘米、内径 8.5 厘米、壁厚 0.5 厘米，柄长 2.5 厘米、宽 4 厘米。

图 17-70

图 17-71

四、铁灯盏

1 件。铁铸制，保存完好，身被铁锈，锈迹斑驳。灯盏形同上器，敞口，斜直腹，圈足（图 17-72），后部有执柄，柄有肩，端部稍狭（图 17-73）。灯盏通高 4 厘米、上口径 9.7 厘米、内径 8 厘米、壁厚 0.6 厘米、柄长 2.5 厘米、柄宽 4 厘米。

图 17-72

图 17-73

五、铁灯盏

1件。铁铸制，保存完好，身有锈迹。灯盏平视如叶状，前尖中部圆宽后有叶柄（图 17-74），盏敞口，斜直腹（图 17-75），平底，后为扁柄（图 17-76）。盏高5厘米、横向口径8.6厘米、纵向口径10厘米、底径3.5厘米、壁厚0.5厘米、柄长2厘米、柄宽2.5厘米、厚2厘米。

图 17-74

图 17-75

图 17-76

第九节　铁剪

铁剪，在辽代有两种形制：一种是出现较早并通行的环股剪，过去发现这种铁剪较多，后世多不用，现在只见于少数某些工种；还有一种铁剪辽时也出现了，即交股剪，此种剪延续至今，广泛使用。最近发掘的辽宁省朝阳市龙城区西大营子辽代遗址，即出土此式铁剪 1 件。

一、环股铁剪

1 件。铁锻制，保存完好，身有铁锈。剪为环股式（图 17–77），利用后端环股弹性进行往复剪裁，前部为剪身，前窄后宽，厚背薄刃，剪刃后端各錾一个三角形孔，剪孔内径 0.5 厘米（图 17–78）。剪刀通长 31 厘米，剪身长 12 厘米、宽 3 厘米、背厚 0.7 厘米，环股长 18 厘米、环外径 8 厘米，剪股径 1 厘米。

图 17–77

图 17–78

二、交股铁剪

1 件。铁锻制，保存完好，锈蚀较重，通身铁锈，剪股已不能活动。剪为交股式，前为剪身，较短而窄，厚背薄刃，两股在剪身后部叠压相交，中间透孔，然后用钉铆合，后部为剪柄，两股分别内曲而外弯，形成握手，以便剪裁（图 17–79）。剪通长 24 厘米，剪身宽 2 厘米、背厚 0.5 厘米，握柄长 13.5 厘米、柄径 0.6 厘米。

三、交股铁剪

1 件。剪为锻制，保存完整，身有锈蚀痕迹，表层脱落，剪身现在因锈不能活动。剪为交股铁剪，剪身中部圆孔铆合交叉，直刃，前尖后宽，剪口相合，后部剪柄手握处外曲为环，其环径较小，应是早期铁剪的特征（图 17–80），此铁剪的剪刃部分比剪柄部分为短。铁剪长 25.4 厘米、剪刃宽处 2 厘米、厚 0.5 厘米。

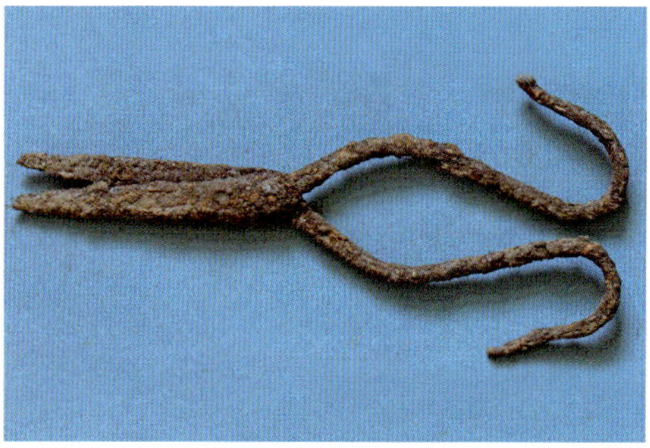

图 17–79

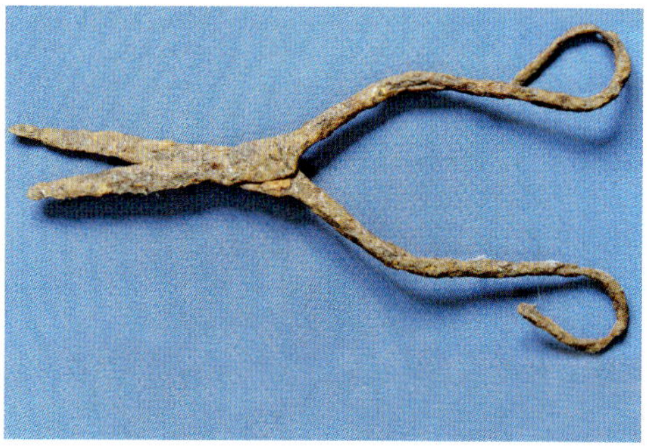

图 17–80

第十节　铁熨斗

铁熨斗，是辽代日常生活用具，是熨烫衣物用的，可见其时穿着服饰很讲求平整美观，衣物洗涤后要进行熨烫，使其平整。辽代铁熨斗发现很多，制作亦较精致。

一、铁熨斗

1 件。铁铸制，体表有铁锈，近柄部斗身有残缺（图 17–81）。熨斗口边圆形，侈口，直腹，平底，斗外侧折沿处有一周凸棱，后部有短銎柄，柄前后端有凸棱，銎内纳铜柄，柄体扁圆形（图 17–82）。通长 38 厘米、高 7.5 厘米，斗口外径 20 厘米、内径 18.8 厘米、底径 16.4 厘米，柄长 18 厘米、外径 2.5 厘米。

图 17–81

图 17–82

二、牡丹花纹铁熨斗

1件。铁铸制，保存完好，身有铁锈，锈迹苍然。熨斗口边圆形，侈口，平沿，直腹，平底（图 17-83），后部有短銎柄，柄前斗口沿上出云头状档（图 17-84），熨斗内底缘边铸出一周凸棱，其为铸细线牡丹花纹，花作盛开状，布满斗底（图 17-85）。熨斗通长 24 厘米、高 7 厘米，口外径 20 厘米、内径 18.5 厘米、底径 16 厘米，銎长 4 厘米、外径 4 厘米。

图 17-83

图 17-84

图 17-85

三、铁熨斗

1 件。铁铸制，保存较好，器身略出锈迹，口边有一道裂纹。熨斗口边圆形，敞口叠沿，平唇稍斜，直腹，平底，直腹与折沿处饰一道凸线纹，后部有短柄，嵌柄已失（图 17–86、图 17–87）。熨斗通长 22.5 厘米、高 5.7 厘米，口外径 19 厘米、口内径 15.5 厘米、外底径 14.5 厘米，銎长 3.5 厘米、外径 4 厘米。

图 17–86

图 17–87

四、八角口牡丹花纹铁熨斗

1 件。铁铸制，保存较好，身有铁锈，略见蚀痕，铁柄有部分残损。熨斗口边八角形，三叠唇，敞口，平沿，直股，平底（图 17–88），内底铸牡丹花，花枝繁茂作盛开状（图 17–89），后部口沿处铸短銎柄，銎内纳管状长柄，柄因锈蚀残坏（图 17–90）。熨斗通长 37 厘

图 17–88

图 17–89

图 17–90

米，口部八棱边长 7 厘米，口外径 18 厘米、口内径 16 厘米，底径 14.9 厘米、高 5.5 厘米，銎与柄长 21 厘米、外径 2.6 厘米。

五、八角形缠枝牡丹花纹铁熨斗

1 件。铁铸制，保存完好，因土浸表面呈灰白色，锈迹苍然（图 17–91）。熨斗口边外缘八角形，内口圆形，直腹，平底。八角口边略起边棱，唇面每角处铸出三圆点。内底缘边铸凹线纹一周，其内为缠枝牡丹花纹，枝叶婉转缠绕（图 17–92）。后部口边铸出短銎柄，柄面中间及边缘铸五道凸线，銎孔纳管状柄。熨斗通长 30.5 厘米、高 6 厘米，口缘八角形，每边长 7 厘米、边内凹 0.2 厘米，口对角径 18.8 厘米、内径 14.7 厘米、壁厚 0.5 厘米，銎柄长 5 厘米、宽 3.7 厘米、高 2.5 厘米，管柄长 8 厘米、外径 2.5 厘米。

图 17–91

图 17–92

第十一节　铁梳妆架

铁梳妆架，是辽代用以梳妆的用具，过去考古发现不多。此前见于墓中出土，但较简单，有的为木制。此件结构复杂，并可折叠，携带方便，适合游牧生活使用，是目前所知保存最完整的一件，非常难得。

折叠式铁梳妆架

1 件。铁锻制，安装而成，保存完好，身有锈蚀，锈迹苍然。梳妆架根据各部件所在位置不同，使用锻制成或方、或扁、或圆形的铁条铆接与环套组装，可折叠，支起、并合均很方便。架作靠背椅形（图 17–93、图 17–94、图 17–95）。架座为左右两边各用两根长铁条作“X”形相交，中间有圆孔，用钉铆起，可以撑开或并合；其上下两端各铆接两条横铁条，顶端者长出两侧，上面的铁条两端弯曲，其顶端锻成较大的云头状装饰，此为梳妆架底座的支架。在此架的上面，左右两边纵向置二铁条，用以连接前后两面横铁条上，构成座面的架梁，此纵向铁条，前端弯成环状，与前面下边的横铁条相套接，使其可活动但不能取下，以便折叠；后端则做成弯钩，钩搭在后面上边的横铁条上，可随时摘下以便如椅座式折叠。两纵向铁条间，再铆接二横铁条，其内铆接四出卷云状花纹式样铁条，形成椅座“板面”（图 17–96）。椅座左右两边，置有类于“扶手”的护栏，此亦用铁条铆成，下部长铁条钩搭于前后横铁条上，护栏方形外框，内置以柿蒂形花纹，现右边护栏缺失。后面为“靠

图 17–93

图 17–94

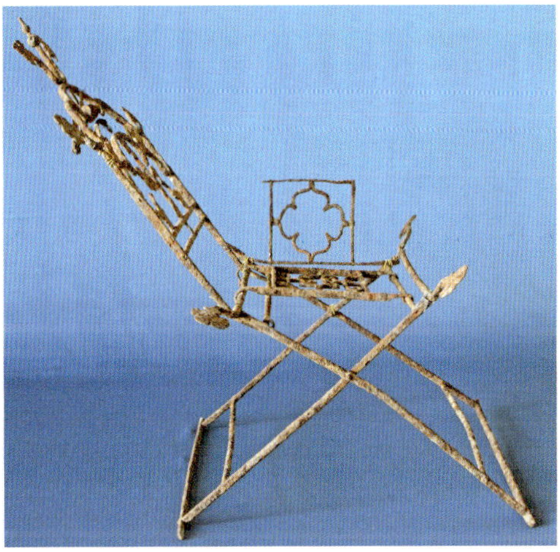

图 17–95

图 17–96

背”，制作最为精美，构思新奇，纹饰繁复，多处用鹤，表现出契丹民族的特点。靠背用左右两根铁条与上面铆接的三曲云头状铁条作框架，下端弯曲成环，套环于椅座后面第二个横铁条上，可以自由落下，进行折叠，使用时支起，铁条下部略为弯折向上，使之立起，成为靠背，然后由“护栏”头上的弯钩钩牢，使靠背不会倒下。此架折叠方便，结构简单、合理、科学。靠背上有多层纹饰，下面横铆二铁条，其上为一个三曲云头纹，并与顶端纹饰相对应，使其和谐悦目。此空间内，中间是一葫芦形花瓶，口上出一茎五花，中间一朵直立，两侧各曲分一支，花作如意云头状，花瓶左右各有一鹤，曲颈昂首，长喙前伸，直向云头花朵（图 17-97）。上一层纹饰，中间是一只自高空俯冲、风驰电掣般飞翔而下的飞鹤，曲颈舞翅，翅尖上翘，形态传神，动态感非常强烈（图 17-98），似奔向下层的云头花朵，

图 17-97

图 17-98

上下两组花纹布局十分融洽统一。此飞鹤的左右两边，是下面花瓶中一茎五花中另两朵，扶摇直上，长入更高的上一层，更显瓶花错落有致。在飞鹤与花朵的两边，又各有一鹤，姿态与下层之鹤相同，亦曲颈昂首，作蓄势欲飞之状。靠背顶部中央出一铁针，下粗上细，近尖处饰有二珠，下者较大，上者略小，其形颇类塔顶之“刹杆”结构，左右两边对称曲出两花叶状装饰，其形似如意云头，亦类海棠花叶。此架形制、结构、纹饰等，特点突出，过去未见，十分珍贵。梳妆架通高 55.3 厘米，平台高 25 厘米，底面支脚前后距 41 厘米、底面横宽 28.7 厘米，平台横宽 41.5 厘米，靠背立直角度为 120 度，后背通宽 29.5 厘米、后背宽 22.8 厘米，左侧扶手长 12 厘米、高 11.5 厘米，铁条直径 0.7~1 厘米。

第十二节　铁火盆

铁火盆，是辽代时人取暖的用具。由于北方冬季天气寒冷，用火盆蓄炭是其御寒采用的方法之一。其器为铁制，亦有铜制者，辽地皆有发现。阜新发现的铁火盆数量较多，制作精致，饰有花纹，样式多种，大小不一，且有极大者，为此前所未见。铁火盆是考古发现中首见于辽代的出土实物，弥足珍贵。

一、三足极大铁火盆

1 件。铁铸制，保存较好，身被铁锈，苍老自然，盆身有一道裂纹。此火盆硕大，设计、制作均精，此前无出土例，如此大者，不为人知（图 17–99）。火盆折口，外展平沿，边起立唇，直腹，底微外突。腹底间起铸三足，上宽下窄，中有“束腰”，上为兽面纹，下为兽蹄足，足爪清晰（图 17–100）。腹部有四个提环，因此火盆硕大，为提抬移动火盆而设此游环，用时平抬，不用时垂下，此环系弯成“U”形锻铁条长环，两端外折套入穿鼻内，然后铸于盆腹部外侧。此器体积硕大，为同类器物所仅有，前所未见，是此类器之冠。火盆通高 31 厘米，口外径 103 厘米、内径 82 厘米，盆沿宽 10.5 厘米、壁厚 1.5 厘米，外底直径 83 厘米，足高 19 厘米、上宽 13.5 厘米、束腰宽 5 厘米、着地面宽 8 厘米，盆内立壁高 9.5 厘米，盆深 18 厘米，提环长 16.5 厘米、宽 11.5 厘米、环径 1.5 厘米。

二、三足铁火盆

1 件。铁铸制，保存完好，锈色苍然。火盆较大，折口，外展平沿，沿边起唇，

图 17-99

图 17-100

斜直腹，凸底。腹底间铸出三足，足略弧曲，面饰五道凸垂线纹（图 17-101）。火盆高 19 厘米、外口径 57.5 厘米、内口径 46.5 厘米、平沿宽 5.5 厘米、足高 10 厘米，足上宽 9.5 厘米、下宽 6.5 厘米。

三、三足铁火盆

1 件。铁铸制，保存基本完整，但锈蚀严重，锈层剥落，损及盆体表面。火盆较小，当为“手炉”，敞口斜壁，束腰，直腹，平底。口沿饰有短线纹，在口部形成点状凸起，腰部饰一周较高的凸线纹。腹外部出三足，足折角，面有花纹，上为变形兽面，下为蹄足（图 17-102、图 17-103）。火盆高 11.2 厘米、外口径 19.6 厘米、内口径 18 厘米、足高 8 厘米。

图 17-101

图 17-102

图 17-103

四、双耳三足铁火盆

1 件。铁铸制，保存较好，身有铁锈，锈斑层叠。火盆较小，当为“手炉”，折口外展平沿，凸起边唇，斜腹，平底。腹底间出三足，足折作三角状，角线外突。平沿口部有二竖耳，现耳已失，仅存根部（图 17-104）。火盆高 6 厘米、外口径 15.3 厘米、内口径 9.3 厘米，平沿宽 3 厘米、厚 0.5，足高 3.5 厘米、足

图 17-104

根宽 2.5 厘米、足着地面宽 1.5 厘米，残竖耳存根部高 1 厘米。

第十三节　铁火铲、铁火钳

铁火铲、铁火钳都是和铁火盆相配合的取暖工具。铁火铲是向火盆内添入和取出炭灰用的，铁火钳是向火盆内送入或翻动炭火和夹出残炭的工具。辽代在取暖工具配造方面还是很完善的。

一、铁火铲

1 件。铁锻制，铲身锈蚀较重，锈斑层叠，并有部分残损。铁铲略近方形，除铲头部外均有上折边，后部有长柄，柄端有銎（图 17–105、图 17–106）。铲通长 34.5 厘米，身长 18.5 厘米、宽 16.8 厘米、厚 0.2 厘米，銎柄长 16 厘米、外径 3 厘米、内径 2.4 厘米。

图 17–105

图 17–106

二、铁火钳

1 件。铁锻制，保存完好，身有锈迹。火钳长身，双股，直柄，两柄相合，柄身前扁方形、后圆形，前部为钳口，口扁体，后方形，弯曲形成一圆孔，两钳柄在环孔后用铆钉固定，以使火钳张合自如（图 17–107、图 17–108）。火钳通长 51 厘米、柄长 39 厘米，扁方与环体长 21.5 厘米、宽 0.6 厘米，前口环外径 7.5 厘米、体径 1.2 厘米，钳口长 3.5 厘米、宽 2 厘米、厚 0.2 厘米。

图 17-107

图 17-108

第十四节 铁锁

铁锁，是为保障安全而设计的防盗工具。辽代铁锁发现较多，在遗址、墓葬的考古发现中常有出土。铁锁有多种形制，一般为横式锁、立式铃铛锁，也还有其他形式铁锁。

一、横式游卡铁锁

1 件。铁锻制，保存较好，身有锈蚀，锈迹苍然。横式锁，锁体在一端，较粗，圆形，中空，端部锁体折转上弯，接圆体锁梁，固定为一体，锁梁上套有游动锁卡，此锁卡可以摘下，当将其体环套于锁梁上推入锁身内时，卡簧张开，即锁上，构成此横式簧锁（图 17-109、图 17-110）。铁锁通长 30 厘米、高 7 厘米，锁体长 11 厘米、外径 3.5 厘米、锁梁径 1.2 厘米。

图 17-109

图 17-110

二、横式套管分卡铁锁

1 件。铁锻制，保存较好，锁身锈迹斑驳，略有残坏。此锁为横式锁，锁体在下面中部，中空，为管状，有卡口，一端较细，折转弯回，亦为管状，然后套接锁环，锁环与锁身相对接，上部插入细管内，下部有卡簧，插入锁身中，卡簧张开即锁定（图 17–111、图 17–112）。铁锁通长 21.5 厘米、高 4.5 厘米，锁体长 12.2 厘米、外径 2.5 厘米、锁梁径 1.1 厘米。

图 17–111

图 17–112

三、横式游卡铁锁

1 件。铁锻制，保存较好，略有锈蚀，环卡锁簧缺失。锁身管状，锁端有二孔，分别为锁孔与钥匙孔，结构明显，另端上接固定锁梁（图 17–113、图 17–114）。铁锁通长 14.5 厘米，锁体长 10.5 厘米、腹径 2 厘米、锁梁径 0.5 厘米。

图 17–113

图 17–114

四、立式扁鼓形铁锁

1 件。铁锻制，保存较好，身有锈蚀。锁为立式，锁身圆形似鼓状，上下贯通卡簧锁梁，下部伸出至端部弯转为环，防止锁梁由上部抽出。当上部弯曲环梁提起后，再次推入锁身时，主梁上的逆向卡簧在锁身内张开，锁即锁定（图 17–115、图 17–116）。铁锁通长 12 厘米，圆形锁身直径 4.8 厘米、厚 2.4 厘米。

图 17-115

图 17-116

五、立式圆鼓形铃铛式铁锁

1 件。铁锻制，保存较好，锈迹斑驳，锁具下端缺失。锁为立式，锁身状如立鼓，因系挂锁，摆动如铃，故称铃铛锁。锁身圆鼓形，两端较细，当中稍粗，锁梁上部弯成立式环梁，卡簧贯通锁体，下端伸出，当环梁端部插入锁身时，卡簧于锁身内张开，锁即锁定（图 17-117、图 17-118）。铁锁存长 10.5 厘米、锁身高 5.5 厘米、外腹径 4.7 厘米。

图 17-117

图 17-118

六、立式圆鼓形铃铛式铁锁

1 件。保存完好，锈蚀轻微，苍老自然。锁身圆形如鼓，中间较两端稍外凸，立环状锁梁卡簧贯穿锁身，上部有方形铁挡卡于锁身外，锁梁尾端伸出锁身，锁身下面另一孔为钥匙孔（图 17-119、图 17-120）。铁锁通长 11 厘米，鼓式锁身高 4 厘米，最大外径 3.5 厘米。

图 17-119

图 17-120

图 17-121

图 17-122

七、立式圆鼓形铃铛式铁锁

1 件。铁锻制，保存完好，锈迹苍然。锁身较高，形体如鼓，中间部分微凸，上有立式环梁，逆向卡簧推入锁身内，上有卡挡，锁内锁梁扁体，尾端伸出锁身，锁身下面扁孔为钥匙孔（图 17-121、图 17-122）。铁锁通高 11.5 厘米、锁身高 5 厘米、腹外径 4 厘米。

八、立式圆鼓形铃铛式铁锁

1 件。铁锻制，保存较好，略有锈蚀，表面光洁。此为挂锁，摆动如铃铛状，故可称为铃铛锁。锁身如鼓状，高体，中间微凸。主梁锁环缺失，卡簧部分存于锁身内，尾端由锁身下部圆孔中伸出，其侧扁方孔为钥匙孔（图 17-123、图 17-124、图 17-125）。铁锁存高 8 厘米、锁身高 5 厘米、腹外径 3 厘米。

图 17-123

图 17-124

图 17-125

九、立式圆鼓形铃铛式铁锁

1 件。铁锻制，现通身铁锈，锈斑层叠。锁亦为铃铛锁，鼓状锁身，上部锁梁残坏不存，卡簧存锁身内，锁梁尾部扁体伸出于外，并弯曲为环（图 17-126）。铁锁存高 10.5 厘米、锁身高 5 厘米、外腹径 4 厘米。

十、立式圆鼓形铃铛式铁锁

2 件。此锁 2 件锁在一起，现无法分开，应是当年铁锁未使用，恐丢失或便于保存，故将二锁锁在一起。锁为锻制，略有铁锈，保存完整，只一件锁穿梁下端缺失。铁锁为铃铛式，鼓式锁身，圆体，两端稍小，中部外凸，

图 17-126

上有锁梁穿鼻，通过锁身，下端露出锁外（图 17-127、图 17-128）。二锁，完整者通高 11.5 厘米、锁身高 4.5 厘米、腹外径 4 厘米，缺下部锁穿梁者存高 8.5 厘米、锁身高 4.5 厘米、腹外径 4 厘米。

图 17-127

图 17-128

十一、横式圆桶身铁卡锁

1 件。铁锻制，保存较好，现存铁锈。锁身圆形，内中空，有簧卡，一端有钥匙孔，可以开锁，在圆形锁身中间有一孔，从外伸入一铁杆，外端环孔套一铁环，此杆实即锁梁，锁时将锁梁穿入两铁鼻内，然后插入锁身孔内即可上（图 17-129）。锁高 7 厘米、外径 2.5 厘米，锁杆长 19 厘米、体径 1 厘米、杆环外径 2 厘米，活环外径 4 厘米、体径 0.5 厘米。

图 17-129

十二、横式圆身铁挂锁

1 件。铁锻制，保存较好，身有铁锈。锁身圆形，上有锁梁，下端锁梁伸出锁身之外，并有钥匙孔，可以开锁。在上部半环式锁梁中，锁有一铁杆状穿鼻，后部尾端加大，形成一铁挡。此杆状铁穿鼻即将其穿入欲锁物（如两扇门）的两铁鼻内，然后于其前端环孔上锁，便即锁牢（图 17-130）。铁锁高 10 厘米、身高 5 厘米、身径 3 厘米，横穿铁锁杆长 18.5 厘米、体径 0.8 厘米，杆头加大处底为平面、

图 17-130

立边、上面两面坡状，横长 2.5 厘米、宽 1.2 厘米、立边高 1 厘米、坡面中间脊高 1.5 厘米。

第十五节　铁链

铁链，是铁制的绳索，用以连接或拴锁其他物体。辽代铁索链形制较多，链节长短、大小、粗细各异，当是因使用目的不同而有所区别。

一、铁链

1 件。铁锻制，身有铁锈。铁链体较粗壮而短，现为 69 节（图 17-131），链节大小略有不同，总体较为匀称，链节均为合口，无缝隙，一般为亚腰形（图 17-

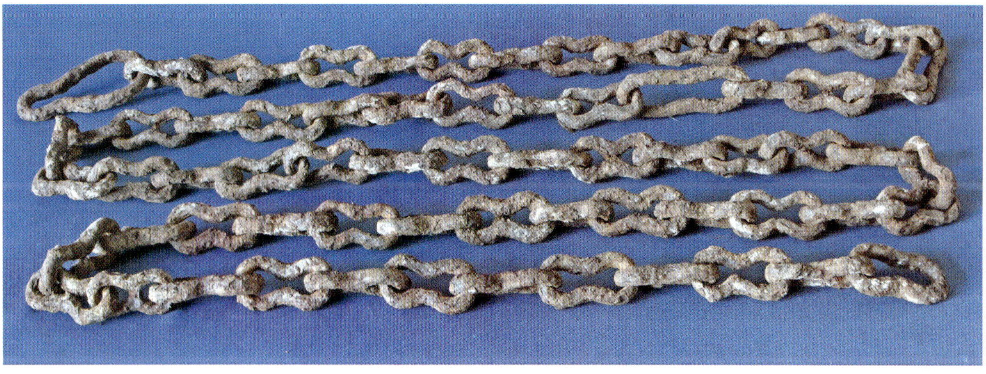

图 17-131

132），只有链头形状稍异，如葫芦状（图 17–133）。铁链通长 276 厘米，链节大号长 8 厘米、宽 3 厘米、体径 0.7 厘米，小号长 4.5 厘米、宽 2.5 厘米，铁链两端节长 8.5 厘米，大头外宽 4.5 厘米，小头外宽 2.5 厘米。

图 17–132

图 17–133

二、铁链

1 件。铁锻制，身有锈蚀。铁链体较细，现为 50 节（图 17–134），各链节长短、大小不一，大、中型多，最小的只有一节，各节均无开口，由此可知，链的各节间应在套接后，再经锻打使成一体（图 17-135）。通长 175 厘米，大号节长 4 厘米、外宽 1.3 厘米、节外径 0.4 厘米，中号节长 3 厘米、外宽 1.2 厘米，小号节长 1.8 厘米、外宽 0.5 厘米。

图 17-134

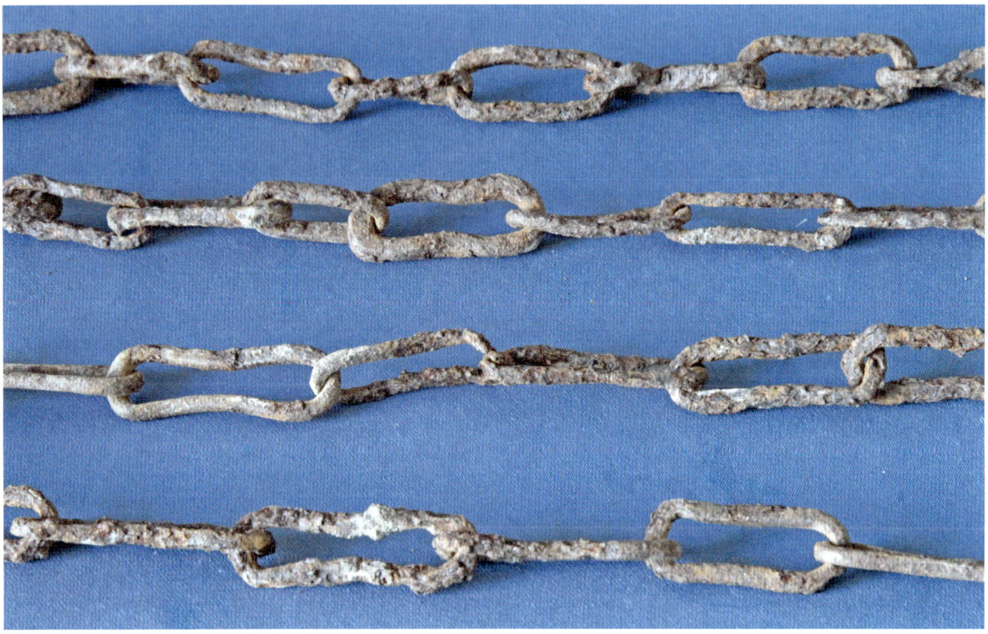

图 17-135

三、铁链

1 件。铁锻制，身有锈蚀。此件铁环原应在一木制物上，由环上的铁穿鼻固定，从穿鼻外端两股分襻长度看，木件厚度为 7 厘米。铁环上挂有铁链，现存 2 节，链与环联结是一挂环，可以摘下（图 17-136）。通长 32 厘米、铁环外径 6 厘米、内径 4.5 厘米，链节长 7 厘米、节径 0.5 厘米。

图 17-136

四、铁链

1 件。铁锻制，铁锈斑驳，侵蚀较重。铁链现存 3 节，有残，链作亚腰形，中间相并，体扁方（图 17-137）。铁链通长 21 厘米，单节长 5.5 厘米、宽 3 厘米，体径宽 1 厘米、厚 0.8 厘米。

图 17-137

第十六节　铁钉、铁穿鼻等铁杂物

铁钉、铁穿鼻等，这些小型铁制品，属于杂物，各具不同功能，多施于某种器物上，是组成必要件或是配件，但确系日常生活中不可缺少之物。其数量较多，虽都残缺不全，但可反映出辽代社会生活面貌，故也应予以重视，本书亦略有选择地收录之，以见其一斑。

一、扁体铁钉

4 件。钉为锻制，扁体钉身，顶端有扁帽，形稍大而薄，现帽有直有弯折，其凡折者，应是使用后故意打折，以使其平整和牢固附着于物体表面。钉身附有铁锈，略有残损。铁钉大小不一（图 17–138），每件的具体尺寸，自左至右依次为：

1. 长 12 厘米、宽 1.5 厘米、厚 0.6 厘米。

2. 长 13.5 厘米、宽 1 厘米、厚 0.5 厘米。

3. 长 10.5 厘米、宽 0.7 厘米、厚 0.5 厘米。

4. 长 9.5 厘米、宽 1 厘米、厚 0.7 厘米。

二、方体铁钉

4 件。铁锻制，方体钉身，有平顶无帽，有扁帽，扁帽使用者均弯打成折（图 17–139）。铁钉大小不一，其尺寸自左至右为：

1. 长 14 厘米、宽 1 厘米、厚 1 厘米。

2. 长 13.8 厘米、宽 0.6 厘米、厚 0.5 厘米。

3. 长 12 厘米、宽 0.8 厘米、厚 0.6 厘米。

4. 长 10.4 厘米、宽 0.8 厘米、厚 0.4 厘米。

三、圆体铁钉

2 件。钉为锻制，较纤细，表面光滑，制作较工，圆体钉身，顶端有钉帽，帽为扁形（图 17–140）。钉有残损，大小不一，其尺寸自左至右为：

1. 长 18 厘米、体径 0.5 厘米。

2. 长 16 厘米、体径 0.6 厘米，钉帽宽 2.1 厘米、高 1.5 厘米。

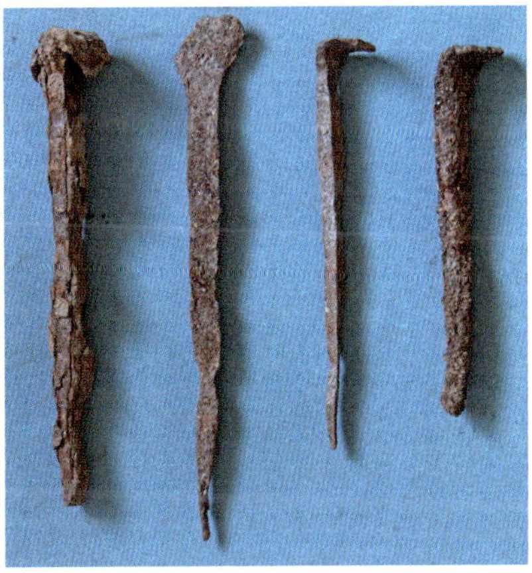

图 17–138

图 17–139

图 17–140

四、大帽铁钉

1 件。铁钉为锻制，圆形扁帽，顶面微凸，方形钉身，略有残坏（图 17–141、

图 17-142）。钉存高 5 厘米、钉残长 3.5 厘米、钉方体 0.5 厘米、帽径 3.5 厘米。

图 17-141

图 17-142

五、蘑菇帽大铁钉

3 件。铁锻制，保存较好。钉帽圆形，体较大，状如蘑菇，顶心较厚，边缘稍薄，下面中心为钉身，方体，尖部圆形（图 17-143、图 17-144）。三件铁钉尺寸：

图 17-143

一件帽圆径 8 厘米、边缘厚 0.2 厘米、顶心厚 0.8 厘米、钉身长 7.5 厘米、根部宽为 0.8 厘米。

另两件帽同大，一件钉身存长 5.5 厘米、根部宽 0.6 厘米，另一件钉身长 9 厘米、根部宽 1 厘米。在钉帽顶面，

图 17-144

锈结有布纹，当是因其近衣物等，故附有织品痕迹。

六、铁锔钉

1 件。铁锻制，扁体，两端较尖，折曲呈“Π”形，用以对木质物进行拼接锔袢（图 17–145）。高 8 厘米、宽 5 厘米、壁宽 1.2 厘米、厚 0.3 厘米。

七、铁环鼻

1 件。一铁环附一铁鼻钉，用以钉入木质器物上，铁鼻钉尖端袢回，可测知木器的厚度，现钉与物体脱落（图 17–146）。通长 5.5 厘米，环外径 2.6 厘米、内径 2.2 厘米，鼻高 3 厘米、宽 0.5 厘米、厚 0.4 厘米。

图 17–145

图 17–146

八、铁穿鼻

1 件。铁锻制，环顶端已残。穿鼻环状，下为钉身，双股（图 17–147）。此件为木质物体的附件，是一环鼻钉，因顶孔残坏，相应铁环已经遗失。钉长 8.5 厘米、宽 1 厘米、厚 0.6 厘米，孔外径 2 厘米、

图 17–147

内径 1 厘米。

九、铁穿鼻

1 件。铁锻制，钉身双股，顶端弯曲成环状，以纳铁环，此件是环鼻的一部分，现环已失（图 17–148）。钉尖过木器厚度均袢回，由此并可知钉板的厚度。环鼻两件：一件高 8.5 厘米、宽 2.5 厘米、孔径 0.5 厘米；另一件高 2.5 厘米、宽 6 厘米，鼻宽 3 厘米、孔径 1.5 厘米。

图 17–148

十、铁穿鼻

1 件。铁锻制，扁体，双股，顶部弯曲成环，钉入木器后，尖部弯曲袢回（图 17–149）。高 5.5 厘米、宽 5.6 厘米，鼻外径 2.6 厘米、内径 2 厘米。

图 17–149

十一、铁环

1 件。铁锻制，为一大铁环中套一小铁环，小铁环再套两个小铁环。此链环应为一种拉拽物件（图 17–150）。通长 19 厘米，大环外径 13 厘米、体径 1.5 厘米，中环外径 5.5 厘米、体径 0.7 厘米，二小环外径 4 厘米、体径 0.5 厘米。

图 17–150

十二、云卷形铁合页

1 件。铁锻制，因锈蚀已有残坏，现两合页相并，未展开。两扇合页形状相同，体较薄，圆形，其外侧出二半环状饰，两扇之间以铁扣相连接，可以自由并合，合页体有多处钉眼，可以分别钉于两个物体上，以使之相联（图 17–151）。长 9 厘米、宽 14.5 厘米、壁厚 0.2 厘米。

十三、灯笼形铁合页

1 件。铁锻制，有锈蚀，锈迹斑驳。合页两扇形状基本相同，灯笼形，扁圆体，下有灯笼穗，两者之间一为环鼻、一为扁孔，套接而成，灯与穗上分别有二孔和一孔，以便钉在相关木质物上（图 17–152、图 17–153）。通长 20.7 厘米，单件高 12 厘米、宽 7 厘米、厚 0.4 厘米。

图 17–152

十四、铁提梁

1 件。铁锻制，为木器物之提手，已与木器脱离，稍残。提梁较大，环梁顶平，两端弯折，反曲成钩，以接游环（图 17–154）。提梁长 8.5 厘米、高 4.5 厘米、体径 0.8 厘米。

十五、铁拉手

1 件。铁锻制，略有锈蚀。此件为木门或抽屉的拉手，前有一游环，用铁鼻固定于木器上，下有条形拉手（图 17–155）。通长 15 厘米、宽 2.5 厘米、厚 0.2 厘米，环外径 3.5 厘米、内径 2.5 厘米。

图 17–151

图 17–153

图 17–154

图 17–155

十六、铁管

1件。铁锻制，圆桶状，卷曲而成，结合痕迹明显，反映出当时铁管制作情况（图17-156）。高4.2厘米、外径5.8厘米、内径3.5厘米。

十七、铁带卡

1件。铁锻制。圆形卡环，环套接卡针，卡针启动灵活，前端较细尖，便于卡带（图17-157）。卡外径5厘米、内径3厘米、体径1厘米，卡针长5.5厘米，卡体扁方形，高1厘米、体厚0.8厘米。

图17-156

图17-157

第十七节　铁镊子、小铁刀、小铁叉

镊子，日常生活之用品，是用以夹出毛、刺等细小之物的工具。小铁刀、小铁叉，也是日常生活用具，因其形体较小，应有特殊功用，值得注意。

一、铁镊子

1件。铁锻制，保存完好，略有锈迹。镊子长身，条形，薄体，为一完整铁片锻打而成，顶部折曲，呈圆球状，当中有一孔，近孔处圆身，然后逐渐展平，至镊口处微内折，以便夹物（图17-158、图17-159）。镊长9.7厘米、口部宽0.8厘米、后圆径0.4厘米、厚0.1厘米，顶部球状径0.8厘米、孔径0.2厘米。

图 17-158

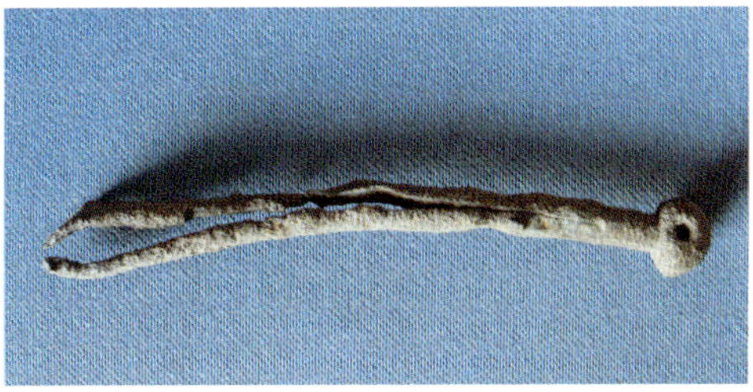

图 17-159

附：铜镊子

1 件。铜制，保存较好，略见锈蚀。镊子呈条形，等宽，薄体，系用一薄片当中卷回，顶部留一圆环，以保持弹力，环体下束一道箍，以便镊口收紧，口端边缘略内折，以利提夹物（图 17-160、图 17-161）。镊子长 7.5 厘米、前宽 0.6 厘米、后宽 0.5 厘米、厚 0.1 厘米、顶端环孔径 0.2 厘米。

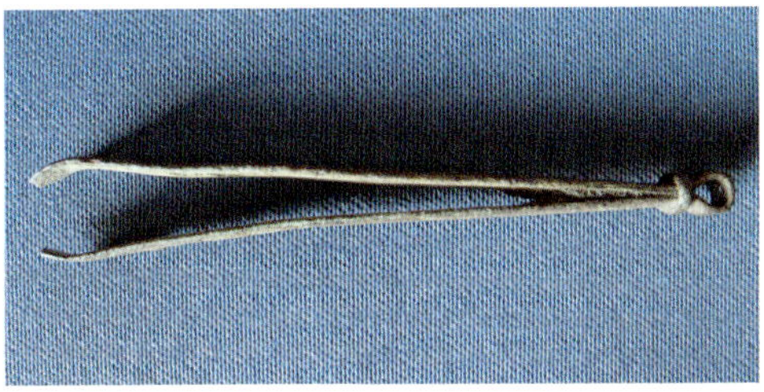

图 17-160

图 17-161

二、小铁刀

1 件。铁锻制，保存较好，身有铁锈，刀柄略残。刀体较薄，凹背，凸刃，背厚刃薄，柄斜直（图 17-162）。刀长 6.9 厘米、宽 1.6 厘米、厚 0.1 厘米，柄长 3 厘米、宽 0.5 厘米、厚 0.2 厘米。

图 17-162

三、小铁刀

1 件。铁锻制，保存较好，身有铁锈。刀体较薄，突尖，凹背，弧刃，背厚刃薄，短柄（图 17-163）。刀长 11 厘米、宽 2 厘米、背厚 0.3 厘米，柄长 3

图 17-163

厘米、宽 0.3 厘米、厚 0.2 厘米。

四、小铁刀

1 件。铁锻制，刀身锈蚀，尖与柄部残断。刀类匕首，直背斜刃，背厚刃薄（图 17-164）。残长 8.3 厘米、刀身宽 1 厘米、背厚 0.2 厘米，柄存长 2 厘米、宽 0.5 厘米、厚 0.2 厘米。

图 17-164

五、小铁叉

1 件。铁锻制，保存较好，身有锈迹，叉尖有残缺。铁叉很小，直柄，圆形，柄端稍粗，其上饰四道弦沟纹，叉两股，平肩直齿，齿圆体（图 17-165）。叉通长 7 厘米、柄长 3.5 厘米、叉齿距 0.8 厘米、径 0.3 厘米、柄体径 0.4 厘米。

图 17-165

第十八章　铁人、铁动物

铁人、铁动物，是辽代铁器中较为罕见的遗物，过去出土不多。尤其是这些铁动物，从其造型和呈现出的特征来看，较为别致，不似常规体态。在铁动物中，表现不一，如有的牛，头面上覆盖、罩以他物，如“当卢”状，却很大，将整个牛头正面全部遮掩，还有的牛则身披“甲衣”，“被甲”明显表露。这种对牛加以“武装”，有何作用？是对古时战争的反映？其意义应予以注意。

第一节　铁人

铁人，在辽代不乏其物，尤以铜铸最多，铁人相对较少。此铁人不是圆体形态，而是扁片状，作行走姿势，比较常见的小铜人为大，是辽代所铸铁像又一种形式。

小铁人

1件。铁铸制，保存完整，锈蚀较轻。薄身，前面为人体形态，后面光素。人为正面相，圆脸，眉目口鼻清晰，身着长袍，腰间系带，穿靴，两脚作向右行走姿势，双手亦趋同，右手露小臂，握一长大麦穗，弯曲过头垂于肩下，麦粒丰满，颗粒硕大，左手曲肘胸前，持一盛物长盘（图 18–1、图 18–2）。铁铸人像工艺较精，纹饰清楚，十分难得。人像高 5.4 厘米、上宽 3.3 厘米、下宽 3 厘米、厚 0.5 厘米。

第二节　铁动物

铁动物，其数量较多，俱在阜新一地，是辽代此类遗物较为集中的一次发现，其造型各异，内涵不尽相同，为今后研究这种遗物的性质和作用提供了非常有价

图 18-1

图 18-2

值的资料。

此为过去所未见者，是何作用？或与军事有关，牛首覆罩，如古代战马之有“当卢”装置。牛亦上阵，我国中古时期也有此战法。此前发现，常在墓中出土。

一、铁牛

1 件。铁铸制，锈蚀较重，器身布满锈渣，双角及两耳残缺。铁牛形态逼真，身躯粗壮，头较大，昂首站立，四足垂直，腿下部围铸一周条带，前部作尖状突出，牛体中空，壁均薄胎，脊背从前至后有一道合范线，由此可知铁牛铸造时是左右两块铸范相合的。此件牛头上覆有“面罩”，背上亦有覆盖，覆物由两块组成，前一块起在颈项处，后一块相接覆压在腰部，两侧面下垂至腹，类似“甲衣”（图 18-3~ 图 18-5）。高 11 厘米、长 14 厘米、宽 6.5 厘米，足高 7 厘米、宽 2 厘米，壁厚 0.5 厘米。

二、铁牛

1 件。铁铸制，锈蚀较重，器身布满锈渣，身有多处裂痕，两耳缺失，仅存残痕。铁牛形态逼真，身躯粗壮，头较大，昂首站立，角略弯曲，四足垂直，腿

图 18-3

图 18-4

图 18-5

下部围铸一周条带，前部作尖状突出，牛体中空，壁均薄胎，脊背从前至后有一道合范线。牛头上盖有“面罩”，遮住牛头前脸正面（图 18-6~ 图 18-9）。高 11 厘

图 18-6

图 18-7

米、长 14 厘米、宽 6.5 厘米，足高 7 厘米、宽 2 厘米，牛角高 2.6 厘米。

图 18-8

图 18-9

三、铁牛

1 件。铁铸制，保存较为完整，锈蚀较重，锈迹斑驳，两耳残缺。铁牛形态逼真，身躯较短，四腿较高，体魄显得矫健，脖颈较粗，头上两角弯曲，颏下垂一条状物在前两腿间，长尾下垂，四腿下部围铸一周条带，牛体中空，壁作薄胎，脊背从前至后有一道合范线（图 18-10~ 图 18-14）。此件较特殊的是，牛头上有“覆面”，上面平齐，两侧微弧下收，为尖圆形，完全遮盖在头面部，背部有覆盖物，披在背上，垂于腹下，犹如铠甲。铁牛高 16 厘米、长 12.5 厘米、宽 5.3 厘米，足高 8.5 厘米，角高 2 厘米、角间距 2.2 厘米，耳长 1 厘米。

四、铁牛

1 件。铁铸制，身有铁锈，锈迹斑驳，角耳俱残。铁牛形态逼真，身躯粗壮，头较大，颏部下垂一条带，牛昂首站立，颈不明显，四足劲直，后面大尾下垂，腿下部围铸一周条带，牛体中空，壁均薄胎，脊背从前至后有一道合范线。牛头上盖有“面罩”，异常明显，其窠槽较深，由头顶至口前全部遮盖，掩住牛头前脸正面（图 18-15~ 图 18-17）。高 12.5 厘米、长 12.2 厘米、宽 5.5 厘米，腿高 6.2

图 18-10

图 18-11

图 18-12

图 18-13

图 18-14

图 18-15

图 18-16

图 18-17

厘米。

五、铁牛

1 件。此件是二铁牛之一，两件铁牛形制基本相同（图 18-18 左）。铁铸制，体较厚重，保存完好，身有铁锈，锈迹苍然。铁牛头较小，顶部双耳不存，角尖微残，昂仰向上，颈较短，背平直，身躯浑圆肥硕，颏下垂，四腿直立，下为略近长方形底座，座边缘较为浑圆。脊腹部自前至后存有合范线痕迹。牛背上有“披甲”，颈背及腹部均很明显，突然高起，异于背腹自然形态，特别腹部自下至上有八道沟纹，用以表示甲片行列，而在腹下部前腿后方、后腿前方的腹上，各有一条肚带，系往腹两侧披甲下部，使披甲固定在牛身而不使其掉落下来（图 18-19、图 18-20）。通高 5.5 厘米，身长 7.5 厘米、宽 3 厘米，腿高 1.8 厘米，底座长 5 厘米、宽 3 厘米、厚 1 厘米。

图 18-18

六、铁牛

1 件。此件是二铁牛之一，与上一件铁牛形制基本相同（图 18-18 右）。铁铸制，体较厚重，保存完好，身有铁锈，锈迹苍然。铁牛头较小，顶部双耳不存，角尖微残，昂仰向上，颈较短，背平直，身躯浑圆肥硕，颏下垂，四腿直立，下为略近长方形底座，座边缘较为浑圆。脊腹部自前至后存有合范线痕迹。牛背上有“披甲”，颈背及腹部均很明显，突然高起，异于背腹自然形态，特别腹部自下至上有八道沟纹，用以表示甲片行列，而在腹下部前腿后方、后腿前方的腹上，各有一

图 18-19

图 18-20

条系带，系往腹两侧披甲下部，使披甲固定在牛身而不使其掉落下来（图 18-21、图 18-22）。铁牛高 5.5 厘米、长 7.5 厘米、宽 3 厘米、腿高 1.8 厘米、底盘长 5 厘米、宽 3 厘米、厚 1 厘米。

图 18-21

图 18-22

七、铁牛

1件。铁铸制，体较厚重，保存较好，身有铁锈，一角残，尾稍残。铁牛俯首前伸，牛角高耸，平背翘尾，腹中空，四腿直立，下有近长方形底座。铁牛头戴护面，身罩甲衣，脊背自前至后存铸制合范线（图 18-23~ 图 18-25）。铁牛高 7 厘米、长 4.7 厘米、宽 2.7 厘米，前腿高 2.5 厘米、后腿高 2.8 厘米，底座长 3.5 厘米、宽 2.5 厘米、厚 1.5 厘米，尾存长 1 厘米，耳长 1.5 厘米。

图 18-23

图 18-24

图 18-25

八、铁狗

1 件。铁铸制，保存较好，身有铁锈，锈痕层叠。铁狗头颈平伸向前，四腿较长，垂直站立，下有长方形台座，座较厚（图 18-26、图 18-27）。铁狗高 7.5 厘米、长 7.2 厘米、宽 2.5 厘米，腿高 4.7 厘米，底座长 4 厘米、宽 2.5 厘米、厚 0.5 厘米。

九、铁鹿

1 件。此件与下一件铁鹿形制基本相同（图 18-28 左）。铁铸制，保存较好，身有铁锈，耳、尾稍残。铁鹿昂首竖耳，长身，前低后高，尾部上耸，四腿直立，下为近长方形底座（图 18-29、图 18-30）。铁鹿高 7 厘米、长 4.7 厘米、宽 2.7 厘米、前腿高 2.5 厘米、后腿高 2.8 厘米、底座长 3.5 厘米、宽 2.5 厘米、厚 1.5 厘米。尾上翘存长 0.5 厘米、耳长 1.5 厘米、耳间距 1.3 厘米。

十、铁鹿

1 件。此件与上一件铁鹿形制基本相同（图 18-28 右）。铁铸制，保存较好，

图 18-26

图 18-27

图 18-28

身有铁锈，耳、尾稍残。铁鹿昂首竖耳，长身，前低后高，尾部上耸，四腿直立，下为近长方形底座（图 18–31、图 18–32）。铁鹿通高 7 厘米、长 4.7 厘米、宽 2.7 厘米，前腿高 2.5 厘米、后腿高 2.8 厘米，底座长 3.5 厘米、宽 2.5 厘米、厚 1.5 厘米，尾上翘，存高 1 厘米，耳长 1.5 厘米、耳间距 1.3 厘米。

图 18-29

图 18-30

图 18-31

图 18-32

第十九章　铁铃、铁范等

铁铃、铁范等，俱为辽代的遗物。铁铃是风铃，为古代建筑上的饰件。铁范较为少见，具有很高的学术价值。

第一节　铁风铃

铁风铃，从其造型观察，它应是佛教寺院尤其应该是塔上悬挂之物。阜新辽代砖塔较多，现已倒毁数座，其风铃数量应较大，故较多见。

一、六角铁风铃

1件。铁铸制，保存较好，身有铁锈，铃耳有的稍残。风铃六棱体，中空，圆肩，斜直腹，每棱面下均出耳，面下内凹，顶部有环鼻，以供垂悬。内有铃胆，圆铤三出，作三爪式，铃身摇曳，均可触及铃壁作响（图 19–1、图 19–2）。通高

图 19–1

图 19–2

17.5 厘米、底径 13 厘米，每面下宽 6 厘米、内凹 3.2 厘米、壁厚 0.5 厘米，穿鼻高 2 厘米、孔径 0.5 厘米，内胆三爪形，爪长 3.5 厘米。

二、四角铁风铃

1 件。铁铸制，身有铁锈，缺失两面铃体。风铃方顶，上有环鼻，以便垂悬，体作四方形，折肩，斜直腹，角作实体铃壁，下端出尖状耳，铃之四面壁镂空，作连续三圆形孔，铃内顶部有桥形穿鼻，穿鼻纳一铁环，以系铃胆，铃胆作轮状，内有镂空花纹，纹为复折“卐”字——“卐”字为中国佛教标志符号，胆轮中心有穿鼻，以供与铃悬系。现铃四角残二（图 19-3、图 19-4）。通高 11.5 厘米，铃顶面均宽 5.5 厘米、下宽 3.6 厘米、对角直径 16 厘米，顶鼻高 1 厘米、宽 3.5 厘米、孔径 1 厘米，铃胆外径 7 厘米、厚 0.8 厘米，胆穿鼻高 3 厘米、径 0.4 厘米。

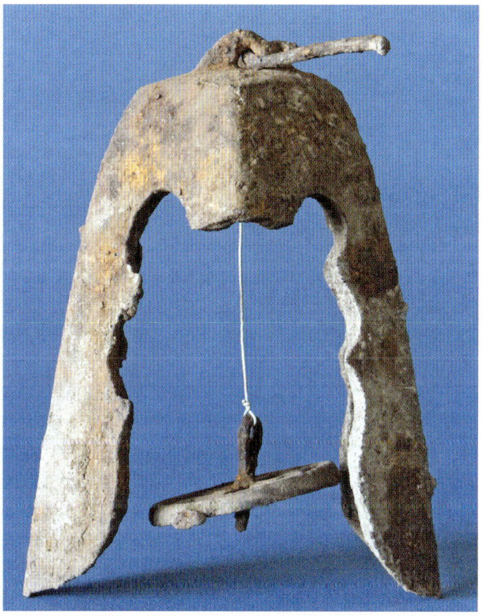

图 19-3

图 19-4

第二节　铁银锭范

铁范，为银锭的铸范，此件非常重要，是辽代铸造银锭的模具。这类范件过去发现很少，对了解和研究辽代铸造银锭是不可多得的实物资料。

铁银锭范

1 件。铁铸制，范体厚重，保存较好，身有铁锈，锈迹斑驳，銎孔稍残。铁

中卷

范平面呈葫芦形，一端有柄，柄有直向銎孔，孔方形。侧视范身上大下小，中部突起一周条纹带，底有随形银锭状浅圈足。上部中心为银锭槽，槽为亚腰形，两端两侧锐角，中间圆腰，槽呈银锭形（图 19–5~ 图 19–8）。银锭范通长 25.5 厘米、宽 15.5 厘米、高 10 厘米，束腰宽 9.8 厘米、壁厚 3 厘米，槽内宽 10.5 厘米、束腰内宽 4 厘米、高 4.4 厘米，柄上宽 6.2 厘米、下宽 4.4 厘米、高 7.2 厘米，柄内銎径上宽 3.5 厘米、下宽 3 厘米，外底圈足长 17 厘米、宽 11.4 厘米、束腰宽 7.5 厘米。

图 19–5

图 19–6

图 19-7

图 19-8

附：铁钱

此铁钱俱为宋代晚期所铸，它反映宋代此时经济的衰败，铜钱不够铸铁钱以应对。此铁钱应是宋向辽输币的佐证，因其与铁器同时出土，故附于此，以便了解。

铁钱数量较多，俱都锈结，完整者少，但钱文均尚清晰，都可识读，经辨认皆为北宋时期钱币，未见南宋铁钱。其中以"政和通宝""崇宁重宝"为最多（图 19-9、图 19-10）。其情况如下：

"政和通宝"，径 3.4 厘米、厚 0.2 厘米、孔径 0.7 厘米。

“崇宁重宝”，经测量，直径 3.4 厘米、穿孔径 0.7 厘米、厚 0.2 厘米。两种大小均相同。

图 19-9

图 19-10

下　卷

阜新铁器年代研究

在本书中卷收录的阜新铁器，不仅数量大，而且种类多，是一批非常重要的物质文化遗存，它们对于研究我国中古时期的历史发展、社会状况以及由此反映出的当时人们的生产、生活面貌，都是不可多得的实物资料，也将为我们深入地进行考古研究起到极大的推动作用。

但是，由于这批铁器不是经过考古发掘明确为遗址或墓葬中的出土物，它们没有确切的出土地点和准确的地层与遗存性质关系，因此，它们的年代就是需要首先解决的。这个问题，既是读者看过后要追问的，也是研究者应该回答的，任何一个考古研究者都是不能回避的，故此我们有必要对这些铁器的年代做进一步的探讨，以确定其时代。

根据了解，长时间以来人们对这类铁器年代的认识，都是存在问题的，一般都笼统地说是辽金时期的，甚至说得更晚，不言辽代，只说是金代也是有的。这种认识，在一定程度上影响了研究结论的正确性。

应当指出，在我国考古学研究中，有的时候对前后相接的两个时代的考古发现，因不易区分而连称，这在历史上确实存在，如秦汉、隋唐，但秦之于汉、隋之于唐，因其年代很短，特点变化不大，因而不易区分，这是可能的；但即使是这样的朝代，有很多发现也还是能够区分开来的。从考古实践看，将一种遗存或一件遗物定为两个朝代连称是很少的，就如秦汉、隋唐，在多数情况下还是区分开的，其发现被确定为秦代遗址、秦代墓葬，汉代遗址、汉代墓葬，隋代遗址、隋代墓葬，唐代遗址、唐代墓葬；具体到一件文物，也没有将其定为秦汉的或隋唐的，一般年代比较明确。但对辽金就不然了，许多时候发现一个遗迹或一件遗物，就将两个时代连称，如发现一座墓葬，就称为“辽金墓”，这也是常见的。但试想一下，一个墓怎么会跨越两个都各自存在了一二百年的朝代呢？这其中又没有短命王朝。这就很让人费解了。

对阜新的这批铁器，如果图省事，就说成是“辽金”的，似乎也不会引起争议，可能还会得到认同。但这是不科学的，也是不负责任的。因此，说成“辽金”有嫌不足，毕竟是前后存在三百多年的两个时代，而且是两个分别有两百多年与一百多年历史的王朝，不能做如此简单的处理。因此，对阜新的这批铁器，即使不能完全准确无误地说明每一件铁器的具体时代，也还是需要进行探讨的。笔者之所以要这样做，是因尽管它们确实没有一点儿“出土”依据，但就目前辽金考古研究状况看，这方面的问题很突出，故做些探讨，提出来以引起学界的注意与重视。我们只要对辽金历史发展关系及其考古发现状况有个大体趋势的了解、有一个概括的总体认识，就会发现问题。这使我们看到，此前关于辽金铁器乃至考古发现出土的铁器，也都确实存在年代模糊或认识不清的问题。因此，笔者想就阜新的这些铁器，谈一点儿关于确定铁器年代的初步看法，通过对具体遗物的讨论，为辽金铁器研究解决一些久悬未决或未能察觉的问题。

年代是考古研究中的重要问题，尤其对辽金时期的考古研究，此问题显得更重要。但限于体例，本书不对每一件器物进行论证，同时对出现的某些问题，也不做具体的讨论，将来笔者可视情况另写文章。本书只就阜新的这批铁器做正面评估，提出其年代问题。

在此需要说明的是：阜新的这批铁器，由于数量较多，因此不是悉数收录，而是经过仔细分类排比之后，参考国内各地过去考古发现的出土例，做了认真的挑选，然后进行比较鉴定；笔者是在收藏者的近三千件铁器中选出这四百多件，确定其为辽代遗存后，才将其收入本书中。因此说，在年代上，这批铁器应该是辽代的。为便于读者了解，在本书的上卷“各地考古发现出土的辽代铁器”中，做了相关的介绍，也都可以找到相应例证，故可确定其为辽代。

关于阜新的这批铁器，除了笔者经过对器物本身进行鉴定，判断其为辽代遗物，现在如果就器物本身鉴定不论，还可以从以下几个方面去分析和考虑，确定其为辽代遗物，也是有充分根据的。下面即从相关的这几方面情况进行说明和探讨。

第二十章　从阜新的辽、金建置考察

笔者经过多年的考古调查发现，阜新现存辽代城址很多，而金代不仅没有新筑城址，反而将辽代的许多城址废弃。并且，辽代有两百多年的经营，金代存在仅一百余年，时间相差几近一倍，两者相比，辽代的遗物自然要多过金代，这是无可辩驳的。

我们先从辽、金在阜新的建置进行考察。现在，阜新市辖二县，即阜新蒙古族自治县和彰武县。在此二县境内，分布有很多辽代的古城址及遗址、墓葬等，这是辽代遗物出土的地域。但从收藏者的生活范围和活动能力看，笔者认为，本书中卷所收录的这批阜新铁器应均出自阜新县，而不可能将其范围扩大到很远——因其仅是从阜新县城一个废品收购站中买来的，覆盖面有限，因此可以说不涉及彰武县，我们的研究再扩大些范围，亦即着眼于阜新县地域。因此，本书于此只列阜新县境内的辽代城址以便了解。

第一节　辽代在阜新的建置情况

阜新县境内的辽代城址，笔者基本上都调查过，其中有许多城址，笔者在既往的研究中也曾发表或作过论证，而当地的文物考古工作者也都进行过调查。现将笔者考古调查发现的、见于已发表文章的和《中国文物地图集·辽宁分册》著录的辽代城址，简记于下。

一、五家子屯辽城址

五家子屯辽城址，在阜新县城往西 56.5 公里化石戈乡哈尔脑村五家子屯西 1.5 公里，在牤牛河之东的岸边，现为农田。城址平面方形，每边长 400 米。城有瓮门与角台，城墙为夯土筑，颓坍较重，遗迹明显，坍宽 10 米，存高 1 ~ 1.5 米。城址内东南部现存古井一眼，地表上遗物较多，散布有大量的布纹板瓦，沟纹砖、灰陶罐、瓮、乳白釉瓷碗、青白釉瓷盘、黄绿釉瓶、黑釉缸片、器底等。

二、细河堡辽城址

细河堡辽城址，在阜新市西南 36 公里清河门区细河堡乡细河堡村，后世曾沿用。城址为长方形，城墙为土夯筑，南北长 400 米，东西宽 314 米，存高 2 ～ 4 米。城址内现为村落，遗物有布纹板瓦、绳状沟纹大青砖、六錾耳铜釜、钱币等。①

三、土城子村辽城址

土城子村辽城址，在阜新县城西南 30 公里伊马图乡土城子村南“城子地”中。城址略呈长方形，夯土筑城墙，南北长 120 米，东西宽 140 米，现存高 0.5 米。城址现为农田，城内地表存有白釉瓷片，白釉不到底大碗口沿、器底，布纹板瓦，沟纹砖等辽代遗物。

四、卡拉房子村辽城址

卡拉房子村辽城址，在阜新县城西南 28.5 公里新民乡卡拉房子村（下营子）南 300 米。城址方形，夯土筑城墙，每边长 110 米，现存南、东、西三面城墙，存高 3~4 米。地表可见遗物，有白釉瓷片、白釉黑花瓷片、茶末釉器片、布纹板瓦等。

五、梨树营子村辽城址

梨树营子村辽城址，在阜新县城东南 29 公里国华乡梨树营子村东 100 米。城址方形，石块垒砌城墙，每边长 100 米，存高 2~3 米，坍宽 5 米。城址现为耕地，城内地表上遗物较多，有乳白釉瓷片、布纹板瓦、沟纹砖等，均具辽代特点。

六、红帽子村辽成州城址

红帽子村辽成州城址，在阜新县城西北 25 公里红帽子乡西红帽子村北 1 公里。城址保存较好，四周城墙均在，城内现为耕地。城址为平面长方形，南北长 754 米，东西宽 696 米，城墙夯土筑成，坍宽 15 米，存高 5 米。四面城墙中部各有一门，门外有瓮城，墙外有马面，四角有角台。在城内偏西北处有一土台，高 5.5 米，

---

① 孙杰、高庆升 . 阜新地区辽城考记 . 阜新师专学报，1992 年第 2 期 .

俗称“点将台”，是一处建筑台基址。在此台址东南有两眼古井。城内遗物很多，俯拾皆是，可见琉璃瓦、沟纹砖、板瓦滴水等建筑饰件，各种陶瓷器残片，以及铁矛、铁锄、铁剪等。西城外原有一座砖塔，在1965年“破四旧”中被拆除，塔基地宫中出土许多珍贵文物。另在城址西北山上，仍保存一座八角密檐实心式辽代砖塔。此城址经考证为辽代成州。[①]

七、六家子村辽城址

六家子村辽城址，在阜新县城东北17公里沙拉乡六家子村东0.5公里丘岗上。城址平面呈长方形，城墙为夯土筑成，南北长60米、东西宽125米，城墙坍宽7米，存高0.5~1米。城址内地表上散布有乳白釉瓷器片、布纹板瓦、滴水、筒瓦等辽代遗物。

八、半截塔村辽懽州城址

半截塔村辽城址，在阜新县城东19.5公里大巴镇半截塔村西北部。城址前部为村民房舍所占用，北半部为耕地，城墙仍存，遗迹明显。因耕种关系，城墙坍宽达20米，存高0.8~2米。现在北城墙最完整，东西长400米。东城墙南段为村庄占用，北段存长136米，西城墙村外余112米。根据村内发现遗物范围看，东、西两城墙的长度为400米。城内遗物很多，农家中见有完整白瓷碗、黄釉注壶等，农田地中有布纹板瓦、沟纹砖、灰陶器片、乳白釉瓷片等。此城址为笔者考古调查发现并考证为《辽史》失载的懽州。[②]

九、西大巴辽城址

西大巴辽城址，在阜新县城东32.5公里大巴镇西大巴村北侧。城址方形，保存较好，城墙仍很明显，为夯筑成，每边长59米，墙宽5米，存高1米。城有一门，开在东城墙稍偏南处。城址四角有角台。城址内遍布遗物，采集有布纹板瓦、沟纹砖、灰陶盆、罐、瓮片、白瓷碗、盘等残片。

十、五家子屯辽顺州城址

五家子屯辽顺州城址，在阜新县城东24.5公里大巴镇杜代营子村五家子屯

---

① 李文信．义县清河门辽墓发掘报告．考古学报，1954年第8期．

② 冯永谦．辽代懽州、顺州考．北方文物，1985年第2期．

南 300 米。城址距村庄较远，处在耕地中，保存基本完整，城墙仍存，隆起地面，较为明显。城址平面呈长方形，南北长 330 米，东西宽 230 米，城墙夯土筑，现坍宽 20 米，存高 1.8 米，墙外有马面和角台。城址东北角有铁路和公路通过，城墙被毁。城内遗物较多，散布于地面和耕地中，采集遗物有灰布纹板瓦、沟纹砖、乳白釉瓷片、酱釉缸片等。此城址为笔者调查发现并考证为辽代顺州。①

十一、助力嘎尺村辽城址

助力嘎尺村辽城址，在阜新县城东 32.5 公里大巴镇助力嘎尺村西 300 米。城址长方形，城墙为石块砌筑，东、西城墙保存较好，南、北城墙被河水冲为数段。城墙南北长 72 米，东西宽 96 米，城墙宽 6 米，存高 2~3 米。城内遗物较多，在地表上散布有布纹板瓦，沟纹砖、乳白釉瓷器口沿、器底残片等。

十二、烧锅屯辽闾州城址

烧锅屯辽闾州城址，在阜新县城东 88 公里十家子乡烧锅屯西 1 公里。城址长方形，城墙夯筑，保存较好，南北长 300 米，东西宽 400 米，城墙宽 7 米，存高 1~1.5 米。南墙中间辟有城门，四角有角台。城内遗物较多，内散布有布纹瓦、板瓦滴水、筒瓦、沟纹砖、各种瓷器残片等。城外山上现仍有砖塔一座。此城址经笔者考证，确定为辽代闾州。②

十三、塔营子屯辽城址

塔营子屯辽城址，在阜新县城东北 23.5 公里勿欢池镇广民村塔营子屯西南 700 米塔子山平坦山地上。此塔营子屯与另一塔营子村非一地，为两村屯，勿相混淆。此城址随山势筑墙，墙为夯土版筑，遗迹明显。城墙南北长 207 米，东西宽 151 米，墙基宽 5 米，存高 1 米。南墙中部有城门。城址内遗物较多，地面上散布有布纹板瓦、筒瓦、瓦当、绳沟纹砖、乳白釉瓷片、黑釉缸片等。南城墙外建有八角九级砖塔一座，1966 年“文革”期间被炸毁，出土一方砖雕塔铭，其上铭文有：“寿昌元年岁次己亥三月丙申朔十一日辛时葬舍利讫。”塔址地宫中还出土有 10 枚铜钱。

---

① 冯永谦 . 辽代懽州、顺州考 . 北方文物，1985 年第 2 期 .

② 冯永谦 . 辽志十六头下州地理考 . 辽海文物学刊，1988 年第 1 期 .

十四、高家窝堡屯辽城址

高家窝堡屯辽城址，在阜新县城东北 51 公里塔营子乡高家窝堡屯东北 0.5 公里。城址内遗物有绳沟纹青砖、梳齿纹陶片、乳白釉瓷片等。

十五、塔营子村辽懿州城址

塔营子村辽懿州城址，在阜新县城东北 50 公里塔营子乡塔营子村。此城保存较好，除东南部被村子占用，余为农田，城墙至今仍明显存在。城址近长方形，南北长 900 米，东西宽 1100 米，城墙宽 8 米，存高 2~3 米。西城墙最为完整，西城门遗址仍存，北城墙亦存，现南城墙为村中车道。城址北部有一夯土台，存高 6 米，是一建筑址。城内现存一座八角十三层密檐式辽代砖塔，保存完好。城内地表散布有绿釉瓦，乳白釉粗、细瓷片，契丹文铜印等。此城址笔者考证为辽代头下州之懿州，原因是建懿州之圣宗女、燕国长公主死后，州城晋献给朝廷，遂改为国家的行政建置，此时懿州始辖有县，即于其地置顺昌县，后懿州迁至宁昌县（今土城子村）；迨至辽亡，金的建置有改变："金徙州治，以宁昌并入顺安。"这是金朝又将懿州从土城子迁回到塔营子城，且废宁昌县而存懿州，后直至元、明。因此，辽代头下州懿州是在塔营子，而国家行政懿州是在土城子村辽城址。[①]

十六、高家窝堡辽城址

高家窝堡辽城址，在阜新县城东 50 公里塔营子乡塔营子村东 1 公里高家窝堡屯北 500 米处，当地称为"运粮城"，又因其较塔营子村城址为小，故又称"小城子城"。城址方形，夯土筑城墙，每边长 60 米，有南、北二城门，门外有瓮城，现城墙存高 2 米。城内地表有辽代文物堆积，可见有梳齿纹陶器片、乳白釉瓷片、绳沟纹砖等。

十七、西大巴沟村辽城址

西大巴沟村辽城址，在阜新县城东北 47.5 公里塔营子乡西大巴沟村。此城址东距塔营子村城址 6 公里，当地因东有"运粮城"，所以又称此城为"燕翎城"。城址平面方形，土夯筑城墙，城四角有角台，每边长 60 米，城墙存高 1~1.5 米，坍

① 冯永谦 . 辽志十六头下州地理考 . 辽海文物学刊，1988 年第 1 期 .

宽 7 米。城内遗物较多，地表散布有梳齿纹灰陶器口沿、器底，乳白釉粗、细瓷片等。

十八、勿力可湾子村辽城址

勿力可湾子村辽城址，在阜新县城东北 46 公里平安地乡勿力可湾子村南 400 米小山岗上，现为农田。城址略呈方形，石砌城墙，南北长 64 米，东西宽 60 米。城址保存较差，石墙拆毁。城内地表散布有布纹板瓦、板瓦滴水、沟纹砖、乳白釉瓷片、瓮口沿、器底等。

十九、土城子村辽“一迁二治”懿州城址

土城子村辽城址，在阜新县城东北 52 公里平安地乡土城子村。城址平面呈长方形，保存较好，城墙虽有颓坍，仍清晰可见，为夯土筑成，南北长 400 米，东西宽 321 米，墙宽 9 米，存高 0.5~1 米。城址内地表散布有布纹板瓦，沟纹砖，灰陶瓮、罐、盆残片，白釉瓷碗、盘和绿釉瓷瓶等残片，三足铁釜，北宋铜钱等。此城址经笔者考证为辽代“一迁二治”之懿州。[1]

二十、上押京村辽城址

上押京村辽城址，在阜新县城东北 44 公里平安地乡上押京村北 1 公里。城址平面近方形，保存很好，夯土筑墙，南北长 71 米，东西宽 68 米，墙宽 5 米，存高 3~4 米。南墙有城门，其余三面城墙外侧各有一马面。城内地表散布有琉璃釉瓦、兽面瓦当、板瓦滴水等建筑构件，灰陶罐、盆片，黄白釉瓷碗、青白釉瓷盘片，乳白釉瓷罐片及铜饰件等。

二一、下押京村辽城址

下押京村辽城址，在阜新县城东北 44 公里平安地乡下押京村西侧。城址平面呈方形，保存较好，城墙现仍明显，边长均为 75 米，宽 5 米，存高 3 米，城墙夯土筑，南城墙中间有一门，其余三面城墙外侧各有一马面，城内北部有建筑台基址。城内地表散布有布纹瓦等建筑构件及陶瓷器残片等。

---

① 冯永谦 . 辽志十六头下州地理考 . 辽海文物学刊，1988 年第 1 期 .

二二、他不朗村辽徽州城址

他不朗村辽徽州城址，在阜新县城北 40 公里旧庙乡他不朗村北 0.5 公里处。城址呈长方形，夯土筑墙，南北长 450 米，东西宽 600 米，面积 27 万平方米。城墙中部设有城门，以南门方向计，城南偏东 15 度。门外有瓮城，四角有角台，墙外中间有马面。东城墙被河水冲毁，北城墙保存较好，存高 1~1.5 米，墙宽 8 米。城内遗物丰富，采集有布纹瓦、沟纹砖、板瓦滴水等建筑构件，还有乳白釉瓷片、鸡腿坛片、瓮片等各种生活用器物的残片等，俯拾皆是。此城址经笔者考证为辽代徽州。①

二三、四家子村辽城址

四家子村辽城址，在阜新县城北 45 公里旧庙乡四家子村西 1.5 公里。城址长方形，墙为土夯筑，南北长 456 米，东西宽 341 米，面积达 15.5 万平方米，北墙与西墙保存较好，存高 1 ~ 1.5 米。城内地表有绿釉瓦、绳纹瓮片、青砖、布纹瓦、白釉未到底大瓷碗底等。此城址中未见金、元时期遗物。

这些城址，均分布于阜新县境内，可以说是非常密集。从范围不是很大的一个县域看，城址分布密度达到这种情况，再加上数量非常大的遗址，其形势可以说已是地无空处，尤其经过两百多年的繁衍生息，辽代留在阜新地上地下的遗存，可以说是数不胜数。举例来说，就以建造颇需财力和很高技术的八角多层高体的辽代砖塔看，遍及阜新县全境，据考古调查所知，已发现辽代砖塔 16 座：

红帽子乡西红帽子村辽代成州，有辽塔两座：一座在西城外，1966 年“文革”期间被挖毁，出土金塔、银塔、银经卷等（现藏辽宁省博物馆）；另一座在城址西北山上，至今犹存。

在十家子乡烧锅屯村辽闾州城外山上，即塔北村东南的那座辽塔，现在依然保存完好。

富荣镇贝利房村水泉沟屯辽塔，当地村民在 1954 年将地宫挖毁，出土很多遗物，石函顶面刻“维清宁四年白山院建千佛舍利塔”，此是被毁一例。清宁为辽道宗第一个年号，清宁四年为公元 1058 年。

---

① 冯永谦 . 辽志十六头下州地理考 . 辽海文物学刊，1988 年第 1 期 .

匆欢池镇广民村塔营子屯辽代城址，在南城墙外部有砖塔一座，1966 年“文革”中被炸毁，出土砖铭为辽道宗“寿昌元年”（1095 年）建。

大巴镇半截塔村辽懽州城西城外山上，有砖塔一座，1966 年“文革”中被挖毁，塔铭“大辽国懽州西会龙山碑铭”中记此塔为辽道宗“大安八年”（1092 年）建。

大板林场三塔沟有三座塔，其中北塔地宫被挖开，出土石函，其上铭文为辽道宗“大安五年”（1089 年）所建。

富荣镇白山院塔，地宫出土石匣记刻为辽道宗“清宁四年”建。

还有蜘蛛山乡塔子沟村塔以及太平区水泉镇塔子沟村塔、哈达户稍乡章古台村塔、旧庙乡海力板村塔、扎兰营子乡干支庙村塔等。但在金代，一座塔都没有，这是很能说明问题的。

关于这方面情况，有研究者总结阜新辽代遗存说：“阜新地区有辽塔 16 座，辽代州城 9 座（笔者按：实有城址 23 座），辽代古墓葬数百座。”[①] 遗址数量更多。这种情况，可以说明阜新在辽代是很发达的，遗存分布广泛和密集，考古发现确实证明在该县境内很普遍，因而至今在很多地方都可随地看到各种辽代遗迹和遗物。

第二节　金代在阜新的建置情况

下面，我们再看一下金代在阜新县的建置，并可将其与辽代建置作一比较。

辽代在今阜新蒙古族自治县建了许多城址，已如上述。文中所列发现的辽代城址，可以说当年是城垣林立，远近相望，生产发展，人烟辐辏，历时两百多年，其所留下的遗存，自不必说，应是相当丰富。

金灭辽，战争不断，社会动荡，走死逃亡。经过战乱后的阜新，人口变化较大，此时已不足以建立那么多的州、县。因此，金代建置被大量地省、并、降，行政建置数目锐减。我们将《辽史・地理志》和《金史・地理志》稍作比较，即可清楚看出这种差别。现将《辽史・地理志》和《金史・地理志》所记载辽、金两代在今阜新县境内的全部建置情况列表于下，读者从中即可清楚地看出两代的变化，以省眉目。

从考古调查发现和据文献记载所作上表列出的建置情况，我们可以明确地认

① 霍玉斌．阜新县三塔沟出土纪年刻石．阜新辽金史研究．第五辑．中国社会出版社，2002 年 2 月版．

识到，金代在今阜新县境内不但没有新建城址，而且还对辽代的建置做了省、并、废、弃。从《金史·地理志》看，终金之世，都没有恢复辽代建置的盛况，说明辽、金两朝在今阜新县的建置变化很大：金代对辽代原有的建置，几乎都或省或并或废或降。如辽代的徽州、成州、顺州、闾州、懽州以及宁昌县等，均遭废弃。成州，金时废州，仅存同昌县，划归义州管辖，《金史·地理志》谓："同昌，辽成州兴府军县故名。国初隶川州，大定六年罢川州隶懿州，承安二年复隶川州，泰和四年来属（义州）。"[①] 又如辽代懿州，省、并变化亦大，其初"金因之，先隶咸平府，后来属（北京路）"，而辽时懿州所辖二县——宁昌、顺安，金时宁昌亦废，只存顺安县（因为是倚郭，故存）。原来辽时在今阜新建置有八州、三县，到金时只存一州、二县，被废去州、县如此之多，可见金时废去辽代的建置后，所存州、县所辖地域跨度变大，当是因其地人口不足的关系，故金代州县建置也就不似辽时那样稠密了。

阜新县境内辽、金建置变迁比较表

辽				金			
道属	州名	今地	备注	道属	州名	今地	备注
上京道	徽州	旧庙乡他不朗村辽城址					金废
	成州	红帽子乡西红帽子村辽城址					金废
	懿州	塔营子乡塔营子村辽城址	原头下州				金废
	顺州	大巴镇五家子村辽城址					金废
	闾州	十家子乡烧锅屯村辽城址					金废
	懽州	大巴镇半截塔村辽城址					金废
中京道	成州	红帽子乡西红帽子村辽城址		北京路			金废
	同昌县	同上地			同昌县		
东京道	懿州	平安地乡土城子村辽城址	后行政州		懿州	塔营子乡塔营子村城址	
	宁昌县	同上地					金废
	顺安县	塔营子乡塔营子村辽城址			顺安县	塔营子乡塔营子村城址	

① [元] 脱脱，等. 金史：卷二四：地理志：上：北京路.

第二十一章　从阜新发现的辽、金遗址和墓葬考察

经过多年的考古调查，我们已知今阜新蒙古族自治县境内发现的辽、金遗址和墓葬数量很多，出土大量各种遗物，这对我们深入了解辽、金遗存及其分布很有帮助。为做到事有依据，不生枝蔓，下面，笔者就将在《中国文物地图集·辽宁省分册》中所载阜新发现的辽代遗址、辽金共存遗址相关考古遗存地点列下，同时也将有报告发表的已发掘辽墓相应列出，这样会更便于读者了解。

第一节　阜新发现的辽代遗址

一、阜新市郊区

新邱区长营子镇三处：下台头皋村辽遗址、下台头皋村张家沟屯辽遗址、长营子村辽遗址；

细河区四合镇一处：太平沟村关山沟辽遗址；

清河门区河西镇两处：芹菜沟村辽遗址、邢家屯辽遗址。

二、阜新县

阜新镇三处：平安地村辽遗址、平安地村王四台屯辽遗址、白玉都村辽遗址；

化石戈乡四处：八里村铁吉营子屯辽遗址、台吉营子村辽遗址、老二色村辽遗址、坤头沟村大台子屯辽遗址；

扎兰营子乡一处：木头营子村辽遗址；

伊吗图镇两处：土城子村东辽遗址、土城子村南辽遗址；

泡子镇四处：怒河土村辽遗址、大屯村辽遗址、前代屯辽遗址、兴隆沟村辽遗址；

招束沟乡七处：上招束东沟村西辽遗址、上招束沟村北辽遗址、乌兰大巴村辽遗址、地宫村韩家沟屯辽遗址、七家子村辽遗址、大板村前窑屯辽遗址、前兴村辽遗址；

新民镇五处：新民村东辽遗址、新民村西辽遗址、北三家子村辽遗址、上排山楼村辽遗址、下平安地村辽遗址；

国华乡三处：侯其营子村辽遗址、民主村三道沟屯辽遗址、娘娘庙村辽遗址；

大板镇五处：石灰村小七家子屯辽遗址、山岳村辽遗址、朝阳寺村辽遗址、新华村衙门屯辽遗址、新华村下满土沟屯辽遗址；

东梁镇两处：双山堡村转角庙子屯东辽遗址、双山堡村转角庙子屯西辽遗址；

蜘蛛山乡六处：刘家湾村戴家洼子屯辽遗址、娘及营子村辽遗址、奈林高勒村西五棵树屯辽遗址、胡宝吐村辽遗址、张吉营子村辽遗址、双山子村上五道沟屯辽遗址；

哈达户稍乡三处：雅头营子村迷力营子屯辽遗址、泊力各秋村混台沟屯辽遗址、白音昌营子村辽遗址；

红帽子乡十二处：红石砬子村南辽遗址、下麦地村辽遗址、前衙门村辽遗址、道力板村辽遗址、红石砬子村北辽遗址、两家子村辽遗址、好四家子村辽遗址、道力板村西北辽遗址、苏木皋村辽遗址、苏木皋村南辽遗址、麦地村辽遗址、麦地村三家子屯辽遗址；

于寺镇四处：于寺村西辽遗址、于寺村南辽遗址、牤牛洼村辽遗址、杨家窝堡村辽遗址；

太平乡一处：阎家屯村辽遗址；

大巴镇九处：道不代村辽遗址、车新村辽遗址、车新村西辽遗址、车新村南辽遗址、元宝洼村辽遗址、太平村辽遗址、哈达户稍村辽遗址、助力嘎尺村辽遗址、元宝洼村小窑屯辽遗址；

卧凤沟乡两处：七家子村马驹子沟屯辽遗址、卧凤沟乡翻身村白台沟屯辽遗址；

平安地镇三处：勿力可湾子村辽遗址、勿力根皋村宁家台屯辽遗址、黑石营子村辽遗址；

务欢池镇两处：一棵树村集中屯辽遗址、七家子屯辽遗址；

建设镇五处：二土营子村蛤蟆湾屯辽遗址、新德村辽遗址、杨家村下叶家屯辽遗址、杏树洼村丁家店屯辽遗址、花石营子村辽遗址；

紫都台乡四处：毛德营子村辽遗址、南昌营子村官山辽遗址、南昌营子村辽遗址、双井子村辽遗址；

福兴地镇五处：乌兰木头村腰乌兰木头屯辽遗址、生保营子村辽遗址、十家子村胜天洼屯辽遗址、乌兰木头村腰乌兰木头屯西辽遗址、杜力营子村辽遗址；

旧庙镇五处：沙金营子村宅山土屯辽遗址、梁南村喇嘛荒屯辽遗址、代海营子村四合城南梁屯辽遗址、新邱村沙力脑屯辽遗址、哈达营子村庙沟屯辽遗址；

沙拉镇九处：沙拉乌苏村辽遗址、沙拉乌苏村李家窝堡屯辽遗址、沙拉乌苏村北腰营子屯辽遗址、下哈巴气村辽遗址、二郎庙村辽遗址、二郎庙村清房屯辽遗址、六家子村腰六家子屯辽遗址、六家子村四家子屯辽遗址、六家子村上六家子屯辽遗址；

七家子乡两处：淌头村辽遗址、毛岭沟村辽遗址；

苍土乡两处：下洼子村满斗营子屯辽遗址、大西沟村西北辽遗址；

十家子镇两处：太平台子村辽遗址、八九营子村辽遗址；

富荣镇九处：东三家子村混德营子屯辽遗址、贺己格营子村辽遗址、黑帝庙村安其营子屯辽遗址、六家子村辽遗址、鲁家荒村北沟屯辽遗址、哈拉户稍村辽遗址、贝力房村辽遗址、富荣村辽遗址、贝力房村西白山院辽遗址；

王府镇两处：舍不代村辽遗址、良营子村架其营子辽遗址；

大固本镇八处：梨树村辽遗址、吐拉尺村辽遗址、会德村西辽遗址、会德村南辽遗址、宝德村辽遗址、梅力营子村西辽遗址、梅力营子村北辽遗址、杨家村辽遗址；

八家子乡七处：大山屯村辽遗址、果树村辽遗址、八家子村辽遗址、欧力营子村西辽遗址、欧力营子村东辽遗址、欧力营子村西南辽遗址、宅山土村辽遗址；

大五家子镇一处：新邱村张家洼子屯辽遗址；

老河土乡五处：好不代村辽遗址、红旗村吉乐士屯辽遗址、漂花营子村薄拉海屯辽遗址、漂花营子村辽遗址、敖龙胡同村莫吐墓屯辽遗址；

哈达户稍乡一处：泊力各秋村白家湾子屯辽遗址。

第二节　阜新发现的辽金共存遗址

上节所记为阜新的辽代遗址。本节记录的是建于辽代而金代沿用的遗址，在这些遗址中调查发现有两个时期的遗物，故称为辽金遗址。而纯属金代的遗址，还没有被发现，故金代不再立项。

一、阜新市郊区

海州区韩家店镇一处：民主村东北之北风井屯辽金遗址；

太平区水泉镇三处：长哈达村北梁屯辽金遗址、高德营子村辽金遗址、大巴沟村九间房屯辽金遗址；

新邱区长营子镇三处：长营子村金家洼屯辽金遗址、东方村辽金遗址、海州营子村辽金遗址；

细河区四合镇五处：太平沟村东辽金遗址、太平沟村北辽金遗址、新地村辽金遗址、拉拉屯村辽金遗址、河东村辽金遗址；

清河门区河西镇两处：后窑村西山屯胡家沟辽金遗址、六台村辽金遗址；

清河门区乌龙坝镇一处：长山村辽金遗址。

二、阜新县

伊吗图镇一处：拉拉屯辽金遗址；

佛寺镇一处：胜利村北河栏屯辽金遗址；

东梁镇三处：下八台村西扎兰营子屯辽金遗址、平顶庙村大胡家营子屯辽金遗址、哈达户稍村辽金遗址；

蜘蛛山乡三处：蜘蛛山村辽金遗址、塔子沟村辽金遗址、刘家湾村戴家洼子屯辽金遗址；

哈达户稍乡四处：雅头营子村辽金遗址、雅头营子村窑沟屯辽金遗址、雅头营子村桑树洼屯辽金遗址、喇嘛营子村辽金遗址；

紫都台乡六处：东营子村辽金遗址、东营子村东辽金遗址、东营子村西辽金遗址、台喇嘛村辽金遗址、台喇嘛村黑山口屯辽金遗址、双井子村辽金遗址；

福兴地镇五处：三家子村岔大坝北沟屯北辽金遗址、三家子村岔大坝北沟屯东辽金遗址、团结村一棵树屯辽金遗址、生保营子村辽金遗址、新邱村辽金遗址；

沙拉镇两处：朝代营子村各力各营子屯辽金遗址、沙拉乌束村辽金遗址；

阜新镇一处：他本扎兰村辽金遗址；

七家子乡四处：胡家窝堡村辽金遗址、胡家窝堡村西水泉屯辽金遗址、大金沟村辽金遗址、石场村乌兰木头沟屯辽金遗址；

苍土乡一处：大西沟村西辽金遗址；

富荣镇一处：贝力房村东辽金遗址；

王府镇四处：哈拉哈村辽金遗址、西灰同村辽金遗址、东灰同村辽金遗址、良官营子村辽金遗址；

大固本镇四处：大干诺尔村辽金遗址、吐拉尺村西辽金遗址、梨树沟村东北辽金遗址、梨树沟村平安地屯辽金遗址；

八家子乡一处：新邱村辽金遗址；

大五家子镇一处：五家子村他拉板营子屯辽金遗址；

老河土乡五处：好不代村辽金遗址、桃还泊力格村雪帽山辽金遗址、招不力格村辽金遗址、岗石营子村辽金遗址、红旗村吉乐土屯辽金遗址；

塔营子乡一处：下大巴村辽金遗址；

化石戈乡六处：八里村上八里营子屯辽金遗址、来住营子村辽金遗址、万德号村西辽金遗址、万德号村南辽金遗址、坤头沟村小坤头沟屯辽金遗址、坤头沟村下坤头沟屯辽金遗址；

泡子镇两处：怒河土村辽金遗址、白城子村太平川屯辽金遗址；

国华乡两处：二道岭子村葫芦头沟屯辽金遗址、前进村腰少木土沟屯辽金遗址；

大板镇一处：大岭村辽金遗址；

卧凤沟乡一处：才里营子村后才里营子屯辽金遗址；

务欢池镇五处：集中村辽金遗址、碱锅村乌呼代营子屯辽金遗址、舒家洼子村辽金遗址、望山高勒村西辽金遗址、望山高勒村北辽金遗址；

佛寺镇六处：团山沟村辽金遗址、团山沟村东遗址、团山沟村北遗址、路向阳村路吐大巴屯辽金遗址、解放村南辽金遗址、解放村西辽金遗址；

建设镇三处：腰沟村辽金遗址、新德村德束皋屯辽金遗址、花石营子村建设屯辽金遗址。

第三节　阜新发掘的辽墓

在阜新（此不含阜新市所辖的彰武县）已发现的辽墓数量较多，而金墓很少发现，至今尚未见发现金墓的情况或有报告发表。现将已发掘的43处辽墓所在地点列下，以便读者了解。

一、阜新市郊区

太平区一处：水泉镇西山屯辽墓群；

新邱区长营子镇三处：东方红村辽墓、高山子村辽墓、水泉村五家子屯辽墓；

细河区四合镇一处：黄家沟村辽墓；

清河门区河西镇一处：西山村辽萧慎微家族墓群。

二、阜新县

阜新镇两处：平安地村吐么哈达屯辽墓、白玉都村辽墓；

化石戈乡四处：北八里村辽墓群、老二色村红石砬子屯辽墓群、魏家村上平家沟屯辽墓群、老二色村嘎岔沟屯辽墓（出土篦纹陶壶、侈口罐、铜铃、铁刀、铁剑、铁斧、铁马镫等）；

紫都台乡两处：台喇嘛营子村辽墓（出土灰陶罐、铜丝网络、铁马衔、铁马镫等）、北昌营子村辽墓；

蜘蛛山乡两处：双山子村罗匠沟屯辽墓（《考古学年鉴》，1996 年）、胡宝吐村砬子沟屯辽墓；

卧凤沟乡两处：翻身村辽许王耶律义先墓（《文物资料丛刊》，1977 年第 1 期）、七家子村辽墓（《考古》，1995 年第 11 期）；

国华乡一处：水泉沟村辽墓（《考古》，1995 年第 11 期）；

大板镇两处：衙门村小洞屯辽墓群、腰衙门村辽耶律奴墓；

大巴镇两处：后朝阳村文土营子屯辽墓（出土白釉瓷罐、银镯、钱币、铁剪）、关山种畜场辽萧和家族墓群（出土铁剪等）；

王府镇四处：烟台营子村小七家子屯辽墓（出土篦齿纹陶罐、铁刀、铁马衔、铁马镫等）、南皂力营子村北山辽墓（《辽海文物学刊》，1992 年第 1 期）、南皂力营子村北辽墓（出土绿釉鸡冠壶、黄釉瓶、白釉瓷罐、黑釉小碗、八棱铜镜、铜铃、铁马镫等）、南皂力营子村五间房屯辽墓；

红帽子乡两处：红石砬子村后衙门屯辽墓（出土篦纹陶壶、黑釉瓶、铁剑）和前衙门村辽晋国夫人墓；

八家子乡五处：果树村辽萧仅墓、烧锅营子村辽萧旻墓、果树村梯子庙屯辽墓群（《考古学年鉴》，1998 年）及果树村三、四号辽墓；

太平乡一处：四家子屯辽萧图古辞墓（《辽宁考古文集》，2003 年）；

福兴地镇一处：大喜营子村铁匠营子屯辽墓（出土铜丝网罩、铁马镫等）；

哈达户稍乡一处：巴力嘎村辽墓（出土白釉瓷碗、白釉瓷瓶、铜丝网络、铜筷子、铁马镫、铁铃等）；

旧庙镇一处：海力板村小忽拉哈营子屯辽墓（《辽海文物学刊》，1991 年第 1

期）；

务欢池乡一处：富胜屯辽墓；

大固本乡一处：吐拉尺村辽墓（《博物馆研究》，1993年第2期）；

招束沟乡两处：花台营子村辽墓、地宫村辽墓；

塔营子乡一处：下大巴村凤凰岭屯辽墓群；

平安地镇两处：那汗土村宋家梁屯东北辽墓群、那汗土村宋家梁屯北山辽永清公主墓；

沙拉乡一处：樱桃沟村辽墓。

第二十二章　从阜新四周邻县的辽、金遗存考察

在对阜新蒙古族自治县境内辽、金遗存了解之后，我们现在再来看一下阜新蒙古族自治县四周各相邻地域的辽、金遗存分布情况，这将会对我们深入了解阜新辽、金的文化面貌有所帮助。下面简略地说明一下四周相邻旗、县（市）的辽、金文化遗存。

阜新蒙古族自治县四周相毗邻的各旗、县（市），在历史文化的发展进程上，与阜新是完全一致的，所有发现几乎相同，从而可以证明辽代在这一地区的发展与繁荣以及辽、金交替后的衰退和变化的史实。

在阜新的四邻旗、县（市），北部东边是内蒙古自治区库伦旗，西边是奈曼旗，东北面为阜新市所辖的彰武县，东南面是锦州市所辖黑山县，南部东边为北镇市、西边为义县，西部为朝阳市所辖的北票市。现依次简要说明阜新四周相邻各旗、县（市）的辽、金遗存情况。

第一节　库伦旗的辽、金遗存

库伦旗，在阜新县北部偏东地域，两旗、县相邻。据《中国文物地图集·内蒙古自治区分册》“库伦旗”节记载，笔者现将辽、金遗存情况列下（因遗址等数量较大，为节省篇幅，笔者在此不具体标出名称、地点、遗物情况等，读者研究可直接查阅原书，下同）：

辽代的遗存，发现城址五座，即三家子镇下扣河子村辽城址、奈林稿苏木奈林稿村西台子洼辽城址、水泉乡西城子村辽城址、扣河子镇酒局子村辽城址、扣河子镇黑城子村辽城址（此城址考为辽灵安州①），发现辽代遗址 32 处（因数量较

① 贲鹤龄 . 内蒙古库伦旗发现辽代灵安州城址 . 考古，1991 年第 6 期 .

多，于此不标记具体地点，只列出统计数字，下同），发现辽代墓葬 11 处。另有辽金城址 1 座，即奈林稿苏木老虎洞嘎查屯东北梯田山辽金城址，辽金遗址 5 处。未发现金代的遗址、墓葬。[①]

第二节　奈曼旗的辽、金遗存

奈曼旗，在阜新蒙古族自治县北部偏西地域，两旗、县相邻。据《中国文物地图集·内蒙古自治区分册》“奈曼旗”节记载，辽、金遗存情况如下：

辽代的遗存，发现城址三座，即白音昌乡半拉城子村辽城址、太和乡南偏坡营子村辽城址、平安乡西孟家段村辽城址，发现辽代遗址 63 处，发现辽代墓群 6 处，其中有斯布格图村的辽驸马萧绍矩与陈国公主合葬墓。另发现辽金遗址 11 处。除此之外，未见金代遗址、墓葬等遗存。[②]

第三节　彰武县的辽、金遗存

彰武县，在阜新蒙古族自治县东北部，两县相邻。据《中国文物地图集·辽宁省分册》“彰武县”节和《彰武县文物志》记载，辽、金遗存情况如下。

辽代的遗存，发现城址 8 座，即两家子乡小五喇叭村辽城址、四堡子乡兴隆沟村小南洼屯辽金城址（辽代豪州[③]）、苇子沟乡土城子村辽城址（辽代横州[④]）、四堡子乡韩家杖子村沙力沟屯辽城址、满堂红乡大板村陈家窝堡屯辽城址、大冷乡程沟村辽城址、大冷乡曹家村金家屯村辽城址、四合城乡大伙房村土城子屯辽城址，发现辽代遗址 100 处，发现辽代墓葬 27 处。辽金遗址 102 处，但金代遗址、

---

① 国家文物局主编．中国文物地图集．内蒙古自治区分册．下册：库伦旗．西安地图出版社，2003 年 11 月：第 449-455 页．

② 国家文物局主编．中国文物地图集．内蒙古自治区分册．下册：奈曼旗．西安地图出版社，2003 年 11 月：第 455-463 页．

③④ 王绵厚．辽金元懿州豪州建置考．地名学研究．第二集．辽宁人民出版社，1986 年版．

墓葬等均未发现[①]。

第四节　黑山县的辽、金遗存

黑山县，在阜新蒙古族自治县东南部，两县相邻。据《中国文物地图集·辽宁省分册》“黑山县”节记载，辽、金遗存情况如下：

辽金城址发现3座，即姜屯镇土城子村城址、芳山镇公敖村城址、太和镇公敖村树林子屯城址。辽代遗址发现6处。辽金遗址14处。辽代墓葬1处。金代遗址、墓葬均未发现。[②]

第五节　北镇市的辽、金遗存

北镇市，在阜新蒙古族自治县南部偏东处，两县市相邻。据《中国文物地图集·辽宁省分册》“北镇市”节及笔者在北镇的考古调查与考证，辽、金时代的遗存情况如下：

辽代城址发现1座，即高力板乡高力板村城址；辽金城址发现2座，即北镇市广宁镇城址（辽显州）、闾阳镇闾阳村城址；辽代遗址11处；辽金遗址40处；金代遗址2处；辽代墓葬8处。[③]

根据调查，笔者在北镇市还发现了辽代城址6座，并对这些城址作出考证，有广宁镇小常屯城址（辽乾州）、廖屯乡大亮甲村城址（辽山东县）、高力板乡土堡子村辽城址（辽归义县）、窟窿台乡二十里堡村辽城址（辽嘉州）、壮镇堡城址（辽

---

① 国家文物局主编．中国文物地图集．辽宁省分册．下册：彰武县．西安地图出版社，2009年7月：第278-295页．

冯永谦主编；张春宇，刘俊玉，孙杰著．彰武县文物志．辽代城址．辽宁民族出版社，1996年3月：第66-79页．

② 国家文物局主编．中国文物地图集．辽宁省分册．下册：黑山县．西安地图出版社，2009年7月：第213-218页．

③ 国家文物局主编．中国文物地图集．辽宁省分册．下册：北镇县．西安地图出版社，2009年7月：第200-213页．

延昌县）、营盘村城址（辽司农县）等。[1]

第六节　义县的辽、金遗存

义县，在阜新蒙古族自治县南部偏西处，两县相邻。据《中国文物地图集·辽宁省分册》“义县”节记载，辽、金遗存情况如下：

辽代城址 1 座，即张家堡乡王民屯城址（辽代辽西州及倚郭长庆县）；辽金城址 2 座，即义县驻地义州镇城址（辽代宜州及倚郭弘政县、金改为义州）、七里河镇开州屯城址（辽代海北州及倚郭开义县、金废州存开义县）；辽代遗址 26 处；辽金遗址 42 处；金代遗址 6 处；辽代墓葬 6 处（其中有辽代耶律庶几墓、辽代梁援族墓）；金代墓葬 5 处。[2]

按：此处所列 5 处金墓，皆为地面调查，如荒地村墓群，所见为“地表有罐口沿、圈足底、人骨架”；头沟村墓群，“地表有木棺、尸骨、铜镜、钱币、酱釉碗”；何家沟村墓群，“地表有陶盆口沿、酱釉罐口沿、鸡腿坛底残片”。这些墓葬未经发掘，而所见遗物有的具有辽代特点，如鸡腿坛，而酱釉器辽代也有，明代也有，如笔者发掘的鞍山倪家台明崔源族墓，酱釉罐、酱釉碗大量出土，皆有木棺，义县有明墓，因此，这些墓葬的年代仅根据调查地面所见定为金代还需研究确定。

第七节　北票市的辽、金遗存

北票市，在阜新蒙古族自治县西南部，两县市相邻。据《中国文物地图集·辽宁省分册》“北票市”节记载，辽、金遗存情况如下：

辽代城址 3 座，即南八家子乡四家板村城址（为辽代前期白川州治及倚

---

① 冯永谦．辽宁地区辽代建置考述（上）．东北地方史研究，1986 年 2 期．

② 冯永谦．辽代失考州县辨证．首届辽上京契丹·辽文化学术研讨会论文集．内蒙古文化出版社，2009 年 6 月．

国家文物局主编．中国文物地图集．辽宁省分册．下册：义县．西安地图出版社，2009 年 7 月：第 218-230 页．

郭咸康县，金废）、五间房镇土城子村城址、宝国老镇宝国老村小城子屯城址；辽金城址1座，即黑城子镇黑城子村城址（为辽后期川州治及倚郭宜民县，金初为川州，后降为宜民县，隶懿州，复属兴中府）；辽代遗址161处；辽金遗址16处；金代遗址3处；辽代墓葬18处（其中包括辽耶律仁先家族墓）。[①]

根据上述对阜新蒙古族自治县四周相邻各旗、县（市）的考察，我们对辽、金两朝的遗存在各地的分布就非常清楚了，由此更可知道辽代遗存远远多于金代——不仅阜新是辽代多于金代，而且其四周相邻各县（市）也是如此，已成普遍现象，这一点非常重要。由此可知，不只是阜新一地是此种情况，这表明在大范围上亦是辽代遗存多而金代寡少，则居于其中的阜新已不待辨矣！

① 国家文物局主编．中国文物地图集．辽宁省分册．下册：北票市．西安地图出版社，2009年7月：第366-397页．

第二十三章　考古发现中对辽代铁器的认识问题

笔者在这里要谈的问题，是考察一下辽代遗存的考古发现的断代情况。遗存和铁器年代的判定有非常密切的关系，因此做这方面的讨论是必要的。由于在辽代遗存中经常发现铁器，如果对遗存本身的年代判断不准确，甚至出现偏差，那么无疑会对辽代铁器的研究造成一定的影响。事实也恰好证明，正是因为在考古发现中存在这些情况，所以影响了我们对辽代铁器的充分认识和正确判断。

下面我们从几个方面考察一下辽代考古遗存断代研究中出现的情况。

第一节　既往研究辽、金铁器存在断代失误

辽、金考古发现，在辽金史研究中占有非常重要的地位。尤其是辽代，由于文献材料流传下来的较少，今天进行研究，在很大程度上要依靠这些考古发现材料。因此，这些考古材料断代准确了，才能发挥其应有的作用，否则就无法达到这个目的。

这里我先举两个考古发现的例子，因其断代不准确，对后来考古发现研究造成的影响是很大的。

之所以要举这两处遗址，是因为这两处遗址的发现时间较早，常在以后的考古发现作为对比的实例，从而造成错误的判断，影响较大。此外，这两处遗址年代清楚，判断失误明显。因此，有必要指出其误。

一、从两处遗址调查报告说起

（一）新民县前当铺遗址

一个事例是新民县（现改为新民市）前当铺遗址。此遗址是 1957 年 5 月因修

筑辽河支流蒲河河堤发现的，是由笔者当时所在的东北博物馆文物工作队进行的调查。当时因修堤工程进行得很快，来不及发掘，只在现场搜集被挖出来的文物，“由于工地党政领导重视文物保护工作和民工同志们的热心协助，使出土遗物得到妥善保存”（此引为调查报告语）。这处遗址面积很大，遗迹很多，遗物数量更多，是一处很重要的遗址。关于遗址的有关情况，现摘引调查报告有关部分即可了解：

“遗址分布在土堤两侧，面积很大，东西长约400米、南北宽约250米。从取土暴露出的地层剖面观察，表层为厚约20厘米的农耕土；其下为遗物包含层，厚80～150厘米，土质略黑；再下为原生土。遗址集中部分是在土堤东侧，在靠近土堤一面暴露的剖面上，有不少灰坑，密集的地方几乎坑连坑，但房舍院落的迹象却模糊不清；收集到的遗物，主要出在这部分遗址中。据此看来，遗址中部似乎压在土堤下面。土堤西面遗物分布得较为分散，但多完整，有的系成群成套共出，并散布有很多砖瓦石块，也有不少牛、马、猪、狗等骨骸。东侧还出有一堆辽砖和几个金、元时期的骨灰罐。”

关于遗址的年代，报告说：“这处遗址埋藏丰富，出土遗物中以金、元时期的遗物占绝对多数，辽的少些，汉的更少。这批遗物是了解当时辽河平原上农业生产情况的好材料。”①

遗址中“出土的遗物，共1021件”，计有农具铁铧、铁镬、镰刀、铁锹、铡刀，手工业工具铁斧、铁叉、铁锉、铁凿、泥板、瓦刀、抹子，车马器铁车辖、马衔、马镫，生活用具铁熨斗、铁锁、锚形井钩、大小铁刀、铁锅、铁箍、铁钉、兵器铁锏、铁矛与铜镳斗等，还有各种铜钱、瓷器乳白釉碗、白釉碗、赭釉鸡腿坛，“以及很多布纹板瓦、波纹沿板瓦和灰色长方砖”等。

（二）绥中县城后村遗址

另一个事例，是绥中县城后村遗址。这处遗址是1957年7月修筑六股河西岸大堤时发现，也是由笔者当时所在的东北博物馆文物工作队进行调查。关于遗址情况，调查报告说：

“从已暴露的文化遗迹看，遗址分布面积很大，但因遗物多分散在各处，可能是互不密接的农家遗址。遗址的中心部分南北约长500、东西宽200米左右，文

① 王增新．辽宁新民县前当铺金元遗址．考古，1960年2期．

化层厚 60 ~ 80 厘米。遗址上散布着大量的砖石碎瓦和陶器残片，也有臼、磨、柱础、石碾等物。”

遗址年代，报告认为：“这处遗址的年代，约当辽金元时期，但出土的金、元时期的东西较多，辽代的较少，汉代和明代的就更少了。这批金、元时代的铁制农业生产工具对了解当时的农耕情况有重要意义。”[①]

出土遗物有 290 余件，铁器有农具铁铧、犁碗、趟头、犁牵引、铁锄、垛叉、铡刀、镰刀，工具铁凿、钻头，车器铁车辖、鱼子刀、缰绳环，生活用具六鋬耳铁釜、熨斗、铁剪、铁锁、刑具铁镣等；钱币 282 枚，少量汉至五代时期，主要为北宋钱，金代仅有“正隆通宝”一枚。在遗址中还出土六鋬耳大铜釜与灰色板瓦、波纹瓦沿（按：即辽代水波纹状唇边的滴水瓦头）等。

这两处遗址，笔者比较了解情况。当时的调查是笔者所在的东北博物馆考古队派人前去的，考古队员回来之后笔者参与了对出土遗物的整理，后由考古队员写成调查简报在《考古》杂志上发表。这两处遗址当时都是因修河堤的工程发现的，时间紧迫，不能进行发掘，并且遗址早已被挖开，地层也在取土中破坏，遗物有很大损失，但当时工地也回收不少，许多遗物才得以保存下来，而派人前去调查，已是工程将近结束之时，考古队员在现场了解一些遗址情况之后，携带工地工程部门搜集到的出土遗物返回考古队。

这两处遗址的时代，都应是起于辽代，而不应是金、元。遗址中出土的遗物，时代特点明显，报告只确定为金元，当误。下面笔者试对这两处遗址进行分析，以辨明其时代。

二、前当铺遗址、城后村遗址年代辨误

（一）新民前当铺遗址

新民前当铺遗址，面积很大，文化层深厚，调查所见仅为边缘部分，而遗址的中心区域被压在河堤之下，因此考古队员所见，无论是遗迹还是遗物，都不是完整的，反映出遗址的时代也就不会是全面的，忽略了辽代，只认定为金元是不够准确的。

在河堤外动土区域，不是遗址的主要部分，在土堤东侧，有不少灰坑，密集的地方几乎坑连坑，房舍院落的迹象模糊不清，文化层厚达 1.5 米，遗物是民工

---

① 王增新 . 辽宁绥中县城后村金元遗址 . 考古，1960 年 2 期 .

从这个地方捡来的，层位已乱，不同时期的文物混在了一起，怎能只定金、元而不见辽？尤其是铁器，辽、金、元变化不大，尤其在东北地区，辽代的铁器，超过此前任何时期，被推广到深远边地，其形制、品种等，都固定下来，辽代有的，金、元沿用未改[①]，辽、金时期铁器不易区分，也正是由于这个原因。

遗址中本身是有辽代遗存的："东侧还出有一堆辽砖和几个金、元时期的骨灰罐。"辽砖已见，这非常明确。至于火葬骨灰罐，根据多年的考古发现，以辽代为多，当时辽属各地都有出土，见于报道的也不少，如鞍山、辽阳、沈阳等地，辽代骨灰罐数量很大，而金、元时期的则不多见。《中国文物地图集·辽宁分册》下册第 31 页载有："碱家窝堡墓群（梁山镇碱家窝堡村西南·辽代），1972 年发现骨灰罐丛葬墓，为褐釉罐胎瓷器，内盛骨灰，未见随葬品。北四家墓群（梁山镇北四家子村·辽代），骨灰罐丛葬墓地。"这两处骨灰罐墓地是在新民前当铺不远的梁山镇碱家窝堡辽代骨灰罐丛葬墓、北四家子辽代骨灰罐丛葬墓，数量很大，和前当铺骨灰罐基本相同，而前当铺所出的骨灰罐金、元特点并不明显，定其为金、元，是因遗址的年代已确认为金、元时期，因而其火葬骨灰罐亦随之属金、元时期了，实则是很值得商讨的。遗址中出土有带盖铜镳斗。金代铜极缺，每户铜镜都要錾字登记，不许多有，铜镳斗并无錾字，故此铜镳斗应是辽代的，并且其形制也是辽代特点，怎么能定为金代？因笔者曾参与这些遗物的整理，随调查报告所发表的遗物照片就是笔者拍摄的，故笔者对遗址的所有遗迹、遗物情况比较了解。

遗物情况，其辽代特征也很明显。铁农具、铁手工业工具、铁车马器、铁日常生活用具、铁兵器等，也是辽代常见的遗物，而瓷器中的乳白釉碗、白釉碗、赭釉鸡腿坛等，正是辽瓷的特点，而很多布纹板瓦、波纹沿板瓦和灰色长方砖等，恰为辽代砖瓦等建筑材料的特征。

---

① 这种看法在学术界是共识，如有研究者已认定时代有不同（本书笔者认为是否不同尚须研究，姑从之），根据考古发现说："如顺义、怀柔、房山三个地方出土的铁铧，虽然时代不同，但在形式上都无很大变化，样式可分为两种：一种是较大，刃圆，中间无脊；一种稍小，刃稍尖，一面中间有高脊。这两种铧可能是根据不同的耕种方法，分别使用的。另外金墓里出土的铁铧样式与上两种皆异，形如三角锥，两面皆有高背，元人王祯所著《农书》卷十三"农器图谱三"有详细记载，称此器为镵，适用于翻耕生地之器。铧上所装之犁镜，《农书》中称为鐴，起拨土之用。《农书》虽为元人的著作，但元代农具多承袭辽、金，估计其变化不大，该书所绘图之样式也大体略同。"见：北京市文物工作队（苏天钧执笔）. 北京出土的辽、金时代铁器 . 考古，1963 年第 3 期 .

再看前当铺遗址的地理位置，也有助于确定遗址的年代。在遗址四周10公里或40公里范围内有大量辽代城址、遗址和墓葬：其东沈阳为辽所建沈州，其东稍偏南的奉集堡为辽代集州，东面距前当铺不远的高花堡城址为辽代广州，西北有高台山辽城址，东面15里即为众所周知、已发掘的法哈牛镇巴图营子辽墓及金五台子乡皂角树村辽墓、柳河沟镇张家沟村辽墓、兴隆镇孤家子村辽墓群，稍远北有辽滨塔村辽代辽州、东北较近的有沈阳市马三家子乡古城子村辽沈州所属的灵源县，再往北有石佛寺村辽代双州。其他遗址不计，在本遗址附近，仅从考古发现的城址，就有前当铺镇中古城子村城址、中古城子村北半拉城址、大古城子村内城址、大红旗镇流泉地城址、庄家屯村内城址、高台子乡东高台子村城址、大红旗镇营坊村穿心堡城址等众多辽代城址。在这一地区中，辽代居住的人口也多，他们殷实富庶，财力很大，因而遗存非常丰富。但这个地区的上述辽代建置，到金、元时期大为省废，已非辽时旧观，对照《辽史》《金史》中的《地理志》可知，辽代东京辽阳府辖九县，金代只有二县，而其所辖另二县，是废了衍州建一县，废了岩州建一县；沈州废了灵源县；废了广州建章义县，废了辽州建辽滨县，废了双州存双城县，废了兴州建堨娄县，废了集州存奉集县，然后划归贵德州，同时贵德州废了奉德县。发生如此之大的变化，就是因为人口减少，不足以称为州或县了，才省、罢、废、降。这还是金代后期较好时的情况，当年战乱之时，更不知其差到何种地步了。因此，发现的金、元时期遗存与辽代相比较，无论是数量还是质量，都是不能与其相比拟的。

如此，则新民前当铺遗址，应是起于辽代，经过战乱，在金、元时期仍有人居住，但可能已不重要了，因而这处遗址有不同时期的遗物存在，但主要应该是辽代的。故前当铺遗址应定为辽金元时期才是比较准确的。

（二）绥中城后村遗址

绥中城后村遗址，分布面积亦很大，文化层也很厚，但遗迹处在筑堤与取土范围内，遭到扰乱，已经不清，没有地层关系，时代不易识别，影响了对此遗址的全面认识。基于此，我们可以看到报告的矛盾认识："这处遗址的年代，约当辽金元时期"，承认有辽，可其标题却只确定遗址的年代为"金元"时期，实在令人费解。

遗址中出土的遗物数量很多，如果细辨，我们就会发现其内涵并不单一，实际上包括了几个不同时期的遗物。铁农具、铁工具、铁车件、铁日常生活用器等，根据发现，证实不仅为金、元所用，而主要亦为辽代所用。既然器类相同，都是混在一起由遗址中收集来的，不同时代的遗物都混合在一起，未分彼此，在没有地层保证其准确性时，那就不能不考虑辽代而只认为它们都是金元时期的，若如此判定年代，就有失其科学性。

再说遗址中辽代遗物的特点还是很突出的，六錾耳大铜釜、灰色板瓦、水波纹状唇边的板瓦滴水瓦头等，都是辽代遗物特征。尤其应注意一点：金代缺铜，政府严格控制，禁铜是当时的政策，就是每家生活必备的铜镜都有规定，进行勘验登记，然后錾字；即使寺院的法器铜钹等，也都如此，并不放过。此处如此之大的六錾耳大铜釜竟然被允许存在，岂非怪事？因此，这只能说明它是辽代的，别无他途可言。再有，遗址中出铜钱 282 枚，其中只有 1 枚是金代正隆钱，其余主要是北宋的，少量是北宋之前年代的，不见南宋钱。这个反差太大了，颇能说明问题。钱币是考古年代确定的重要参考依据，因为它是社会流通的，只要一产生，就立刻在社会上流行，在考古中它能反映出时间来。城后村遗址所出钱币主要是北宋的，没有南宋钱，金代只有 1 枚正隆钱，说明其年代主要应该是辽代。

将绥中城后村遗址和新民前当铺遗址确定为金元时期，还有一些历史原因。这两处遗址的发现，是在 1957 年，当时东北博物馆文物工作队成立时间不久，之前发掘的都是战国和汉代的遗址或墓葬，恰是在鞍山陶官屯金代农家遗址发掘之后，其中出土有铡刀、镰刀，考古人员初识金代遗存，还未发掘过辽代遗址，因而对辽代遗物了解不多，只见与陶官屯相似的，便认定为金元的了。还有一个情况，就是这两处简报的作者并不是原调查者，未到现地，对情况的了解会有一定的误差，因此当他撰写这两篇有关他人调查过的这两处遗址的简报时，就将其确定为金元时期了。

三、前当铺与城后村遗址年代对考古发现研究的影响

由于新民前当铺遗址与绥中城后村遗址的调查报告发表得比较早，发现的铁器比较多，认为内涵比较单一，遗物的数量、种类、形制等均可资比较，是对此后的考古发现，在其年代的判断上，常将其作为出土实例用作判断的根据，于是广泛地为各地相类似的遗存研究所引用，其影响较大。因而，我们应该对其加以辨析，以免造成不应有的误判。现略举例说明，即可看出前当铺和城后村遗存的铁器作为年代研究佐证的实例。

（一）北京顺义区大固现村、房山区焦庄村遗址

北京顺义区大固现村，“1958 年春，在这个村落的东北角发现了 5 件铁器”，

有铁铧 3 件、犁镜 1 件、漏水器 1 件。[1]

北京房山区焦庄村，“1961 年，在焦庄村南断崖上暴露出铁器窖藏一处，共出土铁器 64 件，包括生产工具和生活用具两种”。

按：上述这两地发现的遗存，内涵单一，均为铁器。我们承认，作为形制变化不大的铁器来说，尤其是在北方地区，如果没有其他种类的遗物相伴出土，缺乏时代较明显、具有标志性的可参照的遗物，年代不易准确判定这也是事实，但也不是无法确定，关键是怎样使用相关材料和如何整体考虑和研究。

关于大固现村、焦庄村这两处出土铁器的年代，报告结论说：“焦庄和顺义出土的铁农具，与东北辽宁绥中县、新民县出土的铁农具，也有共同之点，如铁镰、铁铡刀、铧头等，样式很相像。”“因此我们推断这两个地方所出土的铁器年代，可能是金代的。”[2] 这样一类比就确定下来，未免太简单了。

过于简单就缺乏深入，仅“样式很相像”就确定其为金代，这岂不是有点儿草率吗？实际上这个误差是很大的。仅跟前当铺、城后村遗址发现的铁器一比较，就定其为“金代”，其实前当铺、城后村遗址发现的铁器不都是金元时期的，而且还包含有辽代的。由于原报告失误，没有将辽代考虑进去，导致考古人员将后发现者与其相比较，对后发现者的年代判定就不准确了。

（二）吉林前郭县卡拉房子村铜铧范出土地

吉林省前郭尔罗斯蒙古族自治县城北城郊乡卡拉房子村，出土一副铜铧范，在其东南不远处的同县吉拉让乡尼拉图村，也出土一件铜铧范上范，两者质料、造型都一样，报告说：“从这副犁铧铜范的铸型看，同吉林市江南金代窖藏的铁犁铧以及辽宁新民县前当铺村金元遗址出土的Ⅰ式铁犁铧形制基本一致，大小相若。我们认为，这副犁范应属金代。”接着又说：“东北各地曾出土大量金代农具，如吉林市江南金代窖藏出土有犁铧、蹚头、犁镜等；黑龙江肇东县（现肇东市）八里城出土有犁铧、犁碗、蹚头、锄、镬、镰、锹等五十多件铁制农业生产工具；辽宁绥中县城后村金元遗址出土的犁铧、犁碗、蹚头、铁犁牵引、铁锄、锄板、垛叉、铡刀、镰、铲等，说明金代的农业生产基本使用铁制生产工具，……特别是农业

① 犁镜背面铸有顺时针“卍”字。此种符号辽代非常盛行，当与佛教影响有关，蓟县独乐寺辽统和四年（986 年）所建，独乐寺塔的下层栏板雕刻中就有两种“卍”字纹。见：纪烈敏．天津蓟县独乐寺塔．考古学报，1989 年第 1 期．

② 北京市文物工作队（苏天钧执笔）．北京出土的辽、金时代铁器．考古，1963 年 3 期．

生产，有了迅速的发展。”

从卡拉房子村出土的铜铧范以及文中所说尼拉图村的铜铧范上看，应是辽代的，而不应为金代。

首先，从地域看，前郭县四周辽代州县很多：西北有吉林省大安市广安镇腰新荒村辽代镇北州、吉林省洮南市德顺乡城四家子村辽代长春州（统长春一县），南有吉林省公主岭市秦家屯辽代信州（统二县、三州，二县：武昌县、定武县，三州：地在其附近）、吉林省长岭县前进乡城东屯辽代凤州，东南有吉林省农安县靠山屯镇广元店村辽代宾州、吉林省农安县农安镇辽代龙州黄龙府（龙州统三县、五州，三县：黄龙县、迁民县、永平县，五州：益州——吉林省农安县小城子乡小城子村、威州——吉林省农安县三宝乡小城子屯、安远州、清州、雍州）、吉林省农安县万金塔乡万金塔村辽代祥州，北有吉林省松原市宁江区伯都讷乡伯都讷村辽代宁江州。上述这些辽代州县建置，金代大都废弃，仅存隆州（统一县）、信州（统一县）。当年辽时城郭林立、繁荣昌盛的情况，此时已变为金代的萧条境况。因此，这些铁农具及铸范等主要当是辽代的，而不应为金代。

其次，从统治时间看，辽代时间长，金代时间短——辽代政权延续 219 年，金代仅为 120 年。二者存在时间长短不同，对应的遗存数量也应有不同，比较起来辽代应比金代多，遗物为辽代的概率应较金代为大。

第三，考古人员在确定卡拉房子等地铜铧范的时代时，认为它们与“新民县前当铺村金元遗址出土的 I 式铁犁铧形制基本一致，大小相若”，故定其为金代。但新民前当铺遗址，考古报告将其定为“金元”时期，实则其中遗物辽代较多，以此地材料去确定新发现遗物的年代，因援引的例证缺乏可靠性，所以结论也就不能准确了。

第四，金代铜极缺，为人所共知，不必详论，而铧范用铜很多是常识，故这类不计用量的铜铧范，大都应为辽代遗物。过去在辽宁省昌图县八面城辽韩州城址内，曾出土有带文字“十日山”款的铜铧范，与此地所见铜铧范亦相同，现藏于辽宁省博物馆，可为佐证。

综上几点，前郭县卡拉房子等地出土的铜铧范的时代，不应为金代，而应为辽代。

第二节　考古发现遗存常被笼统称为辽金时期

在长时间里，辽、金考古发现中最常见的一个问题，是关于年代的确定问题。一般来说，考古发现首先要确定的，就是它的年代。中国历代王朝，是划分遗存年代的坐标，只有这个定位准确了，人们才会有明确的时间概念。一个王朝也是划定遗存年代的基本单位，无论是何发现，都要放入这个时代的断限内。只有这样，人们才可以了解它、认识它、研究它。

通过多年实践，考古发现大都可准确地判定其属于某个时代。通常看待一个遗存，内涵越少越单纯，其年代跨度可能越小，如一件器物，一个铜镜、一个瓷碗；而越庞大、越复杂的遗存，其存在的时间可能就越长，有的可能是一个朝代或跨越几个朝代，如一座城址、一处遗址等。但即使是复杂的后者，考古学家也能明确区分出是一个时代或是几个时代，各是什么情况。

然而，辽、金遗存的情况就不同了，虽然大多数发现有明确的区分，但若就全部情况看，不做区分地将一处遗存简单地称作“辽金”遗存是相当普遍的。和其他各时代考古发现相比较，则辽金时期出现这种现象的概率明显高于其他时代。这种对遗存年代不做区分的做法，使其中出土遗物的年代在无形中被拉长了。若是这种遗址或墓葬确定得多了，就会影响人们对遗物年代的明确判断。而这类遗物确定得多了，反过来也会影响对遗址年代的判定。因此，准确地判定考古发现遗址的年代是非常重要的。

辽、金遗存有时确实很难断代，这已为研究者所注意，因此常能见到这种情况：“由此观之，拉林河西南岸之辽金遗址，在这时应为契丹族住地，与女真族无涉，只是在辽被金灭掉之后女真族的势力才发展到这里，其中抑或有金建国之后由女真族建立的居住地，这一点在所发现的遗迹、遗物中尚很难加以区分。因之，只好统称之为辽金遗址。”[①] 此时，我们需要从以下几个方面考虑：首先，是地域，是在什么地方；其次，是时间，此时属于谁；第三，是遗存本身的特点，特征标志；第四，是伴存物，都有什么共存的内涵。把这些问题都注意到了，并且都解决了，年代问题就能解决了。

① 庞志国，夏若英 . 拉林河沿岸的辽金遗迹 . 黑龙江文物丛刊，1984 年第 2 期 .

由于辽、金遗存不易“区分”，有时发现后就不主动深入对其进行区分，结果便辽、金混称。有时一处遗存出土文物比较单纯，又未发现更晚的遗物，历史情况也清楚，考古人员在判定年代时依然含混，这就使得这批文物没有了确切年代。

第三节 遗存年代本可以区分但也未进一步研究

在历史考古中，对发现的古代遗存最主要、也是最应首先解决的问题就是它的年代，无论是遗迹还是遗物，都是如此。就总体来讲，一般对新发现的一个遗存的年代都能辨别清楚，给出明确的结论。但辽金考古，却是时有不易辨清时期的事例，误判年代，或是提前或是拖后，还有不易辨别时，就“辽金”连称。如果观察一下已发表的考古报告，其他时代这种情况较少，而对于辽金时期来说，这种情况在工作中是大量存在的，这足以说明目前辽、金考古所处的一种状态。

时代连称，在考古中是存在的，不是绝对没有，只是什么情况下如此判定，不是所见遗存都可以这样确定的。如秦汉、隋唐，就历史来说，有时是连称的。不过秦汉连称或隋唐连称，那是因为秦、隋年代特别短，只有十几年或几十年的时间，它们的后面分别是特别强大、存在年代特别长的汉、唐王朝，两者接续，文化差别不大，因而在短时间里，文化面貌的改变显现不出来，如果出现“连称”这种情况，是可以理解的。然而即使这样，秦汉或隋唐的考古发现，仍能区分开来，秦是秦，汉是汉，隋是隋，唐是唐，很少有一处遗存判定为两个时代的。综观此前有关的考古发现报告，可以明确看到这种情况，指出是秦代或汉代遗存与隋代或唐代遗存，不同时代的遗存仍不相混。但对辽、金来说，情况有很大不同。本来这两个朝代还是有区别的，不仅文化有差异，而且两个朝代存在的时间都相当长，一个两百多年，一个一百多年，可是考古发现一座墓葬，而且是一座一般的墓葬，却确定它是一座“辽金墓”！这实在有些说不通了。一座小墓如何能跨两个朝代，长达几百年呢？从考古发现看，过去确实有过一座墓葬于两个时代的情况，那是一座有墓志的夫妻合葬墓，前后两次在不同时代葬入；否则一般墓葬的入葬时间如果说短也就一天，如果说长也仅几天而已。然而这种情况在考古报告中的确是出现的，一座普通的墓葬，即使明确是一次葬入的，却也跨越两个时代，被说成是辽金墓。因此，我们要避免这种问题。最应做的，是要仔细地辨别，找出可以辨识的相关特点，然后视具体的实际情况而定，就不会给后续的研究造成意想不到的问题和困难，甚至影响研究结论。

辽、金考古研究，在确定时代上有时确实不易区别，但在实践中，许多时候只简单地“比对”一下其他遗存材料，没有深入了解相关情况，就定下一个遗存的时代，原本为辽却定为金了，这当然是问题。而有的考古人员感觉把握不大，认为辽金并称似乎“保险”些，就含混地称为辽金。这也是问题，是很不妥的，因为这种材料积累多了，也会影响深入研究。

这方面的情况较多，下面简略地列举几例，我们就可知道存在这种情况了。

一、遗址方面的实例

（一）平泉县党坝村窖藏

河北省平泉县（今平泉市）党坝村窖藏，为当地村民建房挖地基时发现，出土皆为铁器，报告认为是辽金时期的，没有什么有力的例证，报告结论就说：“平泉县辽代属中京道泽州辖境，金为北京路大定府神山县地，几年来，我县经常发现辽金文物。党坝这一窖藏文物的发现，又为平泉辽金文物研究提供了实物资料。”[①]

从其遗物看，此窖藏内涵比较单一，皆为铁器，出土铁器均放于铁釜内，计有六錾耳铁釜2件、弧背弧刃铁镰1件、直背直刃铁镰1件、铁锄1件、铁趟头1件、菱脊圆銎铁矛2件、铁斧1件、铁凿1件、铁钩1件。此窖藏中虽无断代明确的其他遗物，亦未见较晚遗物，但从其所处地理位置看，平泉县在辽代属中京道泽州辖境。今平泉市属河北省承德市，在内蒙古宁城县（辽中京）西南方。辽中京大定府辖九县（大定、长兴、富庶、劝农、文定、升平、归化、神水和金源）十州（恩州、惠州、高州、武安州、利州、榆州、泽州、北安州、潭州和松山州），十州下辖13个县。但在金代，辽中京大定府改成北京路大定府，下辖11县，即大定、长兴、富庶、松山、神山、惠和、金源、和众、武平、静封和三韩。金将辽的州县省、罢、降相当多，可见其建置收缩之大。辽泽州辖神山、滦河二县，金时废泽州，罢滦河县，仅存神山县。辽时昌盛，州县林立，人口众多，金代居民减少，建置省并，因此，不应是金代的，而是辽末辽人逃跑时埋下的，这符合历史事实。在此情况下，平泉党坝村铁器窖藏，怎么不是辽代的，而一定是金代的呢？因此，平泉县党坝村窖藏应是辽代的。

下卷

---

① 张翠荣．平泉县党坝村发现辽金铁器窖藏．文物春秋，1990年第1期．

（二）滦平县曹窝铺村窖藏

河北省滦平县金沟屯镇曹窝铺村窖藏，南侧为战国、汉至辽金时期遗址，东边是墓葬。铁器出土时叠放，计有：铁铧4件、铁铧溜子（小铁铧）1件、铁犁镜1件、尖端呈“3”字形圆銎铁器1件。报告说：“这批文物，反映了辽金时期北方古民族的生产工具及农业发展情况。滦平古代就是华北平原通往塞北草原的重要通道，辽代是中京（今内蒙古宁城）通往南京（今北京）的必经之路，辽初就已划入辽的版图。由于北方各少数民族与中原地区在政治、经济上不断交往，受中原文化的影响，大量使用铁农具，不但有铁犁铧，还有铧溜子、犁镜，促进了农业、手工业的进一步发展。这批文物的发现，对研究滦平在辽金时期的历史提供了实物资料。”①

这处发现，应是辽代遗存，但最后结语还说它是“辽金时期”。现作分析：

首先，从遗物本身看，未见明确为金代的遗物，仅是7件铁器，比较单纯，系为一次性掩埋，不像大型遗址、城址，使用时间较长，或是大型墓葬，有二次入葬问题，可以跨越两个时代。但此窖藏不是这种情况，埋藏所用时间较短，半日就可完成，只能在一个时期里，不能跨辽、金两代。

其次，从地理位置和古代交通看，窖藏所在地“辽初就已划入辽的版图”，辽代统治中心在北部，主要都城为中京（宁城县大明城镇古城）、上京（巴林左旗林东镇南古城），但和辽南京有着非常紧密的联系。滦平是当时的重要通道，应是比较繁荣的。金代拥有中原大地，统治重心南移，在今北京、开封，金上京远在东北隅黑龙江，南北交通已改在辽西走廊，与辽代相比，滦平已较为冷落，人烟稀少。

第三，曹窝铺村窖藏时间当在辽末。辽代晚期天祚帝时，金兵攻辽，此地很乱，社会动荡较大，辽金间的战事拖延很久，辽人走死逃亡在所难免，比如辽金间的一次战争，天祚帝在保大元件（1121年）“九月，至南京”，“二年正月乙亥，金克中京，进下泽州。上出居庸关，至鸳鸯泺”②。即辽天祚帝在保大元年九月到辽南京（今北京），金兵在保大二年（1122年）正月攻克辽中京（今内蒙古宁域），然后又打下了在今平泉境的辽泽州——平泉离滦平不远。天祚帝从辽南京出居庸关到张北县西北的鸳鸯泺。他的此次行动震动朝野。皇帝尚在出逃，辽朝臣民难道不惊慌吗？窖藏埋物，都是在社会变乱时期。因此，埋物保存亦属正常。但时间不

---

① 赵志厚.河北滦平县发现一批辽金时期铁犁铧.文物春秋，1993年第4期.

② 辽史：卷二九天祚本纪三.中华书局点校本.1974年10月.第342页.

会晚到金代。若是金代所埋，则必是金代晚期，蒙古灭金、社会动荡之时。果如此，则该窖藏只能称金，与辽已无关，而不能称辽金了。事实上，金代晚期，今滦平一带较为安定。蒙古攻金，是从西部开始的，先打西夏，然后从西面攻金，直奔中都，后哀宗南迁，三峰山之战，蔡州破，金亡，皆不在滦平。即如在辽末，天祚帝退居西北时，此地进入金初，亦应平静。辽亡，金朝建立，就不应再有逃亡埋物之事发生。因此，曹窝铺村窖藏不会是“辽金”时的，当为辽代窖藏。

（三）承德县三沟村窖藏

河北省承德县三沟村窖藏，遗物埋在一个泥质灰陶罐中，出土有瓷器 9 件、铁器 8 件和铜钱 5 枚。其中铁器 8 件，保存较好的有横式铁锁 1 件、钉马桩 1 件。① 关于窖藏年代，调查报告结语说：“三沟村一顷地窖藏所出白釉瓜楞提梁注壶与义县文保所收藏的一件白釉瓜楞提梁注壶型制、大小基本相同。这种注壶在昭盟文物工作站、巴林右旗文化馆也有收藏；吉林梨树偏脸古城、山西大同青磁窑工地都曾有出土。在察右前旗豪欠营第六号辽墓出土的两件瓷注壶，与一顷地窖藏中的提梁注壶十分相似。与窖藏所出类似的转轮菊花纹器盖，曾在曲阳定窑遗址北宋层出土。窖藏中的铁锁与新民巴图营子辽墓中所出铁锁一致。窖藏所出‘崇宁’钱币，是北宋徽宗早年（1102—1106）所铸，相当于辽天祚政权末期。综上所述，王沟村一顷地窖藏的时代当为辽代晚期，或辽末金初。”而报告的文章标题则直书“承德县三道沟村发现辽金窖藏”。

三沟村一顷地窖藏，遗物不多，但非常典型，白釉瓷碗、白釉深腹碗、转轮菊纹器盖，均为辽瓷，与之相比较的遗物，都是辽代的，如义县白釉瓜楞提梁注壶更是典型辽代瓷器②，定窑遗址北宋时期也相当辽代，其他出土于辽墓者，亦无须再证明了。出土铜钱“崇宁通宝”2 枚、“崇宁重宝”3 枚，均为北宋徽宗早年所铸。窖藏中不见属于较晚的金代遗物。因此，这处三沟村窖藏当为辽代遗存。

报告在此结语后面，又写一段文字表明将其年代定为“辽金”的理由：“辽末，女真人不断南侵。据《金史·太祖本纪》记载：金天辅六年（1122 年）正月金兵伐辽，‘乙亥，取中京，遂下泽州’；二月己亥，‘宗翰等败辽奚王霞末于北安州，降’。泽州即今河北平泉南会州城。北安州为今河北隆化县土城子。这些地区正当自中京（今内蒙古宁城县大名城）经古北口往南京（今北京）的通道上，

① 田淑华. 承德县三道沟村发现辽金窖藏. 文物，1986 年第 6 期.
② 冯永谦. 新发现的几件辽代瓷器. 文物，1981 年第 8 期.

三沟村一顷地窖藏正位于这条道上，可能是金辽战争中为避兵燹而埋藏的。”事实上，这段文字恰好说明了这处窖藏是辽代的。从论证中可知，居民是“为避兵燹而埋藏的”，当是在辽、金双方于当地攻战之际，兵锋过处，民不得安，因此埋藏什物，但此时（时间在1122年）辽还未亡，虽有战争，但还是辽朝天下，及至金已灭辽，其地战事早已全无，兵燹何来？在1125年辽亡后，当地无战争，更不可能埋藏了。因此，这一处简单的窖藏，本来事实再清楚不过了，偏要让它年代不清晰，弄个“辽金”两代！此处窖藏不能跨越两朝，应为辽代的遗存。

（四）清河区货郎屯村窖藏

1988年，铁岭市清河区货郎屯村的清河钢厂在其西墙外挖排水沟时，发现一处窖藏，出土四件覆置在窖坑内的铜器。遗物分别为直口外饰十道弦沟纹桶腹六鋬耳圜底大铜釜、掩口外饰六道弦沟纹鼓腹六鋬耳脐底铜釜、唇口外饰五道弦沟纹直腹三折角足铜铛、盆形掩口外饰五道弦沟纹双鋬耳镂空“十”字状平底铜甑各一件。关于窖藏年代，报告称：“笔者认为这组铜炊具应属金代遗物。”判断的理由是：“清河区在金代属咸平路咸平府辖境，距这批窖藏出土地点7.5公里处，即金咸平府治（开原老城）所在。就其性质而言，这组铜炊具应是当时军队行伍所用。而窖藏的直接原因，应不排除当时蒙金交战、金兵溃退逃离辽北之时仓促埋于地下的可能。”[①]

清河区货郎屯村铜器窖藏，定为金代遗存有误，应是辽代遗存。其理由如下：

首先，关于“这组铜炊具应属金代遗物”问题。报告在判定窖藏年代上，对材料的掌握是不够充分的，缺失太大，并且以偏概全，因而得出的结论就不够准确。我们先看一下窖藏所在的今货郎屯之地，处在开原市老城镇之东7.5公里，现在的清河区原属开原市，为清河镇，近年设区划入铁岭市，地理位置在开原老城镇之东未变。至今在老城镇内，还存四周城墙很高大的古城遗址，为省级文物保护单位，此城址始建于辽代，《辽史》有记载，金灭辽后此城被金代沿用。老城镇古城址，辽时称为咸州，金代改为咸平府。咸州的历史悠久，是辽灭渤海迁铜山郡（铜州）民来辽地，后又招平、营等州民实之，建城以居，初建号郝里太保城，开泰八年（1019年）升为州。辽代统治两百多年时间，金代政权才一百多年，但报告根本没有考虑辽代，直接就说“清河区在金代属咸平路咸平府辖境”，于是这处

① 张大为．辽宁铁岭清河钢厂出土一组金代铜炊具．北方文物，2000年第2期．

窖藏铜器就成为金代的了，那辽代呢？辽代不管辖今清河区之地吗？忽略了辽朝，好像咸州和辽朝没有任何关系似的，只认金朝。这个结论实在过于偏颇。

其次，关于调查简报所说“窖藏的直接原因，应不排除当时蒙金交战、金兵溃退逃离辽北之时仓促埋于地下”问题。蒙金战争，从战事上看未曾发生在咸州，包括者别、木华黎以及其他将领，从未在咸州附近大战或有败金战斗，何来“蒙金交战，金兵溃退逃离”之事？因此，金兵在咸州溃逃之事至少于史无稽。

第三，关于报道说“这组铜炊具应是当时军队行伍所用”问题。从出土的这四件铜炊具看，它不是军队行伍所用。其一，军队是一个较大的组织，人数较多，就这四件炊具够几个人应用？其二，这组炊具不仅体量很小，而且参差不齐，各器大小又不等，没有军队的标准和规格，一望而知它们是凌乱凑在一起的一个组合，显然没有军队的特征。其三，军队的炊具不是个人的私物，而军队的流动性很大，并且是集体行动，个人不能随便脱离，埋它们的目的是什么？其四，军队打败仗溃逃，还有时间埋炊具？其五，要埋炊具，一个部队的炊具都应当埋，怎么能只埋这四件，而带着其他炊具跑？因此，它不是军队行伍所用之器甚明，显然是为一般居家民用之物，是在某个特定环境下埋藏的。

第四，由于金代缺铜，居家不准私藏铜器，即使生活必备之铜镜，每户不仅限量，而且还需登记勘验，这一问题从考古发现的铜镜上錾字已得到证实。不仅如此，即使如《金史·食货志》所说：“十一年二月，禁私铸铜镜，旧有铜器悉送官，给其直之半，惟神佛像、钟磬钹钴、腰束带、鱼袋之属，则存之。”实际所许“则存之”的铜器，也要验记，并非随便可以拥有。彰武县二道河子乡腰窝堡村郭家窝堡屯发现一处金代窖藏，出土铜钹、引磬、法铃、铜佛像等34件遗物，经过整理，铜器上都有錾字，计有“懿州灵山县验记官”“咸平府荣安县”“沈州辽滨县尉监官”“东京僧司”“铜院官”等[①]，可以看出这是当时全国进行的，多部门各司其职，勘验工作很严而细，其中虽有可能私藏未登记者，但大都经过验记是没有问题的，因此，我们今天才能见到金代铜器是带验记款的。这组铜炊具无錾款，不应为金代，而应为辽代的。

第五，金代铜极为缺乏，《金史·食货志》记载很多，就是社会生活必不可缺而又不可用铁替代的铜镜，都不允许民间多拥有，每户所持铜镜都须经官署验记备案方可存留。同时，铁的产量较多，铸炊具其质又优于铜，金时岂能允许再用

① 冯永谦主编；张春宇，刘俊玉，孙杰著．彰武县文物志．辽宁民族出版社，1996年3月：第61页．

铜来铸造炊具？因此，货郎屯铜炊具应是辽代之物，而非为金人所制，自然埋物应为辽代窖藏，至于其原因，当是金灭辽时当地人户为保存器物而埋藏的，其时，咸州之地甚乱，女真起兵，辽时有败绩。天庆四年（1114 年）冬，“十二月，咸、宾、祥三州及铁骊、兀惹皆叛入女真。乙薛往援宾州，南军诸将实娄、特烈等往援，咸州，并为女真所败”[①]。天庆六年（1116 年）五月，“女真军攻下沈州（今沈阳），复蹈东京（今辽阳），擒高永昌”[②]。天庆八年（1118 年）正月“庚寅，保安军节度使张崇以双州（今沈阳北石佛寺村）二百户降金。东路诸州盗贼蜂起，掠民自随以充食”[③]。同年六月，“通（今四平市）、祺（今康平县小塔子村）、双（今沈阳市北石佛市村）、辽（今新民市辽滨塔村）四州之民八百余户降于金”。显然，咸州的居民肯定要受到这种灭国战争的影响。这处窖藏的形成时间至迟在辽代末年，下限不会入金；如果金已灭辽，建立起新王朝，已无战争，社会安定，人们还埋藏每天都必须使用的做饭铜炊具做什么？由此可知，货郎屯铜炊具为辽代窖藏。

（五）富锦市东安村窖藏

2004 年，在黑龙江省富锦市砚山乡东安村南漫岗上发现一处铜器窖藏，四件铜器两相对扣出土。计有：平唇微敛口圆腹圜底三柱状足铜釜 1 件、平唇敞口斜腹平底三柱状足铜釜 1 件、平唇斜口外十三道弦沟纹圆腹圜底三扁足铜釜 1 件、平唇展口斜腹平底三折体“V”形足铜铛 1 件。关于窖藏的年代，报告结论说：“东安村出土的这批文物，其中三足铜锅（即本书所记之釜）为金代遗址中常见的器形。它与绥滨中兴墓群出土的同类器物相似。三足铜釜（即本书所记之铛）与吉林和龙出土的金代窖藏铜、铁器中同类器物器形相似。故认定这批文物为金代窖藏文物。”[④]

富锦市东安村窖藏，其时代不应为金，而当为辽。其理由如下：

其一，窖藏遗物全部为铜器，金代极度缺铜，而这类炊具用铜量又很大，其时早已用铁，故不可能允许用铜铸器。当时的这个总趋势是不可逆转的，考虑其时代必须想到这一点。

其二，金代铜器均经官府验记，考古发现屡屡证明这种情况，而此处窖藏全

---

① 辽史：卷二八天祚本纪二 . 中华书局点校本 .1974 年 10 月：第 329 页 .
② 辽史：卷二八天祚本纪二 . 中华书局点校本 .1974 年 10 月：第 334 页 .
③ 辽史：卷二八天祚本纪二 . 中华书局点校本 .1974 年 10 月：第 336 页 .
④ 张亚平 . 富锦市出土的金代文物 . 北方文物，2006 年第 3 期 .

部铜器均无检验錾字，说明埋藏时间没有入金。如果是在金代埋藏的，金从建国之初就开始禁铜，因此，一般在正常情况下，金代铜器应有验记。

其三，报告说窖藏铜器“与绥滨中兴墓群出土的同类器物相似”，因此即“为金代窖藏文物”。但绥滨中兴墓群较庞大，有数处，其本身的年代，就不是金代或不完全是金代的，尤其是出土“同类器物”的墓，未见晚到金代的遗物，将其定为金代似嫌不妥。近年有研究者从不同角度提出中肯意见，认为有的地点存在金墓，但是辽代五国部文化已较为明朗①。

根据笔者对东安村窖藏的全面观察和研究，笔者认为它应为辽代遗存。更具体地说，富锦市在辽代是五国部剖阿里部的活动地区。因此，东安村窖藏是辽代五国部剖阿里部的遗存。

二、墓葬方面的实例

将遗址本来清晰的年代“辽”定为“辽金”或“金”的情况如上所述，墓葬也是这样，如在一地仅有一座墓葬，也被定为“辽金墓”。

（一）扶余县西山屯墓

据考古报告：“1958 年 7 月，吉林省扶余县东南 69 公里的西山屯发现一座辽金墓。”墓为石砌，内有木棺，出土遗物较为丰富，也很珍稀。遗物计有：錾忍冬纹金装贝饰 1 件、空心竹节状金环 2 件、由 19 块饰板与金卡组成的玉带 1 件、“开元通宝”（按：应是“开通元宝”）铜钱 1 枚，此外出土铁器 12 件：平顶曲身竖銎

---

① 孙秀仁、干志耿在《论辽代五国部及其物质文化特征——辽代五国部文化类型的提出与研究》（载于《东北考古与历史》第一辑，文物出版社 1982 年 9 月版）一文中说：“关于绥滨中兴、永生、奥里米古墓群的一批考古材料早经正式发表，均被定为金代中晚期墓葬。笔者认为这几处墓葬的断代有的以偏概全，有的则全然错谬。”“永生和（中兴）三号（墓地）本属同一文化类型之故，而中兴、奥里米则包含有两个时 期，即辽、金时期的文化遗存。”

胡秀杰、田华从研究出土文物方面也提出：“中兴墓群出土文物丰富，但对于它们的断代，不能一概而论。8 号墓出土了大定通宝，为金代中、晚期墓葬无疑；而其他墓葬出土的铜钱，上限起自公元 995 年，下限至公元 1110 年，相差一个多世纪，还有的墓葬未出土可供断代的文物。因此，对这些墓葬的准确年代，还有待于进一步研究。根据中兴墓群的出土文物，我们认为中兴墓群很可能含有辽代文化的遗物。”（胡秀杰，田华．黑龙江绥滨中兴墓群出土的文物．北方文物，1991 年第 4 期）

薄铁斧1件、平顶长身方銎扁刃铁锤1件、长身扁体圆銎展刃铁凿1件、长柄交股鸟嘴铁钳1件、长身扁体铁锉1件、尖锋厚背直刃铁刀1件、铁镞1件、平底铁锅1件、铁钩2件、铁棺钉2件。这座墓的年代，报告说："根据对随葬品的分析，我们认定这是属于辽金时代的墓葬。"①

西山屯墓，从其所在地域看，是辽东京道辖地，位于宁江州之东、龙州黄龙府东北不远处，其西是辽上京道辖地，所在是辽代的重要地区，辽人在此有二百余年的活动。尤其是从墓葬自身的特点看，具有辽墓的特点。更重要的是，从出土遗物观察，铜钱没有后世朝代的，其他各种遗物，无论金贝饰品还是玉带，或是铁器，都是最具辽代特征，这些遗物在此前各地发现的辽墓中都有出土，实例很多，不胜枚举。但就是这样一座时代很明确的辽墓，相关考古人员不定其时代为辽，却将其定为跨两个时代的墓葬，笼统地称为"辽金墓"，使之成为无准确年代的墓葬。

（二）怀来县桑园村墓葬

再举一例。河北省怀来县桑园村发现一座墓葬，出土遗物皆为瓷器，形制均具有辽代特点，并且报告在结语中说："这批出土瓷器（瓷胎未施釉）中大部分器物，如Ⅰ式、Ⅱ式罐、盆，Ⅰ式、Ⅱ式碗，高领凤首瓶、壶、托碗，从胎质、造型来看，当属北宋时期定窑系的产品，其余器物应当为当地民窑所烧制。Ⅰ式、Ⅱ式釜，Ⅰ式、Ⅱ式碗，熨斗，同河北宣化下八里3号辽金壁画墓中出土的陶鋬耳锅（M3：91），陶双耳锅（M3：79），Ⅰ式、Ⅱ式陶碗（M3：16、38），陶熨斗（M3：103），形制相近似；而河北宣化下八里2号辽金壁画墓中的Ⅱ式陶盆（M2：3）、陶鐎斗（M2：49）同该墓中的盆、鐎斗器形也比较接近。Ⅱ式罐见于河北涿鹿辽代晚期壁画墓中。河北宣化下八里发掘的辽天庆六年（1116年）张世卿壁画墓中的后室南壁右侧壁画温酒侍吏双手捧的酒壶器形则与这座墓随葬的壶很相似。由此可见，这座墓的时代应为辽代晚期和金代初期。而这批瓷器（瓷胎未施釉）也具有较强的时代特征，为研究北方地区辽金墓葬的陶瓷器分期，提供了新资料。"②

这座墓的时代，从结语提出相比较的几种资料看，其时代都为辽代，如：

1.墓中出土的"Ⅰ式、Ⅱ式罐、盆，Ⅰ式、Ⅱ式碗，高领凤首瓶、壶，托碗，

---

① 匡喻．吉林省扶余县的一座辽金墓．考古，1963年第11期．

② 贺勇．怀来县桑园发现辽金时代墓葬．文物春秋，1993年第2期．

从胎质、造型来看，当属北宋时期定窑系的产品”，北宋时期的定窑，时代不晚，其产品可以出土于辽墓中。

2. 结语所说“Ⅰ式、Ⅱ式釜，Ⅰ式、Ⅱ式碗，熨斗，同河北宣化下八里3号辽金壁画墓中出土的陶鋬耳锅（M3：91），陶双耳锅（M3：79），Ⅰ式、Ⅱ式陶碗（M3：16、38），陶熨斗（M3：103），形制相近似”。下八里3号墓，是辽代张世本墓。张世本葬于辽道宗大安九年（1093年），距辽亡还有32年，是辽代晚期墓葬，其妻合葬时间为金熙宗皇统四年（1144年），是辽亡19年后，是金代初年[①]。墓中出土遗物很多，明显看出为两次随葬的，从遗物特点看，为张世本随葬的遗物较多，并且遗物与当地其他辽墓中出土的相同，具备辽代特点。其妻后来祔葬，也当有一些遗物，可能不会很多，但像木梳、铜镜等类可能为这次随葬的。再说其妻入葬仅为辽亡后19年，从我国漫长的丧葬制度史来看，短短19年，又在同一个地区，不会有什么太大的变化，甚至基本上看作辽代的都没有什么问题。因此，用这个墓葬的遗物做区别时代的标尺，没有典型意义。

3. 结语又说“河北宣化下八里2号辽金壁画墓中的Ⅱ式陶盆（M2：3）、陶鐎斗（M2：49）同该墓中的盆、鐎斗器形也比较接近”。宣化下八里2号墓，是辽张恭诱墓。张恭诱葬于辽天祚帝天庆三年[②]（1113年），此墓虽是辽代晚期，但却是毫无疑问的辽墓。桑园村墓既与此墓遗物接近，也应是辽墓。

4. 结语还说“Ⅱ式罐，见于河北涿鹿辽代晚期壁画墓中”[③]。桑园村墓Ⅱ式罐，也见于涿鹿辽代晚期壁画墓，可证其时代相同，应是辽代。

5. 结语还说“河北宣化下八里发掘的辽天庆六年（1116年）张世卿壁画墓中的后室南壁右侧壁画温酒侍吏双手捧的酒壶器形则与这座墓随葬的壶很相似”[④]。既然相似，那也应为辽。

上述判定桑园村墓时代的各种条件，都与辽墓相同，是辽墓特点占主导地位，但最后结论没有定为辽墓，而是定为不确定的“辽金时代墓”，其本身的年代都不清楚，如何还能达到报告结语中所说的“为研究北方地区辽金墓葬的陶瓷器分期，提供了新资料”这个愿望能实现吗？

---

① 陶宗冶，等．河北宣化下八里辽金壁画墓．文物，1990年第10期．

② 陶宗冶，等．河北宣化下八里辽金壁画墓．文物，1990年第10期．

③ 张家口地区博物馆（刘建忠、贺勇执笔）．河北涿鹿县辽代壁画墓发掘简报．考古，1987年第3期．

④ 郑绍宗．河北宣化辽壁画墓发掘简报．文物，1975年第8期．

第四节 只注意地域忽略了时代

判定考古发现的族属、文化、年代等和其所在地域有一定关系，但也不可过于机械理解，对此必须进行深入、全面的考虑，才会产生正确意见，否则即有可能出现偏颇，得出错误结论。

永生墓群，是1974年在黑龙江省绥滨县北岗乡永生村基建施工中发现的，在工程范围内有14座墓，为一处分布较密集的墓群，发掘12座，出土遗物百余件，有瓜棱形陶罐、小铁刀、曲柄金耳饰等，还出土有“景祐元宝”“咸平通宝”“祥符元宝”等北宋铜钱。报告认为：“永生墓群中的一些随葬品，如瓜棱形陶罐、小铁刀、曲柄金耳坠等，其形制与绥滨中兴金墓、奥里米金墓出土的同类器物相同，并出土了景祐元宝、咸平通宝、祥符元宝等北宋时代的铜钱，据此可知其时代与中兴金墓、奥里米金墓相近，也当是金代中晚的墓葬。”①

永生墓群，其时代并不晚，更不可能晚到金代中晚期，它应是辽代墓葬。我们可以从以下几个方面进行分析判断：

首先，从出土遗物看，瓜棱形陶罐是辽代契丹陶器的一个显著特征，很多辽代遗址和墓葬中都出有各种不同形式的瓜棱形陶罐，这种陶罐出在绥滨地方，即使不是辽代陶器，至少也是该地处在辽时期的遗物。同时，报告还说“有的陶器底部有模印的符记”。这种陶器底部模制并印有图案花纹或符号之类的做法，也是辽代契丹族陶器的典型特征之一。因此，从陶器特点看，瓜棱形陶罐应是辽代而不是金代遗物。

其次，墓中出土铜钱，有“景祐元宝、咸平通宝、祥符元宝等北宋时代的铜钱”等。铜钱是古代金属铸币，为社会活动之必需物，只要铸出，就立即进入流通，因此颇具时间“敏感”性。但此墓群所见皆为北宋铜钱，不见南宋或金代铜钱，说明其年代较早，不会晚到金时。因此，永生墓群的入葬时间应在辽代。

第三，永生墓群的年代，报告认为“永生墓群中的一些随葬品，如瓜棱形陶罐、小铁刀、曲柄金耳坠等，其形制与绥滨中兴金墓、奥里米金墓出土的同类器物相同”，“据此可知其时代与中兴金墓、奥里米金墓相近，也当是金代中晚的墓葬”。

---

①黑龙江省文物考古工作队（景爱执笔）. 绥滨永生的金代平民墓. 文物，1977年第4期.

事实上中兴墓、奥里米墓都不是金代的，此前已有研究者辨析过，颇为得实。现摘引两例于下，以明其义：

“关于绥滨中兴、永生、奥里米古墓群的一批考古材料早经正式发表，均被定为金代中晚期墓群。笔者认为这几处墓群的断代有的以偏概全，有的则全然错谬。……而永生则显然纯属辽代五国部文化。发生上述失误之原因在囿于成说，以为黑龙江地区出土文物除却石器时代即属渤海或金，辽代遗存仅偏居西南一隅之地。”又说：“至于绥滨永生墓群及其出土物，无疑应通通归属于辽代五国部文化。……我们参照其他共存物考察，认为这几枚铜钱恰应作为断定辽代的根据，因为这几种通宝是北宋前期铜钱，最晚的为景祐元宝。北宋的‘景祐’相当于辽兴宗‘重熙’年间，比金朝创建伊始的收国元年（1115 年）早半个多世纪，证明永生墓群约当辽代中叶，远非金代。”①

“永生墓群的断代尚有争论。景爱先生认为是金代的文化遗存，而干志耿、孙秀仁两位先生在分析五国部文化类型时，指出永生墓群‘纯属辽代五国部文化’。依据永生墓群木棺结构和出土的随葬品，我们倾向于后者。理由是：（1）该墓群棺木有卯榫结构，金代木棺多用铁钉，显然，卯榫结构要早于铁棺钉的使用；（2）墓群出土的三枚铜钱，最晚的是‘景祐元宝’，景祐为北宋 1034 — 1039 年使用的年号，估计传入绥滨地区也不会晚于半个世纪，辽在黑龙江地区的统治下限为 1114 年；（3）永生墓群出土的随葬品与绥滨三号墓有很多相似之处，如小铁削、砺石、燕尾式与扁凿式铁镞、细泥灰陶瓜棱罐、侈口重唇深腹平底罐，三号墓为辽代文化遗存已被公认，永生墓群文化接近三号墓，故将该墓群归属辽代，比较合理。”②

上述论点完全正确，是看到了问题的实质。只有这样认真观察，仔细思考，详辨其差别，于似是而非中剔除易于混淆的现象，才能得出正确的结论。

第五节　辽代铁器发达、数量众多

契丹族历来重视冶铁，制造铁器为其生活所必需，因此，辽代社会铁器非常发达，今天能见到这么多辽代铁器也就不足为怪了。辽代冶铁开始时间很早，简

① 孙秀仁，干志耿．论辽代五国部及其物质文化特征．东北考古与历史．第一辑．文物出版社，1982 年 9 月版．

② 田华，胡秀杰，周美茹．黑龙江省绥滨永生墓群原貌．北方文物，1992 年第 3 期．

约言之："自太祖始并室韦，其地产铜、铁、金、银，其人善作铜、铁器。又有曷术部者多铁；'曷术'，国语铁也。部置三冶：曰柳湿河、曰三黜古斯、曰手山。神册初，平渤海，得广州，本渤海铁利府，改曰铁利州，地亦多铁。东平县本汉襄平县地，产铁矿，置采炼者三百户，随赋供纳。以诸坑冶多在国东，故东京置户部司，长春州置钱帛司。太祖征幽、蓟，师还，次山麓，得银、铁矿，命置冶。"①

据笔者考证，文中所说"曷术部"地在今辽阳南，柳湿河为今大石桥市流经汤池村附近的大清河，三黜古斯为今鞍山市旧堡，手山为今辽阳县首山。② 今天辽宁的鞍山曾有"钢都"的美誉，其实辽代已在这个地区大量开采铁矿，进行冶炼、生产铁器等活动，应该说其渊源有自。

辽代铁器种类很多，不详列举，仅从农业生产上看，辽代铁器是很发达的。换言之，农业生产工具的发达，应该说是铁工具的发达，也促进了辽代农业生产的发展，产量提高，社会富庶。《辽史》曾记载说："初，皇祖匀德实为大迭烈府夷离堇，喜稼穑，善畜牧，相地利以教民耕。仲父述澜为于越，饬国人树桑麻，习组织。太祖平诸弟之乱，弭兵轻赋，专意于农。"这是初期的情况。到太宗时，不仅"无害农务。寻诏有司劝农桑，教纺绩。以乌古之地水草丰美，命瓯昆石烈居之，益以海勒水善地为农田。（会同）三年（940 年），诏以谐里河、胪朐河近地，赐南院欧堇突吕、乙斯勃、北院温纳河剌三石烈人，以事耕种"。此时为辽代早期，域内原为农业区已不必说，边地也有很大发展，如上引太宗时见于记载的事例，向北去，农业已经推进到今海拉尔河流域。农业的推进，必然带去大量的铁农业工具。在圣宗时，"保宁七年（975 年），汉有宋兵，使来乞粮，诏赐粟二十万斛助之。非经费有余，其能若是"。开泰"九年（1020 年），燕地饥，户部副使王嘉请选船，募习海漕者，移辽东粟饷燕"。这说明辽时辽东地区的农业生产很发达，粮食储存很多，荒年可以赈灾。这是农业生产发展的结果，同时也反映出辽代的耕植技术在当时的先进与提高产量的铁制农业生产工具的普遍使用有关。

辽代铁器广泛使用表现在农业上的事例，《金史》有一段真实的记载，这是金太祖刚起兵反辽时的事，收国元年（1115 年）正月庚子，"宗雄已得利，击辽右军，辽兵遂败，乘胜追蹑至其营，会日已暮，围之。黎明，辽军溃围出，逐北至阿娄

---

① 辽史：卷六十食货志下．中华书局 1974 年点校本：第 930 页．

② 冯永谦．辽代矿冶采炼和金工器物的考古学考察．辽金历史与考古．第四辑．辽宁民族出版社，2013 年 7 月版．

冈，辽步卒尽殪，得其耕具数千，以给诸军。是役也，辽人本欲屯田，且战且守，故并其耕具获之”。一次战斗就获耕具数千件，这可不是一个小数字，而仅仅是一个部队所带的农业生产工具即如此，若全国情况呢？何止几十万或几百万件。从这一个侧面可见辽代使用铁工具数量之大。

辽师败绩，每次都是如此，金人可获大量财物，如收国元年又一次双方交战：“十一月，辽主闻取黄龙府，大惧，自将七十万，至驼门，驸马萧特末、林牙萧查剌等将五万骑、步四十万，至斡邻泺，上自将御之。……（金）使右翼先战，兵数交，左翼合而攻之，辽兵大溃，我师驰之，横出其中，辽师败绩，死者相属百余里，获舆辇、帟幄、兵械、军资、他宝物、马牛，不可胜计。”文中其他各项暂可不计，仅从“兵械”一项即可看出。几十万人，死者相属百里，兵械——刀、剑、矛、镞等当有多少？真是不可胜计！此时兵器多为铁制。

通过上述事例也可看出，辽时铁制器物非常发达。阜新所见铁器内涵如此丰富，也可以印证这一点。因此，阜新铁器应属辽代这一时期。

第六节　要全面分析明确辽、金遗存

在我们历年考古中，辽金时期遗存有时不作区分，常见“辽金”连称的现象，在我国历代考古中，这种情况很少见到，其他各时代都能分开，唯独辽、金，哪怕是一个很简单的遗存，也把辽金两个时代连称，确定一个遗存的年代。

我们看到，关于这个时期的考古，将遗址、城址的时代定为两个时代的情况很普遍，但对发现的墓葬确定时代的情况好一些，一般一个墓葬都能确定为一个时代，不过也见到仅一座墓葬也被确定为“辽金墓”的情况，这就值得研究了。当然，遗址、城址有沿用问题，情况比较复杂，但也应加以区分，有地层的文化内涵不同，指出辽、金不同时期与各自特点，不笼统泛称“辽金”，这是很值得注意的。尤其在东北地区，不能只称“金”代，实则是辽时已有，甚或就是辽代，但却避而不提辽代，而这种情况却时有所见。

过去已有研究者注意到了这种情况，要加以区别，不笼统辽金联称。因此，要在报告中力求做到准确，分清楚遗存时代。我们感到，只有这样才能使我们的研究得以深入。下面举个实例，是研究者经过深入思考才提出的在年代确定上的见解。摘引该文以申其结论特点。

这原是一个考古调查简报，其文说：“我们从万金塔乡牟家屯生产队得到类

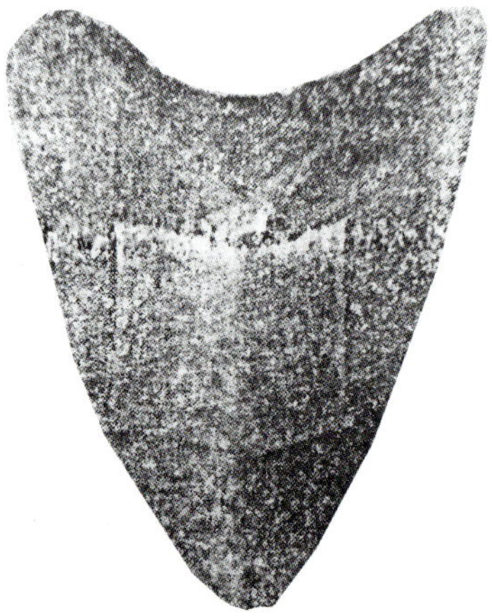

铧却比铧小得多的一件农具，老乡们一般都称为铧，长 17.8 厘米、宽 14 厘米、脊厚 6.4 厘米，背有三眼，鼎足形（见右图）。按其形制，和王桢《农书》卷九《农器图谱集》所载的镵极相似，《农书》引《农桑辑要》：'……如镵（镵是近似于铧而较小的一种农具）而小，中有高脊，长四寸许，阔三寸，插于耧足，背上两窍以绳控于耧之桄。'这件东西的尺度、形制和镵相同，背有三眼，便于控系也相同，可见它是镵而不是铧。据生产队同志说，1956 年掘地发现一口大缸，缸内有锅两口，铧两个，铡刀、斧、镐、小磨各一，缸当时被毁坏，余物亦毁，仅存一锅一铧，铧即此，锅见下。"铁锅"圆形平底，双耳三足，锅口有沿，内向，现一耳三足已缺，高 5.5 厘米、厚 1.4 厘米、口径 27 厘米。……原藏于万金塔乡牟家屯生产队，与铁镵同时出土，共有两锅，其一已毁"。

"我们得到两口铁锅，甲：圆形、六耳；高 21 厘米、口径 28 厘米、厚 1.8 厘米，耳长 4 厘米、宽 8 厘米、前部 6.5 厘米，每耳距离 9.5~10 厘米不等。原藏黄花岗乡小城子屯李树春老乡家。《县志》曾著录。锅有六耳，形制特殊，他处恐怕没有发现过，但农安据我们所知道的已有三个之多，形制一样，惟大小不等，……我们将农安地方遗物出土情况联系起来看，仍认为它是辽金时代的东西，或者干脆就是辽。"

"综计农安县各乡的古城不下十余处，大半部都是辽的州县城址，由于金时这一地区的军事与政治地位和辽不同，辽时所属州县，入金全部废去，居民也被迁徙，宾、益两州成为空城。"①

这是对一处遗址的调查结果，在吉林地区确实是这样，在别的地区也有这种情况，"或者干脆就是辽"，这话是有根据的，不仅遗物自身特征为辽代，而且金时这一地区的军事、政治地位发生改变，辽朝所建州县"入金全部废去，居民也被迁徙"，宾州、益州成了空城，还何谈有金？

这种情况在东北各地多见，不限于吉林地区。因此，我们对所发现的一处遗存要认真分析研究，要分辨清楚其年代，这样才能使今后的研究有更坚实的基础。

① 罗继祖，高士润，赵振寰．农安伊通河西岸文物普查简记．吉林大学人文科学学报，1958 年第 3 期．

附　录

耿文东的收藏与媒体的报道

B11 穿梭辽宁 2011.8.23 星期二 编辑 金飞 美编 魏英

阜新收藏家想建铁器博物馆

家有两千“破铜烂铁”一鉴定都是宝

生锈的铁熨斗、铁球锁、铁犁、铁锅、手拷和脚镣……你可别小看了这个“不务正业”的阜新人，他收藏的这些“破铜烂铁”可都是宝贝。

辽宁省文物考古研究所研究员、考古学家、文物学家冯永谦鉴定说，这些都是文物，最古远的可追溯到新石器时代。

就打电话告诉他，而他也不管路有多远都去。

说起收藏这些东西，耿文东说，最伤心的是家人不理解，到现在爸爸还说他不务正业，妻子则说家里的钱都买了这些破铜烂铁、破罐子，没少跟他吵架。

辽宁著名考古专家冯永谦对耿文东所收藏的3000多件铁器进行鉴别整理

我县辽金元铁器博物馆筹建工作启动

本报讯 （记者 孙国明） 近日，我省著名考古专家冯永谦莅临我县，对我县民间收藏家耿文东所收藏的3000多件铁器进行鉴别、断代、分类、整理……这标志着我县辽金元铁器博物馆筹建工作正式启动。

农业用具、生活用具、铁用具、铁兵器、铁刑具、经济类铁器等6大类、50多项。冯永谦说，耿文东所收藏的这些文物数量之多、种类之全，这在全省收藏界也是首屈一指的，足可以建一座规模较大的博物馆。

的铁器几乎囊括了历朝历代，填补了我省收藏界的空白；同时，耿文东收藏的这些铁器文物全部收集于阜蒙县，对研究全县辽金元等时代的历史和文化都具有很高的参考价值。不过，有些民间的收藏者由于不太懂得收藏知识，因此人为破坏相对严重，让人痛心不已。保护古文化遗存，让人们了解必要的收藏知识，势在必行、迫在眉睫！这也

考古专家为“辽金铁器”把脉

本报记者 张新 摄影 姜海军

“易货”，绝对是这个春天里阜新最热词之一。

为期十天的阜新易货文化交易节虽然已经圆满落幕，但其带来的影响与热度却依然在发酵升温。在易货节上，民间收藏爱好者耿文东携“辽金铁器博物馆”的惊艳亮相不仅吸引了众人的目光，更是引来了省考古专家的关注。

耿文东热衷收藏辽金铁器多年，收藏的品类繁杂，且数量众多，有锄、犁、铧等铁制农具，镜架、火盆、釜、碗等生活用具，还有簇、盔甲甲片以及镣铐刑具等，这些藏品都是首次公开展出。“因为极易锈蚀，所以铁器收藏的难度很大，将来的保养与维护都是亟待解决的问题。”耿文东说。

耿文东携辽金铁器亮相易货节，也引起了考古界的关注。辽宁省文物考古研究所研究员冯永谦先生已经年过八旬，老专家得知这一消息后，专程从沈阳赶到阜新，对展出的两千余件铁器逐一进行鉴定编号，并登记造册。

“这些铁器保存相对完好，品类繁多，对于研究辽金史及契丹文化有重要价值。”对于耿文东的收藏，冯永谦给予了极高的评价。“以个人之力坚持做辽金铁器的收集整理，实属不易。”老专家表示，目前在我国还没有一家专业的铁器博物馆，耿文东的“辽金铁器博物馆”能够收藏如此大量、且品类繁多的辽金铁器，非常难得。但是，毕竟个人收藏条件有限，一些年代久远的铁器锈蚀损坏，亟待加大收藏保护力度。

冯永谦建议，相关部门应对“辽金铁器博物馆”的价值给予关注，并扶持其发展，如在阜新建起一座专门的铁器博物馆，不仅有利于保护文物，为研究辽代历史文化提供重要依据，将来更是可以将其作为历史文化教育基地，对于促进地方文化旅游发展都具有极其重要的意义。

辽宁省阜新市阜新蒙古族自治县耿文东的收藏，在当地很多人都知道，原因是他收藏的都不是什么珍稀名贵的文物，而是没人要的“破铜烂铁”，数量又非常多，人们都惊讶其为什么要收藏？尤其是他张罗要办博物馆，这在当地更是新闻，于是引起人们的注意。

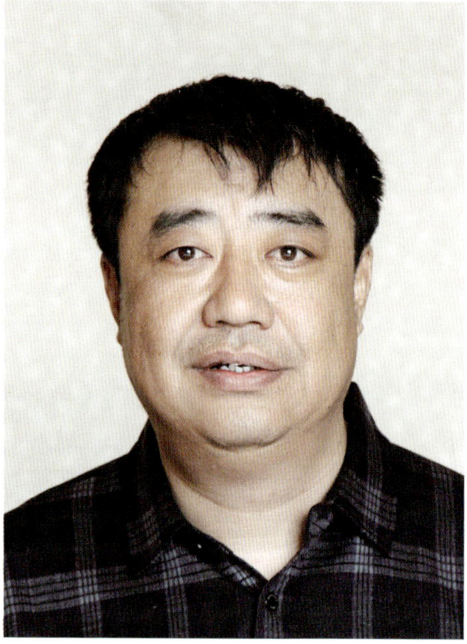
阜新收藏家耿文东近照

耿文东的收藏，实则说明他另具慧眼。经过他多年不懈的努力，保留下来许多历史上最不容易保留的东西，这是非常难得的，它将是对历史的巨大贡献！

因此，耿文东的举动，得到社会的认可，并都给予支持和鼓励，新闻媒体对其收藏也曾有过不少报道，下面现摘录几篇附后，以便读者了解。

附文一

家有两千“破铜烂铁”一鉴定都是宝

生锈的铁熨斗、铁球锁、铁犁、铁锅、手铐和脚镣……你可别小看了耿文东这个“不务正业”的阜新人，他收藏的这些“破铜烂铁”可都是宝贝。

辽宁省文物考古研究所研究员、考古学家、文物学家冯永谦鉴定说：“这些都是文物。”他的收藏品最古远的可追溯到新石器时代（因其中有石斧等遗物）。

今年43岁的耿文东出生在阜新蒙古族自治县，8岁时母亲在废品收购站工作，每天放学后，他就来到母亲工作的废品收购站，看到大大小小的秤砣很好玩，就偷偷地拿回家一个。时间久了，看到谁去卖秤砣等铁制品，耿文东就让妈妈给买下来。后来，看到同学家有好玩的铁器，他就要来收着。

“那时也不懂得什么叫收藏，就是觉得好玩，拿回家攒着。”时间长了，耿文东收藏的铁器也就多了起来，有秤砣、铁犁、大刀、铁锅，等等。

在耿文东的收藏品中，有距今8000多年的石斧子，有人类早期的手工碾子……但他最钟情的还是铁器。“我收藏的这2000多件铁器，都是产自阜新本土的，有农耕用的，有生活用品，有用于军事的兵器。”

附图1　昨日，阜新蒙古族自治县收藏家耿文东说：“这个像‘马’字的铁器，应该是契丹或女真文字，可能是用来烙在马身上的印迹。”

耿文东的同学和朋友都知道他有个收藏破铜烂铁的喜好，知道哪有就打电话告诉他，而他也不管路有多远都去。

说起收藏这些东西，耿文东说，最伤心的是家人不理解，到现在爸爸还说他不务正业，妻子则因家里的钱都买了这些破铜烂铁、破罐子，没少跟他吵架。

今年年初，耿文东听说本县太平乡有个带字的铁器，就打车去找，可打听到那家时，人家说东西已经卖到北京了。耿文东让出租车司机抄近路回去，好赶上晚上去北京的火车。车走到一个小河套，心急的耿文东让司机开过去，到了中间连人带车掉到河中，只好找来老乡推车过河。

为了这个带字的铁器，耿文东三次去北京，两次去沈阳。昨日上午，耿文东高兴地说："这件像契丹文或是女真文'马'字的宝贝我终于拿到手了！"查了很多资料，都没有这方面的记载，耿文东说，这可能是部落中马身上印迹的符号。

耿文东说，他现在最大的愿望就是在家乡建一个铁器文物博物馆。"如果我个人的能力无法完成这个愿望，我愿意将自己多年收藏的古物全部无偿地捐献给国家，用来建设家乡的博物馆。"

（《辽沈晚报》记者蔡红鑫，《辽沈晚报》2011 年 8 月 23 日，有改动）

B11 穿梭辽宁 2011.8.23 星期二

阜新收藏家想建铁器博物馆

家有两千"破铜烂铁"一鉴定都是宝

生锈的铁熨斗、铁球锁、铁犁、铁锅、手拷和脚镣……你可别小看了这个"不务正业"的阜新人，他收藏的这些"破铜烂铁"可都是宝贝。

辽宁省文物考古研究所研究员、考古学家、文物学家冯永谦鉴定说，这些都是文物，最古远的可追溯到新石器时代。

43岁的耿文东出生在阜新蒙古族自治县，8岁时母亲在废品收购站工作。每天放学后，耿文东就来到母亲工作的废品收购站，看到大大小小的秤砣很好玩，就偷偷地拿回家一个，时间久了，看到谁去卖秤砣等铁制品，耿文东就让妈妈给买下来。后来，看同学家有好玩的铁器，他就要来收着。

"那时也不懂得什么叫收藏，就是觉得好玩，拿回家攒着。"时间长了，耿文东收藏的铁器也多了起来，有秤砣、铁犁、大刀、铁锅等等。

在耿文东的收藏品中，有距今8000多年的石斧子，有人类早期的手工碾子……但他最钟情的还是铁器，"我收藏的这2000多件铁器，都是产自阜新本土的，有农耕用的，有生活用品，有用于军事的兵器。"

耿文东的同学和朋友都知道他有个收藏破铜烂铁的喜好，知道哪有就打电话告诉他，而他也不管路有多远都去。

说起收藏这些东西，耿文东说，最伤心的是家人不理解，到现在爸爸还说他不务正业，妻子则说家里的钱都买了这些破铜烂铁、破罐子，没少跟他吵架。

今年年初，耿文东听说本县太平乡有个带字的铁器，就打车去找，可打听到那家时，人家说东西已经卖到北京了，耿文东让出租车司机抄近路回去，好赶上晚上去北京的火车。车走到一个小河套，心急的耿文东让司机开过去，到了中间连人带车掉到河中，只好找来老乡推车过河。

为了这个带字的铁器，耿文东三次去北京，两次去沈阳，昨日上午，耿文东高兴地说："这件像个契丹文或是女真文'马'字的宝贝我终于拿到手了！"查了很多资料都没有这方面的记载，耿文东说，这个可能是部落中马身上印迹的符号。

耿文东说，他现在最大的愿望就是在家乡建一个铁器文物博物馆，"如果我个人的能力无法完成这个愿望，我愿意将自己多年收藏的古物全部无偿地捐献给国家，用来建设家乡的博物馆。"

驻阜新记者 蔡红鑫

昨日，阜新蒙古族自治县收藏家耿文东说："这个象'马'字的铁器，应该是契丹或女真文字，可能是用来烙在马身上的印迹。" 记者 蔡红鑫 摄

附图 2　原报道图片

附文二

三十年攒两千件“破铜烂铁”

父亲说他不务正业，妻子没少和他吵架，可他依旧痴心不改，对“破铜烂铁”情有独钟。

从小喜欢收“破烂”

铁锅、铁盆、铁犁、铁熨斗、铁铡刀、铁脚镣……

9月3日上午，记者走进了耿文东位于阜蒙县县城内的住所，会客厅地面上堆积着各类锈迹斑斑的铁器，霸占了整个地面的三分之一，有的成摞，有的散放，显得有些杂乱。

“这都是最近两天收的，分类后就要被送进大仓库，库里的铁器藏品最少能有2000件。”耿文东说，虽然自己现在有着“民间收藏家”的雅号，但多年前走上收藏之路时，他根本没听过这个词。

今年43岁的耿文东出生在阜蒙县沙拉镇，其母亲在镇上的废品收购站工作。读小学的时候，耿文东放学后经常去废品收购站玩，等母亲下班一起回家。

无意中，他发现了地上散放的旧秤砣很好玩，就偷偷往家捡。“许多年后才知道，当年拿回的铁秤砣最早有唐朝的。”后来，看到有人来卖旧秤砣等铁制品，耿文东就会央求母亲给买下来，看到同学家里有好玩的废旧铁器，他也会讨要回来仔细保存起来。不知不觉间，耿文东与古旧铁器的一段缘分就这样开启了。

跋山涉水寻铁器

学生时代，耿文东对于历史的偏爱在同学中几乎是独一无二的。“上中学时，一有空就往图书馆跑，去翻看那些历史书籍，感觉特别过瘾。”耿文东说。

在县城参加工作后，耿文东订阅了多种收藏杂志，并开始收购起各种旧时铁器。耿文东的同学和朋友都知道他有个收藏“破铜烂铁”的喜好，知道哪儿有就打电话告诉他，而他也不管路途多远都会前往。二十几年下来，他的足迹踏遍了阜蒙县及周边市县的村屯集镇，其中的艰辛早已不可尽数。

今年年初，耿文东听说阜蒙县太平乡有个带字的铁器，急忙打车去寻找。“可打听到那家时，人家说东西已经卖到北京了。”耿文东让出租车司机抄近路返回，好赶上当晚去北京的火车。途中一条小河挡住去路，心急的耿文东让司机开过去，结果到了中间连人带车掉入河中，只好找老乡帮忙推车过河。

为了得到这个带字的铁器，耿文东三次跑北京，两次到沈阳。“这件像个契丹文或是女真文‘马’字的宝贝终于还是被我拿到了手!”耿文东说，查了很多资料都没有找到有关这类铁器的记载，“它可能是部落中马身上印迹的符号”。

最想建座博物馆

事实上，耿文东的收藏品种类很杂，有距今 8000 多年的石斧子，有人类早期的手工碾子……但他最钟情的还是铁器。“我把工资和经营玛瑙的大部分收入购买了铁器，家人很不理解。”为得到一件铸铁小人托锅的极品铁器，耿文东曾一次就花掉了 7 万元。

有了付出，耿文东却从不想回报。“我收藏从来都是只收不卖，只想把这些铁器保存、流传下去。”耿文东收藏的铁器全部产自阜新本地，上至铁器最早出现的春秋时期，下至民国前后，尤以辽金时期居多，既有农耕用具，也有生活器具，还有兵器等。“由于不具有瓷器、书画等收藏品的美感，上满铁锈的铁器在收藏界少有人关注，如果不加以妥善留存，子孙后代可能再也见不到它们。”

附图 3　辽金铁器博物馆陈列室

省文物考古研究所研究员、考古学家、文物学家冯永谦经鉴定后对耿文东的收藏表示首肯，并称有些品种在博物馆里都没见过。

耿文东现在最大的愿望是建成全国第一座私人铁器文物博物馆，展示阜新历史悠久、连绵有序的绚烂文化。“如果政府有建设博物馆的想法，我也可以把藏品无偿捐出。”耿文东说。

（朱琳，阜新新闻网 2011 年 9 月 5 日，有改动）

附文三

三千多件铁器可建一座博物馆

在阜新蒙古族自治县民间收藏家耿文东的家中，他的收藏品囊括了从辽金元至明清等各个朝代的文物。据省著名考古专家冯永谦初步鉴定，这些文物最远可追溯到新石器时代，铁器大致可分为农业用具、生活用具、经济类铁用具、铁兵器、铁刑具、医疗器械等6大类、50多项。

昨日上午，记者在屋子的一角看到一个像石磨样的东西，直径45厘米，制造有点儿粗糙。冯永谦说它叫“砻”（lóng），是石磨的一种，它无齿，是脱壳用的，有齿的磨是磨面用的。据耿文东讲，这个砻是从该县国华乡一个村民手中收购的。冯永谦经过考证，发现该县国华乡有战国时期到秦汉的长城遗址，所以他推断，这个砻很可能是2000多年前汉代的文物。

冯永谦说：“1955年时，我们在辽阳三道壕西汉遗址发现了陶砻，当时只有一小半，不完整。这个砻与那个西汉时期的砻很相似，并且这个非常完整，有很高的考古价值。”

在窗台上还并排摆着10个大小不等的铁制动物，有牛、羊、猪等。冯永谦说，这些铁制的小动物在当时的用途，现在还不太清楚，有待于进一步研究。

附图4　2012年1月11日上午，在民间收藏家耿文东（左）的家中，我省著名考古专家冯永谦（右）在研究、整理3000多件铁器（记者蔡红鑫 摄）

在屋子的边上，放着一个很大的铁火盆，直径为1.03米，有三只兽脚支撑着，火盆上有明显的花纹，重达300多斤，5个人才能把它挪动。冯永谦说：“这真是太罕见了，这么大的火盆，花纹还能看得清晰，说明当时手工业发达。”

在这个大火盆上，还有4个吊环。冯永谦说，这个火盆是辽代的文物，一般是宫廷或王爷府里的物品，吊环是佣人们抬起大火盆时用的。

记者在窗台上看到一把铁制、镂空的“小椅子”，很是别致。冯永谦说：“这可不是小椅子，是国内首次发现的距今1000多年的辽代铁制梳妆架。”冯永谦接着说，这个梳妆架是折叠的，挂钩结构，中间是个轴，折叠后方便携带。“这个梳妆架是皇亲贵族家使用的，它非常适合契丹族游牧民族的特点，方便携带，不占空间，而且制作非常精巧，非常珍贵。”冯永谦说。

考古专家冯永谦说，他要将阜新市民间收藏家耿文东收藏的3000多件铁器文物出书，书名定为《辽金铁器》，约10万字，并配有大量铁器图片。

冯永谦说：“古代把铁称为‘恶金’，就是不好的东西，而把铜称为‘美金’，古代时，皇帝赏给大臣多少多少金，其实就是铜。铁器因其易腐蚀、不便保管、没有升值空间等因素，在国内外很少有人收藏。然而，耿文东却乐此不疲地收藏了几十年，这些铁器文物几乎囊括了历朝历代，填补了辽宁省铁器收藏界的空白，足可以建一座规模较大的博物馆。”

再有，这些铁器都来源于阜新蒙古族自治县，对研究该县辽、金、元等时代的历史和文化都具有极高的参考价值。

（《辽沈晚报》记者蔡红鑫，《辽沈晚报》2012年1月14日，有改动）

附图5　辽金铁器博物馆外观

附
录

后记

辽王朝是我国中古时期的一个朝代，在我国历史上同五代和北宋相始终，传国长达219年，而其领土范围又比其后南朝宋大得多，其各方面发展不仅有特色，而且有长足进步；它在广袤的北方草原地区普遍建置城镇，设立州县，今天北方的许多城市，甚至是国际知名的大都市，都是在辽朝最初建立的州县城的基础上发展起来的，这使北中国开始有了行政区划，素以文治武功著称的秦皇、汉武和唐宗都未达到有效统治的地区，辽朝对其进行了有效的管理，使其发展起来。因此可以说，辽朝在我国历史发展中做出过重大贡献，它改变了北中国的历史面貌。可这样一个统治时间长、领土范围广、历史贡献大的朝代，长时间以来竟然其名不显，人们对它的认识也较模糊，时至今日仍有许多事物说不清楚。这种情况，是不应该出现的。所以，现在我们就要在这方面多做一些补救的工作，使其逐渐清晰起来。但怎样做？一个人的能力有限，不可能一下子把所有东西都做出来，只能分门别类，或按专题，根据不同条件和掌握的相关材料，有选择性地就某一课题进行研究，一项一项地完成。这样积累起来多了，我们对辽代的认识也就清楚了。

铁器就是这个情况。以往我们对它没有足够的认识，譬如辽朝使用铁器的状况如何？都有哪些铁器？它们有没有什么特征？各种不同铁器都是什么样？其性能如何？辽代铁器对社会发展进步所起推动作用如何？我们能认识辽代铁器吗？为什么许多铁器辽金不分？这正常吗？诸如此类的问题很多。我们应该在这些方面做些工作，并且显然也是很必要的。

就笔者个人来讲，由于东北是辽朝统治的重要地区，许多重要的事情都发生在这一地区，相应的就遗留下来许多重要的遗迹和遗物，因此在过去数十年的考古工作中，笔者接触到许多辽金时代的发现，也就难免对其多些关注，逐渐积累，遂有了一定的认识，也就产生了将辽代铁器考古研究成果整理出来的想法。

2011年冬，经过朋友的介绍，阜新县铁器收藏者耿文东先生来沈阳邀请笔者，说他要建一个辽金铁器博物馆，让笔者给他的收藏作一个鉴定，看结果怎么样，是否能建起来。在笔者的印象里，从事收藏的人，都是收藏珍稀名贵的文物。可笔者了解到的耿文东先生的情况却不是这样。他一反常态，专门收藏既占地方又并非有品位的所谓“破铜烂铁”。铁锈掉渣，尘土飞扬，他都不计较。别人不要的东西，他却当“宝贝”来收藏。在阜新这个不大的县域内，他竟收藏有近三千件铁器，不仅数量庞大，而且品类齐全，几乎不缺项，完全超乎我的想象，这对研究一个时期的历史文化，尤其是从铁器考古研究这个专题的角度看，确实难得，非常重要！这一点打动了我，也符合我作为一个文物考古工作者的探索需求。他要为其收藏的铁器建一个辽金铁器博物馆的想法，我个人非常支持。因此，我应邀帮助他整理了这批铁器，以便达到其建博物馆所需的最基础的文物条件，同时也据此深入我的辽代铁器考古研究。

历史遗物，种类很多，其中最不为收藏者所注重的，就是铁器。他们不愿收藏铁器的原因有二：

一是铁虽然是金属，但被视为“恶金”，制造的也都是日常生活所用的“粗器”，大都是实用工具，不是斧头刀锯，就是车器马具，再即犁铧锄镐，俱非雅物，也不像金器、银器抑或铜器等金属器那般精致，不具备观赏特征，自然也就不那么珍贵，而且在当时使用时大都也是处之露天，风吹雨淋，随坏随扔，从无吝惜！对这样的物品，今天当然也就很少有人对其进行收藏了。

二是铁器不易保存，在日常生活中的自然条件下，都会自行氧化，更不要说深埋地下或是其他环境，铁器自身的深层剥蚀脱落更是难免。因此，历来铁器很少被当成“宝物”保存下来，它们在人们的日常生活中逐渐消失。

但从历史进程来看，铁器不仅是历史发展的见证者，更对社会发展有功，因为它的出现改变了人们生产、生活的面貌，在人类社会发展中其功厥伟，所以，在历史遗物中它不应缺席，今天需要我们进行抢救！

但由于铁器存在的上述先天缺欠，如欲较完整和系统地见到某一时代的铁器，就不那么容易。故此，我写作本书的初衷和愿望，就是将这些颇难搜集的铁器整理出来，为史存档，为其他研究者提供一些研究参考的原始材料，因为这些铁器也难以永远完好地保存下去，它们也会在时间长河中损坏、损失。

在此需要说明一下，既然本书定名为“辽代铁器考古研究”，那书中引用的已发表的各地考古调查或发掘出土的材料，都是明确的辽代城址、遗址和墓葬出土的，凡是定名为“辽金”的资料则不采用，以免影响准确认识，除非笔者确有深入了解，知其年代和性质，为了能说明某个问题而选用——同时说明选用的原因。

对于网上的材料，其发现虽很珍贵，并且报道也及时，但由于保存和查找困难等原因，本书都未采用，未免有些遗憾，然为保证书中引用材料随时可查，确保其准确性，只好割舍，将来如有可能，可再做些补充研究。

在本书的写作过程中，我得到阜新收藏者耿文东先生的大力支持，他为我提供了许多方便条件，使书稿的基本材料很快完成，在此特表示衷心的感谢！

冯永谦

2018 年 12 月 10 日于沈阳乐知堂

时年八十四